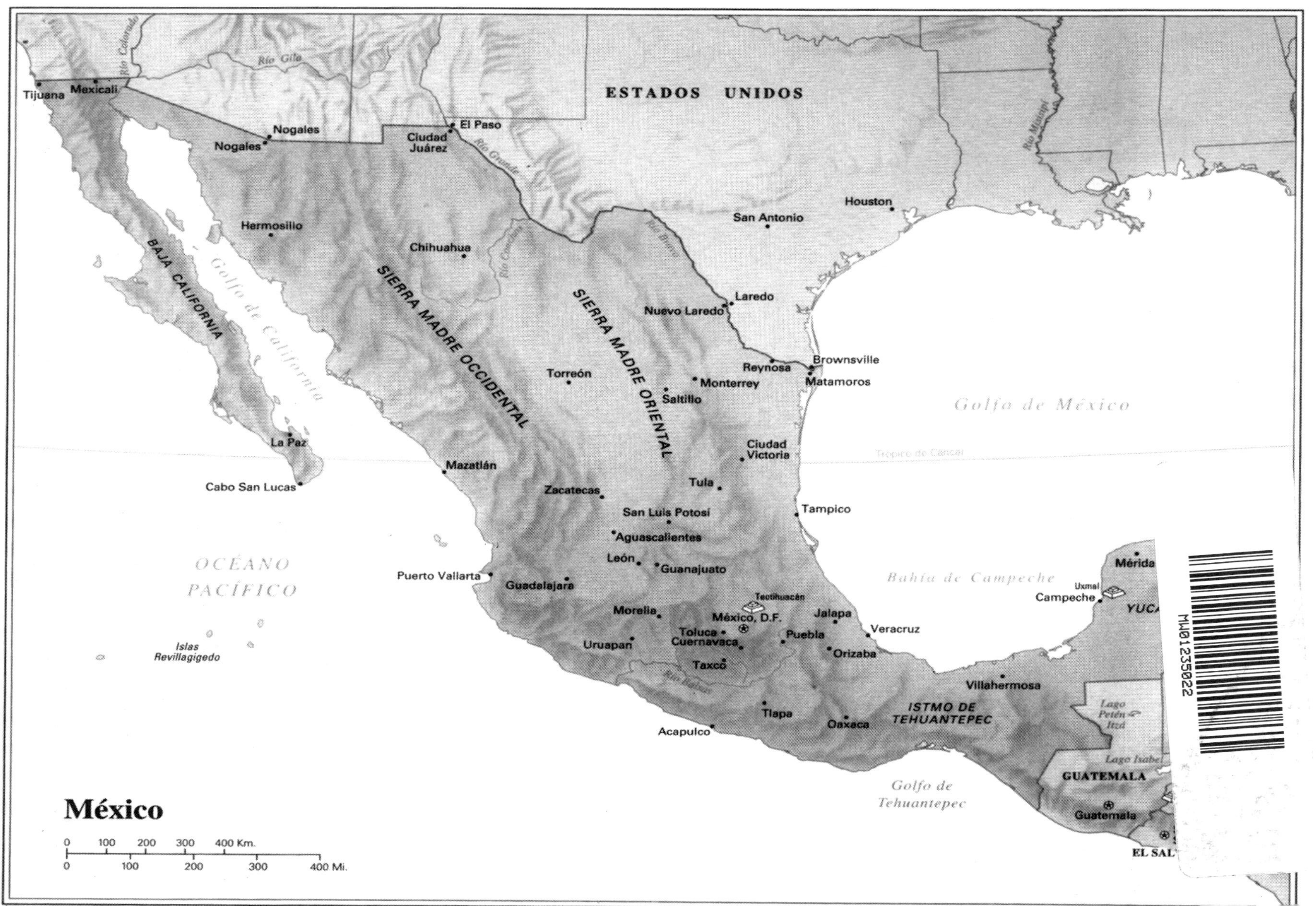

México
ESTADOS UNIDOS
Tijuana
Mexicali
Río Colorado
Río Gila
Nogales
Nogales
Ciudad Juárez
El Paso
Río Grande
Hermosillo
Chihuahua
Río Conchos
Río Bravo
Houston
San Antonio
Río Misisipí
BAJA CALIFORNIA
Golfo de California
SIERRA MADRE OCCIDENTAL
SIERRA MADRE ORIENTAL
Laredo
Nuevo Laredo
Brownsville
Reynosa
Matamoros
Monterrey
Saltillo
Torreón
Golfo de México
La Paz
Ciudad Victoria
Trópico de Cáncer
Mazatlán
Cabo San Lucas
Tula
Zacatecas
Tampico
San Luis Potosí
Aguascalientes
OCÉANO PACÍFICO
León
Guanajuato
Mérida
Puerto Vallarta
Guadalajara
Bahía de Campeche
Uxmal
Campeche
Teotihuacán
YUCA
Morelia
México, D.F.
Jalapa
Toluca
Veracruz
Islas Revillagigedo
Uruapan
Cuernavaca
Puebla
Orizaba
Taxco
Río Balsas
Villahermosa
Lago Petén Itzá
Tlapa
ISTMO DE TEHUANTEPEC
Oaxaca
Acapulco
Lago Isabal
GUATEMALA
Golfo de Tehuantepec
Guatemala
EL SAL
0 100 200 300 400 Km.
0 100 200 300 400 Mi.

América Central y el Caribe

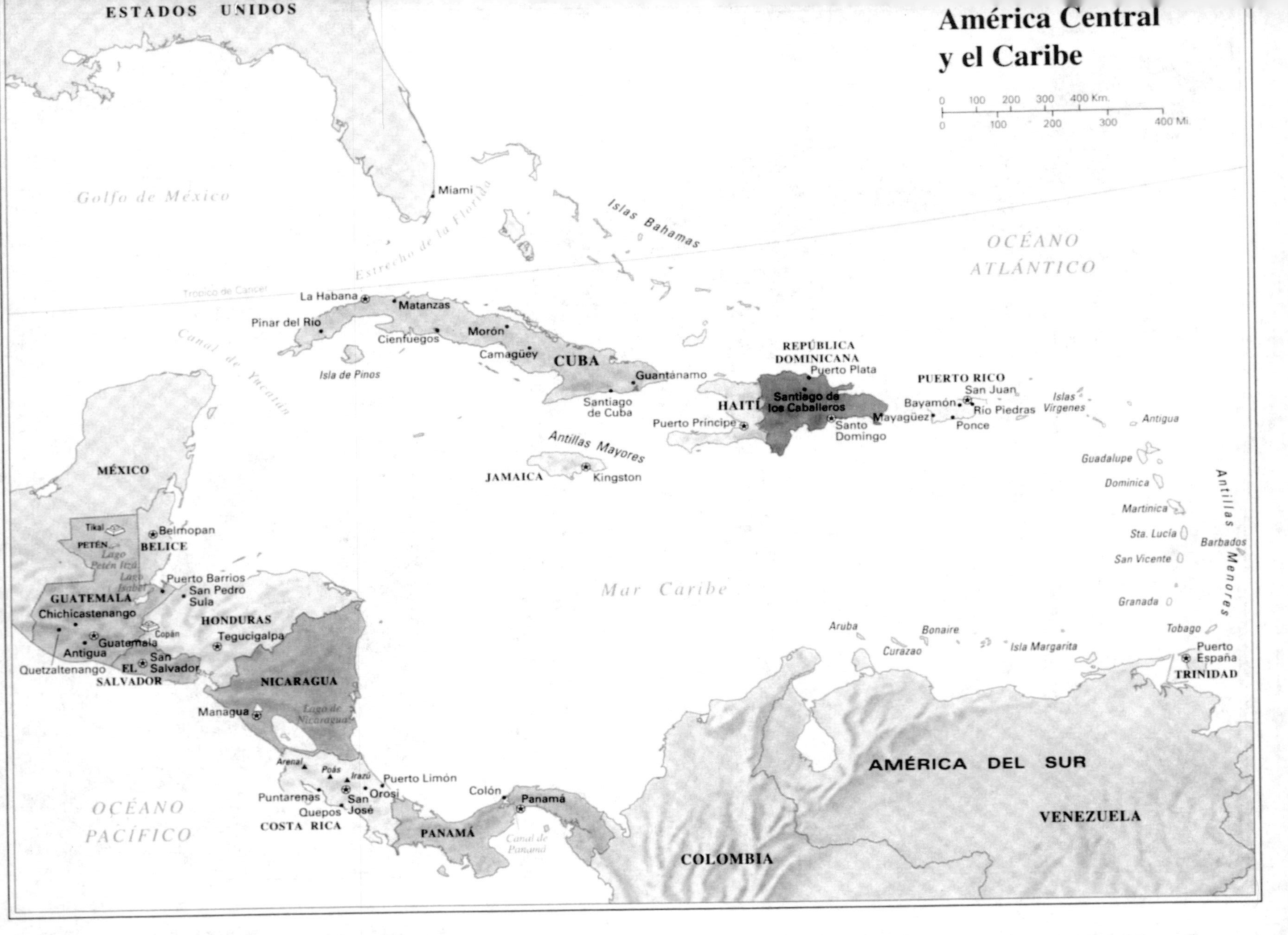

FIFTH EDITION

¡Claro que sí!

An Integrated Skills Approach

Lucía Caycedo Garner
University of Wisconsin-Madison, Emerita

Debbie Rusch
Boston College

Marcela Domínguez
Pepperdine University

HOUGHTON MIFFLIN COMPANY
BOSTON NEW YORK

¡CLARO QUE SI!, ACTIVITIES MANUAL, FIFTH EDITION
by Lucía Caycedo Garner, Debbie Rusch and Marcela Domínguez

Publisher: Rolando Hernández
Sponsoring Editor: Van Strength
Senior Development Editor: Sandra Guadano
Editorial Assistant: Erin Kern
Project Editor: Amy Johnson
Senior Manufacturing Coordinator: Marie Barnes
Senior Marketing Manager: Tina Crowley Desprez

¡CLARO QUE SI!, FIFTH EDITION
by Lucía Caycedo Garner, Debbie Rusch and Marcela Domínguez

Publisher: Rolando Hernández
Sponsoring Editor: Van Strength
Development Manager: Sharla Zwirek
Senior Development Editor: Sandra Guadano
Senior Project Editor: Rosemary R. Jaffe
Senior Production/Design Coordinator: Sarah Ambrose
Senior Manufacturing Coordinator: Marie Barnes
Senior Marketing Manager: Tina Crowley Desprez
Associate Marketing Manager: Claudia Martínez

Custom Publishing Editor: Dee Renfrow
Custom Publishing Production Manager: Kathleen McCourt
Project Coordinator: Anisha Sandhu

Cover Design: Kyle Sarofeen
Cover Photograph: PhotoDisc

Printed in the United States of America.

ISBN-13: 978-0-618-45931-5
ISBN-10: 0-618-45931-6
N03080

3 4 5 6 7 8 9 – CC – 08 07 06

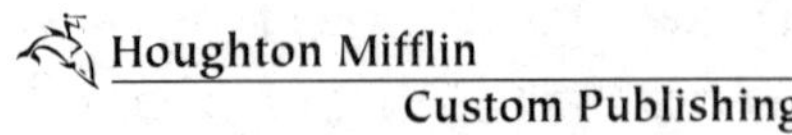

222 Berkeley Street • Boston, MA 02116

Address all correspondence and order information to the above address.

¡Claro que sí!

Scope and Sequence

Cultura	Nuevos horizontes	Material reciclado
Countries with largest numbers of Spanish-speakers *1* **Tú** versus **usted** *4* Use of **adiós** *5* The **abrazo** *5* Spanish in the world 7 Changes in the Spanish alphabet *9*		
Oldest/largest universities *18* Student housing *20* Use of two last names *21* Reading telephone numbers *22* How to refer to people from the U.S. *24* Customs related to asking about age *28* Different faces of Hispanics *38*	**Reading strategy:** Scanning *30* **"Solicitud de admisión"** *30*	Introductions (P) Forms of address (P) Country names (P)
Number of Spanish-speakers that use the Internet *40* **Salsa** *42* Fair Trade Coffee *42* Borrowed words *45* Unlucky day **(martes 13)** *56* Famous opera singers *59* **Córdoba** *63* Observing behavior in other countries *65*	**Reading strategy:** Identifying cognates *51* *Yahoo!* pages *52* **Writing strategy:** Connecting ideas *53*	**Tener** (1) **Ser** (1) Question formation (1)

Cultura	Nuevos horizontes	Material reciclado
Information on Quito *67* Information on Ecuador *70* Specialty stores versus **supermercado** *72* Hispanic TV, radio, and news *79* Connotations of the word **familia** *85*	**Reading strategy:** Dealing with unfamiliar words *78* **"El mercado hispano en los Estados Unidos"** *79* **Writing strategy:** Using models *80*	Origin (P) Nations (P) Class subjects (2) Common nouns (1, 2) **Gustar** (2) **Tener que** (2)
Patrimonio mundial *93* Proverbs **(dichos)** *98* Lake Titicaca *101* Seasons in the southern hemisphere *107* Machu Picchu, Peru *104* Large Hispanic universities *118*	**Reading strategy:** Predicting *103* **"Machu Picchu: El lugar misterioso de los incas"** *104* **Writing strategy:** Brainstorming and outlining *105*	Present indicative (3) **Estar** (3) Expressions of time (2, 3) Cardinal numbers (1) **Ser** and **estar** with adjectives (3)
Movies in Spanish that have won an Oscar for Best Foreign Film *120* Hispanic film directors *122* **El Norte** *122* Use of **buenas tardes/buenas noches** *124* How colors represent ideas *136* **La guayabera** *141* Fashion designers *138* ***Guernica*** *144*	**Reading strategy:** Activating background knowledge *132* **"Derechos humanos y justicia"** *133* **Writing strategy:** Sequencing *135*	**Tener** (1, 2) Descriptive adjectives (3) **Ser/estar** (3) Days of the week (2) **Gustar** (2) Cardinal numbers (1) Present indicative (3)

Cultura	Nuevos horizontes	Material reciclado
National parks in South America *147* Buenos Aires *149* Customs surrounding **el mate** *150* Tallest mountains in the western hemisphere *151* Norma Aleandro (Argentine actress) *159* Children of immigrants search for their roots *166* Customs related to weddings and last names used after marriage *169* Argentine wedding customs *174* **El Día de los Muertos** *175*	**Reading strategy:** Skimming *160* **"Suramérica y su belleza natural"** *161* **Writing strategy:** Chronological order *163*	Clothing (5) Cardinal numbers (1) Days of the week and other time divisions (2) Present indicative (3, 4, 5) **Ir a +** *infinitive* (2)
Tourism in Spain *177* Historical monuments in Spain *180* Cellular phones *182* Making phone calls *182* Reading telephone numbers *182* Different cultures in Spanish history *187* Lodging in Spain *192*	**Reading strategy:** Identifying main ideas *192* **"Alojamiento"** *192* **Writing strategy:** The paragraph *194*	Large numbers (1, 6) Time expressions; **hace que +** *preterit* (6) Question words (1) Preterit (6) Present indicative (3, 4, 5)
Architecture of César Pelli *204* **El portero** *206* Famous architects *207* Popularity of cycling *209* What to do with second-hand belongings *215* The Spanish Civil War *216* Different types of outdoor markets *223*	**Reading strategy:** Using the dictionary *216* **"No quiero"** by Ángela Figuera *217* **Writing strategy:** Pastiche *219*	Present indicative (3, 4, 5) Geography (P) Nationalities (3) Descriptive adjectives (3) Negative words (6, 7) Indirect-object pronouns (6) Preterit (6, 7)

Cultura	Nuevos horizontes	Material reciclado
Facts about Guatemala *386* Indigenous cultures *389* Galapagos Islands *390* Ecological problems *396* Spain's government and the royal family *400* La Guaira, Venezuela *401* Origin of country names *402*	**Reading strategy:** Mind mapping (when reading) *396* **"¡Pobre tierra!"** *396* **Writing strategy:** Mind mapping (when writing) *398*	Indirect-object pronouns (6) **Ser +** *adjective* (3) Question formation (1) Preterit (6, 7) **Ir + a +** *infinitive* (2) Past participles (11, 12) Present indicative (3, 4, 5)
Facts about the Dominican Republic *408* Globalization *411* Proverbs *411* Set expressions *412* Superstitions *416* Tikal, ancient Mayan city *419* Salaries *424* **La palanca** *427* Otavalo Indians *432*	**Reading strategy:** Understanding the writer's purpose *418* **"¡Magnífico Tikal!"** *419* **"Una modesta saga municipal"** by José da Cruz *420* **Writing strategy:** Writing a summary *422*	Descriptive adjectives (3, 15) **Ir + a +** *infinitive* (2) Indirect-object pronouns (6) Present indicative (3, 4, 5) Present subjunctive (8, 9)
Hispanic art in the U.S. *433* The Prado and the Thyssen-Bornemisza Museum, Madrid *436* Painting as social commentary *437* Francisco de Goya, Frida Kahlo, Fernando Botero, and other Hispanic artists *442–445* **Fotonovelas** *446* Alcalá de Henares and Don Quijote *449–450*	**Reading strategy:** Timed reading *443* **"Fernando Botero: Pinturas, dibujos, esculturas"** *443* **Writing strategy:** Describing a scene *445*	Uses of the subjunctive (8, 9, 13, 16) Imperfect/Preterit (10–12) **Lo +** *adjective* (16) Medical vocabulary (11) Reflexive pronouns (4) Object pronouns (6, 7, 10) Conditional (16)

Capítulo	Conversación	Lo esencial	Hacia la comunicación
18 *456*	**La despedida** *457*		

Videoimágenes: Imágenes *468*

To the Student

Learning a foreign language means learning skills, not just facts and information. *¡Claro que sí!* is based on the principle that **we learn by doing,** and therefore offers many varied activities designed to develop your skills in listening, speaking, reading, and writing in Spanish. A knowledge of other cultures is also an integral part of learning languages. *¡Claro que sí!* provides an overview of the Spanish-speaking world—its people, places, and customs—so that you can better understand other peoples and their ways of doing things, which may be similar to or different from your own.

The pages that follow describe the chapter parts and program components, and show the text organization in a visual format. To make the most of *¡Claro que sí!* and your study of Spanish, read these pages, as well as the study tips provided here and at the end of the preliminary chapter.

Chapter Opener

Each chapter opens with a photograph, which helps set the scene for the chapter, some interesting facts about the Hispanic world, and a list of objectives. The objectives describe functions (what you can do with the language, such as greet someone or state your name) that will be the linguistic and communicative focus for the chapter. Keep these functions in mind when studying, since they indicate the purpose of the material presented in each chapter.

Story Line

In *¡Claro que sí!* you will get to know a series of characters and follow them through typical events in their lives, usually by listening to a conversation. The conversations serve as a base for learning Spanish and for learning about the Spanish-speaking world. In order to develop good listening skills, follow these tips:

- Do not read the conversation before listening to it.
- Visualize the setting of the conversation (a café, a theater, a hotel, etc.) and think of things that may be said in that setting.
- Keep in mind who is speaking and what you know about each of the speakers.
- You will usually hear the conversation twice. The first time you will be asked to listen for global understanding, and the second time for more specific information. Try to focus on the task at hand.
- Remember that it is not important to understand every word in the conversation.

Lo esencial

Developing vocabulary is essential to learning a language. In *¡Claro que sí!* vocabulary is presented in thematic groups to aid you in the learning process. Vocabulary presentations are followed by activities that give you practice using the new words in a meaningful context.

Hacia la comunicación

Grammar explanations in *¡Claro que sí!* are clear and concise. They are written English so that you can study them at home. The explanations are followed by acti ities, many of which ask you to interact with classmates using what you have ju learned. Remember that knowledge of grammar is the key to communicatio Knowing grammar rules is not an end but rather a means to be able to express you self in another language.

Nuevos horizontes

This section has three goals: to teach you how to read and write effectively Spanish, and to expand your knowledge of the Hispanic world. Here are some tips help you become a more proficient reader and writer in Spanish:

- Focus on the strategies or techniques presented in each chapter.
- Use techniques taught in early chapters while doing activities from later chapters.
- When reading a text, focus on getting the information asked of you in each activity.
- Apply the techniques when you read and write in English.
- Write frequently in Spanish (for example, notes to yourself about what you have to do, or a journal with a few short entries each week).
- When reading, look up only those words that are essential to understanding. List these words on a separate sheet of paper for reference. Do not write translations in the text above the Spanish word.
- While reading a text, be alert to cultural information provided.

After the *Nuevos horizontes* section, the sections from the first part of the chapt repeat, but in the following order: *Lo esencial*, story line (usually a conversation), a *Hacia la comunicación.*

Videoimágenes

The next-to-last section in each even-numbered chapter contains video activiti based on the *¡Claro que sí!* video. The purpose of the video is to improve your liste ing comprehension skills and your knowledge of Hispanic cultures. Through watchi the video, you will learn more about Hispanic cultures, be able to compare certa aspects to your own, and also develop your ability to understand native speakers.

End-of-Chapter Vocabulary

For easy reference, each chapter ends with a summary of the vocabulary present that you are expected to know.

We hope that you enjoy learning Spanish with *¡Claro que sí!*

The Authors

An Overview of Your Textbook's Main Features

The *¡Claro que sí!* text consists of a preliminary chapter followed by 18 chapters.

Chapter Opener

Each chapter opens with a photo and **Datos interesantes,** which set the scene and introduce cultural and thematic information relevant to the chapter content.

Communication goals establish clear learning objectives.

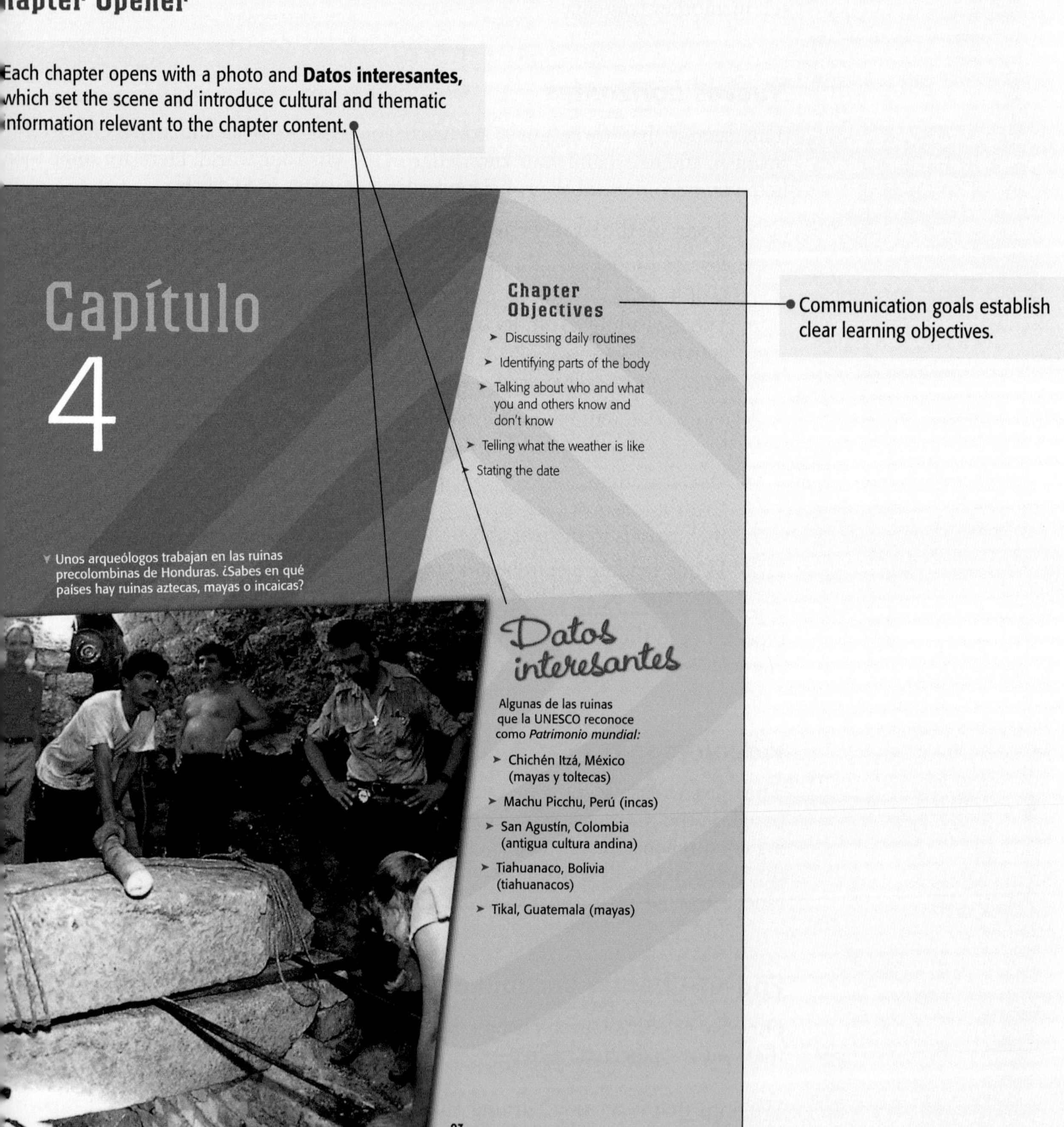

Capítulo
4
Chapter Objectives
➤ Discussing daily routines
➤ Identifying parts of the body
➤ Talking about who and what you and others know and don't know
➤ Telling what the weather is like
➤ Stating the date
Unos arqueólogos trabajan en las ruinas precolombinas de Honduras. ¿Sabes en qué países hay ruinas aztecas, mayas o incaicas?
Datos interesantes
Algunas de las ruinas que la UNESCO reconoce como *Patrimonio mundial:*
➤ Chichén Itzá, México (mayas y toltecas)
➤ Machu Picchu, Perú (incas)
➤ San Agustín, Colombia (antigua cultura andina)
➤ Tiahuanaco, Bolivia (tiahuanacos)
➤ Tikal, Guatemala (mayas)
93

Accessible, Contextualized Language Provides a Focus for Learning

Chapter conversations A photo or illustration with a short description sets the scene for each conversation. A screened box highlights useful phrases and structures from the conversation for you to practice.

Each conversation, recorded on the in-text audio CD and on the lab audio program, is accompanied by activities for listening and speaking practice.

New (20%) and recycled (80% to ensure your understanding) vocabulary and grammar are presented in the context of realistic conversations, which follow a series of characters through a variety of events in their daily lives.

Noticias de una amiga

◄ Un hombre hace andinismo en una montaña muy rocosa de los Andes peruanos. ¿Te gustaría hacer andinismo?

¡Qué + *adjective!*	How + *adjective!*
¡Qué inteligente!	How intelligent!
hay	there is/there are
deber + *infinitive*	ought to/should/must + *verb*
debe ser	ought to/should/must be

José Manuel, un arqueólogo venezolano que está trabajando como voluntario en Perú, recibe un email de España de su amiga Marisel. José Manuel comenta con Rafael, otro arqueólogo venezolano.

ACTIVIDAD 1 ¿Cierto o falso? Lee las siguientes oraciones. Mientras escuchas la conversación, escribe **C** si la oración es cierta y **F** si la oración es falsa.

1. ____ Rafael no conoce a Marisel.
2. ____ Marisel es arqueóloga.
3. ____ José Manuel trabaja como voluntario.
4. ____ Marisel tiene una foto de José Manuel.
5. ____ José Manuel practica andinismo.

RAFAEL Oye, José Manuel. Mira, hay email para ti.
JOSÉ MANUEL Ah, muchas gracias. Vamos a ver quién escribe. ¡Qué bueno! Es de Marisel.
RAFAEL ¿Marisel?
JOSÉ MANUEL Tú conoces a Marisel; es venezolana. Ella está ahora en Madrid.
RAFAEL Ah, sí. Es una estudiante muy buena. Estudia geología, ¿no?
JOSÉ MANUEL Exacto.
RAFAEL Y . . . ¿Qué dice?
JOSÉ MANUEL A ver . . . Pregunta mucho sobre el proyecto en Machu Picchu: qué hago en el trabajo, cómo son las ruinas incaicas, si hablo con los indígenas sobre su cultura. Tú sabes, preguntas.
RAFAEL ¿Y qué más?
JOSÉ MANUEL Pregunta si continúo con mi trabajo voluntario con niños que no tienen padres.
RAFAEL Sí, sí, todos sabemos que eres muy bueno y que tienes un corazón grande pues trabajas con niños que no tienen padres, ¿pero dice algo más?
JOSÉ MANUEL Ah . . . También dice que tengo que afeitarme porque estoy feo con la barba que tengo.
RAFAEL Es verdad que estás feo, pero ¿cómo sabe que tienes barba?
JOSÉ MANUEL Debe tener una foto.
RAFAEL ¡Ahh!
JOSÉ MANUEL También dice que estoy loco y que voy a tener un accidente.
RAFAEL ¿Y por qué dice que vas a tener un accidente?
JOSÉ MANUEL Porque en la foto hago andinismo . . . subo una montaña totalmente vertical.
RAFAEL ¡Qué inteligente es Marisel! Porque, en realidad, tú estás loco.

Reporting

Talking about what you know

ACTIVIDAD 2 El email Después de escuchar la conversación otra vez, contesta estas preguntas.

1. ¿De dónde es Marisel y dónde está?
2. ¿Qué estudia?
3. ¿Por qué dice Rafael que José Manuel tiene un corazón grande?
4. ¿Por qué dice Marisel que José Manuel tiene que afeitarse?
5. ¿Por qué dice Marisel que José Manuel va a tener un accidente?
6. En tu opinión, ¿está loco José Manuel?
7. ¿Te gustaría hacer andinismo?

ACTIVIDAD 3 La habitación de tu compañero/a **Parte A:** En parejas (*pairs*), hagan (*make*) una lista de un mínimo de diez cosas que generalmente tienen los estudiantes en su habitación.

Parte B: Ahora, averigüe (*find out*) cinco cosas que tu compañero/a (*partner*) tiene en su habitación. Sigue (*Follow*) el modelo.

◆ A: ¿Hay video en tu habitación?
B: Sí, hay. / No, no hay.

Focus on Real Language Builds Confidence and Fosters Communication

Vocabulario esencial I and **II** present practical, thematically-grouped vocabulary, often through illustrations, to convey the meaning of new words. Contextualized practice prepares you to use the vocabulary in realistic and personalized situations throughout the chapter.

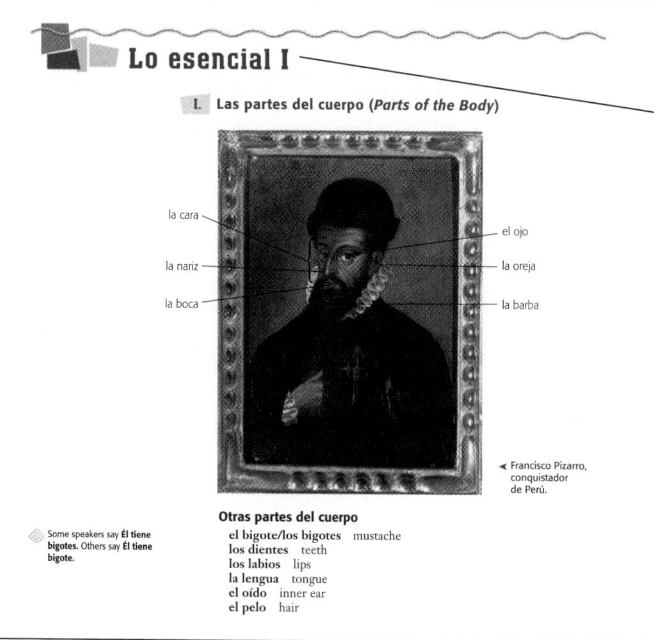

Lo esencial I

I. Las partes del cuerpo (*Parts of the Body*)

Francisco Pizarro, conquistador de Perú.

Some speakers say **Él tiene bigotes.** Others say **Él tiene bigote.**

Otras partes del cuerpo

el bigote/los bigotes mustache
los dientes teeth
los labios lips
la lengua tongue
el oído inner ear
el pelo hair

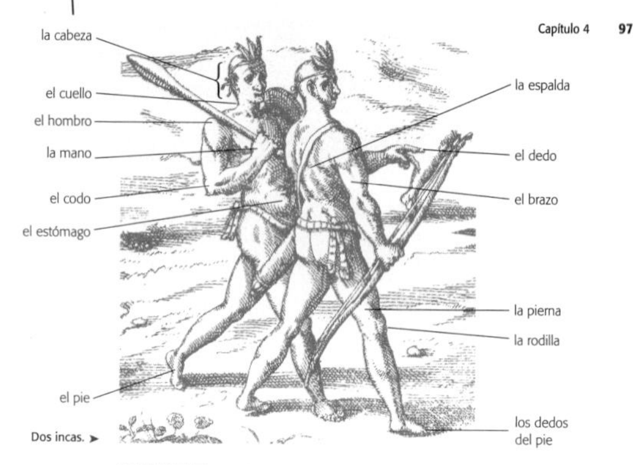

Dos incas.

ACTIVIDAD 5 **Asociaciones** En grupos de tres, digan qué partes del cuerpo asocian Uds. con estas personas o productos.

Herbal Essence	Kleenex	Visine
Leggs	Venus de Milo	Fidel Castro
el príncipe Carlos de Inglaterra y Dumbo	Crest	Mick Jagger
	Reebok	

ACTIVIDAD 6 **Las estatuas incaicas** **Parte A:** En parejas, identifiquen las partes del cuerpo que tienen las siguientes figuras precolombinas.

Figuras precolombinas, Museo del Oro, Bogotá.

Parte B: Ahora diseñen en un papel su propia figura exótica (puede ser de una civilización de otro planeta). Luego descríbansela (*describe it*) al resto de la clase.

- Nuestra figura tiene tres cabezas y dos manos. En una mano tiene cuatro dedos y en la otra tiene seis . . .

Vocabulario funcional

Las partes del cuerpo

la barba	*beard*
la boca	*mouth*
el brazo	*arm*
la cabeza	*head*
la cara	*face*
el codo	*elbow*
el cuello	*neck*
el dedo del pie	*toe*
los dientes	*teeth*
la espalda	*back*
el estómago	*stomach*
el hombro	*shoulder*
los labios	*lips*
la lengua	*tongue*
la mano	*hand*
la nariz	*nose*

Los meses (*Months*) *Ver páginas 106–107.*

Las estaciones (*Seasons*)

el invierno	*winter*
el otoño	*fall*
la primavera	*spring*
el verano	*summer*

Expresiones de tiempo y fechas (*Time Expressions and Dates*)

el año	*year*
el cumpleaños	*birthday*
la fecha	*date*
el mes	*month*

To help you review or prepare for quizzes and exams, **Vocabulario funcional** lists all active vocabulary—with English translations—in a thematically-organized end-of-chapter summary.

Hacia la comunicación I and **II** feature grammar presentations in clear, concise English that stress the use of language for communication. Charts and examples illustrate concepts and highlight important information.

Hacia la comunicación I

I. The Personal *a*

You already know three uses of the word **a.** They are as follows:

Remember **a + el = al.**

ir **a** + *infinitive*	Mañana **voy a salir** con mis amigos.
ir **a** + *place*	**Voy al supermercado.**
a mí/ti/él/ella/etc.	**A Juan** y **a mí** nos gusta bailar.

Another use of the word **a** is the *personal* **a,** which is used when someone does an action to another person (when the other person is a direct object). Notice that the first three examples that follow contain the *personal* **a** because, in each case, Maricarmen is looking at a person. The fourth example does not contain the *personal* **a** because Maricarmen is looking at an object.

Maricarmen mira **a** Juan.
Maricarmen mira **al** Sr. López.
Maricarmen mira **a la** profesora.
BUT: Maricarmen mira una foto.

Remember to use **el, la, los,** or **las** with titles such as **Sra., Dr.,** etc., when speaking about the person.

NOTE: Tener does not normally take the *personal* **a: Tengo un amigo.**

1 ◆ In order to use reflexive verbs, you need to know the reflexive pronouns.

levantarse (*to get up*)	
(yo) me levanto	**(nosotros/as) nos** levanta**mos**
(tú) te levantas	**(vosotros/as) os** levantáis
(Ud., él, ella) se levanta	**(Uds., ellos, ellas) se** levantan

Me levanto temprano.	*I get up early.*
Él **se** cepilla los dientes después de comer.	*He brushes his teeth after he eats.*
Nos ducha**mos** por la mañana.	*We take a shower in the morning.*

2 ◆ The reflexive pronoun precedes a simple conjugated verb form.

Todos los días **me** levant**o** temprano. *I get up early every day.*

3 ◆ When there is a conjugated verb + *infinitive* or + *present participle* (words ending in **-ando/-iendo**), the reflexive pronouns **(me, te, se, nos, os, se)** either precede the conjugated verb or follow attached to the infinitive or the present participle.

Mañana **me voy** a levantar tarde.
Mañana voy a **levantarme** tarde. — *Tomorrow, I'm going to get up late.*

Me estoy lavando el pelo.
Estoy **lavándome*** el pelo. — *I'm washing my hair.*

Do Workbook *Práctica mecánica I* and corresponding CD-ROM activities.

***NOTE:** When the pronoun is attached to the present participle, a written accent is needed. For accent rules, see Appendix B.

ACTIVIDAD 9 José Manuel en Perú Completa esta historia (*story*) sobre José Manuel con **a, al, a la, a los** o **a las** sólo (*only*) si es necesario.

____ José Manuel le gusta mucho trabajar como voluntario en Perú. Tres días por semana va ____ visitar ____ unos niños que no tienen ____ padres. Siempre lleva ____ libros para leer con ellos. Todos los domingos por la noche él llama ____ sus padres por teléfono a Venezuela y les describe ____ su trabajo de arqueología. Los fines de semana generalmente va ____ escalar una montaña o ____ visitar un pueblo diferente. ____ su amigo Rafael le gustaría ir ____ lago Titicaca pues es muy bonito. Esta semana José Manuel y Rafael van a ir ____ ruinas incaicas de Machu Picchu para trabajar en un proyecto.

A variety of practice activities, including pair and group exercises and illustration-based tasks, reinforce concepts and encourage self-expression.

ACTIVIDAD 12 Nuestra rutina Parte A: En parejas, digan qué tienen que hacer los estudiantes universitarios un día típico por la mañana.

- Nosotros tenemos que levantarnos . . . / Nosotros nos tenemos que levantar . . .

Parte B: Ahora describan la rutina de los estudiantes universitarios los sábados.

- Los sábados nos levantamos tarde y . . .

ACTIVIDAD 13 La rutina Pregúntales a tus compañeros si hacen las siguientes actividades.

Some Spanish speakers say **desayunar<u>se</u>.**

1. desayunar (*to have breakfast*) todos los días en una cafetería
2. levantarse temprano los domingos
3. lavarse el pelo por la noche
4. hacer gimnasia un mínimo de tres días por semana
5. correr todos los días
6. ir al cine todas las semanas
7. ducharse dos veces (*times*) por día
8. estudiar los sábados
9. cepillarse los dientes tres veces por día
10. trabajar como voluntario una vez por semana

Student annotations offer learning strategies, relevant cultural information, and study tips.

ACTIVIDAD 14 Un anuncio comercial En parejas, escriban el guion de un anuncio comercial para una persona famosa. Escojan (*Pick*) un producto de la lista que sigue.

- el maquillaje de Mary Kay / Martha Stewart / maquillarse
  Soy una persona práctica. Tengo mucho dinero, pero no es importante. El maquillaje de Mary Kay es bueno, bonito y barato. Y cuando me maquillo con Mary Kay, tengo ojos y labios perfectos. Mary Kay, el maquillaje de hoy. Mary Kay, mi maquillaje y tu maquillaje. Mary Kay, para mí y para ti.

Do Workbook *Práctica comunicativa I* and corresponding CD-ROM activities.

1. una cama Serta / Homer Simpson / levantarse
2. el jabón Ivory / Shaquille O'Neal / lavarse, ducharse
3. la pasta de dientes Colgate / Julia Roberts / cepillarse
4. la crema de afeitar Gillette / Mel Gibson / afeitarse
5. el champú Paul Mitchel / Penélope Cruz / lavarse

In-text icons throughout the chapter correlate your text to the Activities Manual, the website, and the *¡Claro que sí!* CD-ROM.

A Program of Learning Strategies Supports Skill Development

Nuevos horizontes Lectura presents and practices specific techniques designed to help you become a more proficient reader.

Nuevos horizontes

ESTRATEGIA: Predicting

Predicting helps you start to think about the theme of a selection before you read it. You can predict or guess what a selection will be about by looking at the title, photos or illustrations, and subtitles, as well as by recalling what you know about the topic itself before you actually read the text.

In the following section, you will read some information about Peru. Many words or expressions that you may not understand will be used, but by predicting, guessing meaning from context, and using your knowledge of cognates and the world, you will comprehend a great deal of information.

The purpose of this activity is to get you to think about the topic. Do it prior to reading.

ACTIVIDAD 15 ¿Qué sabes de Perú? Antes de (*Before*) leer sobre Perú, contesta las siguientes preguntas sobre ese país. Si es necesario, mira el mapa de Suramérica al final del libro.

1. ¿Dónde está Perú?
2. ¿Cuál es la capital de ese país?
3. ¿Qué países limitan con (*border*) Perú?
4. ¿Qué es Machu Picchu?
5. ¿Quiénes son los incas?

Readings include cultural texts about the Spanish-speaking world and authentic magazine and literary selections.

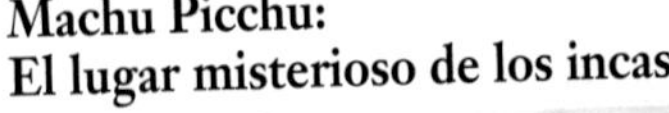

Machu Picchu: El lugar misterioso de los incas

Historia de Machu Picchu

En los Andes, a unos 2.400 metros de altura está Machu Picchu, la ciudad sagrada[1] de los incas, que el arqueólogo norteamericano de la Universidad de Yale, Hiram Bingham, descubrió en 1911. Según una versión de la historia de Machu Picchu, los incas construyeron la ciudad en una montaña para defender a las Mujeres Sagradas, esposas de su dios[2] el Sol. En este refugio de vírgenes, Bingham y otros arqueólogos descubrieron diez esqueletos de mujer por cada esqueleto de hombre.

Machu Picchu, la ciudad sagrada de los incas en Perú.

Arquitectura

Machu Picchu es la construcción

- Salir en tren y hacer un viaje de unos 120 kilómetros y después tomar un autobús a Machu Picchu. El viaje dura más o menos cuatro horas. Ésta es la opción más usada por los turistas.
- Hacer trekking por la ruta de "Camino del Inca". Si uno camina por esa ruta, tarda cuatro días en llegar. La experiencia es increíble, pero sólo es para personas a quienes les gustan las aventuras.
- Ir en helicóptero y después en autobús. El viaje es de un poco más de una hora y es posible ver vistas magníficas, pero no es posible ver Machu Picchu desde el helicóptero.

ACTIVIDAD 17 ¿Cierto o falso? Parte A: Después de leer sobre Machu Picchu, escribe **C** si la información es cierta y **F** si es falsa.

1. ____ Machu Picchu es la capital de los incas.
2. ____ Machu Picchu está en Lima.
3. ____ Un arqueólogo de los Estados Unidos descubrió Machu Picchu en 1911.
4. ____ Las construcciones de la ciudad tienen cemento.
5. ____ La lengua de los incas es el quechua.
6. ____ Las personas de Cuzco no hablan quechua.
7. ____ Para visitar Machu Picchu, muchos turistas van a Cuzco primero.

You will read excerpts from Spanish-language Internet pages about Machu Picchu and Peru at the end of Ch. 4 in your Workbook.

Parte B: Contesta estas preguntas.

1. Hay tres maneras de viajar de Cuzco a Machu Picchu. ¿Cuáles son?
2. ¿Cuál de las tres formas te gustaría utilizar y por qué?

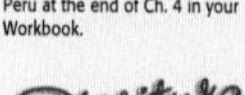

ESTRATEGIA: Brainstorming and Outlining

Brainstorming and outlining can help you better organize and plan your writing. The first step is to brainstorm ideas; you should jot down everything that comes to mind. The next step is usually outlining. An outline is an organized list of what you plan to write. When you brainstorm and outline, it is important to write in Spanish so that you don't try to say things that you have not studied yet. An outline for the first two parts of the guidebook selection on Machu Picchu may be as follows.

Historia de Machu Picchu
    2.400 metros; Bingham; 1911; Mujeres Sagradas
Arquitectura de Machu Picchu
    granito blanco; sin cemento; sin la rueda; sin hierro

Nuevos horizontes Escritura offers process-based writing correlated to the chapter grammar and vocabulary and strategies to help you improve your writing skills.

ACTIVIDAD 18 Un día típico Parte A: Brainstorm a list of things you do in a typical day. Remember to write in Spanish.

Parte B: Create an outline in Spanish, using the following headings. Add specific details under each one using items you brainstormed in Part A and any other details you want to add.

1. descripción de quién eres
2. qué haces un día típico
3. descripción de tus amigos
4. qué haces en tu tiempo libre

Parte C: Write a four-paragraph composition based on your outline.

When several items are listed in Spanish, there is no comma after **y: Estudio historia, sociología y español.**

Parte D: Double check to see if:

- you use words like **por eso, y, también,** and **pero** to connect ideas and enrich the interest level. If you don't, add them now.
- all verbs agree with their subjects, all adjectives agree with the nouns they modify, all articles (**el/la, un/una,** etc.) agree with the nouns they modify. If they don't, fix them now.

Parte E: Rewrite your description, staple it to your rough draft—also including the brainstorming and outline created in Parts A and B—and hand them in to your instructor.

Emphasis on Culture Develops Students' Awareness of the Spanish-Speaking World

Videoimágenes, located in even-numbered chapters, offers pre-, ongoing, and post-viewing activities for the *¡Claro que sí!* Video in order to improve your observational and listening skills and broaden your knowledge of Spanish-speaking cultures.

Videoimágenes

La vida universitaria

ACTIVIDAD 32 **En los EE.UU.** Antes de mirar un video sobre la vida universitaria en el mundo hispano, contesta estas preguntas sobre la vida universitaria en los Estados Unidos.

1. ¿Dónde viven los estudiantes normalmente? ¿En un colegio mayor? ¿En un apartamento? ¿Con su familia?
2. ¿Cuánto cuesta la matrícula en una universidad pública? ¿Y en una universidad privada? ¿Es cara la matrícula en tu universidad?
3. ¿De cuántos años es tu carrera universitaria? ¿Es igual o diferente para todas las especializaciones?
4. ¿Es normal tener clases en diferentes edificios o los estudiantes normalmente tienen todas sus clases en un edificio?
5. Si un estudiante quiere estudiar medicina o derecho, ¿cuál es el proceso? ¿Más o menos cuántos años tarda?
6. Al entrar en la universidad, ¿ya saben su especialización los estudiantes de este país? ¿Es normal cambiar de especialización durante los años universitarios?

6:37–9:14

ACTIVIDAD 33 **¿Qué estudias?** En este segmento muchos estudiantes del mundo hispano hablan sobre su universidad. Todas las universidades que mencionan son públicas, excepto San Francisco de Quito que es privada. Mira el video y completa las siguientes cinco tablas. Recuerda mirar las tablas antes de ver el video.

Universidad de Buenos Aires

Nombre	*Edad*	*Carrera*
Florencia	22	
Andrés		diseño de imagen y sonido
Natalia	22	paisajismo (*landscaping*)

Universidad Nacional Autónoma de México

Nombre	*Edad*	*Carrera*
Manuel	21	
Nicte-ha	19	

9:15–16:09

ACTIVIDAD 34 **¿Cuánto cuesta esa carrera?** En este segmento Javier habla con Victoria, y Mariela habla con Mario sobre las carreras de periodismo (*journalism*) y medicina respectivamente. Escucha a otros estudiantes universitarios y completa la siguiente tabla.

Universidad	*Carrera*	*Años*	*Costo de la matrícula de un año*
San Francisco de Quito	filosofía		$5.000
de Buenos Aires			gratuita – no cuesta nada
Complutense de Madrid	derecho		$400
Autónoma de México	X	X	¢

16:10–end

ACTIVIDAD 35 **El tiempo libre** Mira el siguiente segmento y haz una lista de lo que hacen los estudiantes en su tiempo libre. Luego compártela con el resto de la clase.

Useful vocabulary: **carrera** (*course of study*), **especialización** (*major*), **matrícula alta/baja** (*high/low tuition*), **ciudad universitaria** (*campus*).

ACTIVIDAD 36 **A comparar** En parejas, piensen en lo que vieron en el video y examinen las tablas de las **Actividades 33** y **34** para formar oraciones comparando la vida universitaria en el mundo hispano con la de este país. Sigan el modelo.

- En España generalmente cada facultad tiene bar y vende alcohol. En los EE.UU. hay cafeterías en diferentes partes de la ciudad universitaria y normalmente no venden alcohol.

Muchas universidades del mundo hispano son enormes, como la UNAM en el D.F. que tiene más de 270.000 estudiantes y la Universidad de Buenos Aires con más de 226.000. Por eso, a veces hay ciudades universitarias y a veces no. En el caso de Buenos Aires, las facultades están repartidas por toda la ciudad. Esto no es problemático porque generalmente los alumnos entran directamente de la escuela secundaria en las facultades de derecho, medicina, geología, etc. Luego asisten a todas sus clases en el mismo edificio con otros estudiantes de la misma especialización.

Do Web Search activities.

¿Lo sabían? cultural readings, in Spanish beginning in Chapter 4, offer information and insights on a range of cultural topics. Emphasizing practices, as well as cross-cultural comparisons, these readings expose you to and encourage you to discuss the diverse cultures of the Spanish-speaking world.

Program Components

Activities Manual: Workbook/Lab Manual

The Workbook provides a variety of practice to help you reinforce class work and develop your reading and writing skills. The Lab Manual, coordinated with the Audio CD program, provides a variety of pronunciation and listening comprehension practice, as well as the chapter conversations.

Workbook Answer Key

The Answer Key may be packaged with the Activities Manual at the discretion of your school.

Quia Online Activities Manual

An online version of the Activities Manual contains the same content as the print version in an interactive environment that provides immediate feedback on many activities.

In-Text Audio CD

Packaged with your textbook, this audio CD contains the text conversations.

Audio CD Program

The audio program, which coordinates with the Lab Manual, is available in your Language Lab or for purchase so that you can listen to the recordings at any time.

¡Claro que sí! *Video*

Filmed in Argentina, Ecuador, Mexico, Puerto Rico, and Spain, this new video to accompany *¡Claro que sí!* gives you the opportunity to learn about varied aspects of the Hispanic world. Nine episodes of cultural segments and interviews, each lasting approximately eight to ten minutes, focus on themes and language related to the textbook chapters, such as greetings, interviews with students, a wedding and a religious holiday, a visit to a restaurant, music and dance, and interviews with mothers of the Plaza de Mayo in Argentina.

¡Claro que sí! *Multimedia CD-ROM 1.0*

The dual-platform multimedia CD-ROM helps you practice each chapter's vocabulary and grammar, and provides immediate feedback so that you can check your progress in Spanish. Each chapter includes art- and listening-based activities and the opportunity to record selected responses to help you develop your reading, writing, listening, and speaking skills. Access to a grammar reference and Spanish-English glossary is available for instant help. The CD-ROM also contains complete chapter episodes and clips from the *¡Claro que sí!* video with related activities. A progress report for each chapter shows activities completed, as well as percentage of correct answers. Open-ended exercises can be emailed to your instructor or printed for correction.

¡Claro que sí! *Website*

The website written to accompany *¡Claro que sí!* contains search activities, ACE practice tests, chapter cultural links, flashcards, and MP3 files of the chapter conversations.

The **Search Activities** are designed to give you practice with chapter vocabulary and grammar while exploring existing Spanish-language websites. Although the sites are not written for students of Spanish, the tasks that you will be asked to carry out are, and you are not expected to understand every word.

The **ACE Practice Tests** contain a series of chapter-specific exercises designed to help you assess your progress and practice chapter vocabulary and grammar. The ACE PLUS exercises provide more extensive vocabulary and grammar practice for each chapter, and the ACE video exercises offer practice based on short clips from the *¡Claro que sí!* Video. These various ACE exercises provide immediate feedback and are ideal for practicing chapter topics and reviewing for quizzes and exams.

The cultural links offer additional cultural information on places and topics related to each chapter. These sites may be in English or Spanish. The flashcards, all in Spanish, allow you to quickly study or review each chapter's vocabulary.

To access the site, go to http://spanish.college.hmco.com/students.

Acknowledgments

The authors and publisher thank the following reviewers for their comments and recommendations, many of which are reflected in this new edition of *¡Claro que sí!*:

Rebeca Acevedo, Loyola Marymount University
Ellen Aramburu, University of Missouri at Rolla
Felice Coles, University of Mississippi
Karen A. Detrixhe, Wichita State University
Anita Gallers, Simon's Rock College of Bard
Margaret B. Haas, Kent State University
Roberta Holtzman, Schoolcraft College
María Jiménez Smith, Tarrant County College
Silvia Lorente-Murphy, Purdue University North Central
Ingrid Martinez-Rico, Florida Gulf Coast University
Robert Morris, Lander University
Kay E. Raymond, Sam Houston State University
David A. Rock, Huntingdon College
Ema Rosero-Nordalm, Boston University
Linda Semones, Montana State University
Rakhel Villamil-Acera, Emory University

We are especially grateful to the following people for their valuable assistance during the development and production of this project: Rolando Hernández and Sandy Guadano for their encouragement and support; Grisel Lozano-Garcini, our development editor, for her observations and sound suggestions; Rosemary Jaffe, our project editor, for juggling all aspects of production with ease; Jerilyn Kauffman for a clear and eye-catching design; our copyeditor, Steve Patterson; our production design coordinator, Sarah Ambrose; our art and photo editor, Linda Hadley; and our page designer, Cia Boynton. We thank Tina Crowley Desprez and Claudia Martínez for their support in marketing the program; and Rosa Maldonado-Bronnsack, Liby Moreno Carrasquillo, Martha Miranda Gómez, Virginia Laignelet Rueda, Olga Tedias-Montero, Victoria Junco de Meyer, Pilar Pérez Serrano, Alberto Dávila Suárez, Victoria Gardner, William Reyes Cubides, Ahmed Martínez, Peter Neissa, Michel Fernández, Dwayne Carpenter, Edgar Mejía, Cástulo Romero, Henry Borrero, and Rosa Garza Mouriño for their assistance answering questions about lexical items and cultural practices in the many countries that comprise the Spanish-speaking world.

Additionally, we would like to thank Norma Rusch for her musical talents; Sara Lehman and Patricia Fagan, who authored some activities in the Test and Quiz Bank; Louise Neary and Lauren Rosen for their work on the website activities; Heather Klish for her talents as a researcher; Louise Neary and Steve Budge for creating the CD-ROM activities; Cristina Schulze, Carmen Fernández, Charo Fernández, Ann Merry, and Viviana Domínguez for their help with the video program.

L.C.G.
D.R.
M.D.

Capítulo preliminar

Chapter Objectives

- Telling your name and where you are from
- Asking others their name and where they are from
- Greeting someone and saying good-by
- Telling the names of countries and their capitals
- Recognizing a number of classroom expressions and commands

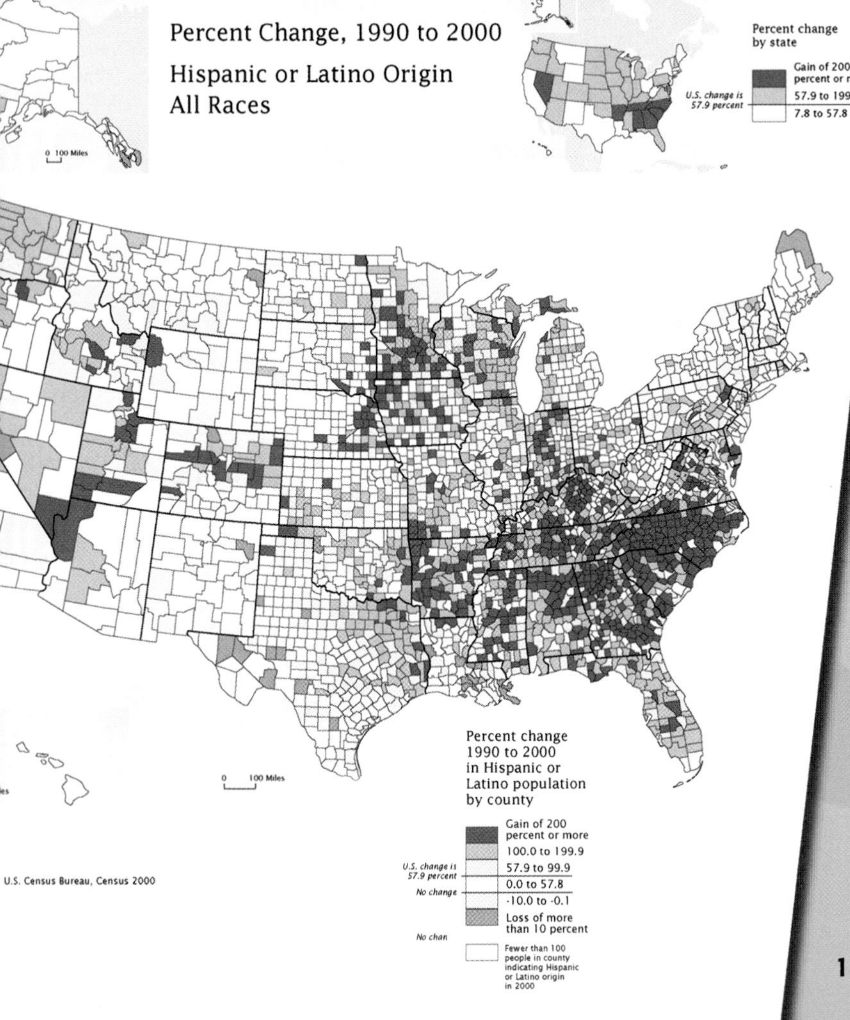

Datos interesantes

Los cinco países con mayor número de personas de habla española:

- México 100.000.000
- España 40.000.000
- Colombia 40.000.000
- Argentina 37.000.000
- Estados Unidos 25.000.000

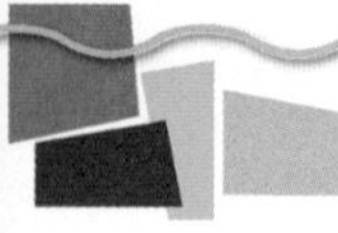

Las presentaciones

Students in La Paz, Bolivia.

A: Hola.
B: Hola.
A: ¿Cómo te llamas?
B: Me llamo Marisa. ¿Y tú?
A: Marta.
B: Encantada.
A: Igualmente.
B: ¿De dónde eres?
A: Soy de La Paz, Bolivia. ¿Y tú?
B: Soy de Caracas, Venezuela.
A: Chau.
B: Chau.

Spanish requires that punctuation marks be used at the beginning and end of questions and exclamations.

ACTIVIDAD 1 ¿Cómo te llamas? Take three minutes to meet as many people in your class as you can by asking their names. Follow the model.

- A: Hola. ¿Cómo te llamas?
  B: Me llamo [Jessica]. ¿Y tú?
  A: Me llamo [Omar].
  B: Encantada.
  A: Igualmente.
  B: Chau.
  A: Chau.

Men say **encantado** and women say **encantada**.

ACTIVIDAD 2 ¿De dónde eres? Ask four or five classmates where they are from. Follow the model.

◆ A: ¿De dónde eres?
B: Soy de [Cincinnati, Ohio]. ¿Y tú?
A: Soy de [Lincoln, Nebraska].

ACTIVIDAD 3 Hola . . . Chau Go to the front of the room and form two concentric circles with the people in the inner circle facing those in the outer circle. Each person should speak to the person in front of him/her and include the following in the conversation: greet the person, ask his/her name, find out where he/she is from, say good-by. When finished with a conversation, wait for a signal from your instructor; then the inner circle should move to the next person to their right and have the same conversation with a new partner.

▲ A Chilean professor greets a Puerto Rican professor at a conference.

A: Buenos días.
B: Buenos días.
A: ¿Cómo se llama Ud.?
B: Me llamo Tomás Gómez. ¿Y Ud.?
A: Silvia Rivera.
B: Encantado.
A: Igualmente.
B: ¿De dónde es Ud.?
A: Soy de Lima, Perú. ¿Y Ud.?
B: Soy de Chicago, Illinois.
A: Adiós.
B: Adiós.

Spanish has two forms of address to reflect different levels of formality. **Usted (Ud.)** is generally used when talking to people whom you would address by their last name (Mrs. Smith, Mr. Jones) or with the words "sir" and "madam." (What would you like, sir?) **Tú** is used when speaking to a young person and to people whom you would call by their first name.

Note: **Ud.** is the abbreviation of the word **usted** and will be used throughout this text.

ACTIVIDAD 4 **¿Cómo se llama Ud.?** Imagine that you are at a business conference. Introduce yourself to three people. Follow the model.

◆ A: Buenos días.
B: Buenos días.
A: ¿Cómo se llama Ud.?
B: Me llamo . . . ¿Y Ud.?
A: Me llamo . . .
B: Encantado/a.
A: Encantado/a.
B: Adiós.
A: Adiós.

Do Workbook Act. 1–4.

ACTIVIDAD 5 **¿De dónde es Ud.?** You are a businessman/businesswoman at a cocktail party and you are talking to other guests. Find out their names and where they are from. Follow the model.

◆ A: Buenas noches.
B: Buenas noches.
A: ¿Cómo se llama Ud.?
B: . . . ¿Y Ud.?
A: . . . ¿De dónde es (Ud.)?
B: Soy de . . .
A: Encantado/a.
B: . . .

Los saludos y las despedidas

Los saludos (Greetings)

Hola. Hi.
Buenos días. Good morning.
Buenas tardes. Good afternoon.
Buenas noches. Good evening.

¿Cómo estás?
¿Cómo está (Ud.)?
¿Qué tal? (*informal*)
} How are you?

¡Muy bien! Very well!
Bien. O.K.
Más o menos. So, so.
Regular. Not so good.
Mal. Lousy./Awful.

Las despedidas (Saying Good-by)

Hasta luego. See you later.
Hasta mañana. See you tomorrow.
Buenas noches. Good night./Good evening.
Adiós. Good-by.
Chau./Chao. Bye./So long.

Adiós is also used as a greeting when two people pass each other and want to say "Hi," but have no intention of stopping to chat.

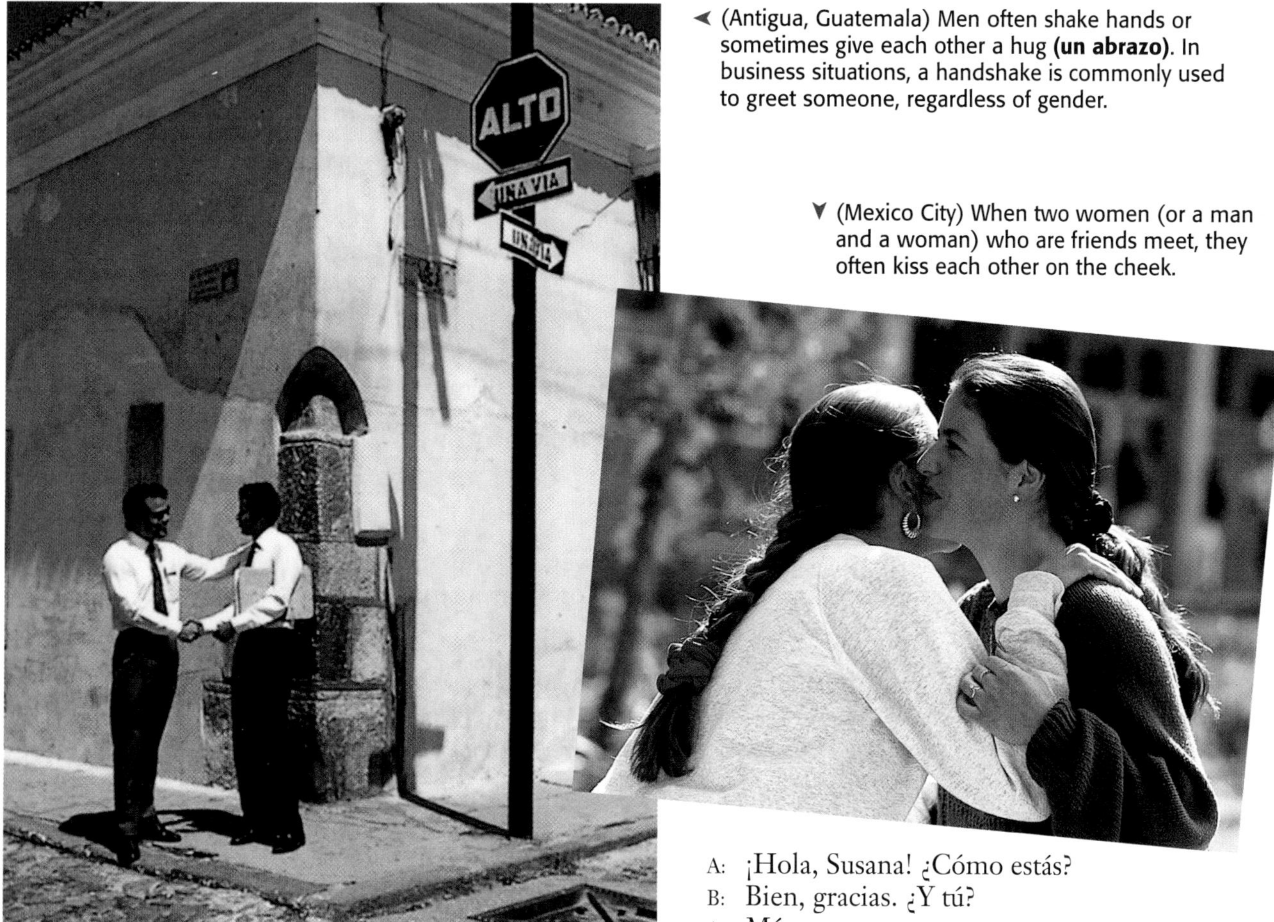

(Antigua, Guatemala) Men often shake hands or sometimes give each other a hug **(un abrazo)**. In business situations, a handshake is commonly used to greet someone, regardless of gender.

(Mexico City) When two women (or a man and a woman) who are friends meet, they often kiss each other on the cheek.

A: ¡Hola, Susana! ¿Cómo estás?
B: Bien, gracias. ¿Y tú?
A: Más o menos.

A: Buenos días, Sr. Ramírez.
B: Buenos días, Sr. Canseco. ¿Cómo está Ud.?
A: Muy bien. ¿Y Ud.?
B: Regular.

Formal = **¿Cómo está (Ud.)?**
Informal = **¿Cómo estás (tú)?**

Is the greeting in this activity title formal or informal?

Do Workbook Act. 5–7.

ACTIVIDAD 6 ¡Hola! ¿Cómo estás? Mingle and greet several classmates, ask how each is, and then say good-by. To practice using both **tú** and **Ud.**, address all people wearing blue jeans informally (use **tú**) and all others formally (use **Ud.**).

Países hispanos y sus capitales

La Paz, capital de Bolivia. ➤

Use the maps on the inside covers of your text to learn the names of Hispanic countries and their capitals. Follow your instructor's directions.

Otros países y sus capitales

Alemania	Berlín
Brasil	Brasilia
Canadá	Ottawa
(los) Estados Unidos	Washington, D.C.
Francia	París
Inglaterra	Londres
Italia	Roma
Portugal	Lisboa

Do Workbook Act. 8–11.

ACTIVIDAD 7 Capitales hispanas In pairs, take three minutes to memorize the capitals of the countries on either the front or back inside cover of your textbook. Your partner will memorize those on the opposite cover. Then go to the cover that your partner has studied and take turns asking the capitals of all the countries. Follow the model.

◆ A: (*Looking at the back inside cover*) ¿Cuál es la capital de Chile?

B: Santiago.

A: Correcto.

B: (*Looking at the front inside cover*) ¿Cuál es la capital de Costa Rica?

A: . . .

Spanish is spoken in many countries. Although Mandarin Chinese has the largest number of native speakers in the world, Spanish is second and is followed closely by English. The term *Hispanic*, as it is used in the United States by the U.S. government, is a broad term referring to people of diverse ethnic makeup from Spain and Latin America. Many Spanish speakers in the U.S. prefer the term **Latino** or **Latina**. Spanish is spoken in the following geographical areas by people of all races:

América
Norteamérica:
Estados Unidos,* México
Centroamérica:
Belice,* Costa Rica, El Salvador, Guatemala, Honduras, Nicaragua, Panamá
El Caribe:
Cuba, La República Dominicana, Puerto Rico
Suramérica:
Argentina, Bolivia, Chile, Colombia, Ecuador, Paraguay, Perú, Trinidad y Tobago,* Uruguay, Venezuela

Europa
Andorra, España, Gibraltar*

África
Guinea Ecuatorial

*Nations where Spanish is spoken by a large number of people, but it is not an official language.

World Languages
Primary language spoken by the 6 billion people in the world

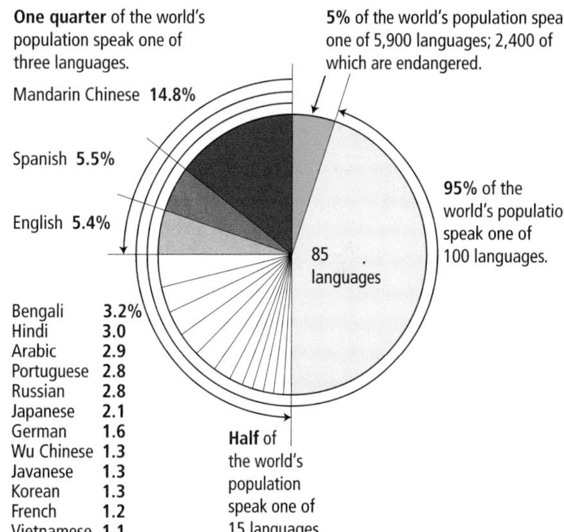

Adapted from *The Boston Globe*. Data from SIL Ethnologue.

NOTE: In the Spanish-speaking world, only five continents are recognized: **América** (includes North and South America), **Europa, Asia, África,** and **Oceanía** (includes Australia, New Zealand, and other islands in the Pacific Ocean).

Expresiones para la clase

Learn the following commands **(órdenes)** so that you can react to them when they are used by your instructor.

Órdenes

When two words are given (e.g., **Abre/Abran**), the first is an informal, singular command given to an individual and the second is a command given to a group of people.

Abre/Abran el libro en la página . . . Open your book(s) to page . . .
Cierra/Cierren el libro. Close your book(s).
Mira/Miren el ejercicio/la actividad . . . Look at the exercise/the activity . . .
Escucha./Escuchen. Listen.
Escribe./Escriban. Write.
Lee/Lean las instrucciones. Read the instructions.

Saca/Saquen papel/bolígrafo/lápiz. Take out paper/a pen/a pencil.
Repite./Repitan. Repeat.
Siéntate./Siéntense. Sit down.
Levántate./Levántense. Stand up.
[Vicente], pregúntale a [Ana] . . . [Vicente], ask [Ana] . . .
[Ana], contéstale a [Vicente] . . . [Ana], answer [Vicente] . . .
[María], repite la respuesta, por favor. [María], repeat the answer, please.
[María], dile a [Jorge] . . . [María], tell [Jorge] . . .

The following expressions will be useful in the classroom:

¿Cómo se dice . . . en español? How do you say . . . in Spanish?
¿Cómo se escribe . . . ? How do you spell . . . ?
¿Qué quiere decir . . . ? What does . . . mean?
¿En qué página, por favor? What page, please?
No entiendo./No comprendo. I don't understand.
No sé [la respuesta]. I don't know [the answer].
Más despacio, por favor. More slowly, please.
(Muchas) gracias. Thank you (very much).
De nada. You're welcome.

ACTIVIDAD 8 Las órdenes Listen to the commands your instructor gives you and act accordingly.

ACTIVIDAD 9 ¿Qué dirías tú? What would you say in the following situations?

1. The instructor is speaking very fast.
2. The instructor asks you a question but you don't know the answer.
3. You do not understand what the word **ejercicio** means.
4. You do not understand what the instructor is telling you.
5. You did not hear the page number.
6. You want to know how to say *table* in Spanish.

Deletreo y pronunciación de palabras: El alfabeto

ca, co, cu: c is pronounced like *c* in *cat*

ce, ci: c is pronounced like *c* in *center*

ga, go, gu: g is pronounced like *g* in *go* or softer, as in *egg*

ge, gi: g is pronounced like *h* in *hot*

h is always silent

Listen to the CD for each chapter to practice pronunciation.

A	a	**A**rgentina
B	be, be larga, be grande, be de burro	**B**arcelona
C	ce	**C**anadá, **C**entroamérica
CH	che	**Ch**ile
D	de	Santo **D**omingo
E	e	**E**cuador
F	efe	La **F**lorida
G	ge	**G**uatemala, Carta**g**ena
H	hache	**H**onduras
I	i	Las **I**slas Canarias
J	jota	San **J**osé
K	ca	**K**ansas
L	ele	**L**ima
LL	elle	Hermosi**ll**o

M	eme	**M**ontevideo
N	ene	**N**icaragua
Ñ	eñe	Espa**ñ**a
O	o	**O**viedo
P	pe	**P**anamá
Q	cu	**Q**uito
R	ere	Pe**r**ú
S	ese	**S**antiago
T	te	**T**oledo
U	u	**U**ruguay
V	uve, ve corta, ve chica, ve de vaca	**V**enezuela
W	doble uve, doble ve, doble u	**W**ashington
X	equis	E**x**tremadura
Y	i griega, ye	**Y**ucatán
Z	zeta	**Z**aragoza

The Spanish Language has twenty-nine letters, but in 1994, the tenth Congress of the Association of Academies of the Spanish Language decided to follow the alphabetical order of a number of other languages and thus eliminated the **ch (che)** and the **ll (elle)** as separate dictionary entries. Since the change is relatively recent, you may still see dictionaries that list words beginning with these letters separately from the **c** and the **l**. You may hear people say **che** or **ce hache** and **elle** or **doble ele**. The **rr**, although not considered a letter of the alphabet, is commonly identified as **erre,** but may also be called **ere ere** or **doble ere**.

Here are a few more useful facts concerning the Spanish alphabet:

- The letter **ñ** follows **n**. Therefore, **mañana** follows **manzana** (*apple*) in dictionaries. Although few words start with the **ñ**, dictionaries maintain a separate section for words beginning with **ñ.**
- The **k** and **w** are usually used with words of foreign origin.
- All letters are feminine, for example: **las letras son la *a*, la *b*, la *c***, etc.

ACTIVIDAD 10 ¿Cómo se escribe . . . ? Find out the name of two classmates and ask them to spell their last names. Follow the model.

◆ A: ¿Cómo te llamas?
B: Teresa Domínguez Schroeder.
A: ¿Cómo se escribe "Schroeder"?
B: Ese-ce-hache-ere-o-e-de-e-ere.

Do Workbook Act. 12.

ACTIVIDAD 11 Las siglas **Parte A:** The following organizations or places are frequently referred to by their acronym or abbreviation. Try to figure out which letters would go in the blanks below.

1. La **Unión Europea** es una organización de países de Europa y España es uno de los países. La ___ se abrevia en inglés *E.U.* (*European Union*).
2. El **Tratado de Libre Comercio** es un acuerdo (*treaty*) entre los Estados Unidos, México y Canadá. El comercio entre los países es libre. El _____ se llama en inglés *NAFTA* (*North American Free Trade Agreement*).
3. La **Organización de las Naciones Unidas** es una organización de los países del mundo. La sede está en Nueva York. La _____ se llama en inglés la *U.N.* (*United Nations*).
4. El **Distrito Federal** es el nombre de la zona donde está la ciudad de México. El ___ es el nombre común de la ciudad de México.
5. La **Organización del Tratado del Atlántico Norte** mantiene la paz y seguridad de los países que son miembros de la organización. La _______ se llama en inglés *NATO* (*North Atlantic Treaty Organization*).

Just as some people in the U.S. refer to Washington, D.C. as just "D.C.", Mexicans almost always call Mexico City **"el D. F."**.

Note: When the words are plural, the letters are normally doubled in the abbreviation: **Los Estados Unidos = EE. UU.** (Note that the periods come after each double letter.)

Parte B: In Spanish, it is common to pronounce abbreviations as words instead of stating every letter individually. How would you say the acronyms in numbers 3 and 5 above?

Acentuación (*Stress*)

For more information on syllabication and accentuation, see Appendix B.

Accents on stressed, capital letters can be written or omitted. For example: both **Álvaro** and **Alvaro** are correct. This book will use the former.

In order to pronounce words correctly, you will need to know the stress patterns of Spanish.

1 ◆ If a word ends in *n*, *s*, or a vowel **(vocal)**, stress falls on the next-to-last syllable **(penúltima sílaba)**.

re<u>**pi**</u>tan ↑ <u>**lla**</u>mas ↑ <u>**ho**</u>la ↑

2 ◆ If a word ends in any consonant **(consonante)** other than *n* or *s*, stress falls on the last syllable **(última sílaba)**.

espa<u>**ñol**</u> ↑ us<u>**ted**</u> ↑ regu<u>**lar**</u> ↑

3 ◆ Any exception to rules 1 and 2 has a written accent mark **(acento ortográfico)** on the stressed vowel. The underlined syllable represents where the stress would be according to the rules, and the arrow shows where the stress actually is when the word is pronounced. When the two do not coincide, the rules have been broken, and a written accent is needed.

tele<u>vi</u>**sión** ↑ te**lé**<u>fo</u>no ↑ **lá**<u>piz</u> ↑

With knowledge of the accent rules and a great deal of practice, you will always know where to stress a word if you first encounter it when reading and, upon hearing a Spanish word, you will be able to write it correctly.

NOTE: There are two other sets of words that require accents:

1 ◆ Question words such as **cómo, de dónde,** and **cuál** always have written accents.

2 ◆ Certain words have a written accent to distinguish them from similar words that are pronounced the same but have different meanings: **tú** (*you*), **tu** (*your*); **él** (*he*), **el** (*the*).

ACTIVIDAD 12 Énfasis Indicate the syllable where the stress falls in each word of the following sentences. Listen while your instructor pronounces each sentence.

1. ¿Có-mo es-tá, se-ñor Pé-rez?
2. La ca-pi-tal de Pe-rú es Li-ma.
3. ¿Có-mo se es-cri-be "Ne-bras-ka"?
4. Re-pi-tan la fra-se.
5. No com-pren-do.
6. Más des-pa-cio, por fa-vor.

Internet Do Workbook Act. 13–14, CD-ROM, and lab activities. For additional practice and cultural information access the *¡Claro que sí!* website. To do this, go to **http://spanish.college.hmco.com/students**, select the *¡Claro que sí!* textbook website, and bookmark this site for future reference.

ACTIVIDAD 13 Acentos Read the following words, stressing the syllables in bold type. Underline the syllables that would be stressed according to the rules. Then place arrows under the syllables that are stressed when the words are pronounced. If they do not coincide, add a written accent.

ultima   **úl**<u>ti</u>ma ↑

1. **ra**pido
2. Sala**man**ca
3. **la**piz
4. profe**sion**
5. profe**sor**
6. tele**gra**ma
7. ca**fe**
8. na**cio**nes
9. **Me**xico
10. doc**to**ra
11. **pa**gina
12. universi**dad**
13. pi**za**rra
14. **can**cer
15. Bogo**ta**
16. fan**tas**tico

Vocabulario funcional

Las presentaciones (*Introductions*)

¿Cómo te llamas?	*What's your name? (informal)*
¿Cómo se llama (usted)?	*What's your name? (formal)*
Me llamo . . .	*My name is . . .*
¿Y tú/usted?	*And you?*
Encantado/a.	*Nice to meet you. (literally, Charmed.)*
Igualmente.	*Nice to meet you, too. (literally, Equally.)*

El origen

¿De dónde eres?	*Where are you from? (informal)*
¿De dónde es usted?	*Where are you from? (formal)*
Soy de . . .	*I am from . . .*

Los saludos y las despedidas *See pages 4–5.*

Expresiones para la clase *See pages 7–8.*

El alfabeto *See pages 8–9.*

Países hispanos y sus capitales

¿Cuál es la capital de . . . ? — *What is the capital of . . . ?*

Estados Unidos	Washington, D.C.	América del Norte/ Norteamérica
México	México, D.F. (Distrito Federal)	
Costa Rica	San José	América Central/ Centroamérica
El Salvador	San Salvador	
Guatemala	Guatemala	
Honduras	Tegucigalpa	
Nicaragua	Managua	
Panamá	Panamá	
Argentina	Buenos Aires	América del Sur/ Suramérica
Bolivia	La Paz; Sucre	
Colombia	Bogotá	
Chile	Santiago	
Ecuador	Quito	
Paraguay	Asunción	
Perú	Lima	
Uruguay	Montevideo	
Venezuela	Caracas	
Cuba	La Habana	El Caribe
Puerto Rico	San Juan	
República Dominicana	Santo Domingo	
España	Madrid	Europa

Los protagonistas

These are the main characters you will be reading about throughout *¡Claro que sí*

1. **Vicente Mendoza Durán**, 26, Costa Rica
2. **don Alejandro Domínguez Estrada**, 55, Puerto Rico
3. **Teresa Domínguez Schroeder**, 22, Puerto Rico
4. **Álvaro Gómez Ortega**, 23, España
5. **Marisel Álvarez Vegas**, 19, Venezuela
6. **Claudia Dávila Arenas**, 21, Colombia
7. **Juan Carlos Moreno Arias**, 24, Perú
8. **Diana Miller**, 25, los Estados Unidos

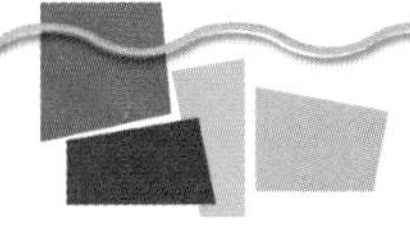

Study Tips

Two common sentences one can hear from people over 30 are the following:

I wish I had studied a foreign language.
I wish I had spent time in college studying abroad.

Learning a new language takes time, but the rewards are many. To avoid having any regrets, buckle down, study, and start to plan for a period of study abroad in a country where Spanish is spoken.

When studying a language, always remember that the goal of language study is communication. Learning a language does not mean memorizing vocabulary lists and studying grammar points. While grammar is one of the keys to communication, knowing grammar rules is not an end, but rather a means that enables you to express yourself in another language. As you learn more grammar rules and vocabulary, try to make your studying relevant to you as an individual. Each day ask yourself one question: What concepts can I express today in Spanish that I couldn't yesterday? For example, after studying the Preliminary Chapter you might say, "Now I can greet someone and find out where he/she is from."

¡Claro que sí! is based on the premise that **we learn by doing**. Trying to think in the language, without relying on translation, is the most effective way to learn. Try some of the following techniques to make the most of your study time.

1 ◆ **Have a positive attitude.**

2 ◆ **Study frequently.** It is better to study for a short while every day than to "cram" for an exam. If you learn something quickly, you tend to forget it quickly. If you learn something over time, your retention will improve.

3 ◆ **Focus on what function is being emphasized.** The word *function* refers to what you can do with the language. For example, *saying what you did yesterday* is a function, and in order to perform this function, you need to know how to form the *preterit tense* of verbs. Knowing the function makes it easier to see the purpose for studying a point of grammar.

- Focus on the title of each grammar explanation to understand the function being presented.
- Read examples carefully, keeping in mind the function.
- Create sentences of your own, using the grammar point presented to carry out the function emphasized.

4 ◆ **Idle time = Study time.** Try to spend otherwise nonproductive time studying and practicing Spanish. That will mean less "formal" studying and more time for other things. These spontaneous study sessions are a good way to learn quickly and painlessly while retaining a great deal.

- When learning numbers, say your friends' phone numbers in Spanish before dialing them, read license plates off cars, read numbers on houses, say room numbers before entering the rooms, etc.
- When learning descriptive adjectives (i.e., *tall*, *short*, *pretty*, etc.), describe people as you walk to class; when watching TV, make up a sentence to describe someone in a commercial; etc.

5 ◆ **Make personal flash cards that contain no translation.** Carry the flash cards with you and go through them as you ride the bus, use an elevator, watch commercials, etc. Once you learn a word, put that card on top of your dresser. At the end of each week, look through the pile of cards and take out any word you may have forgotten and put it in your active file. The growing pile of cards on your dresser will be a visual reminder of how many words, phrases, and verb conjugations you have learned.

- Draw a picture on one side of the card and write the Spanish equivalent on the other.
- Use brand names that mean something to you: If you use Prell shampoo, write Prell on one side of the card and **champú** on the other.
- Write names of people who remind you of certain words: If you think that Whoopi Goldberg is funny, write Whoopi Goldberg on one side and **cómica** on the other.

6 ◆ **Study out loud.** Verbalizing will help you retain more information, as will applying what you are studying to your own life.

- When you wake up in the morning, talk to yourself (in Spanish, of course): "I have to study calculus and I have to go to the bank. I'm going to write a letter today. I like to swim, but I'm going to go to the library."

7 ◆ **Write yourself notes in Spanish.** You can write shopping lists in Spanish, messages to your roommate, a "things-to-do list," etc.

8 ◆ **Speak to anyone who speaks Spanish.**

9 ◆ **Prepare for class each day.** This will cut down on your overall study time. It will also improve your class participation and make class more enjoyable for you.

10 ◆ **Participate actively in class.**

11 ◆ **Become a risk taker.** Don't be afraid to make mistakes. When you learn a language, you form hypotheses about what is correct and what is incorrect usage. When you speak or write in the language you will make mistakes. Making mistakes and learning from them is part of the learning process.

12 ◆ **Listen, watch, read, and enjoy.** As you study the language, start watching Spanish TV or movies and listen to a Spanish-language radio station in the car. Read all that you can in the language: labels on products, instructions for the telephone you just bought, Internet articles, and when you are ready, literature. This will increase your vocabulary, improve your listening comprehension and pronunciation, and will open your eyes to new cultures and ways of life.

Tips for Using the Workbook

1 ◆ Do homework and workbook assignments when assigned; don't wait until the night before a chapter of workbook activities is due to be turned in to your instructor. By doing homework on a daily basis, you increase your retention of information.

2 ◆ Study before trying to do the activities.

3 ◆ Check your answers with care. Pay attention to punctuation and accents. Write the corrections above your errors in a different color ink.

4 ◆ Learn from your mistakes. Write personal notes in the margins to explain or clarify the reason for a correction.

5 ◆ Ask your instructor questions to clarify any errors you don't understand.

6 ◆ When reviewing for exams, pay specific attention to the notes you made in the margins.

Tips for Using the Lab Audio Program

1 ◆ Listen to and do the pronunciation section when you begin to study each chapter.

2 ◆ Do the rest of the lab activities after studying the grammar explanation in the second half of each chapter.

3 ◆ Read the directions and the items in each activity in your Lab Manual before listening to the audio CD.

4 ◆ You are not expected to understand every word you hear on the audio CD. All you need to be able to do is to comprehend enough information to complete the activities in the Lab Manual.

5 ◆ Listen to the audio CD as many times as may be needed.

6 ◆ After correcting your answers in the Lab Manual, listen to the audio CD again. Having the answers will help you hear what you may have missed the first time.

Tips for Using the CD-ROM

1 ◆ Do the language practice activities after studying each point in class or as review for exams.

2 ◆ Check each answer as you complete the item to receive immediate feedback.

3 ◆ Brush up on grammar explanations, conjugations, etc. by clicking on the indicated button.

4 ◆ If you make an error, pay special attention to the hints given and learn from your mistakes.

5 ◆ Additional activities to practice language are available at the *¡Claro que sí!* website (see next section).

6 ◆ Do the video-based activities after studying the grammar in the second half of each chapter. These activities will help you to increase comprehension and to gain a greater understanding of the cultures of speakers of Spanish.

Tips for Using the Internet

1 ◆ After completing each chapter in the textbook, access the *¡Claro que sí!* website by going to this address: **http://spanish.college.hmco.com/students**. From this site, select the *¡Claro que sí!* textbook site, and bookmark this address for future reference.

2 ◆ When doing the *Web Search Activities*, you will be asked questions about information given in real Spanish-language websites that were not specifically created for students of Spanish. Concentrate on the task or information requested, without trying to understand everything. You will see many words you don't know

on Spanish-language sites; however, by doing the activities you will improve your reading and writing skills, acquire additional vocabulary, and learn about other peoples and their cultures.

3 ◆ The *ACE Practice Tests* on the website provide additional practice with language structures and offer helpful hints to assist you in mastering the material.

4 ◆ In addition to activities, the website includes cultural links that relate to each textbook chapter in the *Recursos* section. Click on these links to explore the sites and to learn more about the diversity of the Hispanic world.

5 ◆ Use the Internet to access additional information related to what you studied in class. Using Spanish when searching for a topic will give you Spanish-language sites. For example, if you are looking for information about the Prado Museum in Madrid, a search for "Prado Museum" would give you English language sites, while a search for "Museo del Prado" would give you sites in Spanish.

6 ◆ Beware of seeking language help in a chat room or by posting a question on the net. The quality and accuracy of responses is not to be trusted and, many times, the answers are simply dead wrong! If you have questions about use of language, see your instructor.

Tips for Learning About New Cultures

When using *¡Claro que sí!*, you will learn about other people and their cultures. When learning about the Spanish-speaking world, you will be confronted with stereotypes. Dr. Saad Eddin Ibrahim, a sociologist, states that "Stereotypes . . . are categorical beliefs about groups, peoples, nations and whole civilizations. They are over-generalized, inaccurate, and resistant to new information."

There are many stereotypes surrounding Spanish-speakers. Many are simply myths caused by years of misperceptions. For example, many people feel that Spanish-speakers in the U.S. are resistant to learning English and are living off welfare. Some use personal history to defend this point of view, making statements like "When my grandfather came to the United States, he . . ." These observations are commonly used to criticize and compare different immigrant groups. Statistics show Spanish-speaking immigrants are learning English as fast or faster than other immigrant groups in the United States have, and that eventually they do assimilate. But the constant influx of Spanish-speaking immigrants over the years may create the illusion of a lack of assimilation to the culture of the United States. Therefore a stereotype is created and it is through the tinted glasses of misperceptions that people are judged.

Remember that knowledge of a people gained through personal contact and speech, studying how they express themselves, reading newspapers and literature, watching movies, surfing the net, and listening to music can all help you to get a picture of the people and the cultures that comprise the Spanish-speaking world. In short, keep an open mind and learn all that you can.

Capítulo 1

Chapter Objectives

- Giving your age
- Telling what you do
- Identifying others and telling their age, origin, nationality, and occupation

The library at the **UNAM (Universidad Nacional Autónoma de México).**

Datos interesantes

	Número de estudiantes
Universidad Nacional Autónoma de México (UNAM)	271.524
Universidad de Buenos Aires (UBA)	226.073
Universidad Complutense de Madrid	114.778

	Fundada en
La primera universidad del hemisferio occidental: Universidad Nacional Mayor de San Marcos en Perú	1551
La primera universidad de los Estados Unidos: Harvard	1636

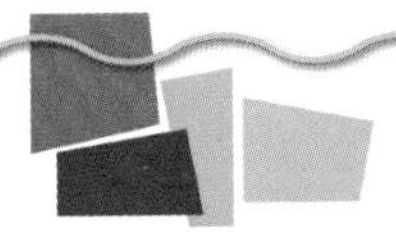

En el Colegio Mayor Hispanoamericano

Students at the Universidad Complutense, Madrid.

¿Cómo?	What? / What did you say?
No hay de qué.	Don't mention it. / You're welcome.

Teresa has just arrived in Madrid. She has come to Spain to study tourism and to help her uncle at his travel agency. In the following conversation, Teresa is registering at the dorm **(colegio mayor)** *where she will be living.*

ACTIVIDAD 1 ¿Qué escuchas? While listening to the conversation between Teresa and the receptionist, check only the phrases that you hear from each column.

_____ Buenos días.	_____ Buenas tardes.
_____ ¿Cómo te llamas?	_____ ¿Cómo se llama Ud.?
_____ ¿Cuál es su dirección?	_____ ¿Cuál es su número de pasaporte?
_____ Sí, soy de Puerto Rico.	_____ Sí, es de Puerto Rico.

RECEPCIONISTA	Un momento . . . ¿Sí? Buenos días.
TERESA	Buenos días.
RECEPCIONISTA	¿Cómo se llama Ud.?
TERESA	Soy Teresa Domínguez Schroeder.
RECEPCIONISTA	Domínguez . . . Domínguez . . . ¿Cómo? ¿Cómo es el segundo apellido?
TERESA	Schroeder.
RECEPCIONISTA	¿Cómo se escribe?
TERESA	Ese-ce-hache-ere-o-e-de-e-ere.
RECEPCIONISTA	Emmm . . . Domínguez Sánchez, Domínguez Salinas, ¡ah, Domínguez Schroeder! Y ¿cuál es su número de pasaporte?
TERESA	Un momento . . . por Dios . . . momentito . . . Ah, aquí está. Cero-dos-tres . . .
RECEPCIONISTA	Pasaporte americano . . . Ud. es puertorriqueña, ¿no?
TERESA	Sí, soy de Puerto Rico.
RECEPCIONISTA	Bueno, ¿y el número?
TERESA	Sí, sí, cero-dos-tres-uno-cinco-tres . . .
RECEPCIONISTA	Cero-dos-uno-cinco . . .
TERESA	No, cero-dos-tres–uno-cinco.
RECEPCIONISTA	Ah, tres-uno-cinco, ¿sí?
TERESA	Tres-seis-cuatro-cuatro.
RECEPCIONISTA	Treinta y seis, cuarenta y cuatro. Bien. Su habitación es la ocho, señorita.
TERESA	¿Cómo?
RECEPCIONISTA	La ocho.
TERESA	¡Ah! Muchas gracias, señor. Hasta luego.
RECEPCIONISTA	Adiós. No hay de qué.

Is this a formal or informal conversation?

Asking for a repetition

Discussing origin

People from Puerto Rico have U.S. passports and are U.S. citizens, even though they consider themselves Puerto Ricans. They travel freely to the U.S. and can legally obtain jobs here.

ACTIVIDAD 2 ¿Cierto o falso? After listening to the conversation again, write **C (cierto)** if the statement is true or **F (falso)** if the statement is false.

1. _____ Teresa es de Costa Rica.
2. _____ Ella se llama Teresa Schroeder Domínguez.
3. _____ El pasaporte es de los Estados Unidos.
4. _____ El número de su habitación es ocho.

In Hispanic countries, it is typical for students to attend a university or college in their hometown and live with their parents. When they attend a school outside their hometown, it is customary for them to stay with relatives who live in that city. When this is not possible, they may live in a dorm **(colegio mayor, residencia estudiantil)** that is usually independent from the university. Since in some countries dorms are almost nonexistent, it is possible to rent a room in a **pensión,** which is similar to a boarding house. A small number of students rent apartments. What do students in the United States do?

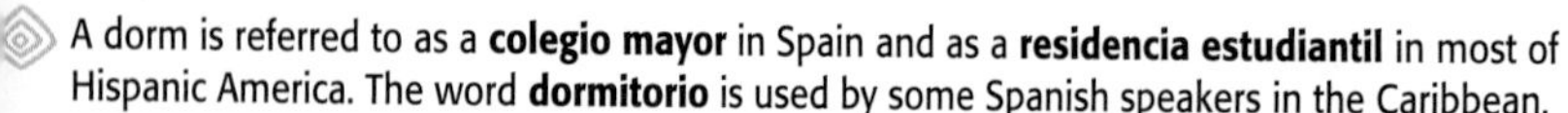

A dorm is referred to as a **colegio mayor** in Spain and as a **residencia estudiantil** in most of Hispanic America. The word **dormitorio** is used by some Spanish speakers in the Caribbean.

ACTIVIDAD 3 Teresa Domínguez Schroeder Many Spanish-speaking people use two last names, particularly for legal purposes. The first is the father's and the second is the mother's maiden name. Answer the following questions based on Teresa's family.

1. ¿El padre de Teresa es el Sr. Domínguez o el Sr. Schroeder? ¿Y cuál es el apellido de su madre?
2. ¿Teresa es la Srta. Domínguez o la Srta. Schroeder?

ACTIVIDAD 4 ¿Cómo te llamas? Meet three classmates. Introduce yourself and ask them where they are from. Follow the model.

◆ A: ¿Cómo te llamas?
B: . . . ¿Y tú?
A: . . .
B: Mucho gusto.
A: Igualmente.
B: ¿De dónde eres?
A: Soy de . . . ¿Y tú?
B: Yo también soy de . . . / Soy de . . .

You can say either **Me llamo José Ramos** or **Soy el Sr. Ramos / Me llamo Ana Peña** or **Soy la Srta./Sra. Peña.**

ACTIVIDAD 5 ¿Cómo se llama Ud.? You are Hispanic businesspeople visiting the United States. In pairs, introduce yourselves and ask each other where you are from, following the model. This is a formal conversation.

◆ A: ¿Cómo se llama Ud.?
B: Me llamo . . . ¿Y Ud.?
A: . . .
B: Encantado/a.
A: Igualmente.
B: ¿De dónde es Ud.?
A: De . . . ¿Y Ud.?
B: Soy de . . .

If you don't know, say, **No sé.**

ACTIVIDAD 6 ¿Cómo se llama? In pairs, ask each other questions to see how many of the other students' names you can remember. Also, tell where they are from. Follow the model.

◆ A: ¿Cómo se llama?
B: ¿Quién, él?

A: Sí, él.
B: ¡Ah! Él se llama . . .

A: No, ella.
B: ¡Ah! Ella se llama . . .

A: ¿De dónde es . . . ?
B: Es de . . .

Lo esencial I

I. Los números del cero al cien

To help you remember: All numbers from 16 to 29 (except 20) can be written as three words **(diez y seis)** or as one word **(dieciséis).** The latter is more common. Numbers from 31 to 99 are always written as three words **(treinta y uno).** Note that all numbers from 16 to 29 that end in **-s** have a written accent **(veintidós).**

0 cero
1 uno
2 dos
3 tres
4 cuatro
5 cinco
6 seis
7 siete
8 ocho
9 nueve
10 diez
11 once
12 doce
13 trece
14 catorce
15 quince
16 dieciséis
17 diecisiete
18 dieciocho
19 diecinueve
20 veinte
21 veintiuno
22 veintidós . . .
30 treinta, treinta y uno . . .
40 cuarenta, cuarenta y uno . . .
50 cincuenta, cincuenta y uno . . .
60 sesenta, sesenta y uno . . .
70 setenta, setenta y uno . . .
80 ochenta, ochenta y uno . . .
90 noventa, noventa y uno . . .
100 cien

Phone numbers are frequently read in pairs (**dos, treinta y tres,** etc.) and then clarified by reading one by one: **dos, tres, tres,** etc.

Phone numbers may have fewer than seven digits in Hispanic countries, depending on the size of the city or town.

ACTIVIDAD 7 ¿Cuál es tu número de teléfono? Mingle with your classmates to find out their telephone numbers.

- A: ¿Cuál es tu número de teléfono?

  B: Mi número de teléfono es 2-33-65-04 (dos, treinta y tres, sesenta y cinco, cero, cuatro).

  A: Dos, tres, tres, siete, cinco . . .

  B: No. Sesenta y cinco. Seis, cinco.

  A: Ahhh. Dos, tres, tres, seis, cinco, cero, cuatro.

  B: Correcto.

y = +
menos = −
por = ×
dividido por = ÷

ACTIVIDAD 8 Las matemáticas **Parte A:** Answer the following math problems according to the model.

◆ ¿Cuánto es catorce menos cuatro?
Es diez.

1. ¿Cuánto es cincuenta y nueve y veinte?
2. ¿Cuánto es setenta y dos dividido por nueve?
3. ¿Cuánto es diez por tres dividido por cinco?
4. ¿Cuánto es noventa y tres menos veinticuatro?

Parte B: Now write three math problems to quiz a partner. All answers must be 100 or less.

ACTIVIDAD 9 ¡Bingo! Complete the bingo card using randomly selected numbers in the following manner: Column B (between 1 and 19), Column I (between 20 and 39), Column N (between 40 and 59), Column G (between 60 and 79), and Column O (between 80 and 99). Cross out the numbers as you hear them.

B	I	N	G	O

II. Las nacionalidades

Adjectives of nationality are not capitalized in Spanish.

Practice using word associations: Salvador Dalí = **español**; Monty Python = **inglés** (etc.).

Make flash cards of things you associate with each country: **tango/argentino, enchilada/mexicana,** etc.

Soy de España. Soy español.

Soy de México. Soy mexicana.

Soy de Bolivia. Soy boliviano.

Soy de Nicaragua. Soy nicaragüense.

Otras nacionalidades y adjetivos regionales

Indio/a is used to refer to people from India. It is also used to refer to indigenous populations of the Americas, but may have a derogatory connotation. The word **indígena**—which has only one form ending in **-a** to describe both men and women—is preferred.

africano/a	colombiano/a	hondureño/a	peruano/a
asiático/a	cubano/a	indio/a	puertorriqueño/a
argentino/a	dominicano/a	italiano/a	ruso/a
boliviano/a	ecuatoriano/a	mexicano/a	salvadoreño/a
brasileño/a	europeo/a	panameño/a	uruguayo/a
chileno/a	guatemalteco/a	paraguayo/a	venezolano/a

NOTE: Adjectives of nationality ending in **-o** change to **-a** when describing a woman.

árabe	canadiense	costarricense	nicaragüense

NOTE: Adjectives of nationality ending in **-e** can be used to describe both men and women.

alemán/alemana	inglés/inglesa	portugués/portuguesa
francés/francesa	irlandés/irlandesa	

Review accent rules. See Appendix B (Stress).

NOTE: Note the accents on **alemán, francés, inglés, irlandés,** and **portugués.**

How a person from the United States is referred to varies in Hispanic countries. **Americano** is a misnomer, since all people from the Americas are Americans. In some Hispanic countries, such as Colombia, Venezuela, Peru, and Chile, an American may be called **un/a gringo/a,** which is not necessarily a derogatory term. But in Mexico, for example, **gringo/a** has a negative connotation. In countries such as Spain, Mexico, and Argentina, an American is usually called **un/a norteamericano/a.** These terms are used since the word **estadounidense** is somewhat cumbersome. **Estadounidense** is used primarily in formal writing, when filling out forms, or in formal speech, such as newscasts.

ACTIVIDAD 10 ¿De qué nacionalidad es? In pairs, alternate asking and answering questions about the nationalities of these people.

◆ A: ¿De qué nacionalidad es Bill Cosby?
B: Es norteamericano.

1. Elton John
2. Henry Kissinger
3. Michelle Kwan
4. Gérard Dépardieu
5. Paloma Picasso
6. Plácido Domingo
7. Celine Dion
8. Mikhail Baryshnikov
9. Sammy Sosa

ACTIVIDAD 11 Gente famosa In groups of three, have a competition. One person says the name of a famous person and the others guess the country and state the nationality. Follow the model.

- Pedro Martínez es de la República Dominicana; entonces es dominicano.

Remember: **Origen** refers to one's heritage, not to where one was born.

Note: **Y** becomes **e** before words beginning with **i** or **hi: historia y español** but **español e historia.**

ACTIVIDAD 12 El origen de tu familia In groups of five, find out the ancestry of your group members. Follow the model.

- A: ¿Cuál es el origen de tu familia?
  B: Mi familia es de origen alemán e italiano.

Hacia la comunicación I

I. Introductions: Subject Pronouns and *Llamarse*

After having used Spanish to communicate with your classmates, try to answer a few questions about what you have learned. What is the difference between **él se llama** and **ella se llama?** If you said the first refers to a man and the second to a woman, you were correct. In Spanish, as in English, pronouns **(yo, tú, Ud., él, ella)** can help to clarify the subject of a verb. But, in Spanish, unlike English, the pronoun is optional.

In the sentence **Me llamo Juan,** what is the subject? If you said **yo,** you were correct. There is no ambiguity here and **yo** is the only option (**me llamo**—both **me** and **-o** indicate the subject of the verb). Now look at this sentence and try to identify the subject: **¿Cómo se llama?** There are three options: **Ud., él, ella.** In this case, a pronoun is mainly used to provide clarity.

Therefore, the pronouns **yo** and **tú** are only used for emphasis at the discretion of the speaker; **Ud., él,** and **ella** are used either for emphasis or, more importantly, for clarity.

To summarize what you have learned, the singular subject pronouns are as follows:

Singular Subject Pronouns	
yo	I
tú	you (familiar, singular)
usted (Ud.)	you (formal, singular)
él	he
ella	she

The singular forms of the verb **llamarse** (*to call oneself*) are as follows:

llamarse	
yo	**Me llamo** Miguel.
tú	¿Cómo te **llamas**?
Ud.	¿Cómo **se llama** Ud.?
él	¿Cómo **se llama** él?
ella	Ella **se llama** Carmen.

Remember: Subject pronouns in Spanish are optional and are generally used only for clarification, emphasis, and contrast. In most cases, the conjugated verb forms indicate who the subject is.

II. Stating Origin: *Ser* + *de*, *Ser* + nationality

How would you ask your new roommate where he/she is from? If you answered **¿De dónde eres?** you were correct since you would use the **tú** form of address when speaking to someone you call by his/her first name. **Tú** would only be added to the question for emphasis at the speaker's discretion.

How would you ask a professor where he/she is from? If you said **¿De dónde es Ud.?** you were correct since you would use the **Ud.** form of address when speaking to someone you would call by his/her last name. In the question **¿Es de Uruguay?**, what are the possible subjects of the verb? There are three possibilities: **Ud., él,** and **ella.** Just as you learned with **llamarse,** a pronoun is frequently used with verbs in Spanish to provide clarity.

The singular forms of the verb **ser** (*to be*) are the following:

The subject pronoun *it* uses the third person singular form of the verb, in this case **es,** and has no subject pronoun equivalent in Spanish. For example: **¿Qué es? Es una computadora.**

As shown in the examples, origin can be expressed in the following ways:
ser + **de** + city/country
ser + nationality

ser	
yo	**Soy** de Ecuador.
tú	¿**Eres** guatemalteco?
Ud.	¿De dónde **es** Ud.?
él	Él **es** de San Francisco.
ella	Ella **es** española.

Remember : The pronouns **yo** and **tú** are only used for emphasis at the discretion of the speaker, but **Ud., él,** and **ella** can be used for emphasis or for clarity.

III. Indicating One's Age: *Tener*

One of the uses of the verb **tener** is to indicate one's age. The following are the singular forms of the verb **tener** in the present indicative:

tener	
yo	**Tengo** treinta años.
tú	¿Cuántos años **tienes**?
Ud.	¿Cuántos años **tiene** Ud.?
él	Él **tiene** diecinueve años.
ella	Ella **tiene** veintiún años.*

Remember: As with all verbs in Spanish, the pronouns can be used for emphasis or clarity. The overuse of **yo** and **tú** when speaking or writing Spanish sounds redundant, so when in doubt, omit them.

Do Workbook *Práctica mecánica I* and corresponding CD-ROM activities.

***NOTE:** The number **veintiuno** loses its final **-o** when followed by a masculine noun. When the **-o** is dropped, an accent is needed over the **-u.**

ACTIVIDAD 13 Dos conversaciones In pairs, construct two logical conversations using the sentences that follow. Note: Each conversation contains two extra lines that do not belong and should not be included.

Conversación 1

_____ ¿Es de Caracas?

__2__ Me llamo Roberto, ¿y tú?

_____ No, soy de Venezuela.

_____ Sí, es de la capital.

_____ ¡Mi amigo es venezolano también!

_____ Se llama Marta.

_____ Felipe. ¿Eres de Colombia?

_____ No, es de Cancún.

_____ Se llama Pepe.

_____ ¿Ah sí? ¿Cómo se llama él?

__1__ ¿Cómo te llamas?

Conversación 2

_____ No, es de Bogotá.

_____ Se llama Ana.

_____ Soy la Srta. Mejía, ¿y Ud.?

_____ ¿Ah sí? ¿Cómo se llama?

_____ ¡Ah! Mi amiga es colombiana también.

_____ No, es de Medellín.

__1__ ¿Cómo se llama Ud.?

_____ ¿Ah sí? ¿Cómo se llama él?

_____ ¿Es de la capital ella?

_____ Soy el Sr. Mendoza, de Colombia.

▲ Students in Lima, Peru.

ACTIVIDAD 14 ¿Cómo se llama y de dónde es? In pairs, take turns naming as many of your classmates and their hometowns as you can remember. Follow the model and point at each person you name.

◆ A: Ella se llama María y es de Milwaukee.
B: Él se llama Víctor. No sé de dónde es.

ACTIVIDAD 15 ¿Cuántos años tienes? **Parte A:** Ask several of your classmates their age.

◆ A: ¿Cuántos años tienes?
B: Tengo . . . años.

Parte B: In pairs, ask each other questions to find out the ages of the people in the class whom you didn't get a chance to ask in **Parte A** of this activity.

◆ A: ¿Cuántos años tiene él?

B: Tiene . . . años. B: No sé cuántos años tiene.

In Hispanic countries it is not proper to ask someone his or her age, especially a middle-aged or older woman. Moreover, age is not commonly given in Hispanic newspaper articles when describing brides and grooms, political candidates, or criminals; neither does it appear in obituaries. Do any of these practices apply in the United States?

UNION DE CASTRO CASTAÑEDA Y RODRIGUEZ RODRIGUEZ

Helena De Castro Castañeda y Francisco Rodríguez Rodríguez, se casaron por la religión católica, en la Capilla de Nuestra Señora del Carmen, en Campo Alegre. La encantadora novia fue conducida al altar por su padre, luciendo un bellísimo vestido confeccionado en santug de seda. Cursaron las invitaciones para la boda los padres de ambos contrayentes.
La novia es hija de Eduardo de Castro Benedetti y de Finita Castañeda de Castro, y el novio de Francisco Rodríguez Sobral y de Berta Rodríguez de Rodríguez.
La recepción fue celebrada en la Quinta Campo Claro.

ACTIVIDAD 16 ¿Qué recuerdas? In pairs, take turns saying as much as you can about several members of the class. Follow the model.

◆ Ella se llama Elvira, es de Atlanta y tiene veintidós años.

ACTIVIDAD 17 Tú y él/ella Write a few sentences introducing yourself and introducing a classmate. State your names, ages, and where each of you is from.

ACTIVIDAD 18 En el colegio mayor In pairs, select role **(papel)** A or B and follow the instructions for that role. Do not look at the information given for the role your partner plays. When you finish, role play the second situation.

Situación 1: Papel A

You are Juan Carlos Moreno Arias and you are registering at a dorm. Give the necessary information to the receptionist when he/she asks you. Here is the information you will need:

Juan Carlos Moreno Arias Perú 24 años
Número de pasaporte: 5-66-45-89

Situación 1: Papel B

You are the receptionist and you have to ask a new student questions to fill out the registration card below. Remember to address the new student using the **Ud.** form.

Colegio Mayor Hispanoamericano
Nombre ☐☐☐☐☐☐☐☐☐☐☐☐☐☐☐☐
Apellidos ☐☐☐☐☐☐☐☐☐☐☐☐☐☐☐☐☐☐☐
Edad ☐☐ País de origen ☐☐☐☐☐☐☐☐☐☐☐☐
Número de pasaporte ☐☐☐☐☐☐☐☐☐

Situación 2: Papel A

You are the receptionist and you have to ask a new student questions to fill out the registration card above. Remember to address the new student using the **Ud.** form.

Situación 2: Papel B

You are Marisel Álvarez Vegas and you are registering at a dorm. Give the necessary information to the receptionist when he/she asks you. Here is the information you will need:

Marisel Álvarez Vegas Venezuela 19 años
Número de pasaporte: L 7456824

Do Workbook *Práctica comunicativa I* and corresponding CD-ROM activities.

Nuevos horizontes

Lectura

Typically, you scan the phone book, stats for a ball game, etc. Can you think of other types of readings you might scan?

ESTRATEGIA: Scanning

In this book, you will learn specific techniques that will help you to become a proficient reader in Spanish. In this chapter, the focus is on a technique called *scanning*. When scanning, you look for specific bits of information as if you were on a search-and-find mission. Your eyes function as radar, ignoring superfluous information and zeroing in on the specific details that you set out to find.

ACTIVIDAD 19 **Completa la ficha** Look at the registration card below to see what information is requested. Then scan Claudia's application form for the **Colegio Mayor Hispanoamericano** to find the information you need and fill out the registration card.

Colegio Mayor Hispanoamericano
Nombre ☐☐☐☐☐☐☐☐☐☐☐☐☐☐☐☐
Apellidos ☐☐☐☐☐☐☐☐☐☐☐☐☐☐☐☐☐☐☐
Edad ☐☐ País de origen ☐☐☐☐☐☐☐☐☐☐☐☐
Número de pasaporte ☐☐☐☐☐☐☐☐☐
Dirección ☐☐☐☐☐☐☐☐☐☐☐☐☐☐☐☐☐☐☐☐☐☐☐
Ciudad ☐☐☐☐☐☐☐☐☐☐☐☐
País ☐☐☐☐☐☐☐☐☐☐☐☐
Prefijo ☐☐☐ Teléfono ☐☐☐☐☐☐☐

soltera = single

Colegio Mayor Hispanoamericano
No. 78594
Solicitud de admisión para estudiantes extranjeros

Sr./Sra./Srta. *Claudia Dávila Arenas* hijo/a de *Jesús María Dávila Cifuentes* y de *Elena Arenas Peña*, nacido/a en la ciudad de *Cali*, *Colombia* el *15* de *febrero* de *1985*, de nacionalidad *colombiana*, estado civil *soltera*, número de pasaporte *AC 67 42 83*, con domicilio en *Calle 8 No. 15–25 Apto. 203* de *Colombia*, en el país de *Colombia* de la ciudad de *Cali*, número teléfono: prefijo *23*, número *67–75–52*, solicita admisión en el Colegio Mayor Hispanoamericano con fecha de entrada del *2* de *octubre* de *2004* y permanencia hasta el *30* de *junio* de *2005*.

CDávila

Firmado el día *19* de *enero* de *2004*

Lo esencial II

Las ocupaciones

1. economista
2. médico, doctor/doctora
3. dentista
4. ingeniero/ingeniera
5. estudiante
6. deportista (profesional)
7. recepcionista
8. actor/actriz
9. director/directora

Otras ocupaciones

abogado/abogada lawyer
agente de viajes travel agent
ama de casa housewife
camarero/camarera waiter/waitress
cantante singer
comerciante business owner
escritor/escritora writer, author
hombre/mujer de negocios businessman/businesswoman
periodista journalist
programador/programadora de computadoras computer programmer
secretario/secretaria secretary
vendedor/vendedora store clerk

ACTIVIDAD 20 ¿Quiénes son y qué hacen? In pairs, look at the following pictures and try to match them with the descriptions below. Take turns pointing to a photo and stating the person's name, origin, profession, and age.

_____ 1. Pedro Almodóvar, director, España, 1949
_____ 2. Sandra Cisneros, escritora, Estados Unidos, 1954
_____ 3. Gabriel Batistuta, futbolista, Argentina, 1969
_____ 4. Olga Tañón, cantante, Puerto Rico, 1967

D

ACTIVIDAD 21 ¿Qué hacen tus padres? In pairs, role play the parts of Claudia and Vicente. "A" covers Column B and "B" covers Column A. You are meeting each other for the first time. Introduce yourselves and ask questions about each other's parents: their names, where they are from, what they do, and how old they are.

- A: ¿Qué hace tu padre?
  B: Mi padre es economista.

A. Los Dávila de Colombia

madre—46 años
ama de casa

padre—48 años
hombre de negocios

Claudia—21 años

B. Los Mendoza de Costa Rica

padre—57 años
economista

madre—49 años
abogada

Vicente—26 años

Está jubilado/a. = He/She is retired.

ACTIVIDAD 22 **¿Qué hace tu padre? ¿Y tu madre?** Interview several classmates and ask them what their parents do.

En la cafetería del colegio mayor

¿Qué hay?	What's up?
¡Oye!	Hey!
entonces	then (when *then* means *therefore*)

Note: The word **cafetería** varies in meaning from country to country. It can be a restaurant, a self-service restaurant, or bar that serves coffee, sodas, alcohol, and snacks.

*After settling in at the dorm, Teresa goes to the **cafetería;** there she joins her new friend, Marisel Álvarez Vegas, who is from Venezuela. Marisel has lived at the dorm for a while and is telling Teresa who everyone is.*

ACTIVIDAD 23 **¿Quién con quién?** Look at the scene in the **cafetería.** While listening to the conversation, find out who is talking with whom. Label the drawing. The names of the people are Juan Carlos, Diana, Marisel, Teresa, Álvaro, and Vicente.

TERESA Hola, Marisel.
MARISEL Hola, ¿qué hay?
TERESA Oye, dime, ¿quién es ella?
MARISEL ¿La chica? Es Diana.
TERESA ¿Es de España?

Negating

MARISEL No, es de los Estados Unidos, pero es de origen mexicano.
CAMARERO ¿Qué toman Uds.?
TERESA Yo, una Coca-Cola.
MARISEL Para mí, una Fanta de limón.
CAMARERO Una Coca-Cola y una Fanta de limón.
MARISEL Eso es. Gracias.
TERESA ¿Y . . . y ellos? ¿Quiénes son?

Giving information

MARISEL Se llaman Juan Carlos y Vicente. Juan Carlos es de Perú y Vicente es de Costa Rica.

Expressing amazement

TERESA ¡Huy! ¡Entonces todos somos de América!
MARISEL No, no. El chico que está con Diana es de España, de Córdoba.
TERESA ¿Y, cómo se llama?
MARISEL Álvaro Gómez.

Asking for confirmation

TERESA Todos son estudiantes, ¿no?
MARISEL Pues, sí y no; son estudiantes, pero Diana también es profesora de inglés.

Since Spain became a part of the European Union in 2002, the euro has replaced the peseta as the Spanish currency.

CAMARERO La Coca-Cola y la Fanta, cinco euros cincuenta, por favor.
MARISEL Gracias.
CAMARERO No hay de qué.

ACTIVIDAD 24 Completa la información As you listen to the conversation again, complete the following chart.

Nombre	*País*
Diana	
	Perú
	Costa Rica
Álvaro	

ACTIVIDAD 25 Presentaciones From the people you have met in your class, choose two from the same city or state. Introduce them to your classmates and say where they are from.

- Son . . . y son de . . .

Hacia la comunicación II

I. Talking About Yourself and Others

A. Subject Pronouns in the Singular and Plural

Vosotros/as is used only in Spain.

Subject Pronouns			
yo	I	**nosotros** / **nosotras**	we
tú	you (informal)	**vosotros** / **vosotras**	you (plural informal)
Ud. (usted)	you (formal)	**Uds. (ustedes)**	you (plural formal/informal)
él	he	**ellos** / **ellas**	they
ella	she		

B. Singular and Plural Forms of the Verbs *Llamarse*, *Tener*, and *Ser*

Note accents on question words.

llamarse			
yo	**Me llamo** Ana.	nosotros / nosotras	**Nos llamamos** los Celtics.
tú	¿Cómo **te llamas**?	vosotros / vosotras	¿Cómo **os llamáis**?
Ud.	¿Cómo **se llama** Ud.?	Uds.	¿Cómo **se llaman** Uds.?
él	**Se llama** Vicente.	ellos	**Se llaman** Vicente y Diana.
ella	**Se llama** Diana.	ellas	**Se llaman** Teresa y Marisel.

tener			
yo	**Tengo** 20 años.	nosotros / nosotras	**Tenemos** 20 años.
tú	¿Cuántos años **tienes**?	vosotros / vosotras	¿Cuántos años **tenéis**?
Ud.	Ud. **tiene** 25 años, ¿no?	Uds.	Uds. **tienen** 25 años, ¿no?
él / ella	¿**Tiene** 19 años?	ellos / ellas	¿**Tienen** 19 años?

In this chapter you have seen three uses of the verb **ser:**

1 ◆ **Ser** + **de** + *city/country* or **Ser** + *nationality* to indicate origin

2 ◆ **Ser** + *name* to identify a person **(= llamarse)**

3 ◆ **Ser** + *occupation* to identify what someone does for a living

ser			
yo	**Soy** dentista.	nosotros / nosotras	**Somos** de Chile.
tú	¿**Eres** hondureño?	vosotros / vosotras	¿De dónde **sois**?
Ud.	¿Quién **es** Ud.?	Uds.	¿Quiénes **son** Uds.?
él / ella	Él **es** arquitecto. / Ella **es** Diana.	ellos / ellas	**Son** de Perú.

II. Singular and Plural Forms of Adjectives of Nationality

In the first part of the chapter you learned how to state someone's nationality. Which of the following adjectives of nationality would you use to refer to a woman: **español, árabe, salvadoreña, alemana, guatemalteco?** If you answered **árabe, salvadoreña,** and **alemana,** you were correct. If you were referring to two men, which of the following adjectives of nationality would you use: **españoles, árabes, salvadoreñas, alemanas, guatemaltecos?** If you said **españoles, árabes,** and **guatemaltecos,** you were correct. You used logic, intuition, and your knowledge of language in general to arrive at these choices.

To form the plural of adjectives ending in **-o, -a,** or **-e,** simply add an **-s.**

Soy panameñ**o.**	Nosotros somos panameñ**os.**
Ella es ingles**a.**	Ellas son ingles**as.**
Ud. es árab**e.**	Uds. son árab**es.**

To form the plural of adjectives ending in a consonant, add **-es.**

Él es españo**l.**	Ellos son español**es.**
Soy alemá**n.**	Son aleman**es.**

NOTE: The accent is only used in the masculine singular form of **alemán.**

III. Asking and Giving Information: Question Formation

1 ◆ Information questions begin with question words such as **cómo, cuál, cuántos, de dónde, qué,** and **quién/es.** Note the word order in the question and in the response.

¿Question word + verb + (subject)? ⟶ (Subject) + verb . . .

¿De dónde es Álvaro?	(Él) es de España.
¿Cómo se llama (ella)?	(Ella) se llama Teresa.

2 ◆ Questions that elicit a yes/no response are formed as follows:

¿Es Marisel?	Sí, es Marisel.
¿Es Marisel de Venezuela? ¿Es de Venezuela Marisel?	Sí, Marisel es de Venezuela.

You can also add the tag question **¿no?** or **¿verdad?** to the end of a statement.

Marisel es de Venezuela, **¿no?** Marisel es de Venezuela, **¿verdad?**	Sí, Marisel es de Venezuela.

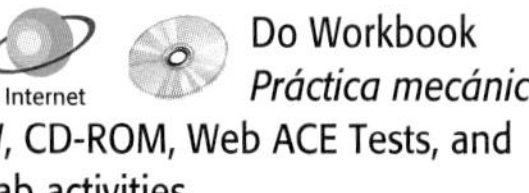

Do Workbook *Práctica mecánica II*, CD-ROM, Web ACE Tests, and lab activities.

IV. Negating

1 ◆ In simple negation, **no** directly precedes the verb.

Ellos **no** son de México.
No se llama Marisel.

2 ◆ Answering a question with negation:

¿Son ellas de Perú?	**No,** ellas **no** son de Perú. **No,** ellas son de Panamá.

ACTIVIDAD 26 ¿De dónde son? In pairs, alternate asking and answering questions about where the following people are from. Follow the model.

◆ A: ¿De dónde es Antonio Banderas?

B: Es de España. B: No sé.

A: ¡Ah! Es español.

1. Penélope Cruz
2. Fergie y la reina Isabel
3. Salma Hayek y Carlos Santana
4. Rigoberta Menchú
5. Sofía Loren y Donatella Versace
6. Benicio Del Toro y Héctor Elizondo
7. Paul Schaeffer y Michael J. Fox
8. Gabriel García Márquez y Juan Valdés

ACTIVIDAD 27 ¿Toledo o Toledo? Vicente and Juan Carlos are talking about their friends. Choose the correct responses to have a conversation with a partner.

Vicente	**Juan Carlos**
¿Quiénes son ellas?	a. Son Diana y Álvaro. b. Son Diana y Teresa. c. Es Diana.
Teresa es suramericana, ¿no?	a. No, no es de Puerto Rico. b. No, es de Puerto Rico. c. No. Él es de Puerto Rico.
Y Diana, ¿también es de Puerto Rico?	a. No, es de Toledo. b. No, no es de España. c. No es puertorriqueña.
¡Ah! Es española.	a. No, no es de los Estados Unidos. b. No es de Ohio. c. No, es de Toledo, Ohio.

ACTIVIDAD 28 ¿Y tus padres? In pairs, interview your partner to find out his/her parents' names, where they are from, what they do, and how old they are.

◆ A: ¿Cómo se llaman tus padres?
B: Mis padres se llaman . . .

ACTIVIDAD 29 Vecinos en la residencia estudiantil Assume a Hispanic name. In pairs, talk with other pairs and pretend you are with your roommate, meeting your new neighbors at the dorm. Get to know them by asking questions to elicit the following information: **nombre, origen, edad** (*age*).

◆ A: ¡Hola! Somos sus vecinos. Yo me llamo . . .
B: Y yo me llamo . . . Y Uds., ¿cómo se llaman?
C: . . .

ACTIVIDAD 30 ¡Hola! Soy un estudiante nuevo In pairs, imagine that one of you is a new student who has just transferred into the class. Ask your partner questions to learn about other students. Use questions such as: **¿Cómo se llaman ellos? ¿De dónde es él? ¿Quiénes son ellas?**

Remember: **¿ . . . ?** and accents on question words.

ACTIVIDAD 31 Preguntas y respuestas In three minutes, use the question words you have learned **(cómo, cuál, cuántos, de dónde, qué, de qué, quién/es)** to write as many questions as you can about the characters you have met in this chapter (Teresa, Claudia, Juan Carlos, Vicente, Diana, Álvaro, and Marisel). Then, in groups of four, quiz each other using the questions you have written.

Internet Do Workbook *Práctica comunicativa II* and the *Repaso* section. Do CD-ROM, Web ACE Tests, and lab activities.

ACTIVIDAD 32 ¿De qué nacionalidad son? Look at the following pictures and try to guess the nationalities of the people.

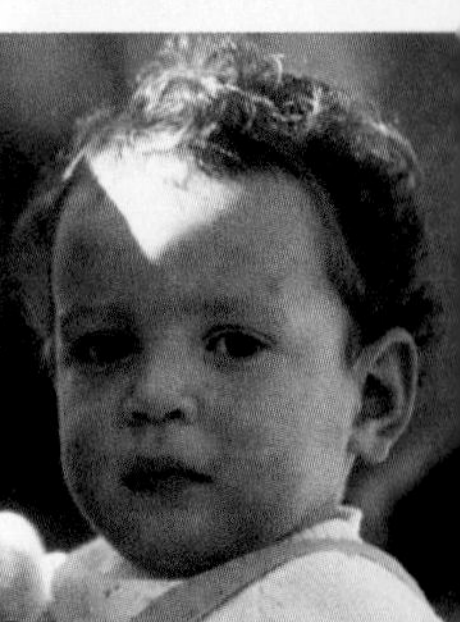

Internet After completing the chapter, do Web Search activities.

Vocabulario funcional

Los números del cero al cien *See page 22.*

Expresiones relacionadas con los números

el año	*year*
¿Cuál es tu número de teléfono?	*What is your telephone number?*
¿Cuántos años tiene él/ella?	*How old is he/she?*
el pasaporte	*passport*
el teléfono	*telephone*
tener . . . años	*to be . . . years old*

El origen y las nacionalidades

¿Cuál es el origen de tu familia?	*What is the origin of your family?*
¿De dónde es él/ella?	*Where is he/she from?*
¿De qué nacionalidad eres/es?	*What is your/his/her nationality?*
las nacionalidades (*see pages 23–24*)	
ser + de	*to be from*

Pronombres personales (*Subject Pronouns*)

See page 25.

Las ocupaciones *See page 31.*

La posesión

mi	*my*
tu	*your (informal)*
su	*his/her/your (formal)*

Las presentaciones

¿Cómo se llama él/ella?	*What's his/her name?*
Mucho gusto.	*Nice to meet you.*
el nombre (de pila)	*first name*
el primer apellido	*first last name (father's name)*
el segundo apellido	*second last name (mother's maiden name)*
¿Quién es él/ella?	*Who's he/she?*

Las personas (*People*)

el/la chico/a	*boy/girl*
la madre; la mamá	*mother; mom*
el/la novio/a	*boyfriend/girlfriend*
el padre; el papá	*father; dad*
el señor	*the man*
señor/Sr.	*Mr.*
la señora	*the woman*
señora/Sra.	*Mrs./Ms.*
la señorita	*the young woman*
señorita/Srta.	*Miss/Ms.*

Palabras y expresiones útiles

la cafetería	*cafeteria/bar*
el colegio mayor; la residencia	*dormitory*
¿Cómo?	*What? / What did you say?*
la dirección	*address*
entonces	*then* (when *then* means *therefore*)
no; ¿no?	*no; right? / isn't it?*
No hay de qué.	*Don't mention it. / You're welcome.*
No sé.	*I don't know.*
¡Oye!	*Hey!*
por favor	*please*
—¿Qué hace él/ella?	*What does he/she do?*
—Es . . .	*He/She is a . . .*
¿Qué hay?	*What's up?*
sí	*yes*
también	*too, also*
todos	*all*
¿verdad?	*right?*
y	*and*

Capítulo 2

Chapter Objectives

- Identifying some household objects and their owners
- Discussing your classes
- Talking about likes and dislikes
- Discussing future plans
- Expressing obligation
- Expressing possession

▼ Woman in Managua, Nicaragua.

Datos interesantes

En el mundo, más de 20.000.000 de personas que hablan español usaron el Internet en 2001.

Proyectan que este número va a ser de 86.000.000 para el año 2006.

¡Me gusta mucho!

¡Claro! **¡Claro que sí!** **¡Por supuesto!**	Of course!
¿De veras?	Really?

Marisel is studying in her room. Teresa is taking a study break and comes to Marisel's room looking for something to drink and some conversation.

ACTIVIDAD 1 ¿Qué escuchas? While listening to the conversation, place a check mark next to the topics that you hear mentioned.

_____ computadoras	_____ calculadoras
_____ música salsa	_____ música rock
_____ té	_____ café

MARISEL Sí, pasa.
TERESA Hola. ¿Cómo estás?
MARISEL Bien. ¿Y tú?
TERESA Más o menos, tengo que estudiar mucho.

Discussing future actions

MARISEL Yo también porque mañana tengo la clase de arte moderno y tenemos examen.
TERESA Pero tienes un minuto, ¿no?
MARISEL Por supuesto.

Getting someone's attention

TERESA Oye, ¿tienes café?
MARISEL ¡Claro que sí!

Indicating possession

TERESA ¡Ah, Marisel! Tienes computadora portátil.
MARISEL Sí, es una Macintosh.
TERESA ¿De veras? Yo tengo una IBM y ¿sabes? ahora tengo conexión a Internet por cable.

MARISEL ¡Por cable! Yo tengo conexión a Internet por teléfono y no es muy rápida. Oye, ¿te gusta el café solo o con leche?

TERESA Solo . . . Mmm. Me gusta mucho. ¡Ah! ¡Qué música tan buena tienes!

Asking preferences

MARISEL Tengo muchos CDs de salsa. ¿Te gusta la música del Caribe?

TERESA Por supuesto. ¿Tienes CDs de Rubén Blades?

MARISEL Claro, y de Gilberto Santarrosa, la India, Víctor Manuelle, Óscar de León, Charanga Habanera . . .

ACTIVIDAD 2 Preguntas Listen to the conversation again while reading along, then answer the questions.

1. ¿Qué computadora tiene Teresa? ¿Y Marisel?
2. ¿Qué tipo de conexión a Internet tiene Teresa? ¿Y Marisel?
3. ¿Cómo le gusta el café a Teresa, solo o con leche?
4. ¿Qué tiene Marisel, CDs o cintas de salsa?

ACTIVIDAD 3 ¿Y tú? In pairs, ask your partner the following questions.

1. ¿Qué computadora te gusta?
2. ¿Tienes computadora? ¿Qué computadora tienes? ¿Tienes conexión a Internet por teléfono o por cable?
3. ¿Qué tipos de CDs tienes? ¿De rock? ¿De jazz? ¿De música clásica? ¿De música country? ¿De música rap?
4. ¿Te gusta el café? ¿Te gusta solo o con leche?

The United States is the largest consumer of coffee in the world. For many countries, including Mexico, Guatemala, Costa Rica, Honduras, Nicaragua, Colombia, Venezuela, and Ecuador, coffee plays a critical role in the economy and in some cases is a principal source for foreign exchange.

Fair Trade guarantees fair prices to Third World farmers and helps them to organize their own export cooperatives and sell their harvest directly to importers rather than middlemen who buy their goods at a fraction of the market price, promoting a cycle of debt and poverty. By providing a channel for direct trade, fair prices, and access to credit, Fair Trade helps farming families to improve their nutrition and health care, keep their children in school, and reinvest in their farms. The Fair Trade label on a package indicates that these farmers earned a fair price. Coffee with this Fair Trade label is now available in stores and cafés nationwide, including Tully's, Safeway, Green Mountain, and Starbucks. Have you ever purchased Fair Trade coffee?

▲ Logo used by the Fair Trade organization.

ACTIVIDAD 4 Las asignaturas Mingle with your classmates and find out what classes they have this semester. Some possible subjects are **arte, biología, economía, historia, inglés, literatura, matemáticas,** and **sociología.** Follow the model.

◆ A: ¿Tienes historia?

B: Sí, tengo historia. / No, no tengo historia. / No, pero tengo arte.

ACTIVIDAD 5 ¡Claro! In pairs, find out whether your partner has the following things. Follow the model.

◆ A: ¿Tienes televisor?
B: ¡Claro! / ¡Por supuesto! / ¡Claro que sí! / No, no tengo.

1. calculadora
2. estéreo
3. video
4. radio
5. guitarra
6. (teléfono) celular

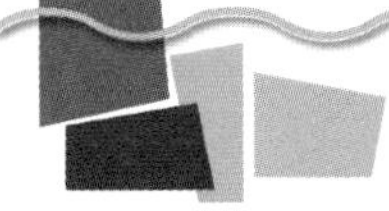

Lo esencial I

La habitación de Vicente

◈ To learn vocabulary, think of the word **champú** when you are washing your hair, **jabón** when you wash your hands, etc. Say the words aloud. Remember: idle time = study time.

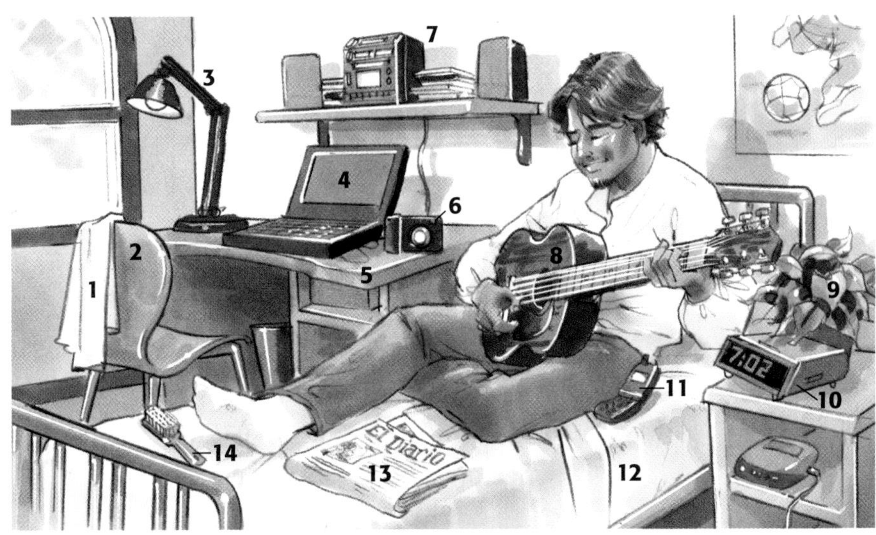

1. toalla
2. silla
3. lámpara
4. computadora
5. escritorio
6. cámara
7. estéreo
8. guitarra
9. planta
10. reloj
11. (teléfono) celular/móvil
12. cama
13. periódico
14. cepillo (de pelo)

Otras cosas

◈ **La cinta/el cassette/el casete, la computadora/el computador/el ordenador,** and **el vídeo/el video** are all accepted in Spanish.

◈ **La radio** = radio broadcast, radio station. In some countries, **el radio** is used. **El/La radio** = radio (appliance).

el agua de colonia cologne
la calculadora calculator
el cepillo de dientes toothbrush
el champú shampoo
la cinta/el cassette tape/cassette
la crema de afeitar shaving cream
el diccionario dictionary
el disco compacto/CD compact disc; compact disc player
el DVD; el reproductor de DVD DVD; DVD player
la grabadora tape recorder
el jabón soap
el kleenex Kleenex, tissue
la máquina de afeitar electric razor
la mesa table
la novela novel
la pasta de dientes toothpaste
el peine comb
el perfume perfume
el/la radio radio
la revista magazine
el sofá sofa, couch
el televisor television set
el video VCR; videocassette

ACTIVIDAD 6 Asociaciones Associate the following names with objects.

◆ Pert Plus = champú

1. Panasonic
2. Colgate
3. Nikon
4. Memorex
5. *Time*, *Newsweek*
6. Gillette
7. Dial
8. Chanel Número 5
9. Gabriel García Márquez
10. Timex

ACTIVIDAD 7 Categorías List as many items as you can that fit these categories: **cosas para leer, cosas electrónicas, cosas en un baño.**

ACTIVIDAD 8 ¿Qué tienes en tu habitación? **Parte A:** Make a list of items that you have in your room.

Parte B: In pairs, ask your partner what he/she has in his/her room. Be prepared to report back to the class. Follow the model.

◆ A: ¿Tienes estéreo?
B: Sí, tengo estéreo. / No, no tengo estéreo.

ACTIVIDAD 9 Las habitaciones de los estudiantes In pairs, "A" covers the drawing of Vicente and Juan Carlos's room, and "B" covers the drawing of Marisel and Diana's room. Then, find out what each pair of roommates has in the room by asking your partner questions. Follow the model.

◆ A: ¿Tienen reproductor de DVD Vicente y Juan Carlos?
B: No, no tienen reproductor.

Marisel y Diana

Vicente y Juan Carlos

There are many words commonly used by Spanish speakers that come directly from English. You have already seen one example: **kleenex.** Other words that fall into this category are **la xerox** (photocopy), **jumbo** (a jumbo jet or the largest size of a product), **el hall, el lobby, el pub,** and **el reality show.** Borrowed words are normally masculine in gender.

Different Hispanic countries borrow different words from English. Although they may have varying pronunciations, these words are easy to understand for a native speaker of English. English also borrows words from other languages. Some words from Spanish are *barrio, aficionado,* and *taco.* Do you know other Spanish words that are used in English?

Hacia la comunicación I

I. Using Correct Gender and Number

All nouns in Spanish are either masculine or feminine (gender) and singular or plural (number). For example: **libro** is masculine, singular and **novelas** is feminine, plural. Generally, when nouns refer to males, they are masculine **(señor)** and when they refer to females, they are feminine **(señora).** The definite and indefinite articles agree in gender and number with the noun they modify.

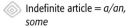

Definite article = *the*

Indefinite article = *a/an, some*

Definite Article	Singular	Plural
Masculine	el	los
Feminine	la	las

Indefinite Article	Singular	Plural
Masculine	un	unos
Feminine	una	unas

A. Gender

Nouns have gender in many languages. Even in English we refer to a friend's new car, saying, "She runs really well."

1 ◆ Nouns ending in the letters **-l, -o, -n,** or **-r** are usually masculine.

el pape**l**
el cepill**o**
el jabó**n**
el televiso**r**

Common exceptions include **la mano** (*hand*), **la foto** (from **fotografía**), and **la moto** (from **motocicleta**).

2 ◆ Nouns that end in **-e** are often masculine **(el cine, el baile, el pie),** but there are some high-frequency words ending in **-e** that are feminine: **la tarde, la noche, la clase, la gente, la parte.**

3 ◆ Nouns ending in **-a, -ad, -ción,** and **-sión** are usually feminine.

la novel**a**
la universid**ad**
la composi**ción**
la televi**sión**

Common exceptions include **el día** and nouns of Greek origin ending in **-ma** and **-ta,** such as **el problema, el programa,** and **el planeta.**

4 ◆ Most nouns ending in **-e** or **-ista** that refer to people can be masculine or feminine in gender. Context or modifiers such as articles generally help you determine whether the word refers to a male or female.

el estudiant**e**	la estudiant**e**	el pian**ista**	la pian**ista**
el art**ista**	la art**ista**		

El pianista es John. / La pianista es Mary.

NOTE: The definite article is used with titles, such as **Sr., Sra., Srta., Dr., profesora,** etc., except when speaking directly to the person:

La Sra. Ramírez es de Santo Domingo.
BUT: **¿De dónde es Ud., Sr. Leyva?**

B. Number: Plural Formation

1 ◆ Nouns ending in a vowel generally add **-s.**

el video	**los** video**s**	el presidente	**los** presidente**s**
la revista	**las** revista**s**		

2 ◆ Nouns ending in a consonant add **-es.**

To review accent rules, see Appendix B.

el profesor	**los** profesor**es**	el examen	**los** exámen**es**
la mujer	**las** mujer**es**	la nación	**las** nacion**es**
la ciudad	**las** ciudad**es**		

3 ◆ Nouns ending in **-z** change **z** to **c** and add **-es.**

el lápiz	**los** lápi**ces**

II. Likes and Dislikes: *Gustar*

1 ◆ To talk about your likes and dislikes as well as those of others, you need to use the construction **(no) me gusta/n** + *article* + *noun*. The noun that follows the verb **gustar** determines whether the form of the verb is singular or plural.

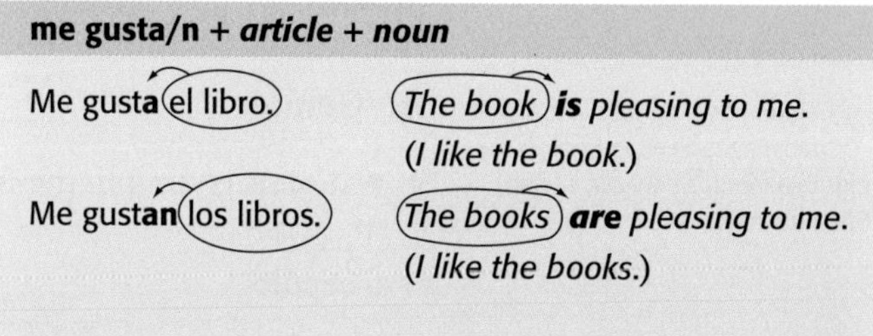

me gusta/n + *article* + *noun*	
Me gusta el libro.	*The book **is** pleasing to me.* (*I like the book.*)
Me gust**an** los libros.	*The books **are** pleasing to me.* (*I like the books.*)

2 ◆ To talk about the likes and dislikes of others, you need to change only the beginning of the sentence.

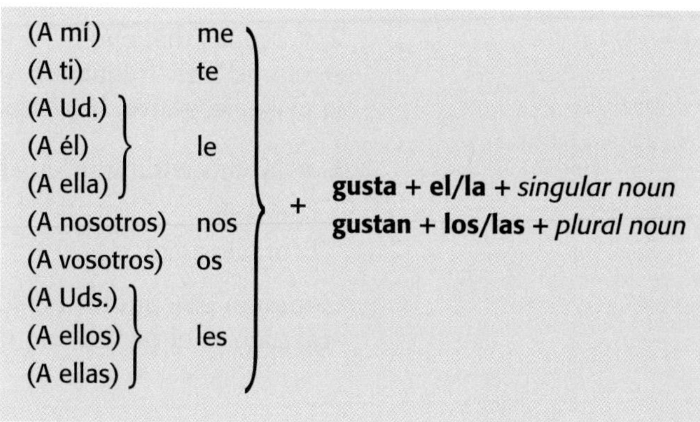

(A mí)	me	
(A ti)	te	
(A Ud.) / (A él) / (A ella)	le	+ **gusta + el/la +** *singular noun*
(A nosotros)	nos	**gustan + los/las +** *plural noun*
(A vosotros)	os	
(A Uds.) / (A ellos) / (A ellas)	les	

3 ◆ The words in parentheses in the preceding chart are optional; they are used for emphasis or clarification. When using **le gusta** or **les gusta,** clarification is especially important because **le** or **les** can refer to several people.

(A él) le gusta el café de Colombia.
(A ellos) les gusta el café de Costa Rica.
¿**(A ella) le** gusta el vino de España?

NOTE: **A** Miguel **le** gusta el vino chileno.
A la Sra. Ferrer **le** gusta el vino español.
BUT: **Al** Sr. Ferrer **le** gusta el vino chileno. **(a + el = al)**

III. Expressing Possession

A. The preposition *de*

In this chapter, you have been using the verb **tener** to express possession: **Tengo radio. Alberto tiene televisor y video.** Another way to express possession is with the preposition **de,** which is the equivalent of the English *'s:*

El estéreo **de** Alfredo

Alfredo's stereo

¿**De** quién es el estéreo?	*Whose stereo is it?*
Las cintas **de** la chica son de Japón.	*The girl's tapes are from Japan.*
¿**De** quiénes son las revistas?	*Whose magazines are they?*
Es el televisor **de** la Sra. Lerma.	*It is Mrs. Lerma's television.*
BUT: Es el televisor **del** Sr. Lerma. **(de + el = del)**	

B. Possessive Adjectives

You can also express possession by using possessive adjectives (*her, their, our,* etc.). In Spanish, **mi, tu,** and **su** agree in number with the thing or things possessed; **nuestro** and **vuestro** agree in gender and number with the thing or things possessed.

Possessive Adjectives			
mi/s	my	**nuestro/a/os/as**	our
tu/s	your (*informal*)	**vuestro/a/os/as**	your (*informal/Spain*)
su/s	your (*formal*) his, her	**su/s**	your (*in/formal*) their

—¿Son los CDs de Mario?	—No, no son **sus CDs,** son **mis CDs.**
—¿De quiénes son las guitarras?	—Son **nuestras guitarras.**
—¿Es el televisor de Ana y Luis?	—Sí, es **su televisor.**

In the sentence **Es su computadora,** who can **su** refer to? If you said *his, her, your (madam), your (sir), their, your (plural),* you were correct. Because **su/s** can be ambiguous, it is common to ask questions to clarify the meaning. Notice how a clarification is requested and given in the following conversation:

Do Workbook *Práctica mecánica I* and corresponding CD-ROM activities.

A: ¿De quién es la computadora?
B: Es su computadora. (*speaker points to someone in a crowd, but it isn't clear to the listener whom the speaker is pointing to*)
A: ¿Es de Sonia? (*speaker thinks the person may have pointed to Sonia, but isn't sure*)
B: No, es de Mario.

ACTIVIDAD 10 Asociaciones Find as many words as you can that fit these categories: **la educación, Hollywood, la política.** Remember to use the appropriate definite article **(el, la, los, las).**

paper (as in notebook paper) = **papel**

a term paper = **una monografía**

actriz	diccionario	papel	revista
cámara	directores	periódicos	senadora
candidatos	estudiante	planeta	televisión
clase	foto	presidente	universidad
composición	novela	problema	videos

ACTIVIDAD 11 Los gustos Parte A: After studying the verb **gustar,** complete each of the following phrases with an appropriate word.

A mí _____	_____ ellos _____
A _____ te	A _____ me
A Juan _____	A _____ les
A la Srta. Gómez _____	_____ Sr. García le
_____ Marta _____	A Uds. _____
A _____ le	A Marcos y _____ Ana _____
A nosotros _____	A Marcos y a mí _____

Parte B: Now complete each of these phrases with the word **gusta** or **gustan.**

_____ la universidad
_____ las plantas
_____ los perfumes de Francia
_____ la pasta de dientes Crest
_____ la clase de español
_____ Sammy Sosa
_____ los discos compactos
_____ los videos de Julia Roberts
_____ las novelas de Octavio Paz
_____ el jazz

Parte C: Now, form sentences by combining a phrase from **Parte A** with one from **Parte B.**

Sammy Sosa hit 66 home runs in 1998. ➤

ACTIVIDAD 12 Tus gustos In pairs, find out your partner's preferences and jot down his/her answers. Follow the model.

◆ A: ¿Te gustan más los Yankees o los Dodgers?
B: . . .

1. las revistas o los libros
2. el perfume o el agua de colonia
3. la televisión o la radio
4. Sammy Sosa o Pedro Martínez
5. las novelas de Stephen King o las novelas de Agatha Christie
6. los DVDs de terror o los DVDs románticos
7. el jazz o el rock
8. los conciertos de rock o los conciertos de música clásica
9. las fotos o los videos

ACTIVIDAD 13 Compatibles Keeping in mind the responses given by your partner in Activity 12, interview a second person to see whether he/she is compatible with your partner. Be prepared to report your findings to the class. Remember to use definite articles with common nouns. Use sentences such as the following:

◆ Ellos son compatibles porque les gusta la televisión.
Ellos no son compatibles porque a él le gustan las novelas y a ella le gustan las revistas.

ACTIVIDAD 14 Las preferencias Juan Carlos and Vicente are roommates. Read about their preferences and decide what items belong to whom.

A Juan Carlos le gusta mucho la música y a Vicente le gustan los libros. Entonces, ¿de quién son estas cosas?

◆ libro de Hemingway
El libro de Hemingway es de Vicente porque a él le gustan los libros.

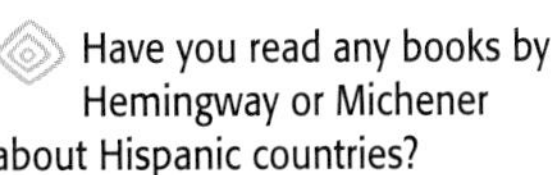
Have you read any books by Hemingway or Michener about Hispanic countries?

1. guitarra
2. diccionario
3. revistas
4. reproductor de DVDs
5. novelas de James Michener
6. discos compactos y cintas
7. estéreo
8. periódicos

ACTIVIDAD 15 Los artículos del baño Some of the women at the dorm have left things lying about in the bathroom. In pairs, "A" covers the information in Box B and "B" covers the information in Box A. Ask your partner questions to find out who owns some of the items in the bathroom. Follow the model.

- A: ¿De quién es la pasta de dientes?
  B: Es de . . .

  B: ¿De quiénes son los jabones?
  A: Son de . . .

A

You know who owns:
jabones – Claudia y Teresa
toalla – Diana
champú – Marisel
cepillos de dientes – Diana, Marisel, Teresa y Claudia

Find out who owns:
los kleenex, la pasta de dientes, los peines, el perfume

B

You know who owns:
kleenex – Claudia
peines – Teresa y Diana
pasta de dientes – Marisel
perfume – Marisel

Find out who owns:
los jabones, el champú, la toalla, los cepillos de dientes

ACTIVIDAD 16 Nuestra música favorita In pairs, discuss what TV programs, music, movies, etc., young kids like, and compare their preferences with yours. Follow the model.

Remember that **programa** is masculine.

- Sus programas favoritos son . . . , pero nuestros programas favoritos son . . .

ACTIVIDAD 17 Tu compañero/a de habitación ideal **Parte A:** Answer the following questions to describe your ideal roommate.

1. ¿Qué le gusta a tu compañero/a de habitación ideal? (un mínimo de dos cosas)
2. ¿Qué tiene tu compañero/a de habitación ideal? (un mínimo de dos cosas)

Parte B: In groups of three compare your answers. Begin as follows:

A mi compañero/a ideal le . . . y tiene . . .

Parte C: Individually, write a few sentences to summarize what your partners and you said in **Parte B.** Follow the examples.

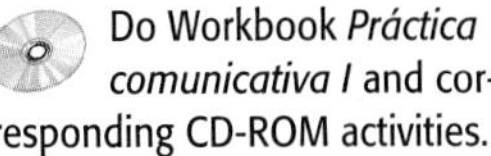

Do Workbook *Práctica comunicativa I* and corresponding CD-ROM activities.

A nuestro/a compañero/a ideal le . . . y tiene . . . , pero al compañero ideal de Matt le . . .
A mi compañero ideal le . . . , pero al compañero ideal de Matt y de Alissa le . . .

Nuevos horizontes

ESTRATEGIA: Identifying Cognates

You may already know more Spanish than you think. Many Spanish words, although pronounced differently, are similar in spelling and meaning to English words, for example: **capital** (*capital*) and **instrucciones** (*instructions*). These words are called cognates **(cognados).** Your ability to recognize them will help you understand Spanish.

Some tips that may help you recognize cognates are:

English	Spanish Equivalent	Example
ph	f	**f**otogra**f**ía
s + *consonant*	es + *consonant*	**esp**ecial
-ade	-ada	limon**ada**
-ant	-ante	inst**ante**
-cy	-cia	infan**cia**
-ty	-ad	universid**ad**
-ic	-ica/-ico	mús**ica**, públ**ico**
-tion	-ción	informa**ción**
-ion	-ión	relig**ión**
-ist	-ista	art**ista**

Other cognates include many words written with one consonant in Spanish that have two in English. Can you identify these words in English: **imposible, oficina, música clásica?** You will get to apply your new knowledge of cognates in the next few activities.

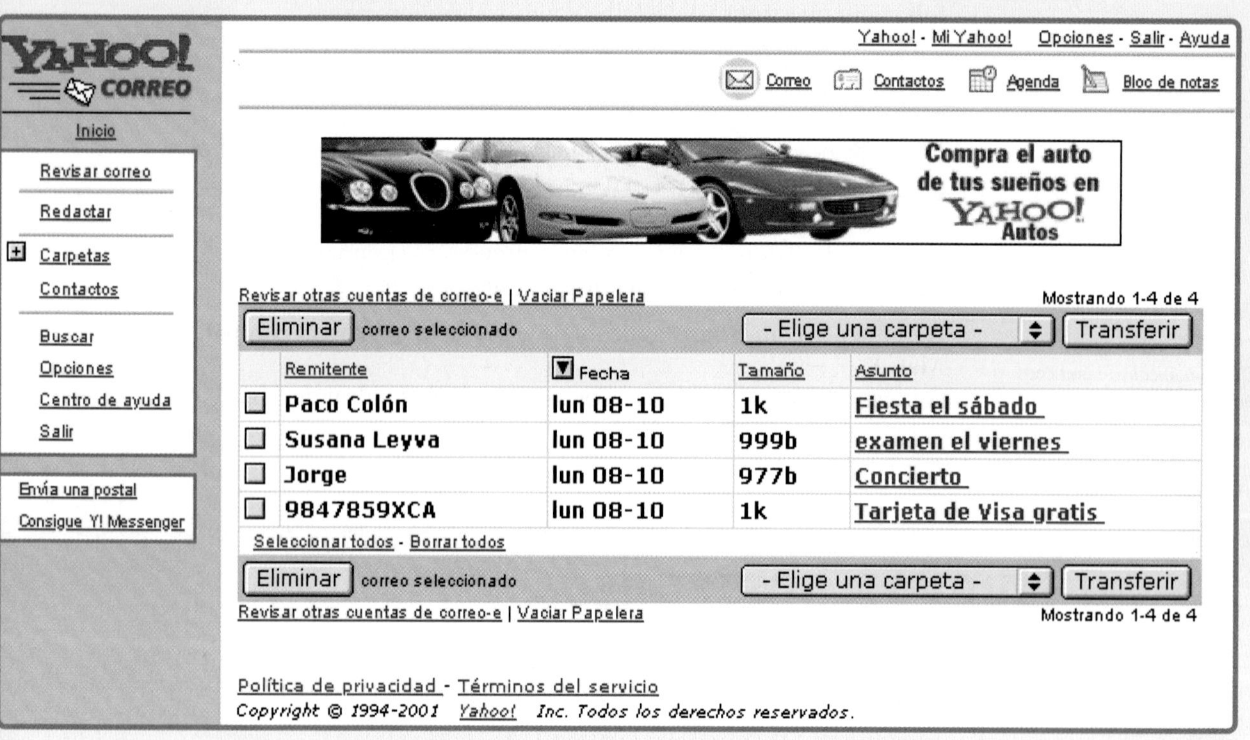

ACTIVIDAD 18 Tienes correo Look at the *Mi Yahoo!* mail site above. Use your knowledge of cognates and of email in general to answer the questions that follow.

1. How do you think you say *mail*? And *delete*?
2. You want to hear some music; which email do you open?
3. What do you click to get your email address list?
4. You want to send an electronic postcard; what do you click?
5. You are concerned with Internet privacy; what do you click?

ACTIVIDAD 19 Yahoo! México Look at a portion of the Mexican *Yahoo!* home page on the right, and answer the following questions. Use your knowledge of cognates as well as your background knowledge about the Internet and visual clues to determine meaning.

1. Look at the top line. What do you think the words **Pláticas** and **Ayuda** mean?
2. Where would you click to see photographs?
3. What do you think the word **buscar** means on the button next to the empty box?
4. Look at the four-column list in the box in the middle of the page toward the left. What do you think **Juegos** means in the title of the box?
5. In the lists below the box titled **Yahoo Juegos,** which categories would you click on to find information about the following: the Green Party in Mexico, the painter Frida Kahlo, soccer scores, Freud, TV shows that are on tonight?

Pláticas

Messenger

Correo

Lo nuevo

Mi Yahoo!

Ayuda

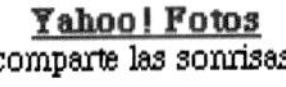
Yahoo! Fotos
comparte las sonrisas

Yahoo! Messenger
mensajes instantáneos

Yahoo! GeoCities
Tu hogar en Internet

Buscar | Búsqueda avanzada

Buscar: Todo español Sólo México

Reserva boletos de avión, hoteles y auto en línea en Yahoo! Viajes

Medios · El Clima · Deportes · Noticias · Finanzas · Temas actuales · TV · **Entretenimiento** · Astrología · Juegos · Pláticas
Comunicación · Clubes · Correo · **GeoCities** · Invitaciones · **Messenger** · Móvil · Postales · **Compras** · Subastas · Viajes
Personal · Agenda · Companion · Favoritos · Fotos · Libreta de contactos · Maletín · Mi Yahoo! · Notas **más...**

Yahoo! Juegos - ¡Entra a tus juegos favoritos!

· Ajedrez	· Canasta	· Gin	· Poker
· Backgammon	· Corazones	· Go	· Reversi
· Blackjack	· Damas	· Laberinto	· Solitario
· Bridge	· Dominó	· Mah-Jong	· Y! Towers

Arte y cultura
Literatura, Teatro, Museos

Ciencia y tecnología
Animales, Informática, Ingeniería

Ciencias sociales
Economía, Psicología

Deportes y entretenimiento
Futbol, Deportes, Turismo

Economía y negocios

Internet y computadoras
Red mundial, Aplicaciones, Revistas

Materiales de consulta
Bibliotecas, Diccionarios

Medios de comunicación
Televisión, Periódicos, Revistas

Política y gobierno
Países, Derecho, Embajadas

Salud

En las noticias
- Flexibiliza Banxico su postura, reduce el 'corto' en 50mdp
- Temen recorte de personal en Banamex
- Registra México récord comercial con EEUU
- Terminó negociación federal con maestros dice Creel
- Responde Israel a atentado con bombardeo
- Hasta el 2003 Mundial de Clubes

más...

Comunidad
- Nueva versión del Messenger
- Crea tu página personal

Centro comercial
- **Subastas**: computadoras, videos, CDs, juguetes, electrónica y más...

En Yahoo!

Other false cognates: **fútbol** (*soccer*), **lectura** (*reading*), **actual** (*current; present*), **carpeta** (*folder*), **idioma** (*language*)

¡OJO! (*Watch out!*) There are some words that have similar forms in Spanish and English but have very different meanings. Context will usually help you determine whether the word is a cognate or a false cognate **(cognado falso).** Look at the following examples.

María está muy contenta porque el médico dice que está **embarazada.**	*María is very happy because the doctor says she is **pregnant.***
Necesito ir a la **librería** para comprar los libros del semestre.	*I need to go to the **bookstore** to buy books for the semester.*

ESTRATEGIA: Connecting Ideas

When writing, it is important to make what you write interesting to the reader. A simple way to do this is to include information that expands on or explains more about a topic, thus giving your writing more depth. It is also important to connect your ideas so that your sentences sound natural. The following words will help make your sentences flow better:

por eso	*that's why, because of this*
también	*also, as well, too*
pero	*but*
y	*and*

ACTIVIDAD 20 Descripción **Parte A:** Complete the following paragraph, describing yourself.

Me llamo ________________ y soy de ________________. Tengo ________________ años y me gusta ________________; por eso tengo ________________ en mi habitación. También me gustan ________________, pero no tengo ________________.

Parte B: Rewrite the preceding paragraph, describing another person in your class. Make all the necessary changes. Check both paragraphs to make sure that the verbs agree with their subjects. Also check to make sure that the meaning expressed by each sentence is logical.

Parte C: Check both paragraphs to make sure that the verbs agree with their subjects. Also check to make sure that the meaning expressed by each sentence is logical. Make any necessary changes, staple all drafts together and hand them in to your instructor.

Lo esencial II

I. Acciones

1. escuchar (música salsa/rock/jazz)
2. comer (sándwiches)
3. salir
4. beber (vino/Coca-Cola)
5. bailar (merengue/salsa/rock)
6. cantar
7. hablar (con amigos)

Otras acciones

caminar to walk
comprar to buy
correr to run
escribir (una composición/monografía) to write (a composition/paper)
esquiar to ski
estudiar (cálculo/psicología) to study (calculus/psychology)
leer (novelas) to read (novels)
llevar to carry, take along
mirar (televisión) to look; to watch (television)
mirar (a alguien) to look at (someone)
nadar to swim
trabajar to work
visitar (un lugar) to visit (a place)
visitar (a alguien) to visit (someone)

ACTIVIDAD 21 **Asociaciones** Associate the actions in the preceding lists with words that you know. For example: **leer—libro; nadar—Hawai; estudiar—estudiante.**

ACTIVIDAD 22 **¿Te gusta bailar?** In pairs, use the actions in the preceding lists to find out what activities your partner likes to do. Follow the model.

- A: ¿Te gusta bailar merengue?
  B: Sí, me gusta bailar merengue. / No, no me gusta bailar merengue.

II. Los días de la semana (*The Days of the Week*)

Days of the week are not capitalized in Spanish.

lunes martes miércoles jueves viernes sábado domingo

Expresiones de tiempo (*Time Expressions*)

esta mañana/tarde/noche this morning/afternoon/evening
el fin de semana weekend
hoy today
el lunes Monday; on Monday
los lunes on Mondays
mañana tomorrow
por la mañana in the morning
la semana que viene next week

ACTIVIDAD 23 Tu agenda In pairs, alternate asking and answering the following questions.

1. ¿Tienes más clases esta tarde? ¿Esta noche? ¿Mañana?
2. ¿Cuándo es la prueba (*quiz*) del capítulo dos en la clase de español?
3. ¿En esta universidad tenemos exámenes finales los sábados? ¿Tenemos clase el miércoles antes del día de Acción de Gracias (*Thanksgiving*)?
4. ¿Te gusta estudiar por la mañana, por la tarde o por la noche?
5. ¿Cuándo es tu programa de televisión favorito y cómo se llama?
6. ¿Cuándo es el próximo partido de fútbol americano o de basquetbol de la universidad?
7. ¿Cuándo vas tú a fiestas?

In the United States, Friday the 13th evokes feelings of anxiety in some people. In Hispanic countries, bad luck is associated with Tuesday the 13th. That is why the movie *Friday the 13th* was translated into Spanish as *Martes 13*.

There is a saying in Spanish that refers to Tuesday as being the day of bad luck: **"Martes, ni te cases, ni te embarques, ni de tu casa te apartes".** (*On Tuesdays, don't get married, don't take a trip, and don't leave your home.*)

ACTIVIDAD 24 Tu horario de clases In pairs, take turns telling your partner your class schedule. Fill in the chart with your partner's schedule. Follow the model.

◆ Los lunes por la mañana tengo clase de . . . ; por la tarde . . .

	lunes	*martes*	*miércoles*	*jueves*	*viernes*
Por la mañana					
Por la tarde					
Por la noche					

Planes para una fiesta de bienvenida

Vale is only used in Spain.

Vale. / O.K.	O.K.
No importa.	It doesn't matter.

Marisel has decided to have a welcoming party for her new friend Teresa. She and Álvaro are now discussing some of the arrangements for a party at the dorm.

ACTIVIDAD 25 Cosas para la fiesta While listening to the conversation, look at page 58 and complete the email that Álvaro is sending some friends by matching the items with the people who are going to take them to the party. Some people are taking more than one item. When you are finished, report to the class who is taking what, using **(Álvaro) va a llevar . . .**

a. la tortilla de patatas
b. los ingredientes para la sangría
c. la guitarra
d. la grabadora
e. la Coca-Cola
f. las papas fritas
g. las cintas

¡Fiesta!

Mañana a las 10 de la noche Marisel va a hacer una fiesta. Éstas son las cosas que va a llevar cada persona:

yo: ________ y ________
Marisel: ________
Juan Carlos: ________
Claudia: ________ y ________
Vicente: ________

Un abrazo,

Álvaro

MARISEL Bueno, Álvaro, la fiesta es mañana.
ÁLVARO ¿Qué? ¿Mañana es sábado?
Stating an obligation — MARISEL Sí, claro. Lo tenemos que preparar todo.
ÁLVARO Bueno, entonces yo voy a llevar la música.
MARISEL ¿Tienes estéreo o grabadora?
ÁLVARO Tengo grabadora y muchas cintas.
MARISEL Pero tú tienes muchas cintas de ópera. No quiero ópera en la fiesta.
ÁLVARO ¡Pero, hombre! Tengo muchas cintas de ópera, pero también tengo cintas de rock y de salsa.
Expressing agreement — MARISEL ¡O.K., fantástico! Yo tengo guitarra. ¿Y de beber?
ÁLVARO ¿Qué te gusta más, la cerveza o el vino?
Offering an option — MARISEL ¿Qué tal una sangría?
ÁLVARO Sí, sí . . . sangría. ¿Quién va a comprar los ingredientes para mañana?
MARISEL Juan Carlos, quizás.
ÁLVARO ¿Moreno?
MARISEL Sí, Juan Carlos Moreno.
Expressing agreement — ÁLVARO Vale. Y también tenemos que comprar Coca-Cola.
MARISEL Ah sí, por supuesto. Claudia va a llevar la Coca-Cola y las papas fritas.
Expressing future actions — ÁLVARO Vale. Y Vicente va a llevar la tortilla de patatas, ¿no?
MARISEL ¡Es tortilla de PAPAS!
ÁLVARO ¡Bueno! Papas o patatas, no importa, hombre. Eso sí, yo les voy a escribir un email a Juan Carlos, Vicente y Claudia para explicar quién va a llevar qué a la fiesta.
MARISEL Buena idea.

ACTIVIDAD 26 Preguntas Listen to the conversation again. Then, in groups of four, answer the following questions based on the conversation and common knowledge.

1. ¿Cómo se dice *potato* en España? ¿Y en Hispanoamérica?
2. ¿Tiene alcohol la sangría?
3. ¿Cuál es el ingrediente principal de la sangría?
4. ¿Cuándo es la fiesta de Marisel y Álvaro? En general, ¿qué día de la semana son las fiestas de Uds.?

ACTIVIDAD 27 La ópera The following is a conversation between Teresa and Vicente about opera. Arrange the lines in logical order, from 1 to 13. The first two have already been done for you. When you finish, read the conversation aloud with a partner.

_____ Me gustan los dos, pero tengo tres cintas de Domingo y ahora voy a comprar un CD.
_____ Voy a comprar un disco compacto de ópera.
__1__ ¿Qué hay?
_____ El sábado.
_____ De Plácido Domingo. ¿Te gusta?
_____ Sí, pero a mí me gusta más José Carreras. ¿Y a ti?
__2__ ¡Ah! Vicente. ¿Qué vas a hacer hoy?
_____ Oye, ¿vas a mirar el recital de Monserrat Caballé en la televisión?
_____ No importa, pues yo sí.
_____ ¿De quién?
_____ ¿Cuándo es?
_____ Yo también tengo cintas de Domingo.
_____ No tengo televisor.

Plácido Domingo, Montserrat Caballé, and José Carreras are three world-renowned Spanish opera stars. Plácido Domingo, a tenor, also sings popular music. He has been living in Mexico since 1950. Montserrat Caballé is well known for the purity of her soprano voice. She became popular in the United States after singing in Carnegie Hall in 1965. José Carreras was a rising opera star when he was struck with leukemia. Luckily, his illness is in remission after treatment in the United States, and he continues to appear in theaters throughout the world.

▲ The Three Tenors, Plácido Domingo, José Carreras, and Luciano Pavarotti, in one of their first concerts.

Hacia la comunicación II

I. Expressing Likes and Dislikes: *Gustar*

The verb **gustar** may be followed by *article + noun* or by another verb in the infinitive form. An infinitive is the base form of a verb and it ends in **-ar** (**bailar** – *to dance*), **-er** (**comer** – *to eat*), or **-ir** (**salir** – *to leave*).

A Jesús y a Ramón no les gust**a** **el jazz.**	*Jesús and Ramón don't like jazz.*
Al Sr. Moreno le gust**an** **las cintas** de jazz.	*Mr. Moreno likes jazz tapes.*
¿Qué te gust**a** hac**er**?	*What do you like to do?*
A Juan le gust**a** esqui**ar.**	*Juan likes to ski.*
Nos gust**a** bail**ar** y cant**ar.***	*We like to dance and sing.*

***NOTE:** Use the singular **gusta** with one or more infinitives.

II. Expressing Obligation: *Tener que*

To express obligation, use a form of the verb **tener** + **que** + *infinitive.*

Tengo que estudi**ar** mañana.	*I have to study tomorrow.*
Tenemos que compr**ar** vino.	*We have to buy wine.*
¿Qué **tienes que** hac**er**?	*What do you have to do?*
¿Cuándo **tiene que** trabaj**ar** él?	*When does he have to work?*

III. Making Plans: *Ir a*

In the conversation on page 58, when Álvaro says, **"¿Quién va a comprar los ingredientes para mañana?"**, is he referring to a past, present, or future action?

If you said future, you were correct. To express future plans, use a form of the verb **ir** + **a** + *infinitive.*

ir (*to go*)					
voy	vamos	+	a	+	*infinitive*
vas	vais				
va	van				

Voy a esqui**ar** mañana.	*I'm going to ski tomorrow.*
Juan **va a** estudi**ar** hoy.	*Juan is going to study today.*
Ellos **van a** nad**ar** el sábado.	*They're going to swim on Saturday.*
¿Qué **van a** hac**er** Uds.?	*What are you going to do?*

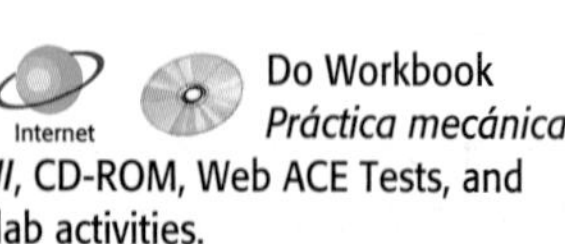

Do Workbook *Práctica mecánica II*, CD-ROM, Web ACE Tests, and lab activities.

ACTIVIDAD 28 Las preferencias In groups of four, find out which of the following things the members of your group prefer. Have one person take notes (place the initials of those who say "yes" next to each item in the list) and report the results back to the class. Follow the model.

◆ A: ¿Te gusta escuchar salsa?
B: Sí/No . . .
(*To report results*) A ellos les gusta escuchar salsa y a nosotros nos gusta escuchar música folklórica.

_____ 1. bailar
_____ 2. beber Coca-Cola
_____ 3. beber Pepsi
_____ 4. navegar por Internet
_____ 5. cantar
_____ 6. correr
_____ 7. escuchar música clásica
_____ 8. la música rap
_____ 9. esquiar
_____ 10. estudiar
_____ 11. los DVDs de películas de acción
_____ 12. leer novelas
_____ 13. nadar
_____ 14. trabajar

ACTIVIDAD 29 El fin de semana This is a list of Álvaro's activities for this weekend. Say what activities he has to do and what activities he is going to do.

◆ Álvaro tiene que . . . y él va a . . .

escuchar música
escribir una composición
esquiar
leer una novela para la clase de literatura
estudiar para un examen
trabajar
ir a una fiesta
comer con Vicente

ACTIVIDAD 30 ¿Qué tienes que hacer? Parte A: Look at the list below and write E.N. **(esta noche)** in the blanks before the items that you have to do tonight and write E.S. **(el sábado)** next to those that you are going to do on Saturday.

_____ escribir una composición
_____ bailar
_____ leer el libro de _____ (clase)
_____ escuchar música
_____ hablar con mi profesor/a de _____ (clase)
_____ salir con mis amigos
_____ mirar un video
_____ trabajar
_____ comer en un restaurante
_____ hacer la tarea de _____ (clase)
_____ nadar
_____ correr

Parte B: In groups of three, find out what the others have to do tonight and what they are going to do on Saturday. Ask questions like: **¿Qué tienes que hacer esta noche? ¿Qué vas a hacer el sábado?**

Parte C: Write a few sentences about what people in your group are planning on doing and report back to the class. For example: **Zach y Jessica tienen que trabajar esta noche, pero el sábado él va a nadar y ella va a mirar un video. Yo . . .**

ACTIVIDAD 31 La agenda de Claudia Look at Claudia's calendar for the week and form as many questions as you can about her activities. Then ask your classmates questions from your list.

¿Cuándo van a . . . Claudia y Juan Carlos?
Va a . . . el miércoles por la tarde, ¿no?
¿Tiene que . . . el fin de semana?
¿Qué tiene que hacer el . . . ?

octubre		actividades
lunes	5	nadar, escribir una composición, comer con Álvaro
martes	6	comprar pasta de dientes, leer la lección 4 para historia
miércoles	7	3 p. m. ir al Museo de Arte Contemporáneo
jueves	8	escribir una carta, estudiar para el examen de literatura
viernes	9	correr, comprar papas fritas y Coca-Cola, 4 p. m. salir con Juan Carlos
sábado	10	10 p. m. ir a la fiesta, llevar las papas fritas y la Coca-Cola
domingo	11	11 a. m. ir a Toledo con Diana, ir a la catedral

ACTIVIDAD 32 Tu futuro Make a list of five things that you *have* to do next week and five things that you *are going* to do with your friends for fun. Then, in pairs, compare your lists to see whether you are going to do similar things.

concierto teatro examen fiesta dentista

ACTIVIDAD 33 ¡Hola! Me llamo . . . Parte A: Read this paragraph and be prepared to answer questions.

> Hola. Soy Álvaro Gómez, de Córdoba, una ciudad del sur de España que tiene muchos turistas. Me gusta mucho Córdoba, pero ahora tengo que estudiar en Madrid. Voy a ser abogado.

Parte B: Now read the following paragraph. Your instructor will then read it to you with some changes. Be ready to correct him/her when the information is not accurate.

> ¿Qué hay? Me llamo Diana Miller. Mis padres son norteamericanos. Mi padre es de Toledo, Ohio y mi madre es de Los Ángeles, pero su familia es de origen mexicano. En los Estados Unidos estudio español en la universidad y en España soy estudiante de literatura española y profesora; tengo que enseñar inglés porque no tengo mucho dinero.

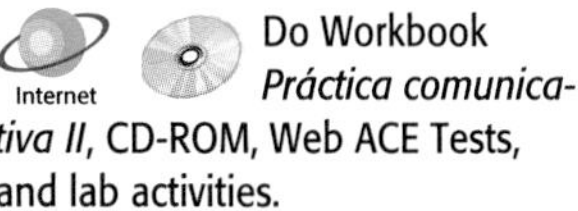

Do Workbook *Práctica comunicativa II*, CD-ROM, Web ACE Tests, and lab activities.

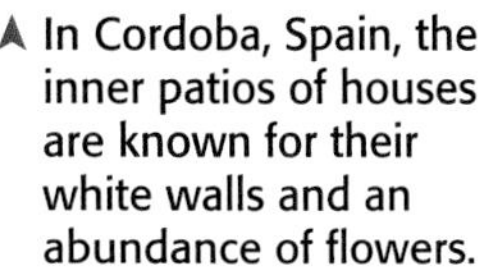

▲ In Cordoba, Spain, the inner patios of houses are known for their white walls and an abundance of flowers.

▼ *Read Between the Lines* is a mural in East Los Angeles by artist David Botello.

Videoimágenes

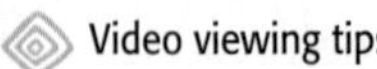

- Focus on getting the information asked in each activity.
- Do not be concerned with comprehending every word or phrase; focus on the general message.
- Use visual cues to help you comprehend.
- Pay attention to how poeple interact to gain a greater understanding of everyday Hispanic cultures.

Saludos y despedidas

ACTIVIDAD 34 ¿Dónde? In this video you will see Mariela and Javier, students of cultural anthropology who are doing a study in the Hispanic world. Before watching the video, look at the list of capital cities they visit and indicate the corresponding countries.

Buenos Aires
Madrid
San Juan
la ciudad de México
Quito

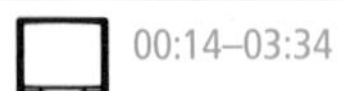

ACTIVIDAD 35 First read through the following chart about Mariela and Javier. Then, watch the first part of the video and, as you hear the answers, jot them down.

	Mariela	*Javier*
de dónde es		
qué estudia		
de dónde son sus padres		__________ y Puerto Rico

ACTIVIDAD 36 En los Estados Unidos, ¿cómo saludas? Before watching the next segment, indicate how you greet the following people.

	beso (cuántos)	*la mano*	*un abrazo*
un profesor			
tu madre			
tu novio/a			
un amigo/a			

3:35–end

ACTIVIDAD 37 **A observar** In this segment, Javier makes a mistake in greeting a woman from Spain, so Mariela and he decide to see how people from different Hispanic countries greet each other. As you watch the video, indicate what you see in the different countries. Take a moment to familiarize yourself with the chart prior to viewing.

	dos hombres	*dos mujeres*	*un hombre y una mujer*
España	mano y abrazo	X	
Ecuador	mano	X	monja (*nun*) "**Adiós**" y saluda con la mano ____________
Argentina			1 beso
México		X	

ACTIVIDAD 38 **Los saludos** Now that you've watched the video and you know which greetings are appropriate where and between whom, you are going to practice greeting others in a culturally appropriate manner. With your classmates, form two concentric circles. Your teacher will give you a series of clues and you are to greet the person in front of you. Once you are finished, the inner circle moves one place to the right and you await the next set of instructions from your teacher.

When you are in another country, it is very important to observe—and at times follow the leads of—the local people. For example, at one point in the video, Javier greets a woman in Mexico with a handshake. By doing so, he is showing her respect. But as she is taking his hand, she decides that a kiss is more appropriate so she pulls him towards her to give him a kiss on the cheek. By following her lead, he reacts in a culturally correct manner.

Therefore, when traveling to another country, follow these simple rules: Observe, listen, imitate, and laugh at your mistakes just as Javier does in the video. Laughter is the same in all languages and cultures.

Internet

Do Web Search activities.

Vocabulario funcional

Las asignaturas (*Subjects*)

el arte — *art*
la biología — *biology*
el cálculo — *calculus*
la economía — *economics*
la historia — *history*
el inglés — *English*
la literatura — *literature*
las matemáticas — *mathematics*
la psicología — *psychology*
la sociología — *sociology*

Los artículos de la habitación y del baño

See page 43.

Los gustos (*Likes*)

gustar — *to like, be pleasing*
más — *more*

La posesión

¿De quién/es? — *Whose?*
tener — *to have*

Los adjetivos posesivos *See page 47.*

Las acciones *See pages 54–55.*

Los días de la semana *See page 55.*

Expresiones de tiempo (*Time Expressions*)

See page 55.

Las obligaciones

tener que + *infinitive* — *to have* + infinitive (*to eat, to drink, . . .*)

Los planes (*Plans*)

¿Cuándo? — *When?*
ir a + *infinitive* — *to be going* + infinitive (*to swim, to walk, . . .*)

Comidas y bebidas (*Food and Drink*)

el café — *coffee*
la cerveza — *beer*
las papas/patatas fritas — *potato chips*
la sangría — *sangria (a wine punch)*
el té — *tea*
la tortilla (de patatas) — *Spanish omelette*
el vino — *wine*

Palabras y expresiones útiles

Claro./¡Claro que sí! — *Of course.*
¿De veras? — *Really?*
el dinero — *money*
el, la, los, las — *the*
la habitación — *bedroom*
hacer — *to do*
mucho — *a lot*
No importa. — *It doesn't matter.*
o — *or*
pero — *but*
por eso — *therefore*
Por supuesto. — *Of course.*
¿Qué? — *What?*
la tarea — *homework*
el (teléfono) celular/móvil — *cellular phone*
un, una; unos, unas — *a/an; some*
Vale./O.K. — *O.K.*

Capítulo 3

Chapter Objectives

- Stating location and where you are going
- Talking about activities that you do every day
- Describing people and things

Quito, Ecuador y el volcán Guagua Pichincha.

Datos interesantes

- La ciudad de Quito tiene arquitectura colonial y contemporánea.
- La ciudad es considerada por la UNESCO "Patrimonio Cultural de la Humanidad".
- Quito tiene el centro histórico más grande de Latinoamérica.
- En 1534, los españoles fundaron la ciudad encima de ruinas indígenas.

Una llamada de larga distancia

Llamada de larga distancia = conferencia (Spain).

demasiado	too much
No tengo idea.	I don't have any idea.
Me/te/le . . . gustaría + *infinitive*	I/you/he/she . . . would like to . . .

Claudia is talking long distance to her parents who have gone from Bogotá to Quito on a business trip. They are talking about Claudia's classes and her new roommate Teresa.

ACTIVIDAD 1 La familia de Teresa While listening to the conversation, complete the following chart about Teresa's family.

	¿De dónde son?	*¿Qué hacen?*
Teresa		
Padre		
Madre		

PADRE ¿Aló?
CLAUDIA Hola, papá. ¿Cómo estás? ¿Qué tal el trabajo allí en Quito con Home Depot?

Expressing a desire

PADRE Yo bien y el trabajo fantástico. A Home Depot le gustaría tener muchas tiendas aquí en Ecuador y hoy voy a hablar con el secretario de comercio.
CLAUDIA Pero, ¡qué interesante!
PADRE Sí, muy interesante, pero ahora tengo que ir a su oficina. Tenemos una reunión esta mañana. Adiós, hija. Aquí está tu mamá.

reunión = meeting

CLAUDIA Adiós, papi . . . ¿Mami?
MADRE Sí, mi hijita. ¿Cómo estás?
CLAUDIA Muy bien, ¿y tú?
MADRE Muy bien aquí en Quito. Y tus clases, ¿qué tal?

Describing

CLAUDIA Muy bien. Tengo una clase de economía fabulosa y otra de historia con un profesor excelente.
MADRE ¿Y las otras clases?
CLAUDIA Pues . . . regulares.
MADRE ¿Y quién es tu compañera en la residencia?

Stating profession and origin

CLAUDIA Se llama Teresa Domínguez Schroeder; su papá es un actor famoso de Puerto Rico y su mamá es de los Estados Unidos.
MADRE ¿Y qué hace su mamá?
CLAUDIA Es abogada.
MADRE Si su padre es de Puerto Rico y su madre es de los Estados Unidos, ¿de dónde es Teresa?
CLAUDIA De Puerto Rico . . . es de Ponce.
MADRE ¿Y qué estudia en España?
CLAUDIA Estudia turismo y trabaja en una agencia de viajes. Pero, y Uds., ¿qué van a hacer en Quito?

Discussing the future

MADRE Bueno . . . vamos a visitar la parte colonial esta noche y el sábado vamos al pueblo de Santo Domingo de los Colorados.
CLAUDIA Uds. viajan y yo estudio . . . Bueno mami, tengo que ir a la biblioteca.
MADRE Claudia . . . ¡Tú estudias demasiado!

Asking about plans

CLAUDIA Es que tengo examen de economía mañana. ¿Cuándo regresan Uds. a Bogotá?
MADRE No tengo idea, pero me gustaría regresar la semana próxima.
CLAUDIA Bueno mami, entonces hablamos la semana próxima.
MADRE Bueno, hija, un beso. Adiós.
CLAUDIA Adiós, mamá.

ACTIVIDAD 2 La familia de Claudia After listening to the conversation again, answer these questions.

1. En tu opinión, ¿qué hace el padre de Claudia?
2. ¿Qué estudia Claudia?
3. ¿Qué van a visitar los padres de Claudia?
4. ¿Adónde tiene que ir hoy Claudia?
5. ¿Qué tiene Claudia mañana?

ACTIVIDAD 3 Una invitación y una excusa In pairs, invite your partner to do something. Your partner should decline, giving an excuse. Then switch roles. Follow the model.

- A: ¿Te gustaría ir a bailar esta noche?
  B: Me gustaría, pero tengo que . . .

Invitaciones posibles	*Excusas posibles*
salir	trabajar
correr esta tarde en el parque	leer una novela
escuchar música	escribir una composición
esquiar el sábado	visitar a mis padres

ACTIVIDAD 4 **¿Estudias poco o demasiado?** **Parte A:** In pairs, find out if your partner does the following activities **poco** or **demasiado.** Follow the model.

◆ A: ¿Estudi**as** poco o demasiado?

B: Estudi**o** poco. B: Estudi**o** demasiado.

1. trabajar
2. visitar a tus padres
3. hablar con tus amigos
4. escuchar música
5. mirar televisión
6. caminar

Parte B: Now write a few sentences reporting your findings. Be ready to read them to the class. Follow the models.

◆ Paul estudi**a** poco, pero yo estudi**o** demasiado.

Paul y yo trabaj**amos** poco.

The setting of Quito, the capital of Ecuador, is breathtaking. The city lies in a beautiful valley at the base of a volcano. Even though it is close to the equator, Quito enjoys a moderate climate all year round since it is almost 10,000 feet above sea level. The combination of colonial and modern architecture creates a fascinating contrast in the city.

A large percentage of Ecuador's population is of native Andean origin. West of Quito is the town of Santo Domingo de los Colorados. The indigenous group of the Tsa'tchela, or Colorados, lives on the outskirts of this town. The men are well known for their hair, which they cover with red clay and shape in the form of a leaf. The Otavalos, another indigenous group, are renowned for their success in cottage industry and textile commerce.

➤ Colorado Indian, Eduador.

Lo esencial I

Lugares (*Places*)

1. el supermercado
2. la escuela/el colegio
3. el cine
4. la iglesia
5. la playa
6. la librería

Otros lugares

la agencia de viajes travel agency
el banco bank
la biblioteca library
la casa house, home
la discoteca club, disco
la farmacia pharmacy, drugstore
el hospital hospital
el museo museum
la oficina office
el parque park
la piscina pool
la plaza plaza, square
el restaurante restaurant
el teatro theater
la tienda store
la universidad university

Identify places while walking or riding through town: **el parque, el cine,** etc. Make idle time study time.

ACTIVIDAD 5 Asociaciones Say which places you associate with the following words: **la educación, la diversión, el trabajo.**

ACTIVIDAD 6 Acción y lugar Choose an action from Column A and a logical place to do this action from Column B. Form sentences, following the models.

- Me gusta nadar; por eso voy a la piscina.
  Tienen que comer; por eso van al restaurante.

Remember: **a + el = al**

A	*B*
Me gusta nadar	la piscina
Tienen examen	el parque
Tiene que estudiar	la biblioteca
Necesito dinero	el restaurante
Tenemos que comprar papas	la universidad
Tienen que comer	la farmacia
Me gusta caminar	el banco
Tienes que comprar aspirinas	el supermercado
Me gusta el arte	el museo
	la playa
	la cafetería

Hispanic cities are experiencing changes just as are their counterparts in the U.S. The local market **(el mercado)** with a variety of individually owned food stalls still exists, but the **supermercado** has become a common sight in cities and towns. In the large cities, one can also find **el hipermercado,** a type of superstore that sells food as well as furniture, electronics, and clothing, even though shopping malls (**el centro comercial** or in some countries **el shopping**) now exist in most major cities.

Nevertheless, there are still specialty stores that are not national or international chains. To refer to these stores, it is common to use words based on what is sold and to attach the ending **-ería.** For example: a **librería** sells **libros.** Here are a few other common terms to describe stores.

frutería/fruta *fruit store/fruit*
carnicería/carne *butcher shop/meat*
zapatería/zapatos *shoe store/shoes*

Hacia la comunicación I

Note that prepositions precede the question word.

I. Expressing Destination: *Ir* + *a* + place

To say where you are going, you need to use a form of **ir** + **a** + *destination.* Remember to use **al (a + el)** when the destination noun is masculine.

Vamos al Museo de Antropología.	*We're going to the Museum of Anthropology.*
Voy a la farmacia. ¿Necesitas aspirinas?	*I'm going to the drugstore. Do you need aspirin?*
¿Adónde **vas**?	*Where are you going (to)?*
¿Con quién **vas a ir a** la fiesta?	*Who are you going to go to the party with?*

Practice **ir a** and **estar en** by reporting your actions to yourself as you do them.

II. Indicating Location: *Estar* + *en* + place

To say where you are, use a form of **estar** + **en** + *place.*

estar			
yo	**estoy**	nosotros/as	**estamos**
tú	**estás**	vosotros/as	**estáis**
Ud. / él/ella	**está**	Uds. / ellos/ellas	**están**

La directora no **está en** la oficina hoy.	*The director isn't in the office today.*
Mamá, **estoy en** el hospital.	*Mom, I'm in/at the hospital.*

NOTE: The preposition to express being in or at a place is **en: Estamos en el cine.** (*We're at the movies.*)

Memorize infinitives. Make lists of **-ar**, **-er**, and **-ir** verbs and quiz yourself on forms and meanings, for example: **Yo estudio mucho. Mi amigo Paul no estudia. Paul y yo bebemos Pepsi. Mary bebe Coca-Cola.**

Practice automatic pairs: **¿Trabajas? Sí, trabajo. / ¿Trabaja ella? Sí, ella trabaja. / ¿Trabajan Uds.? Sí, trabajamos.**

III. Talking About the Present: The Present Indicative

1 ◆ In order to talk about daily activities, you use verbs in the present indicative. These verbs can express actions or states: *I **run** five miles* (action), *but he **runs** seven miles. Paula **is** a full-time student* (state), *but I **am** a part-time student.* Notice how in each sentence you change or conjugate the verb depending on the person you are talking about. To do this in Spanish you first need to know whether the infinitive, or base form of the verb, ends in **-ar (trabajar), -er (beber),** or **-ir (escribir).** Then you take the stem of the verb **(trabaj-, beb-, escrib-)** and attach the following endings:

-ar verbs

trabajar (*to work*)			
yo	trabaj**o**	nosotros/as	trabaj**amos**
tú	trabaj**as**	vosotros/as	trabaj**áis**
Ud. / él/ella	trabaj**a**	Uds. / ellos/ellas	trabaj**an**

Mi madre habla español. — *My mother speaks Spanish.*
Mañana **yo** trabaj**o.** — *I work tomorrow. (Note: The present can also be used to talk about the near future.)*

-er verbs

beber (*to drink*)			
yo	beb**o**	nosotros/as	beb**emos**
tú	beb**es**	vosotros/as	beb**éis**
Ud. / él/ella	beb**e**	Uds. / ellos/ellas	beb**en**

¿Beb**es** vino o agua con la cena? — *Do you drink wine or water with dinner?*
Nosotros com**emos** en la cafetería. — *We eat in the cafeteria.*

-ir verbs

escribir (*to write*)			
yo	escrib**o**	nosotros/as	escrib**imos**
tú	escrib**es**	vosotros/as	escrib**ís**
Ud. / él/ella	escrib**e**	Uds. / ellos/ellas	escrib**en**

Isabel Allende escrib**e** novelas. — *Isabel Allende writes novels.*
Nosotros viv**imos** en Lima. — *We live in Lima.*

In order to choose the correct ending for a verb, you need to know two things: (1) the infinitive of the verb **(-ar, -er, -ir),** and (2) the person doing the action. For example:

(1) beber (2) nosotros = (Nosotros) beb**emos** Coca-Cola.

2 ◆ The following verbs, and most of those you learned in Chapter 2, are regular verbs and therefore follow the pattern of **trabajar, beber**, and **escribir.**

aprender	to learn	**regresar (a casa)**	to return (home)
desear	to want, desire	**tocar**	to play (*an instrument*)
llevar	to take along, carry	**usar**	to use
necesitar	to need	**vender**	to sell
recibir	to receive	**vivir**	to live

3 ◆ The following verbs have irregular **yo** forms, but follow the pattern of regular verbs in all other present-indicative forms.

hacer	to do; to make	yo ha**go**
poner	to put, place	yo pon**go**
ofrecer*	to offer	yo ofre**zco**
salir (con)	to go out (with)	yo sal**go**
salir de	to leave (*a place*)	
traer	to bring	yo trai**go**
traducir*	to translate	yo tradu**zco**
ver	to see (*a thing*)	yo v**eo**
ver a	to see (*a person*)	

Do Workbook *Práctica mecánica I* and corresponding CD-ROM activities.

***NOTE:** Many verbs that end in **-cer** and **-ucir** follow the same pattern as **ofrecer** and **traducir: establecer** (*to establish*), **producir** (*to produce*).

Ha**go** la tarea todos los días.	*I do my homework every day.*
¿Qué hac**en** Uds.?	*What do you do?*
Sal**go** con Ramona.	*I go out with Ramona.*
Ella sal**e** del trabajo temprano.	*She leaves work early.*
¿Dónde pon**go** las cintas?	*Where do I put the tapes?*

ACTIVIDAD 7 ¿Adónde va? Imagine that this is your schedule for the week. State what you have to do or are going to do and where you are going to go.

◆ El lunes tengo que estudiar para un examen; por eso voy a la . . .

lunes	estudiar para un examen
martes	comprar discos compactos
miércoles	nadar
jueves	comprar libros para la clase de literatura
viernes	comer con Ana
sábado	comprar papas fritas, hamburguesas, café y Coca-Cola
domingo	ver la exhibición de Picasso

ACTIVIDAD 8 Después de clase Mingle with your classmates and find out where **(adónde)** others are going after class and with whom **(con quién)** they are going. Follow the model.

◆ A: ¿Adónde vas?
B: Voy a casa.
A: ¿Con quién vas?
B: Voy solo/a. / Voy con . . .

ACTIVIDAD 9 ¿Dónde están? In pairs, ask and state where the following people or things are.

1. el presidente de los Estados Unidos
2. la Torre Eiffel y el Arco de Triunfo
3. la Estatua de la Libertad y Woody Allen
4. Bogotá
5. el Vaticano
6. Machu Picchu y Lima

ACTIVIDAD 10 ¡A competir! In pairs or in groups of three you will play a game using the following list of verbs. Your instructor will give you instructions.

1. llevar
2. caminar
3. beber
4. ir
5. traducir
6. tener
7. bailar
8. vender
9. llamarse
10. vivir
11. ser
12. traer
13. aprender
14. escuchar
15. salir
16. cantar
17. comprar
18. correr
19. esquiar
20. estudiar
21. nadar
22. necesitar
23. trabajar
24. recibir
25. tocar
26. hacer
27. traer
28. ver
29. estar
30. tener
31. hablar
32. comer
33. visitar
34. leer
35. mirar
36. ofrecer
37. producir
38. ser
39. ver

ACTIVIDAD 11 **¡Una carta de Miguel!** This is a letter from a Honduran student who is studying in the United States. He is describing his daily activities to his parents. Complete the letter with the appropriate forms of the following verbs: **bailar, correr, escribir, estudiar, hablar, ir, salir, ser, tener, terminar, traducir.**

Chicago, 20/9/2004

Queridos papás:

¿Cómo están? Yo, bien. Me gusta la universidad y ___________ muchos amigos. Voy a clase, ___________ composiciones para mi clase de francés y ___________ mucho porque ___________ demasiados exámenes; el jueves tengo un examen importante de biología. Los viernes por la mañana voy a la oficina de un profesor de psicología y ___________ documentos del español al inglés. Los viernes y los sábados yo ___________ en la biblioteca y por la noche ___________ con un grupo de amigos. Ellos ___________ mexicanos, venezolanos y de los Estados Unidos. Los mexicanos siempre ___________ de política con los venezolanos.

Santa (una chica puertorriqueña) y yo también ___________ a una discoteca los martes porque ponen música salsa; como nos gusta la música del Caribe, nosotros ___________ mucho. Ella ___________ bien porque es bailarina profesional.

Bueno, tengo que ___________ la carta porque voy a correr. ¡Mi amigo Mateo y yo ___________ ocho kilómetros al día!

Besos y abrazos,

Miguel

P. D. Gracias por los $$$dólares$$$.

Why is **exámenes** written with an accent and **examen** without? See Appendix B for explanation.

P. D. = Posdata

ACTIVIDAD 12 **Gente famosa** In groups of three, name famous people who do the following things: **bailar, cantar, correr, escribir novelas, esquiar, nadar, producir películas, tocar la guitarra, trabajar en Washington, salir en el programa de David Letterman.** Follow the model.

- Gabriel García Márquez escribe novelas.

ACTIVIDAD 13 **El verano** In pairs, discuss what you and your partner do during the summer **(el verano).** Use the following actions: **bailar, comer en restaurantes, escuchar música, esquiar, estudiar, mirar televisión, nadar, salir con amigos.** Follow the model.

- A: ¿Nadas?

  B: Sí, nado todos los días.

  A: ¿Cuándo nadas?

  B: Por la mañana.

  A: ¿Dónde?

  B: En la piscina de la universidad.

ACTIVIDAD 14 Nosotros y nuestros padres In groups of three, discuss what students and parents do in a typical week. Think of at least five examples. Follow the model.

◆ Nosotros bailamos los fines de semana y nuestros padres van al cine.

Do Workbook *Práctica comunicativa I* and corresponding CD-ROM activities.

ACTIVIDAD 15 El cuestionario You work for an advertising agency and have to conduct a "person-on-the-street" interview on people's likes and dislikes. Work in pairs and use the following questionnaire. The interviewer should use the **Ud.** form and complete questions to elicit responses: **¿Es Ud. estudiante? ¿Qué periódico lee Ud.?** The "person on the street" should not look at the book. When finished, exchange roles. Be prepared to report back to the class.

Cuestionario

Nacionalidad: ______________

Edad: ____

Sexo: Masculino ____ Femenino ____

Estudiar: ____ Si contesta que sí:
¿Dónde? ______________

Trabajar: ____ Si contesta que sí:
Ocupación ______________

Vivir (con): Familia ____ Amigo/a ____ Solo/a ____

Gustos:

Leer ____ Si contesta que sí:
¿Qué lee? ______________

Ver la televisión: ____ Si contesta que sí:
¿Qué tipo de programas? ______________

Escuchar música: ____ Si contesta que sí:
¿Qué tipo de música? ______________

Usar: Perfume ____ Agua de colonia ____ Nada ____

Salir mucho: al cine ____ a bailar ____
al teatro ____ a comer en restaurantes ____

Nuevos horizontes

Lectura

ESTRATEGIA: Dealing with Unfamiliar Words

In Chapter 2 you read that you can recognize many Spanish words by identifying cognates (words similar to English words). However, other words will be completely unfamiliar to you. A natural tendency is to run to a Spanish-English dictionary and look up a word, but you will soon tire of this and become frustrated. The following are strategies to help you deal with unfamiliar words while reading.

1. Ask yourself if you can understand the sentence without the word. If so, move on and don't worry about it.
2. Identify the grammatical form of the word. For example, if it is a noun, it can refer to a person, place, thing, or concept; if it is a verb, it can refer to an action or state; if it is an adjective, it describes a noun.
3. Try to extract meaning from context. To do this, you must see what information comes before and after the word itself.
4. Check whether the word reappears in another context in another part of the text or whether the writer explains the word. An explanation may be set off by commas.
5. Sometimes words appear in logical series and you can easily understand the meaning. For example, in the sequence *first*, *second*, *"boing,"* and *fourth* the meaning of *boing* becomes obvious.

noun = **sustantivo**
Note: A noun may be preceded by articles **(el/la; un/una)**
verb = **verbo**
adjective = **adjetivo**

Note: If you look up a word, don't write the translation above the Spanish word in the text. (If you reread the text, you will only see the English and ignore the Spanish.) If you must write it down, do so separately in your own personal vocabulary list.

These strategies will help you make reasonable guesses regarding meaning. If the meaning is still not clear and you must understand the word to get the general idea, the next step would be to consult a dictionary.

ACTIVIDAD 16 El tema Before reading the article that follows, look at the title, the format, and the pictures to answer the following question.

¿Cuál es el tema (*theme*) del artículo?

a. el número de hispanos en los Estados Unidos
b. el futuro político de los hispanos
c. los hispanos como consumidores

ACTIVIDAD 17 Los cognados Before reading the article, go through it and underline any word that you think is a cognate. If you are doing this as an assignment to hand in, list all cognates on a piece of paper.

ACTIVIDAD 18 En contexto Read the article without using a dictionary and try to determine what the following words mean.

1. **mundo** (línea 1)
2. **mercado consumidor** (línea 4)
3. **a través de** (líneas 14–15)
4. **vida** (línea 23)
5. **teleadictos** (línea 32)
6. **telenovelas** (línea 33)

El mercado hispano en los Estados Unidos

El español es el idioma oficial de veinte países del mundo. En total, hay aproximadamente 332 millones de personas de habla española. En los Estados Unidos hay 32,8 millones de hispanos (más del 12% de la población total) y 21 millones de ellos hablan español; por eso, forman un mercado consumidor doméstico muy significativo para los Estados Unidos. Las grandes compañías comprenden la importancia económica de este grupo y usan los medios de comunicación tanto en inglés como en español para venderle una variedad de productos.

Libros, periódicos y revistas

En los Estados Unidos se publican muchos periódicos y revistas en español. Hasta la revista *People* tiene una versión en español. También hay compañías como Amazon.com y Booksellers que venden libros al mercado hispano a través de Internet. Autores como la chilena Isabel Allende y el mexicano Carlos Fuentes son muy populares. Pero, las personas de habla española también leen libros en inglés o traducidos al español de autores como Tom Clancy y Toni Morrison.

▲ Isabel Allende, escritora chilena.

La radio

La radio y su música es una parte importante de la vida de los hispanos. A ellos les gustan diferentes tipos de música: la folklórica, la clásica, la tejana, el rock, el jazz, etc. La música hispana que más escucha la gente joven en los Estados Unidos es la salsa de cantantes como Marc Anthony, la India y Víctor Manuelle. También les gusta el rock en español de grupos como Oxomatli y Caifanes. Generalmente escuchan emisoras de radio en inglés y en español y, hoy en día, con una computadora y acceso a Internet también pueden escuchar la radio de otros países.

La televisión

Otra parte esencial de la vida diaria de muchos hispanos es la televisión y hay muchos teleadictos, gente que pasa horas y horas hipnotizada enfrente de la tele. Los hispanos tienen sus propios programas de noticias, música, comedias y telenovelas, pero también hay muchos programas en inglés traducidos al español. Hasta Fox Mulder y Dana Scully hablan español en "Los expedientes X".

También hay varios canales de televisión en español. Las tres cadenas hispanas de televisión más importantes que transmiten en los Estados Unidos y a otros países son Univisión, Telemundo y Galavisión.

Los medios de comunicación forman parte de la vida diaria de los hispanos que viven en los Estados Unidos. Cuando ellos leen el periódico, miran la televisión, escuchan la radio o se conectan a Internet, las grandes compañías como Wal-Mart, Home Depot, Pepsi, Coors y Sears están allí para venderles sus productos.

▲ Cristina Saralegui, conductora de un programa de televisión.

ACTIVIDAD 19 Después de leer Answer the following questions based on the article.

1. ¿En cuántos países es el español la lengua oficial?
2. ¿Cuántas personas hablan español en el mundo?
3. ¿Qué leen, qué escuchan y qué miran los hispanos?
4. ¿Cuántas cadenas de televisión en español hay en los Estados Unidos y cómo se llaman?
5. ¿Qué medios de comunicación usan las grandes compañías para presentar sus anuncios comerciales? Menciona (*Mention*) un mínimo de tres.

ESTRATEGIA: Using Models

When beginning to think and write in a new language, a model can provide a format or framework to follow and give you ideas for organizing what you write. It is also useful for learning phrases and other ways to express yourself. Some phrases can be used without understanding the intricate grammatical relationship between all of the words. For example, by using such phrases along with what you already know in Spanish, you can raise the level of what you write.

ACTIVIDAD **20** **Una carta** **Parte A:** Look at Miguel's letter in **Actividad 11** and answer these questions about the letter's format.

1. What comes before the date? What is written first, the day or the month?
2. The letter is informal because it is addressed to Miguel's parents. What punctuation is used after the salutation, a comma or a colon?
3. What does he say in the closing of the letter? Check what these words mean in the Spanish-English dictionary in your textbook.
4. How do you write P.S. in Spanish?

Parte B: Using Miguel's letter as a guide, write a letter to your parents about your life at the university. Note the use of the expressions **bueno** and **gracias por los dólares** (**gracias por** + *article* + *noun*) at the end of the letter.

Parte C: In your letter, underline each subject pronoun (**yo, tú, él, ella,** etc.). Edit, omitting all of the subject pronouns that are not needed for clarity or emphasis, especially the pronoun **yo.**

Parte D: Rewrite your final draft, staple all drafts and your answers to **Parte A** together, and hand them in to your instructor.

Lo esencial II

Adjectives, including adjectives of nationality, agree in number and in many cases gender with the noun modified.

Mayor is generally used when describing people. **Viejo** is also used, but may have a negative connotation.

I. Las descripciones: *Ser* + adjective

1. Es **alta.**
2. Es **baja.**
3. Son **gordos.**
4. Son **delgados.** (Son **flacos.**)
5. Es **joven.**
6. Es **mayor.**
7. Son **morenas.**
8. Son **rubias.**

In some cultures **flaco** has a negative connotation, similar to calling someone "scrawny" or "boney" in English.

Otros adjetivos

simpático/a nice	**antipático/a** unpleasant; disagreeable
guapo/a good-looking **bonito/a** pretty	**feo/a** ugly
bueno/a good	**malo/a** bad
inteligente intelligent	**estúpido/a, tonto/a** stupid
grande large, big	**pequeño/a** small
largo/a long	**corto/a** short (*in length*)
nuevo/a new	**viejo/a** old

ACTIVIDAD 21 ¿Cómo son? Describe the following people using one or two adjectives.

1. el/la profesor/a
2. Shakira
3. Matt Damon y Ben Affleck
4. Sean Combs
5. Danny De Vito
6. Sarah Jessica Parker y Julia Roberts
7. tu madre o tu padre

ACTIVIDAD 22 ¿Cómo eres? **Parte A:** The following descriptive adjectives are cognates. Circle the four that best describe you and underline the four that least describe you.

activo/a	indiferente	realista
artístico/a	informal	religioso/a
cómico/a	intelectual	reservado/a
conservador/a	liberal	responsable
creativo/a	nervioso/a	serio/a
formal	optimista	sociable
idealista	paciente	tímido/a
impaciente	pesimista	tradicional

Parte B: Talk with your partner and state what you think he/she is like. Follow the model.

◆ A: Eres sociable, ¿verdad?
B: Sí, es verdad. Soy (muy) sociable. / No, no soy sociable. / No, soy (muy) reservado.

ACTIVIDAD 23 ¿A quién describo? In pairs, take turns describing people in your class and have the other person guess who is being described. You may use adjectives that describe physical characteristics and personality traits.

II. Las descripciones: *Estar* + adjective

1. Está **aburrida.**
2. Está **contento.**
3. Está **enferma.**
4. Está **enojado.**
5. Están **enamorados.**
6. Está **triste.**

Otros adjetivos

borracho/a drunk
cansado/a tired
preocupado/a worried

ACTIVIDAD 24 ¿Cómo estoy? In pairs, act out the different adjectives and have your partner guess how you feel; then switch roles.

ACTIVIDAD 25 ¿Cómo estás? Discuss how you feel in the following situations. Follow the model.

◆ Tienes examen mañana. ⟶ Estoy preocupado/a.

1. El político habla y habla y habla.
2. Escuchas una explosión.
3. Tienes temperatura de 39ºC (*102.2ºF*).
4. Vas a salir bien en el examen de matemáticas.
5. No quieres hablar con tus amigos.
6. Tienes novio/a (*boyfriend/girlfriend*).

ACTIVIDAD 26 ¿Cómo están? ¿Cómo son? Look at the drawing and answer the following questions.

1. ¿Cómo es él?
2. ¿Cómo es ella?
3. ¿Cómo está él?
4. ¿Cómo está ella?

Hay familias . . . y . . . FAMILIAS

¿Por qué? Porque . . .	Why? Because . . .
No te preocupes.	Don't worry.

Teresa and Vicente have started going out together. Don Alejandro, Teresa's uncle, wants to meet Vicente to "check him out." Teresa is trying to convince Vicente to meet her uncle.

ACTIVIDAD 27 ¿Cómo es el tío de Teresa? Read through the following list. Then, while listening to the conversation, place a check mark beside the adjectives that apply to Teresa's uncle.

El tío de Teresa es:

_____ alto	_____ bajo
_____ moreno	_____ rubio
_____ delgado	_____ gordo
_____ simpático	_____ antipático
_____ pesimista	_____ optimista
_____ cómico	_____ serio
_____ liberal	_____ conservador

TERESA Vicente, ¿qué haces?

VICENTE Estoy mirando el periódico, la sección de cines. Oye, ¿te gustaría ir al cine el jueves? *(Inviting)*

TERESA Me gustaría, pero antes tenemos que tomar un café con mi tío.

VICENTE ¡¿Tu tío . . . ?! Pero, ¿por qué?

TERESA Porque es mi tío y por eso, es como mi papá en España. *(Giving a reason)*

VICENTE Bbbbbueno, pero ¿cómo es?

TERESA No te preocupes. Es alto, moreno, un poco gordo . . . *(Giving physical description)*

Describing personality traits

Expressing feelings

VICENTE ¡No, no! Pero, ¿cómo es? ¿Simpático? ¿Antipático?
TERESA Es muy simpático, y qué más . . . es un hombre muy optimista y siempre está contento.
VICENTE Pero . . . es tu familia . . . y las familias . . .
TERESA Y las familias, ¿qué?
VICENTE No sé, pero, estoy nervioso. ¿Es tradicional tu tío?
TERESA No, hombre. Es un poco serio, eso sí. Mi tío es serio, pero muy liberal.
VICENTE Bueno, voy, pero después vamos al cine, ¿O.K.?
TERESA Sí, por supuesto, pero con mi tío, ¿no?
VICENTE ¿Cómo? ¿Estás loca?

ACTIVIDAD 28 Preguntas Listen to the conversation again, then answer the following questions.

1. ¿Adónde van a ir Teresa y Vicente el jueves?
2. ¿Con quién van a ir?
3. ¿Cómo está Vicente?
4. ¿Quiénes van a ir al cine de verdad: Teresa, su tío y Vicente o sólo Teresa y Vicente?

ACTIVIDAD 29 Justifiquen In pairs, alternate asking each other questions and justifying your responses. Follow the model.

◆ A: ¿Por qué estudias aquí?
B: Porque es una universidad buena. / Porque me gusta donde está. / Porque aquí tengo muchos amigos. / Porque es pequeña.

1. ¿Por qué estudias español?
2. ¿Por qué compras CDs de rock?
3. ¿Por qué tienes computadora?
4. ¿Por qué trabajas?
5. ¿Por qué vas a la biblioteca?

Since Teresa's parents are in Puerto Rico and her uncle is in Madrid, it is normal for him to consider her welfare an important responsibility. In the absence of a parent, it is common for young people to respect aunts or uncles as if they were their parents.

The word *family* has different connotations in different cultures. For Hispanics, the word **familia** suggests not only the immediate family, but also grandparents, uncles and aunts, as well as close and distant cousins. What does the word *family* mean to you?

▲ A woman and her grandchild in Chapultepec Park, Mexico City.

Hacia la comunicación II

I. Describing Yourself and Others: Descriptive Adjectives

In Chapter 1, you learned how to say someone's nationality: **Vicente Fox es mexicano. Salma Hayek es mexicana. Ellos son mexicanos.** You learned that the endings of these words changed depending on whom you were describing. Now see if you can answer these questions:

1. What would you have to change in the sentence **Eduardo está cansado** if the subject were **Carmen** instead of **Eduardo?**
2. What would you have to change in the sentence **Mi clase de historia es interesante** if the subject were **mis clases de historia e inglés?**

In the first, if you said **cansada**, you were correct, since the adjective ends in **-o** and would need to end in **-a** to describe a woman. In the second, **son interesantes** is the correct response since the subject is now plural, requiring a plural verb and a plural adjective.

A. Agreement of Adjectives

1 ◆ Adjectives that end in **-o** agree in gender (masculine/feminine) and in number (singular/plural) with the nouns they modify.

Francisco es baj**o**, pero **Patricia** es alt**a.**
Ellos son delgad**os** y **ellas** son delgad**as** también.

2 ◆ Adjectives that end in **-e** or in a consonant agree in number (singular/plural) with the nouns they modify.

Ella está trist**e** y **ellos** también están trist**es.**
Camilo no es libera**l. Ana y Elisa** tampoco son libera**les.**

NOTE: joven ⟶ j**ó**venes (an accent is needed in the plural)

Remember: Professions and other nouns that end in **-ista** also have two forms only: **artista/s.**

3 ◆ Adjectives that end in **-ista** ONLY agree in number with the nouns they modify.

Rafael es real**ista** y **Emilia** es ideal**ista.**
Ellos son optim**istas.**

B. *Ser* and *Estar* + Adjective

1 ◆ **Ser** + *adjective* is used to describe *the being:* what someone or something *looks like* or *is like*. You use **ser** when describing someone's personality (**Él es inteligente, optimista**, etc.) or when describing a person physically (**Ella es alta, delgada**, etc.).

2 ◆ **Estar** + *adjective* is used to describe *the state of being;* it indicates how people are feeling or describes a particular condition: **Él está enfermo.**

Notice how the following adjectives may change meaning depending on whether you use **ser** or **estar:**

Peter **es aburrido.** (personality: *Peter is boring.*)	Peter **está** muy **aburrido.** (feeling: *Peter feels/is bored.*)
Somos muy **listos.** (personality: *We are very clever.*)	**Estamos listos.** (condition: *We are ready.*)
Eres guapo. (physical description: *You are handsome.*)	**Estás guapo** hoy. (condition: *You look handsome today.*)

¿Cómo son estas personas? ¿Cómo están estas personas?

➤ Students speaking with an instructor after class in Costa Rica.

II. Position of Adjectives

1 ◆ Possessive adjectives and adjectives of quantity precede the noun they modify.

Mi novio es arquitecto.*	*My boyfriend is an architect.*
Tiene **tres televisores.**	*He has three TV sets.*
Bebe **mucha Inca Kola.**	*He drinks a lot of Inca Kola.*
Tiene **muchos** amigos y **pocas amigas.**	*He has a lot of male friends and few female friends.*

Inca Kola is a sweet soft drink that is very popular in Peru.

***NOTE:** The indefinite articles (**un, una, unos, unas**—*a/an, some*) are used with occupations only when they are modified by an adjective:

Mi padre es ingeniero.
BUT: **Mi padre es *un* ingeniero *fantástico*.**

2 ◆ Descriptive adjectives normally follow the nouns they modify.

Tenemos un **examen importante** en la clase de literatura.

We have an important exam in literature class.

While watching TV, think about the actions taking place: **Están cantando,** Dan Rather **está hablando,** etc.

III. Discussing Actions in Progress: Present Indicative and Present Progressive

In order to describe an action that is in progress at the moment of speaking, you use the present progressive in English (*I'm watching a movie on TV*). In order to describe an action in progress in Spanish you may use the present indicative **(Miro una película por televisión)** or the present progressive **(Estoy mirando una película por televisión).** The present progressive is formed as follows:

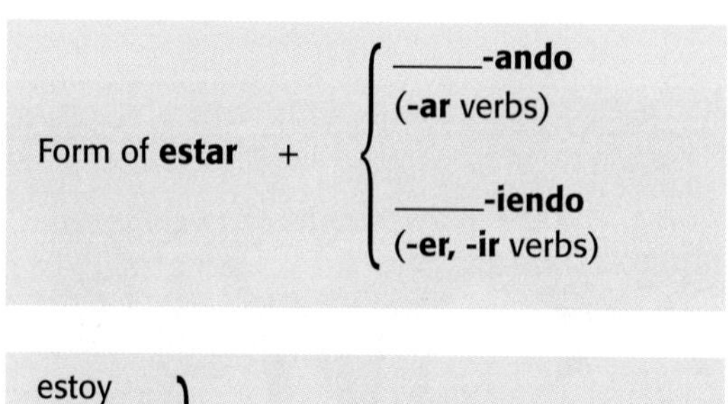

Form of **estar** + { ______**-ando** (**-ar** verbs) / ______**-iendo** (**-er, -ir** verbs) }

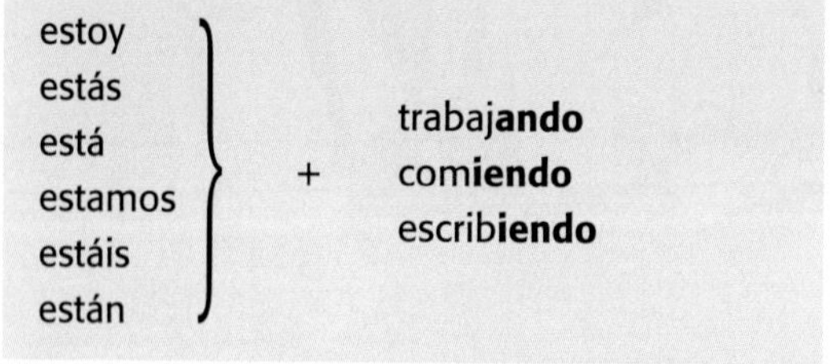

estoy
estás
está
estamos
estáis
están } + trabaj**ando** / com**iendo** / escrib**iendo**

Do Workbook *Práctica mecánica II*, CD-ROM, Web ACE Tests, and lab activities.

NOTE: 1. For **-er** and **-ir** verbs whose stems end in a vowel, substitute a **-y-** for the **-i** of the **-iendo** ending: **leer** ⟶ **le** + **iendo** ⟶ **leyendo.**
2. In English, the present progressive can also be used to talk about the future (*I'm watching a movie on TV tonight*). In contrast, the present progressive can *only* be used in Spanish for an action that is *happening at the moment* of speaking, an action that is actually taking place.

ACTIVIDAD 30 **¿Adónde vas cuando . . . ?** In pairs, ask your partner where he/she goes when in the following moods or situations. Follow the model.

◆ A: ¿Adónde vas cuando estás enojado/a?
B: Cuando estoy enojado/a voy a mi habitación.

1. estar aburrido/a
2. tener que comprar café
3. tener que trabajar
4. estar enfermo/a
5. tener que estudiar
6. desear correr
7. estar contento/a
8. tener que comprar un periódico
9. estar preocupado/a
10. estar con tu novio/a

Listen, select the appropriate sentence, look your partner in the eye, and say the line.

ACTIVIDAD 31 Una conversación In pairs, "A" covers Column B and "B" covers Column A. Carry on a conversation with your partner. You will need to enunciate very clearly and listen closely to select the appropriate response.

A	B
¿Estás triste?	No, estoy preocupado/a. Sí, hoy no tengo problemas en la oficina.
¿Por qué? ¿Tienes problemas? ¿Cuándo?	Sí, me gustaría. Sí, es mi padre.
¿Está enfermo? ¿Está enferma?	No, es simpático, joven y muy inteligente. Sí, está en el hospital y está solo.
¿Dónde está? ¿Va a ir al hospital?	En Miami y yo voy mañana. De Guadalajara.

ACTIVIDAD 32 ¿Quién es? **Parte A:** Read the following description and guess who is being described.

- Es una persona famosa.
  Él es guapo, alto, delgado y artístico.
  Canta y baila bien.
  Habla español e inglés.
  Es puertorriqueño.
  Él vive la vida loca.
  ¿Quién es?

Parte B: In pairs, prepare descriptions of a famous man or a famous woman.

Parte C: Read your description to the class and have them guess who it is.

ACTIVIDAD 33 Tu amigo y su amiga Read the following paragraph, then invent a story about a friend of yours and his girlfriend by completing the paragraph with the types of words indicated in parentheses. Remember that adjectives agree with the nouns they modify.

Mi amigo ____________ (nombre) es ____________ (nacionalidad) y es ____________ (ocupación). Tiene ____________ (número) años y es ____________ (adjetivo), ____________ (adjetivo) y ____________ (adjetivo). ____________ (adjetivo posesivo) amigo tiene una amiga que se llama ____________ (nombre). Ella es ____________ (adjetivo) y ____________ (adjetivo). Ellos son muy ____________ (adjetivo), pero están ____________ (adjetivo) porque ____________ (?).

ACTIVIDAD 34 Biografía **Parte A:** Interview your partner. Use these questions as a guide.

1. la persona
   - ¿Cómo te llamas, de qué nacionalidad eres y cuántos años tienes? ¿Por qué estás aquí (*here*)?
2. sus amigos
   - ¿Tienes muchos o pocos amigos? ¿Cómo son?
   - Si son estudiantes, ¿qué estudian? ¿Estudian mucho o poco?
   - Si trabajan, ¿qué hacen? ¿Dónde trabajan? ¿Trabajan mucho o poco?
3. actividades
   - ¿Qué te gusta hacer y con quién?
   - ¿Qué hacen Uds. los viernes y los sábados? ¿Adónde van?
   - ¿Estás contento/a cuando estás con tus amigos?

Pay attention to accents and punctuation.

Parte B: Use the above questions to write a three-paragraph biographical sketch.

ACTIVIDAD 35 ¿Está Diana? In pairs, "A" calls on the phone to talk to someone, but the person is busy. "B" says what the person is doing. When finished, change roles. (Useful excuses include: **trabajar con su padre, hacer la tarea, escribir una monografía, traducir un poema, comer, nadar en la piscina, hablar por el móvil,** etc.)

◆ B: ¿Aló?

A: Buenos días. ¿Está Diana?

B: Sí, está, pero está estudiando con su profesor particular (*tutor*).

A: Ah, muchas gracias, adiós. / Ah, entonces llamo más tarde.

ACTIVIDAD 36 Imagina In pairs, each person picks three drawings from page 91 and uses his/her imagination to explain to a partner who the people are, what they are doing, and where they are.

◆ Son mis amigos Mike y Eric. Mike es de Miami y Eric es de Chicago. En la foto, ellos están esquiando en Vail. Mike esquía muy bien. Eric está aprendiendo y le gusta mucho esquiar.

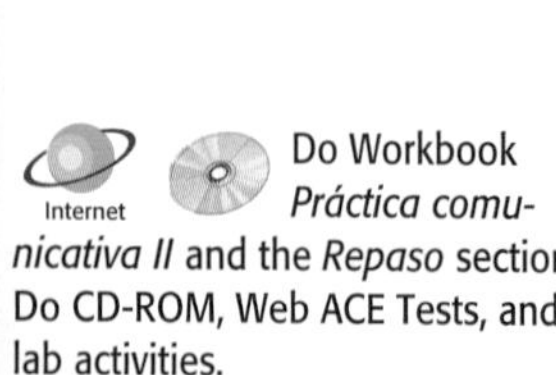

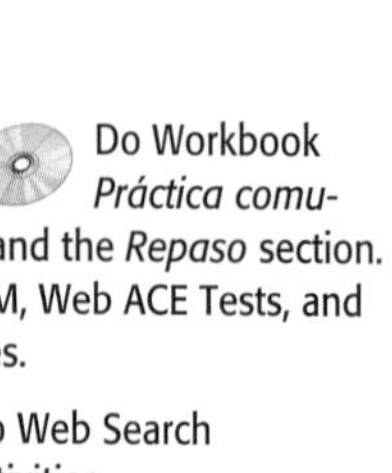

Do Workbook *Práctica comunicativa II* and the *Repaso* section. Do CD-ROM, Web ACE Tests, and lab activities.

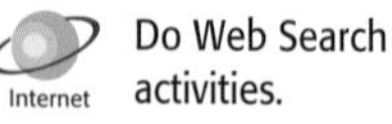

Do Web Search activities.

Vocabulario funcional

Lugares (*Places*)

See page 71.

¿Adónde vas/va?	*Where are you going?*
¿Con quién vas/va?	*With whom are you going?*
¿Dónde estás/está?	*Where are you?*
estar en + *lugar*	*to be in/at* + place
el cine	*movie theater*
la escuela/el colegio	*school*
la iglesia	*church*
la librería	*bookstore*
la playa	*beach*
el supermercado	*supermarket*

Verbos

-ar

necesitar	*to need*
regresar (a casa)	*to return (home)*
tocar	*to play* (an instrument)
usar	*to use*

-er

aprender	*to learn*
establecer	*to establish*
hacer	*to do; to make*
ofrecer	*to offer*
poner	*to put, place*
traer	*to bring*
vender	*to sell*
ver	*to see* (a thing)
ver a	*to see* (a person)

-ir

producir	*to produce*
recibir	*to receive*
salir (con)	*to go out (with)*
salir de	*to leave* (a place)
traducir	*to translate*
vivir	*to live*

La descripción

Adjetivos con ser: ¿Cómo es?

aburrido/a	*boring*
alto/a	*tall*
antipático/a	*unpleasant, disagreeable*
bajo/a	*short* (in height)
bonito/a	*pretty*
bueno/a	*good*
corto/a	*short* (in length)
delgado/a	*thin*
estúpido/a	*stupid*
feo/a	*ugly*
flaco/a	*skinny*
gordo/a	*fat*
grande	*large, big*
guapo/a	*good-looking*
inteligente	*intelligent*
joven	*young*
largo/a	*long*
listo/a	*clever*
malo/a	*bad*
mayor	*old* (*literally, older*)
moreno/a	*brunet/te; dark-skinned*
nuevo/a	*new*
pequeño/a	*small*
rubio/a	*blond/e*
simpático/a	*nice*
tonto/a	*stupid*
viejo/a	*old*

Adjetivos con estar: ¿Cómo está?

aburrido/a	*bored*
borracho/a	*drunk*
cansado/a	*tired*
contento/a	*happy*
enamorado/a	*in love*
enfermo/a	*sick*
enojado/a	*angry, mad*
listo/a	*ready*
loco/a	*crazy*
preocupado/a	*worried*
solo/a	*alone*
triste	*sad*

Palabras y expresiones útiles

la clase	*lesson; class*
con	*with*
demasiado	*too much*
después	*after*
la familia	*family*
me/te/le . . . gustaría	*I/you/he/she . . . would like*
muchos/as	*many*
muy	*very*
No te preocupes.	*Don't worry.*
No tengo idea.	*I don't have any idea.*
otro/a	*other; another*
la película	*movie*
poco	*a little*
¿Por qué?	*Why?*
porque	*because*
si	*if*
siempre	*always*
el tío	*uncle*
todos los días	*every day*

Capítulo 4

Chapter Objectives

- Discussing daily routines
- Identifying parts of the body
- Talking about who and what you and others know and don't know
- Telling what the weather is like
- Stating the date

Unos arqueólogos trabajan en las ruinas precolombinas de Honduras. ¿Sabes en qué países hay ruinas aztecas, mayas o incaicas?

Datos interesantes

Algunas de las ruinas que la UNESCO reconoce como *Patrimonio mundial:*

- Chichén Itzá, México (mayas y toltecas)
- Machu Picchu, Perú (incas)
- San Agustín, Colombia (antigua cultura andina)
- Tiahuanaco, Bolivia (tiahuanacos)
- Tikal, Guatemala (mayas)

Noticias de una amiga

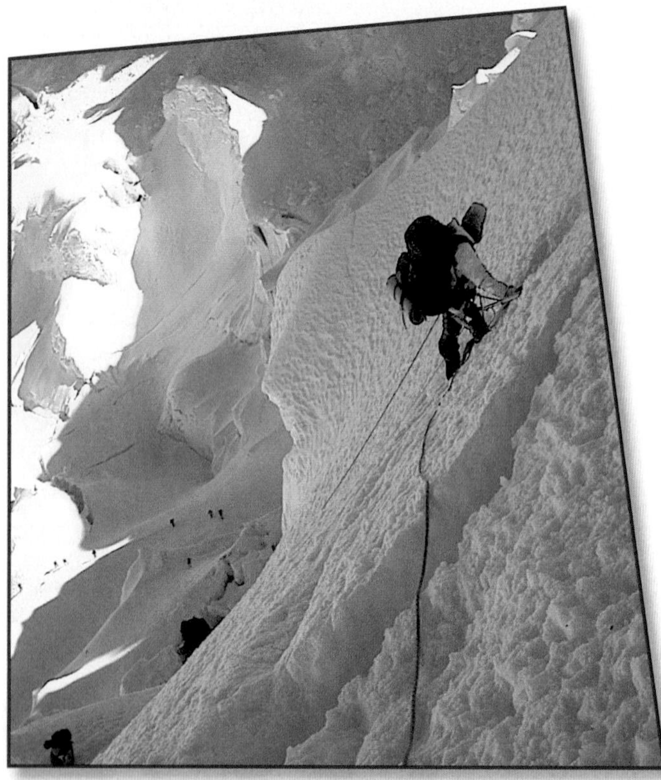

◀ Un hombre hace andinismo en una montaña muy rocosa de los Andes peruanos. ¿Te gustaría hacer andinismo?

¡Qué + *adjective!*	How + *adjective!*
¡Qué inteligente!	How intelligent!
hay	there is/there are
deber + *infinitive*	ought to/should/must + *verb*
debe ser	ought to/should/must be

José Manuel, un arqueólogo venezolano que está trabajando como voluntario en Perú, recibe un email de España de su amiga Marisel. José Manuel comenta con Rafael, otro arqueólogo venezolano.

ACTIVIDAD 1 ¿Cierto o falso? Lee las siguientes oraciones. Mientras eschuchas la conversación, escribe **C** si la oración es cierta y **F** si la oración es falsa.

1. _____ Rafael no conoce a Marisel.
2. _____ Marisel es arqueóloga.
3. _____ José Manuel trabaja como voluntario.
4. _____ Marisel tiene una foto de José Manuel.
5. _____ José Manuel practica andinismo.

	RAFAEL	Oye, José Manuel. Mira, hay email para ti.
Showing excitement	JOSÉ MANUEL	Ah, muchas gracias. Vamos a ver quién escribe. ¡Qué bueno! Es de Marisel.
	RAFAEL	¿Marisel?
Talking about who you know	JOSÉ MANUEL	Tú conoces a Marisel; es venezolana. Ella está ahora en Madrid.
	RAFAEL	Ah, sí. Es una estudiante muy buena. Estudia geología, ¿no?
	JOSÉ MANUEL	Exacto.
	RAFAEL	Y . . . ¿Qué dice?
	JOSÉ MANUEL	A ver . . . Pregunta mucho sobre el proyecto en Machu Picchu: qué hago en el trabajo, cómo son las ruinas incaicas, si hablo con los indígenas sobre su cultura. Tú sabes, preguntas.
	RAFAEL	¿Y qué más?
	JOSÉ MANUEL	Pregunta si continúo con mi trabajo voluntario con niños que no tienen padres.
	RAFAEL	Sí, sí, todos sabemos que eres muy bueno y que tienes un corazón grande pues trabajas con niños que no tienen padres, ¿pero dice algo más?
Reporting	JOSÉ MANUEL	Ah . . . También dice que tengo que afeitarme porque estoy feo con la barba que tengo.
Talking about what you know	RAFAEL	Es verdad que estás feo, pero ¿cómo sabe que tienes barba?
	JOSÉ MANUEL	Debe tener una foto.
	RAFAEL	¡Ahh!
	JOSÉ MANUEL	También dice que estoy loco y que voy a tener un accidente.
	RAFAEL	¿Y por qué dice que vas a tener un accidente?
	JOSÉ MANUEL	Porque en la foto hago andinismo . . . subo una montaña totalmente vertical.
	RAFAEL	¡Qué inteligente es Marisel! Porque, en realidad, tú estás loco.

ACTIVIDAD 2 El email Después de escuchar la conversación otra vez, contesta estas preguntas.

1. ¿De dónde es Marisel y dónde está?
2. ¿Qué estudia?
3. ¿Por qué dice Rafael que José Manuel tiene un corazón grande?
4. ¿Por qué dice Marisel que José Manuel tiene que afeitarse?
5. ¿Por qué dice Marisel que José Manuel va a tener un accidente?
6. En tu opinión, ¿está loco José Manuel?
7. ¿Te gustaría hacer andinismo?

ACTIVIDAD 3 La habitación de tu compañero/a **Parte A:** En parejas (*pairs*), hagan (*make*) una lista de un mínimo de diez cosas que generalmente tienen los estudiantes en su habitación.

Parte B: Ahora, averigüa (*find out*) cinco cosas que tu compañero/a (*partner*) tiene en su habitación. Sigue (*Follow*) el modelo.

- A: ¿Hay video en tu habitación?
  B: Sí, hay. / No, no hay.

ACTIVIDAD 4 Los comentarios Caminas por la calle (*street*) y ves a diferentes personas. Haz un comentario (*Make a comment*) sobre ellas.

◆ Lucy Liu ⟶ ¡Qué bonita!

Jennifer López, Regis Philbin, Shaquille O'Neal, Matt Damon, David Letterman, Whoopi Goldberg, Jesse Ventura. ¿ ?

Lo esencial I

I. Las partes del cuerpo (*Parts of the Body*)

◄ Francisco Pizarro, conquistador de Perú.

Otras partes del cuerpo

Some speakers say **Él tiene bigotes.** Others say **Él tiene bigote.**

el bigote/los bigotes mustache
los dientes teeth
los labios lips
la lengua tongue
el oído inner ear
el pelo hair

Dos incas. ➤

ACTIVIDAD 5 Asociaciones En grupos de tres, digan qué partes del cuerpo asocian Uds. con estas personas o productos.

Herbal Essence	Kleenex	Visine
Leggs	Venus de Milo	Fidel Castro
el príncipe Carlos de Inglaterra y Dumbo	Crest	Mick Jagger
	Reebok	

ACTIVIDAD 6 Las estatuas incaicas **Parte A:** En parejas, identifiquen las partes del cuerpo que tienen las siguientes figuras precolombinas.

Parte B: Ahora diseñen en un papel su propia figura exótica (puede ser de una civilización de otro planeta). Luego descríbansela (*describe it*) al resto de la clase.

- Nuestra figura tiene tres cabezas y dos manos. En una mano tiene cuatro dedos y en la otra tiene seis . . .

◄ Figuras precolombinas, Museo del Oro, Bogotá.

Cada idioma (*language*) tiene sus dichos (*sayings*) y proverbios, y el español tiene muchos. Algunos están relacionados con las partes del cuerpo.

¡Ojo!	*Watch out!*
Ojo por ojo y diente por diente.	*An eye for an eye and a tooth for a tooth.*
Tengo la palabra en la punta de la lengua.	*I have the word on the tip of my tongue.*
Habla hasta por los codos.	*He/She runs off at the mouth.*

II. Acciones reflexivas

1. lavarse las manos
2. afeitarse
3. cepillarse los dientes
4. cepillarse el pelo
5. ducharse
6. peinarse
7. quitarse la ropa
8. ponerse la ropa

Otras acciones reflexivas

bañarse to bathe **levantarse** to get up **maquillarse** to put on make-up

ACTIVIDAD 7 ¿En qué orden? En parejas, digan (*tell*) en qué orden (*order*) hacen estas acciones.

peinarse, bañarse, afeitarse, levantarse, cepillarse los dientes, ponerse la ropa

ACTIVIDAD 8 Relaciones Relaciona cada (*each*) acción reflexiva con una o más partes del cuerpo.

afeitarse	los ojos
lavarse	las manos
peinarse	la barba
maquillarse	el pelo
cepillarse	los dientes
	las piernas
	la cara
	la boca

Hacia la comunicación I

I. The Personal *a*

You already know three uses of the word **a.** They are as follows:

Remember **a + el = al.**

ir **a** + *infinitive*	Mañana **voy a salir** con mis amigos.
ir **a** + *place*	**Voy al supermercado.**
a mí/ti/él/ella/etc.	**A Juan** y **a mí** nos gusta bailar.

Another use of the word **a** is the *personal* **a,** which is used when someone does an action to another person (when the other person is a direct object). Notice that the first three examples that follow contain the *personal* **a** because, in each case, Maricarmen is looking at a person. The fourth example does not contain the *personal* **a** because Maricarmen is looking at an object.

Maricarmen mira **a** Juan.
Maricarmen mira **al** Sr. López.
Maricarmen mira **a la** profesora.
BUT: Maricarmen mira una foto.

Remember to use **el, la, los,** or **las** with titles such as **Sra., Dr.,** etc., when speaking about the person.

NOTE: Tener does not normally take the *personal* **a: Tengo un amigo.**

II. Describing Daily Routines: Reflexive Verbs

To describe what you usually do you can use reflexive verbs. A reflexive verb is used when the subject performs and receives the action of the verb. Study the differences between these three drawings:

As a general rule, use definite articles with parts of the body: *He washes his hands* = **Se lava las manos.**

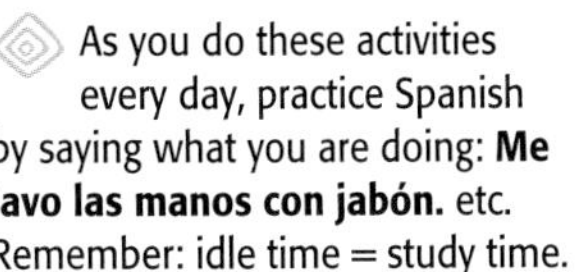

As you do these activities every day, practice Spanish by saying what you are doing: **Me lavo las manos con jabón.** etc. Remember: idle time = study time.

Ella lava el carro.
(She performs the action.)

Él se ducha.
(He performs and receives the action.)

Él se lava las manos.
(He performs and receives the action.)

1 ◆ In order to use reflexive verbs, you need to know the reflexive pronouns.

levantarse (*to get up*)	
(yo) me levant**o**	**(nosotros/as) nos** levant**amos**
(tú) te levant**as**	**(vosotros/as) os** levant**áis**
(Ud., él, ella) se levant**a**	**(Uds., ellos, ellas) se** levant**an**

Me levant**o** temprano. *I get up early.*
Él **se** cepill**a** los dientes después de comer. *He brushes his teeth after he eats.*
Nos duch**amos** por la mañana. *We take a shower in the morning.*

2 ◆ The reflexive pronoun precedes a simple conjugated verb form.

Todos los días **me** levant**o** temprano. *I get up early every day.*

3 ◆ When there is a conjugated verb + *infinitive* or + *present participle* (words ending in **-ando/-iendo**), the reflexive pronouns **(me, te, se, nos, os, se)** either precede the conjugated verb or follow attached to the infinitive or the present participle.

Mañana **me voy** a levantar tarde.
Mañana voy a **levantar<u>me</u>** tarde. } *Tomorrow, I'm going to get up late.*

Me estoy lavando el pelo.
Estoy **lavándo<u>me</u>*** el pelo. } *I'm washing my hair.*

Do Workbook *Práctica mecánica I* and corresponding CD-ROM activities.

***NOTE:** When the pronoun is attached to the present participle, a written accent is needed. For accent rules, see Appendix B.

ACTIVIDAD 9 José Manuel en Perú Completa esta historia (*story*) sobre José Manuel con **a, al, a la, a los** o **a las** sólo (*only*) si es necesario.

_____ José Manuel le gusta mucho trabajar como voluntario en Perú. Tres días por semana va _____ visitar _____ unos niños que no tienen _____ padres. Siempre lleva _____ libros para leer con ellos. Todos los domingos por la noche él llama _____ sus padres por teléfono a Venezuela y les describe _____ su trabajo de arqueología. Los fines de semana generalmente va _____ escalar una montaña o _____ visitar un pueblo diferente. _____ su amigo Rafael le gustaría ir _____ lago Titicaca pues es muy bonito. Esta semana José Manuel y Rafael van a ir _____ ruinas incaicas de Machu Picchu para trabajar en un proyecto.

El lago Titicaca, entre Bolivia y Perú, es el lago navegable más alto del mundo y tiene más o menos 8.300 km cuadrados (3.025 millas cuadradas). El lago tiene una biodiversidad bastante importante; entre su flora existe la totora, una planta similar al papiro (*papyrus*) de Egipto. Puede medir hasta siete metros de alto (23 pies). Los uros, nativos de la zona, usan la totora para construir embarcaciones y casas y también alimento que forma parte de su dieta. Curiosamente, los uros también hacen islas flotantes de totora y construyen sus casas en esas islas. Hoy día, más o menos 300 familias habitan unas 200 islas flotantes en el lago Titicaca.

▲ Una embarcación de totora en el lago Titicaca entre Bolivia y Perú.

ACTIVIDAD 10 La familia Rosado Di qué hace la familia Rosado un día típico por la mañana.

ACTIVIDAD 11 ¿Qué vas a hacer? Di qué vas a hacer con estas cosas.

1. un peine
2. una bañera
3. un cepillo de dientes
4. una ducha
5. una máquina de afeitar
6. un jabón

ACTIVIDAD 12 Nuestra rutina **Parte A:** En parejas, digan qué tienen que hacer los estudiantes universitarios un día típico por la mañana.

- Nosotros tenemos que levantarnos . . . / Nosotros nos tenemos que levantar . . .

Parte B: Ahora describan la rutina de los estudiantes universitarios los sábados.

- Los sábados nos levantamos tarde y . . .

ACTIVIDAD 13 La rutina Pregúntales a tus compañeros si hacen las siguientes actividades.

Some Spanish speakers say **desayunar<u>se</u>.**

1. desayunar (*to have breakfast*) todos los días en una cafetería
2. levantarse temprano los domingos
3. lavarse el pelo por la noche
4. hacer gimnasia un mínimo de tres días por semana
5. correr todos los días
6. ir al cine todas las semanas
7. ducharse dos veces (*times*) por día
8. estudiar los sábados
9. cepillarse los dientes tres veces por día
10. trabajar como voluntario una vez por semana

ACTIVIDAD 14 Un anuncio comercial En parejas, escriban el guion de un anuncio comercial para una persona famosa. Escojan (*Pick*) un producto de la lista que sigue.

- el maquillaje de Mary Kay / Martha Stewart / maquillarse

  Soy una persona práctica. Tengo mucho dinero, pero no es importante. El maquillaje de Mary Kay es bueno, bonito y barato. Y cuando me maquillo con Mary Kay, tengo ojos y labios perfectos. Mary Kay, el maquillaje de hoy. Mary Kay, mi maquillaje y tu maquillaje. Mary Kay, para mí y para ti.

1. una cama Serta / Homer Simpson / levantarse
2. el jabón Ivory / Shaquille O'Neal / lavarse, ducharse
3. la pasta de dientes Colgate / Julia Roberts / cepillarse
4. la crema de afeitar Gillette / Mel Gibson / afeitarse
5. el champú Paul Mitchel / Penélope Cruz / lavarse

Do Workbook *Práctica comunicativa I* and corresponding CD-ROM activities.

Nuevos horizontes

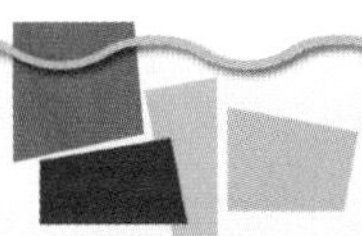

ESTRATEGIA: Predicting

Predicting helps you start to think about the theme of a selection before you read it. You can predict or guess what a selection will be about by looking at the title, photos or illustrations, and subtitles, as well as by recalling what you know about the topic itself before you actually read the text.

In the following section, you will read some information about Peru. Many words or expressions that you may not understand will be used, but by predicting, guessing meaning from context, and using your knowledge of cognates and the world, you will comprehend a great deal of information.

The purpose of this activity is to get you to think about the topic. Do it prior to reading.

ACTIVIDAD 15 ¿Qué sabes de Perú? Antes de (*Before*) leer sobre Perú, contesta las siguientes preguntas sobre ese país. Si es necesario, mira el mapa de Suramérica al final del libro.

1. ¿Dónde está Perú?
2. ¿Cuál es la capital de ese país?
3. ¿Qué países limitan con (*border*) Perú?
4. ¿Qué es Machu Picchu?
5. ¿Quiénes son los incas?

ACTIVIDAD 16 Lee y adivina Marisel recibe este libro con una nota de José Manuel. Contesta las siguientes preguntas.

1. Lee la nota de José Manuel. ¿Qué tipo de libro es? ¿Cuál es la parte que tiene que leer Marisel?
2. Lee el título en la página siguiente. ¿De qué se trata esta parte de la guía (*guidebook*)?
3. Ahora lee los cuatro subtítulos. ¿De qué se trata cada sección?

Querida Marisel:
Aquí tienes una guía turística de Perú que incluye Machu Picchu, la ciudad misteriosa de los incas. ¿Te gustaría visitarme? Los Andes son increíbles y a ti te gustaría mucho Lima y, ¡por supuesto, Cuzco y Machu Picchu!
de
PERÚ

Machu Picchu: El lugar misterioso de los incas

Historia de Machu Picchu

En los Andes, a unos 2.400 metros de altura está Machu Picchu, la ciudad sagrada[1] de los incas, que el arqueólogo norteamericano de la Universidad de Yale, Hiram Bingham, descubrió en 1911. Según una versión de la historia de Machu Picchu, los incas construyeron la ciudad en una montaña para defender a las Mujeres Sagradas, esposas de su dios[2] el Sol. En este refugio de vírgenes, Bingham y otros arqueólogos descubrieron diez esqueletos de mujer por cada esqueleto de hombre.

▲ Machu Picchu, la ciudad sagrada de los incas en Perú.

Arquitectura

Machu Picchu es la construcción más perfecta de los incas. Las ruinas de la ciudad sagrada tienen bloques enormes de granito blanco colocados perfectamente y sin[3] cemento. Los arqueólogos no comprenden cómo los incas construyeron esa ciudad tan perfecta sin tener la rueda,[4] el hierro[5] ni el cemento.

▲ Una indígena peruana con su bebé.

Cuzco, ciudad imperial

Para visitar Machu Picchu, muchos turistas pasan por Cuzco, la capital del Imperio Incaico. Cuzco fue construida por Manco Cápac, el primer emperador de los incas. Todavía hoy en día, muchos de los habitantes de Cuzco son descendientes de los incas; mantienen sus costumbres y hablan quechua, la lengua incaica.

Cómo llegar a Machu Picchu

Cuzco es la ciudad más cercana a Machu Picchu. Por eso, la mayoría de los turistas visitan la ciudad primero y después van a Machu Picchu. Para ir de Cuzco a Machu Picchu hay tres opciones:

---

1 *sacred* 2 *god* 3 *without* 4 *wheel* 5 *iron*

- Salir en tren y hacer un viaje de unos 120 kilómetros y después tomar un autobús a Machu Picchu. El viaje dura más o menos cuatro horas. Ésta es la opción más usada por los turistas.
- Hacer trekking por la ruta de "Camino del Inca". Si uno camina por esa ruta, tarda cuatro días en llegar. La experiencia es increíble, pero sólo es para personas a quienes les gustan las aventuras.
- Ir en helicóptero y después en autobús. El viaje es de un poco más de una hora y es posible ver vistas magníficas, pero no es posible ver Machu Picchu desde el helicóptero.

ACTIVIDAD 17 ¿Cierto o falso? **Parte A:** Después de leer sobre Machu Picchu, escribe **C** si la información es cierta y **F** si es falsa.

1. _____ Machu Picchu es la capital de los incas.
2. _____ Machu Picchu está en Lima.
3. _____ Un arqueólogo de los Estados Unidos descubrió Machu Picchu en 1911.
4. _____ Las construcciones de la ciudad tienen cemento.
5. _____ La lengua de los incas es el quechua.
6. _____ Las personas de Cuzco no hablan quechua.
7. _____ Para visitar Machu Picchu, muchos turistas van a Cuzco primero.

You will read excerpts from Spanish-language Internet pages about Machu Picchu and Peru at the end of Ch. 4 in your Workbook.

Parte B: Contesta estas preguntas.

1. Hay tres maneras de viajar de Cuzco a Machu Picchu. ¿Cuáles son?
2. ¿Cuál de las tres formas te gustaría utilizar y por qué?

Escritura

ESTRATEGIA: Brainstorming and Outlining

Brainstorming and outlining can help you better organize and plan your writing. The first step is to brainstorm ideas; you should jot down everything that comes to mind. The next step is usually outlining. An outline is an organized list of what you plan to write. When you brainstorm and outline, it is important to write in Spanish so that you don't try to say things that you have not studied yet. An outline for the first two parts of the guidebook selection on Machu Picchu may be as follows.

Historia de Machu Picchu
 2.400 metros; Bingham; 1911; Mujeres Sagradas
Arquitectura de Machu Picchu
 granito blanco; sin cemento; sin la rueda; sin hierro

ACTIVIDAD 18 Un día típico **Parte A:** Brainstorm a list of things you do in a typical day. Remember to write in Spanish.

Parte B: Create an outline in Spanish, using the following headings. Add specific details under each one using items you brainstormed in Part A and any other details you want to add.

1. descripción de quién eres
2. qué haces un día típico
3. descripción de tus amigos
4. qué haces en tu tiempo libre

Parte C: Write a four-paragraph composition based on your outline.

When several items are listed in Spanish, there is no comma after **y: Estudio historia, sociología y español.**

Parte D: Double check to see if:

- you use words like **por eso, y, también,** and **pero** to connect ideas and enrich the interest level. If you don't, add them now.
- all verbs agree with their subjects, all adjectives agree with the nouns they modify, all articles (**el/la, un/una,** etc.) agree with the nouns they modify. If they don't, fix them now.

Parte E: Rewrite your description, staple it to your rough draft—also including the brainstorming and outline created in Parts A and B—and hand them in to your instructor.

Lo esencial II

I. Los meses, las estaciones y el tiempo (*Months, Seasons, and the Weather*)

Un año en el hemisferio sur

El verano

Notice that months are written in lowercase.

En diciembre hace sol.

En enero hace calor.

En febrero llueve.

Treinta días trae noviembre, con abril, junio y septiembre; de veintiocho sólo hay uno y los demás de treinta y uno.

El otoño

En marzo está nublado.

En abril hace fresco.

En mayo hace mal tiempo.

El invierno

En junio hace frío.

En julio nieva.

En agosto hace viento.

La primavera

En septiembre hace fresco.

En octubre hace buen tiempo.

En noviembre hace sol.

Expresiones relacionadas con el tiempo

centígrados centigrade/Celsius
Está a ____ grados (bajo cero). It's ____ degrees (below zero).
¿Qué tiempo hace? What's the weather like?
la temperatura temperature

En los países que están al sur de la línea ecuatorial (*equator*), las estaciones no son en los mismos meses que en los Estados Unidos. Por ejemplo, cuando es invierno en este país, es verano en Uruguay; por eso, en el hemisferio sur hace calor en la Navidad (*Christmas*). Hay clases desde marzo, en el otoño, hasta noviembre o diciembre, el final de la primavera. En los países que están cerca de la línea ecuatorial, no hay mucha diferencia de temperatura y tiempo entre las estaciones. La temperatura cambia según (*according to*) la altura: hace calor en la costa y hace fresco o frío en las montañas.

For practice, say dates that are important to your family: birthdays, anniversaries, etc.

II. Las fechas (*Dates*)

—**¿Cuál es la fecha?** What is the date?
—**Hoy es el 20 de octubre.*** Today is October 20th.
—**¿Cuándo es la fiesta?** When is the party?
—**Es el 21 de marzo.*** It's on March 21st.

***NOTA:** **El primero** de enero, pero **el dos/tres/cuatro . . .** de enero.

To give a weather forecast, use the present tense to discuss present conditions and use **ir a** + *infinitive* to forecast future weather conditions.

ACTIVIDAD 19 **El pronóstico** Trabajas para la radio. Lee el pronóstico del tiempo para Santiago de Chile, y luego prepara el pronóstico para Lima, Perú.

Hoy es el lunes 4 de enero y en Santiago de Chile hace calor y está lloviendo. La temperatura está a 27 grados. El martes la temperatura máxima va a estar a 28 grados y la mínima a 20. ¡28 grados! Va a hacer calor y no va a hacer viento. El miércoles va a llover y va a hacer fresco.

Lima					
hoy		mañana		pasado mañana	
Viento	18 Km/h	Viento	5 Km/h	Viento	20 Km/h
Precipitaciones	—	Precipitaciones	—	Precipitaciones	70%
Temperatura máx.	26°	Temperatura máx.	25°	Temperatura máx.	20°
Temperatura mín.	19°	Temperatura mín.	18°	Temperatura mín.	16°

ACTIVIDAD 20 **Las celebraciones** En parejas, pregúntenle a su compañero/a en qué mes o fecha son estas celebraciones.

◆ A: ¿Cuándo es el Día de San José?
B: Es el 19 de marzo.

1. el Día de San Valentín
2. el Día de la Independencia de los Estados Unidos
3. el Día de San Patricio
4. Navidad
5. Año Nuevo
6. las próximas (*next*) vacaciones de la universidad
7. su cumpleaños

In Spanish, **vacaciones** is almost always plural.

ACTIVIDAD 21 Feliz cumpleaños **Parte A:** Averigua el cumpleaños de un mínimo de diez compañeros y apunta (*jot down*) la fecha de cada uno.

Parte B: Contesta estas preguntas sobre tus compañeros.

1. ¿Quién cumple años en la primavera? ¿Y en el otoño?
2. ¿Quién cumple años en octubre? ¿Y en agosto?
3. ¿Quién va a celebrar su cumpleaños pronto?
4. ¿Quién celebra su cumpleaños cuando hace frío? ¿Y cuando hace calor?
5. ¿Quién es del signo del zodíaco Virgo? ¿Y Acuario?

El memo

➤ Libros a la venta en una librería de Costa Rica. ¿Conoces algunos de los escritores o títulos?

¿podrías + *infinitive?*	could you . . . ?
¿Podrías ir tú?	Could you go?
Un millón de gracias.	Thanks a lot.

Teresa va a la agencia de viajes de su tío para trabajar y recibe un memo.

ACTIVIDAD 22 Lee y contesta Mira la primera parte del siguiente memo y contesta estas preguntas.

1. ¿Quién escribe el memo?
2. ¿Quién recibe el memo?
3. ¿Cuál es el tema del memo?
4. ¿Cuál es la fecha del memo?

Which is written as a Roman numeral, the day or the month?

A: Teresa
DE: tu tío Alejandro
FECHA: 20/VI/03
EN RELACIÓN A: información sobre un viaje a Perú y Argentina

Tengo que ir a la librería La Casa del Libro, pero no tengo tiempo porque me estoy preparando para un viaje muy importante. ¿Podrías ir tú? ¿Sabes dónde está? En la Gran Vía. Tomas el metro o el autobús número dos. Tienes que llevarle este paquete de información sobre vacaciones a un señor. Se llama Federico de Rodrigo y quiere ir a Perú, Chile y Argentina, con su familia el mes de agosto. Tú conoces al Sr. de Rodrigo, ¿no? Es bajo, rubio, un poco gordo y tiene la nariz larga. Trabaja en el segundo piso[1] en la sección de arte. En la librería ¿podrías comprar el libro *Comentarios reales* del Inca Garcilaso de la Vega? Va a ser un buen regalo para Federico porque le gusta la historia y ésta es la historia de los incas narrada por una persona con sangre incaica. Un millón de gracias.

1 *floor*

ACTIVIDAD 23 Preguntas Después de leer el memo, contesta estas preguntas.

1. Teresa tiene que hacer dos cosas; ¿cuáles son?
2. ¿Dónde está la librería y cómo se llama?
3. Teresa tiene dos opciones para ir a la librería; ¿cuáles son?
4. ¿Adónde quiere ir el Sr. de Rodrigo, con quiénes y por qué?
5. ¿En qué sección de la librería trabaja el Sr. de Rodrigo?
6. ¿Cómo se llama el libro que Teresa tiene que comprar? ¿Es sobre turismo, geografía, arte o historia? ¿Por qué es interesante ese libro?

ACTIVIDAD 24 Los favores En parejas, pídanle (*ask*) favores a su compañero/a, usando la expresión **podrías** + *infinitivo*.

- A: ¿Podrías comprar champú?

  B: Con mucho gusto. / ¡Por supuesto! / No puedo, tengo que estudiar.

Hacia la comunicación II

I. Talking About Who and What You Know: *Saber* and *Conocer*

Both **saber** and **conocer** mean *to know*, but they are used to express very different kinds of knowledge in Spanish.

A. *Saber*

1. **saber** + *infinitive* = to know how to do something

Claudia **sabe** toc**ar** el saxofón.	*Claudia knows how to play the saxophone.*
Juan Carlos **sabe** esqui**ar.**	*Juan Carlos knows how to ski.*
Yo **sé*** bail**ar** tango.	*I know how to dance the tango.*

***NOTE:** The **yo** form of **saber** is **sé;** all other forms are regular.

2. **saber** + *factual information* = to know something (by heart)

Teresa **sabe** el número de teléfono de Vicente.	*Teresa knows Vicente's telephone number.*
¿**Sabes** dónde está La Casa del Libro?*	*Do you know where the Casa del Libro is?*
No **sé** si Paula se maquilla mucho.*	*I don't know if Paula puts on a lot of make-up.*
Ellos **saben** quién es Cameron Díaz.*	*They know who Cameron Díaz is.*

***NOTE:** Words like **si** and question words like **quién, dónde**, and **cuándo** are always preceded by **saber.**

B. *Conocer*

1. **conocer a** + *person* = to know a person

Claudia **conoce al** tío de Teresa.	*Claudia knows Teresa's uncle.*
¿**Conoces a** Marisel?	*Do you know Marisel?*
No **conozco* a** tu padre.	*I don't know your father.*

***NOTE: Conocer** is conjugated like **ofrecer: yo conozco.** All other forms are regular.

2. **conocer** + *place/thing* = to be familiar with places and things

Gabriel García Márquez, Colombian, Nobel Prize for Literature in 1982.

Teresa no **conoce** Managua.	*Teresa doesn't know Managua.*
¿**Conoces** el libro *Cien años de soledad* de Gabriel García Márquez?	*Do you know the book* One Hundred Years of Solitude *by Gabriel García Márquez?*

II. Pointing Out: Demonstrative Adjectives and Pronouns

A. Demonstrative Adjectives

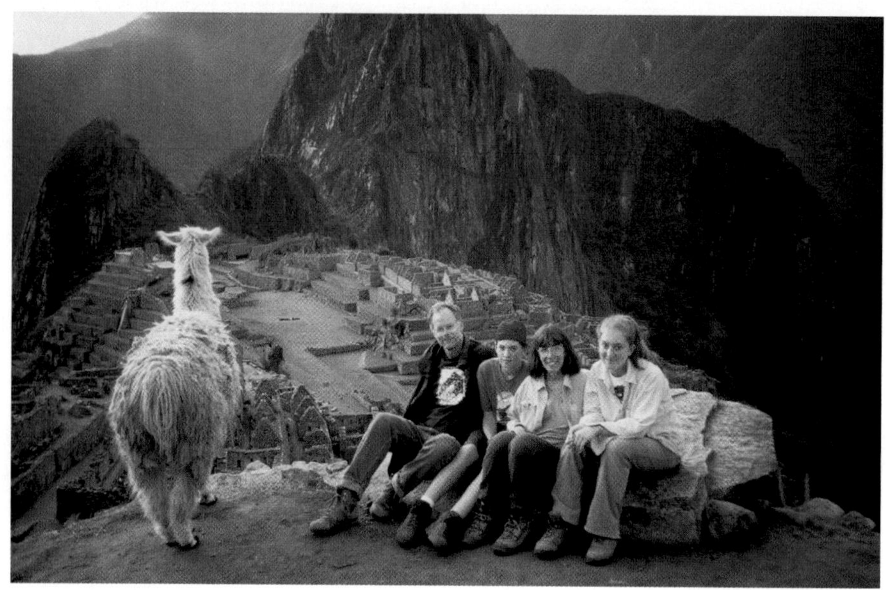

▲ **Ésta** es la familia Grinberg. **Este** animal que está **aquí** con ellos es una llama, **esas** ruinas que están **allí** son Machu Picchu y **aquella** montaña que está **allá** en la distancia se llama Huayna Picchu.

Este has a **t** and you can touch it, **ese** is over there, and **aquel** is so far away you have to *yell*.

In English there are two demonstrative adjectives: *this* and *that*. In Spanish there are three: **este** (*this*), which indicates something near the speaker; **ese** (*that*), which indicates something farther from the speaker; and **aquel** (*that*), which usually indicates something far away from the speaker and the listener. Many native speakers make no distinction between **ese** and **aquel;** they use them interchangeably. Since **este, ese,** and **aquel** are adjectives, they must agree with the noun they modify in gender and in number.

est**e** libr**o**	est**os** libr**os**
est**a** grabador**a**	est**as** grabador**as**
es**e**, es**a**	es**os**, es**as**
aque**l**, aque**lla**	aque**llos**, aque**llas**

B. Demonstrative Pronouns

1 ◆ To avoid repetition of a noun with a demonstrative adjective, use a demonstrative pronoun. The pronoun forms are the same as demonstrative adjectives (**esta, ese, aquellas**, etc.). Many writers opt to place written accents over the stressed vowel on the demonstrative pronouns: **éste, ésas, aquél,** etc. Therefore, you may see them with or without accents depending on the author's preference.

Esta ruina es interesante, pero **ésa** que está allí es fantástica. — *This ruin is interesting, but that one over there is fantastic.*

Internet Do Workbook *Práctica mecánica II*, CD-ROM activities, Web ACE Tests, and lab activities.

Ceviche is a raw fish dish originally from Peru.

2 ◆ **Esto, eso,** and **aquello** are neuter demonstrative pronouns that refer to abstract concepts; they never have accents.

—¿Te gustaría comer ceviche? — *Would you like to eat ceviche?*
—¿Ceviche? ¿Qué es **eso?** — *Ceviche? What's that?*

ACTIVIDAD 25 ¿Sabes esquiar? **Parte A:** Haz una lista de tres habilidades que tienes. Luego compártela con el resto de la clase mientras tu profesor/a escribe las ideas en la pizarra.

Parte B: En parejas, túrnense para hacerse preguntas y ver cuántas cosas sabe hacer la otra persona.

◆ A: ¿Sabes bailar tango?
B: Sí, sé bailar tango. / No, no sé bailar tango.

ACTIVIDAD 26 Sí, lo sé En parejas, túrnense para averiguar cuánto saben.

◆ cuántos años tiene tu profesor/a
¿Sabes cuántos años tiene tu profesor/a?
↙ ↘
Sí, lo sé. Tiene . . . años. — No, no sé.

1. cómo se llama el presidente o la presidenta de la universidad
2. quién es el jefe o la jefa de la facultad (*department*) de español
3. dónde está la oficina de tu profesor/a
4. cuándo es el próximo examen de español
5. de dónde es tu profesor/a
6. cuál es el número de teléfono de tu profesor/a

ACTIVIDAD 27 ¿Conoces Lima? En parejas, túrnense para preguntar si su compañero/a conoce diferentes ciudades. Sigan el modelo.

◆ A: ¿Conoces Lima?
↙ ↘

B: Sí.	B: No.
A: ¿Cómo es?	A: ¿Te gustaría conocer Lima?
B: Es muy bonita.	B: Sí, me gustaría. / No, no me interesa.

1. Barcelona	4. París	7. Jerusalén
2. Los Ángeles	5. Nueva York	8. Detroit
3. Caracas	6. Dallas	9. Quito

➤ Gente en un parque de Caracas, Venezuela.

ACTIVIDAD 28 ¿Conoces a . . . ? **Parte A:** Escribe una lista con el nombre de cinco personas que conoces personalmente en la universidad. Incluye a profesores, decanos (*deans*), personas que trabajan en la cafetería, deportistas o estudiantes.

◆ Conozco a . . .

Parte B: En parejas, averigua si tu compañero/a sabe quiénes son las personas de tu lista. Sigue el modelo.

◆ A: ¿Sabes quién es [Peter Smith]?

↙ ↘

B: Sí, es profesor de historia, ¿no?
A: Sí.

B: No, no sé. ¿Quién es?
A: Es mi profesor de historia y es excelente.

ACTIVIDAD 29 Una persona que . . . Busca (*Look for*) a las personas de tu clase que saben o conocen:

1. bailar salsa
2. San Francisco
3. las ruinas de Tulum en México
4. tocar el piano
5. el número de teléfono de la policía de la universidad
6. cantar "La bamba"
7. Nueva York
8. una persona importante

ACTIVIDAD 30 ¿Este disco compacto o ése? Completa esta conversación entre dos vendedores de una tienda de música con pronombres y adjetivos demostrativos.

BRUNO ¿De quién es el disco compacto que tienes en la mano?
PACO ____________________ disco compacto es de Enrique Iglesias. Es nuevo.
BRUNO Me gusta Enrique Iglesias. Paco, ¿sabes cuánto cuestan ____________________ cintas de Shakira que están allá?

PACO ______________ cuestan cinco dólares con noventa y cinco centavos porque son viejas y ya no son muy populares.

BRUNO ¿Y ______________ discos compactos de salsa que veo allí?

PACO ¿Cuáles? ¿______________? ¿Aquí?

BRUNO No, ______________ de Marc Anthony.

PACO Ah, Marc Anthony. No sé. Un momento. Tengo que mirar uno . . . Sí . . . aquí está . . . ______________ cuestan once dólares.

Remember to use the *personal* **a** with **conocer** when followed by a person.

ACTIVIDAD 31 ¿Éste, ése o aquél? En parejas, "A" cubre (*covers*) la información de B y "B" cubre la información de A. Uds. están en una fiesta y conocen a muchas personas, pero no a todas. Pregúntale a tu compañero/a si conoce a las personas que tú no conoces. Usa oraciones como **¿Conoces a ese chico alto que baila/está bailando?**

A

1. Ramón Paredes, hombre de negocios, el novio de Carmen
3. Carmen Barrios, estudiante universitaria, estudia biología
4. Miguel Jiménez, médico, 31 años, no tiene novia
6. Germán Mostaza, periodista, trabaja para *El Diario*, 27 años

B

2. Ramona Carvajal, dentista, panameña, amiga de Laura
5. Laura Salinas, economista, trabaja en el Banco Hispanoamericano
7. Begoña Rodríguez, programadora de computadoras
8. José Peña, geólogo, el novio de Begoña

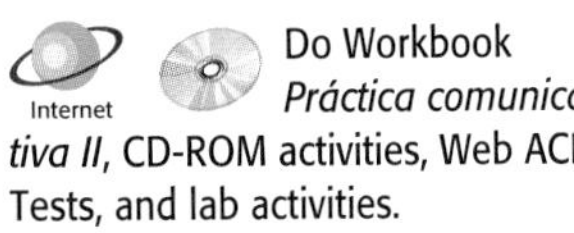

Do Workbook *Práctica comunicativa II*, CD-ROM activities, Web ACE Tests, and lab activities.

Videoimágenes

La vida universitaria

ACTIVIDAD 32 En los EE.UU. Antes de mirar un video sobre la vida universitaria en el mundo hispano, contesta estas preguntas sobre la vida universitaria en los Estados Unidos.

1. ¿Dónde viven los estudiantes normalmente? ¿En un colegio mayor? ¿En un apartamento? ¿Con su familia?
2. ¿Cuánto cuesta la matrícula en una universidad pública? ¿Y en una universidad privada? ¿Es cara la matrícula en tu universidad?
3. ¿De cuántos años es tu carrera universitaria? ¿Es igual o diferente para todas las especializaciones?
4. ¿Es normal tener clases en diferentes edificios o los estudiantes normalmente tienen todas sus clases en un edificio?
5. Si un estudiante quiere estudiar medicina o derecho, ¿cuál es el proceso? ¿Más o menos cuántos años tarda?
6. Al entrar en la universidad, ¿ya saben su especialización los estudiantes de este país? ¿Es normal cambiar de especialización durante los años universitarios?

6:37–9:14

ACTIVIDAD 33 ¿Qué estudias? En este segmento muchos estudiantes del mundo hispano hablan sobre su universidad. Todas las universidades que mencionan son públicas, excepto San Francisco de Quito que es privada. Mira el video y completa las siguientes cinco tablas. Recuerda mirar las tablas antes de ver el video.

Universidad de Buenos Aires

Nombre	*Edad*	*Carrera*
Florencia	22	
Andrés		diseño de imagen y sonido
Natalia	22	paisajismo (*landscaping*)

Universidad Nacional Autónoma de México

Nombre	*Edad*	*Carrera*
Manuel	21	
Nicte-ha	19	

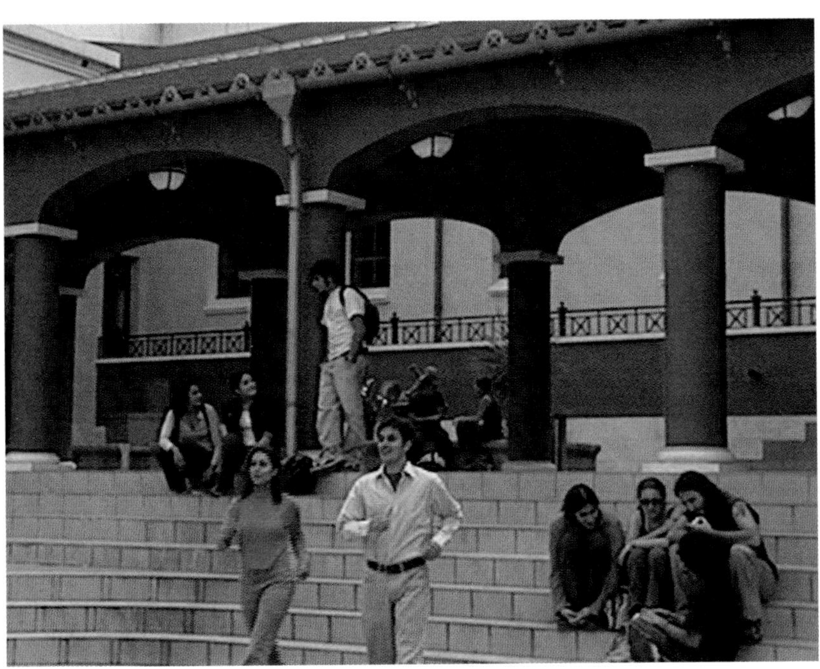

◄ Estudiantes de la Universidad San Francisco de Quito.

Universidad San Francisco de Quito

Nombre	*Edad*	*Carrera*
Gabriela	20	cine y video
Miguel		diseño gráfico
Mario	21	

Universidad de Río Piedras, Puerto Rico

Nombre	*Edad*	*Carrera*
Imelís	19	educación
Carlos	19	comunicación pública
Yoelis	20	

Universidad Complutense de Madrid

Nombre	*Edad*	*Carrera*
Néstor		ingeniería informática
Raquel	20	
Victoria		periodismo

ACTIVIDAD 34 ¿Cuánto cuesta esa carrera? En este segmento Javier habla con Victoria, y Mariela habla con Mario sobre las carreras de periodismo (*journalism*) y medicina respectivamente. Escucha a otros estudiantes universitarios y completa la siguiente tabla.

Universidad	*Carrera*	*Años*	*Costo de la matrícula de un año*
San Francisco de Quito	filosofía		$5.000
de Buenos Aires			gratuita – no cuesta nada
Complutense de Madrid	derecho		$400
Autónoma de México	X	X	¢

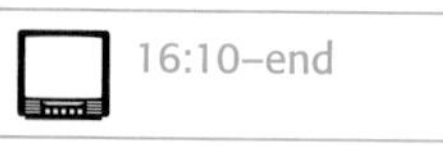

ACTIVIDAD 35 El tiempo libre Mira el siguiente segmento y haz una lista de lo que hacen los estudiantes en su tiempo libre. Luego compártela con el resto de la clase.

Useful vocabulary: **carrera** (*course of study*), **especialización** (*major*), **matrícula alta/baja** (*high/low tuition*), **ciudad universitaria** (*campus*).

ACTIVIDAD 36 A comparar En parejas, piensen en lo que vieron en el video y examinen las tablas de las **Actividades 33** y **34** para formar oraciones comparando la vida universitaria en el mundo hispano con la de este país. Sigan el modelo.

◆ En España generalmente cada facultad tiene bar y vende alcohol. En los EE.UU. hay cafeterías en diferentes partes de la ciudad universitaria y normalmente no venden alcohol.

Muchas universidades del mundo hispano son enormes, como la UNAM en el D.F. que tiene más de 270.000 estudiantes y la Universidad de Buenos Aires con más de 226.000. Por eso, a veces hay ciudades universitarias y a veces no. En el caso de Buenos Aires, las facultades están repartidas por toda la ciudad. Esto no es problemático porque generalmente los alumnos entran directamente de la escuela secundaria en las facultades de derecho, medicina, geología, etc. Luego asisten a todas sus clases en el mismo edificio con otros estudiantes de la misma especialización.

Do Web Search activities.

Vocabulario funcional

Las partes del cuerpo

la barba	*beard*
la boca	*mouth*
el brazo	*arm*
la cabeza	*head*
la cara	*face*
el codo	*elbow*
el cuello	*neck*
el dedo del pie	*toe*
los dientes	*teeth*
la espalda	*back*
el estómago	*stomach*
el hombro	*shoulder*
los labios	*lips*
la lengua	*tongue*
la mano	*hand*
la nariz	*nose*
el oído	*inner ear*
el ojo	*eye*
la oreja	*ear*
el pelo	*hair*
el pie	*foot*
la pierna	*leg*
la rodilla	*knee*

Verbos reflexivos *Ver página 98.*

El tiempo (*Weather*)

centígrados	*centigrade/Celsius*
Está a _____ grados (bajo cero).	*It's _____ degrees (below zero).*
está nublado	*it's cloudy*
hace buen/mal tiempo	*it's nice/bad out*
hace calor/frío	*it's hot/cold*
hace fresco	*it's chilly*
hace sol	*it's sunny*
hace viento	*it's windy*
llover/llueve	*to rain/it's raining*
nevar/nieva	*to snow/it's snowing*
¿Qué tiempo hace?	*What's the weather like?*
la temperatura	*temperature*

Los meses (*Months*) *Ver páginas 106–107.*

Las estaciones (*Seasons*)

el invierno	*winter*
el otoño	*fall*
la primavera	*spring*
el verano	*summer*

Expresiones de tiempo y fechas (*Time Expressions and Dates*)

el año	*year*
el cumpleaños	*birthday*
la fecha	*date*
el mes	*month*

Adjetivos y pronombres demostrativos

Ver páginas 112–113.

Palabras y expresiones útiles

allá	*over there*
allí	*there*
aquí	*here*
la carta	*letter*
conocer	*to know (a person, place, or thing)*
cumplir años	*to have a birthday*
deber + *infinitive*	*ought to/should/must* + verb
desayunar(se)	*to have breakfast* (literally: *to break one's fast*)
la facultad	*academic department*
la guía	*guidebook*
hay	*there is/there are*
ocupado/a	*busy*
¿podrías + *infinitive*?	*could you . . . ?*
¡Qué + *adjective*!	*How* + adjective!
saber	*to know (facts or how to do something)*
subir	*to go up, climb*
temprano	*early*
un millón de gracias	*thanks a lot*
las vacaciones	*vacation*

Capítulo 5

Chapter Objectives

- Expressing feelings
- Telling time
- Discussing clothing
- Indicating purpose, destination, and duration
- Specifying the location of people, things, and events
- Discussing present and future events

▼ Unos aficionados en un concierto de los Van Van en Cuba.

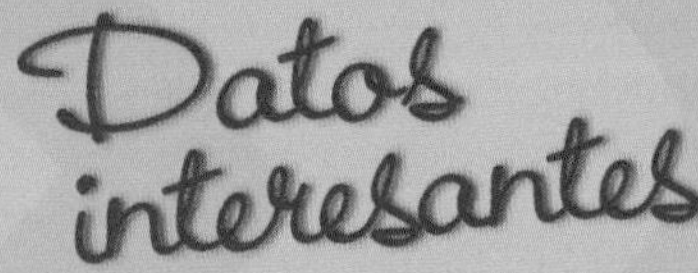

Películas ganadoras del Oscar para *La Mejor Película Extranjera:*

Todo sobre mi madre	España	1999
Belle époque	España	1993
La historia oficial	Argentina	1985
Volver a empezar	España	1982

Rita Moreno, puertorriqueña, además de Barbra Streisand, es la única persona que recibió un Oscar, un Tony, un Emmy y un Grammy.

¿Qué hacemos esta noche?

Un cine en Managua, Nicaragua.

¡Me fascina/n!	I love it/them!
se + *third person singular of verb*	they/people + *verb*
Se comenta que . . .	They/People say that . . .
¡No me diga/s!	No kidding!

Juan Carlos y Claudia están en una cafetería haciendo planes para esta noche.

ACTIVIDAD 1 Marca las películas Mientras escuchas la conversación, marca las películas que mencionan Juan Carlos y Claudia. ¡Ojo! Algunas no son nombres de películas.

_____ Palafox	_____ Casablanca	_____ El Norte	_____ Alphaville
_____ Carmen	_____ La historia oficial	_____ Cine Luna	_____ Amaya

JUAN CARLOS Bueno, entonces ¿qué te gustaría hacer?
CLAUDIA Pues . . . No sé.
JUAN CARLOS ¿Te gusta el jazz?
CLAUDIA ¡Huy! Me fascina, pero esta noche no.
JUAN CARLOS ¿Y entonces? ¿Prefieres ir al cine?
CLAUDIA Sí, me gustaría ver una película clásica.
JUAN CARLOS Bueno, puedo mirar en un periódico. ¡Camarero! ¿Tiene por casualidad un periódico de hoy?

CAMARERO ¿Qué sección quiere?

JUAN CARLOS La sección de espectáculos.

CAMARERO Es posible. Un momento . . . Sí. Aquí está.

JUAN CARLOS Gracias, y por favor, otra cerveza que tengo sed . . . Quiero ver una película . . . Vamos a ver . . . en el Palafox tienen *Carmen* de Saura. Saura es un director muy bueno y en la película baila Antonio Gades . . . ¡Vaya! Mira, en el Alphaville podemos ver *El Norte* . . .

Offering an option

CLAUDIA ¡Huy! *El Norte* es un clásico. Es la película de unos jóvenes guatemaltecos que . . . que emigran a los Estados Unidos, ¿no? Sé que es excelente, pero esta noche quiero algo diferente.

JUAN CARLOS ¿Y conoces la película *La historia oficial?* Empieza a las diez menos cuarto en el cine Amaya. Creo que actúa la argentina Norma Aleandro.

CLAUDIA Sí, sí, pero *La historia oficial* es muy triste . . . Esta noche quiero una película con un poco de romance.

JUAN CARLOS Bueno, está *Casablanca.*

CLAUDIA ¡No me digas! *¡Casablanca!* ¡Qué bueno! Vamos a ésa.

JUAN CARLOS ¿Te gusta Humphrey Bogart?

CLAUDIA Sí, y me fascina Ingrid Bergman.

Discussing future time

JUAN CARLOS Bueno. La película empieza a las diez menos cuarto en el Cine Luna.

Telling time

CLAUDIA ¡Huy! Y son las ocho y media. Voy a llamar a Vicente y a Teresa para salir a comer después. Ellos también van al cine esta noche.

JUAN CARLOS O.K. Podemos ir a comer a un restaurante chino.

CLAUDIA ¿Qué tal el Buda Feliz? Se comenta que la comida que tienen es excelente.

JUAN CARLOS ¡Perfecto!

ACTIVIDAD 2 Preguntas Después de escuchar la conversación otra vez (*again*), contesta estas preguntas.

1. ¿Qué van a hacer esta noche Juan Carlos y Claudia?
2. ¿Dónde buscan información?
3. ¿Qué película van a ver?
4. ¿Conoces esa película? ¿Qué tipo de película es, violenta o romántica? ¿Es un drama o una comedia?
5. ¿Qué van a hacer Juan Carlos y Claudia después del cine?

La película *El Norte* (1984), del director méxico-americano Gregory Nava, es considerada un clásico del cine. Es la historia de un joven y su hermana que se van de Guatemala cuando los militares entran en su pueblo y matan a un gran número de personas, entre ellos a su padre. No quieren salir de su país, pero para no morir se escapan a México y después entran ilegalmente en los Estados Unidos por un túnel en la frontera con el sur de California. Si quieres saber el final de la película, la tienes que ver. Esta película es interesante porque presenta la cruel realidad de las masacres que ocurrieron en Guatemala especialmente entre los años 1981 y 1983.

El Norte received an Academy Award Nomination for Best Original Screenplay, 1984.

ACTIVIDAD 3 Una entrevista **Parte A:** Clasifica (*Rate*) los siguientes tipos de películas con esta escala de uno a cinco.

1 No me gustan nada. **2** No me gustan. **3** Me gustan. **4** Me gustan mucho. **5** Me fascinan.

_____ románticas	_____ documentales	_____ de Disney
_____ de terror	_____ cómicas	_____ de suspenso
_____ de ciencia ficción	_____ dramáticas	_____ de violencia

Parte B: Ahora, en parejas, entrevisten a su compañero/a para ver qué tipos de películas le gustan y cuáles son sus películas, actores, actrices y directores favoritos.

◆ A: ¿Te gustan las películas de terror?
B: No, no me gustan nada.
A: . . .

ACTIVIDAD 4 Información En parejas, "A" es una persona nueva en esta ciudad y "B" vive aquí. "A" necesita información sobre la ciudad y le pregunta a "B".

◆ A: ¿Dónde se come bien?
B: Se come bien en . . .

1. comer bien
2. nadar
3. correr
4. bailar
5. caminar por la noche
6. vivir con tranquilidad

Lo esencial I

When you look at your watch try to think of the time in Spanish.

The hour may be written 4 different ways depending on the country: **10.00 / 10,00 / 10'00 / 10:00.**

I. La hora, los minutos y los segundos

Es la una y cuarto.

Son las ocho menos diez.

Son las cinco y media.

Es (el) mediodía.

Es (la) medianoche.

En el aeropuerto

Los Ángeles · México · Nueva York · Caracas · Montevideo · Madrid

¿Qué hora **es** en Los Ángeles?	**Son las diez** de la mañana.
¿Qué hora **es** en Nueva York?	**Es la una** de la tarde.
¿Qué hora **es** en Montevideo?	**Son las tres** de la tarde.

¡OJO! Son las once *de* la noche/mañana. (*specific time*)
Nunca estudio *por* la noche/mañana. (*general time period*)

NOTE: To say at what time something occurs, use the following construction.

¿**A** qué hora es la clase?

La clase es **a la una.** La clase es **a las dos.**

ACTIVIDAD 5 La hora en el mundo En parejas, imagínense que Uds. están en el aeropuerto de México. Miren los relojes de la sección *En el aeropuerto,* y túrnense para preguntar la hora de las diferentes ciudades.

- 6:15 a. m. ¿Madrid?
  A: Si en México son las 6:15 de la mañana, ¿qué hora es en Madrid?
  B: En Madrid son las 2:15 de la tarde.

Hora en México

1. 1:15 a. m. ¿Nueva York?
2. 5:50 a. m. ¿Caracas?
3. 4:25 p. m. ¿Los Ángeles?
4. 3:30 p. m. ¿Montevideo?

Hora en México

5. 7:16 a. m. ¿Madrid?
6. 10:20 p. m. ¿Nueva York?
7. 8:45 a. m. ¿Caracas?
8. 2:12 p. m. ¿Madrid?

El uso de "buenas tardes" o "buenas noches" varía entre los países hispanos. En países como Ecuador, Colombia y Venezuela hay unas doce horas de día y doce horas de noche, porque estos países están cerca de la línea ecuatorial. Por eso, la tarde para ellos empieza más o menos después de las 12:00 y termina más o menos a las 6:00, cuando ya casi no hay sol; después de esa hora, generalmente se dice "buenas noches". En cambio, en España, por ejemplo, la tarde empieza como a las 3:00 después de comer y termina a las 10:00, cuando muchos españoles cenan. Por lo tanto, los españoles generalmente empiezan a decir "buenas noches" a partir de las 10:00. ¿Cuándo se dice *good afternoon* y *good evening* en este país?

Note: **Son las 7:00** = It is 7:00; **El concierto es a las 7:00** = The concert is at 7:00. Practice this latter construction when reading movie schedules, TV guides, etc.

ACTIVIDAD 6 Programas de televisión En grupos de tres, miren esta página de una guía de televisión y túrnense para preguntar a qué hora son los diferentes programas.

- A: ¿A qué hora es "Cinco en familia"?

  B: Es a la/las . . .

TVE-1

NOCHE

19:00 **Yo soy Betty, la fea.** Episodio final
20:00 **Cinco en familia.** Cinco jóvenes de la familia Salinger tienen que empezar una vida nueva después de la muerte de sus padres en un accidente automovilístico.
20:55 **Telecupón**
21:00 **Telediario**
21:15 **El tiempo**
21:20 **Deportes**
21:30 **La aventura del hombre.** Documentales sobre la naturaleza, el hombre y el medio ambiente.
23:45 Cine****
La historia oficial, drama. Cuando una madre decide saber quiénes son los padres biológicos de su hija adoptiva, comienzan los problemas. (Argentina 1985)

TVE-2

NOCHE

19:00 **Los Simpson.** Homero habla con la profesora de Bart.
19:30 **Super agente 86.** El agente Maxwell Smart y sus cómicas aventuras.
20:00 **Supervivientes.** Expedición Robinson. Aventuras de unos náufragos que deciden dejarlo todo para vivir en una isla desierta.
21:00 **Buffy la cazavampiros**
21:55 **Lotería**
22:00 **Hora Clave.** Programa político-económico con Mariano Grondona.
23:00 **NBA Entrevista con Shaq.**
00:00 **Música: Los 40 principales**
00:30 **Infocomerciales**

ACTIVIDAD 7 Los teleadictos
Parte A: Escribe los nombres de cuatro programas de televisión que te gustan.

Parte B: Ahora, habla con otra persona para ver si conoce los programas y si sabe qué día y a qué hora son.

- A: Conoces el programa . . . ?

B: Sí, conozco ese programa.
A: ¿Qué día y a qué hora es?
B: Es los . . . a la/s . . .

B: No, no conozco ese programa.
A: Es un programa muy bueno. Es los . . . a la/s . . .

ACTIVIDAD 8 Tu horario **Parte A:** Completa el siguiente gráfico con tu horario de clases de la universidad e incluye cuándo trabajas si tienes empleo.

hora	*lunes*	*martes*	*miércoles*	*jueves*	*viernes*

Parte B: Explícale tu horario a tu compañero/a. Sigue el modelo.

- Los lunes tengo clase de . . . a la(s) . . . , etc. . . . Los jueves trabajo . . .

Parte C: Con tu compañero/a tienen que decidir cuándo van a estudiar juntos (*together*) para el próximo examen de español. Es importante estudiar durante el día porque por la noche tienen otras obligaciones. Usen frases como: **Vas a estar libre el lunes a las 2:00, ¿no? Me gustaría estudiar el miércoles a la 1:00, ¿está bien para ti?**

II. Las sensaciones

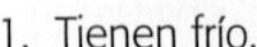

1. Tienen frío. 2. Tiene calor.

3. Tiene miedo.

4. Tiene vergüenza.

5. Tienen sed. 6. Tienen hambre.

7. Tiene sueño.

ACTIVIDAD 9 **¿Cómo se sienten?** **Parte A:** Di qué sensaciones tienen estas personas en las siguientes situaciones.

◆ Si veo una serpiente, tengo miedo.

1. Si estás en la playa, . . .
2. En el mes de enero, nosotros . . .
3. Son las dos de la mañana y yo . . .
4. Si voy al dentista, . . .
5. Si deseamos beber Coca-Cola, . . .
6. Después de correr cuatro kilómetros, yo . . .
7. Si tu amigo ve una película de terror, . . .
8. Es la 1:30 de la tarde y nosotros . . .

Parte B: En grupos de tres, inventen más oraciones como las de la Parte A.

Hacia la comunicación I

Expressing Habitual and Future Actions and Actions in Progress: Stem-changing Verbs

1 ◆ Among present-tense verbs used to express habitual actions, actions in progress and future actions, there is a group called stem-changing verbs. These are similar to regular **-ar, -er,** and **-ir** verbs except that they have a vowel change in the last syllable of the stem (the stem is the verb without the **-ar, -er,** or **-ir** ending). You have already seen a verb that has a stem change:

Drill yourself on these forms.

tener (tengo, tienes, tiene . . .). Stem-changing verbs are often referred to as *boot verbs* (since the conjugations resemble a boot). This should help you remember in which persons the changes occur.

entender (e ⟶ ie)	
entiendo	entendemos
entiendes	entendéis
entiende	entienden

poder (o ⟶ ue)	
puedo	podemos
puedes	podéis
puede	pueden

pedir (e ⟶ i)	
pido	pedimos
pides	pedís
pide	piden

jugar (u ⟶ ue)	
juego	jugamos
juegas	jugáis
juega	juegan

—¿Entiendes las reglas del tenis? *Do you understand the rules of tennis?*
—Sí, juego al tenis muy bien. *Yes, I play tennis very well.*
—Mañana podemos jugar en el club. *We can play at the club tomorrow.*
—Bueno. ¿Por qué no pides hora para reservar una cancha? *Good. Why don't you ask for a time to reserve a court?*

2 ◆ The following is a list of common stem-changing verbs.

Stem-changing Verbs

Note changes in meanings when some verbs become reflexive.

For things you are physically able/unable to do, use **poder;** for things you know/don't know how to do, use **saber.**

Use **creer que,** not **pensar que,** to express an opinion: **Creo que la clase de filosofía es difícil porque tengo que pensar mucho.** *I think philosophy class is hard because I have to think a lot.*

e ⟶ ie

cerrar to close
comenzar to begin
despertar/se* to wake someone up / to wake up
divertirse* to have fun
empezar to begin
entender to understand
pensar (en) to think (about)
pensar + *infinitive* to plan to
perder to lose
preferir to prefer
querer to want
querer a alguien to love someone
sentarse* to sit down
tener** to have
venir** to come

o ⟶ ue

acostar/se* to put someone to bed / to go to bed
almorzar to have lunch
dormir/se* to sleep / to fall asleep
encontrar to find
morirse* to die
poder to be able, can
volver to return, come back

e ⟶ i

decir** to say; to tell
pedir to ask for
servir to serve

u ⟶ ue

jugar to play (*a sport or game*)

NOTE: Verbs with one asterisk (*) are reflexive verbs; for example, **sentarse: Yo me siento.** Verbs with two asterisks (**) are conjugated the same as stem-changing verbs in the present indicative, except for a different **yo** form: **tengo, vengo, digo.**

3 ◆ Stem-changing verbs that end in **-ir** also have a change in the present participle.

o → ue: **u**	dormir → **du**rmiendo
e → ie: **i**	divertirse → div**i**rtiéndose
e → i: **i**	servir → s**i**rviendo

Do Workbook *Práctica mecánica I* and corresponding CD-ROM activities.

—¿El niño está d<u>u</u>rmiendo?	*Is the child sleeping?*
—No, él y yo nos estamos div<u>i</u>rtiendo mucho.	*No, we're enjoying ourselves a lot. / We're having a lot of fun.*
—OK, pero estoy s<u>i</u>rviendo la comida.	*OK, but I'm serving dinner.*

ACTIVIDAD 10 Preferencias **Parte A:** Marca cuáles de las siguientes cosas prefieres.

1. beber	Coca-Cola	Pepsi
2. escuchar	DVDs	discos compactos
3. comer	papas fritas	Doritos
4. comer	un sándwich	una hamburguesa
5. almorzar	en casa	en una cafetería
6. nadar	en una piscina	en una playa
7. estudiar	en casa	en una biblioteca

Parte B: En parejas, túrnense para averiguar si tienen las mismas preferencias.

◆ A: ¿Prefieres beber Coca-Cola o Pepsi?
B: Prefiero beber Pepsi.

Parte C: Ahora digan qué cosas prefieren Uds. dos.

◆ Nosotros preferimos beber . . .

Remember: **pensar** + *infinitive* = to plan to do something.

ACTIVIDAD 11 Planes **Parte A:** Escribe tres cosas que piensas hacer este fin de semana.

◆ El sábado pienso ir . . .

Parte B: Ahora compara tu lista con la lista de otra persona y dile a la clase si piensan hacer las mismas cosas o si tienen actividades diferentes.

◆ Nosotros pensamos escribir una composición el domingo. El sábado ella piensa visitar a sus padres y yo pienso salir con mis amigos.

Fútbol americano = football; **fútbol** = soccer.

ACTIVIDAD 12 Los deportes **Parte A:** Habla con un mínimo de cinco estudiantes y pregúntales si juegan al béisbol, al basquetbol, al fútbol americano, al fútbol, al tenis o al voleibol, y cuándo juegan estos deportes.

◆ A: ¿Juegas al béisbol?
B: Sí, juego muy bien. / No, juego al golf. / No, prefiero jugar al tenis.
A: ¿Cuándo juegas?
B: En el verano. / Todos los días. / Los sábados. / (etc.)
A: Generalmente, ¿pierdes o ganas? / Generalmente, ¿tu equipo pierde o gana?

At home, analyze why the following words do or don't have accents: **así, café, después, hambre, oficina, minutos.**

ACTIVIDAD 13 La vida de Gloria Completa la historia sobre un día en la vida de Gloria con la forma correcta del verbo indicado. Después pon (*put*) en orden los tres párrafos.

A la 1:30 yo ________________ en una cafetería. Después voy a la universidad para estudiar ciencias políticas. A las 6:00 ________________ a casa y mi hijo y yo ________________ un poco. A las 7:00 ________________ la comida y el niño ________________ a las 8:30. Por fin yo ________________ y estudio y a veces ________________ con el libro en la mano. Así es mi vida. ¿Te gusta? A mí, ¡me fascina . . . !

En las películas las personas siempre están contentas y tienen una vida ideal. ¡Pero mi vida no es así! Yo ________________ poco, ________________ a las 5:30 de la mañana y ________________ rápidamente. Después yo ________________ a mi hijo de tres años y él ________________ el desayuno porque ese niño siempre ________________ hambre. A las 7:00 ________________ mi hermana para estar con el niño. Luego yo ________________ de la casa y ________________ la puerta con mucho cuidado porque si mi hijo ________________ que yo salgo, ________________ a protestar porque ________________ estar con su mamá.

Trabajo en una organización de derechos humanos y al llegar al trabajo, la directora me ________________ qué tengo que hacer. Siempre ________________ cosas imposibles y lo ________________ todo en cinco minutos. Nosotros, los empleados, no ________________ beber café ni usar el teléfono para llamadas personales. ________________ que la directora no es una directora mala sino una dictadora terrible. Es muy irónico tener una jefa así en una organización de derechos humanos, ¿no?

human rights

ACTIVIDAD 14 **La rutina diaria** **Parte A:** Lee el siguiente párrafo sobre la rutina diaria de un estudiante colombiano y dile al resto de la clase cuándo o dónde hace las siguientes acciones: **despertarse, empezar clase, sentarse, almorzar, acostarse, divertirse.**

Jorge es un típico estudiante universitario en Bogotá, Colombia. Se despierta a las 5:30 de la mañana porque sus clases en la facultad empiezan generalmente a las 7:00. En clase, a veces se sienta cerca de sus amigos porque las clases generalmente tienen más o menos 30 estudiantes. Después de clase, almuerza en la cafetería de la facultad a la 1:00 y luego prefiere estudiar en la casa de un amigo o en su casa. A las 4:00 come las onces, algo ligero. Más tarde en su casa come algo rápido para la cena a eso de las 7:00 y durante la semana se acuesta entre las 10:30 y las 11:00. Los viernes y sábados, generalmente se divierte con sus amigos: van al cine, a un concierto, a una discoteca, a comer una hamburguesa o se reúnen en casa de amigos.

las onces = afternoon snack in Colombia

Parte B: En grupos de tres, digan cuándo y qué acciones hace un típico estudiante universitario en este país. Usen la información sobre Jorge como guía.

ACTIVIDAD 15 **Acciones habituales** **Parte A:** En la primera columna escribe a qué hora haces las siguientes actividades.

	tú	*compañero/a*
1. levantarse	________	________
2. empezar la primera clase los lunes	________	________
3. terminar la última clase los lunes	________	________
4. almorzar	________	________
5. volver a casa (o a la residencia)	________	________
6. acostarse	________	________

Remember: **¿A qué hora . . . ?** refers to the time at which something takes place. **¿Qué hora es?** refers to present time.

Parte B: Pregúntales a tus compañeros a qué hora hacen ellos las mismas actividades. Si una persona hace una actividad a la misma hora que tú, escribe su nombre en la segunda columna.

- A: ¿A qué hora te levantas?
  B: Me levanto a las ocho.

Parte C: Di a qué hora hacen Uds. las actividades de la Parte A.

- Michelle y yo nos levantamos a las ocho.

ACTIVIDAD 16 Y en Japón, ¿qué? Di qué hora es en los siguientes lugares y usa una de las acciones de la segunda columna para decir qué están haciendo las personas en esos lugares.

- En Santiago de Chile son las nueve de la noche y están mirando la televisión.

1. Japón	a. dormir
2. Alemania	b. levantarse
3. la India	c. almorzar
4. Hawai	d. trabajar
5. Toronto	e. acostarse

ACTIVIDAD 17 Invitación y excusa En parejas, túrnense para invitar a su compañero/a a hacer dos o tres actividades diferentes. La otra persona da excusas (*gives excuses*) diciendo por qué no puede.

- A: ¿Quieres ir a esquiar?
  B: Me gustaría, pero no puedo porque { no tengo tiempo. / no tengo dinero. / tengo que estudiar. / vienen mis padres. / (etc.) }

ACTIVIDAD 18 ¿Verdad o mentira? Parte A: Escribe tres oraciones sobre ti usando los verbos **poder, querer** y **preferir.** Dos deben ser verdad (*true*) y una debe ser mentira (*lie*).

- Prefiero estudiar los viernes por la noche porque no hay muchas personas en la biblioteca.

Do Workbook *Práctica comunicativa I* and corresponding CD-ROM activities.

Parte B: En grupos de tres, lean las oraciones y decidan cuáles son mentira.

- A: Quiero ser médico.

B o C: Estás diciendo la verdad.   B o C: No estás diciendo la verdad.

Nuevos horizontes

Lectura

ESTRATEGIA: Activating Background Knowledge

We read for many different reasons, but they all fall into two broad categories: pleasure-reading and information-seeking. We employ different reading strategies depending on our purpose and the type of text. When we read, we interact with the text depending on the background knowledge we have on the topic. It is for this reason that two readers might interpret the same text differently. For example: a lawyer and a lay person may not have the same perceptions when reading a legal document.

Before reading an article in Spanish, you will do a pre-reading activity that will help you activate your background knowledge by focusing on the topic of Latin American politics. This activity will help prepare you to obtain a global understanding of the reading selection. Remember: it is not important to understand every word when reading; just try to capture the general idea.

Individually, you may not be able to answer each question, but as a group you should be able to answer many of them. By learning from your peers, you will be better prepared to understand the reading selection.

ACTIVIDAD 19 ¿Cuánto sabes? **Parte A:** Antes de leer el artículo, contesta estas preguntas.

1. ¿Sabes qué países hispanoamericanos tienen democracia?
2. ¿Hay dictaduras hoy en día en Hispanoamérica?
3. ¿Sabes qué gobiernos hispanoamericanos son estables o inestables?
4. Hay muchos países del mundo que no respetan los derechos humanos (*human rights*); ¿sabes algo sobre las violaciones de derechos humanos en el mundo hispano?
5. ¿Puedes dar una definición de la frase **refugiado/exiliado político?**
6. ¿Conoces a alguien que no puede vivir en su país por motivos políticos? ¿Cuál era (*was*) la ocupación de esa persona en su país?
7. ¿Sabes quiénes son Augusto Pinochet y Rigoberta Menchú? ¿De qué países son?
8. ¿Cuáles son los títulos de algunas películas hispanas? ¿Son románticas, violentas o son cómicas? ¿Hacen comentarios políticos?

Parte B: Antes de leer el artículo, subraya (*underline*) todos los cognados y todas las palabras que ya sabes.

ACTIVIDAD 20 Palabras desconocidas Mientras lees, busca las siguientes palabras en el texto y adivina qué significan. Después compara tus definiciones con las de un/a compañero/a.

1. lucha (línea 2)
2. obras (línea 12)
3. desaparecen (línea 34)
4. fuga de cerebros (línea 41)
5. procedimiento (línea 60)
6. propio (línea 84)

Derechos humanos y justicia

La violación de los derechos humanos y la lucha por defender estos derechos no es nada nuevo en la historia de la humanidad. Con frecuencia, son los artistas e intelectuales los que primero hacen comentarios políticos y sociales contra estas violaciones. Ejemplos típicos son los murales del pintor mexicano Diego Rivera, el cuadro *Guernica* del pintor español Pablo Picasso y muchas obras del escritor colombiano Gabriel García Márquez. También hay películas como *La historia oficial* y *Missing* que critican las dictaduras de Argentina y Chile repectivamente y le informan al mundo sobre las injusticias que ocurren. Pero en última instancia, es la ley de los gobiernos del mundo la que puede hacer respetar estos derechos.

Un caso serio de violación de derechos humanos empieza en Chile en el año 1973 cuando, después de un golpe militar contra un gobierno democrático, el general Augusto Pinochet se instala como el nuevo presidente. Miles de jóvenes, intelectuales y artistas, que no están de acuerdo con esta dictadura, son torturados en campos de concentración donde mueren o "desaparecen", es decir, las familias nunca más vuelven a ver a estos jóvenes. Cuando hay un golpe militar en un país, muchos intelectuales van a vivir a otros países para poder expresar sus ideas con libertad. Este éxodo se llama "fuga de cerebros" y es exactamente lo que pasa en Chile cuando Pinochet toma la presidencia.

Después de la dictadura, a principios de la década de 1990, el nuevo gobierno democrático de Chile declara a Pinochet senador de por vida y con esto él recibe

▲ Para recordar el golpe de estado contra Allende, ex presidente de Chile, y para protestar contra la dictadura militar de Pinochet, un artista anónimo pintó este mural en La Victoria, una zona donde viven muchos obreros en Santiago, Chile.

inmunidad total contra sus crímenes. Por esta razón, el gobierno no escucha las protestas de muchos chilenos que quieren saber qué ocurrió[1] con sus familiares desaparecidos. Pero algunos de los desaparecidos son de ascendencia española y, por eso, sus familias deciden presentar sus casos ante el gobierno español. Es así como el juez español Baltazar Garzón comienza el procedimiento judicial y cuando en 1998 el ex dictador está de viaje en Inglaterra, Garzón le pide a este país la detención y extradición de Pinochet.

Inglaterra está entonces en una situación difícil ya que Chile es su aliado político. Después de meses de deliberaciones, Inglaterra libera a Pinochet, no por ser inocente ni por inmunidad diplomática sino porque los médicos argumentan que, a los 83 años, el ex dictador está enfermo y no está en condiciones de presentarse a juicio. Cuando regresa a Chile en 2000, la corte de su país retira sus privilegios de inmunidad y lo acusa por más de setenta asesinatos en 1973 a manos de un grupo que cumple las órdenes del ex dictador. Entonces el gobierno pone a Pinochet prisionero en su casa. Y este arresto domiciliario tiene lugar en Chile, su propio país.

Muchos familiares de desaparecidos sienten que por fin se hace justicia; otros creen que no es suficiente la sentencia; pero, posiblemente, lo más importante es que, después del caso Pinochet y la acción del juez Garzón, el mundo sabe que los gobernantes que cometen crímenes contra la humanidad en su país no son inmunes al castigo internacional. De ahora en adelante, dictadores y tiranos van a pensar mucho antes de cometer crímenes de genocidio, terrorismo y tortura contra los ciudadanos de sus propios países.

---

1 *happened*

El Norte

Romero

La historia oficial

ACTIVIDAD 21 ¿Cierto o falso? Después de leer el texto, indica si las siguientes oraciones son ciertas **(C)** o falsas **(F)**.

1. _____ Frecuentemente los artistas son los primeros en hacer comentarios sociales y políticos.
2. _____ La dictadura de Pinochet comienza después de un golpe militar.
3. _____ Los familiares chilenos de desaparecidos presentan sus casos legales a Inglaterra.
4. _____ Pinochet recibe inmunidad diplomática en Inglaterra.
5. _____ Los gobernantes no son inmunes al castigo internacional.

Escritura

To express *and then,* use **luego** or **más tarde.** To express *so then,* use **entonces.** For example: **Tengo un examen difícil el lunes y luego voy a ir al cine (. . . *and then* *I'm going to the movies*). Tengo un examen difícil el lunes; entonces voy a estudiar mucho el domingo. (. . . *so then* *I'm going to study a lot on Sunday*).**

Also, look at Act. 13 on page 129 to see how Gloria uses adverbs of time to relate a sequence of events.

ESTRATEGIA: Sequencing

When describing a sequence of events or activities, adverbs of time help you say when or in what chronological order they take place. Some useful adverbs of time are:

por la mañana/tarde/noche	in the morning/afternoon/evening; at night
primero	first
después de + *infinitive*	after _____ing
después / **luego/más tarde**	then, later (on)
por fin	at last, finally
a la una	at one o'clock
a las dos/tres/etc.	at two/three/etc. o'clock

ACTIVIDAD 22 ¿Qué haces? **Parte A:** Write a composition describing what you and your friends do on a typical Saturday. Divide your composition in three paragraphs: **por la mañana, por la tarde, por la noche.**

Parte B: Reread your composition. Make a list of all verbs and their subjects, whether overtly stated or implied. Do they agree? If not, change them. For example:

Sujeto	*Verbo*	*¿Correcto?*
(yo, *implied*)	me despierto	sí
Ann y yo	salgo	no ⟶ salimos

Parte C: Rewrite your composition making any changes needed. Staple all drafts plus your subject-verb list together to hand in to your instructor.

Lo esencial II

◈ Colors are adjectives and agree in number with the noun they modify. Those that end in **-o** also agree in gender.

◈ Identify colors in Spanish as you walk down the street.

I. Los colores

anaranjado/a orange
blanco/a white
gris gray
marrón brown
morado/a purple
rosa, rosado/a pink

➤ Logotipo de los Juegos Olímpicos de Barcelona 1992.

En español, como en inglés, los colores representan diferentes ideas. Por ejemplo, en inglés se dice *"He's/She's blue"* cuando una persona está triste. Adivina qué significan estas expresiones en español: "verlo todo color de rosa", "verlo todo negro" y "un chiste (*joke*) verde". Las respuestas están al pie de la página.

ACTIVIDAD 23 Asociaciones En grupos de cinco, digan qué colores asocian Uds. con estas cosas.

1. el 14 de febrero
2. un elefante
3. la noche
4. la Coca-Cola
5. las plantas
6. el 25 de diciembre
7. el inspector Clouseau y la pantera . . .
8. el arco de McDonald's
9. el café
10. el 4 de julio
11. el jabón Ivory
12. el 17 de marzo

Respuestas: *to see everything through rose-colored glasses; to be a pessimist; a dirty joke*

II. La ropa y los materiales (*Clothes and Materials*)

La ropa

el abrigo coat
la camiseta T-shirt
la ropa interior men's/women's underwear
el suéter sweater
el traje suit
el traje de baño bathing suit
el vestido dress
los zapatos shoes
los (zapatos de) tenis tennis shoes
ponerse to put on
probarse (o ⟶ ue) to try on
vestirse (e ⟶ i, i) to get dressed

Los materiales

el algodón cotton
el cuero leather
la lana wool
el nailon/nilón nylon
el rayón rayon
la seda silk

Remember the first change is for verbs in the present, and the second change is for **-ir** verbs in the present participle.

ACTIVIDAD 24 Cuándo y qué En parejas, hagan una lista de ropa que la gente lleva en el invierno y otra lista de ropa que lleva en el verano. Es importante incluir los materiales.

To indicate origin and material use **ser de: La camisa es de Taiwán y es de seda.**

ACTIVIDAD 25 El origen y el material En grupos de cinco, averigüen de dónde es y de qué (material) es la ropa de cada persona del grupo. Luego compartan la información con el resto de la clase.

- A: ¿De dónde es y de qué (material) es tu camisa?
  B: Es de . . .

ACTIVIDAD 26 ¿Qué llevan? En parejas, describan qué ropa llevan estos dos modelos. Deben decir el color y el material de cada artículo.

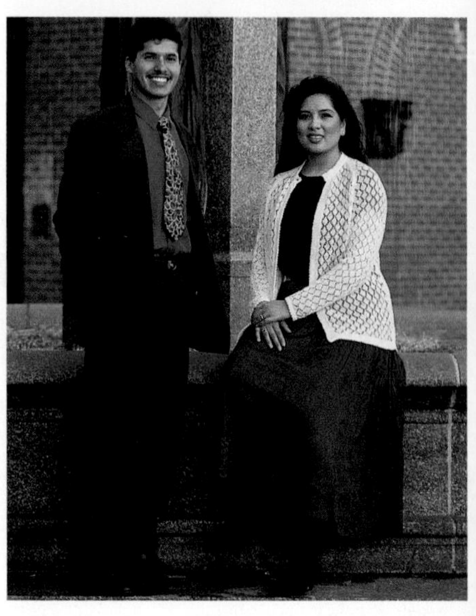

◈ Each morning, describe to yourself what you are wearing: the article of clothing, material, and color.

◈ Óscar de la Renta (Dominican) and Carolina Herrera (Venezuelan) are two celebrated designers.

ACTIVIDAD 27 De compras Mira el catálogo y elige tres prendas para comprar: una prenda para un amigo, una para una amiga y otra cosa para ti. Después, en parejas, hablen de qué van a comprar, de qué colores y por qué van a comprar estas cosas.

◆ Voy a comprar una blusa de seda roja para mi amiga porque su cumpleaños es el viernes.

A: Vestidos de algodón, lavar a máquina. Colores: rosado, morado o amarillo. Talla: P, M, G, XG.
B: Chaquetas de cuero. Colores: negro, marrón oscuro, marrón claro.
C: Botas de cuero Gacela de Chile con tacón alto. Número: 35–40.

D: Trajes informales de lana para todas las ocasiones. Colores: gris, azul o negro.
E: Camisetas de algodón. Colores: blanco o azul.
F: Sombreros de cuero.
G: Abrigos de lana. Color: beige.
H: Gafas de sol Óscar de la Renta
I: Zapatos de cuero negro.

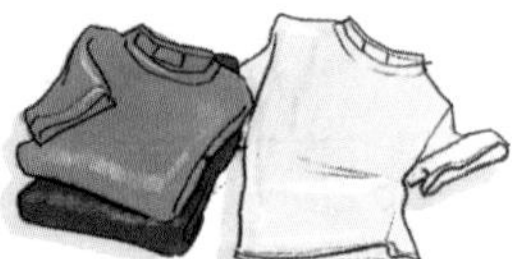

Camisetas de algodón.

Trajes de baño. Colores: rojo con lunares amarillos o amarillo con lunares morados.

Medias de algodón y lana.

Faldas clásicas de lana en muchos colores.

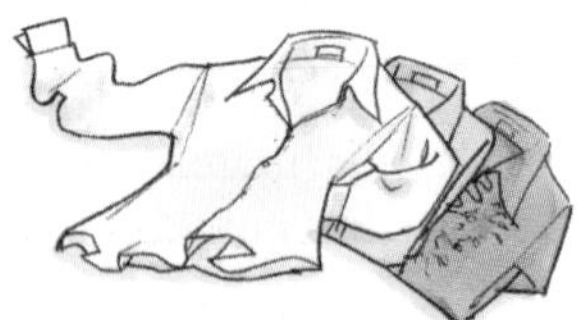

Blusas de seda de Carolina Herrera.

Suéteres, lavar a mano, colores variados.

ACTIVIDAD 28 **El pedido** En parejas, una persona va a llamar a la tienda del catálogo de la página 138 para comprar ropa y la otra persona va a recibir la llamada. Usen las siguientes tablas para encontrar la talla correcta. Después de las tablas hay una lista de expresiones útiles para la conversación.

TALLAS DE MUJER

Ropa:							
• Europa	38	40	42	44	46	48	50
• EE.UU.	6	8	10	12	14	16	18
Zapatos:							
• Europa	35	36	37	38	39	40	41
• EE.UU.	5	6	7	8	9	10	11

TALLAS DE HOMBRE

Trajes:							
• Europa	44	46	48	50	52	54	56
• EE.UU.	34	36	38	40	42	44	46
Camisas:							
• Europa	38	39	40	41	42	43	44
• EE.UU.	15	15½	15½	16	16½	17	17½
Zapatos:							
• Europa	40	41	42	43	44	44	45
• EE.UU.	6	7	8	9	10	10½	11

talla = clothes size; **número** = shoe size.

costar (o ⟶ ue) = to cost

A

¿Tiene Ud. . . . en azul?
¿Tiene Ud. . . . en talla/número . . . ?
¿De qué (material) es . . . ?
¿Cuánto cuesta/n?
Es muy caro/barato.
Me gustaría comprar . . .

B

No tenemos talla/número . . .
¿De qué color quiere . . . ?
Cuesta/n + *price.* (*Invent prices.*)
¿Va a pagar con Visa, American Express o MasterCard?
¿Cuál es el número de su tarjeta de (Visa)?
¿Cuál es su dirección (*address*)?

ACTIVIDAD 29 **La noche de los Oscars** En parejas, Uds. están trabajando como reporteros en la ceremonia de los Oscars. Al llegar las estrellas, Uds. tienen que decir qué ropa llevan y con quién vienen.

◆ A: Ahora viene Antonio Banderas y lleva pantalones y chaqueta de cuero y viene con Melanie Griffith.

B: Ella lleva . . .

Las estrellas: Cher, Robert De Niro, Julia Roberts, P. Diddy, Denzel Washington, Sarah Jessica Parker, Cristina Aguilera, Elton John, Janet Jackson, Tom Hanks, Jennifer López, etc.

▲ Antonio Banderas, actor español.

De compras en San Juan

◄ Un hombre de guayabera.

acabar de + *infinitive*	to have just + *past participle*
Acaban de llegar.	They have just arrived.
Cuesta un ojo de la cara.	It costs an arm and a leg.
Te queda bien.	It looks good on you. / It fits you well.

Teresa está en Puerto Rico de vacaciones y ahora ella y su hermano Luis están de compras en el centro comercial Plaza Las Américas.

ACTIVIDAD 30 Escoge las opciones Lee las siguientes oraciones y mientras escuchas la conversación, escoge las opciones correctas para completar cada oración. Puede haber más de una respuesta correcta.

1. Teresa quiere comprar una camiseta . . .
   a. de muchos colores. c. de algodón.
   b. políticamente correcta. d. económica.
2. Luis quiere comprar una guayabera para . . .
   a. salir con Teresa. c. ir a una fiesta.
   b. una fiesta de aniversario. d. almorzar en un restaurante.
3. Luis compra una guayabera . . .
   a. cara. c. de talla 40.
   b. barata. d. de seda.

Plaza Las Américas is a mall in Hato Rey, on the outskirts of San Juan. Puerto Ricans often refer to it as **"Plaza"**.

TERESA Luis, ¡qué grande está Plaza! Cada vez que vengo hay más tiendas.
LUIS ¿Sabes que es el centro comercial más grande del Caribe?
TERESA ¿De verdad? Bueno, no me sorprende, porque es inmenso, pero no sé si puedo encontrar la tienda que quiero. Busco unas camisetas de algodón que me fascinan y que son políticamente correctas.

The currency used in Puerto Rico is the U.S. dollar. In colloquial usage, **dólares** are called **pesos.**

Indicating purpose

LUIS ¿Políticamente correctas? ¿De qué estás hablando?

TERESA Cuando compras una de estas camisetas, la tienda da dos pesos a UNICEF para ayudar a niños necesitados.

LUIS Pero qué hermana tan buena tengo, ayuda a niños necesitados con su compra. Mira, allí en esa tienda de hombres tienen una rebaja. Me gustaría comprar una guayabera nueva para la fiesta del sábado. ¿Tenemos tiempo?

TERESA ¡Por supuesto! Y después, ¿qué tal si almorzamos? En España, siempre pienso en la comida típica puertorriqueña.

En la tienda de hombres

LUIS Por favor, busco una guayabera fina, para una fiesta.

VENDEDOR Tenemos unas muy elegantes de seda de China que acaban de llegar y . . . también hay de algodón.

LUIS Me gustaría ver una blanca de talla 40, pero no de algodón, de seda.

VENDEDOR Aquí tiene Ud. dos guayaberas muy finas.

Asking prices

TERESA ¿Por qué no te pruebas ésta? ¡Me gusta mucho! ¿Cuánto cuesta?

VENDEDOR Ciento noventa pesos.

LUIS ¡Cómo! ¿Ciento . . . ciento noventa pesos? ¡Cuesta un ojo de la cara! Creo que me pruebo una de algodón.

LUIS ¡Oye! ¿Te gusta?

TERESA Te queda muy bien. Y ésta, ¿cuánto cuesta?

VENDEDOR Cuesta treinta pesos.

LUIS Bueno, me llevo ésta.

TERESA Claro, es que a ti te gustan las tres "bes": **b**ueno, **b**onito y **b**arato. Y vamos, que tenemos que comprar mi camiseta todavía.

ACTIVIDAD 31 Unas preguntas Después de escuchar la conversación, contesta las siguientes preguntas.

1. ¿Por qué dice Teresa que la camiseta que quiere comprar es "políticamente correcta"?
2. Al hablar de la ropa, ¿cuáles son las tres "bes" que le gustan a Luis? ¿Cuál de las tres "bes" es la más importante para ti?
3. ¿A qué tipo de tienda te gusta ir de compras, a una tienda grande o a una boutique?
4. ¿De qué material es la guayabera que compra Luis? ¿Qué tipo de materiales prefieres usar?
5. ¿Qué prefieres, la ropa práctica o la ropa elegante?

Como hace calor en las zonas tropicales de Hispanoamérica, con frecuencia los hombres no llevan chaqueta; muchos prefieren llevar guayabera, que es un tipo de camisa muy fresca. Hay guayaberas para uso diario y también hay guayaberas muy elegantes que muchos hombres llevan en vez de traje y corbata. El colombiano Gabriel García Márquez llevaba (*was wearing*) guayabera cuando recibió el Premio Nobel de Literatura en Estocolmo, Suecia.

ACTIVIDAD 32 **Las compras** En grupos de tres, dos personas van a comprar ropa para una fiesta elegante. La otra persona es el/la vendedor/a. Mantengan la conversación en la tienda. Hablen de diferentes opciones, tallas, colores, materiales y precios.

Los/las clientes pueden usar expresiones como: **te queda bien, cuesta un ojo de la cara, voy a probarme . . .**

El/la vendedor/a puede usar expresiones como: **¿Quiere algo en especial? cuesta/n . . . , también hay de otros colores.**

Hacia la comunicación II

I. Indicating Purpose, Destination, and Duration: *Para* and *Por*

In this chapter, you will learn a few uses of **para** and **por.** Other uses will be presented in Chapters 9 and 15.

Because **por** and **para** are prepositions, verbs that follow them directly must be in the infinitive.

Use **para:**

a. to indicate purpose

¿**Para qué** es eso? → Es **para limpiar la computadora.** (*purpose: to clean the computer*)

¿**Para qué** necesitas mi carro? → Necesito tu carro **para ir al centro.** (*purpose: in order to go downtown*)

¿**Para qué** estudias? → Estudio **para (ser) abogado.** (*purpose: in order to become a lawyer*)

¿**Para qué** trabajas? → Trabajo **para tener dinero.** (*purpose: in order to have money*)

b. to indicate the recipient of a thing or an action

¿**Para quién** es el dinero? → Es **para Ana.**
¿**Para qué** compañía trabajas? → Trabajo **para la Coca-Cola.**

c. to indicate destination or goal (physical and temporal)

El autobús sale **para El Paso, Texas.** (*physical*)
La tarea es **para mañana.** (*temporal*)

Use **por:**

a. to express duration of an action. You can use **durante** instead or you can omit them altogether and use nothing. The latter is more common.

Voy a estar en Caracas **por/durante un año.**
Voy a estar en Caracas **un año.**

b. to express a time period

Trabajo **por la mañana** y estudio **por la noche.**

II. Indicating the Location of a Person, Thing, or Event: *Estar en* and *Ser en*

1 ◆ You learned in Chapter 3 that **estar en** is used to specify the location of people or things.

Diana es de los Estados Unidos, pero **está en** España.
Tu suéter **está en** mi habitación.

2 ◆ **Ser en** is used to specify where an event *takes place* (a concert, a lecture, an exhibit, etc.).

La clase de arte es en el Museo de Arte Contemporáneo.
La clase ⟶ *the class meeting takes place in the museum*
La clase está en el Museo de Arte Contemporáneo.
La clase ⟶ *the students are in the museum*

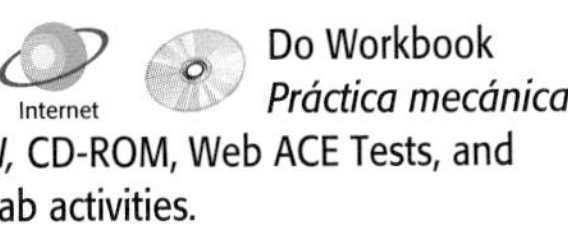

Do Workbook *Práctica mecánica II*, CD-ROM, Web ACE Tests, and lab activities.

ACTIVIDAD 33 ¿Cuándo? En parejas, contesten las siguientes preguntas. Usen frases como **por la mañana, dos horas,** etc.

1. ¿Cuándo prefieres estudiar?
2. ¿Cuándo te gusta tener las clases?
3. Si trabajas, ¿cuándo trabajas?
4. ¿Cuándo sales con tus amigos?
5. ¿Cuánto tiempo por semana estudias?
6. ¿Cuánto tiempo por semana miras televisión?

ACTIVIDAD 34 Una encuesta Haz una encuesta (*poll*) para averiguar si tus compañeros hacen las siguientes cosas. Intenta encontrar a dos personas para cada situación. Escoge **para** o **por** y haz preguntas (*ask*) como **¿Trabajas para tu padre en el verano? / ¿Para quién trabajas en el verano?**

1. compra regalos para/por sus parientes
2. estudia para/por ser hombre/mujer de negocios
3. siempre estudia para/por la noche los domingos
4. usa la biblioteca mucho para/por buscar información
5. va a estar en la universidad para/por tres años más
6. trabaja mientras (*while*) estudia para/por tener dinero
7. tiene que terminar un trabajo para/por el viernes

ACTIVIDAD 35 Los regalos En parejas, Uds. van a darles (*give*) las cosas de esta lista a diferentes compañeros de la clase. Decidan para quién es cada cosa, para qué se usa y por qué es para esa persona.

◆ peine
El peine es para Chuck, para peinarse porque tiene el pelo muy bonito.

1. estéreo
2. reproductor de DVD
3. cámara
4. máquina de afeitar
5. libro de filosofía
6. disco compacto de Elvis
7. blusa de seda
8. camiseta de Amnistía Internacional
9. reloj
10. disco compacto de Jennifer López

ACTIVIDAD 36 Cultura general En parejas, túrnense para preguntar dónde están las siguientes cosas.

◆ A: ¿Dónde están las ruinas de Sipán?

B: Están en Perú. / No tengo idea. ¿Tú sabes?

1. la Estatua de la Libertad
2. el Museo del Prado
3. Machu Picchu
4. el Museo del Louvre y la Torre Eiffel
5. la Pequeña Habana
6. las Pirámides del Sol y de la Luna
7. el Vaticano
8. el Palacio de Buckingham
9. el cuadro *Guernica* de Picasso

En el cuadro *Guernica,* Pablo Picasso (español) muestra los horrores de la guerra civil española cuando en 1937 Hitler, aliado del general español Francisco Franco, ordena el bombardeo aéreo del pueblo de Guernica en España. Miles de personas mueren en esa masacre, entre ellos niños, mujeres y ancianos. El cuadro está pintado en blanco y negro para dar dramatismo a la escena. Si miras bien, vas a ver que hay tres hombres, dos mujeres, un bebé y dos animales en el cuadro. ¿Puedes encontrar un elemento que simboliza la esperanza (*hope*)?

▲ *Guernica* (349 x 776 cm), Pablo Picasso, Museo Nacional Centro de Arte Reina Sofía, Madrid.

349 × 776 cm = 137.4 × 305.5 inches (almost 11½ × 25½ feet)

ACTIVIDAD 37 Un día de mucha actividad La policía de Madrid tiene que preocuparse por muchas cosas hoy. Di dónde están las siguientes personas o dónde son los siguientes acontecimientos (*events*).

La ONU ⟶ the U.N.

Personas y acontecimientos

_____ 1. El concierto de Branford Marsalis
_____ 2. El concierto de Plácido Domingo
_____ 3. La exhibición de Frida Kahlo
_____ 4. Los diplomáticos de la ONU
_____ 5. Los hijos de los diplomáticos de la ONU
_____ 6. El partido de fútbol entre el Real Madrid y Zaragoza

Lugares

a. el Centro de Arte Reina Sofía
b. el Estadio Bernabéu
c. Clamores, club de jazz
d. el Hotel Castellana
e. el Teatro de la Ópera
f. el zoológico en la Casa de Campo

ACTIVIDAD 38 Los planes En parejas, miren los anuncios para unos espectáculos y hagan planes para esta noche. Decidan qué van a hacer, dónde y a qué hora.

◆ A: ¿Te gustaría ir . . . ? / ¿Qué tal si vamos . . . ? / ¿Quieres ir al concierto de . . . ?
B: Sí. ¿Dónde es?
A: Es en el Estadio . . .

Conciertos

MERCEDES SOSA
Estadio Ferrocarril Oeste: viernes 20 a las 21 Hs.

LUCIANO PAVAROTTI
En el escenario de Av. 9 de Julio y Estados Unidos. Domingo 15 a las 21.30 Hs.

BAGLIETTO–VITALE
Presentando los discos "La Excusa" y "Postales de este lado del mundo". Teatro Opera, 19 al 21 de diciembre, 22 Hs.

CICLO DEL ENCUENTRO
Los 4 de Córdoba, el Negro Alvarez, el Sapo Cativa, Edgard Di Fulvio, Norma Viola y Santiago Ayala. Teatro Alvear, jueves 19 a las 21 Hs.

LA PLAZA
En el Anfiteatro Pablo Casals, con entrada libre y gratuita, actúan La Fundación (15/12, 18.30 Hs.), Solla y el Cinco de Copas (17/12, 18.30 Hs.), Dúo Vat-Macri (18/12, 13 Hs.), Andrea Serri (19/12, 18.30 Hs.) y Rock Royce (20/12, 18.30 Hs.)

LULLABOP
Jóvenes tocan jazz del '40. En la Feria de las Estrellas, Puerto Madero (15/12, 19.30 Hs.).

Internet Do Workbook *Práctica comunicativa II* and the *Repaso* section. Do CD-ROM, Web ACE Tests, and lab activities.

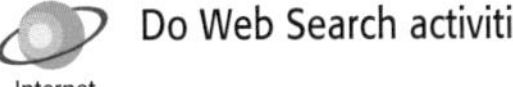
Do Web Search activities.

ACTIVIDAD 39 El desfile de modas En parejas, están en un desfile de modas (*fashion show*). Observen a su compañero/a y describan qué lleva. Escriban la descripción y después léanle esta descripción al resto de la clase. Mencionen el nombre del/de la modelo y su origen. Describan qué lleva: colores, materiales, de dónde es el conjunto (*outfit*) y para qué tipo de ocasión es.

Vocabulario funcional

La hora (*Telling Time*)

¿Qué hora es? — *What time is it?*
Es la una menos cinco. — *It's five to one.*
Es (la) medianoche. — *It's midnight.*
Es (el) mediodía. — *It's noon.*
Son las tres y diez. — *It's ten after three.*
¿A qué hora . . . ? — *At what time . . . ?*
A la una. / A las dos. — *At one o'clock. / At two o'clock.*
cuarto — *quarter (of an hour)*
la hora — *hour*
media — *half (an hour)*
el minuto — *minute*
el segundo — *second*

Expresiones de tiempo (*Time Expressions*)

Ver páginas 123–124.

Las sensaciones

tener calor — *to be hot*
tener frío — *to be cold*
tener hambre — *to be hungry*
tener miedo — *to be scared*
tener sed — *to be thirsty*
tener sueño — *to be tired*
tener vergüenza — *to be ashamed*

Verbos con cambio de raíz *Ver páginas 126–128.*

costar (o ⟶ ue) — *to cost*
probarse (o ⟶ ue) — *to try on*
vestirse (e ⟶ i, i) — *to get dressed*

Ir de compras (*To go shopping*)

barato/a — *cheap, inexpensive*
caro/a — *expensive*
¿Cuánto cuesta/n . . . ? — *How much is/are . . . ?*
de cuadros — *plaid*
de lunares — *polka dotted*
de rayas — *striped*
ir de compras — *to go shopping*
la manga — *sleeve*
el número — *shoe size*
la talla — *clothing size*
Te queda bien. — *It looks good on you. / It fits you well.*

Los colores *Ver página 136.*

claro/a — *light*
¿De qué color es? — *What color is it?*
oscuro/a — *dark*

La ropa (*Clothing*)

el abrigo — *coat*
la blusa — *blouse*
las botas — *boots*
la camisa — *shirt*
la camiseta — *T-shirt*
la chaqueta — *jacket*
el cinturón — *belt*
la corbata — *tie*
la falda — *skirt*
las gafas de sol — *sunglasses*
las medias — *stockings; socks*
los pantalones — *pants*
la ropa interior — *men's/women's underwear*
el saco — *sports coat*
el sombrero — *hat*
el suéter — *sweater*
el traje — *suit*
el traje de baño — *bathing suit*
el vestido — *dress*
los zapatos — *shoes*
los zapatos de tacón alto — *high-heeled shoes*
los (zapatos de) tenis — *tennis shoes*

Los materiales *Ver página 137.*

¿De qué (material) es? — *What (material) is it made of?*

Palabras y expresiones útiles

acabar de + *infinitive* — *to have just* + past participle
el concierto — *concert*
Cuesta un ojo de la cara. — *It costs an arm and a leg.*
Me fascina/n. — *I love it/them.*
¡No me diga/s! — *No kidding!*
No me gusta/n nada. — *I don't like it/them at all.*
Se comenta que . . . — *They/People say that . . .*

Capítulo 6

Chapter Objectives

- Talking about things you and others did in the past
- Asking and giving prices
- Discussing the location of people and things
- Describing family relationships
- Describing means of transportation

El cerro Fitz Roy y un glaciar en la Patagonia, Argentina.

Datos interesantes

En Suramérica hay 54 lugares que fueron declarados patrimonio mundial (*World Heritage Sites*) por la UNESCO. Entre ellos se encuentran los siguientes en el Cono Sur.

- Parque Nacional Los Glaciares, Argentina: belleza natural espectacular con montañas y glaciares.
- Parque Nacional Ischigualasto, Argentina: fósiles de dinosaurios y otros animales.
- Parque Nacional Talampaya, Argentina: flora y fauna autóctonas, descubrimientos paleontológicos y arqueológicos con petroglifos.
- Parque Nacional Rapa Nui, Chile: situado en la Isla de Pascua de formación volcánica con sus famosos monolitos.

Una carta de Argentina

Galerías Pacífico, elegante centro comercial de la calle Florida en Buenos Aires, Argentina.

¡Qué + *noun* + **más** + *adjective!*	What a + *adjective* + *noun!*
¡Qué hotel más lujoso!	What a luxurious hotel!
adjective + **-ísimo/a**	
bello/a → bellísimo/a	very beautiful

Alejandro, el tío de Teresa, recibe una carta de su amigo Federico de Rodrigo que está viajando por Argentina.

ACTIVIDAD 1 Escoge opciones Lee estas oraciones y, mientras lees la carta que sigue, escoge la opción correcta.

1. La carta es de . . .
   a. Buenos Aires. b. Las Leñas.
2. Federico está viajando con . . .
   a. unos amigos. b. su familia.
3. El español de Argentina es . . . español de España.
   a. diferente del b. igual al
4. La Recoleta es . . .
   a. una zona de oficinas. b. una zona de cafeterías.

Note that the city where the letter was written precedes the date.

Dates can be written **20/VII/04, 20 de julio de 2004,** or **20/7/04.**

A colon is preferable to a comma after the greeting, even in informal letters.

Hotel Las Leñas

Reconquista 585 / Mendoza, Argentina

Las Leñas, 20/7/04

Estimado Alejandro:

¿Cómo estás? Perdí tu email y por eso te mando esta carta. Aprovecho un rato libre para mandarles un saludo a ti y a tu familia desde Las Leñas, Mendoza, un centro de esquí muy bonito de la zona andina argentina. Los Andes son impresionantes y muy diferentes de los Pirineos españoles, y el Aconcagua es realmente majestuoso. Las Leñas es un lugar excelente para esquiar. En este momento mi esposa y mis hijos están esquiando y por eso tengo unos minutos para escribir unas líneas.

El Aconcagua is the highest peak in the western hemisphere.

Talking about past events (Paragraphs 2 and 3)

Llegamos a Buenos Aires el 15 de este mes y fuimos directamente al Hotel Presidente. ¡Qué hotel más lujoso! Comimos y salimos a ver la ciudad para no perder ni un minuto de nuestro viaje. Buenos Aires es una ciudad muy europea y bellísima. Nos divertimos escuchando hablar a los argentinos con ese acento tan bonito que tienen. Casi cantan al hablar y siempre dicen "che".

Al día siguiente Elena y mis hijos fueron a la calle Florida y compraron muchas cosas. El cuero aquí es increíble y buenísimo. Una de las cosas que compró Elena fue un mate porque quiere aprender a beber "yerba mate". Cerca del hotel, a unos cinco minutos, Elena y yo bailamos tango toda la noche y nuestros hijos fueron a la Recoleta. Les llamó la atención ver esa zona de cafeterías y restaurantes enfrente de un cementerio donde están las tumbas de las personas más importantes del país. De veras que es curioso, ¿no?

Discussing future plans

Después de esquiar en Las Leñas, vamos a viajar a Chile para el casamiento de la hija de unos amigos. Luego volvemos a Argentina para visitar las cataratas del Iguazú y después, como sabes, tenemos que regresar a Madrid la semana que viene. ¡Qué pena! Un millón de gracias a ti y a tu sobrina, Teresa, por organizarnos un viaje fantástico.

Como dicen aquí: un abrazo, "che", de tu amigo,

Federico

ACTIVIDAD 2 ¿Comprendieron? Lee la carta otra vez. Luego, en grupos de tres, identifiquen o describan las siguientes cosas o lugares.

1. las montañas donde están Federico y su familia
2. el Hotel Presidente
3. un lugar de compras
4. el mate
5. la Recoleta
6. el itinerario de viaje de la familia

El mate es un té de yerba que se toma especialmente en Argentina, Paraguay, Uruguay y en algunas partes de Chile. Se bebe en un recipiente, también llamado mate, que puede ser una pequeña calabaza seca (*dried gourd*) o un recipiente de forma similar. Se usa con una bombilla (*a special straw*), y se pasa de persona a persona. Beber mate a veces es una actividad social y normalmente se toma con un grupo de amigos o con la familia.

Yerba is also spelled **hierba.**

In Paraguay they often drink **tereré,** or cold **mate.**

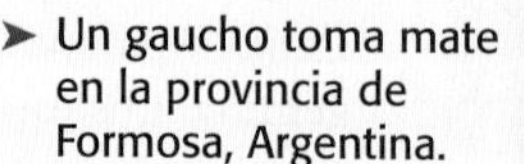
➤ Un gaucho toma mate en la provincia de Formosa, Argentina.

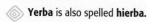

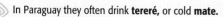

To keep the [k] sound, **-c-** changes to **-qu-** before adding **-ísimo/a: flaco/a** ⟶ **flaquísimo/a.**

ACTIVIDAD 3 **¡Qué exageración!** Describe de forma exagerada algunas cosas y personas que conoces. Usa estos adjetivos de una manera original: **altísimas, gordísimo, guapísimos, feísimo, flaquísimo, simpatiquísima.** Recuerda que el adjetivo concuerda (*agrees*) con el sustantivo que modifica.

- grandísima — La ciudad de Nueva York es grandísima.

Lo esencial I

I. Los números del cien al millón

The use of periods and commas differs in English and Spanish:
English = 54.56 and 1,987,789
Spanish = 54,56 and 1.987.789

Note spelling of **quinientos, setecientos,** and **novecientos.**

Mil personas, BUT **un millón <u>de</u> personas.**

100	cien
101, 102	ciento uno, ciento dos
200	doscientos
300	trescientos
400	cuatrocientos
500	quinientos
600	seiscientos
700	setecientos
800	ochocientos
900	novecientos
1.000	mil
2.000	dos mil
1.000.000	un millón
2.000.000	dos millones

Suramérica, especialmente Chile y Argentina, tienen centros de esquí muy buenos. Muchas personas van a esos países para esquiar en julio y agosto.

ACTIVIDAD 4 Las montañas del hemisferio Las montañas más altas del hemisferio occidental (*western*) están en los Andes. Hay más de 40 montañas más altas que el monte McKinley (20.320 pies) en Alaska. En parejas, "A" cubre la información de "B" y viceversa. Luego háganse (*ask each other*) preguntas para averiguar la información que no tienen. Usen preguntas como: **¿Sabes dónde está . . . ? ¿Sabes cuántos metros/pies de alto tiene el Tupungato?**

A

Montaña	País	Pies	Metros
1. Aconcagua	___________	_____	_____
2. Ojos del Salado	___________	22.572	6.880
3. Bonete	Argentina	_____	_____
4. Tupungato	Argentina/Chile	22.310	6.800
5. Pissis	___________	22.241	6.779

B

Montaña	País	Pies	Metros
1. Aconcagua	Argentina	22.572	6.960
2. Ojos del Salado	Argentina/Chile	_____	_____
3. Bonete	___________	22.546	6.872
4. Tupungato	___________	_____	_____
5. Pissis	Argentina	_____	_____

El monte Whitney en California, la montaña más alta de los EE.UU. fuera de Alaska, tiene sólo 4.418m. (14.494 pies).

ACTIVIDAD 5 Un ojo de la cara **Parte A:** En parejas, decidan cuánto cuestan las siguientes cosas que necesita un estudiante universitario.

◆ La matrícula de un año cuesta . . .

1. la matrícula de un año
2. los libros
3. la comida
4. la vivienda
5. la cuenta de teléfono por mes

Parte B: Ahora digan cuánto cuestan las siguientes cosas que quiere tener un estudiante.

1. un estéreo bueno
2. una semana de vacaciones en Cancún
3. un televisor
4. una cámara de fotos digital
5. una computadora
6. una chaqueta de cuero
7. un reloj despertador

II. Preposiciones de lugar

ACTIVIDAD 6 La Meca de la Elegancia En parejas, Uds. están en la tienda La Meca de la Elegancia. "A" es un/a cliente que quiere comprar una cosa; "B" es un/a vendedor/a.

- A: Por favor, ¿(me puede decir) dónde está/n . . . ?
  B: Está/n . . .
  A: ¿Cuánto cuesta/n . . . ?
  B: Cuesta/n . . .
  A: . . .

os de

ACTIVIDAD 7 La ciudad universitaria En grupos de tres, una persona describe dónde están los lugares importantes de su ciudad universitaria (*campus*) y los otros adivinan qué lugar es. La persona que adivina describe otro lugar. Usen preposiciones de lugar.

◆ A: Este lugar está cerca de la cafetería y a la derecha de Bascom Hall.
B: Es . . .

Hacia la comunicación I

I. Talking About the Past: The Preterit

All **-ar** and **-er** stem-changing verbs are regular in the preterit, that is, they have no vowel change: **cerrar:** present ⟶ **cierro** preterit ⟶ **cerré.**

1 ◆ In Chapter 5 you saw how to discuss the immediate past using **acabar de** + *infinitive*. To talk about what you did yesterday, last week, or last year, you need to use the preterit. All regular verbs as well as stem-changing verbs ending in **-ar** and **-er** are formed as follows. (You will learn the preterit of stem-changing **-ir** verbs in Chapter 7.)

Note the use of accents.

Vosotros form = **tú** form + **-is: bebiste + -is = bebisteis.**

cerr*ar*	
cerr**é**	cerr**amos**
cerr**aste**	cerr**asteis**
cerr**ó**	cerr**aron**

com*er*	
com**í**	com**imos**
com**iste**	com**isteis**
com**ió**	com**ieron**

escrib*ir*	
escrib**í**	escrib**imos**
escrib**iste**	escrib**isteis**
escrib**ió**	escrib**ieron**

Ver is regular in the preterit and it has no accents because **vi** and **vio** are monosyllables.

El viernes pasado **vi** una película.	*I saw a movie last Friday.*
Anoche no **estudiamos.**	*We didn't study last night.*
Ayer Paco **almorzó** en un restaurante.	*Paco had lunch in a restaurant yesterday.*
—¿**Trabajaste** mucho ayer?	*Did you work a lot yesterday?*
—Sí, porque **empezaron** las clases.	*Yes, because classes began.*

NOTE:

a. Regular **-ar** and **-ir** verbs have the same ending in the **nosotros** form in the present indicative and the preterit. Context helps determine the tense of the verb. For example: **No almorzamos ayer. / Almorzamos todos los días.**

b. Verbs that end in **-car, -gar,** or **-zar** require a spelling change in the **yo** form: **tocar** ⟶ **toqué, jugar** ⟶ **jugué, empezar** ⟶ **empecé.** For example: **Ayer jugué al fútbol y Juan también jugó.**

c. Regular reflexive verbs follow the same pattern as other regular verbs in the preterit. The reflexive pronoun precedes the conjugated form. For example: **Esta mañana me levanté temprano.**

2 ◆ Four common irregular verbs in the preterit are **ir** and **ser,** which have the same preterit forms, **dar** (*to give*), and **hacer.**

Note that accents are not needed on these forms.

Note the **z** in **hizo.**

ir/ser	
fui	fuimos
fuiste	fuisteis
fue	fueron

dar	
di	dimos
diste	disteis
dio	dieron

hacer	
hice	hicimos
hiciste	hicisteis
hizo	hicieron

—Ella no **fue** al concierto. — *She didn't go to the concert.*
—Y tú, ¿qué **hiciste** anoche? — *And what did you do last night?*

3 ◆ The following time expressions are frequently used with the preterit to express a completed past action.

anoche last night
ayer yesterday
anteayer the day before yesterday
hace tres/cuatro/. . . días three/four/. . . days ago
la semana pasada last week
el sábado/mes/año pasado last Saturday/month/year
hace dos/tres/. . . semanas/meses/años two/three/. . . weeks/months/years ago
de repente suddenly
¿Cuánto tiempo hace que + *preterit* . . . **?** How long ago did . . . ?

Here are some frequently used verbs that you will practice in the chapter activities.

abrir to open
asistir a to attend (*class, church, etc.*)
buscar to look for
decidir to decide
dejar to leave behind; to let, allow
gritar to shout, scream
llegar to arrive
llorar to cry
pagar to pay (for)
sacar to get (*a grade*); to take out
terminar to finish
tomar to drink; to take (*a bus, etc.*)
viajar to travel

Muchas personas **asistieron** al concierto. — *Many people attended the concert.*
El público **gritó** con entusiasmo. — *The audience shouted enthusiastically.*
El concierto **terminó** a las 11:30. — *The concert ended at 11:30.*

II. Indicating Relationships: Prepositions and Prepositional Pronouns

1 ◆ Prepositions establish relationships between one word and another in a sentence. You are already familiar with prepositions like **a, de, en, para,** and **por.** Other common prepositions include **con** (*with*), **desde** (*from*), **entre** (*between*), **hacia** (*toward*), **hasta** (*until, up to*), and **sin** (*without*).

El sábado pasado, un niño caminó **hacia** la playa.	*Last Saturday, a child walked toward the beach.*
Salió **sin** el permiso de sus padres.	*He left without his parents' permission.*
La policía buscó al niño **hasta** las ocho.	*The police looked for the boy until eight o'clock.*
Al final, volvió solo **desde** la playa.	*In the end, he returned home alone from the beach.*

2 ◆ When pronouns follow a preposition, the forms of the pronouns are the same as subject pronouns, except for the forms corresponding to **yo** and **tú,** which are **mí** and **ti** respectively. Notice that these are the same pronouns you use with **gustar.**

Prepositional Pronouns			
a	+	**mí**	nosotros/as
para		**ti**	vosotros/as
sin		Ud.	Uds.
(etc.)		él	ellos
		ella	ellas

—Tengo dinero **para ti.**
—**¿Para mí?** Gracias.

—¿Van a ir **sin Juan**?
—No, vamos a ir **con él.**

NOTE:

a. With the preposition **con,** the pronouns **mí** and **ti** become **conmigo** and **contigo.**

—¿Quieres ir **conmigo**?	*Do you want to go with me?*
—Sí, voy **contigo.**	*Yes, I'll go with you.*

b. The preposition **entre** uses **tú** and **yo.**

Vamos a hacer el trabajo **entre tú** y **yo.**	*We are going to do the work between you and me.*

Note: Always double check compositions to make sure that prepositional phrases such as **después de** and **antes de** are followed by an infinitive.

3 ◆ When a verb immediately follows a preposition, it is always in the infinitive form.

Después de comer, miraron la tele.*	*After eating, they watched TV.*
Antes de ducharse, Fernando apagó la tele.	*Before showering, Fernando turned off the TV.*
Para dormirme, tomé un té de manzanilla.	*In order to sleep, I had a chamomile tea.*

***NOTE:** Compare with this sentence: **Después comieron y miraron la tele.** (*Later they ate and watched TV.*)

4 ◆ Note the prepositions used with the following verbs.

casarse con	+ *person*	to marry	+ *person*
asistir a	+ *place*	to attend	+ *place*
entrar en/a	+ *place*	to enter	+ *place*
salir de	+ *place*	to leave	+ *place*
aprender	+ a + *infinitive*	to learn	+ *infinitive*
comenzar	+ a + *infinitive*	to begin	+ *infinitive*
empezar	+ a + *infinitive*	to begin	+ *infinitive*
enseñar	+ a + *infinitive*	to teach	+ *infinitive*

NOTE: The verbs **deber, necesitar, poder,** and **querer** are directly followed by the infinitive.

Quiero estudiar porque tengo un examen. — *I want to study because I have an exam.*

Debemos volver a casa. — *We should return home.*

Do Workbook *Práctica mecánica I* and corresponding CD-ROM activities.

ACTIVIDAD 8 Juana en Buenos Aires **Parte A:** Juana vive en Buenos Aires, Argentina, y cuenta qué hizo el viernes pasado. Completa su historia con la forma correcta de los verbos entre paréntesis.

El viernes por la mañana yo ________ (levantarse) a las 7:30, ________ (tomar) un café con leche, ________ (leer) el periódico *La Nación* y ________ (salir) de mi casa a las 8:30. ________ (ir) al trabajo en taxi y ________ (llegar) justo a las 9:00. ________ (sentarse) enfrente de la computadora hasta la 1:00. A esa hora mi compañero de trabajo Agustín y yo ________ (salir) y ________ (almorzar) en un restaurante que está enfrente del trabajo. Yo ________ (pagar) por los dos porque era (*was*) el cumpleaños de Agustín y a las 2:00 ________ (volver) a la oficina y yo ________ (trabajar) hasta las 7:00.

Al final de mi día de trabajo, ________ (ir) a un pub cerca de la oficina a tomar una cerveza. A las 8:00 ________ (regresar) a casa muy cansada. Mi madre ________ (hacer) una cena deliciosa y nosotros ________ (cenar) a las 9:30. Luego yo ________ (acostarse) por dos horas y a las 12:30 ________ (levantarse), ________ (ducharse) y con minifalda y zapatos de tacón ________ (salir) a una discoteca con mis amigos. ________ (bailar) desde las

▲ Una discoteca en Buenos Aires.

2:00 hasta las 6:30. Después ____________ (ir) a tomar un café y a las 7:30 yo ____________ (llegar) a mi casa para dormir ocho horas. ¡Qué día tan largo!

Parte B: Ahora en parejas, díganle a la otra persona qué hicieron el viernes pasado y a qué hora hicieron esas actividades. Usen la historia de Juana como guía.

ACTIVIDAD 9 Ayer En tu clase probablemente hay personas que hicieron estas actividades ayer. Haz preguntas para encontrar a esas personas.

◆ A: ¿Hiciste la tarea ayer?

B: Sí, hice la tarea. / No, no hice la tarea.

1. beber Pepsi
2. correr
3. bailar
4. recibir un email
5. comer a las siete
6. ir al cine
7. tocar el piano
8. mirar televisión

ACTIVIDAD 10 ¿A qué hora? **Parte A:** En la columna que dice "tú" escribe a qué hora hiciste ayer (o el viernes pasado si hoy es lunes) las siguientes actividades.

	tú	*compañero/a*
1. levantarse	________	________
2. almorzar	________	________
3. ir a la primera clase	________	________
4. terminar la última clase	________	________
5. volver a casa (o la residencia)	________	________
6. acostarse	________	________

Parte B: Ahora, pregúntale a otra persona a qué hora hizo las actividades de la Parte A y escribe su respuesta en la segunda columna.

◆ A: ¿A qué hora te levantaste ayer?

B: Me levanté a las . . .

ACTIVIDAD 11 ¿Cuánto tiempo hace que . . . ? En parejas, pregúntenle a su compañero/a cuánto tiempo hace que hizo estas actividades.

◆ A: ¿Cuánto tiempo hace que visitaste a tus padres?

B: Hace tres semanas que visité a mis padres. ↙ ↘ B: Visité a mis padres ayer.

1. visitar a tus abuelos
2. ir al médico
3. escribir una composición
4. hablar por teléfono a larga distancia
5. comer pizza
6. sacar "A" en un examen de historia
7. ir al cine

ayer
anteayer
hace tres/cuatro/cinco días
la semana pasada
hace dos/tres semanas
el mes pasado
hace dos/tres/cuatro meses

ACTIVIDAD 12 ¿Sabes mucho de historia? En parejas, digan en qué año ocurrieron los siguientes acontecimientos.

- La Armada Invencible española / perder contra los ingleses

  La Armada Invencible española perdió contra los ingleses en mil quinientos ochenta y ocho.

1. Cristóbal Colón / llegar a América
2. George W. Bush / subir a la presidencia
3. Inglaterra / perder la Guerra Revolucionaria contra las colonias norteamericanas
4. Neil Armstrong / caminar en la luna
5. los Juegos Olímpicos / ser en Barcelona
6. la Segunda Guerra Mundial / empezar

ACTIVIDAD 13 De compras Durante tus últimas vacaciones fuiste de compras. En parejas, explíquenle a su compañero/a lo siguiente.

1. adónde fuiste
2. quién fue contigo
3. qué viste
4. si compraste algo y para quién
5. qué hiciste después de ir de compras

ACTIVIDAD 14 ¿Recuerdas? **Parte A:** Vas a prepararte para hablar de qué hiciste ayer. Piensa en las respuestas a estas preguntas, pero también piensa en detalles (*details*) que puedes añadir.

1. ¿Qué hiciste antes de salir de tu casa?
2. ¿Desayunaste? ¿Dónde y con quién?
3. ¿Cómo fuiste desde tu casa hasta la universidad?
4. ¿Asististe a clase?
5. ¿Almorzaste? ¿Dónde y con quién?
6. Después de almorzar, ¿qué hiciste?
7. Y por la noche, ¿saliste con tus amigos? ¿Hiciste algo interesante? ¿Quiénes fueron contigo?

Parte B: En parejas, hablen sobre qué hicieron ayer. Si quieren saber más, deben hacer preguntas como las siguientes: **Y después de desayunar, ¿qué hiciste? ¿A cuántas clases asististe? ¿Quién comió contigo? Después de terminar las clases, ¿adónde fuiste?** Empiecen la conversación preguntando **¿Qué hiciste ayer?**

ACTIVIDAD 15 La entrevista Para hacer publicidad, la administración de tu universidad quiere saber qué tipo de estudiantes asisten a esta institución. En parejas, entrevisten a su compañero/a y luego informen al resto de la clase.

Pregúntenle a su compañero/a . . .

1. en qué año empezó sus estudios universitarios.
2. si asistió a otras universidades. ¿Dónde? ¿Por cuánto tiempo?
3. por qué decidió venir aquí.
4. en qué año comenzó a estudiar en esta universidad.
5. si aprendió a usar computadoras en esta universidad, en otra universidad, en la escuela secundaria o en la escuela primaria (*elementary school*).
6. qué hace generalmente después de asistir a sus clases.
7. si juega al tenis, al basquetbol o a otro deporte.
8. dónde y cuántas horas al día estudia.
9. en qué año va a terminar sus estudios.
10. qué piensa hacer después de terminar la universidad.

ACTIVIDAD 16 Personas famosas **Parte A:** Lee esta descripción de una persona famosa y contesta las preguntas que siguen.

Norma Aleandro, famosa actriz argentina, nació el 2 de mayo de 1936 en Buenos Aires. Empezó a actuar en el teatro a los nueve años. Es la protagonista de muchas obras de teatro y también de muchas películas. Durante la época de la dictadura militar en Argentina entre 1976 y 1983, se fue a Uruguay y después de terminar "la guerra sucia", volvió a su país. En 1985 actuó en la película *La historia oficial;* la película recibió el Oscar a la Mejor Película Extranjera y ella ganó el premio a la Mejor Actriz en el festival de cine de Cannes. Después hizo varias películas en inglés. Por su trabajo en *Gaby* recibió una nominación para el Oscar a la Mejor Actriz.

Hoy día Norma Aleandro actúa en televisión, teatro y cine. Además de ser actriz, también escribe libros y poemas. En el futuro, quiere escribir más. Le gustaría ser directora y productora de una película.

1. ¿En qué año nació Norma Aleandro?
2. ¿Qué hizo?
3. ¿Qué premios recibió?
4. ¿Qué hace ahora? ¿Qué planes tiene para el futuro?

To do a search, use a good search engine such as **google.com** and type the name + *biography* to get sites in English or the name + **biografía** to get sites in Spanish. You may need to consult both to complete this assignment. When saying what someone did, avoid description and simply refer to completed actions.

Parte B: Busca en Internet información sobre una de las siguientes personas.

Isabel Allende, escritora
Diego Maradona, futbolista
Don Francisco (Mario Kreutzberger), anfitrión del show "Sábado Gigante"
César Pelli, arquitecto
Charly García, cantante

En la próxima clase, tienes que hablar de la siguiente información.

1. ¿Dónde y cuándo nació? ¿Qué hizo? (usa el pretérito)
2. ¿Qué hace ahora? (usa el presente)
3. ¿Qué va a hacer en el futuro? Puedes inventar la respuesta a esta pregunta. (Usa **va a** + *infinitivo*, **quiere** + *infinitivo*, **piensa** + *infinitivo*, **le gustaría** + *infinitivo*.)

Do Workbook *Práctica comunicativa I* and corresponding CD-ROM activities.

Nuevos horizontes

Lectura

ESTRATEGIA: Skimming

In Chapter 1, you learned about scanning. When scanning, you look for specific information and your eyes resemble laser beams zeroing in on a subject. In this chapter you will learn about skimming. When you skim a text, you simply read quickly to get the main idea without stopping to wonder about the meaning of unknown words. You will practice skimming as you read an article about South America.

ACTIVIDAD 17 Predicción **Parte A:** Antes de leer el artículo sobre Suramérica, mira las siguientes palabras del artículo y elige una de las cuatro opciones que se presentan para predecir cuál es el tema.

patrimonio mundial = World Heritage Site

indígenas	montañas	playas blancas
glaciares	mitología local	parque nacional
flora	fauna	patrimonio mundial

¿Tema del artículo?

a. la naturaleza (*nature*) de Suramérica
b. la destrucción de los ecosistemas de Suramérica
c. el abuso de las grandes compañías petroleras y el efecto que tiene en la ecología
d. unas vacaciones en Suramérica —nadar, esquiar, hacer trekking

Parte B: Ahora en grupos de tres, digan cuál creen que es el tema del artículo y por qué. Usen frases como: **En mi opinión el artículo es sobre . . . porque . . . Creo que el artículo es sobre . . . porque . . . Puede ser un artículo sobre . . . porque . . .**

Remember: You are not expected to comprehend every word; you are just reading to get the gist.

ACTIVIDAD 18 Lectura rápida Ahora lee rápidamente el artículo para confirmar tu predicción de la actividad anterior y para saber qué es Torres del Paine y qué son las cataratas del Iguazú. Luego comparte la información con el resto de la clase.

ACTIVIDAD 19 Lectura detallada Al leer el artículo otra vez, contesta las siguientes preguntas basadas en la lectura.

1. En el párrafo 1 (línea 9), ¿cuál es el sujeto del verbo **contrastan**?
2. En el párrafo 2 (línea 21), ¿cuál es el sujeto del verbo **existe**?
3. En el párrafo 3 (línea 30), ¿quién o qué es **Cai Cai**?
4. En el párrafo 3 (líneas 35–36), ¿a qué se refiere **los** en la frase **los convirtió**?
5. En el párrafo 4 (línea 47), ¿cuáles son dos cosas que contrasta la frase **más altas que**?
6. En el párrafo 5 (línea 58), ¿a qué se refiere **Ésta**?
7. En el párrafo 5 (línea 61), ¿a quién se refiere **ella**?
8. En el párrafo 5, ¿cuál es un sinónimo de **se enfadó** (*got mad*)?
9. En el párrafo 5, ¿quién **se enfadó**? ¿El dios, Tarob o Naipi?
10. En el párrafo 5 (línea 67), ¿quiénes son **los enamorados**?

Suramérica y su belleza natural

Suramérica se caracteriza por su diversidad y su belleza natural. Esta belleza varía desde la selva amazónica en países como Ecuador, Perú y Brasil hasta el árido desierto de Atacama en el norte de Chile. También se encuentran las playas blancas de Colombia, Venezuela y Uruguay que contrastan con los Andes y sus nieves eternas en Argentina, Chile y Bolivia. Entre las bellezas naturales también están el Parque Nacional Torres del Paine y las cataratas del Iguazú.

El Parque Nacional Torres del Paine se encuentra en la zona de la Patagonia de Chile y es tan espectacular como el Parque Yellowstone o el Yosemite. Tiene una variedad de ecosistemas con flora y fauna que no existe en otras partes del mundo. Entre los lugares más interesantes para visitar están el lago y glaciar Grey y los Cuernos del Paine, dos montañas que son gigantescos pilares de granito que se formaron hace 12 millones de años.

La mitología local dice que una serpiente llamada Cai Cai causó una inundación masiva para matar con el agua a la tribu guerrera[1] que vivía en Torres del Paine. Cuando el agua retrocedió, Cai Cai tomó a los dos guerreros más grandes y los convirtió en piedra; ahora son las dos famosas montañas que se llaman los Cuernos del Paine que se pueden ver hoy día en ese parque nacional chileno.

Las cataratas del Iguazú se encuentran en el río del mismo nombre, en la frontera entre Argentina y Brasil cerca de Paraguay. Tienen una caída de ochenta metros y son veinte metros más altas que las cataratas del Niágara entre los Estados Unidos y Canadá. El salto o catarata más importante es la Garganta del Diablo.[2] En el lado brasileño hay una vista panorámica de las

◄ Los Cuernos del Paine en el Parque Nacional Torres del Paine, Chile.

1 *warrior* 2 *Devil's Throat*

cataratas, pero en el lado argentino se puede caminar muy cerca de cada salto.

Los indígenas de esta zona explican el origen de estas cataratas con una leyenda.[3] Ésta dice que el dios de los indígenas eligió a Naipi, la hija del jefe de la tribu, como esposa, pero ella se enamoró de Tarob y un día Naipi y Tarob se fueron en una canoa por el río Iguazú ("agua grande" en la lengua indígena). Cuando el dios escuchó esto, se enfureció y decidió crear las cataratas para matar a los enamorados con su torrente de agua. Así terminó la vida de los jóvenes amantes.

Las cataratas no sólo son ricas en flora y fauna; también son una fuente de electricidad para Argentina, Brasil y Paraguay. En 1984 la UNESCO declaró las cataratas del Iguazú patrimonio mundial.

▲ Las cataratas del Iguazú, entre Argentina y Brasil.

3 *legend*

ACTIVIDAD 20 Busca información Después de leer el artículo, contesta las siguientes preguntas.

1. ¿Con qué parques nacionales de los Estados Unidos se compara en el artículo al parque Torres del Paine? ¿Dónde se encuentra este último?
2. ¿Cuál es el mito local sobre los Cuernos del Paine?
3. ¿En qué se diferencian las cataratas del Iguazú de las cataratas del Niágara? ¿Dónde se encuentran?
4. ¿Cuál es la leyenda indígena sobre las cataratas del Iguazú?
5. ¿Para qué se utilizan estas cataratas?

ACTIVIDAD 21 Las leyendas Parte A: Los indígenas tienen leyendas que explican la formación de los Cuernos del Paine y las cataratas del Iguazú. En parejas, comparen las dos leyendas y digan qué tienen en común y en qué aspectos son diferentes.

Parte B: Compara la leyenda norteamericana de Paul Bunyan sobre cómo se formaron los Grandes Lagos entre los Estados Unidos y Canadá con las leyendas de la **Parte A.**

Escritura

ESTRATEGIA: Chronological Order

Texts such as news reports, histories, biographies, or travelogues often are organized chronologically. In Chapter 5 you used adverbs of time to help sequence events. Verb forms also help establish the order of events. To apply a simple chronological order when writing, report past, present, and then future actions:

- Use preterit for completed past actions.
- Use present tense for present, ongoing activities.
- Use **ir a** + *infinitive* and constructions such as **querer** + *infinitive*, **me/te/le gustaría** + *infinitive*, **pensar** + *infinitive* to refer to future plans.

Remember: Do your outline in Spanish.

Note: When writing a biography, it is common to present most data in chronological order. Use words like **primero, más tarde, luego, después, después de** + *infinitive*, and **antes de** + *infinitive* in the first paragraph.

ACTIVIDAD 22 Una biografía Parte A: You are going to write a biography about a famous, living person. First, think of someone you admire or would like to learn more about or choose from the names suggested by your instructor and organize an outline in Spanish based on the following.

- Paragraph 1: name, when and where he/she was born, what he/she did (avoid description, just state actual accomplishments)
- Paragraph 2: what he/she is doing now
- Paragraph 3: what he/she is going to do in the future

Parte B: Write a three-paragraph biography based on your outline.

Parte C: Check to see if you used the preterit in the first paragraph to refer to past actions. Also check to make sure you avoided description. Did you use the present tense in the second paragraph? In the final paragraph you should have used constructions such as **ir a** + *infinitive* and **querer** + *infinitive*. Make any necessary changes to your final draft and hand in all drafts to your instructor.

Lo esencial II

I. Medios de transporte

1. el barco
2. el camión
3. la bicicleta
4. el autobús
5. el taxi
6. el tren
7. el avión
8. el metro
9. el carro/coche/auto
10. la moto/motocicleta

MADRID TRANSPORTES 004063
L01 E0108 V01
METROBUS T3
10 Viajes
M-0140
A05874
VÁLIDO EN METRO Y E.M.T. 04/01/01
Utilización según tarifas. Incluidos I.V.A. y S.O.V. 10:32
C.I.F. Q-7850003 J (Consérvese hasta la salida)

Avianca, la aerolínea nacional de Colombia, fue la primera aerolínea de este hemisferio; comenzó sus operaciones en el año 1919.

ACTIVIDAD 23 Asociaciones Di qué medios de transporte se asocian con estas palabras: Greyhound, Northwest, U-haul, el color amarillo, Porsche, Titanic, Amtrak, Kawasaki, Trek.

ACTIVIDAD 24 Los transportes de tu ciudad En parejas, hagan una lista de los medios de transporte de la ciudad donde Uds. estudian. Digan cuánto cuestan, qué zonas recorren y a qué hora empiezan sus servicios. Expliquen también qué medios de transporte no hay, cuáles creen que se necesitan y por qué.

II. La familia de Diana

◈ **Parientes** = relatives; **padres** = parents.

◈ Many Mexican-Americans adopt some American customs; therefore Diana's uncle is named Frank Jr.

◈ **Mª** = abbreviation for María.

◈ **Esposo/marido** = husband; **esposa/mujer** = wife.

La familia de Diana es grande. Sus **abuelos** maternos son Ramón y María Luisa y viven en Jalisco, México. Sus **abuelos** paternos son Frank y Marina y viven con los **padres** de Diana en Los Ángeles. El **padre** de Diana se llama Mark y la **madre,** Ana María. Diana tiene un **hermano menor** que se llama Jesse y ella, por supuesto, es la **hermana mayor.** Tiene cuatro **tíos:** Frank Jr. y Alicia son **hermanos** de su padre y Mª Rebeca y Marta, **hermanas** de su madre. Para Marta, Diana es una **sobrina** muy divertida. Diana también tiene dos **tíos políticos:** Rosie, la **esposa** de su **tío** Frank Jr., y Charles, el **esposo** de su **tía** Marta. Rosie y Frank Jr. tienen dos **hijos,** Zoe y Brandon, que son **primos** de Diana; pero su **primo** favorito es Tommy, **hijo** de su **tía** Marta y su **esposo** Charles. Tommy, Diana y Jesse son **nietos** de Ramón y María Luisa.

ACTIVIDAD **25** **La familia de Mark** En parejas, miren el árbol genealógico y describan la familia de Mark. Por ejemplo: **El padre de Mark se llama Frank. Mark tiene dos hermanos, Alicia y Frank Jr.** Las siguientes palabras pueden ser útiles.

suegro	father-in-law	**cuñado**	brother-in-law
suegra	mother-in-law	**cuñada**	sister-in-law

¿Lo sabían?

De dos millones de personas de origen mexicano que viven en los Estados Unidos, muchas son recién llegadas y hablan español e inglés y muchas más están en el proceso de aprender inglés. Los inmigrantes del siglo XXI a los Estados Unidos aprenden inglés más rápidamente que los inmigrantes que vinieron a principios del siglo XX. Al contrario de la idea que tienen algunos norteamericanos, esas personas recién llegadas saben que tienen que aprender inglés para sobrevivir en este país.

Hay muchas familias mexicoamericanas que llevan siglos en los Estados Unidos y ya ni hablan español. Stephanie Valencia, mexicoamericana de Nuevo México, comenta que su madre siempre dice: *"We didn't cross the border, the border crossed us".* Esta frase se refiere al año 1848 cuando México le cedió (*ceded*) mucho territorio a los Estados Unidos después de una guerra entre los dos países. Ahora, Stephanie es típica de un grupo de jóvenes estadounidenses que quieren aprender el idioma y la cultura de sus antepasados. Por eso puedes ver a muchos estudiantes de apellido español en clases básicas de español, como puedes ver también a gente de origen italiano, alemán y japonés en clases donde estudian el idioma de sus antepasados.

▲ Stephanie Valencia y su madre.

In 1848, the U.S. and Mexico signed the Treaty of Guadalupe Hidalgo, giving the U.S. control of a large area of land now in the Southwestern U.S.

Immigration stories can be interesting; ask your friends about their family stories. If you don't know your family's history, ask your parents or grandparents.

Note that **o** (or) becomes **u** before words beginning with **o** or **ho (vertical u horizontal).**

ACTIVIDAD 26 ¡Bingo! Vas a jugar al bingo. Tienes que hacerles preguntas a diferentes compañeros de la clase basándote en la información de las casillas (*boxes*). Si una persona contesta que sí a una pregunta, escribe su nombre en la casilla correspondiente. La persona que completa primero una hilera (*line*) diagonal, vertical u horizontal es el/la ganador/a (*winner*).

B	I	N	G	O
un hermano	cumpleaños en septiembre	madre alta	un abuelo irlandés	una tía enfermera
cumpleaños en febrero	padre gordo	no tiene hermanos	una tía que se llama Ann	tiene primos
tiene cuatro abuelos	un tío que se llama Bill	cumpleaños en julio	tiene esposo	un hermano rubio
dos hermanos	una abuela italiana	dos cuñados	tiene una sobrina	un abuelo con poco pelo
hermanas	tiene un sobrino	tiene una hija	cumpleaños en el otoño	dos hermanas

ACTIVIDAD 27 Oraciones incompletas **Parte A:** En tres minutos escribe oraciones incompletas sobre la familia. Por ejemplo: **La madre de mi madre es mi ______.**

Parte B: Ahora, en grupos de tres, una persona lee sus oraciones incompletas y los compañeros tienen que completar esas oraciones.

La boda en Chile

Unos novios celebran su boda en La Plata, Argentina.

echar la casa por la ventana	to go all out (literally, to throw the house out the window)
requete + *adjective*	really/extremely + *adjective*
requetefeo	really/extremely ugly
en + barco/tren/etc.	by boat/train/etc.
tener ganas de + *infinitive*	to feel like + -ing
Tengo ganas de viajar.	I feel like traveling.

Federico de Rodrigo, su esposa y sus hijos fueron de Argentina a Chile para asistir a la boda de Olga, la hija de unos muy buenos amigos. Ahora Federico y su esposa Camila, que es chilena, están hablando sobre la boda con su hijo Andrés.

Novios = boyfriend and girlfriend (*as well as* bride and groom).

ACTIVIDAD 28 Marca los regalos Mientras escuchas la conversación, marca sólo los regalos (*presents*) que recibieron los novios. Lee la lista antes de empezar a escuchar.

¿Qué recibieron?

unas toallas ______
un estéreo ______
un televisor ______
un sofá ______
una casa ______
un viaje ______
un reproductor de DVD ______

ANDRÉS Buenos días. ¿Cómo están?

FEDERICO Estoy cansadísimo. Y se debe decir buenas tardes porque ya son las 2:00.

ANDRÉS ¡Las 2:00 de la tarde! ¡No me digas! Es que nos acostamos muy tarde después de la boda.

FEDERICO Pero qué divertido estuvo, ¿no?

CAMILA Sí, la verdad es que los padres de Olga echaron la casa por la ventana . . . comida, música, champán . . . Pero a mí me gustó la ceremonia. ¡Me encantó ver entrar en la iglesia a Olga del brazo de su padre! ¡Y qué buen mozo estaba el novio! Y su madre, ¡qué madrina[1] más elegante!

ANDRÉS ¿Y sabes qué regalos les dieron?

Stating who gave what to whom

FEDERICO Una tía de él les dio un televisor gigante.

CAMILA Claro y con control remoto para Olga que siempre cambia de canal.

ANDRÉS ¡Qué buena tía! ¡Un televisor gigante! ¡Eso sí que es un regalo! Si algún día yo me caso, la tía Carmina me va a regalar toallas, no un televisor.

CAMILA Y feas.

ANDRÉS Sí, toallas bien feas.

CAMILA Feísimas.

FEDERICO Basta, la tía Carmina es mi hermana. No critiquen.

ANDRÉS Superfeas.

Exaggerating

CAMILA Requetefeas.

FEDERICO Bueno, bueno, ¿quieres saber qué otras cosas recibieron los novios?

ANDRÉS Sí, sí.

FEDERICO El abuelo de Nando les dio un estéreo.

ANDRÉS ¡Fantástico!

CAMILA Sí, están contentísimos con el estéreo.

ANDRÉS ¿Y nosotros no les regalamos nada?

FEDERICO Pues sí, hombre. Nosotros les regalamos un sofá precioso que compramos aquí en Santiago.

ANDRÉS Claro. Así puede dormir Olga mientras mira la televisión.

CAMILA Y saben, Nando me dijo que los padres de él les pagaron el viaje de luna de miel.[2]

ANDRÉS ¡No me digas! ¿Adónde?

Discussing means of transportation

CAMILA Hoy salen en avión para Santo Domingo y después van a viajar en barco por el Caribe.

Expressing desires

FEDERICO ¡Qué romántico! Yo tengo muchas ganas de ir a la República Dominicana.

CAMILA Sí, las islas del Caribe deben ser muy bonitas.

ANDRÉS Y si yo me caso, Uds., mis queridos y adorables padres, ¿me van a regalar un viaje a un lugar tropical?

FEDERICO Claro, pero primero necesitas novia y eso lo veo muy difícil porque con ese pelo tan largo que tienes y con esa barba estás más feo que las toallas de tu tía Carmina.

---

1 *maid of honor* 2 *honeymoon*

ACTIVIDAD 29 Preguntas Después de escuchar la conversación otra vez, contesta estas preguntas.

1. ¿Quiénes se casaron? ¿Federico y su familia son amigos de los padres de la novia o del novio?
2. ¿Con quién entró la novia en la iglesia?
3. ¿Quiénes les dieron los siguientes regalos: el estéreo, el televisor, el sofá y el viaje?
4. ¿Adónde van Nando y Olga para la luna de miel y cómo van?
5. Si Andrés se casa, ¿qué dice que va a recibir de su tía Carmina? ¿Qué quiere recibir?
6. ¿Qué palabras usan Andrés y su madre para describir el regalo de la tía Carmina?

Con frecuencia, en las bodas hispanas los amigos de los novios no participan directamente en la ceremonia; en cambio, los padres de los novios son los "padrinos" y están en el altar acompañando a sus hijos. El novio entra en la iglesia del brazo de su madre (la madrina) y, como en los Estados Unidos, la novia entra del brazo de su padre (el padrino). ¿Te gusta la idea de tener a los padres como padrinos de una boda?

Generalmente cuando una mujer hispana se casa, en muchos países conserva sus apellidos y añade (*adds*) el primer apellido de su esposo. Por ejemplo, si María Luisa Yépez Ortiz se casa con Ramón Vegas Pérez, ella se llama María Luisa Yépez (Ortiz) de Vegas. Si tienen un hijo, sus apellidos van a ser Vegas Yépez. ¿Qué apellidos se usan en los Estados Unidos? Si te casas y tienes hijos, ¿qué apellidos quieres usar para ti? ¿Y para tus hijos?

Pedro Domínguez y
Susana Bensabat de Domínguez participan a Ud. la boda de su hijo Pablo con la señorita Mónica Graciela Guerrero y le invitan a presenciar la ceremonia religiosa que se efectuará en la Iglesia Santa Elena el viernes 15 de diciembre a las 20 y 30.

Buenos Aires, 2003

Los novios saludarán en el atrio.
Juan F. Seguí 3815

ACTIVIDAD 30 El viaje del año pasado En grupos de tres, pregúntenles a sus compañeros adónde fueron de viaje el año pasado, qué hicieron y qué medios de transporte usaron. También pregúntenles qué tienen ganas de hacer este año.

- A: ¿Adónde fuiste el año pasado?
  B: Fui a San Francisco.
  A: ¿Cómo fuiste?
  B: Fui en avión.
  A: . . .

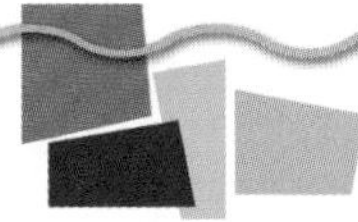

Hacia la comunicación II

I. Using Indirect-Object Pronouns

1 ◆ In this sentence from the conversation on p. 168, **Una tía de él les dio un televisor gigante,** who gave the TV and who received the TV?

If you said *his aunt* and *them* (*the bride and groom*) respectively, you are correct. **Una tía de él** is the subject (the person that did the action), **un televisor gigante** is the direct object (what was given), and **les** is the indirect-object pronoun (to whom the TV was given, the people that received the direct object: the TV). An indirect object indicates to whom or for whom an action is done. You have already learned the indirect-object pronouns with the verb **gustar.**

See **gustar,** pp. 46–47.

Indirect-Object Pronouns	
me	nos
te	os
le	les

What was sent? ⟶ money = direct object

To whom was the money sent? ⟶ to me = indirect object

—¿Quién **te** mandó dinero?	*Who sent you money?*
—Mi padre **me** mandó dinero.	*My father sent me money.*

2 ◆ Like the reflexive pronoun, the indirect-object pronoun precedes a conjugated verb or follows attached to a present participle or an infinitive.

Ayer **le** escribí una carta.	*I wrote him/her a letter yesterday.*
Ahora **le** estoy escribiendo (estoy escribiéndo**le**) una carta.	*I'm writing him/her a letter now.*
Mañana **le** voy a escribir (voy a escribir**le**) una carta.	*I'm going to write him/her a letter tomorrow.*

3 ◆ An indirect-object pronoun can be emphasized or clarified by using a phrase introduced by the preposition **a,** just as you learned with the verb **gustar** (**a mí me, a ti te, a Luis le, a mi madre le,** etc.).

Le escribí una carta **a Juan.**	*I wrote a letter to Juan.*
Ella **les** explicó el problema **a ellos.**	*She explained the problem to them.*

NOTE: The indirect-object pronoun in Spanish is almost always mandatory. In the following sentences the items in parentheses are optional and the words in bold type are mandatory. Those in parentheses are used to provide clarity or emphasis.

Les regalaron un viaje (a Olga y a Nando).
Mi padre **me** mandó dinero (a mí).
(A ellos) **les** gustaría ir a la República Dominicana.

The following verbs are commonly used with indirect-object pronouns.

Conjugate **ofrecer** like **conocer: ofrezco, ofreces . . .**

contar (o ⟶ ue) to tell	**mandar** to send
contestar to answer	**ofrecer** to offer
dar* to give	**pagar** to pay (for)
decir* (e ⟶ i, i) to say; to tell	**pedir (e ⟶ i, i)** to ask for
escribir to write	**preguntar** to ask a question
explicar to explain	**regalar** to give a present
hablar to speak	

***NOTE: Dar** has an irregular **yo** form in the present: **doy, das, da, damos, dais, dan. Decir** has irregular preterit forms that are presented in Chapter 7.

Los padres de Nando **les pagaron** el viaje.	*Nando's parents paid for the trip (for them).*
La familia de Olga **les regaló** muchas cosas.	*Olga's family gave them many things.*

II. Using Affirmative and Negative Words

Palabras afirmativas	Palabras negativas
todo everything **algo** something	**nada** nothing
todos/as everyone **alguien** someone	**nadie** no one
siempre always	**nunca** never

1 ◆ "I'm not doing nothing" is considered incorrect in English, but in Spanish the double negative construction is usually used with the negative words **nada, nadie,** and **nunca** as follows.

no + *verb* + *negative word*

—¿Tienes algo para mí?
—No, **no** tengo **nada.**

—¿Llamó alguien?
—No, **no** llamó **nadie.**

—¿Siempre estudia tu hermana?
—No, **no** estudia **nunca.**

2 ◆ **Nunca** and **nadie** can also precede the verb. In this case **no** is omitted.

Nunca estudio los viernes. **Nadie** llamó.

NOTE: Alguien and **nadie** require the personal **a** when they are the object of the verb.

—¿Llamaste **a alguien**?
—No, no llamé **a nadie.**

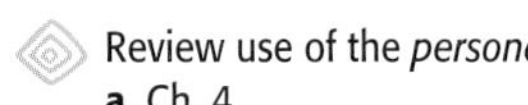
Review use of the *personal* **a,** Ch. 4.

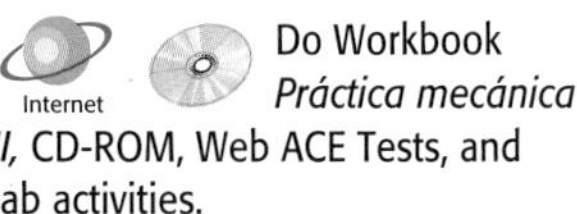
Internet
Do Workbook *Práctica mecánica II,* CD-ROM, Web ACE Tests, and lab activities.

ACTIVIDAD 31 Las próximas actividades Describe las actividades que van a hacer estas personas la semana que viene. Forma oraciones con elementos de cada columna.

◆ Yo voy a preguntarle algo indiscreto a Julieta.

yo	explicar	un trabajo	a la psicóloga
el paciente	contestar	algo indiscreto	a Julieta
la abogada	mandar	una carta de amor	a nosotros
Romeo	ofrecer	su problema	a ti
ellos	pedir	un email	al piloto
	preguntar	cien dólares	al médico
		su nombre	a mí

ACTIVIDAD 32 Los regalos **Parte A:** En parejas, pregúntenle a su compañero/a qué les regaló a cinco personas el año pasado. Piensen en ocasiones especiales y en personas como sus abuelos, su novio/a, un/a amigo/a especial, su hermano/a, etc.

Parte B: Pregúntenle a su compañero/a qué le dieron a él/ella el año pasado esas cinco personas.

ACTIVIDAD 33 La última vez Contesta estas preguntas.

1. ¿Cuándo fue la última vez que le mandaste algo a alguien? ¿Qué le mandaste y a quién?
2. ¿Cuándo fue la última vez que alguien te mandó algo? ¿Quién te mandó algo y qué te mandó?
3. ¿Quién te escribe cartas? ¿Quién te manda email? ¿Cuándo fue la última vez que recibiste una carta o email?
4. ¿Cuándo fue la última vez que le hablaste a un/a profesor/a en horas de oficina? ¿Le preguntaste algo? ¿Te contestó la pregunta? ¿Te explicó algo? ¿Qué te explicó?

ACTIVIDAD 34 ¡No, no y no! En parejas, terminen estas conversaciones entre padres e hijos con palabras afirmativas y negativas como **siempre, nunca, algo, nada, alguien** y **nadie.** Después, presenten las diferentes conversaciones; una persona es el padre o la madre y la otra es el/la hijo/a.

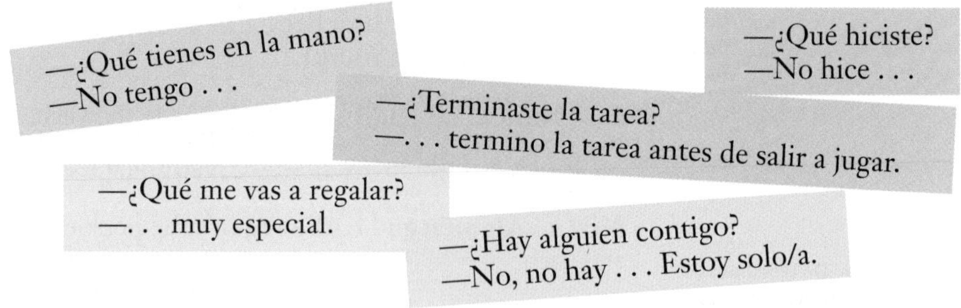

—¿Qué tienes en la mano?
—No tengo . . .
—¿Qué hiciste?
—No hice . . .
—¿Terminaste la tarea?
—. . . termino la tarea antes de salir a jugar.
—¿Qué me vas a regalar?
—. . . muy especial.
—¿Hay alguien contigo?
—No, no hay . . . Estoy solo/a.

ACTIVIDAD 35 El optimista y el pesimista En parejas, uno/a de Uds. es una persona optimista y la otra persona es pesimista; siempre se contradicen.

◆ Optimista: Alguien me manda emails.
Pesimista: Nadie me manda emails. / No me manda emails nadie.

Optimista	*Pesimista*
Voy a comer algo.	______________
______________	No conozco a nadie de la clase.
Siempre me regalan algo.	______________
______________	Nunca voy a fiestas.
Siempre me habla alguien.	______________
______________	Mis padres nunca me dieron nada.

ACTIVIDAD 36 Educación sexual **Parte A:** Vas a entrevistar a una persona sobre el tema de la educación sexual. Primero, usa la siguiente información para preparar las preguntas que le vas a hacer.

1. si le preguntó a alguien de dónde vienen los niños
2. si alguien le explicó la verdad (*truth*)
   si contesta que sí, ¿quién/qué le dijo (*did he/she say*)?
3. si estudió la sexualidad humana en la escuela
4. si les va a decir a sus hijos de dónde vienen los niños

Parte B: Ahora en parejas, túrnense para entrevistarse usando las preguntas de la Parte A.

ACTIVIDAD 37 La familia de tu compañero **Parte A:** Dibuja (*Draw*) el árbol de tu familia y trae este árbol contigo a la próxima clase de español. También debes traer fotos de las personas de tu familia, si las tienes. Para dibujar el árbol, usa símbolos, pero no incluyas nombres. Sigue el modelo que se presenta a la izquierda.

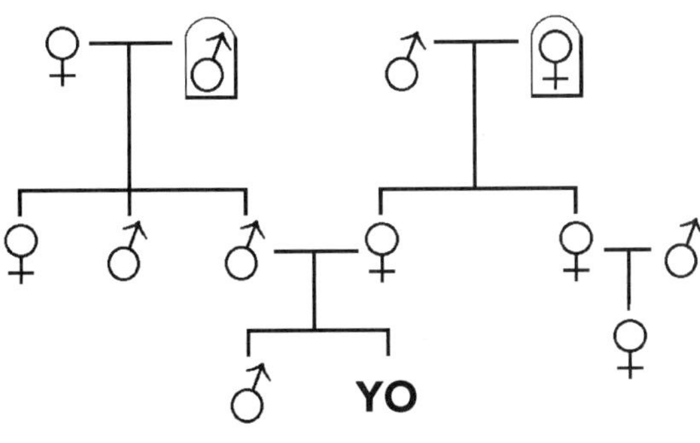

Parte B: En parejas, hagan preguntas para averiguar información sobre las personas del árbol genealógico de su compañero/a. Escriban la información en el árbol. Las siguientes palabras y preguntas pueden ser útiles.

es soltero/a is single
está casado/a (con) is married (to)
está divorciado/a (de) is divorced (from)
la madrastra stepmother
el padrastro stepfather
el/la hermanastro/a stepbrother/stepsister
el/la hijastro/a stepson/stepdaughter

Pregunten, por ejemplo: **¿Qué hace tu hermanastro? ¿Dónde vive . . . ? ¿Cuántos años tiene . . . ? ¿Cuándo se casó . . . ? ¿Alguien de tu familia habla español? ¿Quién te manda emails?** etc.

Internet Do Workbook *Práctica comunicativa II*, CD-ROM, Web ACE Tests, and lab activities.

Videoimágenes

Dos celebraciones

17:15–22:05

ACTIVIDAD 38 La boda en los Estados Unidos Antes de ver el segmento sobre una boda en Argentina, contesta estas preguntas para hablar sobre la última boda a la que asististe.

1. ¿La boda fue civil o religiosa?
2. ¿Dónde se casaron los novios?
3. ¿A qué hora se casaron?
4. Si la ceremonia tuvo lugar en una iglesia, ¿a quién viste en el altar con los novios?
5. ¿A qué hora empezó la boda y a qué hora terminó la fiesta?
6. ¿Comiste pastel (*cake*) en la fiesta?
7. ¿Tiró (*threw*) algo la novia? Si contestas que sí, explica qué y por qué. ¿Existen otras tradiciones típicas en una boda?

ACTIVIDAD 39 Una boda en Argentina Mientras ves el video sobre la boda contesta estas preguntas. Lee las preguntas antes de ver este segmento del video.

1. ¿ En cuántas ceremonias participó esta pareja?
   a. cero b. una c. dos
2. En la ceremonia religiosa, ¿a quiénes viste en el altar?
   a. amigos b. padres c. padres y amigos
3. ¿Cuándo tuvo lugar (*took place*) la ceremonia religiosa?
   a. por la mañana b. por la tarde c. por la noche
4. Primero bailaron un . . .
   a. tango. b. vals. c. merengue.
5. En la fiesta, hay una parte especial llamada . . .
   a. el carnaval. b. el merengue. c. el ritual.
6. La fiesta terminó . . .
   a. temprano porque los novios empezaron su luna de miel.
   b. tarde, a la 1:00 o a las 2:00 de la mañana.
   c. muy tarde, a las 4:00, 5:00 ó 6:00 de la madrugada.

madrugada = wee hours of the morning

ACTIVIDAD 40 A comparar Después de ver el segmento sobre la boda, trabajen en parejas. Piensen en sus respuestas a las **Actividades 38** y **39** para comparar una boda argentina con una boda de su país.

Una costumbre argentina es que antes de cortar la torta, las muchachas que no están casadas toman las cintitas (*ribbons*) que están en la torta y tiran (*pull*) de ellas. Todas las cintitas tienen un dije (*charm*) en el otro extremo, pero una de ellas tiene un anillo (*ring*). La tradición es que la muchacha que saca la cinta con el anillo va a casarse el año próximo.

ACTIVIDAD 41 La conmemoración de los muertos En los Estados Unidos, existe *Memorial Day*, un día para recordar y conmemorar a los muertos. En tu ciudad, ¿hacen algo especial ese día? ¿Tu familia hizo algo especial el año pasado?

ACTIVIDAD 42 El Día de los Muertos Mientras ves este segmento sobre la celebración del Día de los Muertos en México, contesta estas preguntas. Lee las preguntas antes de ver el video.

1. ¿Cuándo es el Día de los Muertos?
2. ¿Dónde va la gente para recibir al espíritu del muerto?
3. ¿Dónde se construye el altar en memoria del muerto?
4. ¿Qué cosas ponen en el altar? Haz una lista de algunas de las cosas.
5. En el cementerio ponen velas (*candles*), calaveras (*skulls*), incienso y flores. ¿Qué figuras hacen con las flores?
6. ¿Es el Día de los Muertos un día triste o alegre en México?

ACTIVIDAD 43 Una comparación Después de ver el video, en parejas, comparen *Memorial Day* y el Día de los Muertos.

Do Web Search activities.

Vocabulario funcional

Preposiciones de lugar

a la derecha de	*to the right of*
a la izquierda de	*to the left of*
al lado de	*beside*
cerca de	*near*
debajo de	*under*
delante de	*in front of*
detrás de	*behind*
encima de	*on top of*
enfrente de	*facing, across from*
lejos de	*far from*

Otras preposiciones

con	*with*
conmigo	*with me*
contigo	*with you*
desde	*from*
entre	*between*
hacia	*toward*
hasta	*until, up to*
sin	*without*

Los números del cien al millón *Ver página 150.*

Expresiones de tiempo pasado

Ver página 154.

Verbos

abrir	*to open*
asistir a	*to attend* (class, church, etc.)
buscar	*to look for*
casarse (con)	*to marry; to get married* (*to*)
contar (o ⟶ ue)	*to tell*
contestar	*to answer*
dar	*to give*
decidir	*to decide*
dejar	*to leave behind; to let, allow*
enseñar	*to teach*
entrar en/a	*to enter*
explicar	*to explain*
gritar	*to shout, scream*
llegar	*to arrive*
llorar	*to cry*
mandar	*to send*
ofrecer	*to offer*
pagar	*to pay* (*for*)
preguntar	*to ask a question*
regalar	*to give a present*
sacar	*to get* (a grade); *to take out*
terminar	*to finish*
tomar	*to drink; to take* (a bus, etc.)
viajar	*to travel*

Medios de transporte

Ver página 164.

Palabras afirmativas y negativas

Ver página 171.

La familia

el/la abuelo/a	*grandfather/grandmother*
el/la cuñado/a	*brother-in-law/sister-in-law*
el/la esposo/a	*husband/wife*
el/la hermanastro/a	*stepbrother/stepsister*
el/la hermano/a	*brother/sister*
el/la hijastro/a	*stepson/stepdaughter*
el/la hijo/a	*son/daughter*
la madrastra	*stepmother*
el/la nieto/a	*grandson/granddaughter*
el padrastro	*stepfather*
los padres/papás	*parents*
los parientes	*relatives*
el/la primo/a	*cousin*
el/la sobrino/a	*nephew/niece*
el/la suegro/a	*father-in-law/mother-in-law*
el/la tío/a	*uncle/aunt*
es soltero/a	*is single*
está casado/a	*is married*
está divorciado/a	*is divorced*
mayor	*older*
menor	*younger*

Palabras y expresiones útiles

bellísimo/a *adjective* + ísimo	*very beautiful*
la boda	*wedding*
echar la casa por la ventana	*to go all out*
en/por + barco/tren/etc.	*by boat/train/etc.*
la luna de miel	*honeymoon*
¡Qué + *noun* + más + *adjective!*	*What a* + adjective + noun!
el regalo	*present, gift*
requete + *adjective*	*really/extremely* + adjective
tener ganas de + *infinitive*	*to feel like* + *-ing*

Capítulo 7

Chapter Objectives

- Making hotel and plane reservations
- Narrating past actions and occurrences
- Placing phone calls
- Stating how long ago an action took place and specifying its duration

Una representación de la historia española. Los cristianos y los moros (árabes del norte de África) representan batallas cada año durante el mes de abril en Alcoy, España.

Datos interesantes

- El 11% de la economía del mundo se basa en el turismo.
- Los Estados Unidos es el país más visitado del mundo y España es el segundo.
- España tiene 29 oficinas de turismo en 21 países, entre ellas, cuatro en los Estados Unidos.
- Hay más norteamericanos que visitan Madrid, Barcelona y Sevilla que de otras nacionalidades.
- 1.300.000 españoles trabajan en empleos directa e indirectamente relacionados con el turismo.

¿En un "banco" de Segovia?

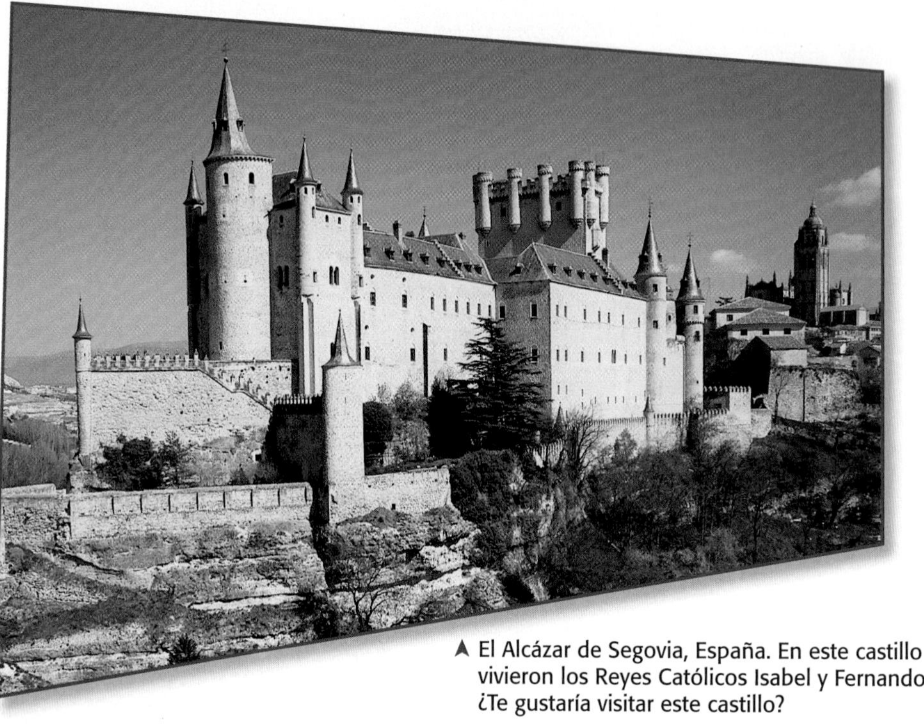

▲ El Alcázar de Segovia, España. En este castillo vivieron los Reyes Católicos Isabel y Fernando. ¿Te gustaría visitar este castillo?

Perdimos el autobús.	We missed the bus.
quisiera/quisiéramos	I/we would like
Lo siento.	I'm sorry.

Juan Carlos y Claudia están en Segovia, adonde fueron a comer, y allí tienen problemas.

ACTIVIDAD 1 Escoge la opción . . . Lee las siguientes oraciones. Después, mientras escuchas la conversación, escoge la opción correcta.

1. Claudia y Juan Carlos perdieron . . .
   a. el tren. b. el autobús. c. el carro.
2. Ellos tuvieron que buscar . . .
   a. una habitación. b. un autobús. c. a don Andrés.
3. Claudia llamó a . . .
   a. Teresa. b. don Andrés. c. Marisel.
4. Claudia habló con . . .
   a. Teresa. b. don Andrés. c. Marisel.
5. Finalmente tuvieron que dormir . . .
   a. en un parque. b. en una habitación doble. c. no se sabe dónde.

JUAN CARLOS Bueno, perdimos el autobús a Madrid y no hay más trenes. ¿Qué vamos a hacer?
CLAUDIA Pues, buscar o un hotel o un hostal, ¿no?
JUAN CARLOS Mira, allí hay uno . . . el Hotel Acueducto.

JUAN CARLOS Buenas noches, señor.
RECEPCIONISTA Hola, buenas noches. ¿Qué desean?

Making a request

JUAN CARLOS Quisiéramos dos habitaciones sencillas.
RECEPCIONISTA Lo siento, pero no hay.
JUAN CARLOS Y, ¿una habitación doble?
CLAUDIA ¿Doble?
JUAN CARLOS No te preocupes. Ya nos arreglamos.
CLAUDIA Mmm . . .

Negating

RECEPCIONISTA Hace tres días que el hotel está completo. No hay nada, pero si quiere, puedo llamar a otros hoteles.
JUAN CARLOS Sí, por favor.
CLAUDIA ¿No sabe dónde hay un teléfono público? Quisiera llamar a Madrid. Mi móvil no tiene pila.
RECEPCIONISTA Sí, hay uno en el bar de enfrente.
CLAUDIA Ahora vuelvo. Voy a llamar a Marisel . . .

DON ANDRÉS Colegio Mayor. Dígame.
CLAUDIA ¿Quién habla? ¿Don Andrés?
DON ANDRÉS Sí, ¿quién habla?

Identifying oneself on the phone

CLAUDIA Habla Claudia. ¿Está Marisel?
DON ANDRÉS No, hace dos horas que la vi salir.
CLAUDIA ¿Le puedo dejar un mensaje?
DON ANDRÉS Sí, cómo no.

Leaving a message

CLAUDIA ¿Le puede decir que Juan Carlos y yo perdimos el autobús y estamos en Segovia? Nos dijeron que no hay autobuses hasta mañana.
DON ANDRÉS Vale, vale. Adiós, Claudia.
CLAUDIA Gracias, don Andrés. Hasta mañana.

CLAUDIA Bueno, ¿pudo encontrar habitación para nosotros?

Apologizing

RECEPCIONISTA No, lo siento . . .
JUAN CARLOS Bueno, Claudia, ¿sabes qué? Hay un parque muy bonito cerca de aquí . . . y tiene unos bancos muy buenos . . .

ACTIVIDAD 2 Preguntas Después de escuchar la conversación otra vez, contesta estas preguntas.

1. ¿Cuáles son los problemas que tienen Juan Carlos y Claudia?
2. ¿Tienen solución estos problemas?
3. ¿Perdiste alguna vez un autobús, un tren o un avión? ¿Qué ocurrió? ¿Fue en tu ciudad o en otro lugar?
4. En tu opinión, ¿qué hicieron Claudia y Juan Carlos? ¿Durmieron? ¿Dónde?

¿Lo sabían?

España tiene tantos turistas al año como habitantes, más de 40.000.000. Muchos van a España por su belleza natural, principalmente las playas. Pero otros van por la riqueza histórica. Se dice que "las piedras (*rocks*) hablan" y en realidad, muchos monumentos representan las múltiples culturas que ocuparon la Península Ibérica y que formaron lo que hoy en día se llama España. Entre estas culturas están las de los fenicios, los celtas, los romanos y los moros. Los romanos llevaron la religión cristiana y su lengua y, a través de los moros, no sólo España sino toda Europa aprendió el concepto del cero y el álgebra. En ciudades como Segovia y Toledo es posible revivir la historia española visitando acueductos romanos, sinagogas judías, arcos moros y catedrales cristianas.

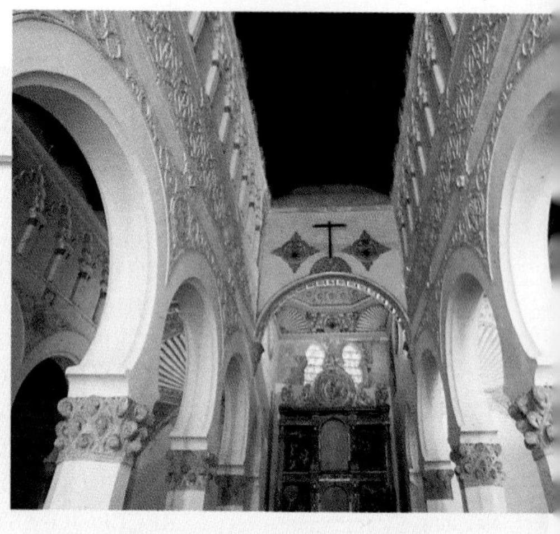

▲ La sinagoga de Santa María la Blanca en Toledo, España.

You will learn more about Spanish history at the end of Ch. 7 in the Workbook.

ACTIVIDAD 3 Quisiera . . . En parejas, "A" es turista en esta ciudad y "B" es de la ciudad. Lean las instrucciones para sus papeles (*roles*) y mantengan una conversación.

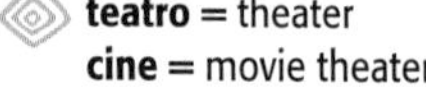

teatro = theater
cine = movie theater

A. Turista

Quieres saber la siguiente información: dónde hay un hotel barato; dónde hay un restaurante de comida mexicana bueno, bonito y barato; qué dan en los teatros este fin de semana; y si hay un lugar para bailar salsa. Tú empiezas diciendo **Perdón, quisiera saber dónde . . .**

B. Residente de la ciudad

Contesta las preguntas con información verdadera sobre tu ciudad. Si no sabes, responde **Lo siento, pero . . .**

Lo esencial I

I. El teléfono

Qué debes decir cuando . . .

contestas el teléfono	**¿Aló?** **Diga./Dígame.** (España)
preguntas por alguien	**¿Está Álvaro, por favor?** **Quisiera hablar con Álvaro, por favor.**

te identificas	**—¿Quién habla?** **—Habla Claudia.** **—¿De parte de quién?** **—(De parte) de Claudia.**
marcas el número equivocado	**—¿Está Marisel, por favor?** **—No, tiene el número equivocado.**
tienes problemas de comprensión	**¿Puede hablar más despacio, por favor?**

Tipos de llamadas telefónicas

Words vary according to country. When you travel, you should be familiar with these terms to be able to understand written instructions on public telephones or questions from operators.

local

de larga distancia
- **marcar directo**
- **con ayuda del/de la operador/a**
- **a cobro revertido / para pagar allá**

el indicativo del país / código internacional *country code*

el área / prefijo (España) *area code*

ACTIVIDAD 4 Llamada a la operadora En parejas, "A" cubre la caja B y "B" cubre la caja A. "B" llama al/a la operador/a para averiguar el teléfono de los lugares que aparecen en su caja y escribe el número. Después cambien de papel.

◆ A: Información.
B: Quisiera el número (de teléfono) de . . .
A: Es el . . . / Lo siento, pero no tengo ese número.

A

Averigua el teléfono de:
1. el Restaurante El Hidalgo
2. el Teatro Bellas Artes
3. la Librería Compás

MINICINES ASTORIA 1 - 2
Pl. Carmen, 16 ---------------------- 521 5666

Usa esta información cuando eres el/la operador/a:

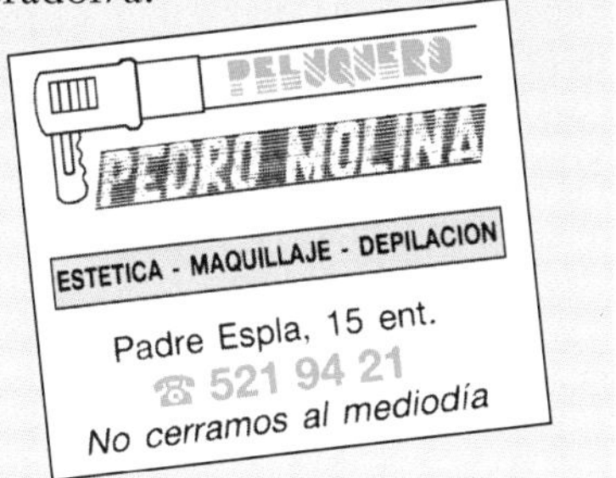

PELUQUERO
PEDRO MOLINA
ESTETICA - MAQUILLAJE - DEPILACION
Padre Espla, 15 ent.
☎ 521 94 21
No cerramos al mediodía

B

Averigua el teléfono de:
1. el Restaurante La Corralada
2. el Peluquero Pedro Molina
3. los Minicines Astoria

Restaurante
EL HIDALGO
San Fernando, 8 ---------------------- 520 0392
RESTAURANTE FIESTA S. A.
Av. Denia, 47 ---------------------- 526 4426

Usa esta información cuando eres el/la operador/a:

COMPAS LIBRERIA
LIBRERIA COMPAS
COMPAS UNIVERSIDAD
Torre de Mando - Rabasa
ALICANTE
Alcalde Alfonso Rojas, 5
☎ 521 16 79
San Vte. del Raspeig ☎ 566 30 77

ACTIVIDAD 5 Una llamada a don Alejandro Vicente llama por teléfono a don Alejandro a su agencia de viajes. Pon esta conversación en orden lógico.

_____ ¿De parte de quién?
_____ Todos nuestros agentes están ocupados en este momento. Espere por favor. ♪♩♪♪
_____ Bueno. Muchas gracias, Irene. Adiós.
_____ Hola Vicente. Habla Irene, la secretaria de Alejandro. Él no está.
_____ De nada. Adiós.
_____ Traveltur, buenos días. Dígame.
_____ Bueno, quisiera dejarle un mensaje.
_____ Buenos días. ¿Está don Alejandro?
_____ Sí, por supuesto.
_____ De parte de Vicente.
_____ ¿Puede decirle que lo llamé y que yo puedo ir al aeropuerto mañana para recoger a Teresa?
_____ Sí, claro.

Hoy día, es muy común en países hispanos tener teléfono celular. Ya en el año 2001 había (*there were*) más móviles en México, Paraguay, Chile y Venezuela que teléfonos de línea fija. A diferencia de los Estados Unidos, el dueño del móvil no paga cuando recibe una llamada. Es muy cómodo tener teléfono celular pues para usar un teléfono público, generalmente se necesita tener una tarjeta telefónica prepagada.

ACTIVIDAD 6 Llamada de larga distancia Una persona está en Montevideo, Uruguay, y necesita llamar a un pariente a los Estados Unidos con la ayuda del/de la operador/a. En parejas, Uds. hacen los papeles del/de la operador/a y de la persona que llama. El/La operador/a pregunta qué tipo de llamada quiere, el área y el número. Después cambien de papel.

- A: Operador/a internacional, buenos días.
  B: Buenos días. Quisiera . . .

II. En el hotel

Star rating system for hotels: 1 star = lowest rating; 5 stars = highest. What class hotel is the Hotel Acueducto?

Acueducto H ★★★
Padre Claret, 10
Segovia 40001
España
Tel: +34 921424800
79 Habitaciones
ID: 4050
Actualizar Hotel

El hotel tiene los siguientes servicios:

Admite Tarjetas de Crédito Aire Acondicionado Ascensor Bar/Cafetería Caja Fuerte Calefacción Garage Salón de Reuniones Teléfono Televisión TV satélite

Tarifas Estandares: (impuestos incluidos)

Alojamiento		Ocupación	Tarifa	Reservar
Habitación (Sencilla) Comidas no incluidas	Baño Ducha Lavabo Inodoro	1 Persona	70 EUR Por Alojamiento	0
Habitación (Doble) Comidas no incluidas	Baño Ducha Lavabo Inodoro	2 Personas	100 EUR Por Alojamiento	0
Reservar Alojamientos Seleccionados		Ver tarifas en	Euros	

- habitación sencilla
- habitación doble
- 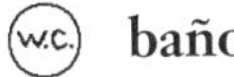 baño
-  desayuno
-  media pensión
-  pensión completa

ACTIVIDAD 7 ¿Quién es o qué es? Usa el vocabulario sobre el hotel para decir qué es o quién es . . .

1. la persona que lleva las maletas a la habitación del hotel.
2. el lugar donde te bañas o te lavas los dientes.
3. el desayuno y una comida más en el hotel.
4. la persona que te dice los precios de las habitaciones.
5. el desayuno y dos comidas en el hotel.
6. la persona que hace las camas.
7. una habitación para una persona.
8. el lugar del hotel donde está el/la recepcionista.
9. una habitación para dos personas.

ACTIVIDAD 8 En recepción En parejas, una persona es el/la recepcionista de un hotel y la otra persona llama para hacer una reserva. El/La recepcionista debe completar esta ficha con la información necesaria. Al terminar, cambien de papel.

HOTEL ACUEDUCTO ★★★

Fechas desde ________ hasta ________

Habitación sencilla ________ doble ________ triple ________
con baño ________ sin baño ________
pensión completa ________ media pensión ________
sólo desayuno ________

Hacia la comunicación I

I. Talking About the Past: Irregular Verbs and Stem-Changing Verbs in the Preterit

1 ◆ Some common irregular verbs share similar patterns in the preterit.

Verbs with an irregular preterit stem ending in **-j-** add **-eron,** not **-ieron** in the third person plural form.

tener	
tuve	tuvimos
tuviste	tuvisteis
tuvo	tuvieron

decir	
dije	dijimos
dijiste	dijisteis
dijo	dijeron

Verbs that are conjugated like **tener:**
estar ⟶ estuve
poder ⟶ pude
poner ⟶ puse
querer ⟶ quise (*tried but failed*)
saber ⟶ supe (*found out*)
venir ⟶ vine

Verbs that are conjugated like **decir:**
traducir* ⟶ traduje
traer ⟶ traje

***NOTE:** Most verbs that end in **-ucir** follow the same pattern as **traducir: producir** ⟶ **produje,** etc.

—¿**Tuviste** que trabajar anoche?	*Did you have to work last night?*
—Sí, **tuve** que trabajar mucho.	*Yes, I had to work a lot.*
—¿Quién te **dijo** eso?	*Who told you that?*
—Lo **dijeron** en las noticias.	*They said it in the news.*

2 ◆ Verbs with stems ending in a vowel + **-er** or **-ir** take **-y-** in the third persons singular and plural. These verbs include **leer, creer, construir** (*to build*), and **oír** (*to hear*).

Note that the accent dissolves diphthongs creating separate syllables.

leer		**oír**	
leí	leímos	oí	oímos
leíste	leísteis	oíste	oísteis
leyó	leyeron	oyó	oyeron

—¿Por qué no leyeron Uds. el artículo?	*Why didn't you read the article?*
—Porque él oyó las noticias en la radio.	*Because he heard the news on the radio.*

Review **-ir** stem-changing verbs, Ch. 5.

3 ◆ Stem-changing verbs ending in **-ir** have a stem change in the third persons singular and plural.

Note that the **nosotros** form is the same in the preterit and present indicative. Context will help you determine meaning.

preferir (e ⟶ ie, i)		**pedir (e ⟶ i, i)**		**dormir (o ⟶ ue, u)**	
preferí	preferimos	pedí	pedimos	dormí	dormimos
preferiste	preferisteis	pediste	pedisteis	dormiste	dormisteis
prefirió	prefirieron	pidió	pidieron	durmió	durmieron

e ⟶ ie, i		**e ⟶ i, i**		**o ⟶ ue, u**	
mentir	to lie	**repetir**	to repeat	**morir*se***	to die
sentir*se*	to feel	**seguir**	to follow		

—¿Durmieron en el parque Claudia y Juan Carlos?	*Did Claudia and Juan Carlos sleep in the park?*
—No, creo que prefirieron no dormir.	*No, I think they preferred not to sleep.*

II. Change of Meaning in the Preterit

The following Spanish verbs have a change of meaning in English when used in the preterit.

	Present	Preterit
conocer	to know	met
no poder	not to be able	was/were not able and didn't
no querer	not to want	refused to
saber	to know	found out
tener que	to have to, be supposed to	had to and did

Ayer **conocí** al padre de mi novia en un café, pero su madre **no pudo** ir porque **tuvo que** trabajar todo el día. El padre **no quiso** hablar de su esposa y luego **supe** que piensan separarse.

Yesterday I met my girlfriend's father at a coffee shop, but her mother couldn't come because she had to work all day. Her father refused to talk about his wife and then I found out they plan to separate.

III. Expressing the Duration of an Action: *Hace* + time expression + *que* + verb in the present

You already know how to say how long ago something took place.

Hace + *time expression* + **que** + *verb in the preterit*

—¿Cuánto (tiempo) hace que ella llegó? — *How long ago did she arrive?*
—**Hace dos horas que** ella **llegó.** — *She arrived two hours ago.*

To express the duration of an action that began in the past and continues into the present, apply the following formula.

Hace + *time expression* + **que** + *verb in the present*

—¿Cuánto (tiempo) hace que vives aquí? — *How long have you lived here?*
—**Hace tres años que vivo** aquí. — *I have lived here for three years.*

Note the difference between these two sentences.

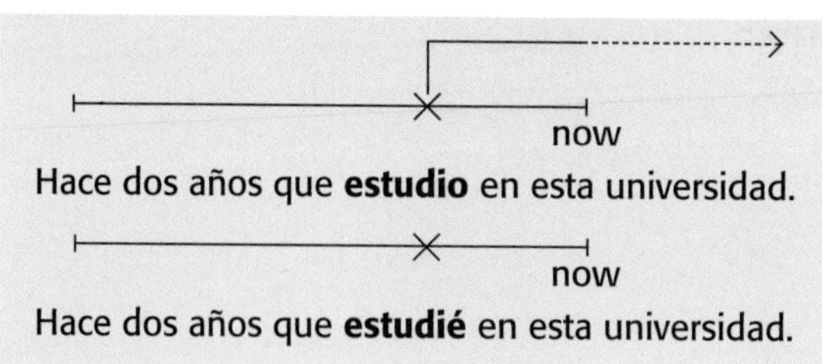

now
Hace dos años que **estudio** en esta universidad.
now
Hace dos años que **estudié** en esta universidad.

Read the following sentences and decide who has spent vacations in San Andrés, Colombia, for the last five years and who went on vacation to San Andrés five years ago.

Hace cinco años que Ramón fue de vacaciones a la isla de San Andrés.
Hace cinco años que Elena va de vacaciones a la isla de San Andrés.

Do Workbook *Práctica mecánica I* and corresponding CD-ROM activities.

If you answered Elena and Ramón respectively, you are correct.

ACTIVIDAD 9 **La historia de España** **Parte A:** Lee la siguiente información sobre la historia de España. Escoge el verbo correcto de la lista al final de cada sección y completa las oraciones con el pretérito de los verbos.

a. C. = *B.C.*
d. C. = *A.D.*

1. Los romanos ____________ en lo que hoy en día es España desde 209 a.C. hasta 586 d.C. ____________ su religión y su idioma, el latín, a ese nuevo territorio y ____________ acueductos, caminos, puentes y teatros que todavía (*still*) se pueden ver hoy día. (construir, estar, llevar)
2. Los moros ____________ en el año 711 y ____________ casi toda la Península Ibérica. ____________ mezquitas y palacios. También ____________ consigo (*with them*) sus conocimientos; uno de los más importantes ____________ el concepto del cero y el sistema decimal. Junto con académicos judíos y cristianos, ____________ textos científicos e históricos del árabe y del latín al castellano. En el año 1492, ____________ que salir de la península. (conquistar, construir, llegar, llevar, ser, tener, traducir)
3. En 1492, Cristóbal Colón ____________ a América y entonces los europeos ____________ de la existencia de otro continente. Pronto la gente ____________ historias sobre el oro de los indígenas y empezó así la época de la colonización. ____________ muchísimos españoles e indígenas, algunos en la búsqueda del oro y otros por enfermedades y batallas de la colonización. Los misioneros les ____________ su religión a los indígenas y también su idioma. En 1898, ____________ el período de la colonización: 400 años de dominación que ____________ un gran cambio en todo el continente. (llegar, morir, oír, producir, saber, terminar, traer)

Parte B: Contesta estas preguntas acerca de la historia de los Estados Unidos.

1. ¿Cuándo y adónde llegaron los ingleses? ¿Qué trajeron? ¿Qué construyeron?
2. ¿Cuándo y adónde llegaron los españoles en lo que hoy en día son los Estados Unidos? ¿Qué trajeron? ¿Qué construyeron?

ACTIVIDAD 10 ¿Quién lo dijo? En parejas, decidan quién dijo estas frases famosas. Sigan el modelo.

◆ No puedo decir mentiras.
George Washington dijo: «No puedo decir mentiras».

1. Ser o no ser, ésa es la cuestión.
2. Pienso luego existo.
3. Ganar no es todo; es lo único.
4. Dios está muerto.
5. Tu hermano mayor te vigila.
6. Elemental, mi querido Watson.
7. Vine, vi, vencí.
8. E es igual a MC al cuadrado.
9. Francamente querida, ¡me importa un bledo!

a. Lombardi
b. Holmes
c. Nietzsche
d. Rhett Butler
e. Hamlet
f. Julio César
g. Descartes
h. Orwell
i. Einstein

ACTIVIDAD 11 ¿Sabes mucho de historia? En parejas, túrnense para preguntar cuánto tiempo hace que murieron estas personas.

Franco fue dictador de España desde 1939 hasta 1975.

◆ A: ¿Cuánto (tiempo) hace que murió Francisco Franco?

B: Hace más o menos 30 años que murió Francisco Franco. (1975)

B: No tengo idea. ¿Sabes tú?

1. Martin Luther King, Jr. y Robert Kennedy
2. John Kennedy
3. Abraham Lincoln
4. Roberto Clemente
5. John Lennon
6. Eva Perón

ACTIVIDAD 12 Las noticias del año En parejas, formen oraciones usando las siguientes ideas para hablar de noticias (*news*) importantes de este año.

1. (una persona famosa) / morir
2. (un político) / mentirle al público norteamericano
3. (una persona famosa) / tener un niño
4. (personas famosas) / casarse
5. (una persona famosa) / estar en la prisión
6. la gente / saber la verdad sobre el escándalo de . . .

la policía ⟶ the police (force); **el/la policía** ⟶ the police officer.

ACTIVIDAD 13 Las noticias de ayer En parejas, Uds. van a narrar las noticias de ayer. Escriban el guion (*script*) que van a usar.

La bomba

terrorista / poner / bomba / aeropuerto

terrorista / llamar / policía

policía / ir / aeropuerto

personas / salir / aeropuerto

perro / encontrar / bomba

policía / poder detener / terrorista

Lulú Camacho

Lulú Comacho / recibir / título de Miss Cuerpo

anoche / llorar de alegría

darles / las gracias / a sus padres, etc.

perder / título

su agente / decir que / tomar esteroides

Lulú / preferir / no hacer comentarios

ACTIVIDAD 14 ¿En la escuela secundaria. . . ? Busca personas en la clase que hicieron cosas de la siguiente lista en la escuela secundaria.

- A: ¿Te dormiste en una clase en la escuela secundaria?
  B: No, no / Sí, me dormí en una clase.

1. leer una novela de Isabel Allende
2. ver la película *Como agua para chocolate*
3. decir una mentira grande como una casa
4. llevar a tu mascota (*pet*) a la escuela
5. conocer a alguien famoso
6. no poder recordar el nombre de su novio/a
7. tener que pasar una noche sin dormir
8. mentir por un amigo
9. pedir en un restaurante una comida de $30 o más
10. oír una canción de Shakira

Many people use the personal **a** when talking about their pets.

ACTIVIDAD 15 Tus actividades de la semana pasada **Parte A:** En la primera lista marca las cosas que tuviste que hacer la semana pasada. Luego en la segunda lista marca las cosas que no pudiste hacer, y en la tercera lista marca las cosas que hiciste para divertirte.

Tuviste que . . .

_____ trabajar
_____ escribir una composición
_____ tomar un examen
_____ buscar información en Internet
_____ hacer trabajo voluntario
_____ asistir a una reunión (*meeting*)
_____ preparar un proyecto
_____ hacer una presentación
_____ ir a la oficina de un/a profesor/a

No pudiste . . .

_____ terminar la tarea
_____ dormir bien
_____ comer comida saludable (*healthy*)
_____ prepararte bien para un examen de . . .
_____ hablar con tus padres
_____ contestar un email
_____ hacer ejercicio
_____ escuchar el programa de laboratorio de español
_____ leer una novela para la clase de . . .

Para divertirte . . .

_____ ir al cine / a un restaurante
_____ charlar en Internet
_____ bailar en una discoteca
_____ mirar un DVD
_____ organizar una fiesta
_____ ir a una fiesta
_____ ir de compras
_____ oír un CD nuevo
_____ leer una novela

Parte B: Ahora en parejas, usen la información de la **Parte A** para contar qué hicieron la semana pasada. Sigan el modelo.

- La semana pasada tuve que tomar un examen en mi clase de física y por eso no pude dormir bien el martes por la noche. Por suerte, me divertí mucho el sábado porque mis amigos y yo fuimos a una fiesta y bailamos toda la noche.

ACTIVIDAD 16 La entrevista Lee esta parte del curriculum vitae de Carmen Fernández y completa la entrevista (*interview*) que sigue. La entrevista fue el 7 de septiembre de 2002.

1997–presente	Empleada de IBM
1999–presente	Programadora de computadoras
1997–1999	Recepcionista
1992–1994	Secretaria, Aeroméxico

ENTREVISTADORA ¿Cuánto tiempo hace que Ud. ______________ en IBM?
CARMEN Hace cinco años que ______________ allí.
ENTREVISTADORA ¿Qué hace?
CARMEN Soy programadora de computadoras ahora, pero hace tres años ______________ recepcionista por un tiempo.
ENTREVISTADORA ¿Por cuántos años fue Ud. recepcionista en esa compañía?
CARMEN Dos años.
ENTREVISTADORA ¿Y antes de trabajar para IBM?
CARMEN Fui secretaria para Aeroméxico.
ENTREVISTADORA Entonces, hace seis años que ______________ en Aeroméxico.
CARMEN No, hace ocho años que ______________ allí.
ENTREVISTADORA Entonces, ¿qué hizo entre 1994 y 1997?
CARMEN Tuve un hijo y me quedé en casa con él.

ACTIVIDAD 17 Los anuncios comerciales En grupos de tres, Uds. trabajan para una agencia de publicidad. Tienen que escribir anuncios (*ads*) para estos productos.

- el agua de colonia "Atracción"

  Hace un año que uso el agua de colonia "Atracción" y ahora tengo muchos amigos.

1. el jabón para la cara "Radiante"
2. el champú para hombres "Hércules"
3. el detergente para ropa "Blancanieves"
4. el perfume "Gloria"
5. el desodorante "Frescura Segura"

Do Workbook *Práctica comunicativa I* and corresponding CD-ROM activities.

Nuevos horizontes

Lectura

ESTRATEGIA: Identifying Main Ideas

As you saw in Chapter 6, when skimming you read quickly to find only the main ideas of a text. If the topic interests you, you may want to learn more about it, that is, read more in depth about the topic in question. Main ideas can be found in titles, headings, or subheadings and also in topic sentences, which many times begin a paragraph or a section of a reading. Other important or supporting ideas can be found in the body of a paragraph or section.

In the following reading about lodging in Spain, each section is introduced by a title and a topic sentence.

ACTIVIDAD 18 Alojamiento en los Estados Unidos Un español te pregunta sobre alojamiento (*lodging*) en los Estados Unidos. Explícale qué son los siguientes lugares: hoteles, moteles, "B & Bs" y campings.

ACTIVIDAD 19 Un esquema Lee el artículo para completar las cajas y los espacios en blanco con los títulos de las secciones, la oración principal y las subcategorías relacionadas con los hoteles.

ALOJAMIENTO

Hoteles

España cuenta con una red hotelera excepcional . . .

Clasificación
1–5 estrellas; 5 = gran lujo

Subcategorías

Alojamiento

HOTELES

España cuenta con una red hotelera excepcional por el número, la variedad y la calidad de unos establecimientos que se reparten por toda la geografía de nuestro país, y que son capaces de adaptarse a cualquier exigencia y posibilidad.

Los hoteles españoles están clasificados en cinco categorías, que se identifican con un número de estrellas que va de una a cinco, según los servicios y las características de cada uno. Existe también un reducido número de hoteles de cinco estrellas, de características auténticamente excepcionales, que ostentan además la categoría máxima de GRAN LUJO.

Los denominados **hoteles-residencia,** que se rigen por la misma clasificación que los demás hoteles, son aquellos que carecen de restaurante, aunque sirven desayunos, tienen servicio de habitaciones y poseen un bar o una cafetería. Los **hostales,** establecimientos de naturaleza similar a los hoteles, pero más modestos, constituyen otra modalidad de alojamiento. Están clasificados en tres categorías que van de una a tres estrellas.

Otra posible modalidad de alojamiento es la constituida por las **casas de huéspedes,** que en España se llaman **pensiones.** De gran tradición en nuestro país, resultan generalmente establecimientos acogedores y cómodos, cuyas instalaciones y servicios pueden variar entre la sobriedad y un lujo relativo. Regentados generalmente por la familia propietaria de la casa, su precio suele incluir solamente el alojamiento y las comidas, frecuentemente excelentes. Las pensiones resultan un tipo de alojamiento ideal para los visitantes que deseen conocer España en profundidad, apartándose de las rutas turísticas más frecuentadas.

CAMPINGS

España cuenta con cerca de 800 campings, que reúnen una capacidad global de casi 400.000 plazas. Repartidos por todo el territorio nacional, son especialmente abundantes en las costas, y están clasificados en diversas categorías según sus características e instalaciones, como los hoteles. Sus tarifas varían en función de la cantidad y calidad de sus servicios. En el caso de que se opte por hacer acampada libre es recomendable informarse previamente acerca de la no existencia de prohibiciones municipales que afecten al lugar elegido. Si se desea acampar en un territorio privado, es preciso obtener previamente el permiso del propietario.

La Federación Española de Empresarios de Campings y Ciudades de Vacaciones tiene su sede en General Oráa 52-2°D, 28006 Madrid. Tel.: (91) 562 99 94.

APARTAMENTOS

El alquiler de apartamentos amueblados constituye también una posibilidad de alojamiento interesante. La oferta de apartamentos turísticos se reparte por todo el litoral español, concentrándose especialmente en la Costa Brava, Valencia, Baleares y la Costa del Sol, y puede resultar muy interesante si se viaja en grupo. Los precios, que varían según el lugar y la temporada del año, se suelen calcular por persona y día.

La oferta y contratación de apartamentos turísticos forman parte de los servicios habituales de las agencias de viajes.

▲ Parador nacional en Alarcón, España.

▲ El comedor del Parador Los Reyes Católicos en Santiago de Compostela, España. ¿A un niño le gustaría comer allí?

PARADORES DE TURISMO

Los Paradores de Turismo constituyen la modalidad hotelera más original e interesante de la oferta turística española.

La red de Paradores está constituida por 86 establecimientos, que ofrecen los servicios y comodidades de los más modernos hoteles, pero ocupan, en cambio, en la mayoría de los casos, antiguos edificios monumentales de valor histórico y artístico, como castillos, palacios, monasterios y conventos, que, abandonados en el pasado, han sido adquiridos y rehabilitados para este fin.

Enclavados casi siempre en lugares de gran belleza e interés, los Paradores, que tienen generalmente categoría de hoteles de tres o cuatro estrellas, se reparten por todos los rincones de nuestro país. Para información y reservas: Paradores de Turismo, Velázquez 18, 28001 Madrid. Tels.: (91) 435 97 00 y (91) 435 97 44.

ACTIVIDAD 20 El alojamiento en España Después de leer el artículo, contesta las siguientes preguntas sobre el alojamiento en España.

1. ¿Qué es más impersonal, un hotel-residencia o una pensión? ¿Por qué?
2. Si eres turista y quieres alquilar un apartamento, ¿adónde debes ir para hacer una reserva?
3. ¿Dónde hay más lugares para hacer camping? ¿En el centro de España o en la costa?
4. ¿Cuántos Paradores hay? ¿En qué tipo de edificios están? ¿En qué lugares geográficos están?
5. ¿Dónde te gustaría pasar una noche: en un hostal, una pensión, un camping, un apartamento turístico o en un Parador? ¿Por qué?

ESTRATEGIA: The Paragraph

When writing, under formal or informal circumstances, it is common to develop each paragraph around a theme or idea. The topic sentence generally starts a paragraph and serves as an introduction to the theme of the paragraph. The remainder of the paragraph is comprised of supporting details to expand upon or to support the idea expressed in the topic sentence.

ACTIVIDAD 21 Una carta **Parte A:** Write a letter to a friend about a recent trip (real or fictitious). Separate your letter into three paragraphs and use the following outline as a guide.

Say what you did. Only include completed actions; avoid description. **Quedarse en + hotel** = to stay in a hotel.

To describe the hotel, use the present tense.

To give your friend advice, remember: **tienes que/debes/puedes** + *infinitive.*

To review Spanish letter format, see page 76, Ch. 3.

Parte B: Reread your letter. Is it in the format of a Spanish letter? Have you included supporting details that will be of interest to your friend? Make any necessary changes.

Parte C: Staple all drafts and your final draft together to hand in to your instructor.

Lo esencial II

I. El pasaje

Note the use of the 24-hour clock.

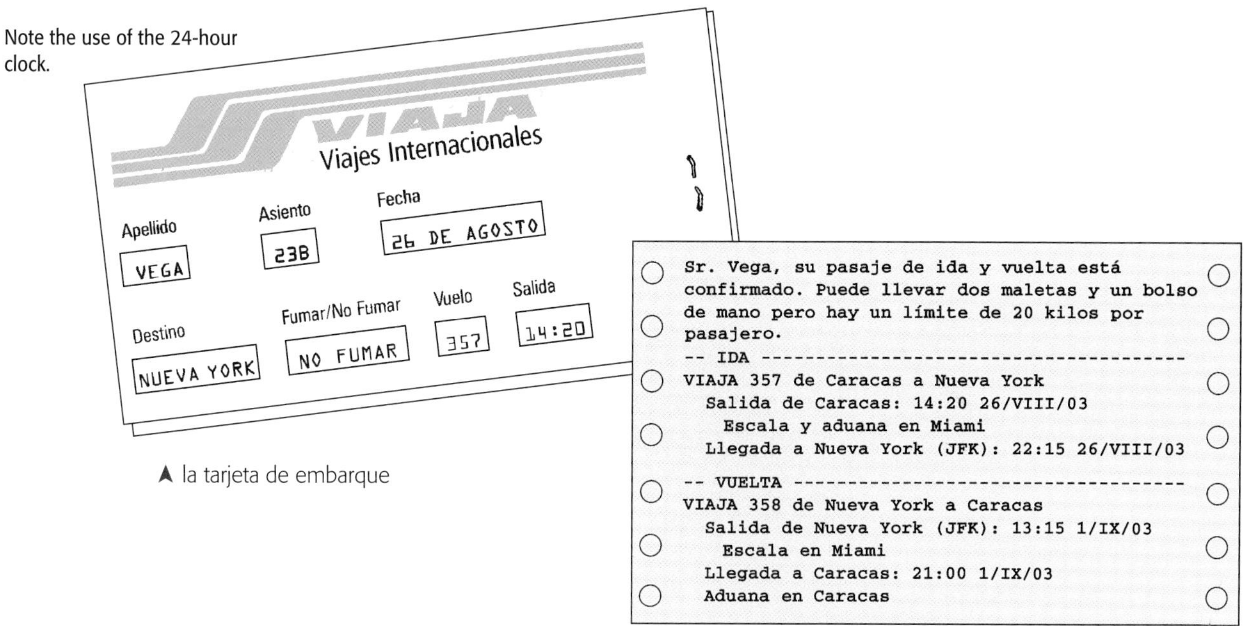

VIAJA
Viajes Internacionales
Apellido
VEGA
Asiento
23B
Fecha
26 DE AGOSTO
Destino
NUEVA YORK
Fumar/No Fumar
NO FUMAR
Vuelo
357
Salida
14:20

Sr. Vega, su pasaje de ida y vuelta está confirmado. Puede llevar dos maletas y un bolso de mano pero hay un límite de 20 kilos por pasajero.

-- IDA --
VIAJA 357 de Caracas a Nueva York
Salida de Caracas: 14:20 26/VIII/03
Escala y aduana en Miami
Llegada a Nueva York (JFK): 22:15 26/VIII/03

-- VUELTA --
VIAJA 358 de Nueva York a Caracas
Salida de Nueva York (JFK): 13:15 1/IX/03
Escala en Miami
Llegada a Caracas: 21:00 1/IX/03
Aduana en Caracas

▲ la tarjeta de embarque

la aduana customs
el asiento seat
  del medio center
  del pasillo aisle
  de la ventanilla window
el bolso de mano hand luggage
el destino destination
el equipaje luggage
la escala a stop, layover
fumar to smoke
la llegada arrival
el pasaje ticket
  de ida one way
  de ida y vuelta round trip
el/la pasajero/a passenger
la salida departure
el vuelo flight
la vuelta return trip

ACTIVIDAD 22 **¿Qué es?** Contesta estas preguntas, usando el vocabulario del pasaje y de la información de la agencia de viajes.

1. ¿Cómo se llama el pasajero?
2. ¿El señor tiene un pasaje de ida o de ida y vuelta?
3. ¿Cómo se dice en español *a one-way ticket*?
4. ¿Qué se presenta en la entrada al avión antes de subir?
5. ¿Tiene el Sr. Vega un vuelo a Nueva York directo o con escala?
6. ¿Cuántas maletas puede llevar el Sr. Vega? ¿Cuántos kilos puede llevar como máximo?
7. ¿Cuál es el número del asiento del Sr. Vega?
8. ¿Sabes qué cosas no se pueden pasar por la aduana?
9. ¿Hay aduanas en aeropuertos que no son internacionales? ¿Qué aeropuertos de este país tienen aduana?

II. En el aeropuerto

Llegadas internacionales

Línea aérea	Número de vuelo	Procedencia	Hora de llegada	Comentarios
Iberia	952	Lima	09:50	a tiempo
Aeropostal	354	Santo Domingo	10:29	11:05
LAN Chile	988	Santiago/Miami	12:45	a tiempo
LASCA	904	México/N.Y.	14:00	14:35

Salidas internacionales

Línea aérea	Número de vuelo	Destino	Hora de salida	Comentarios	Puerta
American Airlines	750	San Juan	10:55	11:15	2
Avianca	615	Bogotá	11:40	a tiempo	3
Aeropostal	357	Miami/N.Y.	14:20	a tiempo	7
Aeroméxico	511	México	15:00	16:05	9

***ACTIVIDAD* 23 Información** En parejas, una persona necesita información sobre vuelos y le pregunta a un/a empleado/a del aeropuerto. Usen la información previa sobre los vuelos para contestar las preguntas.

1. ¿A qué hora llega el vuelo número 354 de Santo Domingo?
2. ¿De qué línea aérea es el vuelo 904? ¿Llega a tiempo o hay retraso?
3. ¿De dónde viene el vuelo 952?
4. ¿A qué hora sale el vuelo 615 para Bogotá?
5. ¿De qué puerta sale? ¿Hay retraso?
6. ¿Adónde va el vuelo 615 de Avianca?

Ahora cambien de papel.

1. ¿A qué hora sale el vuelo de Aeropostal a Miami?
2. ¿De dónde viene el vuelo 354?
3. ¿Llega a tiempo o con retraso el vuelo de México?
4. ¿A qué hora llega el vuelo de Santiago?
5. ¿Adónde va el vuelo 750 de American Airlines?
6. ¿De qué puerta sale el vuelo a Nueva York? ¿Hay retraso?

ACTIVIDAD 24 La reserva En parejas, Uds. están en México en una agencia de viajes. "A" es el/la cliente que habla con "B", un/a agente de viajes. Lean el papel que les corresponde y mantengan una conversación en la agencia.

A. Cliente

Quieres viajar de México, D. F. a Lima el 23 de diciembre para volver el 2 de enero. No puedes salir por la mañana. No quieres hacer escala. Necesitas saber la aerolínea, la hora de salida y de llegada y el precio.

B. Agente

De México a Lima hay vuelos de Aeroméxico y TACA PERÚ. TACA PERÚ hace escala en Bogotá y sale por la tarde. Aeroméxico sale por la mañana y vuela directo. Necesitas saber si el/la cliente quiere un pasaje de ida y vuelta y las fechas. El vuelo de Aeroméxico cuesta $739 y el vuelo de TACA PERÚ $668.

Un día normal en el aeropuerto

➤ Pasajeros en el aeropuerto de Santo Domingo.

darse cuenta de algo	to realize something
No me di cuenta de la hora.	I didn't realize the time.
¿Cómo que . . . ?	What do you mean . . . ?
¿Cómo que no hay ningún asiento?	What do you mean there aren't any seats?

Mientras Juan Carlos y Claudia tienen problemas en Segovia, Teresa también tiene algunos problemas durante su viaje. Antes de regresar a España, ella va a la República Dominicana para trabajar una semana en el aeropuerto. Mientras ayuda en el mostrador (check-in counter) *del aeropuerto de Santo Domingo, empiezan los problemas con los pasajeros.*

ACTIVIDAD 25 ¿Cierto o falso? Lee las siguientes oraciones. Después, mientras escuchas las conversaciones, marca si estas oraciones son ciertas **(C)** o falsas **(F)**.

1. _____ El señor es paciente.
2. _____ El señor quiere un asiento en el pasillo.
3. _____ El niño viaja solo.
4. _____ Al final, el niño no lleva el ron.
5. _____ La señora perdió el pasaje.
6. _____ La señora llegó con un día de retraso.

Expressing how long an action has been taking place

Apologizing

TERESA Siguiente, por favor.
SEÑOR ¡Por fin! Hace media hora que estoy en esta cola. Aquí está el pasaje, mi pasaporte, la maleta y quiero un asiento en el pasillo.
TERESA Lo siento, pero no hay ningún asiento en el pasillo.
SEÑOR ¿Cómo que no hay ningún asiento en el pasillo? ¿Y en la ventanilla?
TERESA Perdón señor, pero es tarde y sólo hay asientos en el medio. Aquí está su tarjeta de embarque. ¡Que tenga buen viaje!
SEÑOR Pues, va a ser difícil tener un buen viaje . . . como una sardina en lata voy a viajar . . .

Giving a reason

TERESA Siguiente.
MADRE Aquí está el pasaje y el pasaporte de mi hijo Ramoncito.
TERESA ¿Y su hijo viaja solo o con Ud.?
MADRE Solo, pero lo espera su tío Ramón en Miami. Yo regreso a casa.
NIÑO Mamá, ¿dónde pongo estas botellas de ron?
MADRE Las llevas en la mano.
TERESA Pero señora, su hijo no puede entrar en los Estados Unidos con alcohol porque no tiene veintiún años.
MADRE Pero no lo va a beber él; es para su tío.
TERESA Señora, tiene que darse cuenta de que es ilegal.
MADRE ¡Bueno! Las ponemos en el bolso de mano. Ramoncito, si te preguntan en la aduana qué llevas, ¿qué les dices?
NIÑO Les digo que no llevo nada, que no hay ron.

Narrating a series of past actions

Manejar = conducir (Spain)

TERESA Siguiente.
SEÑORA ¡Ay! Por fin llegué. Es que estaba en la peluquería y no me di cuenta de la hora y es que vine en taxi y, y, y el taxista manejó muy rápidamente. Casi tuvimos un accidente. ¡Qué nervios! Y luego dejé la maleta en el taxi. Tuve que hablar con un policía, muy simpático por cierto . . .
TERESA Su pasaje y pasaporte, por favor.
SEÑORA Sí, aquí están . . . bueno el policía muy simpático . . .
TERESA Ejem . . . señora, lo siento pero su vuelo salió hace 24 horas . . .
SEÑORA ¿Qué?

ACTIVIDAD 26 Los problemas de los pasajeros Después de escuchar las conversaciones otra vez, identifica cuáles son los problemas del señor, del niño y su madre y de la señora.

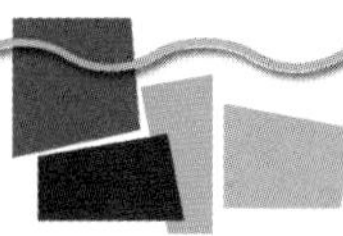

Hacia la comunicación II

I. Using More Affirmative and Negative Words

Review affirmative and negative words, Ch. 6.

Affirmative and Negative Adjectives	Affirmative and Negative Pronouns
algún / alguna / algunos/as *some/any*	**alguno/a/os/as** *some/any*
ningún / ninguna *(not) any*	**ninguno/a** *none/no one*

—¿**No** vamos a vistar **ninguna*** ciudad este fin de semana?	*Aren't we going to visit a city this weekend?*
—Es posible. ¿Tienes **algunos** libros sobre Segovia?	*Possibly. Do you have any books on Segovia?*
—Tengo **algunos,** pero **no** tengo **ninguno** aquí; están en casa de mis padres.	*I have some, but I don't have any here; they are at my parents'.*
—No importa. Deben tener **algún** folleto** en la oficina de turismo.	*No problem. They must have a brochure at the tourism office.*

NOTE:

*The adjectives **ningún/ninguna** and the pronouns **ninguno/a** are seldom used in the plural.

Since **folleto is masculine and singular, the **-o** is dropped on **algún.** This is similar to **una/un.** For example: **Tengo *una* cinta y *un* CD de Shakira.**

II. Avoiding Redundancies: Direct-Object Pronouns

In the conversation between the mother and the child at the airport, to what does **Las** refer in the following exchange?

NIÑO Mamá, ¿dónde pongo estas botellas de ron?
MADRE **Las** llevas en la mano.

If you said **estas botellas de ron,** you are correct. By using the direct-object pronoun **las** instead of repeating **estas botellas de ron,** the conversation sounds more natural. We frequently use direct-object pronouns to avoid redundancy.

A direct object is the person or thing that directly receives the action of the verb and answers the question *what?* or *whom?* In the sentence **Necesito un café,** a coffee is *what* you need. In the sentence **Necesito a mi amigo,** your friend is *whom* you need. Remember that when the direct object is a person, it is preceded by the personal **a.** In Spanish, the direct object may be expressed by the direct-object pronoun to avoid redundancy, as you saw in the exchange above. It follows the same placement rules as the reflexive and the indirect-object pronouns. All object pronouns are placed:

1. before the conjugated verb
2. after and attached to the infinitive
3. after and attached to the present participle **(-ando/-iendo).**

Direct-Object Pronouns	
me	nos
te	os
lo/la	los/las

Look at this email that Claudia and Juan Carlos sent to Marisel and see how they avoid redundancy.

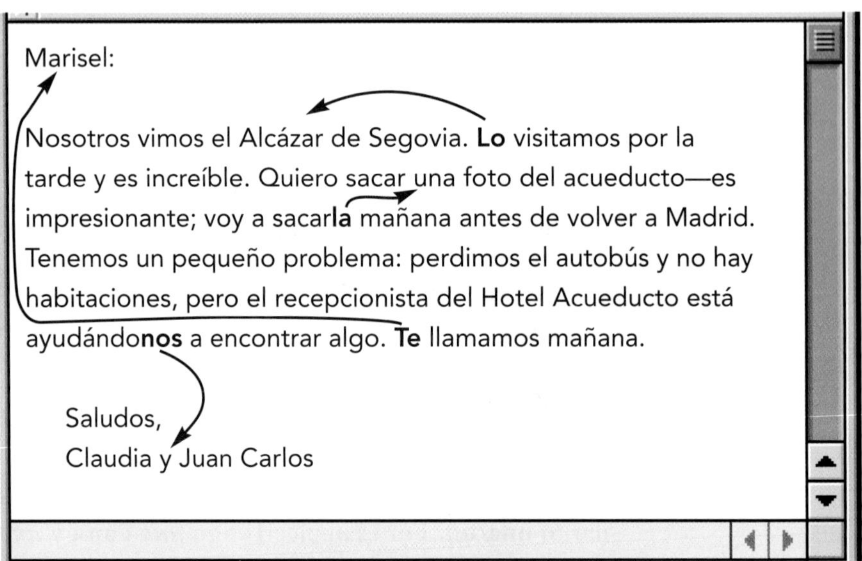
Marisel:

Nosotros vimos el Alcázar de Segovia. **Lo** visitamos por la tarde y es increíble. Quiero sacar una foto del acueducto—es impresionante; voy a sacar**la** mañana antes de volver a Madrid. Tenemos un pequeño problema: perdimos el autobús y no hay habitaciones, pero el recepcionista del Hotel Acueducto está ayudándo**nos** a encontrar algo. **Te** llamamos mañana.

Saludos,
Claudia y Juan Carlos

The following verbs can frequently take direct objects.

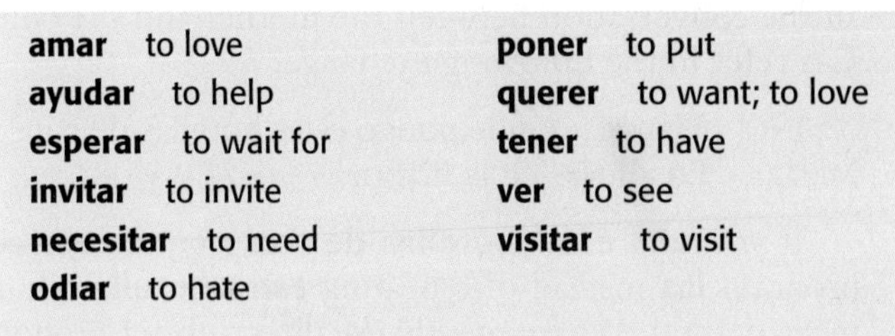
amar	to love	**poner**	to put
ayudar	to help	**querer**	to want; to love
esperar	to wait for	**tener**	to have
invitar	to invite	**ver**	to see
necesitar	to need	**visitar**	to visit
odiar	to hate		

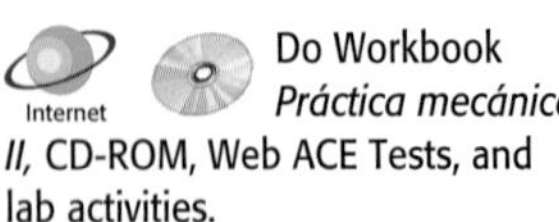

Do Workbook *Práctica mecánica II,* CD-ROM, Web ACE Tests, and lab activities.

ACTIVIDAD 27 La habitación desordenada En parejas, "A" cubre la Columna B y "B" cubre la Columna A. El dibujo de la Columna A está incompleto, pero el dibujo de la Columna B está completo. "A" debe averiguar qué cosas de las que están debajo de su dibujo se necesitan para completarlo, cuántas hay y dónde están. Cuando averigüe, "A" debe dibujar las cosas en el lugar apropiado.

◆ A: ¿Hay algunas camisas en esta habitación?
B: Sí, hay una. / No, no hay ninguna.
A: ¿Dónde está? / ¿Hay algún televisor?
B: . . .

ACTIVIDAD 28 ¿Qué hay? En algunas salas de clase hay muchas cosas, pero otras no tienen mucho. ¿Cuáles de las siguientes cosas hay en tu clase? Fotografías, mapas, televisor con video, ventanas, proyector, pantalla (*screen*), computadoras, reloj, estéreo, tablón de anuncios. Sigan el modelo.

◆ En nuestra clase no hay ninguna . . .
En nuestra clase hay . . .

ACTIVIDAD 29 La redundancia Estas conversaciones no suenan (*sound*) bien porque tienen mucha redundancia. En parejas, cámbienlas usando pronombres para evitar la repetición.

—¿Compraste el libro?
—No, no compré el libro.
—¿Por qué no compraste el libro?
—Porque la librería no tiene el libro.

—¿Dónde están mis llaves (*keys*)?
—¡Caramba! Tienes las llaves en la mano.

—¿Vas a escribir la composición hoy?
—No, voy a escribir la composición mañana.

—¿Cuándo vas a escribir la carta?
—Estoy escribiendo la carta ahora mismo.

—Compré un CD nuevo.
—¿Puedo escuchar tu CD nuevo?

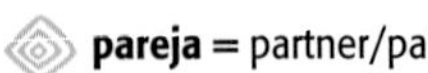

pareja = partner/pair

ACTIVIDAD 30 Las cosas para el viaje En parejas, una persona es el esposo y la otra es su esposa. Van a hacer un viaje y quieren saber dónde puso su pareja las siguientes cosas. Altérnense haciendo preguntas.

- A: ¿Dónde pusiste la cámara?
  B: La puse en el bolso de mano.

Cosas: champú, gafas de sol, trajes de baño, máquina de afeitar, peine, zapatos de tenis, cepillo de dientes, pasaporte, regalos, niño
Lugares: la maleta, el carro, el bolso de mano

ACTIVIDAD 31 Romeo y Julieta En parejas, inventen una conversación romántica entre los protagonistas de una telenovela (*soap opera*): María Julieta y José Romeo. Usen en la conversación un mínimo de tres de estos verbos en oraciones o preguntas: **querer, necesitar, odiar, invitar** y **esperar.**

- JOSÉ ROMEO: María Julieta, te quiero.
  MARÍA JULIETA: Yo también te quiero, pero mi padre te odia.

ACTIVIDAD 32 Una entrevista **Parte A:** En parejas, entrevístense para completar este cuestionario.

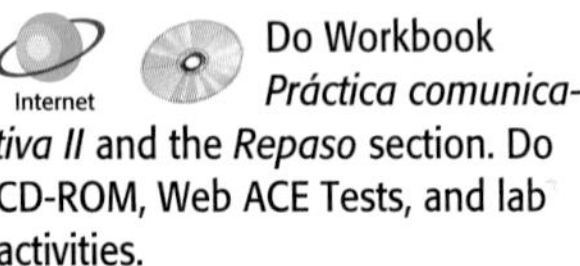

Do Workbook *Práctica comunicativa II* and the *Repaso* section. Do CD-ROM, Web ACE Tests, and lab activities.

¿Cuándo empezaste a estudiar en esta universidad? ______________

¿Estudiaste en otra universidad antes de venir aquí? Sí ☐ No ☐

Si contesta que sí: ¿Cuándo empezaste a estudiar allí? ______________

¿Cuándo dejaste de estudiar allí? ______________

¿Trabajas? Sí ☐ No ☐ Si contesta que sí: ¿Cuándo empezaste? ______________

¿Cuál fue el último trabajo que tuviste? ______________

¿Cuándo lo empezaste? ______________

¿Cuándo lo dejaste? ______________

¿Tienes carro? Sí ☐ No ☐ Si contesta que sí: ¿Cuándo lo compraste? ______________

¿Tienes bicicleta? Sí ☐ No ☐ Si contesta que sí: ¿Cuándo la compraste? ______________

¿Dónde vives? Residencia estudiantil ☐ Apartamento ☐ Casa ☐

¿Cuándo empezaste a vivir allí? ______________

¿Vives con alguien? Sí ☐ No ☐ Si contesta que sí: ¿Con quién vives? ______________

Parte B: Ahora, haz un resumen de la información del cuestionario. Por ejemplo:

- Hace dos años que John estudia en esta universidad. Antes él estudió en la Universidad de Kansas durante un año. Dejó de estudiar (*quit studying*) allí hace dos años . . .

Do Web Search Activities.

Vocabulario funcional

El teléfono

¿Aló?/Diga./Dígame.	*Hello?*
el área/prefijo	*area code*
¿De parte de quién?	*Who is calling?*
(De parte) de . . .	*It's / This is . . .*
¿Está . . . , por favor?	*Is . . . there, please?*
Habla . . .	*It's/This is . . .*
el indicativo del país/código internacional	*country code*
la llamada a cobro revertido/para pagar allá	*collect call*
la llamada de larga distancia	*long-distance call*
la llamada local	*local call*
marcar directo	*to dial direct*
No, tiene el número equivocado.	*No, you have the wrong number.*
¿Puede hablar más despacio, por favor?	*Can you speak more slowly, please?*
¿Quién habla?	*Who is speaking/calling?*
Quisiera hablar con . . . , por favor.	*I would like to speak with . . . , please.*

El hotel

el baño	*bathroom*
el botones	*bellboy*
la comida	*meal*
el desayuno	*breakfast*
la empleada (de servicio)	*maid*
la habitación doble	*double room*
la habitación sencilla	*single room*
la maleta	*suitcase*
media pensión	*breakfast and one meal included*
pensión completa	*all meals included*
la recepción	*front desk*
el/la recepcionista	*receptionist*

El pasaje *Ver página 195.*

la tarjeta de embarque	*boarding pass*
no fumar	*no smoking*

Palabras afirmativas y negativas *Ver página 199.*

El aeropuerto

a tiempo	*on time*
la aerolínea	*airline*
la hora de llegada	*time of arrival*
la hora de salida	*time of departure*
la línea aérea	*airline*
la puerta (de salida) número . . .	*(departure) gate number . . .*
el retraso	*delay*

Verbos

amar	*to love*
ayudar	*to help*
conducir	*to drive* (Spain)
construir	*to build*
creer	*to believe* (something)
esperar	*to wait (for)*
invitar	*to invite*
manejar	*to drive* (Latin America)
mentir (e $\longrightarrow$ ie, i)	*to lie*
odiar	*to hate*
oír	*to hear*
producir	*to produce*
repetir (e $\longrightarrow$ i, i)	*to repeat*
seguir (e $\longrightarrow$ i, i)	*to follow*
sentirse (e $\longrightarrow$ ie, i)	*to feel*

Palabras y expresiones útiles

¿Cómo que . . . ?	*What do you mean . . . ?*
darse cuenta de algo	*to realize something*
Lo siento.	*I'm sorry.*
las noticias	*news*
Perdimos el autobús.	*We missed the bus.*
por fin	*at last, finally*
el precio	*price*
quisiera/quisiéramos	*I/we would like*
la última vez	*the last time*

Capítulo 8

Chapter Objectives

- Indicating sequence
- Describing wants and needs
- Describing the layout of a house
- Describing furnishings and household items
- Expressing hope, giving advice, and making requests

Aeropuerto Ronald Reagan en Washington, D.C., diseñado por César Pelli, arquitecto argentino.

Datos interesantes

Algunas de las construcciones realizadas por el arquitecto argentino César Pelli:

- Torres Petronas, Kuala Lumpur
- Bank of America Centro Corporativo, Charlotte, NC
- Edificio de Física y Astronomía, Universidad de Washington, Seattle
- Museo de la ciudad de Osaka, Japón
- Torre de Carnegie Hall, Nueva York
- Jardín de invierno en el World Trade Center, Nueva York (atacado el 11 de septiembre de 2001)

En busca de apartamento

La Pedrera, edificio de apartamentos en Barcelona, España, diseñado por el arquitecto español Antonio Gaudí. Se puede visitar el techo (*roof*) y el ático del edificio, donde hay una exhibición de las obras del arquitecto español.

o sea	that is to say
Fulano, Mengano y Zutano	Tom, Dick, and Harry
¡Vaya!	Wow!

Las cinco chicas buscan apartamento porque el colegio mayor se cierra el mes de agosto durante las vacaciones. Ahora Diana, Marisel y Teresa están hablando sobre qué tipo de apartamento quieren.

ACTIVIDAD 1 Marca qué buscan Lee la siguiente lista. Después, mientras escuchas la conversación, marca qué cosas buscan las chicas en un apartamento.

dormitorios	2	3	4
cocina grande	sí	no	opcional
patio	sí	no	opcional
muebles	sí	no	opcional
portero	sí	no	opcional
línea de teléfono	sí	no	opcional
aire acondicionado	sí	no	opcional
balcón	sí	no	opcional
muchas ventanas	sí	no	opcional

Describing what you are looking for

MARISEL Entonces necesitamos un apartamento que tenga tres dormitorios.

TERESA ¡Claro! Y también debemos tener una cocina grande porque cocinamos mucho.

MARISEL ¡Por supuesto! Y no sólo para nosotras, porque siempre van a estar los novios de Teresa y Claudia que comen como dos gorilas.

TERESA Tienes razón. No sé cómo comen tanto.

DIANA Bueno, pero recuerden que el apartamento debe ser barato, y ¿no lo queremos amueblado?

TERESA No, sin muebles porque mi tío tiene muebles de segunda mano que podemos usar. O sea, tres dormitorios, cocina grande y barato. ¿Algo más?

MARISEL Sí, que tenga portero.

DIANA ¿Portero? ¿Por qué?

Giving a reason

MARISEL Porque un portero es una ayuda enorme. Limpia la entrada, recibe las cartas, saca la basura, abre la puerta y además es el policía del edificio.

TERESA Me gusta la idea, pero los edificios con porteros son un poco más caros y . . .

DIANA Bueno, bueno. Con o sin portero. Depende del precio. ¿Qué más? ¡Ah! ¿Vamos a poner línea de teléfono?

MARISEL Bueno, no sé. Todas tenemos móviles, ¿no? Y si necesitamos línea, nos instalan la línea en cuarenta y ocho horas.

Expressing a desire

DIANA Sí, es verdad, por ahora no hay problema. Lo único es que a mí me gustaría tener balcón y muchas ventanas.

MARISEL Pues si . . . si no quieres que te vean Fulano, Mengano y Zutano desde la calle, es mejor que esté en un segundo o tercer piso porque un apartamento en el primer piso y con balcón . . . no sé, pero puede traer problemas.

In most Hispanic countries, **la planta baja/el bajo** = first or ground floor; **el primer piso** = second floor. Therefore, if you are in an elevator, the button marked "PB" or "B" is the ground floor.

DIANA ¡Vaya! Entonces buscamos un apartamento que esté en un segundo piso o más alto, con tres dormitorios, balcón, muchas ventanas, una cocina grande, que sea barato y si es posible, con portero. ¡Uf! ¡No pedimos nada!

Departamento is sometimes used for **apartamento** in some Latin American countries.

ACTIVIDAD 2 ¿Comprendiste? Después de escuchar la conversación otra vez, contesta estas preguntas.

1. ¿Qué comentario hace Marisel sobre los novios de Teresa y de Claudia?
2. ¿Qué es un portero? ¿Es común tener portero en los Estados Unidos? ¿Te gustaría vivir en un edificio con portero?
3. ¿Por qué dice Marisel que no hay problema por ahora si no tienen línea de teléfono en el apartamento?
4. Cuando Diana dice, "¡Uf! ¡No pedimos nada!", ¿quiere decir que va a ser fácil o difícil encontrar apartamento?
5. ¿Prefieres vivir en un apartamento o en una residencia estudiantil?

ACTIVIDAD 3 ¿Qué prefieren Uds.? En grupos de cinco, decidan cuáles son las cosas más importantes para Uds. en un apartamento. Clasifiquen las siguientes cosas con una escala de uno a tres. Después díganle al resto de la clase las cosas que son importantes para Uds.

1 no es importante **2** es importante **3** es muy importante

_____ el número de dormitorios	_____ la parte de la ciudad en que esté
_____ que sea barato	_____ que tenga garaje
_____ que tenga balcón	_____ que tenga cocina grande
_____ que tenga vista	_____ el piso en que esté
_____ que esté amueblado	_____ que tenga portero

¿Lo sabían?

Los países de habla española le han dado al mundo un grupo de arquitectos con mucha visión. Entre ellos se encuentra el minimalista mexicano Luis Barragán (1902–1988), quien recibió el Premio Pritzker en 1980 por sus diseños de casas que incluyen no sólo aspectos autóctonos mexicanos sino también árabes y mediterráneos. Otro arquitecto incomparable es Antonio Gaudí (1852–1926) de Barcelona, España, quien parecía no conocer la línea recta. Sus edificios se caracterizan por sus curvas sensuales y su diseño casi surrealista que les dan un aspecto de fantasía. El argentino César Pelli (1926–), que fue decano (*dean*) de la Facultad de Arquitectura de Yale, tiene una empresa de arquitectura que diseña torres de oficinas, teatros, museos, hoteles, estadios deportivos, etc., en todo el mundo. Santiago Calatrava, español (1951–), quien también diseña en diferentes partes del mundo, es conocido por sus estructuras dinámicas de estilo muy abierto y que, algunas veces, hasta se mueven (*they even move*).

El Pabellón Quadracci, extensión del Museo de Arte de Milwaukee realizada por Santiago Calatrava, arquitecto español. Esta estructura simula un pájaro con alas que se abren y se cierran y que funcionan como un parasol para el pabellón que está debajo.

Pelli and Calatrava have their own web pages, and Barragán as well as Gaudí have many web pages written about them. All contain photos and descriptions of their works.

Lo esencial I

I. Los números ordinales

1º	primero	6º	sexto
2º	segundo	7º	séptimo
3º	tercero	8º	octavo
4º	cuarto	9º	noveno
5º	quinto	10º	décimo

Felipe II and Alfonso XIII are former Spanish kings. Alfonso XIII is the grandfather of the present king, Juan Carlos I.

1 ◆ Ordinal numbers are used to refer to things such as floor numbers, grade levels in school, and finishing positions in races. It is not common to use ordinal numbers above **décimo;** cardinal numbers are used instead.

Felipe II **(segundo)** construyó El Escorial.
BUT: Alfonso XIII **(trece)** murió en 1941.

2 ◆ Ordinal numbers agree in gender and number with the nouns they modify. **Primero** and **tercero** drop the final **-o** when modifying a masculine singular noun.

Ella vive en el **primer** apartamento del **tercer** piso.
La **primera** esquiadora en llegar fue la chilena Nuria Menéndez.

ACTIVIDAD 4 La carrera de ciclismo En una carrera (*race*) de ciclismo este fin de semana participaron seis ciclistas de Hispanoamérica. En parejas, lean las pistas (*clues*) y adivinen el número de llegada (primero, segundo, etc.), nombre, nacionalidad y color de camiseta de cada ciclista.

1. Claudio Vardi, con camiseta roja, es de un país suramericano.
2. El uruguayo llegó en tercer lugar.
3. El hombre de camiseta amarilla se llama Augusto Terranova y no es uruguayo.
4. El colombiano que llegó primero tiene camiseta roja.
5. Hernando Calasa, con camiseta morada, no llegó cuarto.
6. Francisco Lara, que tiene camiseta azul, es el único que no es suramericano.
7. Silvio Scala, de nacionalidad chilena, llegó justo después del boliviano de camiseta amarilla.
8. El peruano de camiseta morada llegó último.
9. El guatemalteco llegó justo después del colombiano.
10. La camiseta del uruguayo Marcelo Ruso es verde y no negra como la del ciclista chileno.

El ciclismo es un deporte muy popular en muchos países y cada año hay carreras internacionales. Quizás las más interesantes sean las de España y de Colombia, por la habilidad de los participantes y también por ser muy difíciles, pues hay muchas montañas. La carrera más importante del mundo es la Vuelta a Francia, que tiene lugar todos los años en el mes de julio. En 1985, Fabio Parra de Colombia ganó la carrera. En 1988, la ganó un español, Pedro Delgado, y la ganó otro español, Miguel Indurráin, de 1991 a 1995. Los ciclistas hispanos se encuentran entre los mejores del mundo. ¿Sabes los nombres de algunos ciclistas norteamericanos que ganaron la Vuelta a Francia?

La Vuelta a España empezará en Tenerife y terminará en Madrid.

II. Las habitaciones de una casa

Dormitorio = habitación, alcoba, cuarto, recámara, pieza.

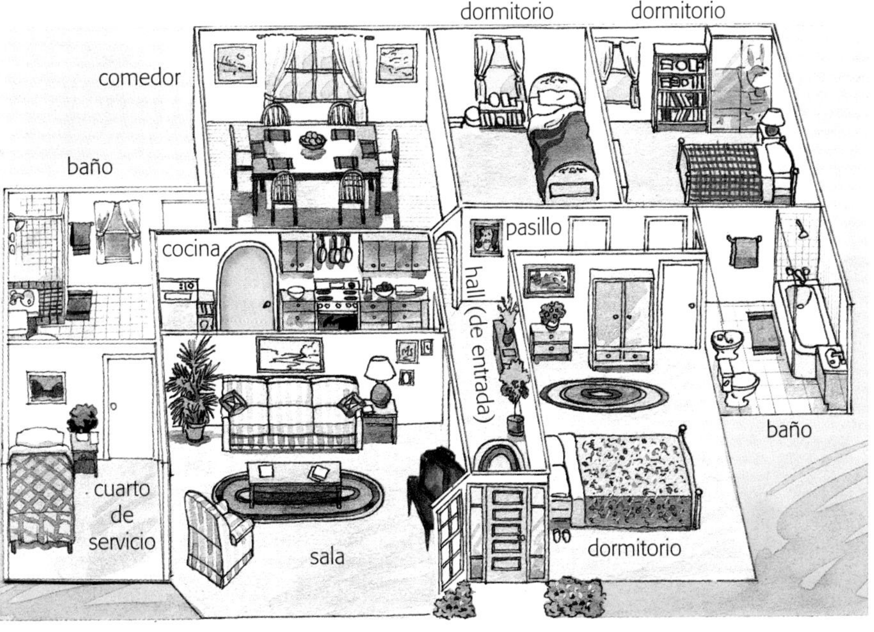

Palabras relacionadas

el agua water
alquilar to rent
el alquiler rent
amueblado/a furnished
la calefacción heat
la electricidad/luz electricity
la fianza/el depósito security deposit
el gas gas
los gastos expenses

ACTIVIDAD 5 ¿Cómo es tu casa? En grupos de tres, cada persona les describe la casa de su familia a sus compañeros. Digan si es grande o pequeña, qué tiene (cuántos dormitorios, etc.) y si tiene alguna característica especial.

ACTIVIDAD 6 En busca de información En grupos de tres, "A" y "B" van a trabajar en Montevideo, Uruguay, por seis meses y tienen que alquilar un departamento. "C" es un/a amigo/a y les dice que hay un departamento para alquilar en su edificio. "A" y "B" quieren información sobre el departamento y le hacen preguntas a "C". Lean sólo las instrucciones para su papel.

A y B
Quieren saber:

1. cuánto es el alquiler
2. si es necesario pagar depósito
3. si está amueblado
4. si hay calefacción
5. si hay otros gastos como gas, agua y luz

C
Sabe:

1. el alquiler es 3.000 pesos al mes
2. un mes de depósito
3. está amueblado (con muebles viejos)
4. hay calefacción central
5. el alquiler incluye gas, agua y luz

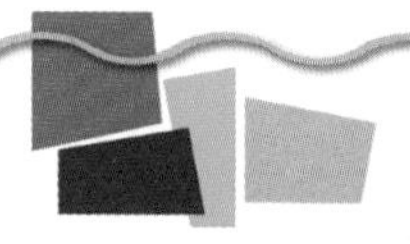

Hacia la comunicación I

Talking About the Unknown: The Present Subjunctive

A. Use of the Present Subjunctive

When talking about something or someone, you may describe it/him/her with an adjective or with an adjective clause usually introduced by **que.**

Vivo en un apartamento *grande.* (adjective)
Vivo en un apartamento *que es grande.* (adjective clause)

The two previous sentences descibe an apartment where the speaker lives. The apartment actually exists: the speaker knows the address, how many bedrooms it has, etc. When describing something that you are not sure exists, you may also use an adjective or an adjective clause, normally introduced by **que,** that contains a verb in the subjunctive mood.

Busco un apartamento *grande.*
Busco un apartamento *que sea grande.*

Compare the following sentences.

Exists	*May or may not exist*
Conozco al portero que trabaja en mi edificio.	Busco un portero **que trabaje bien.***
Tengo una cama que es cómoda.	Necesito una cama **que sea cómoda.**
Mis padres viven en un apartamento que tiene balcón.	Mis padres quieren un apartamento **que tenga balcón.**

***NOTE:** The *personal* **a** is not used when the direct object refers to a person or persons that may or may not exist, unless it is **alguien: Busco a alguien que conozca bien la zona.**

A verb in the subjunctive mood is also used in adjective clauses to describe something that does not exist from the point of view of the speaker. This type of construction is frequently used to complain or whine about a problem.

No hay ningún apartamento **que sea bonito.**
No conozco a nadie **que sepa cocinar bien.***

***NOTE:** The *personal* **a** is used when **nadie** is the direct object.

B. Forms of the Present Subjunctive

1 ◆ To conjugate most verbs in the subjunctive, apply the following rules.

a. take the present indicative **yo** form: **hablo, como, salgo**
b. drop the **-o** from the verb ending: **habl-, com-, salg-**
c. add **-e** for **-ar** verbs: habl**e**
   add **-a** for **-er** and **-ir** verbs: com**a**, salg**a**
d. add the endings for the other persons as shown in the following charts.

When practicing the subjunctive, say **que** before each form.

caminar		
camin**o** →	que camin**e**	que camin**emos**
	que camin**es**	que camin**éis**
	que camin**e**	que camin**en**

correr		
corr**o** →	que corr**a**	que corr**amos**
	que corr**as**	que corr**áis**
	que corr**a**	que corr**an**

salir		
salg**o** →	que salg**a**	que salg**amos**
	que salg**as**	que salg**áis**
	que salg**a**	que salg**an**

NOTE:

a. Remember that reflexive pronouns precede a conjugated form:

levantarse	
que **me** levante	que **nos** levant**emos**
que **te** levant**es**	que **os** levant**éis**
que **se** levante	que **se** levant**en**

b. Verbs ending in **-car, -gar, -zar,** and **-ger** require spelling changes in all present subjunctive forms.

	Indicative	*Subjunctive*
bus**car**	busco	que bus**que**
pa**gar**	pago	que pa**gue**
empe**zar**	empiezo	que empie**ce**
esco**ger**	escojo	que esco**ja**

2 ◆ In the subjunctive, stem-changing verbs ending in **-ar** and **-er** have the same stem change as in the present indicative: **que yo piense, que él quiera, que nosotros almorcemos.** Stem-changing verbs ending in **-ir** have the same stem change as in the present indicative. In addition, the **nosotros** and **vosotros** forms require a stem change from **-e-** to **-i-** or from **-o-** to **-u-.**

Review **-ir** stem-changing verbs, Chs. 5 and 7.

mentir	
que m**ie**nta	que m**i**ntamos
que m**ie**ntas	que m**i**ntáis
que m**ie**nta	que m**ie**ntan

dormir	
que d**ue**rma	que d**u**rmamos
que d**ue**rmas	que d**u**rmáis
que d**ue**rma	que d**ue**rman

3 ◆ The following verbs are irregular in the present subjunctive.

The accent distinguishes **dé,** the subjunctive, from **de,** the preposition. Accents on some forms of **estar** reflect pronunciation.

dar → que **dé**	**estar** → que **esté**	**ser** → que **sea**
ir → que **vaya**	**saber** → que **sepa**	

Here are the complete conjugations of **dar** and **estar:**

dar	
que dé	que d**emos**
que d**es**	que d**eis**
que dé	que d**en**

estar	
que esté	que est**emos**
que est**és**	que est**éis**
que esté	que est**én**

NOTE: Hay → **que haya**

Do Workbook *Práctica mecánica I* and corresponding CD-ROM activities.

ACTIVIDAD 7 Nuestra primera casa **Parte A:** En parejas, imagínense que Uds. son una pareja de recién casados (*recently married*) y quieren comprar una casa. Obviamente, tienen que pensar en el futuro y la vida que van a tener. Decidan cómo debe ser su casa. **Queremos una casa que . . .**

Parte B: Ahora, comparen lo que quieren Uds. con lo que quiere la pareja de la siguiente tira cómica de Maitena.

chico/a = pequeño/a

If something exists, use the indicative. If something may or may not exist, use the subjunctive.

ACTIVIDAD 8 Por teléfono En parejas, una persona busca apartamento y llama a una agencia de alquiler. La otra persona trabaja en la agencia y le da información.

- A: Busco un apartamento que tenga . . . , que sea . . . y que esté . . .
  B: Tenemos un apartamento que tiene . . . , que es . . . y que está . . .

ACTIVIDAD 9 Lo ideal En grupos de cuatro, describan a su profesor/a, jefe/a (*boss*), secretario/a, padre/madre o amigo/a ideal. El/La secretario/a del grupo toma apuntes. Después, comparen su descripción con las de otros grupos.

- Queremos tener un profesor que . . .
  Buscamos un jefe que . . .

ACTIVIDAD 10 Se busca **Parte A:** Busca personas en la clase que tengan o hagan las siguientes cosas.

- que tenga dos hijos

  A: ¿Tienes dos hijos?

  B: Sí, tengo dos hijos. / No, no tengo dos hijos.

1. que trabaje en un restaurante
2. que termine los estudios este año
3. que vaya a Bolivia este verano
4. que tenga tres hermanos
5. que sepa hablar catalán
6. que sea de Illinois
7. que hable japonés
8. que piense casarse este año
9. que tenga perro
10. que sepa preparar mole poblano

Catalán is a language spoken in **Cataluña** (northeastern Spain). Capital of **Cataluña:** Barcelona.

Mole poblano = a spicy Mexican sauce made with chocolate.

Parte B: Ahora, contesta las preguntas de tu profesor/a.

- ¿Hay alguien en la clase que trabaje en un restaurante?

Sí, hay alguien que trabaja en un restaurante; [Charlie] trabaja en [Red Lobster].

No, no hay nadie que trabaje en un restaurante.

ACTIVIDAD 11 El eterno pesimista Eres una persona pesimista. Completa estas oraciones de forma original.

Nonexistence from the speaker's point of view = subjunctive.

1. No hay nadie que . . .
2. No tengo nada que . . .
3. No conozco a nadie que . . .
4. El presidente no hace nada que . . .
5. En las tiendas no encuentro nada que . . .
6. No tengo ningún profesor que . . .

ACTIVIDAD 12 Se necesita **Parte A:** Lee y completa los anuncios en la página 215. Después decide cuáles pueden combinarse.

Parte B: En parejas, una persona llama para pedir más información y la otra da información adicional.

- A: ¿Aló?

  B: Sí, llamo por la moto . . .

COMPAÑEROS DE APARTAMENTO

Estudiante panameño de arquitectura de 20 años busca compañeros de apartamento que __________ estudiantes, que no __________ y que les __________ la música salsa. El apartamento no __________ grande: 2 dormitorios, cocina, sala pequeña, baño. Avenida Simón Bolívar. TEL: 449 67 74

Vendo Libros

Vendo libros para arquitectura, economía, ingeniería de 1er, 2o y 3er año. __________ usados, pero __________ en perfectas condiciones. Tel: 446 37 04

LIBROS DE MATEMÁTICAS

Necesito libros de matemáticas para primer año de ingeniería que __________ de segunda mano y que __________ en buenas condiciones. Favor de llamar a Carmen por la tarde: 315 0268

MOTO de 2002

Estudiante costarricense que vuelve a su país vende moto BMW de 2002, casi nueva. __________ 5.000 Kilómetros y __________ en perfectas condiciones. MUY BARATA. LLAMAR INMEDIATAMENTE: 314 94 75

SE BUSCA MOTO

Se busca moto Honda o Kawasaki barata que __________ pocos kilómetros __________ impecable. y que __________ importante No __________ el color. Llamar a Marta. 833 74 94

HABITACIÓN

Estudiante de 22 años necesita habitación que __________ buena, bonita y barata en un apartamento __________ cerca de la universidad, que __________ que __________ mucha luz natural. Tel: 457 13 15

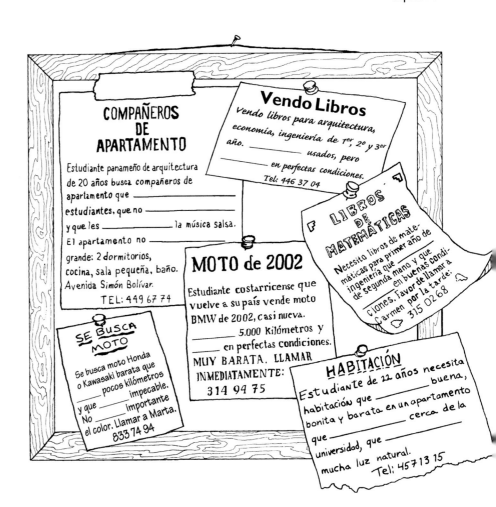

The infinitive is frequently used to give impersonal written commands: **Llamar a Javier.**

En los países hispanos no es común vender cosas de segunda mano delante de la casa o en el garaje (*tag or garage sales*). Generalmente, la gente les regala la ropa usada a miembros de la familia, a personas pobres o también a la iglesia. Las cosas usadas como estéreos, computadoras y libros se anuncian en la sección de avisos clasificados del periódico, en revistas o periódicos como *Segundamano* o en Internet. ¿Conoces algún periódico como éste en tu ciudad?

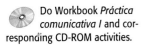

Do Workbook *Práctica comunicativa I* and corresponding CD-ROM activities.

Nuevos horizontes

Lectura

ESTRATEGIA: Using the Dictionary

So far in this text you have practiced a number of strategies to help you understand the meaning of a passage you are reading; for example, predicting, identifying cognates, and guessing meaning from context. In this chapter, you will practice using the dictionary to discern meaning. Remember: Use a dictionary only when the word is essential to your understanding of the passage.

The following guidelines will help you make better use of the dictionary.

1. Try to guess meaning from context. Then, look up the word to confirm your guess. Remember that a word may have more than one meaning, so you should check the context in which it appears when making your choice.
2. Check the grammatical form of the word. This may help you determine which definition is correct according to context. Important grammar abbreviations are: *m.* (masculine noun), *f.* (feminine noun), *adj.* (adjective), *adv.* (adverb), *v. tr.* (a transitive verb—one that is followed by a direct object), *v. intr.* (an intransitive verb—one that does not admit a direct object), and *reflex.* (reflexive verb).
3. If a word you are looking up is part of an idiom, you will find it referenced under the main word of the idiom.
4. Nouns are usually presented in the singular form of the corresponding gender: masculine singular, feminine singular.
5. Adjectives are normally presented in their masculine singular form.
6. Verbs are normally listed only in the infinitive form; therefore, it is necessary to determine what the infinitive is from the conjugated form.
7. Knowing some common abbreviations may be helpful: ARTS fine arts; BOT. botany; CHEM. chemistry; COLL. colloquial; FIG. figurative; ZOOL. zoology; etc. There is normally a key to abbreviations in the dictionary itself, which should be consulted when a question arises.

Note: Since all dictionaries are not the same, it is important to familiarize yourself with your dictionary. Consult the Table of Contents and indexes.

The verb *to leave* can be transitive or intransitive and has two equivalents in Spanish. Transitive (takes a direct object): He always leaves his keys on the table. **Siempre deja las llaves en la mesa.** Intransitive (doesn't take a direct object): She leaves at seven every morning. **Todas las mañanas ella sale a las siete.**

In the sentence **Busco una persona que tenga estas credenciales,** the word **tenga** is the subjunctive of the verb **tener** and you should look up the word **tener.**

ACTIVIDAD 13 **Contexto histórico** Vas a leer un poema de Ángela Figuera, una poeta española que escribió el poema "No quiero" después de la guerra civil de España. Determina si las siguientes oraciones son ciertas **(C)** o falsas **(F)** para averiguar cuánto sabes sobre la guerra civil y la posguerra española.

1. ____ La guerra civil de España ocurrió después de la Segunda Guerra Mundial.
2. ____ Los fascistas ganaron la guerra.
3. ____ Después de la guerra, el dictador fue el general Francisco Franco.
4. ____ No participaron otros gobiernos en la guerra civil española.
5. ____ Después de la guerra, España pasó por un período de mucha censura.

ACTIVIDAD 14 Lectura rápida Lee el poema una vez y mira los dibujos para comprender mejor el significado de algunas palabras. No uses el diccionario. Contesta estas preguntas al terminar.

1. ¿Cómo se siente la poeta Ángela Figuera, triste o contenta?
2. ¿Qué aspecto de su sociedad critica ella, que la gente es demasiado materialista o que no tiene libertad de expresión?
3. En los Estados Unidos, ¿pueden pasar las cosas que ella critica? ¿Por qué sí o no?

No quiero

Ángela Figuera

1 No quiero
que los besos se paguen
ni la sangre se venda
ni se compre la brisa
ni se alquile el **aliento.**

2 No quiero
que el trigo se queme y el pan se **escatime.**

3 No quiero
que haya frío en las casas,
que haya miedo en las calles,
que haya rabia en los ojos.

4 No quiero
que en los labios se encierren mentiras,
que en las arcas se encierren millones,
que en la cárcel se encierre a los buenos.

5 No quiero
que el **labriego** trabaje sin agua,
que el marino navegue sin brújula,
que en la fábrica no haya **azucenas,**
que en la mina no vean la aurora,
que en la escuela no **ría** el maestro.

6 No quiero
que las madres no tengan perfumes,
que las mozas no tengan amores,
que los padres no tengan tabaco,
que a los niños les pongan los **Reyes**
camisetas de **punto** y cuadernos.

7 No quiero
que la tierra se parta en porciones,
que en el mar se establezcan dominios,
que en el aire se **agiten** banderas,
que en los trajes se pongan señales.

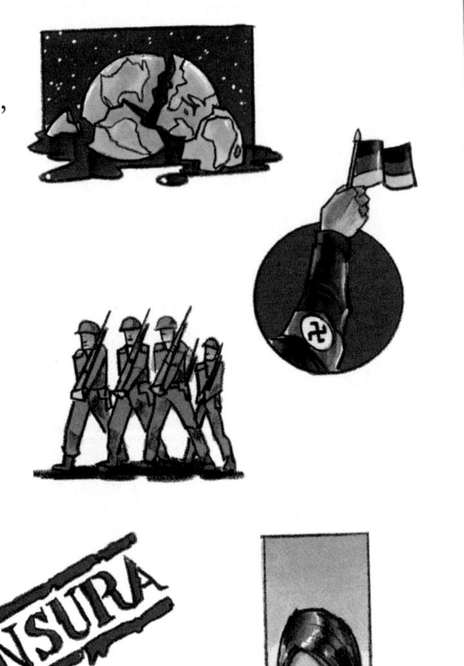

8 No quiero
que mi hijo desfile,
que los hijos de madre desfilen
con fusil y con muerte en el hombro:
que jamás se **disparen** fusiles,
que jamás se fabriquen fusiles.

9 No quiero
que me manden Fulano y Mengano,
que me **fisgue** el vecino de enfrente,
que me pongan carteles y sellos,
que decreten lo que es poesía.

10 No quiero
amar en secreto,
llorar en secreto,
cantar en secreto.

11 No quiero
que me **tapen** la boca
cuando digo NO QUIERO.

ACTIVIDAD 15 El diccionario Lee el poema otra vez con más cuidado (*care*). Mira las palabras que están en negrita (*boldface*) y busca el significado de cada palabra. A continuación se presentan definiciones de estas palabras.

a•gi•tar tr. *(sacudir)* to wave, shake; FIG. *(alborotar)* to agitate, excite —reflex. *(sacudirse)* to wave, flutter; FIG. *(perturbarse)* to be agitated *or* excited; MARIT. to be rough or choppy.

a•lien•to m. *(soplo)* breath; *(respiración)* breathing, respiration; FIG. *(valor)* strength, courage ♦ **dar a. a** FIG. to encourage • **de un a.** FIG. in one breath, without stopping • **cobrar a.** FIG. to take heart • **sin a.** breathless.

a•zu•ce•na f. BOT. white *or* Madonna lily; CUBA, BOT, nard; FIG. pure *or* delicate person ♦ **a. anteada** day *or* fire lily • **a. atrigada** tiger lily • **a. de agua** water lily.

dis•pa•rar tr. to fire, shoot; *(echar)* to throw, hurl.

es•ca•ti•mar tr. to skimp on, to be sparing with ♦ **e. la comida** to skimp on food; to spare • **no e. esfuerzos** to spare no effort.

fis•gar tr. *(pescar)* to spear, harpoon (fish); *(husmear)* to pry into, snoop on —intr. & reflex. to make fun of, mock.

la•brie•go, -ga m.f. farm hand or worker.

pun•to m. *(señal pequeña)* small dot; *(sitio)* point, spot ♦ *p. de reunión* the meeting point; *(ocasión)* point, verge • *ellos están a p. de lograrlo* they are on the verge of accomplishing it; GRAM. dot *el p. de la i* the dot of the i; period; • **al p.** at once, immediately • **a p.** just in time • **a p. de** on the verge of, about to • **de p.** knitted • **calcetines de p.** knitted socks • **dos puntos** GRAM. colon • **en p.** on the dot, sharp.

reír intr. to laugh *echarse a. r.* to burst out laughing; FIG. *(burlar de)* to make fun of, laugh at; *(brillar)* to be bright, sparkle, (one's eyes).

rey m. *(monarca)* king, sovereign; *(en juegos)* king; FIG. king • *r. de los animales* the king of beasts ♦ **a cuerpo de r.** FIG. like a king *vivir a cuerpo de r.* to live like a king • **cada uno es r. en su casa** a man's home is his castle • **día de Reyes** Epiphany, Twelfth Night • **Reyes magos** the Three Magi *or* Wise Men.

rí•a f. estuary.

rí•a, río *see* reír

ta•par tr. *(cubrir)* to cover, cover up; *(cerrar)* to plug up, to stop up; *(ocultar)* to block, obstruct (the view); FIG. *(esconder)* to conceal, hide —reflex. to cover oneself up.

ACTIVIDAD 16 En otras palabras Indica qué idea representa mejor cada estrofa (*stanza*) del poema. Es posible escribir más de un número en cada línea.

a. _____ Hay cosas que cada persona debe poder tener.
b. _____ No debe haber hambre en el mundo; hay comida para todos.
c. _____ Las dictaduras producen terror.
d. _____ Una persona no debe ir a la cárcel (*jail*) por sus ideas.
e. _____ Los seres humanos tienen el derecho (*the right*) de ser felices.
f. _____ La tierra es de todos, no de diferentes gobiernos con sus ideologías.
g. _____ La violencia no es necesaria.
h. _____ Nadie debe decirle a nadie qué debe hacer, pensar o decir.

ESTRATEGIA: Pastiche

When you read in English, you frequently learn new words and phrases that you then incorporate in your speech and writing. By using your knowledge of Spanish, your observational skills, and common sense you can learn about the Spanish language while reading. Not only can you pick up vocabulary words and idiomatic phrases, but structures as well. Trust your instincts, take calculated risks, and try to use new knowledge with someone who will correct you when needed. Risk takers are good language learners.

ACTIVIDAD 17 Poesía **Parte A:** Test your observational skills with this activity.

1. Answer these questions about part of the sixth stanza of the poem "No quiero."

No quiero	What is the subject of **quiero?**
que las madres no tengan perfumes,	What is the subject of **tengan?**
que las mozas no tengan amores,	What is the subject of **tengan?**

Therefore, the sentence **"No quiero que las madres no tengan perfumes,"** has two subjects. What word comes between the first verb and the second subject in this sentence? Is **tengan** in the indicative or the subjunctive mood?

2. Reread this stanza and answer the questions.

No quiero
amar en secreto,
llorar en secreto,
cantar en secreto.

What is the subject of **quiero?** Are there any other subjects in the next three lines of the stanza? Is the word **que** present? What form of the verb are **amar, llorar,** and **cantar?**

Be careful when writing the third stanza!

Parte B: Imitate Figuera's style and apply what you have just learned through observation to write your own poem, titled "Quiero."

Quiero	Quiero	Quiero	Quiero
que . . .	que . . .	. . .	que . . .
que . . .	que . . .	. . .	que . . .
que . . .	que . . .	. . .	que . . .

Lo esencial II

Los muebles

1. el armario/el ropero
2. el sillón
3. la cómoda
4. el estante
5. la alfombra

ACTIVIDAD 18 Asociaciones Di qué muebles u objetos asocias con las siguientes habitaciones, acciones o cosas.

1. la sala, el dormitorio y el comedor
2. dormir, leer, maquillarse, escribir, comer y sentarse
3. suéteres, vestidos, peine y diccionario

Clothes dryers **(secadoras)** are not as common in Spain and Hispanic America as in the U.S. **La secadora** = (clothes) dryer; **el secador** = hair dryer.

Some people say **el lavavajillas** for **el lavaplatos.**

ACTIVIDAD 19 Casa amueblada Mira el plano (*diagram*) de la casa en la página 209 y describe los muebles que ves y en qué parte de la casa están.

En la cocina

1. la estufa/ cocina eléctrica/ de gas
2. el (horno de) microondas
3. el lavaplatos
4. el fregadero
5. la cafetera
6. la nevera
7. el congelador
8. la aspiradora
9. la lavadora
10. la tostadora

En el baño

1. el inodoro
2. el bidé
3. la bañera
4. la ducha
5. el espejo
6. el lavabo

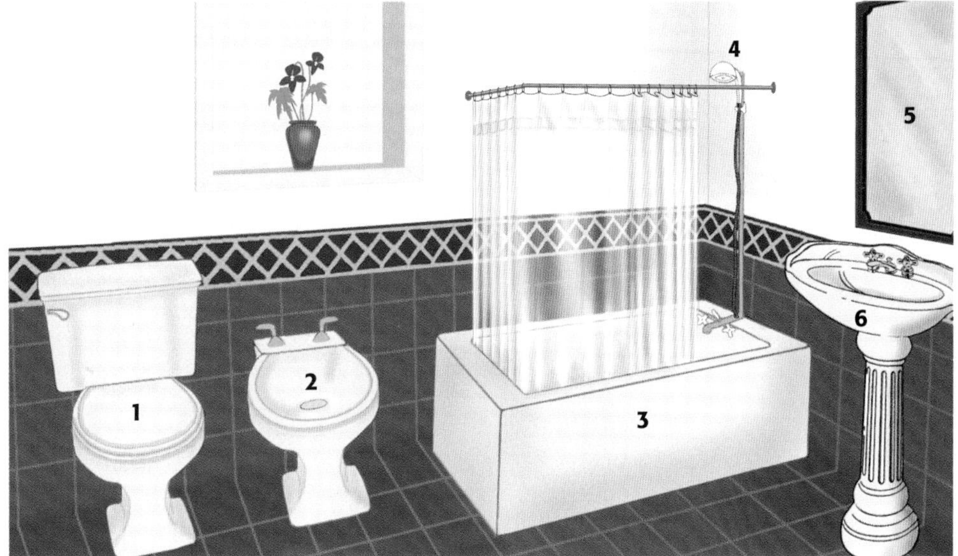

ACTIVIDAD 20 ¿Dónde se ve? Lee las siguientes situaciones y decide si éstas se ven generalmente en los Estados Unidos **(E),** en un país hispano **(H)** o en los dos **(EH).**

1. _____ Hay portero en el edificio.
2. _____ Los ascensores tienen espejos.
3. _____ En el congelador hay mucha comida congelada.
4. _____ Hay televisor en la cocina.
5. _____ No hay secadora en la casa.
6. _____ Hay bidé en el baño.

ACTIVIDAD 21 Describe y dibuja En parejas, "A" le describe a "B" su cocina, sala o baño. "A" debe indicar qué muebles y otras cosas tiene en ese cuarto y dónde están. "B" dibuja un plano del lugar con muebles y otras cosas. Después cambien de papel.

ACTIVIDAD 22 El apartamento En grupos de tres, Uds. acaban de alquilar un apartamento semiamueblado. El apartamento tiene tres dormitorios, teléfono, sofá, dos camas, dos cómodas, una mesa grande en el comedor y solamente tres sillas para la mesa. Miren la siguiente lista y seleccionen solamente cuatro cosas que necesitan.

alfombras	cómodas	una tostadora	sillones
una aspiradora	estantes	una lavadora	un televisor
una cafetera	un estéreo	sillas para el comedor	un microondas
camas	espejos		

Todos son expertos

➤ El Rastro, un mercado al aire libre en Madrid, España. Sólo se abre los domingos.

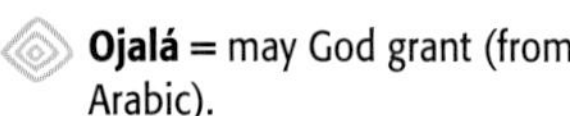

Ojalá = may God grant (from Arabic).

ojalá (que) + *subjunctive*	I hope (that) . . .
Ojalá que quiera venderla.	I hope he wants to sell it.
la plata	slang for "money" (literally, "silver")
¡Por el amor de Dios!	For heaven's sake! (literally, "For the love of God!")

Don Alejandro, el tío de Teresa, tiene algunos muebles para el apartamento que acaban de alquilar las chicas, pero ellas tienen que comprar algunas cosas. Vicente y don Alejandro le están dando consejos a Teresa sobre los muebles de la casa.

ACTIVIDAD 23 Marca los muebles Mientras escuchas la conversación, marca sólo las cosas que necesitan las chicas.

_____ alfombra	_____ escritorio	_____ lavadora
_____ cama	_____ estantes	_____ sofá
_____ cómoda	_____ lámpara	

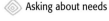

TÍO Entonces, con los muebles que voy a darles, ya tienen casi amueblado el apartamento.

TERESA ¡Sí, es fantástico!

Asking about needs

VICENTE Pero todavía necesitan una cama y una lámpara, ¿no?

TERESA Sí, una cama y una lámpara y también dos estantes para los libros.

VICENTE ¿Crees que en el Rastro puedas encontrar unos estantes y una lámpara que no cuesten mucha plata?

TERESA Buena idea, porque no tenemos mucho dinero.

Expressing influence

TÍO Oye, Teresa, creo que es necesario que tengan lavadora, ¿no?

TERESA Es verdad, pero una lavadora nos va a costar un ojo de la cara.

VICENTE ¿Sabes? Ayer me dijo Juan Carlos que la semana que viene Raúl se va a México para hacer investigación.

TERESA ¿Raúl? ¿Quién es Raúl?

VICENTE Raúl, ¿no recuerdas? Es un amigo sociólogo que se va a trabajar a México por un tiempo. Y tiene apartamento con lavadora. Podemos llamarlo para preguntarle si la va a vender.

TERESA ¡Ah, Raúl! ¡Ya sé quién es! ¿Se va a México? ¡No me digas! Estoy segura que no se va a llevar la lavadora a México. Ojalá que quiera venderla. Y podemos preguntarle si también quiere vendernos una cama.

Giving an implied command

TÍO Pero, Teresa, ¡cómo que una cama de segunda mano! No quiero que compres una cama usada.

TERESA Entonces, ¿quieres que duerma en la alfombra?

TÍO No, ¡por el amor de Dios! Tu tío Alejandro te compra una cama nueva.

VICENTE ¿Matrimonial?

ACTIVIDAD 24 ¿Hay soluciones? Después de escuchar la conversación otra vez, explica cómo va a obtener Teresa la cama, una lámpara, dos estantes y la lavadora.

El famoso mercado de El Rastro se encuentra en el corazón de Madrid y ocupa varias calles. Allí puedes encontrar de todo: ropa, zapatos, juguetes, muebles e inclusive antigüedades. Se abre sólo los domingos por la mañana y se cierra a eso de las 2:00 de la tarde. En contraste con éste y otros mercados en grandes metrópolis, hay mercados como el de Chichicastenango que se encuentra en una ciudad pequeña de Guatemala donde los indígenas de la zona venden sus productos. En este colorido mercado, los jueves y los domingos, se venden flores, artesanías (*crafts*), textiles, muebles, frutas, condimentos y hierbas medicinales entre otras cosas.

▲ Vendedoras de comida en el mercado de Chichicastenango, Guatemala.

ACTIVIDAD 25 Los deseos de Año Nuevo Uds. están celebrando el Año Nuevo y están brindando (*toasting*) por el año que comienza. Hagan un deseo para el año nuevo.

- Ojalá que este año pueda ir de vacaciones a México.

Hacia la comunicación II

I. Using *ya* and *todavía*

A. *Ya*

1 ◆ **Ya** means *already* or *now*. Context helps determine which meaning is being conveyed.

—¿Te explico la lección?	*Shall I explain the lesson to you?*
—No, gracias. **Ya** la entiendo.	*No, thank you. I **already** understand it.*
—¿Ves? Así se hace una tortilla.	*See? This is how a tortilla is made.*
—¡Ah! ¡**Ya** entiendo!	***Now** I understand!*

2 ◆ **Ya no** means *no longer, not anymore.*

Ya no tengo que estudiar porque terminé los exámenes.
*I **don't** have to study **anymore** because I finished my exams.*

B. *Todavía*

1 ◆ **Todavía** means *still.*

Todavía tengo problemas.	*I **still** have problems.*

2 ◆ **Todavía no** means *not yet.*

—¿Estudiaste?	*Did you study?*
—**Todavía no.**	***Not yet.***

II. Giving Advice and Stating Desires: Other Uses of the Subjunctive

In the conversation you heard between Teresa and her uncle, how many subjects are there in each sentence in the following exchange?

TÍO **No quiero que compres una cama usada.**
TERESA **. . . ¿quieres que duerma en la alfombra?**

If you said two, you were correct. What form of the verb follows the word **que?** The correct answer is *subjunctive.*

1 ◆ To give someone advice, to request that another person do something, or to express hopes and desires about somebody else, you may use a noun clause that contains a verb in the subjunctive.

Quiero **que (tú) vayas** al Rastro.	*I want you to go to the Rastro.*
Siempre me pide **que me levante** temprano.	*He/She always asks me to get up early.*
Te aconsejo **que compres** este estante.	*I advise you to buy this bookshelf.*
Ella espera **que compres** éste.	*She hopes you buy this one.*
Nos prohíbe **que fumemos.**	*He/She forbids us to smoke.*
El presidente espera **que haya** paz en el mundo.	*The president hopes there will be peace on earth.*

Verbs frequently used in the independent clause to give advice, to request an action, or to express hopes and desires include: **querer, aconsejarle (a alguien), desear, prohibirle (a alguien), pedirle (a alguien),** and **esperar.** However, when only one subject is present, use an infinitive.

Quiero **ir** al Rastro.	*I want to go to the Rastro.*

2 ◆ You can also give advice, request an action, or express hopes and desires in an impersonal way about someone or something specific.

Es mejor **que te acuestes.**	*It's better that you go to bed.*
No es importante **que vuelvas** pronto.	*It isn't important that you return soon.*
Es necesario **que la casa tenga** una cocina grande.	*It's necessary that the house have a big kitchen.*

However, when you want to give advice, request an action, or express hopes and desires, but not over someone in particular, use a verb in the infinitive.

Es necesario **volver** mañana.	*It's necessary to return tomorrow.* (no **que** and no subject in the dependent clause)

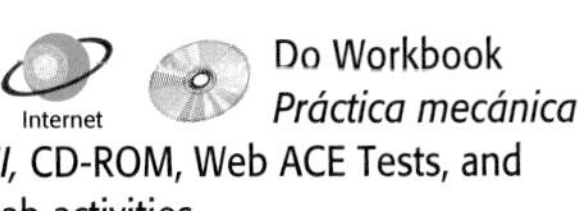

Do Workbook *Práctica mecánica II*, CD-ROM, Web ACE Tests, and lab activities.

Impersonal expressions frequently used to give advice, request an action, or express hopes and desires include: **(no) es necesario, es mejor, es bueno,** and **(no) es importante.**

ACTIVIDAD 26 ¿Ya estudiamos . . . ? En parejas, háganse preguntas para ver si ya estudiaron los siguientes temas en esta clase de español.

◆ A: ¿Ya estudiamos el pretérito?

B: Sí, ya lo estudiamos. B: Todavía no.

1. el objeto directo
2. el imperfecto
3. el subjuntivo
4. los números del cien al millón
5. palabras afirmativas y negativas
6. el superlativo

ACTIVIDAD 27 ¿Ya limpiaste? En parejas, "A" cubre la Columna B y "B" cubre la Columna A. "A" y "B" viven en la misma casa y cada persona tiene sus responsabilidades. El problema es que "B" no es muy responsable y hace las cosas a último momento. "A" le pregunta a "B" si ya hizo las tareas que le corresponden.

◆ A: ¿Ya lavaste la ropa?

↙	↘
B: Sí, ya la lavé.	B: Todavía no.
A: ¿Ya fuiste al supermercado?	A: ¿Cómo que todavía no?
B: . . .	B: . . .

A check mark indicates the task has been completed.

A

limpiar el baño
comprar el periódico
darle de comer al perro
pagar la luz
comprar detergente

B

Tareas para hoy:
☐ comprar el periódico
☐ pagar la luz
☐ comprar detergente
☐ limpiar el baño
☐ darle de comer al perro

ACTIVIDAD 28 La búsqueda Termina esta conversación entre Mario y un señor que trabaja para la agencia Vivir Feliz. Escribe las formas apropiadas de los verbos indicados usando el subjuntivo, el indicativo o el infinitivo.

MARIO Necesito un apartamento que ___este___ cerca de la universidad. (estar)

AGENTE Hay un apartamento a cinco minutos de aquí que ___tiene___ un dormitorio. (tener)

MARIO No, ése no me va a servir. Busco un apartamento que ___tengo___ tres dormitorios y dos baños. (tener)

AGENTE Te aconsejo que ___hables___ con otra agencia porque nosotros sólo tenemos apartamentos pequeños. (hablar)

MARIO ¿Algún otro consejo?

AGENTE Sí, es importante que ___empieces___ a buscar ahora, porque hay pocos apartamentos y muchos estudiantes. (empezar)

MARIO Buena idea. ¿Es necesario que yo ___pague___ un depósito o solamente tengo que firmar un contrato? (pagar)

AGENTE Generalmente es necesario ___pagar___ en el momento de firmar. (pagar)

MARIO Ahora tengo que ___estudiar___, pero como Ud. dice, es importante que yo ___me levante___ temprano para buscar apartamento. Muchas gracias, Sr. Moreno. (estudiar, levantarse)

ACTIVIDAD 29 Todos quieren algo de mí Muchas personas quieren que tú hagas ciertas cosas, pero tú quieres hacer algo diferente.

- Mi madre quiere que yo sea dentista, pero yo quiero ser director/a de cine.

1. mi madre
2. mi padre
3. mis amigos
4. mi jefe/a
5. mi profesor/a de . . .
6. mi perro/gato

ACTIVIDAD 30 Consejos para presidentes **Parte A:** Imagina que tienes la oportunidad de hablar directamente con el/la presidente/a de tu país. Dale consejos.

1. No querer / que / Ud. / subir / los impuestos
2. Es importante / que / Ud. / preocuparse / por los pobres
3. Es mejor / que / los candidatos / no recibir / dinero de grupos con intereses económicos
4. Es necesario / que / haber / menos corrupción en el gobierno
5. Esperar / que / Ud. / escuchar / al pueblo (*people*)
6. Aconsejarle / que / ser / (más o menos) liberal
7. . . .

Parte B: Tu universidad es buena, pero no es perfecta. En parejas, preparen cuatro consejos para el/la presidente/a de su universidad con cambios que les gustaría ver.

ACTIVIDAD 31 Los consejos de un padre En parejas, "A" es un padre o una madre que tiene que darle consejos a su hijo/a sobre las drogas y el alcohol. "B" es el/la hijo/a que reacciona y también da consejos. Lean sus papeles y al hablar, usen frases como **te aconsejo (que), te prohíbo (que), es importante (que),** etc.

A (El padre/La madre)

Crees que tu hijo/a de 16 años consume drogas y bebe alcohol. Habla con él/ella y dale consejos. Quieres mucho a tu hijo/a. Recuerda: tú no eres perfecto/a tampoco.

B (El hijo/La hija)

Tienes 16 años y eres muy rebelde. Tu padre toma una copa de vino cuando llega del trabajo y también con la comida. Tu madre siempre toma un whisky antes de la comida. Los dos fuman. Dale algún consejo a tu padre/madre. Recuerda: tú no eres perfecto/a tampoco.

ACTIVIDAD 32 Querida Esperanza **Parte A:** Dos personas con problemas personales le escribieron a Esperanza, una señora que da consejos en Internet. Completa sus cartas con el indicativo (presente, pretérito), el infinitivo o el subjuntivo de los verbos que están en el margen.

cambiar
comprar
empezar
escribir
hablar
hacer
salir
ser
tener

Querida Esperanza:
__Soy__ un hombre de 35 años y tengo un problema: hace una semana __que compre__ una crema especial y muy cara para cambiarme el color del pelo. Mi pelo __cambio__ de color, pero también __empezo__ a caerse. Después de una semana ya no __tube__ pelo.

¡Imagínese! Me da vergüenza __Salir__ de casa. ¿Qué puedo __hacer__? ¿Comprar un sombrero? ¿Qué es mejor, que le __escriba__ a la compañía que hizo la crema o que __hable__ con un abogado?

Calvo y sin plata

Para la respuesta de Esperanza, haz clic aquí.

caminar
comprar
hablar
hacer
hacer
llevar
morirse
tener

Querida Esperanza:
Hace un mes __se murio__ mi suegra y ahora __tengo__ problemas con la herencia. Ella estuvo enferma durante tres años y yo la __lleve__ al médico, le di de comer y cuando ya no pudo __camina__, le __compre__ una silla de ruedas. El hermano de mi esposa no __hizo__ nada, pero recibió todo el dinero y a nosotros mi suegra nos dejó solamente el gato y un álbum de fotos. ¿Qué nos aconseja que __hagamos__? ¿Es necesario que __hablemos__ con el hermano de mi esposa?

Responsable pero pobre

Para la respuesta de Esperanza, haz clic aquí.

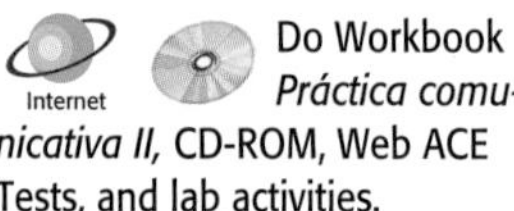

Do Workbook *Práctica comunicativa II*, CD-ROM, Web ACE Tests, and lab activities.

Parte B: Ahora imagínate que eres Esperanza y tienes que escribir respuestas a estas personas. Usa expresiones como **es necesario que, le aconsejo que,** etc.

Videoimágenes

La vida de la ciudad

ACTIVIDAD 33 El barrio ideal Antes de ver el video, trabajen en parejas y digan qué cosas de la siguiente lista buscan Uds. en el barrio (*neighborhood*) ideal y por qué. Sigan el modelo.

◆ Es importante que tenga un supermercado cerca porque no quiero usar mi carro para hacer compras.

ser tranquilo	poder estacionar (*park*) el carro en la calle
haber mucha gente joven	tener restaurantes económicos
ser seguro	estar en un lugar céntrico
tener tiendas muy cerca	tener acceso a transporte público
no haber niños	

◄ Javier con Carmen Fernández.

25:48–29:32

ACTIVIDAD 34 Busca un apartamento que . . . Javier quiere alquilar un apartamento en Madrid en el mes de agosto. Mientras miras el siguiente segmento, escribe qué muebles y otras cosas ves en las diferentes habitaciones del apartamento de Carmen, una secretaria administrativa que vive con su hija en un barrio de clase media.

salón comedor	*dormitorio*	*baño*	*cocina*

29:33–30:29

ACTIVIDAD 35 Visita por el barrio En este segmento, Carmen lleva a Javier a conocer el barrio. Escribe una lista de lugares que están cerca del apartamento.

ACTIVIDAD 36 A comparar Después de ver el video, compara tu casa o apartamento con el de Carmen Fernández. Luego compara el barrio de Madrid donde vive Carmen con el de tu casa o apartamento.

30:30–end

ACTIVIDAD 37 Visita por Buenos Aires En este segmento Mariela habla con una amiga en Buenos Aires, Argentina, sobre el centro de esa ciudad. Mientras escuchas la conversación, completa las siguientes ideas.

1. San Martín es el ______________ de Argentina.
2. El Kavannagh es el ______________ rascacielos (*skyscraper*) de América Latina.
3. La zona de la calle Florida es el centro ______________.
4. El horario de trabajo es de ______________ a ______________.
5. El horario del almuerzo es de ______________ a ______________.
6. La ropa típica que llevan los hombres al trabajo es pantalones ______________, saco ______________ y camisa ______________.
7. Después del trabajo la gente va a la casa, ______________ o a ______________.

ACTIVIDAD 38 Costumbres de este país Después de ver el segmento, trabajen en parejas y digan cuáles son algunas costumbres de este país para poder describírselas a un turista.

Do Web Search activities.

1. horario de trabajo
2. horario del almuerzo
3. ropa típica que llevan al trabajo los hombres y las mujeres
4. cosas típicas que hace una persona después del trabajo
5. número de semanas de vacaciones

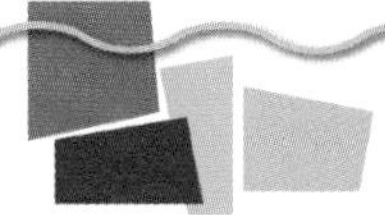

Vocabulario funcional

Los números ordinales *Ver página 208.*

Las habitaciones de la casa

el baño *bathroom*
la cocina *kitchen*
el comedor *dining room*
el cuarto de servicio *maid's room*
el dormitorio *bedroom*
el hall (de entrada) *entrance hall*
el pasillo *hallway*
la sala *living room*

Palabras relacionadas con la casa o el apartamento

el agua *water*
alquilar *to rent*
el alquiler *rent*
amueblado/a *furnished*
el apartamento *apartment*
la calefacción *heat*
el edificio *building*
la electricidad *electricity*
la fianza/el depósito *security deposit*
el garaje *garage*
el gas *gas*
los gastos *expenses*
la luz *light; electricity*
el piso *floor*
el portero *doorman; janitor*

Los muebles

la alfombra *carpet*
el armario/el ropero *closet*
la cómoda *dresser*
el estante *bookshelf*
el sillón *easy chair*

En el baño

la bañera *bathtub*
el bidé *bidet*
la ducha *shower*
el espejo *mirror*
el inodoro *toilet*
el lavabo *sink*

En la cocina

la aspiradora *vacuum cleaner*
la cafetera *coffee maker*
el congelador *freezer*
la estufa/cocina eléctrica / de gas *electric/gas stove*
el fregadero *kitchen sink*
el (horno de) microondas *microwave (oven)*
la lavadora *washing machine*
el lavaplatos *dishwasher*
la nevera *refrigerator*
la tostadora *toaster*

Más verbos

aconsejar *to advise*
escoger *to choose, select*
esperar *to hope*
limpiar *to clean*
prohibir *to prohibit*

Palabras y expresiones útiles

la calle *street*
el consejo *advice*
de segunda mano *secondhand, used*
es bueno *it's good*
es importante *it's important*
es mejor *it's better*
es necesario *it's necessary*
la esperanza *hope*
Fulano, Mengano y Zutano *Tom, Dick, and Harry*
la gente *people*
el/la jefe/a *boss*
o sea *that is to say*
ojalá (que) + *subjunctive* *I hope that . . .*
la plata *slang for "money"* (literally, *"silver"*)
¡Por el amor de Dios! *For heaven's sake!* (literally, *"For the love of God!"*)
todavía *still, yet*
todavía no *not yet*
¡Vaya! *Wow!*
ya *already; now*
ya no *no longer, not anymore*

Capítulo 9

Chapter Objectives

- Discussing leisure-time activities
- Expressing doubt and certainty
- Telling how an action is done (quickly, etc.)
- Indicating time and age in the past
- Identifying food items
- Giving instructions
- Expressing emotion

Indígenas zapotecas en un mercado del estado de Oaxaca, México.

Datos interesantes

- México es tres veces más grande que Texas.
- Tiene más de 20.000.000 de turistas al año, entre ellos más de 15.000.000 de estadounidenses.
- México es el segundo importador mundial de productos estadounidenses.
- El Paso y Ciudad Juárez forman la comunidad fronteriza (*border community*) más grande del mundo: 2.000.000 de personas y un crecimiento anual del 5%.

El trabajo y el tiempo libre

◄ Un restaurante en México.

¿No sabías?	You didn't know?
tal vez/quizá(s) + *subjunctive*	perhaps/maybe
Somos dos.	There are two of us.
¡Qué (buena) suerte! / ¡Qué mala suerte!	What good/bad luck!

Tal vez and **quizá** (or **quizás**) don't use **que;** they are followed directly by the subjunctive.

Raúl, el sociólogo, está en México donde está haciendo una investigación sobre la percepción del tiempo. Ahora entra a almorzar en un restaurante con su amiga Rosa, una socióloga mexicana.

ACTIVIDAD 1 ¿Cierto o falso? Lee las siguientes oraciones y luego, mientras escuchas la conversación, identifica si son ciertas **(C)** o falsas **(F)**.

1. _____ La mujer que conoció Raúl en Nogales es soltera.
2. _____ La mujer de Nogales es muy joven.
3. _____ La mujer tarda diez minutos en llegar al trabajo.
4. _____ El concepto del tiempo es diferente en el D. F. que en ciudades pequeñas.
5. _____ En México, el fútbol es muy popular entre los hombres.
6. _____ Raúl va a mirar un partido de fútbol el sábado.

RAÚL ¿Podemos sentarnos en esa mesa al lado de la ventana?
MESERO ¿Cuántos son?
RAÚL Somos dos.
MESERO Sí, ahora la limpio.
RAÚL Gracias, señor. Rosa, ¿sabes que finalmente tuve la oportunidad de entrevistar en Nogales a una señora que tenía unos 50 años?

Stating age in the past

ROSA Para tu investigación, ¿no?
RAÚL Sí, para mi investigación.
ROSA ¿Y qué tal?
RAÚL Pues, resulta que su marido trabaja en una maquiladora y ella hace sándwiches.
ROSA ¿Sándwiches o tortas? Porque en México los sándwiches se hacen con pan de caja y las tortas con pan fresco de la panadería. ¿No sabías?
RAÚL Ah, sí, es verdad . . . son tortas y las hace en su casa. Y me contó que todas las mañanas prepara sándwi . . . tortas y las lleva al mercado que está a dos cuadras de su casa. ¿Y cuánto tiempo crees que tarda en llegar al mercado?

Asking an opinion

ROSA No sé, no creo que tarde más de diez minutos.
RAÚL Pues, tarda casi dos horas.
ROSA ¿Cómo que dos horas? ¿Y por qué?
RAÚL Pues porque en el camino habla con gente, pregunta por su salud, por sus familiares y tal vez les venda una que otra torta. Para ella es como parte de su día de trabajo. El concepto del tiempo de esta mujer es bastante diferente del concepto del tiempo en las grandes ciudades. Dudo que aquí en el D. F. el concepto del tiempo sea igual que en ese pueblo.

Indicating doubt

ROSA Claro, porque el D. F. es una gran metrópolis y aquí se separa más la vida social de la vida laboral.
RAÚL Y dime, ¿qué hace la gente de esta gran ciudad en su tiempo libre? Es decir, ¿cómo socializa?
ROSA La gente va al cine, a tomar café y un pastel, a bailar . . . Nos gusta hablar mucho de política, pero los hombres hablan de fútból, juegan al fútból y su vida es el fútbol. En la calle donde yo vivo, hay hombres jóvenes que juegan en la calle, así, informal.
RAÚL ¿En la calle misma?
ROSA Sí, si hay un carro que tiene que pasar, es como un jugador más.
RAÚL ¡Cómo me gustaría jugar un partido!
ROSA Pues si vienes este sábado a mi casa, mi esposo seguro que te invita a jugar
RAÚL ¡Qué suerte tengo! Partido de fútbol este fin de semana.

Expressing certainty

ACTIVIDAD 2 Preguntas Después de escuchar la conversación otra vez, contesta estas preguntas.

1. ¿Qué comida prepara en su casa la mujer de Nogales?
2. ¿Cuánto tiempo tarda la mujer en caminar al mercado para vender su comida y por qué?
3. ¿Qué le gusta hacer a la gente del D. F. en su tiempo libre?
4. ¿Dónde juega al fútbol el marido de Rosa? ¿Qué obstáculo participa a veces en un partido?
5. Raúl y Rosa hablan de una percepción diferente del tiempo en los pueblos y las ciudades pequeñas en comparación con las grandes ciudades. ¿Existe esta diferencia en tu país?

En la frontera entre México y los Estados Unidos hay más de 2.500 maquiladoras, fábricas que producen productos para el mundo entero. Más del 60% de ellas pertenecen a empresas estadounidenses que reciben muchos beneficios, entre ellos: mano de obra barata, pocas restricciones laborales, proximidad a los EE.UU. y la posibilidad de ahorrar (*to save*) hasta el 50% de los costos de producción.

Más de un millón de mexicanos trabajan en maquiladoras y el 60% son mujeres. Algunos dicen que estos empleos les dan libertad económica y los ayudan a salir de la pobreza, pero los críticos de las maquiladoras hablan de la explotación: sueldos mínimos, largas horas de trabajo, condiciones peligrosas, etc. Buenas o malas, las maquiladoras forman parte de lo que es México hoy en día en la época de la globalización.

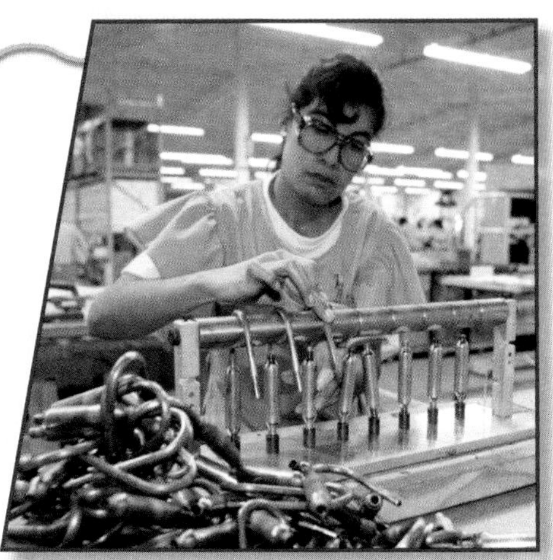

▲ Una trabajadora en una maquiladora en Reynosa, México.

Note the use of the subjunctive in *Actividad 3.*

ACTIVIDAD 3 **¿Qué crees? Parte A:** Contesta estas preguntas escogiendo las opciones que describen tu opinión.

1. ¿Crees que exista la suerte?
   _____ Sí, creo que existe.
   _____ Es posible que exista.
   _____ No, no creo que exista.
2. ¿Crees que se pueda ver el futuro en la palma de la mano?
   _____ Sí, creo que se puede ver el futuro en la palma de la mano.
   _____ Es posible que se pueda ver el futuro en la palma de la mano.
   _____ No, no creo que se pueda ver el futuro en la palma de la mano.
3. ¿Crees que haya personas en otros planetas (Venus, Marte, Plutón, Urano)?
   _____ Sí, creo que las hay.
   _____ Es posible que las haya.
   _____ No, no creo que las haya.
4. ¿Crees que algunas personas tengan percepción extrasensorial (*ESP*)?
   _____ Sí, creo que algunas personas tienen percepción extrasensorial.
   _____ Es posible que algunas personas tengan percepción extrasensorial.
   _____ No, no creo que ninguna persona tenga percepción extrasensorial.

Parte B: En parejas, háganle a su compañero/a las preguntas de la **Parte A** para ver qué opina y por qué.

ACTIVIDAD 4 Quizás . . . quizás . . . quizás En parejas, Uds. tienen problemas y quieren hablar con un/a amigo/a para pedirle consejos. "A" cubre la Columna B y "B" cubre la Columna A. Primero "A" le explica sus problemas a "B" para ver qué piensa. Después cambien de papel.

◆ A: Dejé las llaves dentro del coche.

B: Tal vez tengas que romper la ventanilla. / Quizás debas llamar a la policía.

A

1. No funciona el televisor nuevo que compraste.
2. Acabas de recibir una cuenta de teléfono de $325. Hay tres llamadas de larga distancia a Japón y no llamaste a nadie allí.

B

1. Acabas de empezar un nuevo trabajo y tu jefe/a quiere salir contigo.
2. Un buen amigo bebe mucho y crees que es alcohólico.

Lo esencial I

I. Los pasatiempos

1. jugar (a las) cartas
2. hacer rompecabezas
3. jugar (al) ajedrez
4. jugar (al) billar
5. jugar con juegos electrónicos/videojuegos

Otros pasatiempos

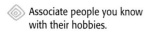

Associate people you know with their hobbies.

arreglar el carro to fix the car
cocinar to cook
coleccionar to collect
estampillas stamps
monedas coins
coser to sew
cuidar plantas (jardinería) to take care of plants (gardening)
escribir cartas/poesías to write letters/poems
hacer artesanías to make crafts
hacer crucigramas to do crossword puzzles
navegar por Internet to surf the Net
pescar to fish
pintar to paint
tejer to knit; to weave

ACTIVIDAD 5 Los pasatiempos **Parte A:** Escribe la primera letra de tu nombre en el primer espacio en blanco de la columna apropiada para describir tus pasatiempos. Luego, escribe una "m" o una "p" en el segundo espacio en blanco para describir los pasatiempos de tu madre o de tu padre.

Me/Le gusta	*mucho*	*poco*	*nada*
1. pintar	____ ____	____ ____	____ ____
2. cuidar plantas	____ ____	____ ____	____ ____
3. navegar por Internet	____ ____	____ ____	____ ____
4. pescar	____ ____	____ ____	____ ____
5. hacer crucigramas	____ ____	____ ____	____ ____
6. . . .	____ ____	____ ____	____ ____

Parte B: En parejas, hablen con su compañero/a para ver qué hacen él/ella y su madre/padre en el tiempo libre. Hagan preguntas como: **¿Te gusta cocinar? ¿Pintas en tu tiempo libre? ¿A tu madre/padre le gusta cocinar?**

Parte C: En parejas, escriban tres oraciones para describir qué hacen Uds. en su tiempo libre. Por ejemplo:

- A nosotros nos gusta mucho navegar por Internet, pero a la madre de Phil no le gusta nada.

ACTIVIDAD 6 Los intereses Habla con varias personas y pregúntales si hacen las siguientes actividades en su tiempo libre.

1. jugar a las cartas
   Si contestan que sí: ¿A qué juegan? ¿Con quiénes? ¿Juegan por dinero? En general, ¿pierden o ganan dinero?
   Si contestan que no: ¿Por qué no?
2. tener alguna colección
   Si contestan que sí: ¿De qué? ¿Cuántos/as? ¿Cuánto tiempo hace que coleccionan?
   Si contestan que no: ¿Les gustaría tener una colección? ¿Qué les gustaría coleccionar?
3. hacer crucigramas o rompecabezas
   Si contestan que sí: ¿Dónde? ¿Cuándo? ¿Son expertos?
   Si contestan que no: ¿Por qué? ¿Son interesantes esos juegos o les causan frustración?
4. jugar con juegos electrónicos
   Si contestan que sí: ¿Cuáles? ¿Dónde? ¿Son expertos? ¿Cuánto tiempo hace que juegan?
   Si contestan que no: ¿Por qué no juegan? ¿Tienen computadora?
5. ¿Qué otra actividad hacen en su tiempo libre?

II. Otras cosas de la cocina

1. la cuchara
2. el tenedor
3. el cuchillo

} los cubiertos

4. el vaso
5. la taza
6. la servilleta
7. el/la sartén
8. la olla
9. el plato

Spoons come in many sizes. Some common sizes include **cuchara de sopa** and **cucharita de café.**

The use of **el** or **la** with **sartén** varies from country to country.

Otras palabras

la copa de vino wine glass **el pimentero** pepper shaker **el salero** salt shaker

ACTIVIDAD 7 A comer Di qué cosas usas para preparar, comer o beber las siguientes comidas y bebidas.

1. un consomé
2. el agua
3. una ensalada
4. una hamburguesa
5. el champán
6. el café
7. la fruta
8. un sándwich

ACTIVIDAD 8 Cómo poner la mesa Numera cada cosa que ves en esta foto de una mesa elegante.

1. copa de agua
2. copa de champán
3. copa de vino
4. cuchara de postre (*dessert*)
5. cuchara de sopa
6. cuchillo de entrada (*first course*)
7. cuchillo de postre
8. cuchillo principal
9. pimentero
10. plato para pan
11. platos
12. salero
13. servilleta
14. tenedor de entrada (*first course*)
15. tenedor de mariscos (*seafood*)
16. tenedor principal

Hacia la comunicación I

I. Expressing Doubt and Certainty: Contrasting the Subjunctive and the Indicative

In the conversation between Rosa and Raúl at the beginning of the chapter, Raúl says, **"Dudo que aquí en el D. F. el concepto del tiempo sea igual que en ese pueblo."** Is he expressing certainty or doubt?

If you said doubt, you were correct. To express doubt or disbelief about something or someone, you may use the subjunctive in a dependent noun clause. Doubt may be expressed in a personal or an impersonal way.

1 ◆ To express doubt in a personal way, use the following formula:

Person expressing doubt	+	**que**	+	*action or state that is doubted*
Dudo		**que**		ellos **sean** buenos amigos.
No creo		**que**		yo **gane** la lotería.*

*Notice in the previous sentence that a person can express doubt about his/her own actions or state.

When no doubt is expressed, the indicative is used.

Creo que a las chicas les **gusta** pescar.*	*I believe (think) that the girls like to fish.*
Estoy seguro de que Vicente **va** a venir.	*I'm sure Vicente is going to come.*

***NOTE:** **Creer** in an affirmative statement does not imply doubt.

◈ **Quizá(s)** and **tal vez** imply doubt.

2 ◆ You can also express doubt or denial in an impersonal way about someone or something specific with an independent clause that contains an impersonal expression such as **(no) es posible, (no) es probable, es dudoso, no está claro, no es evidente,** and **no es cierto/verdad.**

No es cierto/verdad que Diana **escriba** poesías.	*It isn't true that Diana writes poetry.*
Es probable que ellos **jueguen** al ajedrez.	*It's probable that they play chess.*

However, if you want to express doubt, but not about someone in particular, omit the word **que** and use the infinitive: **Es posible ir mañana.**

When the impersonal expression indicates certainty, the indicative is used.

Es verdad que juegan al ajedrez.	*It's true that they play chess.*

Other impersonal expressions that indicate certainty and do not require the subjunctive are **es cierto, está claro, es evidente, no hay duda (de),** and **es obvio.**

II. Saying How an Action is Done: Adverbs Ending in *-mente*

An adverb of manner indicates how the action expressed by the verb is done. English adverbs of manner that end in *-ly* are formed in Spanish by adding **-mente** to the feminine singular form of the adjective. However, if the adjective ends in a consonant or **-e,** simply add **-mente.** If the adjective has an accent, it is retained when **-mente** is added.

When this type of adverb appears in a series, only the last adverb contains **-mente;** the others use the feminine form of the adjective: **Speedy González corre rápida y frecuentemente.**

rápido ⟶ rápid**amente** general ⟶ general**mente**

Speedy González corre **rápidamente.**	*Speedy González runs rapidly.*

Common adverbs include:

constantemente	fácilmente	inmediatamente	solamente*
continuamente	frecuentemente	posiblemente	tranquilamente
divinamente	generalmente	probablemente	

***NOTE:** **solamente = sólo** (*only*), but **solo/a** (*alone*).

ADVERTENCIA DEL CIRUJANO GENERAL: Dejar de Fumar Ahora Reduce Enormemente Los Graves Riesgos Para Su Salud.

III. Indicating Time and Age in the Past: *Ser* and *Tener*

You already know one way to talk about the past, the *preterit.* There is another way called the *imperfect,* which has its own uses.

1 ◆ When you want to indicate age in the past, use one of the following imperfect forms of the verb **tener.**

tener	
tenía	**teníamos**
tenías	**teníais**
tenía	**tenían**

Álvaro **tenía** diez años cuando viajó en avión por primera vez.	*Álvaro was ten when he flew for the first time.*
Una vez, cuando **tenía** quince años, fui a Chichén Itzá.	*Once, when I was fifteen, I went to Chichen Itza.*

2 ◆ When you want to indicate the time an action took place, use the imperfect form of the verb **ser: era** or **eran.**

Era la una de la mañana cuando me llamó mi novia.	*It was one in the morning when my girlfriend called me.*
Eran las ocho cuando salí de mi casa.	*It was eight when I left my house.*

Do Workbook *Práctica mecánica I* and corresponding CD-ROM activities.

Doubt = subjunctive
Certainty = indicative

ACTIVIDAD 9 La política **Parte A:** En parejas, altérnense dando sus opiniones sobre el presidente de los Estados Unidos, formando oraciones con frases de las tres columnas.

Es evidente		ser inteligente
Dudo		entender los problemas del país
(No) creo		vivir en Washington
(No) es cierto	que el presidente	ser liberal
Es obvio		ser bueno
(No) es posible		trabajar mucho
(No) es probable		decir la verdad
(No) es verdad		saber hablar con otros líderes

Doubt = subjunctive
Certainty = indicative

Parte B: Después de escuchar las oraciones de tu pareja, ¿crees que él/ella sea liberal, conservador/a o que tenga poco interés en la política?

ACTIVIDAD 10 Los mexicanos **Parte A:** Lee la siguiente información sobre los mexicanos y responde a las preguntas de tu profesor/a.

- México es un país principalmente católico pues casi el 90% de la población es católica aunque muchos no van a la iglesia.
- En el país se hablan más de 250 idiomas diferentes y la gran mayoría son idiomas indígenas como el náhuatl.
- La composición étnica de la población es la siguiente:

mestizo	60%
amerindio	30%
blanco	9%
otro	1%

- La educación pública a nivel primario, secundario y universitario es gratuita o casi gratuita, pero la gente de clase alta generalmente asiste a instituciones privadas.
- Con frecuencia, los hijos no se van de la casa de sus padres hasta casarse. Algunos de la clase trabajadora se quedan en la casa después de casarse y al tener hijos, si ya no hay más lugar en la casa, se van.
- El 10% más rico de la población consume el 36,6% del mercado interno mientras que el 10% más pobre consume el 1,8%.

Parte B: Ahora, en parejas, usen la información que leyeron en la **Parte A** para expresar su opinión sobre las siguientes ideas. Al opinar, usen frases como **creo que . . . , dudo que . . . , no creo que . . .** , etc. y expliquen por qué piensan de esa manera.

1. Hay mucha diversidad étnica en México.
2. No existe la discriminación racial en México.
3. Hay igualdad de oportunidades.
4. Las familias son muy unidas.
5. El porcentaje de divorcios es muy bajo.

ACTIVIDAD 11 Las galletas de la suerte En grupos de cuatro, imagínense que están en un restaurante chino y que les acaban de dar galletas de la suerte. Cada uno debe leer su suerte y los otros deben comentarla. Usen frases de la lista para formar oraciones, siguiendo el modelo.

◆ *El que habla mucho, poco dice.*
Es evidente que tú hablas mucho.
Es importante que escuches a los otros porque . . .

es evidente que . . . porque . . .	no creo que . . . verdad porque . . .
es verdad que . . . porque . . .	es probable que . . . porque . . .
es posible que . . . porque . . .	dudo que . . . porque . . .
es necesario que . . . porque . . .	es mejor que . . . porque . . .

Una persona empieza, preguntándole a otra: —¿Qué dice tu galleta de la suerte?

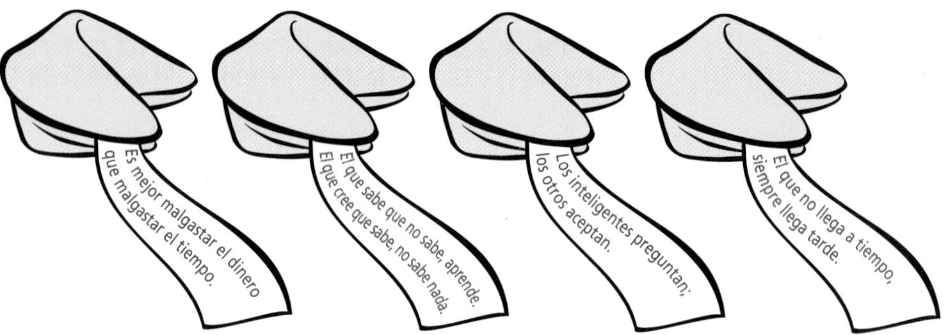

ACTIVIDAD 12 ¿Verdad o mentira? Parte A: Escribe cuatro oraciones sobre tu vida actual. Dos deben ser falsas y dos deben ser ciertas. Por ejemplo:

◆ Vivo en un apartamento con cinco personas y dos perros.

Parte B: En parejas, túrnense para leerle las oraciones a su compañero/a. El/La compañero/a debe decir si cree que son verdad o mentira. Usen frases como **(No) creo que . . . , Dudo que . . . , (No) es verdad que . . . , Es cierto que . . .** y justifiquen sus respuestas. Sigan el modelo.

◆ A: Vivo en un apartamento con cinco personas y dos perros.

B: Creo que sí vives en un apartamento con . . . porque . . .

B: No creo que vivas en un apartamento con . . . porque . . .

ACTIVIDAD 13 **¿Qué hace?** ¿Crees conocer bien a tu compañero/a? Escribe oraciones sobre las costumbres de tu compañero/a usando las palabras que se presentan a continuación. Después, en parejas, léanle las oraciones para ver si Uds. se conocen bien o no.

◆ Tú duermes constantemente.

			constante
		bailar	continuo
		comer	divino
		conducir	fácil
Tú	(no)	correr	frecuente
		dormir	general
		estudiar	inmediato
		leer	tranquilo
			rápido

ACTIVIDAD 14 **¿Cuántos años tenían?** En parejas, averigüen cuántos años tenía su compañero/a o alguien de su familia cuando hizo estas cosas.

◆ aprender a nadar

A: ¿Cuántos años tenías cuando aprendiste a nadar?

B: Tenía siete años cuando aprendí a nadar.

1. terminar la escuela secundaria
2. sus padres / casarse
3. empezar a jugar al (un deporte)
4. tener su primer trabajo
5. tener novio/a por primera vez
6. aprender a leer

ACTIVIDAD 15 **Era medianoche cuando . . .** En parejas, lean la siguiente historia y después digan a qué hora ocurrieron las acciones que se presentan, empezando cada oración con **Era/Eran** (+ hora) **cuando . . .**

Era medianoche cuando Pablo llegó a casa. Una hora más tarde, alguien llamó por teléfono, pero él no contestó porque diez minutos antes había empezado (*had started*) a bañarse. Estuvo en el baño por media hora. Justo cuando salió de la bañera empezó un episodio de "Viaje a las estrellas", donde el Sr. Spock casi se enamora de la enfermera del *Enterprise*. Cuando terminó el programa, Pablo se acostó.

1. él / llegar / a casa
2. alguien / llamar
3. él / empezar a bañarse
4. el programa / empezar
5. él / acostarse

Do Workbook *Práctica comunicativa I* and corresponding CD-ROM activities.

Nuevos horizontes

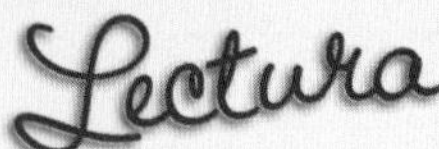

ESTRATEGIA: Finding References, Part I

When reading, you need to identify the subject of a sentence. In English, subjects generally precede their verbs; to avoid repeating a noun as a subject, writers use subject pronouns. In Spanish, writers have more options, so you need to look more closely to find references for subjects.

- If a subject is overtly stated, it may precede or follow the verb.

El perro sólo viene cuando **mi padre** lo llama.
El perro sólo viene cuando lo llama **mi padre.**

- A subject may be separated from the verb in the same sentence or omitted if mentioned in a previous sentence.

El Sr. Ibáñez, padre de familia y amigo de todos, **está** aquí con nosotros. Hoy **va** a hablarnos de la importancia de hacer ejercicio todos los días.

- A subject pronoun may replace a noun or the verb may be used alone. If the latter occurs, the subject must be determined from context.

Juan y Pepe llegan tarde a la oficina. **Ellos** siempre tienen mucho sueño y beben mucho café en el trabajo.

You will practice identifying subjects of verbs in the reading passage.

ACTIVIDAD 16 **¿Qué opinas? Parte A:** Antes de leer el siguiente artículo publicado en una revista mexicana, di si estás de acuerdo o no con estas oraciones sobre las telenovelas de los Estados Unidos. Para dar tu opinión, usa frases como **Creo que . . . , No creo que . . . , Dudo que . . . , No es cierto que . . . , Es evidente que . . . ,** etc.

1. Muchas personas imitan a las personas que aparecen en las telenovelas.
2. Las telenovelas representan la realidad.
3. La gente aprende mucho cuando ve telenovelas.
4. Las cadenas de televisión, como la NBC, la CBS y la ABC, se preocupan por presentar telenovelas de contenido educativo.
5. Las telenovelas ayudan a la gente a buscar soluciones para sus problemas de la vida real.
6. Los personajes de las telenovelas son buenos modelos para los jóvenes.
7. El valor de la familia como institución es un tema (*theme*) importante en las telenovelas.
8. Para ser popular, una telenovela debe tener mucho sexo y mucha violencia.

Parte B: Lee el artículo rápidamente y decide cuál de las siguientes frases describe mejor la idea principal.

a. Identifica un problema de México y habla de las posibles ramificaciones negativas.
b. Identifica un problema de México y ofrece una posible solución.
c. Critica la influencia negativa de la televisión en la vida diaria del mexicano.

ACTIVIDAD 17 Búsqueda de sujetos Al leer el artículo, identifica los sujetos de los verbos señalados.

1. (líneas 1–2) Expertos de la industria mundial de la telenovela sometieron. . .
2. (líneas 11–12) . . . en aras de ganar teleauditorio afectó. . .
3. (línea 13) . . . y en contraparte aseguró que los cambios . . .
4. (segunda caja) Los teledramas son vehículos de entretenimiento con contenido social, opina Miguel Sabido.
5. (línea 20) . . . dada la influencia que logran. . .
6. (línea 49) Sirven de punto de partida . . .

¿Para qué sirven las telenovelas?

Luis Adrián Ysita

Expertos de la industria mundial de la telenovela sometieron a profundos análisis ese género[1] tan gustado. Expositores de veinte países ventilaron experiencias con el objetivo de impulsar la creación de nuevos seriales con elevado nivel de calidad y, sobre todo, con mayor contenido social.

Televisa y Televisión Azteca son dos cadenas mexicanas de televisión.

Desde la inauguración misma del evento, Emilio Azcárraga Jean externó conceptos interesantes de apertura[2], entre otras cosas, el joven dirigente televisivo reconoció que la competencia sostenida con Televisión Azteca en aras de ganar teleauditorio afectó negativamente algunos procesos creativos de su empresa, y en contraparte aseguró que los cambios en los seriales dramáticos de Televisa serán notables: "Queremos mandar mensajes sociales a través de las telenovelas, si logramos tener programas culturales entretenidos, la gente no se irá".

El propósito de Televisa: enviar mensajes sociales a través de telenovelas

¿Qué es una telenovela?

Según los expositores de Espacio 98[3], los teledramas no son simplemente instrumentos de esparcimiento[4]; dada la influencia que logran sobre millones de personas se convirtieron en vehículos de comunicación social sin perder desde luego, su capacidad de entretener[5].

Los teledramas son vehículos de entretenimiento con contenido social, opina Miguel Sabido

1 *genre* 2 *opening* 3 *a convention called* Espacio 98 4 *entertainment* 5 *to entertain*

Las telenovelas del futuro

Por las exigencias populares y por la influencia comprobada de las series dramáticas sobre la gente aficionada a ellas, la empresa Televisa trabaja en la modificación de sus mecanismos de creación para lograr que dentro de cinco años todas las producciones ahí realizadas tengan fuertes cargas emotivas, en combinación con contenido social.

Aunque tenga que sacrificarse puntos en la estadística *raiting*[6], el compromiso[7] de Televisa es apegarse a la realidad social en cada una de sus telenovelas. La creación de víctimas, villanos y personajes de duda ya no será provocada únicamente por el interés de ganar una competencia entre televisoras.

Y de ese modo se logrará, a juicio de los doctos en el género, la finalidad soñada por los productores de telenovelas: conectar a la audiencia con la televisión mediante un lazo de conciencia social.

Los dramas en televisión propician cambios en las conductas ciudadanas

▼ Personajes de la telenovela colombiana *Betty la fea.*

Conclusiones

Al final de las conferencias el resultado fue:

- Las telenovelas promueven y propician cambios de comportamiento social.
- Se convierten en un factor de contribución al mejoramiento de conductas sociales.
- Mediante los dramas se busca la integración familiar.
- Defienden la superación personal en muchas facetas de la vida.
- Sirven de punto de partida para reflexionar sobre diversas problemáticas, así como sobre sus soluciones.

▼ Miguel Sabido, productor y director de telenovelas de éxito. Trabaja para Televisa.

"El que llamó caja idiota a la televisión, es un idiota": Miguel Sabido

"Insisto en que el que tituló de ese modo a la televisión es un idiota, pues no es posible cerrar los ojos ante un medio de comunicación tan transcendente."

"Después del libro, la televisión es el instrumento cultural de mayor relevancia, por lo mismo, sería adecuado contar con todos los apoyos posibles para su pleno desarrollo y sobre todo en el género de las telenovelas."

---

6 *rating (the English word is used in Spanish with a slight spelling change)* 7 *commitment*

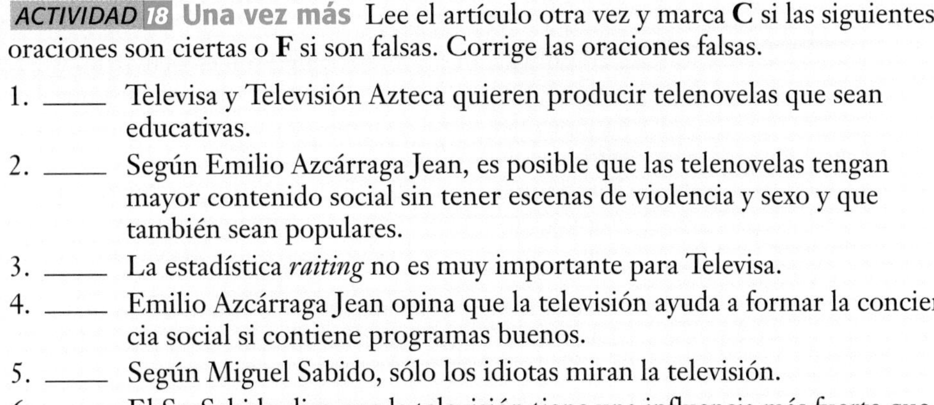

ACTIVIDAD 18 Una vez más Lee el artículo otra vez y marca **C** si las siguientes oraciones son ciertas o **F** si son falsas. Corrige las oraciones falsas.

1. _____ Televisa y Televisión Azteca quieren producir telenovelas que sean educativas.
2. _____ Según Emilio Azcárraga Jean, es posible que las telenovelas tengan mayor contenido social sin tener escenas de violencia y sexo y que también sean populares.
3. _____ La estadística *raiting* no es muy importante para Televisa.
4. _____ Emilio Azcárraga Jean opina que la televisión ayuda a formar la conciencia social si contiene programas buenos.
5. _____ Según Miguel Sabido, sólo los idiotas miran la televisión.
6. _____ El Sr. Sabido dice que la televisión tiene una influencia más fuerte que los libros en la cultura de un país.

ACTIVIDAD 19 La popularidad El artículo habla de la influencia de la televisión en el comportamiento de la gente y cómo puede tener un efecto positivo si los programas tienen buen contenido social. En grupos de tres, discutan las siguientes preguntas.

¿Tienen éxito (*are successful*) programas como "El Show de Cosby"? ¿Estos programas educan a la gente? ¿Por qué tienen éxito algunos programas sin tener ni sexo ni violencia?

Escritura

ESTRATEGIA: Describing and Giving Your Opinion

When describing something—a situation, a theory, etc.—first you must establish the main idea you want to convey by answering the question *what?* To describe supporting details and to give your reader the necessary background information for understanding, you should also address questions such as *who?*, *when?*, *where?*, *how?*, and *why?* In formal writing, expressions such as **es importante notar, se dice, tal vez, es bueno/malo que,** etc., introduce the author's point of view. In informal writing, you may express your point of view or interpretation of the topic with phrases such as **dudo que, en mi opinión, creo que,** and **tal vez.**

ACTIVIDAD 20 Tu opinión **Parte A:** In the article **"¿Para qué sirven las telenovelas?",** Emilio Azcárraga Jean describes the changes that Televisa is going to make in the production of its soap operas and why he believes these changes will be successful for his company and for Mexico. Write an essay giving your opinion about the proposed changes.

- Briefly explain the content of the article in *your own words.*
- Azcárraga and Sabido both believe that they can produce soap operas with less violence and sex and still keep an audience. Write about the possible ramifications of these changes, both good and bad, for Televisa and for the Mexican people.
- Bring a copy of your essay to the next class period and keep the original for yourself.

Keep a copy of your essay in case your partner loses it!

Parte B: Exchange your essay with a partner. At home, critique (in Spanish) your partner's essay. Is it clear? Logical? Well explained? Are ideas from the article paraphrased or are they copied too closely from the text? Are there supporting details? Is there a need for a justification somewhere? Are there grammar or vocabulary problems (for example, agreement of subjects with verbs and of adjectives with nouns)? When commenting, use phrases like: **Interesante. Bien explicado. Buena justificación. No entiendo. Necesitas más explicación. No entiendo la lógica. No es correcto. La forma del verbo es incorrecta.** (etc.) When finished, write at the top of the paper: **"Revisado por"** and your name.

Parte C: Read your partner's comments and make all necessary changes in your final draft. Staple together all drafts and hand them in to your instructor.

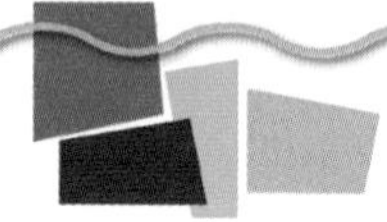

Lo esencial II

Practice vocabulary at the supermarket, when making up your shopping list, and when cooking.

I. La comida

1. la pimienta
2. la sal
3. el aceite
4. el vinagre
5. la lechuga
6. el tomate
7. la cebolla
8. la fruta
9. la mazorca (de maíz) / el elote (México)
10. el jamón
11. el queso
12. los huevos
13. el pan

Prepared salad dressings are not commonly used; Hispanics generally use **aceite y vinagre.**

ACTIVIDAD 21 Una ensalada En grupos de tres, Uds. van a preparar una ensalada (*salad*). Digan qué ingredientes van a ponerle.

ACTIVIDAD 22 El menú En parejas, planeen el menú para un picnic usando productos que se venden en la tienda.

Las horas de la comida varían de país en país. En algunos países, como México, España y Colombia, la comida más importante del día es la que se come al mediodía. Esta comida se llama el almuerzo o la comida y generalmente se come más tarde que en los Estados Unidos. En otros países, como Argentina y Chile, la comida más importante es la de la noche. Ésta se llama la cena y generalmente se come a las nueve de la noche. ¿Cuál es la comida más importante en este país y a qué hora se come?

II. La preparación de la comida

Freír is an irregular verb. See Appendix A.

1. revolver
2. añadir
3. freír
4. darle la vuelta
5. cortar
6. poner la mesa

Note: **Se cort*a* el jamón,** but **Se cort*an* los tomates.**

Se *le* da la vuelta al huevo, but **Se *les* da la vuelta a los huevos.**

ACTIVIDAD 23 Los cocineros Di qué cosas de la siguiente lista de comida se pueden cortar, freír, revolver, añadir, etc.

se corta/n
se fríe/n
se añade/n
se le/s da la vuelta a
se revuelve/n

la sal
los tomates
las papas
el jamón
la pimienta
el aceite
el queso
las cebollas
el vinagre

Después de comer, nada mejor que la sobremesa

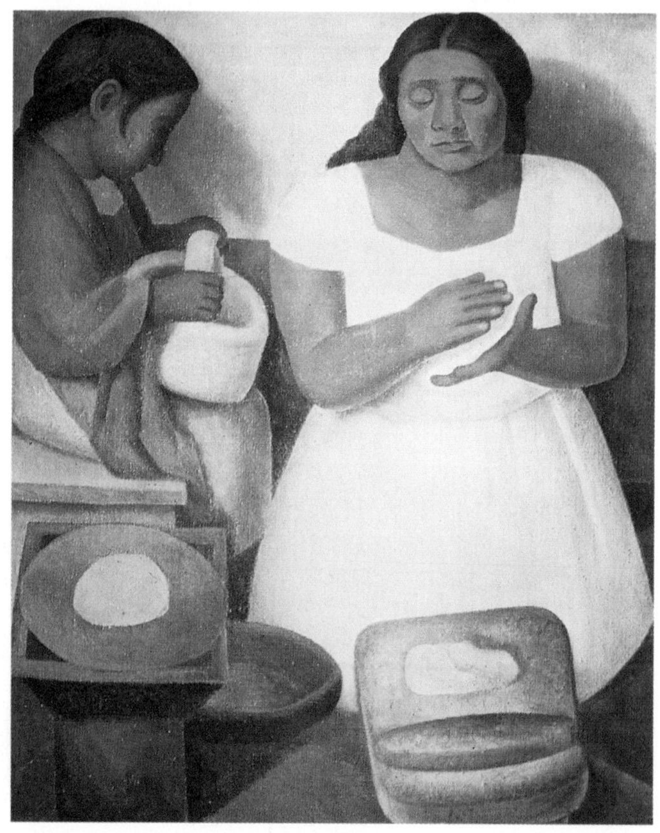

◄ *Making Tortillas,* Diego Rivera, 1926.

hay que + ***infinitive***	one/you must + *verb*
mientras tanto	meanwhile
No puedo más.	I can't take it anymore.

Después de la cena en casa de Rosa y Mauricio, Raúl y sus amigos hacen la sobremesa, es decir, platican y beben un café después de la comida.

platicar = to chat (Mexico); many other countries use **harlar.**

ACTIVIDAD 24 ¿Cierto o falso? Mientras escuchas la conversación entre Rosa, Mauricio y Raúl, escribe **C** si la oración es cierta y **F** si es falsa.

1. _____ Rosa y Mauricio son cocineros excelentes.
2. _____ Raúl quiere postre con el café.
3. _____ Comieron tacos en la comida.
4. _____ En muchos hogares (*homes*) de México, la tortilla es más importante que el pan.
5. _____ El maíz se cultiva en algunas zonas de México.
6. _____ Con la comida, Raúl bebió una bebida hecha con maíz.

RAÚL Muchas gracias por la cena. Estuvo maravillosa. Uds. son cocineros excelentes.

ROSA/MAURICIO Gracias, gracias.

ROSA Raúl, ¿quieres más postre?

RAÚL No, gracias. Comí muchísimo. No puedo más. Pero te acepto un café.

MAURICIO Bueno, Uds. platican y yo mientras tanto voy a preparar el café, ¿de acuerdo?

Expressing emotion

RAÚL Oye, Rosa. Me sorprendo de que coman tanta tortilla aquí en México. ¿Qué es? ¿El plato nacional? Ayer en el desayuno, comí huevos con tortilla, hoy en la comida comí tacos en una taquería . . .

ROSA Y esta noche nosotros te preparamos quesadillas.

RAÚL Sí, y el otro día en el museo hasta vi un cuadro de Diego Rivera con mujeres preparando tortillas. Parece que es más importante que el pan.

ROSA Bueno, en muchas casas es así, es mucho más importante que el pan. Para la gente de clase trabajadora, la tortilla muchas veces es la comida principal.

RAÚL La comida principal, ¿eh?

ROSA Así es. En otros casos no, pero la tenemos totalmente integrada a las comidas. Es que el maíz, que es el ingrediente principal, se cultiva en todo México.

RAÚL Y entonces es una comida económica.

Giving information

ROSA Sí, es muy barata. Se compran las tortillas en el supermercado, en puestos en la calle o inclusive hay tortillerías para comprarlas. Y el atole que probaste esta noche, ¿te gustó o no?

RAÚL ¿El qué?

ROSA El atole. La bebida que bebiste con la comida.

RAÚL Delicioso. Me encantó.

Joking

ROSA Bueno, el atole que bebiste con la comida es un derivado líquido del maíz. Mira, ahí viene Mauricio con el café. Recuerda, hay que acompañar el café con una deliciosa tortilla fresca.

RAÚL ¿Otra vez?

ROSA No, te estoy tomando el pelo.

ACTIVIDAD 25 Preguntas Después de escuchar la conversación otra vez, contesta estas preguntas.

1. ¿Quién es buen cocinero? Y tú, ¿cocinas bien?
2. ¿Qué comidas con tortillas comió Raúl en México?
3. ¿Dónde se compran las tortillas en México? ¿Y en tu ciudad?
4. ¿Cuál es el principal ingrediente de las tortillas y por qué es tan importante en México?
5. ¿Qué bebida tomó Raúl con el almuerzo?
6. ¿Con qué dice Rosa que hay que acompañar el café y por qué?
7. ¿Sabes cuál es la diferencia entre la tortilla española y la tortilla mexicana?

Diego Rivera (1886–1957) y Frida Kahlo (1907–1954) fueron una pareja de famosos pintores mexicanos. Se conoce a Rivera por sus murales que presentan la historia y los problemas sociales de su país o de otros países del hemisferio occidental. Generalmente, pintó muchos murales en edificios públicos, ya que consideró que la clase trabajadora debía tener acceso a ellos. En los Estados Unidos se pueden ver sus murales en Detroit y en San Francisco.

Kahlo, quien de joven sufrió un terrible accidente que la afectó para toda la vida, pintó mayormente autorretratos. Ella dijo: "Me pinto a mí misma porque estoy a menudo sola y porque soy la persona a la que mejor conozco". Muchas de sus pinturas, tristes y con elementos fantásticos, se encuentran hoy día en el Museo Frida Kahlo en Coyoacán, México, que está en la casa donde vivieron los dos pintores.

ACTIVIDAD 26 Las necesidades Termina estas frases, usando **hay que.**

- Para aprender más sobre México . . .

  Hay que buscar información en Internet. Hay que ir a la biblioteca y leer. Hay que hablar con los mexicanos. Hay que hablar con el/la profesor/a de español. etc.

1. Para ver las pinturas de Frida Kahlo . . .
2. Para hacer un viaje a México . . .
3. Para preparar un taco . . .
4. Si el vuelo de Aeroméxico al D. F. está completo . . .

Hacia la comunicación II

I. Giving Instructions: The Passive *Se*

One way to give instructions in Spanish is to use the *passive* **se.** You already did this in *Actividad 23.* The passive **se** is used when it is not important who is performing the action. Study the following formulas and examples.

se	+	*third person singular of verb*	+	*singular noun*
		third person plural of verb	+	*plural noun* / *series of nouns*

Primero, **se lava la fruta.**	*First, you wash the fruit.* (literally, *First, the fruit is washed.*)
Segundo, **se cortan los tomates** en trozos pequeños.	*Second, you cut the tomatoes in small pieces.* (literally, *Second, the tomatoes are cut in small pieces.*)
Tercero, **se cortan una cebolla y una patata.**	*Third, you cut an onion and a potato.* (literally, *Third, an onion and a potato are cut.*)

NOTE: You may also use the *passive* **se** to request or give information as in the following sentences.

¿Dónde **se venden verduras** frescas en esta ciudad?	*Where do they sell fresh vegetables in this city?* (literally, *Where are fresh vegetables sold in this city?*)
Se necesitan camareros.	*Waiters* (*are*) *needed.* (sign seen in a restaurant window)

Review uses of **para** and **por,** Ch. 5.

II. Other Uses of *Para* and *Por*

You have already learned some uses of **para** and **por** in Chapter 5. Here are some other uses.

1 ◆ To give a personal opinion, use **para.**

Para Gabriel, el carro español Seat es el coche perfecto.	*For Gabriel, the Spanish car Seat is the perfect car.*

2 ◆ To indicate exchange, use **por.**

¿Cuánto pagaste **por** tu raqueta de tenis?	*How much did you pay for your tennis racket?* (Payment indicates exchange.)
Te doy mis esquíes **por** tus patines.	*I'll give you my skis for your skates.*

3 ◆ To express *along, by, through,* use **por.**

Caminaron **por** la playa.	*They walked along the beach.*
Mandé la carta **por** correo.	*I sent the letter by mail.*
Viajaron **por** barco.	*They traveled by boat.*
Van a entrar **por** la puerta principal.	*They are going to come in through the main door.*

4 ◆ As you learned in Chapter 5, to indicate the recipient of an action, use **para.** To indicate that a person is substituting for or replacing someone, use **por.**

Raquel y Ana juegan **para** los Tigres, un equipo de basquetbol profesional.
Raquel and Ana play for the Tigers, a professional basketball team. (The team receives the action of their playing.)

Perla va a jugar **por** Raquel.
Perla is going to play for Raquel. (She will substitute for/replace her.)

III. Expressing Emotions: More Uses of the Subjunctive

Up to now, you have seen that the subjunctive is used in dependent noun clauses t give advice, to indicate hope, and to express doubt. It is also used to express emo tion about other people's actions. As in other cases, emotion can be expressed in personal or impersonal way.

1 ◆ To express emotion in a personal way, use the following formula.

Person expressing emotion	+	**que**	+	*person/thing expressing the emotion about*
Siento		**que**		no **vayas** con nosotros.

Verbs frequently used in the independent clause to express emotion include **ale grarse de** (*to be happy about*), **esperar, sentir** (*to feel/be sorry*), **tener miedo de,** o **sorprenderse de** (*to be surprised about*).

¿**Te alegras de que vayamos** a ese restaurante?	*Are you happy that we are going to that restaurant?*
Me sorprendo de que no **sepas cocinar,** Álvaro.	*I'm surprised that you don't know how to cook, Álvaro.*
Nos alegramos de que te **guste** la tortilla.	*We're glad that you like the tortilla.*

However, when there is no change of subject, the infinitive is used: **Lamento no poder ir a la fiesta.**

2 ◆ You can also express emotions in an impersonal way about someone or something specific. The independent clause contains impersonal expressions such as **qué lástima, es una pena, qué pena,** or **es fantástico.**

¡**Es una pena que** no **podamos** salir esta noche! — *It's a pity that we can't go out tonight!*

Internet Do Workbook *Práctica mecánica II*, CD-ROM, Web ACE Tests, and lab activities.

However, if you want to express emotion, but not about someone in particular, use the infinitive: **Es fantástico viajar.**

ACTIVIDAD 27 Una receta La tortilla española es muy diferente de la tortilla mexicana. Da instrucciones para preparar una tortilla española usando el **se** pasivo.

◆ Lavas las patatas. → Se lavan las patatas.

1. Cortas las patatas y la cebolla.
2. Fríes las patatas y la cebolla.
3. Pruebas las patatas y la cebolla.
4. Revuelves los huevos.
5. Pones las patatas y la cebolla en un recipiente.
6. Revuelves las patatas y la cebolla con los huevos.
7. Añades la sal.
8. Quitas casi todo el aceite de la sartén.
9. Pones todo en la sartén.
10. Le das la vuelta a la tortilla.
11. Comes la tortilla.

Una tortilla española, jamón serrano y pan. ¿Tienes hambre?

ACTIVIDAD 28 El "chef" Eres cocinero/a y vas a inventar un plato nuevo. Escribe la receta (*recipe*) y después explícale la receta a un/a amigo/a. Por ejemplo: **Primero se cortan . . . , Después se . . . ,** etc. **Se llama . . . y es delicioso.**

ACTIVIDAD 29 Quinceañera Sandra vive en un pueblo de México y hoy cumple 15 años. Sus padres le organizaron una fiesta muy grande. Forma oraciones para las siguientes situaciones relacionadas con la fiesta usando **para** o **por.**

1. Los padres de Sandra alquilaron un salón de fiestas y celebraron su cumpleaños.
2. Los padres le compraron un vestido blanco a Sandra. Les costó 5.000 pesos.
3. Óscar compró quince rosas porque es el cumpleaños de su novia.
4. Sus abuelos de Guadalajara fueron a la fiesta y viajaron en Aeroméxico.
5. El padre de Sandra trabaja en el Banco Central de México.
6. Su padre no fue al trabajo hoy para asistir a la fiesta. Su amigo Ramón trabajó en su lugar.
7. Su tío de Los Ángeles le mandó un regalo. Usó la compañía FedEx.
8. Después de la misa, la quinceañera, su familia y sus invitados caminaron de la iglesia al salón de fiestas detrás de una banda de músicos. Caminaron a través del pueblo.
9. En la fiesta, su padre le cambió los zapatos a Sandra. Le quitó los zapatos de tacón bajo y le puso unos de tacón alto.
10. Sandra cree que su cumpleaños de quince fue un evento muy especial.

▲ Tarjeta de Hallmark.

En México y en partes de los Estados Unidos donde hay influencia mexicana, cuando las chicas cumplen los 15 años se hace una celebración que marca el paso de niña a mujer. El día del cumpleaños, la quinceañera, su familia y otros invitados van a una misa especial en la iglesia. Después, es común organizar un baile en la casa o en un salón de fiestas. En pueblos pequeños la quinceañera, su familia y sus amigos caminan detrás de una banda desde la iglesia hasta el lugar de la fiesta. En las grandes ciudades, algunos alquilan limosinas para este corto viaje. En la fiesta, el padre da un discurso para presentar a su hija en sociedad y luego empieza el baile con música en vivo. La quinceañera primero baila con su padre, generalmente un vals, pero después baila música moderna con sus chambelanes. En algunos casos, las damas de honor y los chambelanes hacen un baile con coreografía. En algunos festejos, la quinceañera lleva zapatos de tacón bajo a la iglesia, y luego en la fiesta, el padre le cambia los zapatos y le pone zapatos de tacón alto para representar que ya no es una niña.

chambelanes y damas de honor = a group of young men and women similar to a prom court

ACTIVIDAD 30 Opiniones **Parte A:** En grupos de tres, expresen sus opiniones sobre estas oraciones.

- ¿Crees que los colegios mayores sean excelentes?

Sí, creo que son excelentes. No, creo que son horribles.

1. El Escarabajo de Volkswagen es un carro fantástico.
2. El programa de "Jeopardy" es muy aburrido.
3. La música rap es antifeminista.
4. El presidente es muy inteligente.

Parte B: Ahora, forma oraciones para describir las opiniones de las personas de tu grupo.

- Para mí, el Escarabajo de Volkswagen es un carro fantástico porque . . . , pero para ellos, el Escarabajo es un carro feo.

Emotion = subjunctive

ACTIVIDAD 31 La esperanza y el miedo Todos tenemos esperanzas y miedos sobre el futuro. Lee la siguiente lista de frases y di si te dan miedo o si son tus esperanzas. Empieza con **Espero (que) . . .** o **Tengo miedo de que . . . ,** etc.

1. la gente / preocuparse / por la ecología
2. (yo) ayudar / a otras personas
3. el mundo / tener / una guerra nuclear
4. la gente del mundo / vivir / en paz
5. California / tener / un terremoto (*earthquake*)
6. (yo) conseguir / un trabajo bueno
7. (yo) sacar / buenas notas
8. todos los grupos religiosos / aprender a vivir / juntos

ACTIVIDAD 32 Esperanzas Haz una lista de cosas que esperas hacer en el futuro y otra de cosas que esperas que hagan tus compañeros de clase.

- Espero vivir en una ciudad grande porque . . .
  Espero que Steve sea profesor de filosofía porque . . .

ACTIVIDAD 33 Nada es perfecto En parejas, hagan una lista de algunas características positivas y otras negativas de su universidad. Usen expresiones como:

Positivas	*Negativas*
Me alegro de que . . .	Es una pena . . .
Es fantástico que . . .	¡Qué pena que . . . !
Me sorprendo de que . . .	Me sorprendo de que . . .
Estoy contento/a de . . .	Es una lástima que . . .
Espero que . . .	

ACTIVIDAD 34 **¿Cuál?** **Parte A:** Tus amigos y tú siempre intentan tomar las mismas clases juntos. Uds. tienen que tomar una clase de Anatomía I porque quieren ser médicos. Lee las siguientes descripciones de los profesores y decide con cuál de los tres quieres estudiar. Escribe tres razones por las que quieres tener a esta persona como profesor/a y escribe dos razones en contra de los otros dos.

Profesor Emilio Escarpanter

56 años. Es muy inteligente y va a clase bien preparado, pero tiene una voz monótona. Sus clases no son interesantes, pero siguen una organización lógica y es muy fácil tomar apuntes. La asistencia a clase es obligatoria y te baja la nota final si tienes muchas faltas. Tienes que leer muchísimo para la clase. Hay dos exámenes parciales y un examen final. Sus exámenes son muy difíciles (se basan en los apuntes de clase y las lecturas), pero el 45% de la clase recibe buenas notas.

apuntes = class notes
notas = grades
lecturas = readings

Profesora Rosalía Obregón

45 años. Es muy inteligente y muy organizada en clase. Es cómica y explica las lecciones a base de ejemplos divertidos. A veces trae su guitarra a clase y canta canciones para ayudar a los estudiantes a recordar la materia importante. Es necesario asistir a clase todos los días. También hay que leer mucho y saber la materia antes de ir a clase porque la participación cuenta un 25% de la nota final. Hay un proyecto que también cuenta un 25% y un examen final que cuenta el 50%. Ella no tiene fama de regalar buenas notas, pero es justa. Hay que trabajar mucho en su clase, pero los estudiantes saben la materia al terminarla.

Profesora Enriqueta Maldonado

45 años. Es muy inteligente, pero desorganizada en clase. Si un estudiante tiene preguntas es mejor verla fuera de clase. Es muy simpática y escribe buenas cartas de recomendación. La asistencia no es obligatoria y los exámenes se basan en las lecturas, no en la materia presentada en clase. Sus exámenes son relativamente fáciles y el 65% de la clase recibe buena nota, pero por lo general no están bien preparados para Anatomía II al terminar el curso.

Internet Do Workbook *Práctica comunicativa II* and the *Repaso* section. Do CD-ROM, Web ACE Tests, and lab activities.

Parte B: En grupos de tres, decidan con quién van a tomar la clase. Usen frases como:

es posible que . . .
es una lástima que . . .
creo que . . .
dudo que . . .
es mejor que . . .

Do Web Search activities.

Vocabulario funcional

Los pasatiempos (*Hobbies*) *Ver página 236.*

Cosas de la cocina

la copa (de vino) — *(wine) glass*
la cuchara — *spoon*
el cuchillo — *knife*
la olla — *pot*
el pimentero — *pepper shaker*
el plato — *plate*
el salero — *salt shaker*
el/la sartén — *frying pan*
la servilleta — *napkin*
la taza — *cup*
el tenedor — *fork*
el vaso — *glass*

La comida

el aceite — *oil*
la cebolla — *onion*
la fruta — *fruit*
el huevo — *egg*
el jamón — *ham*
la lechuga — *lettuce*
la mazorca (de maíz) — *corn on the cob*
el pan — *bread*
la pimienta — *pepper*
el queso — *cheese*
la sal — *salt*
el tomate — *tomato*
el vinagre — *vinegar*

Otro vocabulario relacionado con la comida

la ensalada — *salad*
el postre — *dessert*
el primer plato — *first course*
el segundo plato — *second course*

La preparación de la comida

añadir — *to add*
cocinar — *to cook*
cortar — *to cut*
darle la vuelta — *to turn over, flip*
freír (e ⟶ i, i) — *to fry*
poner la mesa — *to set the table*
revolver (o ⟶ ue) — *to mix*

Expresiones impersonales de duda

no es cierto — *it isn't true*
no está claro — *it isn't clear*
es dudoso — *it's doubtful*
no es evidente — *it isn't evident*
(no) es posible — *it is/isn't possible*
(no) es probable — *it is/isn't probable*
no es verdad — *it isn't true*

Expresiones impersonales de certeza

es cierto — *it's true*
está claro — *it's clear*
es evidente — *it's clear, evident*
es obvio — *it's obvious*
es verdad — *it's true*
no hay duda (de) — *there's no doubt*

Expresiones impersonales de emoción

es fantástico — *it's fantastic*
es una pena — *it's a pity*
qué lástima — *what a shame*
qué pena — *what a pity*

Adverbios *Ver página 240.*

Verbos

alegrarse de — *to be happy about*
arreglar — *to fix; to arrange*
dudar — *to doubt*
sentir (e ⟶ ie, i) — *to feel sorry*
sorprenderse de — *to be surprised about*

Palabras y expresiones útiles

estar seguro/a (de) — *to be sure (of)*
hay que + *infinitive* — *one/you must* + verb
mientras tanto — *meanwhile*
probar (o ⟶ ue) — *to taste*
No puedo más. — *I can't take it anymore.*
¿No sabías? — *You didn't know?*
¡Qué (buena) suerte! — *What (good) luck!*
¡Qué mala suerte! — *What bad luck!*
Somos dos. — *There are two of us.*
tal vez/quizás + *subjunctive* — *perhaps/maybe*
tener (buena) suerte / tener mala suerte — *to be lucky / unlucky*

Capítulo 10

Chapter Objectives

- Making use of postal services and the Internet
- Expressing likes, dislikes, and opinions
- Avoiding redundancies in everyday speech
- Talking about sports
- Describing in the past
- Telling what you used to do

▼ Volcán Poás, Costa Rica.

Datos interesantes

- Costa Rica sólo cubre el 0,03% de la superficie total del planeta, pero contiene aproximadamente un 6% de la biodiversidad mundial.
- Desde 1869 la educación es obligatoria y gratis y hoy día el 95% de la población sabe leer.
- El país no tiene ejército desde 1948.
- Costa Rica tiene la democracia más antigua de América Latina y se considera el país más estable de Centroamérica.
- Óscar Arias, ex presidente costarricense, recibió el Premio Nobel de la Paz en 1987.

¡Feliz cumpleaños!

Niños en una carreta en Costa Rica. ¿Para qué crees que se usen las carretas?

echar de menos	to miss (*someone or something*)
a lo mejor + *indicative*	perhaps
quedarse en + *place*	to stay in/at + *place*
aburrirse como una ostra	to be really bored (literally, to be bored like an oyster)

Después de pasar dos años en España sin ver a su familia, Vicente regresa a Costa Rica de vacaciones para ver a sus padres y para celebrar su cumpleaños.

ACTIVIDAD 1 ¿Cierto o falso? Mientras escuchas la conversación entre Vicente y sus padres, escribe **C** si la oración es cierta y **F** si es falsa.

1. _____ Hace un mes que Vicente le mandó una tarjeta a su madre.
2. _____ A la madre le gustó la tarjeta.
3. _____ Hoy es el cumpleaños de Vicente.
4. _____ Los padres de Vicente le compraron un regalo.
5. _____ Vicente y sus padres van a ir a Sarchí.
6. _____ Es posible que Vicente le compre un regalo a Teresa.

VICENTE No saben cuánto me gusta estar en Costa Rica otra vez; siempre los echo de menos a Uds. y a mis amigos.

MADRE Y a nosotros nos encanta tenerte en casa, hijo.

VICENTE Por cierto, mamá, no dijiste nada sobre la tarjeta que te mandé para tu santo.

MADRE Pero, ¿qué tarjeta? ¿Me mandaste una de esas tarjetas virtuales que bailan y cantan?

VICENTE No, no. Era una tarjeta normal. Te la mandé hace un mes por correo.

MADRE Yo no recibí nada.

Complaining

PADRE Es que el correo es terrible. Mandas cosas y tardan un siglo en llegar, si llegan.

MADRE No te preocupes; ya va a llegar. Además, mi mejor regalo es tener a mi hijo aquí con nosotros, gracias a Dios.

VICENTE Gracias, mamá. Bueno, ¿qué vamos a hacer hoy?

PADRE Primero, vamos a darte tu regalo de cumpleaños; aquí está. Te lo compramos porque sabemos que es algo que te gusta. ¡Feliz cumpleaños!

VICENTE . . . ¡Una raqueta de tenis! Hace mucho tiempo que no juego. Muchas gracias, mamá . . . papá.

PADRE ¿Te gusta?

Expressing likes

VICENTE ¡Me fascina!

PADRE Bueno, ahora vamos a ir a Sarchí para ver las carretas.

VICENTE ¿Para el festival?

PADRE Sí, lo celebran hoy.

Reminiscing

VICENTE ¡Pura vida![1] Echo de menos el "canto" de las carretas. Tenía tres años cuando subí a la carreta del abuelo por primera vez y me fascinó. ¿Vas a venir con nosotros, mamá?

MADRE No, me quedo en casa porque no me siento bien y quiero dormir un poco.

VICENTE Pero mamá, . . . te vas a aburrir como una ostra.

MADRE No, es mejor que vayan Uds. solos. ¡Ah! ¡Oye! Sarchí es un buen lugar si Uds. quieren comprarle algo de artesanía típica a Teresa.

VICENTE Ahhh, a lo mejor le regalo una carreta pequeña.

Avoiding redundancies

PADRE Sí, yo conozco un lugar perfecto donde se la puedes comprar.

VICENTE Bueno, voy a echarle gasolina al carro. Ahorita vengo, papá. Adiós mamá; espero que te mejores.

MADRE Hasta luego, mi amor; que Dios te acompañe.

PADRE . . . ¿Ya llamaste a todos sus amigos?

MADRE Sí, vienen como a las ocho. A Vicente le va a encantar verlos a todos. Tengo mucho que hacer mientras Uds. están en Sarchí. No pueden llegar hasta las nueve, ¿eh?

---

1 *That's great!* (Costa Rican expression)

ACTIVIDAD 2 Preguntas Después de escuchar la conversación otra vez, contesta estas preguntas.

1. ¿Por qué le mandó Vicente una tarjeta a su madre?
2. Según el padre de Vicente, ¿qué ocurre cuando se mandan cosas por correo?
3. ¿Qué van a hacer Vicente y su padre en Sarchí?
4. ¿Qué va a pasar esta noche en la casa de Vicente?
5. ¿Es verdad que la madre de Vicente se siente mal?
6. La madre de Vicente usa frases de origen religioso. ¿Cuáles son?

En español las palabras **Dios** y **Jesús** se oyen con frecuencia en las conversaciones. Esto no significa que la persona que las usa sea religiosa o irrespetuosa. Algunas expresiones comunes que se usan son **¡Por Dios!, ¡Dios mío!, Con la ayuda de Dios, ¡Sabe Dios . . . !** (*Who knows . . . !*), **Dios mediante** (*God willing*) y **Que Dios te acompañe** (*May God be with you*). ¿Es común usar el nombre de Dios en tu país?

ACTIVIDAD 3 Echo de menos . . . Ahora que Uds. están en la universidad, a lo mejor echan de menos algunas cosas (casa, pueblo, escuela secundaria, familia, etc.). En parejas, hagan una lista de cinco cosas que echan de menos y de tres cosas que no echan de menos. Después, compartan sus ideas con la clase.

- Paul echa de menos a su perro . . . y yo echo de menos . . .

Lo esencial I

El correo y la red

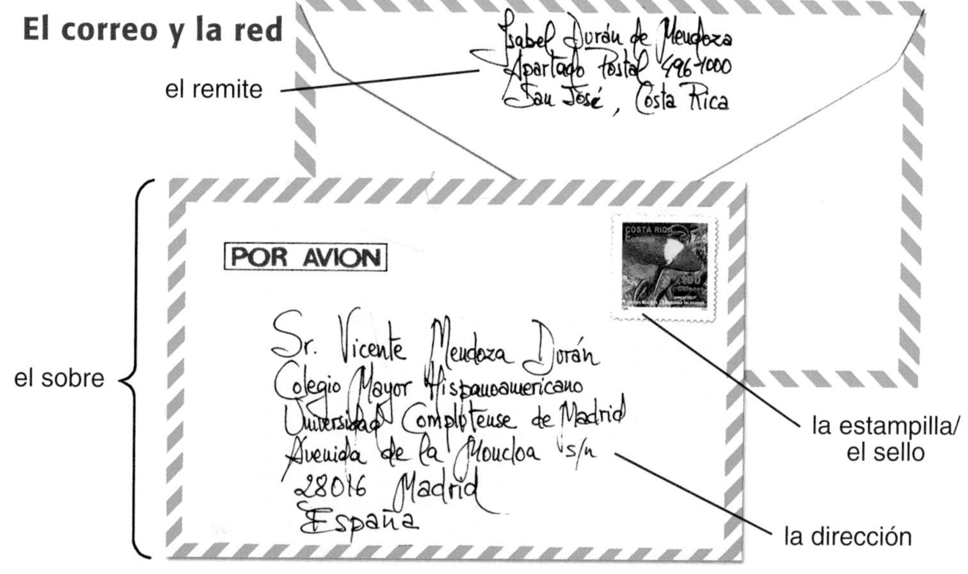

Otras palabras relacionadas con el correo y la red

Practice this vocabulary while receiving and sending letters, and working on the Internet.

In Spanish, many people use English terms with Spanish pronunciation when discussing cyberspace; others choose to use the Spanish equivalent. Note: The term **Internet** is frequently used without an article in Spanish: **Lo leí en Internet.**

el buzón mailbox
la carta letter
el/la cartero letter carrier
el fax
hacer cola to stand in line
mandar una carta to send a letter
el paquete package
la (tarjeta) postal postcard
el buscador search engine
el correo electrónico/mensaje electrónico/email
el enlace/link
hacer clic to click
el/la Internet
navegar (por) to surf
la red the Web
el sitio site

This is how you read an Internet address in Spanish:

http://www.gauchonet.com = **h t t p dos puntos barra barra w w w punto gauchonet punto com**

This is how to read an email address:

smith@abc.edu = **smith arroba a b c punto edu**

ACTIVIDAD 4 En orden, por favor En parejas, pongan estas oraciones sobre el correo en orden lógico.

______ Busco un buzón.
______ Escribo el remite en el sobre.
______ Le pongo una estampilla.
______ Echo la carta en el buzón.
______ Escribo la carta.
______ La pongo en un sobre.
______ Escribo la dirección en el sobre.

ACTIVIDAD 5 La red En grupos de tres, hablen con sus compañeros para averiguar si usan y cómo usan la red. Apunten sus respuestas.

1. su dirección de correo electrónico
2. si mandan muchos o pocos mensajes por correo electrónico cada semana
3. a quién le escriben
4. si cada semana navegan mucho o poco por Internet
5. su buscador favorito
6. su enlace favorito y la dirección (si la saben)

ACTIVIDAD 6 El toque personal Mira este anuncio de una oficina de correos. Luego, di si hay ocasiones cuando uno debe mandar una carta o una tarjeta en vez de un email o una tarjeta virtual.

Querida Laura:
Aquí te escribe tu amado Fernando y lo hago en forma manual porque creo en la revalorización de la escritura, en la sensibilidad del trazo personal y en el valor agregado de la tinta y el papel.
Te escribo de todo corazón, Laura, porque todo argentino tiene derecho a tener su "carta manuscrita"
Las cartas son pensamientos que quedan.
www.correoargentino.com.ar
CORREO ARGENTINO

Hacia la comunicación I

I. Expressing Likes, Dislikes, and Opinions: Using Verbs Like *Gustar*

In Chapter 2, you learned how to use the verb **gustar**.

The verb agrees with what is loved, what bothers you, etc. The indirect-object pronoun tells who is affected. See Ch. 2 and review **gustar** if needed.

¿Te gusta el festival?
Nos gustan las carretas de Sarchí.

1 ◆ Here are some other verbs that function like **gustar**.

encantar	to like a lot, to love	**fascinar**	to like a lot, to find fascinating
faltar	to lack, to be missing	**molestar**	to be bothered by, to find annoying

A Vicente **le encanta** visitar a su familia. — *Vicente loves to visit his family.* (literally, *Visiting his family is really pleasing to him.*)

Le fascina hablar y salir con sus amigos,* pero **le molestan** las personas que fuman en los bares. — *He likes to talk to and go out with his friends, but he is bothered by people who smoke in bars.* (literally, . . . *people that smoke in bars bother him.*)

***NOTE:** Use the singular verb form when one or more infinitives follow.

2 ◆ The verb **parecer** (*to seem*) follows the same pattern as **gustar,** except that it is normally followed by an adjective or a clause introduced by **que.**

Me parecen bonitas esas estampillas.	*Those stamps seem pretty to me.*
A él **le parece que** el correo está cerrado.	*It seems to him that the post office is closed.*

Notice the meaning of **parecer** when it is used in a question with the word **qué.**

¿Qué te pareció el regalo?	*How did you like (What did you think of) the present?*

II. Avoiding Redundancies: Combining Direct- and Indirect-Object Pronouns

In the conversation, you heard Vicente say to his mother, **"Era una tarjeta normal. Te la mandé hace un mes por correo."** In the last sentence, *to whom* and *to what* do you think the words **te** and **la** refer?

If you said *to his mother* and *to the card,* you were correct.

In Chapters 6 and 7 you learned how to use the indirect- and the direct-object pronouns separately. Remember that the indirect object tells *for whom* or *to whom* the action is done, and the direct object is the person or thing that directly receives the action of the verb and answers the question *what* or *whom.*

Indirect-Object Pronouns		Direct-Object Pronouns	
me	nos	me	nos
te	os	te	os
le	les	lo, la	los, las

Le mandé un regalo a mi amiga.	*I sent a gift to my friend.*
—¿Mandaste el regalo? —Sí, **lo** mandé.	*Did you send the gift?* *Yes, I sent it.*

1 ◆ When you use both an indirect- and a direct-object pronoun in the same sentence, the indirect-object pronoun immediately precedes the direct-object pronoun.

Remember: Indirect before direct (I.D.).

Mi amigo me dio un libro.	¿Quién te mandó la carta?
Mi amigo **me lo** dio. *My friend gave it to me.*	¿Quién **te la** mandó? *Who sent it to you?*

2 ◆ The indirect-object pronouns **le** and **les** become **se** when combined with the direct-object pronouns **lo, la, los,** and **las.**

Note: Never use **me lo, me la,** etc., with verbs like **gustar** since the noun following the verb is not a direct object, but rather the subject of the verb.

le/les ⟶ **se** + lo/la/los/las

Le voy a pedir un café (a Inés). ⟶ **Se lo** voy a pedir (a Inés/a ella).
Les escribí las instrucciones (a ellos). ⟶ **Se las** escribí (a ellos).

Do Workbook *Práctica mecánica I* and corresponding CD-ROM activities.

Remember to add accents when needed.

3 ◆ Remember that object pronouns either precede a conjugated verb or are attached to the end of an infinitive or present participle.

Se lo mandé ayer.	→	———
Se lo voy a mandar.	→	Voy a mand**árselo.**
Se la estoy escribiendo.	→	Estoy escrib**iéndosela.**

ACTIVIDAD 7 ¿No te gusta, te gusta o te encanta? Vas a hacer una encuesta. Pregúntales a tus compañeros si les gustan estas cosas. Anota (*Jot down*) sus nombres en la columna apropiada.

◆ ¿Te gusta la comida picante?

No, no me gusta. Sí, me gusta. Sí, me encanta.

	No gustar	*Gustar*	*Encantar*
la comida picante (*spicy*)	______	______	______
los postres	______	______	______
la música clásica	______	______	______
cocinar	______	______	______
los juegos electrónicos	______	______	______
fumar	______	______	______
recibir email	______	______	______
hacer gimnasia	______	______	______

▲ En México y en algunos países centroamericanos y suramericanos se usa una gran variedad de chiles en la preparación de comidas picantes.

ACTIVIDAD 8 Las cosas que te faltan Imagina que acabas de mudarte (*to move*) a un apartamento semiamueblado. Escribe una lista de cinco cosas que todavía te faltan. Después, en parejas, comparen sus listas.

◆ Todavía me falta una lavadora.

ACTIVIDAD 9 ¿Te molesta? **Parte A:** En parejas, digan si les encanta o si les molesta hablar de los siguientes temas: la política, la religión, el arte, la música, los problemas de otros, sus problemas, la economía, la comida, la vida de personas famosas, los deportes, la ropa.

Parte B: Teniendo en cuenta los temas que le encantan a tu compañero/a, sugiérele una revista para cada tema.

◆ Como te encanta la música, te aconsejo que compres *Rolling Stone*.

ACTIVIDAD 10 No todo es perfecto **Parte A:** En parejas, hagan una lista de cinco cosas que les encantan de la universidad, dos cosas que les molestan y dos cosas que le faltan a la universidad.

Parte B: Ahora, escriban dos oraciones dándole consejos al/a la presidente/a de la universidad. Sigan el modelo.

◆ Señor/a presidente/a, como a la universidad le falta/n. . . le aconsejamos/es importante que. . . También nos molesta/n. . . por eso queremos que. . .

ACTIVIDAD 11 ¿Qué te pareció? Parte A: En parejas, túrnense para averiguar qué opina su compañero/a sobre estos temas.

◆ A: ¿Qué te pareció la última prueba de la clase de español?
B: Me pareció fácil/difícil/justa/etc.

1. el último partido del *Superbowl* del año pasado
2. los resultados de las últimas elecciones
3. los escándalos presidenciales de Clinton
4. la última película de Julia Roberts
5. tus clases del semestre pasado
6. el último disco compacto de Bono y U2

Parte B: Ahora, pregúntale a tu compañero/a cuál de los temas de la **Parte A** le interesa más: los deportes, la política, el cine, la universidad o la música. Luego conversen con su pareja sobre ese tema por un minuto. Por ejemplo, si a tu pareja le interesa la música:

◆ A: ¿Qué te parece la música de . . . ?
B: Me parece horrible/fantástica porque . . .
A: A mí me fascina . . .

ACTIVIDAD 12 Me lo, me la . . . La conversación al principio de este capítulo usa pronombres directos e indirectos para evitar la redundancia. Mira la página 262 y di a qué o a quién se refieren las palabras en negrita en las siguientes líneas. ¡Ojo! Tienes que leer estas líneas en el contexto de la conversación para poder contestarlas.

1. VICENTE: . . . no dijiste nada sobre la tarjeta que **te** mandé para tu santo.
2. PADRE: **Te lo** compramos porque sabemos que es algo que te gusta. ¡Feliz cumpleaños!
3. PADRE: Sí, **lo** celebran hoy.
4. PADRE: Sí, yo conozco un lugar perfecto donde **se la** puedes comprar.

Remember: The indirect-object pronouns **le** and **les** become **se** when followed by **lo, la, los,** and **las.**

ACTIVIDAD 13 La redundancia Estas conversaciones tienen mucha repetición innecesaria. En parejas, arréglenlas para que sean más naturales.

1. A: ¿Piensas comprarle un regalo a tu hermano?
B: Sí, mañana pienso comprarle un regalo a mi hermano.
A: ¿Cuándo vas a mandarle el regalo a tu hermano?
B: Voy a mandarle el regalo a mi hermano mañana por la tarde.

2. A: Vicente, ¿les trajiste los cubiertos a Teresa y a Marisel?
B: No, no les traje los cubiertos a Teresa y a Marisel. ¿Quieres que les traiga los cubiertos a Teresa y a Marisel mañana?
A: Claro, mañana puedes traerles los cubiertos.

3. A: ¿Cuándo vas a preparme mi comida favorita?
B: Estoy preparándote tu comida favorita ahora.
A: Pero no me gustan los frijoles. Siempre dices que vas a prepararme mi comida favorita y nunca me preparas esa comida. No me quieres.
B: Bueno, bueno. Voy a prepararte tu comida favorita mañana.

ACTIVIDAD 14 **¿Ya lo hiciste?** En parejas, usen las oraciones de la lista que sigue para formar dos conversaciones lógicas de seis líneas cada una. A continuación tienen la primera oración de cada conversación.

Conversación A	*Conversación B*
—¿Me compraste el champú?	—¿Me compraste la cinta?
—???	—???

_____ Ah, es verdad. Las tengo en la chaqueta.
_____ Sí, te lo compré. ¿Y tú? ¿Le diste las cartas al cartero?
_____ Ya te lo di, ¿no?
_____ No, no se las di.
_____ Perfecto. ¿Puedes darme las llaves del carro?
_____ Sí, se lo di.
_____ Ah, es cierto. Se lo mandé al dueño ayer.
_____ Sí, te la compré. ¿Y tú? ¿Le diste el paquete al cartero?
_____ Ya te las di, ¿no?
_____ ¿Puedes mandarlas mañana, por favor? ¿Y cuándo vas a darme el dinero del alquiler?

ACTIVIDAD 15 **No es así** Las oraciones de la primera columna contienen información incorrecta. La segunda columna contiene información correcta que necesitan pero está fuera de orden. En parejas, túrnense para leer estas oraciones. Al leer una oración, la otra persona tiene que corregir la información. Sigan el modelo.

◆ A: Los navajos le vendieron la ciudad de Nueva York a Peter Minuit.
B: No, los lenapes **se la** vendieron.

1. Los navajos le vendieron la ciudad de Nueva York a Peter Minuit.
2. La Cruz Roja le construye casas a la gente necesitada.
3. El avión Barón Rojo les tiró la bomba atómica a los habitantes de Hiroshima.
4. Para ser popular, Diego Maradona les regaló bicicletas a los niños argentinos pobres.
5. En el 2000 los ingleses le dieron el control del canal a Panamá.
6. AmeriCorps les da asistencia a personas enfermas en todo el mundo.
7. Julián de Médici le financió el viaje a Cristóbal Colón.
8. Inglaterra les regaló la Estatua de la Libertad a los norteamericanos.

a. Enola Gay
b. Francia
c. Isabel la Católica
d. Habitat para la Humanidad
e. los lenapes
f. Eva Perón
g. los norteamericanos
h. Médicos sin fronteras

ACTIVIDAD 16 En la oficina **Parte A:** En parejas, una persona es el/la empleado/a y cubre la Columna A y la otra persona es el/la jefe/a y cubre la Columna B. Los dos quieren saber si la otra persona hizo las cosas que tenía que hacer. El/La jefe/a hace preguntas primero, basándose en la información de la Columna A.

◆ Jefe/a: ¿Le mandó el fax a la directora de la compañía M.O.L.A.?
Empleado/a: Sí, ya se lo mandé. / No, no se lo mandé.

Remember to address each other formally.

A check mark indicates that the task has been completed.

A (Jefe/a)

Esto es lo que tiene que hacer tu empleado/a hoy:

- ☐ pedirle los documentos al Sr. Lerma
- ☐ mandarle un fax al Dr. Fuentes
- ☐ llamar a la agente de viajes
- ☐ comprar estampillas
- ☐ darle la información a la Dra. Ramírez

B (Empleado/a)

Esto es lo que tienes que hacer hoy:

- ☐ pedirle los documentos al Sr. Lerma
- ☑ mandarle un fax al Dr. Fuentes
- ☐ llamar a la agente de viajes
- ☑ comprar estampillas
- ☑ darle la información a la Dra. Ramírez

Parte B: Ahora, el/la empleado/a hace las preguntas, basándose en la información de la Columna B.

A (Jefe/a)

Cosas que debes hacer hoy:

- ☑ mandarle el email a la Srta. Pereda
- ☐ escribirle a la Sra. Hernández
- ☑ darle las instrucciones a la nueva secretaria
- ☑ preguntarles su dirección a los Sres. Montero
- ☐ llamar al médico

B (Empleado/a)

Cosas que debe hacer tu jefe/a hoy:

- ☐ mandarle el email a la Srta. Pereda
- ☐ escribirle a la Sra. Hernández
- ☐ darle las instrucciones a la nueva secretaria
- ☐ preguntarles su dirección a los Sres. Montero
- ☐ llamar al médico

Do Workbook *Práctica comunicativa I* and corresponding CD-ROM activities.

Nuevos horizontes

ESTRATEGIA: Finding References, Part II

In Spanish, as in English, writers frequently use pronouns to avoid redundancies. As one reads, it is necessary to identify the reference for subject, object, and reflexive pronouns.

Subject pronouns: **yo, tú, Ud., él, ella, nosotros/as, vosotros/as, Uds., ellos/as**

Direct-object pronouns: **me, te, lo/la, nos, os, los/las**

Indirect-object pronouns: **me, te, le (se), nos, os, les (se)**

Reflexive pronouns: **me, te, se, nos, os, se**

Note: The indirect-object pronouns **le** and **les** become **se** when followed by **lo, la, los,** or **las.**

In Chapter 9, you reviewed some ways to identify subject pronouns. Here are a few more helpful hints.

- Subjects usually follow verbs like **gustar,** or they may be omitted altogether. Infinitives may also serve as subjects of verbs like **gustar.**

  —¿Le gustan mucho **los deportes**? —Sí, le encantan.
  —¿Le gusta **jugar** mucho? —Sí, le fascina.

- With the verb **parecer,** a clause introduced by **que** can function as the subject. If the subject is omitted, you will need to look at the preceding sentences to identify it.

  Me parece **que la película es interesante.**
  Me parece interesante **la película.**
  Ya vi **esa película.** Me pareció interesante.

You will practice identifying subjects of verbs and finding references for pronouns in this reading passage.

ACTIVIDAD 17 Predicciones **Parte A:** En el siguiente artículo llamado "El fútbol y yo", el escritor comenta que no está muy contento con el fútbol profesional. Piensa tú en algunos de los problemas de los deportes profesionales en los Estados Unidos y antes de leer el artículo, contesta esta pregunta: ¿Qué quejas (*complaints*) crees que tenga el escritor sobre el fútbol? Escribe una lista de por los menos tres quejas.

Parte B: Lee el artículo rápidamente para confirmar o corregir tu predicción.

El fútbol y yo

Adolfo Marsillach

Hay algunas cosas de **las** que últimamente me estoy quitando. Y entre **ellas** está el fútbol. Ya no me **gusta.** Recuerdo que cuando era jovencito jugué de portero y me metían muchos goles, pero yo lo pasaba muy bien. Luego, **me** hice partidario de un equipo de mi ciudad que **perdía** casi siempre. Este fracaso continuo me parecía fascinante porque venía a coincidir con mi idea romántica de entender la vida. (Me **encanta** sentirme al lado de los perdedores. No hay que darme las gracias, naturalmente.)

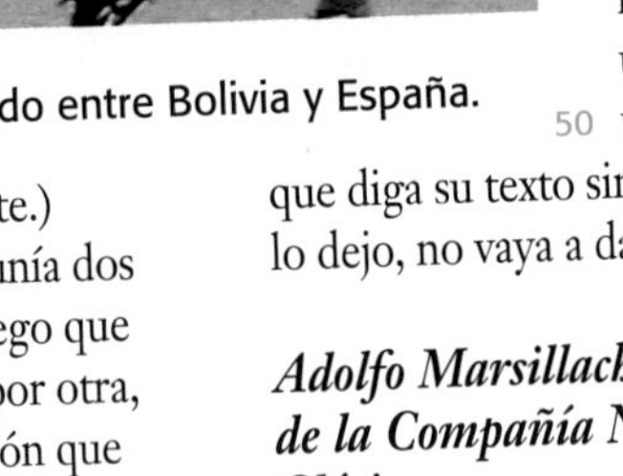
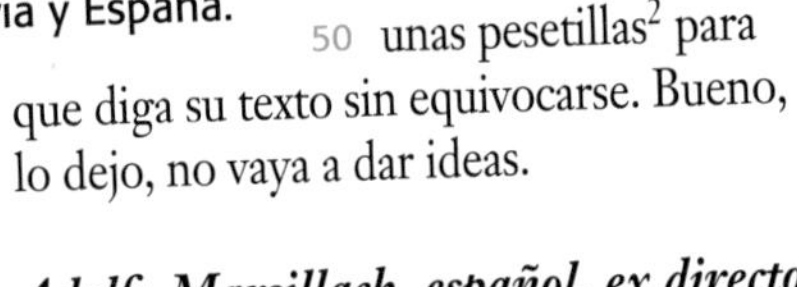

▲ Un partido entre Bolivia y España.

En aquella época, el fútbol reunía dos condiciones estupendas: era un juego que se basaba en atacar y hacer gol y, por otra, los jugadores pertenecían a la región que **representaba** el equipo para el que **estaban jugando.** En cuanto se **pusieron** de moda las tácticas defensivas y se contrataron —a precios irritantes— futbolistas de todos los países del mundo, comencé a aburrirme como una ostra. (No sé quién descubrió que las ostras se aburren: seguramente alguien que no tenía nada que hacer.)

Y, además, está lo de las primas[1]. Me **parece** escandaloso que se premie a un individuo para que haga bien algo que está obligado a no hacer mal. Vamos, como si a un actor **le** entregaran unas pesetillas[2] para que diga su texto sin equivocarse. Bueno, lo dejo, no vaya a dar ideas.

Adolfo Marsillach, español, ex director de la Compañía Nacional de Teatro Clásico.

---

1 dinero extra 2 unas pocas pesetas (*old Spanish currency*)

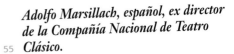

ACTIVIDAD 18 Las referencias Ahora lee el artículo otra vez para contestar estas preguntas.

1. ¿A qué o a quiénes se refieren estos pronombres?
   a. **las** (línea 1)
   b. **ellas** (línea 2)
   c. **me** (línea 9)
   d. **le** (línea 48)
2. ¿Cuáles son los sujetos de estos verbos?
   a. **gusta** (línea 3)
   b. **perdía** (línea 12)
   c. **encanta** (línea 20)
   d. **representaba** (línea 28)
   e. **estaban jugando** (líneas 28–29)
   f. **pusieron** (línea 29)
   g. **parece** (línea 42)

ACTIVIDAD 19 ¿Qué opinas? **Parte A:** El escritor Adolfo Marsillach está un poco disgustado con el fútbol. ¿Cuáles son las dos razones que menciona?

1. Es un juego lento y aburrido.
2. Su equipo favorito siempre pierde.
3. Los jugadores del mismo equipo son de todas partes del mundo.
4. A los jugadores les dan demasiado dinero y hasta les dan pagos extra simplemente por hacer su trabajo.
5. Hay muchos escándalos hoy en día, como el consumo de drogas ilegales.

Parte B: En parejas, discutan las siguientes preguntas sobre los deportes.

1. ¿Creen Uds. que los deportistas ganen demasiado dinero?
2. ¿Creen Uds. que las universidades abusen de sus deportistas?
3. Las mujeres deportistas normalmente ganan menos dinero que los hombres. ¿Creen Uds. que esto cambie en el futuro? ¿Va a ser más popular en el futuro el basquetbol o el voleibol de mujeres?
4. ¿Qué les gustaría ser: un político famoso, un deportista famoso, un actor famoso o una persona normal con un trabajo interesante?
5. ¿Se sorprenden Uds. de que haya deportistas como Mike Tyson, Diego Maradona y O. J. Simpson que tienen problemas con la ley? ¿Por qué sí o no?

ESTRATEGIA: Avoiding Redundancy

When writing in Spanish, you should avoid redundancy whenever possible to make the text more pleasing to read. Of course, you can use direct- and indirect-object pronouns to avoid needless repetition. Also, as you have seen in the readings in Chapters 9 and 10, instead of overtly stating a subject, you can use a subject pronoun or omit the subject if it is understood from context.

Another way to enrich your writing is to express similar thoughts using different words. For example:

me gusta → me encanta → me fascina
me molesta → no me gusta → no me gusta nada
la Universidad de Harvard → la universidad → Harvard

ACTIVIDAD 20 Tus impresiones **Parte A:** Write two or three paragraphs on the following topic. Conclude with two or three sentences that summarize your opinions.

¿Qué te gusta y qué te molesta de la universidad?

Parte B: Check your draft to see if you avoided needless repetition and did the following. Make any necessary corrections.

- Did you support your opinions or simply state them?
- To support opinions, did you use words like **por eso, por lo tanto, como resultado, eso quiere decir que, es decir, porque,** etc.?

Parte C: Staple all drafts together and turn them in to your instructor.

Lo esencial II

Los artículos deportivos

El Estadio del Deporte

312 Alcalá Tel: 456 33 42

SE CIERRA EL NEGOCIO
GRANDES REBAJAS

Tenemos todo lo que Ud. necesite para los deportes: en el campo de fútbol, en la cancha de tenis, en el gimnasio. Uniformes de todo tipo.

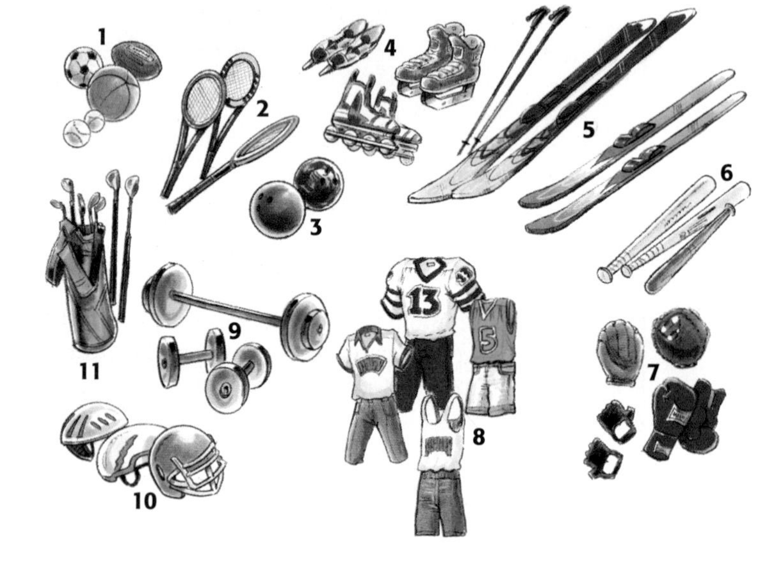

jugar a los bolos = jugar al boliche

1. balones de fútbol, fútbol americano, basquetbol y pelotas de tenis, squash, golf y béisbol
2. raquetas de tenis y de squash
3. bolas de bolos
4. patines de hielo y en línea
5. esquíes de agua y de nieve
6. bates
7. guantes de béisbol, boxeo y ciclismo
8. uniformes
9. pesas
10. cascos de bicicleta, moto y fútbol americano
11. palos de golf

ACTIVIDAD 21 Asociaciones Asocia estas personas con un deporte y los objetos que se usan en ese deporte.

1. Serena y Venus Williams
2. Pelé y Hugo Sánchez
3. Grant Hill
4. Sammy Sosa y Nomar García Parra
5. Kristi Yamaguchi y Michelle Kwan
6. Arnold Schwarzenegger
7. Muhammad Ali y Óscar de la Hoya
8. Tiger Woods y Sergio García
9. Joe Montana y Steve Young
10. Laverne y Shirley

equipo = team; gear, equipment

ACTIVIDAD 22 ¿Son Uds. deportistas? En grupos de cuatro, identifiquen estos equipos y digan de dónde son, a qué deporte juegan, cómo se llama el estadio donde juegan y cuáles son los colores de su uniforme.

◆ El equipo de los Packers es de Green Bay, Wisconsin. Ellos juegan al fútbol americano en el Estadio Lambeau. Los colores de su uniforme son verde y amarillo.

1. Yankees
2. Bears
3. Broncos
4. Dodgers
5. Padres
6. Redskins

ACTIVIDAD 23 Opiniones Los deportes favoritos cambian de país en país. En grupos de cuatro, hablen sobre cuáles creen que sean los deportes más populares de los Estados Unidos, de Suramérica y del Caribe y por qué creen que sean populares. Después de terminar, comparen sus opiniones con las de otros grupos.

◆ A: Creo que el béisbol es . . .
B: No, no creo que el béisbol sea el deporte . . .
C: Es posible que sea el fútbol americano porque . . .

En la mayoría de los países hispanos el fútbol es el deporte más popular. Es un deporte muy económico porque sólo se necesita un balón y se puede jugar en cualquier lugar. En los Estados Unidos vive un comentarista argentino de fútbol llamado Andrés Cantor. Él es famoso por su gran conocimiento de todos los aspectos de este deporte, pero quizá es más famoso por la manera en que grita la palabra **gol.** Un "¡GOOOOOOL!" de Cantor puede durar más de 20 segundos.

En el Caribe el deporte más popular es el béisbol. A principios del siglo XX, los norteamericanos lo llevaron a esa zona porque tiene un clima ideal que permite practicar el deporte todo el año. Otros deportes populares en el mundo hispano incluyen el voleibol y el atletismo (*track*) en Cuba, el boxeo en Panamá y Cuba y el basquetbol en España y en Puerto Rico.

En países como España, México y Perú, la corrida de toros es popular. A mucha gente le gusta ver la corrida y la considera un arte y no un deporte, pero también hay muchas personas a quienes no les gusta. ¿Crees que la corrida de toros sea cruel? ¿Por qué crees que algunos la consideran un arte?

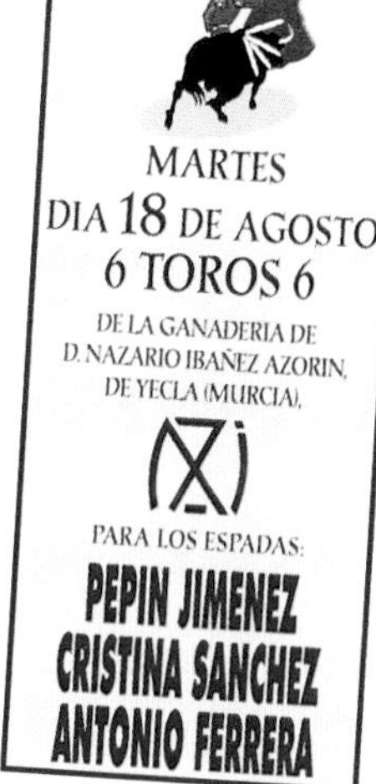

MARTES
DIA 18 DE AGOSTO
6 TOROS 6
DE LA GANADERIA DE
D. NAZARIO IBAÑEZ AZORIN,
DE YECLA (MURCIA).
PARA LOS ESPADAS:
PEPIN JIMENEZ
CRISTINA SANCHEZ
ANTONIO FERRERA

Teresa, campeona de tenis

➤ Puesta del sol en una playa de Tamarindo, Costa Rica.

cambiando de tema	changing the subject
dejar de + *infinitive*	to stop/quit + -ing
Te va a salir caro.	It's going to cost you.

Vicente acaba de volver de sus vacaciones en Costa Rica y está hablando con Teresa.

ACTIVIDAD 24 ¿Qué hizo? Mientras escuchas la conversación, marca las cosas que hizo Vicente en Costa Rica.

1. _____ Pasó tiempo con sus padres.
2. _____ Salió con sus amigos.
3. _____ Votó en las elecciones.
4. _____ Fue a la playa.
5. _____ Jugó un partido de fútbol.
6. _____ Fue a un partido de fútbol.
7. _____ Vio a una estrella de cine.
8. _____ Notó tensión por problemas económicos.
9. _____ Jugó al tenis.

TERESA ¿Qué tal todo por Costa Rica?
VICENTE ¡Pura vida!, como decimos allí.
TERESA ¿Qué hiciste?

Telling about a series of completed past actions

VICENTE Visité a mis padres, salí con mis amigos, fui al interior y a la playa . . .
TERESA O sea . . . un viaje típico.

Telling about a completed past event

VICENTE ¡Ah! ¿No te dije que fui a un partido de fútbol en que jugó Marcelo Salas? ¿Y sabes quién estaba sentado enfrente de mí?
TERESA No, pero tiene que ser alguien famoso. ¿Una estrella de cine?
VICENTE Te doy una pista: ¡GOOOOOOOOOOOOOOOOOOOOOOOL!"
TERESA No me digas. ¿Viste a Andrés Cantor? No te creo.
VICENTE Fue estupendo. Me divertí mucho.
TERESA ¡Qué bueno! Y tu familia, ¿cómo está?
VICENTE Todos bien, pero hay muchos problemas económicos en Centroamérica y aun en Costa Rica se siente la tensión.
TERESA Pero la situación en Costa Rica es bastante buena, ¿no?
VICENTE Sí, es cierto, pero todavía así hay tensión.
TERESA Bueno, pero cambiando de tema, ¿qué hiciste con tus amigos?
VICENTE Pues . . . salir, nadar, jugar al tenis; mis padres me regalaron una raqueta de tenis fenomenal para mi cumpleaños.
TERESA ¡Ah! ¿Te gusta el tenis? No sabía que jugabas.

Describing habitual past actions

VICENTE Sí, empecé a jugar cuando tenía ocho años. Practicaba todos los días, pero dejé de jugar cuando vine a España.
TERESA Yo también jugaba mucho.
VICENTE ¿Y ya no juegas?

Indicating the end of an action

TERESA Muy poco, pero me encanta. ¿Sabes? Fui campeona de mi club en Puerto Rico hace tres años, pero dejé de jugar cuando tuve problemas con una rodilla.
VICENTE Pero, vas a jugar conmigo, ¿no?
TERESA Claro que sí . . . y te voy a ganar.
VICENTE ¿Y qué pasa si le gano a la campeona?
TERESA Dudo que puedas. Pero, si ganas tú, te invito a comer y si gano yo, tú me invitas. ¿De acuerdo?
VICENTE De acuerdo, pero creo que debes ir al banco ya para sacar dinero porque la comida te va a salir muy cara.

ACTIVIDAD 25 ¿Entendiste? A veces, para entender una conversación se necesita saber algo de política, deportes, arte, cine, etc. En parejas, traten de contestar estas preguntas sobre la conversación entre Vicente y Teresa.

1. ¿Cuál es uno de los deportes más populares en Costa Rica?
2. ¿Qué tipo de problemas hay en Centroamérica?
3. ¿Sabes qué países de Hispanoamérica tienen una economía estable?

ACTIVIDAD 26 ¿Quién va a ganar? En parejas, usen la información de la conversación para predecir quién va a ganar el partido de tenis, Teresa o Vicente, y por qué.

ACTIVIDAD 27 Problemas económicos Uds. acaban de recibir la cuenta de Visa y no tienen dinero para pagarla. En parejas, decidan qué van a dejar de hacer para ahorrar (*save*) el dinero.

- Ahora fumo mucho, pero puedo dejar de fumar.

Hacia la comunicación II

Describing in the Past: The Imperfect

In the conversation, when talking about tennis, Vicente said, **"Practicaba todos los días . . ."** and Teresa responded, **"Yo también jugaba mucho."** In these sentences, do the verbs **practicaba** and **jugaba** refer to past actions that occurred only once or to habitual or repetitive past actions?

If your response is habitual or repetitive past actions, you are correct.

As you have already learned, the preterit in Spanish talks about completed past actions. There is another set of past tense forms, the imperfect, whose main function is to describe and to report habitual or repetitive past actions.

A. Formation of the Imperfect

1 ◆ To form the imperfect of *all* **-ar** verbs, add **-aba** to the stem.

Note accents.

caminar	
camin**aba**	camin**ábamos**
camin**abas**	camin**abais**
camin**aba**	camin**aban**

2 ◆ To form the imperfect of **-er** and **-ir** verbs, add **-ía** to the stem.

volver	
volv**ía**	volv**íamos**
volv**ías**	volv**íais**
volv**ía**	volv**ían**

salir	
sal**ía**	sal**íamos**
sal**ías**	sal**íais**
sal**ía**	sal**ían**

3 ◆ There are only three irregular verbs in the imperfect.

ser	
era	éramos
eras	erais
era	eran

ver	
veía	veíamos
veías	veíais
veía	veían

ir	
iba	íbamos
ibas	ibais
iba	iban

B. Using the Imperfect

1 ◆ As you learned in Chapter 9, the imperfect is used when telling time and one's age in the past. The imperfect is also used when describing people, places, scenes, or things in the past, as well as ongoing past states of mind and feelings.

El salvavidas **era** alto y **tenía** pelo corto.	*The lifeguard was tall and had short hair.* (description of a person)
Había mucha gente en el mar.*	*There were many people in the water.* (description of a scene)
Hacía mucho calor en la playa.	*It was very hot at the beach.* (description of the weather)
La gente **estaba** contenta.	*People were happy.* (ongoing past feelings)

***NOTE: Había** means both *there was* and *there were.*

2 ◆ The imperfect is used for habitual or repetitive actions in the past.

Internet Do Workbook *Práctica mecánica II*, CD-ROM, Web ACE Tests, and lab activities.

Diana **iba** a clase todos los días.	*Diana used to go to class every day.* (habitual action)
Se levantaban temprano, **desayunaban** y **leían** el periódico.	*They used to get up early, eat breakfast, and read the newspaper.* (a series of habitual actions)

Description of habitual past actions.

ACTIVIDAD 28 Los deportes que jugabas Habla con un mínimo de cinco personas para averiguar a qué deportes jugaban cuando estaban en la escuela primaria y cuáles en la escuela secundaria.

◆ A: ¿A qué deportes jugabas en la escuela primaria?
B: Jugaba al fútbol, al béisbol, . . .
A ¿Y en la secundaria?
B: . . .

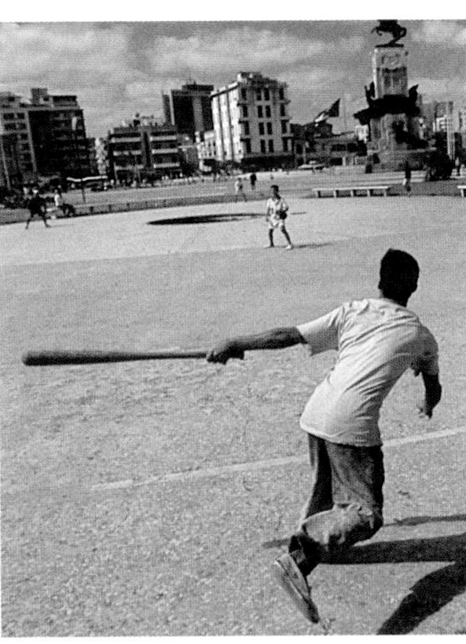

➤ Unos jóvenes juegan al béisbol en La Habana, Cuba.

Past habitual actions.

ACTIVIDAD 29 La niñez **Parte A:** Marca las actividades que hacías cuando eras pequeño/a bajo la columna **Yo.**

Yo	*Mi compañero/a*	*Acción*
		chuparse el dedo
		comer espinacas
		asistir a una escuela privada
		asistir a una escuela pública
		tomar el autobús
		caminar a la escuela
		ir en coche con mis padres a la escuela
		llevar la comida a la escuela
		comer la comida de la escuela
		portarse bien en clase
		hablar en clase

Parte B: Ahora, en parejas, entrevístense para ver qué hacían cuando eran niños/as. Marquen la respuesta de su compañero/a en la lista de la **Parte A.** Sigan el modelo.

- A: ¿Caminabas a la escuela?
  B: Sí, caminaba a la escuela. / No, no caminaba a la escuela.

Parte C: Cuéntenle a la clase las cosas que hacían Uds. cuando eran niños.

- Yo iba en coche con mis padres a la escuela, pero él tomaba el autobús. Nosotros llevábamos la comida a la escuela y . . .

ACTIVIDAD 30 Vida activa **Parte A:** Usa la siguiente escala de uno a cuatro para marcar en la columna que dice **tú** qué actividades no te gustaban y cuáles te encantaban.

1. no me gustaba nada
2. me gustaba
3. me gustaba mucho
4. me encantaba

	tú	*tu compañero/a*
leer novelas como *Harry Potter*	______	______
navegar por Internet	______	______
jugar en un equipo	______	______
nadar sin traje de baño	______	______
escuchar música	______	______
dormir en casa de amigos	______	______
hacer camping	______	______
invitar a los amigos a la casa	______	______
mirar mucha televisión	______	______
jugar juegos electrónicos	______	______

Parte B: En parejas, entrevisten a su compañero/a para averiguar qué actividades le gustaban cuando era niño/a. Marquen las respuestas en la lista de la **Parte A.** Sigan el modelo.

◆ A: ¿Hacías camping?
B: Sí, me gustaba mucho. / Sí, me encantaba. / No, no me gustaba nada.

Describing people in the past.

Parte C: En parejas, piensen en las respuestas de su compañero/a para decirle cuáles de los siguientes adjetivos describen cómo era él/ella de niño/a y por qué.

bien educado/a = well behaved/mannered

1. extrovertido/a o introvertido/a
2. hablador/a o callado/a
3. travieso/a u obediente
4. activo/a o inactivo/a
5. bien/mal educado/a

Description of habitual past actions.

ACTIVIDAD 31 La rutina diaria En parejas, describan un día típico de su vida cuando tenían quince años. Digan qué hacían con sus amigos.

Describing ongoing past states of mind and past habitual actions.

ACTIVIDAD 32 Ilusiones y desilusiones **Parte A:** En parejas, pregúntenle a su compañero/a (1) qué fantasías tenía cuando era niño/a y cuándo dejó de creer en ellas, y (2) si hacía ciertas cosas y cuándo dejó de hacerlas. Usen las siguientes listas.

¿Creías . . . ?	*¿Hacías estas cosas?*
en el Coco (*boogie man*)	odiar a los chicos/las chicas
en el ratoncito (*tooth fairy*)	dormir con la luz encendida (*lit*)
que había monstruos (*monsters*) debajo de la cama	jugar con pistolas/muñecas (*dolls*)
que la cigüeña (*stork*) traía a los bebés	comer toda la comida

Parte B: Ahora comenten esta pregunta: ¿Es bueno que los niños tengan fantasías? ¿Por qué sí o no?

Por influencia de los Estados Unidos y Europa, en muchos países hispanos se habla de Santa Claus o Papá Noel. En algunos países, como Panamá, Uruguay y Puerto Rico, los niños reciben los regalos de Papá Noel o del Niño Jesús a la medianoche del veinticuatro de diciembre (Nochebuena).

En España, México y otros países hispanos, de la misma manera que en Bélgica y Francia, los Reyes Magos (*Three Wise Men*) les traen los regalos a los niños el seis de enero, día de la Epifanía. En los Estados Unidos, Santa Claus llega a las casas con los regalos. En cambio, en otros países, los Reyes Magos llegan en camello y dejan los regalos en los balcones o cerca de las ventanas. Con frecuencia, en las ventanas de la casa, los niños ponen los zapatos llenos de paja (*hay*) para los camellos y, al día siguiente, encuentran los regalos al lado de ellos. Compara la costumbre de los Reyes Magos con la costumbre de Santa Claus en los Estados Unidos. ¿Es similar o diferente?

▲ En Tizmín, estado de Yucatán en México, se celebra la Epifanía. ¿Sabes cuándo es la Epifanía?

Describing past beliefs.

ACTIVIDAD 33 ¿Tenías razón? **Parte A:** Piensa en las ideas que tenías sobre la universidad antes de comenzar el primer año y di qué piensas ahora. ¿Qué creías y qué crees ahora?

Lo que creía antes	*Lo que creo ahora*
las clases eran difíciles	las clases son fáciles
???	???

Parte B: En grupos de tres, compartan sus ideas y digan si cambiaron o no. Usen oraciones como:

- Yo creía que las clases eran difíciles, pero ahora me parece que son fáciles.

Description in the past.

ACTIVIDAD 34 Descripciones En grupos de tres, describan cómo creen que eran las siguientes personas u otros personajes famosos y qué hacían.

- George Washington tenía pelo blanco, era alto, tenía dientes de madera, nunca decía mentiras, . . .

Winston Churchill, Cleopatra, Don Quijote, Abraham Lincoln, Marilyn Monroe, Romeo y Julieta, Martin Luther King, Jr.

Description of a person or thing.

ACTIVIDAD 35 El extraterrestre Uds. vieron a un extraterrestre. En grupos de tres, contesten estas preguntas para describirlo. Después, léanle su descripción al resto de la clase.

1. ¿Dónde estaban Uds. cuando lo vieron?
2. ¿Día?
3. ¿Hora?
4. ¿Qué tiempo hacía?
5. ¿Cómo era?
6. ¿Color?
7. ¿Cuántos ojos?
8. ¿Llevaba ropa?
9. ???

ACTIVIDAD 36 Mi dormitorio En parejas, explíquenle a su compañero/a cómo era su dormitorio y qué hacían allí cuando tenían diez años. Sigan este bosquejo. Al terminar, cambien de papel.

I. Descripción física
   Muebles: cama (dormir solo/a o con hermano/a), silla, cómoda, armario, escritorio
II. Decoración y diversión
   A. color
   B. carteles (*posters*)
   C. juguetes (*toys*)
   D. televisión, estéreo, radio, computadora, etc.
III. Actividades y cuándo
   A. Con amigos
      jugar, hablar, dormir
   B. Solo/a
      leer, escuchar música, estudiar, mirar televisión

Póster is a common Anglicism for **cartel;** in many countries, **afiche** is used.

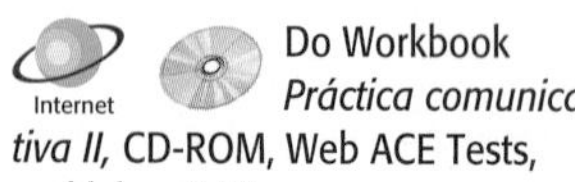

Do Workbook *Práctica comunicativa II,* CD-ROM, Web ACE Tests, and lab activities.

Videoimágenes

El buen sabor

ACTIVIDAD 37 ¿Dónde comen qué? Antes de ver el segmento, mira la siguiente lista de comidas e indica con qué país asocias cada comida.

1. coco ____	a. Argentina
2. carne a la parrilla (*grilled*) ____	b. España
3. tacos ____	c. México
4. paella ____	d. Puerto Rico

33:31–38:12

ACTIVIDAD 38 Cómo se prepara y se come un taco En este segmento Javier va a una taquería en el D. F. y una pareja le explica cómo se prepara y se come un taco al pastor. Escucha la conversación y completa las siguientes instrucciones sobre los seis pasos para preparar un taco y los tres pasos para comerlo.

Seis pasos para preparar un taco al pastor

1. Se corta ________________ de cerdo.
2. Se ________________ a la tortilla.
3. ____ ________ un trocito de piña.
4. Se le ponen frijoles.
5. Se le pone ________________ roja.
6. Se le pone ________________.

Tres pasos para comerlo

1. La persona se pone de pie.
2. Se ________________ hacia delante.
3. Se extienden los ________________ y las ________________ hacia adelante.

➤ Charo, Paquita y Javier en la cocina de La Corralada, un restaurante en Madrid.

ACTIVIDAD 39 Restaurante La Corralada En este segmento Javier visita un restaurante en Madrid. Mientras miras el video contesta las siguientes preguntas.

1. ¿Cuál es la especialidad de este restaurante los miércoles?
2. ¿De qué región de España es la comida de este restaurante?
3. ¿A qué hora almuerza la gente? ¿A qué hora cena?
4. ¿Cuántos platos pide una persona y qué bebe después de comer?

ACTIVIDAD 40 Cuando eras niño/a Después de ver el segmento, reúnanse en grupos de tres y hablen de las siguientes preguntas relacionadas con la comida.

1. ¿Qué comías en casa cuando eras niño/a?
2. ¿Cuántos platos había en una comida normal en tu casa?
3. ¿Cuál era tu restaurante favorito y qué comida pedías?
4. ¿Te gustaba comer en casa de amigos? ¿Por qué?

En varios países hispanos, el uso del tenedor y el cuchillo para ciertas comidas es mucho más frecuente que en este país. En casa o en restaurantes que no sirven comida rápida, es común usar estos cubiertos para comer sándwiches, pizza y papas fritas. Inclusive se usan los cubiertos para comer frutas tales como la sandía (*watermelon*). Hasta la banana se pela (*one peels it*), con frecuencia, con cuchillo y tenedor y no con la mano. Por otro lado, a la hora de comer pan en la mesa, es común partirlo (*break it*) con la mano en trozos pequeños para comerlo. También en algunos lugares se usa el pan como otro utensilio para empujar (*push*) la comida hacia el tenedor. Las costumbres pueden variar de país a país; por eso, cuando estés en el mundo hispano, es importante que observes y que imites.

Do Web Search activities.

Vocabulario funcional

El correo y la red

la dirección *address*
la estampilla/el sello *stamp*
el remite *return address*
el sobre *envelope*

Otras palabras relacionadas con el correo y la red *Ver página 264.*

Otros verbos como *gustar* *Ver página 265.*

Artículos deportivos y deportes *Ver página 274.*

el basquetbol *basketball*
el béisbol *baseball*
el fútbol *soccer*
el fútbol americano *football*
el hockey *hockey*
el tenis *tennis*
el voleibol *volleyball*

Palabras relacionadas con los deportes

el balón *ball* (large in size)
los bolos *bowling*
el boxeo *boxing*
el campeón/la campeona *champion*
el equipo *team; equipment, gear*
el estadio *stadium*
ganar *to win; to earn*
montar en bicicleta *to ride a bicycle*
el partido *game*
patinar *to skate*
la pelota *ball* (small in size)

Palabras y expresiones útiles

aburrirse como una ostra *to be really bored* (literally, *to be bored like an oyster*)
a lo mejor + *indicative* *perhaps*
cambiando de tema *changing the subject*
dejar de + *infinitive* *to stop, quit + -ing*
echar de menos *to miss* (someone or something)
quedarse en + *place* *to stay in/at* + place
Te va a salir caro. *It's going to cost you.*

Capítulo 11

Chapter Objectives

- Explaining medical problems
- Naming the parts of a car and items associated with it
- Describing and narrating past events
- Expressing two actions that occurred at the same time
- Telling about past actions in progress and what interrupted them

▼ Balsa muisca, Museo del Oro, Bogotá.

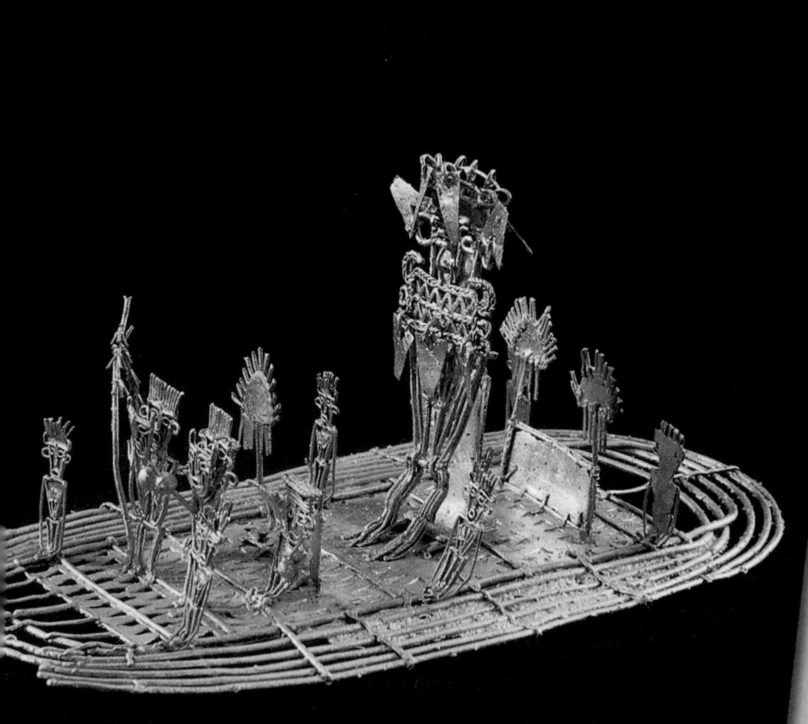

Datos interesantes

- El 75% de la población de Colombia vive en la zona andina, el 21% vive en las costas y sólo el 4% vive en el resto del país.
- El 72% de los colombianos tienen una mezcla de razas: el 58% son mestizos (blanco e indígena) y el 14% son mulatos (negro y blanco).
- En Colombia hay una gran variedad de climas: verano eterno en las costas, primavera perpetua en las ciudades andinas, clima tropical en la selva amazónica e invierno continuo en las montañas de los Andes.
- Colombia es el único país de Suramérica con costa en dos océanos.

De vacaciones y enfermo

(No) vale la pena.	It's (not) worth it.
(no) vale la pena + *infinitive*	it's (not) worth + *-ing*
ahora mismo	right now
además	besides

Don Alejandro, el tío de Teresa, tuvo que ir a Bogotá en un viaje de negocios y decidió llevar a toda su familia para hacer turismo. Cuando estaban allí, su hijo Carlitos no se sentía bien y lo llevaron al médico para ver qué tenía.

ACTIVIDAD 1 Marca los síntomas Mientras escuchas la conversación en el consultorio de la doctora, marca los síntomas que tenía Carlitos.

_____ diarrea	_____ náuseas	_____ dolor de cabeza
_____ hemorragia	_____ vómito	_____ fiebre
_____ dolor de estómago	_____ falta de apetito	_____ dolor de pierna

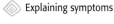

 Explaining symptoms

ENFERMERA Pasen Uds.

ALEJANDRO Gracias . . . Buenos días, doctora.

DOCTORA ¿Cómo están Uds.?

ALEJANDRO Mi esposa y yo bien, pero Carlitos nos preocupa. Ayer, el niño estaba bien cuando se levantó; fuimos a visitar la Catedral de Sal y cuando caminábamos en la mina, de repente el niño empezó a quejarse de dolor de estómago, tenía náuseas, vomitó una vez y no quiso comer nada en todo el día.

CARLITOS Me sentía muy mal. Hoy me duele la pierna derecha y casi no puedo caminar.

DOCTORA ¿También tenía fiebre o diarrea?

39°C = 102.2°F.

ROSAURA Anoche tenía 39 de fiebre.

DOCTORA A ver, Carlitos, ¿puedo examinarte?

CARLITOS ¿Me va a doler?

DOCTORA No, y tú eres muy fuerte . . . ¿Te duele cuando te toco aquí?

CARLITOS No.

DOCTORA ¿Y aquí?

Expressing pain

CARLITOS ¡Ay, ay, ay!

DOCTORA Bueno, creo que debemos hacerle un análisis de sangre ahora mismo. Pero por los síntomas, es muy posible que tenga apendicitis.

ALEJANDRO ¿Hay que operarlo?

DOCTORA Si es apendicitis, hay que internarlo en el hospital y mientras tanto, hay que darle unos antibióticos para combatir la infección.

Speculating

ROSAURA Entonces, quizá tengamos que quedarnos unas semanas en Bogotá.

ALEJANDRO Claro, y Cristina y Carlitos van a perder el comienzo de las clases. Tal vez valga la pena buscarles un profesor particular.

Expressing desires

CARLITOS ¡Ay mamá! No quiero que me operen. Y, además, yo quería ir a Monserrate y subir en funicular y . . . y ahora no voy a poder.

ALEJANDRO Vamos, Carlitos. No te preocupes. Vas a ver que la operación no es tan mala. Te prometo que antes de regresar a España te vamos a llevar a Monserrate; dicen que desde allí, la vista de la ciudad es muy bonita.

CARLITOS Bueno, pero, también puedo ir al Museo del Oro . . . y quisiera . . . y . . .

ACTIVIDAD 2 ¡Pobre Carlitos! Después de escuchar la conversación otra vez, pon esta lista en orden cronológico. Luego, en parejas, comparen sus respuestas.

____ antibióticos
____ tener dolor de estómago, náuseas y no querer comer
____ operación
____ dolor de pierna
____ 39°C de fiebre
____ análisis de sangre

ACTIVIDAD 3 ¿Vale la pena? Habla de las cosas que vale o no vale la pena hacer, formando oraciones con frases de las tres columnas.

si no estás enamorado		tener aire acondicionado
si no hace mucho calor en tu ciudad		visitar Machu Picchu
si quieres saber esquiar bien		ver su última película
si te gusta Tom Hanks	(no) vale la pena	tener alarma en la casa
si visitas Perú		tomar clases
si quieres sentirte seguro/a (*safe*)		casarte
si no te gusta el pescado		alquilar unos esquíes buenos
		ir por el Camino del Inca
		comer en Red Lobster

En Colombia hay muchos lugares de atracción turística. Uno de ellos es el Museo del Oro en Bogotá, que contiene más de 33.600 piezas hechas de oro. Estas piezas son de pueblos como los tayronas o los muiscas que antes de la llegada de los españoles vivían en lo que hoy día es Colombia.

La Catedral de Sal es otro lugar de interés turístico. Está en Zipaquirá, a unos 50 kilómetros de Bogotá, y es una obra única de ingeniería, arquitectura y arte. Es una iglesia enorme, construida en varios niveles (*levels*) debajo de la tierra, en una mina de sal que los indígenas ya explotaban antes de la llegada de los españoles a América.

➤ Catedral de Sal, Zipaquirá, Colombia.

Lo esencial I

I. La salud

1. la ambulancia
2. la fractura
3. tener escalofríos
4. la radiografía
5. la sangre

Otras palabras útiles

doler* **(ue)** to hurt
la enfermedad sickness, illness
estar mareado/a to be dizzy
estar resfriado/a to have a cold
estornudar to sneeze
la herida injury, wound
la infección infection
romperse (una pierna) to break (a leg)
sangrar to bleed
tener
  buena salud to be in good health
  catarro/resfrío to have a cold
  diarrea to have diarrhea
  fiebre to have a fever
  gripe to have the flu
  náuseas to feel nauseous
  tos to have a cough
toser to cough
vomitar/devolver (ue) to vomit

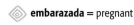

Remember: in Spanish, the possessive adjectives (**mi, tu, su,** etc.) are seldom used with parts of the body: **Me duele la cabeza.**

***NOTE:** The verb **doler,** like **gustar,** agrees with the subject that follows: **Me duele la cabeza. Me duelen los pies.**

embarazada = pregnant

ACTIVIDAD 4 Los síntomas Di qué síntomas puede tener una persona que . . .

1. tiene gripe
2. tuvo un accidente automovilístico
3. está embarazada
4. tiene mononucleosis

ACTIVIDAD 5 Los dolores Después de jugar un partido de fútbol, los deportistas profesionales siempre tienen problemas. Mira el dibujo de estos futbolistas y di qué les duele.

◆ Al número 10 le duele el codo.

ACTIVIDAD 6 Una emergencia En parejas, lea cada uno solamente uno de los siguientes papeles y luego mantengan una conversación telefónica.

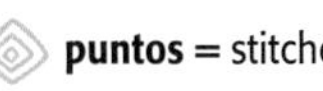 **puntos** = stitches

Sala de Emergencias ✚ Hospital Centro Médico Fulgencio Yegros

Fecha:	el 14 de mayo
Hora:	6:30 p. m.
Paciente:	Mariano Porta Lerma
Dirección:	Avenida Bolívar, 9
Ciudad:	Asunción
Teléfono:	26-79-08
Estado civil:	casado
Alergias:	penicilina
Diagnóstico:	contusiones; fractura de la tibia izquierda
Tratamiento:	5 puntos en el codo derecho
Causa:	accidente automovilístico

Ernesto Bello

A

Tú eres el Dr. Bello y vas a llamar a la Sra. Porta por teléfono para decirle que su esposo tuvo un accidente automovilístico. Usa la ficha médica para explicar qué ocurrió. Cuando ella conteste el teléfono, dile: —Buenos días. ¿Habla la Sra. Porta?

B

Tú eres la Sra. Porta y estás preocupada porque son las 12 de la noche y tu esposo todavía no llegó a casa. Ahora suena el teléfono. Contesta el teléfono diciendo: —Aló.

II. Los medicamentos y otras palabras relacionadas

el antibiótico antibiotic
la aspirina aspirin
la cápsula capsule
la inyección injection
el jarabe (cough) syrup
la píldora/pastilla pill
la receta médica prescription
el vendaje bandage

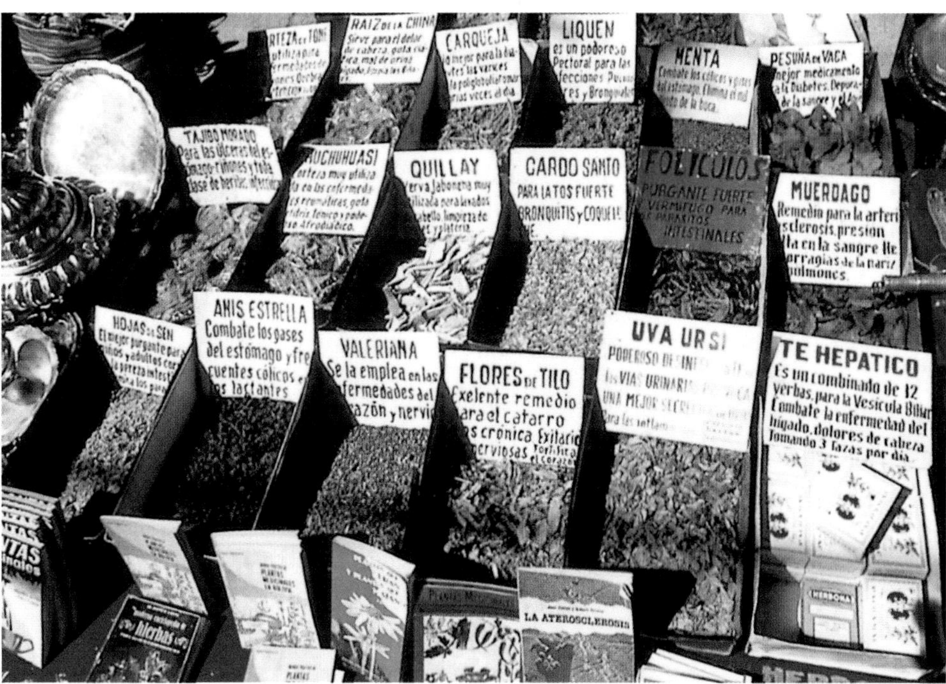

➤ Puesto de un mercado de La Paz, Bolivia, donde se venden hierbas para combatir diferentes enfermedades: úlceras, gases de estómago, bronquitis, etc.

Si viajas a un país hispano y te enfermas a las tres de la mañana, ¿adónde vas para comprar medicamentos? En muchas ciudades hispanas hay farmacias de turno, o de guardia, adonde puedes ir durante la noche. Éstas se anuncian en el periódico o en la puerta de las farmacias mismas.

Hay muchos medicamentos que, a diferencia de los Estados Unidos, no necesitan receta médica. Antes de comprar un medicamento para la tos, para un catarro o para algo más grave, es habitual que la gente recurra al farmacéutico para que éste le recomiende qué tomar.

FARMACIAS

Farmacias en servicio de urgencia día y noche, ininterrumpidamente.

Tetuán-Fuencarral-Peña Grande y barrio del Pilar: Bravo Murillo, 257 / San Modesto, 42 (delante de la clínica Ramón y Cajal) / San Benito, 20 (Ventilla) / Sangenjo, 5 (semiesquina a Ginzo de Limia) / Capitán Haya, 5.

Universidad-Moncloa: Martín de los Heros, 48 (esquina a Rey Francisco) / Fernando el Católico, 12.

Chamberí: Divino Pastor, 28 (próximo a San Bernardo) / Plaza de San Juan de la Cruz, 3 (frente al Ministerio de la Vivienda)

Centro-Latina: Marqués de Valdeiglesias, 6 (semiesquina a Gran Vía, 2) / Paseo Imperial, 29 (semiesquina a Gil Imón, 10) / Argensola, 12 (semiesquina a Génova).

ACTIVIDAD 7 Asociaciones Di qué palabras asocias con estas marcas: Bayer, Contac, Formula 44, ACE, Valium y Nyquil.

ACTIVIDAD 8 Tratamientos Di cuáles son algunos tratamientos para los siguientes síntomas. ¡Ojo! Hay muchas posibilidades.

Problema	*Debe/Tiene que . . .*
1. Una persona se cortó y está sangrando.	a. comer poco y beber agua mineral
2. Tiene tos.	b. ponerse un vendaje
3. Tiene una infección de oído.	c. llamar una ambulancia
4. Está resfriado.	d. tomar pastillas para la alergia
5. Tiene fiebre.	e. tomar antibióticos
6. Tiene diarrea.	f. acostarse y descansar
7. Se rompió el brazo.	g. tomar un jarabe
8. Estornuda cuando está cerca de los gatos.	h. tomar aspirinas

ACTIVIDAD 9 Consejos En parejas, "A" se siente enfermo/a y llama a su compañero/a para quejarse (*to complain*). "B" le da consejos. Después cambien de papel

- B: ¿Aló?

  A: Hola, habla . . .

  B: Ah, hola. ¿Qué tal?

  A: La verdad, no muy bien. Tengo fiebre y no tengo mucho apetito.

  B: ¡Qué lástima! Te aconsejo que tomes dos aspirinas y te acuestes. / Debes tomar dos aspirinas y acostarte.

Hacia la comunicación I

Narrating and Describing in the Past: The Preterit and the Imperfect

Before studying the grammar explanation, look at the following sentences and identify the uses of the imperfect that you have practiced.

Review uses of the imperfect from Ch. 10.

a. *Eran* las 11:00 de la mañana.
b. El niño *tenía* cuatro años.
c. *Era* un día horrible; *hacía* frío.
d. Él siempre *se levantaba* temprano.

The first sentence describes time, the second age, the third weather, and the last one a habitual or repetitive action in the past.

As you have already learned, the preterit is used to talk about or *narrate* completed actions in the past, and the imperfect is used to *describe* in the past. If you think of the preterit as a Polaroid camera that gives you individual, separate shots of events, you can think of the imperfect as a video camera that gives a series of continuous shots of a situation, or a picture that is prolonged over an indefinite period of time.

En la fiesta la gente **cantaba** y **bailaba.** Por eso el señor **llamó** a la policía.

1 ◆ The preterit narrates:

a. a specific action in the past or a series of completed past actions

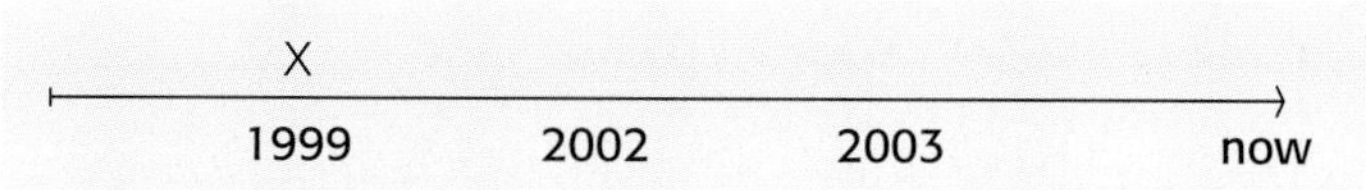

En 1999 mi familia **fue** a Colombia.

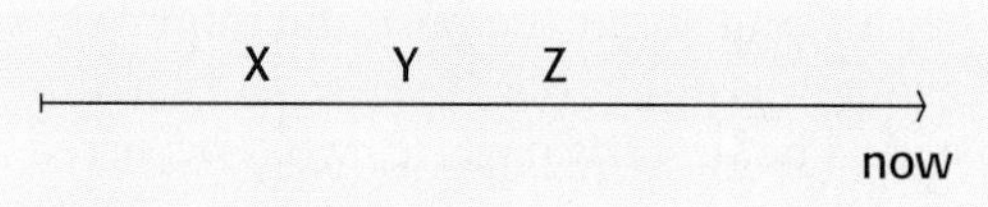

Entré en la casa, **fui** a la cocina y **tomé** un vaso de agua fría.

b. an action that occurred over a period of time for which specific time limits or boundaries are set

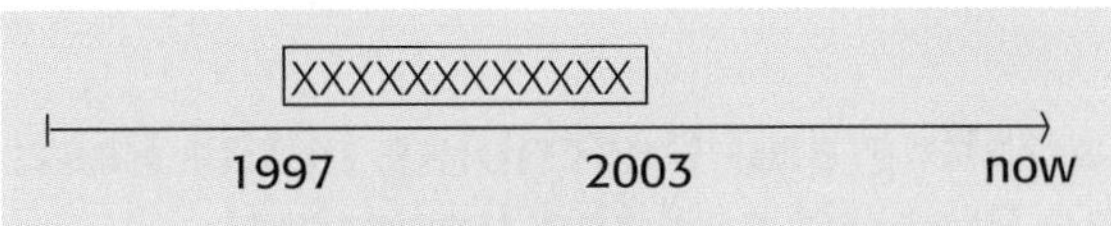

Mi familia **vivió** en España seis años.

c. the beginning or the end of an action

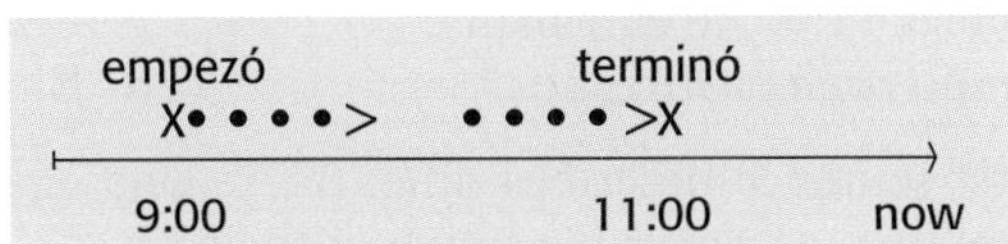

La película **empezó** a las nueve.
Cuando la película **terminó,** salimos.

2 ◆ The imperfect describes:

a. a repetitive or habitual past action, or a series of repetitive or habitual past actions

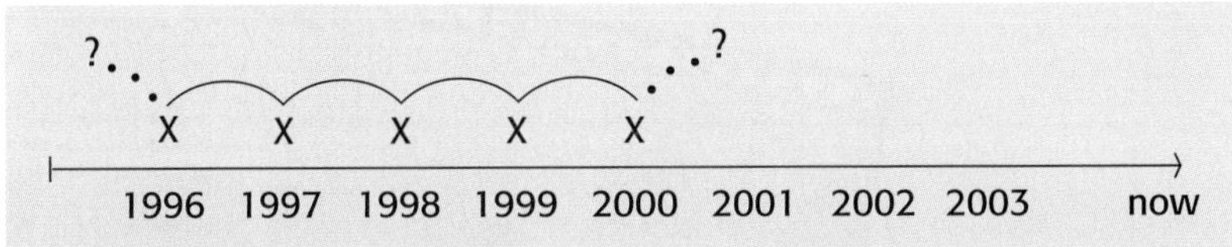

Antes **íbamos** a Colombia todos los años.

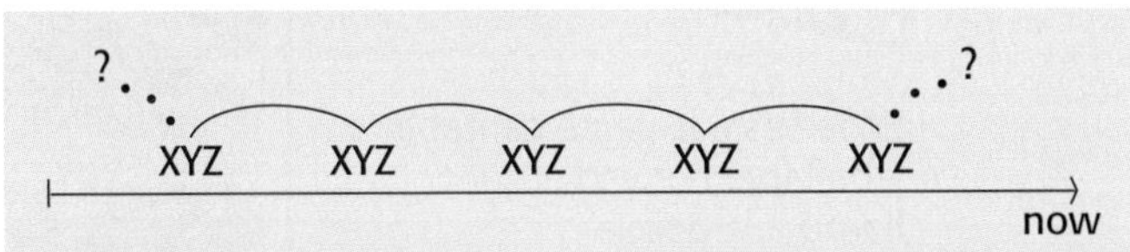

Todos los días yo **entraba** en la casa, **iba** a la cocina y **tomaba** un vaso de agua fría.

b. a past action or series of past actions with no specific time limits stated by the speaker

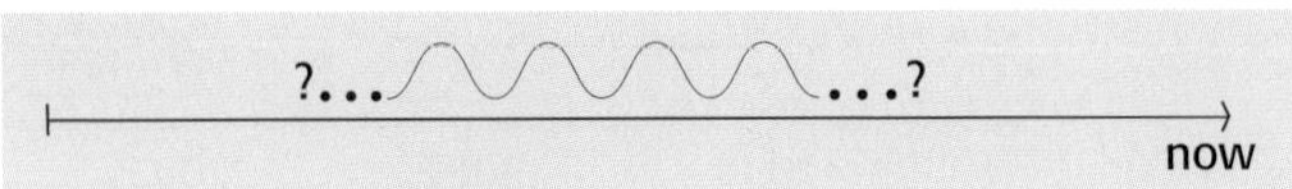

Mi familia **vivía** en Panamá.

3 ◆ When talking about the past, the imperfect sets or describes the background and tells what was going on. It refers to an action in progress or a certain situation that existed. The preterit narrates what occurred against the background situation or what interrupted an action in progress.

a. two simultaneous actions in progress in the past

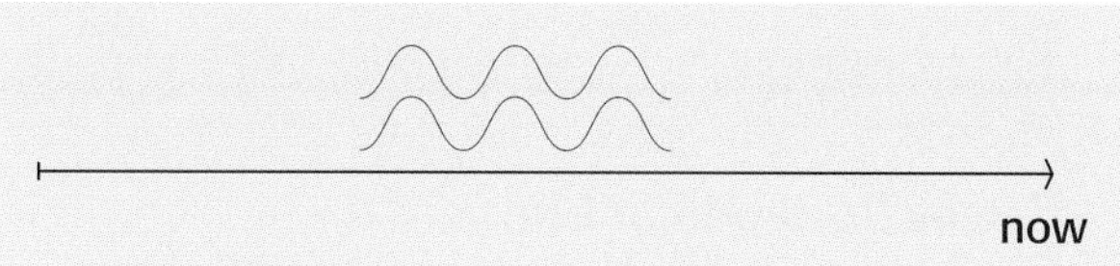

Tú **leías** mientras ella **trabajaba.**

b. an action in progress interrupted by another action

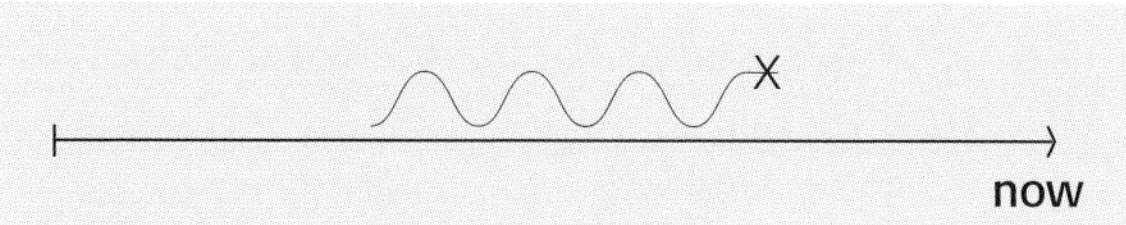

Mientras **caminábamos** por la calle, **explotó** la bomba.

Ella **leía** cuando él **entró.**

c. a situation that existed when another action occurred

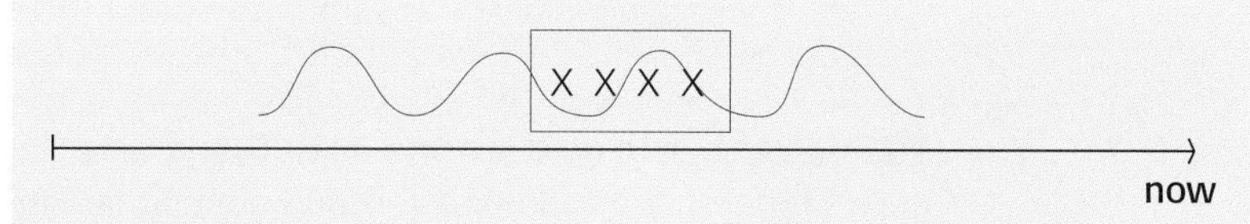

Cuando yo **vivía** en Quito, **trabajé** en un banco por cuatro meses.

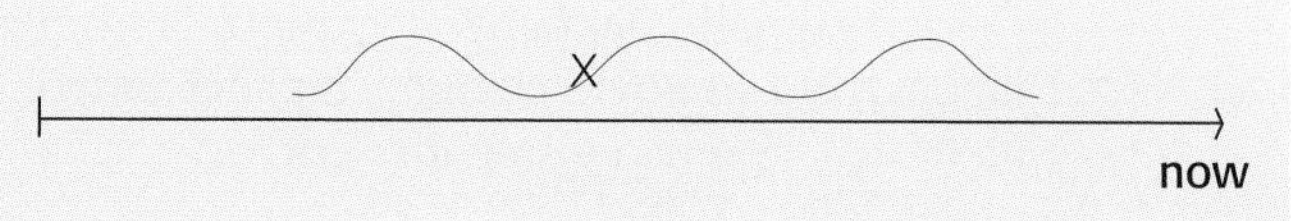

Era invierno cuando **fui** a Chile por primera vez.

NOTE: A past action in progress can also be expressed by using the past progressive.

estaba/estabas/etc. + *present participle* = imperfect

Do Workbook *Práctica mecánica I* and corresponding CD-ROM activities.

Estaba llov**iendo.** = **Llovía.**
Estábamos viv**iendo** en Panamá. = **Vivíamos** en Panamá.

Describing actions in progress.

ACTIVIDAD 10 **Estaba . . .** En parejas, averigüen qué estaba haciendo ayer su compañero/a a las siguientes horas.

- A: ¿Qué estabas haciendo ayer a las ocho y diez de la mañana?
  B: A las ocho y diez, yo estaba durmiendo. / A las ocho y diez, yo dormía.

1. 7:00 a. m.
2. 9:30 p. m.
3. 12:15 p. m.
4. 3:30 p. m.
5. 6:05 p. m.
6. 8:45 p. m.
7. 10:30 p. m.
8. 11:45 p. m.

Repetitive or habitual actions in the past.

ACTIVIDAD 11 **Las costumbres** Hay ciertos personajes de la televisión que todos conocemos. En parejas, digan qué cosas de la lista hacían los siguientes personajes en sus programas de televisión: Gilligan, Marcia Brady, Hawkeye Pierce, Seinfeld y Dylan McKay. ¡Ojo! Hay más de una respuesta correcta.

asistir a la escuela secundaria en Beverly Hills
llevar la misma ropa siempre
hablar con Greg
caerse mucho
ser médico en Corea
no hablar de nada
salir con Brenda
tener familia
besar a las enfermeras (*nurses*)
llevar ropa de los años setenta
ser amigo de Radar
vivir en un apartamento
tener problemas con sus novios
nadar en una laguna
ser alcohólico

ACTIVIDAD 12 **¿Qué tiempo hacía?** En parejas, digan adónde fueron el verano pasado, qué hicieron y qué tiempo hacía.

ACTIVIDAD 13 **La historia médica** En parejas, hablen con su compañero/a sobre las enfermedades que tuvieron durante el último año y los síntomas que tenían.

- Tuve gripe. Me sentía fatal y me dolía todo el cuerpo.

ACTIVIDAD 14 **Todos somos artistas** **Parte A:** Rompe un papel en cuatro partes iguales. En cada papel, dibuja una de las siguientes oraciones, pero no escribas la oración en el papel. Algunas oraciones quizás necesiten dos dibujos.

El terrorista salía del banco cuando explotó la bomba.
El terrorista salió del banco y explotó la bomba.
Ella besaba a su novio cuando su padre entró.
Ella besó a su novio y su padre entró.

Parte B: Muéstrales tus dibujos a otras personas de la clase para que decidan a cuál de las oraciones se refiere cada uno.

Simultaneous actions in progress.

ACTIVIDAD 15 Dos cosas a la vez Muchas personas hacen dos cosas simultáneamente. Piensa en lo que hacías ayer mientras hacías las siguientes cosas.

¿Qué hacías ayer mientras . . .

1. . . . comías?
2. . . . hablabas por teléfono?
3. . . . escuchabas música?
4. . . . mirabas televisión?
5. . . . caminabas a clase?
6. . . . escuchabas al/a la profesor/a?

Ongoing action interrupted by another action.

ACTIVIDAD 16 ¿Qué pasó? En parejas, pregúntenle a su compañero/a si le ocurrió alguna de estas cosas y averigüen qué estaba haciendo cuando le ocurrió.

◆ A: ¿Alguna vez dejaste las llaves en el carro?
B: Sí.
A: ¿Qué pasó? / ¿Qué estabas haciendo?
B: . . .

1. encontrar dinero
2. tener un accidente automovilístico
3. romperse una pierna/un brazo
4. perder una maleta
5. quemarse (*to burn oneself*)
6. ???

ACTIVIDAD 17 ¿Aló? Aquí tienen la mitad (*half*) de una conversación telefónica. En parejas, inventen la otra mitad y preséntenle la conversación a la clase.

¿Dónde estaba José?
¿Con quién?
¿Qué estaban haciendo ellos mientras tú esperabas?
¿Qué ocurrió?
¡Por Dios! ¿Y después?
¿Qué hizo la policía?
¿De verdad?
¿Qué hacían ellos mientras la policía hacía eso?
¿Cómo se sentían?
¿Adónde fueron?

Remember: **La policía** (*the police*) is singular.

ACTIVIDAD 18 Objetos perdidos En parejas, imagínense que una persona perdió algo y va a la oficina de objetos perdidos para ver si está allí. La otra persona trabaja en la oficina y tiene que llenar este formulario haciendo las preguntas apropiadas.

Nombre: ______________________
Dirección: ______________________
Ciudad: ______________________
Teléfono: ______________________
Email: ______________________
Artículo perdido: ______________________
Dónde: ______________________
Cuándo: ______________________
Descripción: ______________________

ACTIVIDAD 19 **¿Una noche ideal?** En parejas, miren la siguiente historia y cuenten qué ocurrió el sábado pasado en la casa de Francisco. Usen el **pretérito** y el **imperfecto** al contar la historia.

Do Workbook *Práctica comunicativa I* and corresponding CD-ROM activities.

Nuevos horizontes

Lectura

ESTRATEGIA: Approaching Literature

When reading a work of literature, it is important to separate what may be reality from what may be fantasy. Once you have distinguished between the two, the meaning of the work becomes clearer.

You will get a chance to practice separating reality from fantasy when reading "Tragedia" by the Chilean author Vicente Huidobro (1893–1948). In this story, the author tells us about a woman named María Olga who seems to have a dual personality, just as she has a double first name.

ACTIVIDAD 20 María Olga Mientras lees el cuento, anota en una hoja las características o acciones que se refieren a María y las que se refieren a Olga.

María: encantadora
Olga: muy encantadora . . . etc.

Tragedia

Vicente Huidobro

María Olga es una mujer encantadora. Especialmente la parte que se llama Olga.

Se casó con un mocetón grande y fornido, un poco torpe, lleno de ideas honoríficas, reglamentadas como árboles de paseo.

Pero la parte que ella casó era su parte que se llamaba María. Su parte Olga permanecía soltera y luego tomó un amante que vivía en adoración ante sus ojos.

Ella no podía comprender que su marido se enfureciera[1] y le reprochara[1] infidelidad. María era fiel, perfectamente fiel. ¿Qué tenía él que meterse con Olga?[2] Ella no comprendía que él no comprendiera[1]. María cumplía con su deber[3], la parte Olga adoraba a su amante.

¿Era ella culpable de tener un nombre doble y de las consecuencias que esto puede traer consigo?

Así, cuando el marido cogió el revólver, ella abrió los ojos enormes, no asustados, sino llenos de asombro, por no poder entender un gesto tan absurdo.

Pero sucedió que el marido se equivocó y mató a María, a la parte suya, en vez de matar a la otra. Olga continuó viviendo en brazos de su amante, y creo que aún sigue feliz, muy feliz, sintiendo sólo que es un poco zurda[4].

---

1 Subjunctive verb forms referring to the past: **enfurecerse** (*to become angry*), **reprochar** (*to reproach*), and **comprender.** 2 *Why did he have to stick his nose in Olga's business?* 3 *she did what she was supposed to do* 4 *left-handed; awkward; incomplete*

ACTIVIDAD 21 La narración **Parte A:** Vuelve a leer el cuento y marca todos los verbos que aparecen en el pretérito.

Parte B: Ahora lee sólo las frases del cuento que tienen un verbo en el pretérito y di para qué se usa el pretérito en este cuento.

a. para contar los hechos (*the events*) de la historia
b. para hablar de acciones en progreso
c. para describir escenas (*scenes*)

Parte C: Vuelve a leer el cuento y marca todos los verbos que aparecen en el imperfecto.

Parte D: Ahora lee sólo las frases del cuento que tienen un verbo en el imperfecto y di cuáles de los siguientes usos tiene en cada caso.

a. describir un sentimiento o un estado
b. describir una acción habitual o repetitiva

ACTIVIDAD 22 ¿Realidad o no? En parejas, discutan (*discuss*) el final del cuento. Decidan si el marido de verdad mató a María o si la acción de matarla fue solamente una metáfora. Estén preparados para defender su opinión.

ESTRATEGIA: Narrating in the Past

When narrating in the past, you need to say what happened (preterit) and add descriptive and background information (imperfect). As you saw while reading "Tragedia," it is by combining the preterit and the imperfect that one is able to give a complete narration in the past.

ACTIVIDAD 23 Una anécdota **Parte A:** Think about something that occurred in the past. It can be a personal experience. Make two lists. The first should contain what happened and the second should contain description.

Qué pasó (pretérito)	*Descripción (imperfecto)*

Parte B: Now, combine the sentences from the first column with the descriptions in the second column to create a story with logical paragraphs.

Parte C: Hand in your lists from Part A, your drafts, and your final version to your instructor.

Lo esencial II

◈ While in a car, practice vocabulary by quizzing yourself on car parts.

El carro

1. la llanta
2. la puerta
3. el tanque de gasolina
4. el baúl
5. el parabrisas
6. el limpiaparabrisas
7. las luces

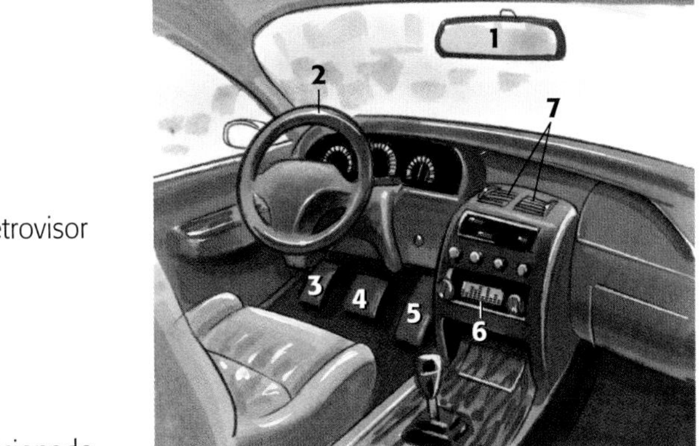

1. el (espejo) retrovisor
2. el volante
3. el embrague
4. el freno
5. el acelerador
6. el/la radio
7. el aire acondicionado

Otras palabras relacionadas con el carro

el aceite oil
automático automatic
la batería battery
el cinturón de seguridad seat belt
con cambios standard shift
la licencia/el permiso de conducir driver's license
la matrícula/placa license plate
el motor engine

Verbos útiles

◈ **Conducir** is an irregular verb. See Appendix A for conjugations.

abrocharse el cinturón to buckle the seat belt
apagar to turn off
arrancar to start the car
atropellar to run over
chocar (con) to crash (into)
manejar/conducir to drive
pisar to step on
revisar to check

ACTIVIDAD 24 Definiciones En grupos de tres, una persona da definiciones de palabras asociadas con el carro y las otras personas tienen que adivinar qué cosas son.

- A: Es un líquido que cambias cada tres meses.
  B: El aceite.

ACTIVIDAD 25 Problema tras problema Todos conocemos a alguien que tiene un carro desastroso. ¿Cuáles son algunos problemas que puede tener un carro?

- Las llantas se desinflan, nunca tienen suficiente aire.

ACTIVIDAD 26 La persuasión En parejas, Uds. van a mantener una conversación en un concesionario de autos (*car dealership*). Para prepararse lea cada uno solamente el papel **A** o **B.** Luego empiecen la conversación así:

- A: Buenos días. ¿En qué puedo servirle?
  B: Me interesa comprar este carro.
  A: ¡Ah! Es un carro fantástico. Tiene llantas Michelín . . .

A

Eres vendedor/a de carros en Los Ángeles y recibes comisión si los clientes compran los accesorios adicionales del carro. Intenta convencer al cliente que gaste mucho dinero.

B

Eres cliente y estás interesado/a en comprar un carro. Quieres un buen precio, no tienes mucho dinero y le tienes fobia a los vendedores de carros.

radiocassette estéreo	estándar
llantas Michelín	estándar
cinturones de seguridad	estándar
limpiaparabrisas trasero	estándar
motor de seis cilindros	estándar
frenos hidráulicos	estándar
dos bolsas de aire	estándar
retrovisor diurno y nocturno	estándar
transmisión automática	$999
aire acondicionado	$799
ventanillas y cierre automático	$349
asientos de cuero	$689
Precio total sin impuestos ni matrícula	$28.995

Garantía: 7/70.000
35 millas por galón de gasolina

Si manejas, te juegas la vida

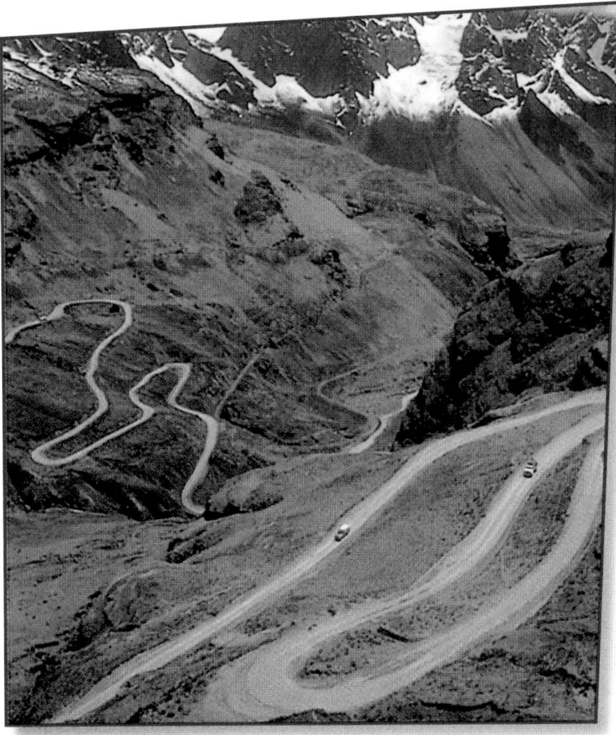

➤ Cordillera Real, los Andes, Bolivia. ¿Te gustaría manejar en esta carretera?

¡Qué lío!	What a mess!
¡Qué va!	No way!
para colmo	to top it all off
jugarse la vida	to risk one's life

Operaron a Carlitos y don Alejandro todavía tiene negocios que hacer. Por eso deja a la familia en Bogotá y se va en un carro alquilado hacia el sur del país. Ahora, don Alejandro tiene una conversación de larga distancia con su esposa.

ACTIVIDAD 27 ¿Cierto o falso? Mientras escuchas la conversación, marca **C** si estas oraciones son ciertas o **F** si son falsas. Corrige las oraciones falsas.

1. _____ Cuando don Alejandro llamó, su esposa estaba preocupada.
2. _____ Don Alejandro llegó tranquilo a Cali.
3. _____ El carro alquilado era un desastre.
4. _____ Las gasolineras estaban cerradas porque era mediodía.
5. _____ Carlitos va a salir mañana del hospital.
6. _____ Don Alejandro va a regresar en carro.
7. _____ A don Alejandro le gusta viajar en carro por Colombia.

ROSAURA ¿Aló?

ALEJANDRO ¿Rosaura?

ROSAURA ¿Alejandro? ¡Por Dios! ¡Qué preocupada estaba! ¿Qué te pasó? ¿Por qué no me llamaste?

Stating intentions

ALEJANDRO Iba a llamarte ayer, pero no pude. No sabes cuántos problemas tuve con ese carro que alquilé. Pero, ¿cómo sigue Carlitos?

ROSAURA Sigue mejor; no te preocupes. Pero, ¿qué te pasó con el carro? ¿Dónde estás ahora?

Describing

ALEJANDRO Pues, ya llegué a Cali, gracias a Dios, pero creí que nunca iba a llegar. ¡Qué lío! Manejar por los Andes es muy peligroso y, para colmo, el carro que alquilé casi no tenía frenos. Y como ya era tarde, las gasolineras estaban cerradas.

ROSAURA Entonces, ¿qué hiciste?

Narrating a series of completed actions

ALEJANDRO Pues seguí hasta que por fin encontré una gasolinera que estaba abierta. El mecánico era un hombre muy simpático y eficiente. Arregló los frenos, le echó gasolina al carro y revisó las llantas y el aceite. Pero era tarde cuando terminó y me dijo que era peligrosísimo manejar a esa hora y por eso me ofreció dormir en su casa y, por supuesto, acepté.

ROSAURA ¡Virgen Santa!

ALEJANDRO Te iba a llamar, pero el teléfono de la gasolinera no funcionaba.

ROSAURA Pero, ¿estás bien?

ALEJANDRO Sí, sí. Por fin llegué esta mañana con los nervios destrozados.

ROSAURA Ojalá que ya no tengas más problemas. ¿Qué tal Cali?

ALEJANDRO Muy agradable; tiene un clima ideal que es un alivio después del frío constante de Bogotá. Y tú, ¿estás bien?

Expressing an unfulfilled obligation

ROSAURA Sí, sólo un poco cansada. Carlitos tenía que salir del hospital hoy, pero los médicos dicen que debemos esperar hasta mañana. ¿Cuándo regresas?

ALEJANDRO El jueves, si Dios quiere.

ROSAURA ¿Y piensas manejar?

ALEJANDRO ¡Qué va! Me voy por avión. Ahora entiendo por qué Colombia fue el primer país del mundo en tener aviación comercial. Si viajas en carro, ¡te juegas la vida!

ACTIVIDAD 28 ¡Vaya problemas! Después de escuchar la conversación otra vez, contesta estas preguntas.

1. Cuando don Alejandro llamó, ¿dónde estaba él y dónde estaba su esposa Rosaura?
2. Don Alejandro tuvo muchos problemas. ¿Cuáles fueron?
3. ¿Cómo era el mecánico? ¿Qué le ofreció a don Alejandro y por qué?
4. ¿Por qué es difícil viajar en carro por Colombia?
5. ¿Manejaste alguna vez en las montañas? ¿Cómo fue? ¿Tenías miedo mientras manejabas?

ACTIVIDAD 29 Casi me muero En grupos de cinco, cuéntenles a sus compañeros una situación cuando se jugaron la vida.

- Javier bebió mucha cerveza, pero yo decidí ir con él en el carro. Él estaba manejando cuando, de repente, perdió el control y chocamos con otro carro. Me di un golpe en la cabeza y terminé en el hospital. ¡Qué tonto fui! Nunca más le permito a un amigo que maneje después de beber.

Si viajas, vas a notar que en muchos países hispanos no es común tener autoservicio en las gasolineras; normalmente hay personas que atienden a los clientes y es costumbre darles una pequeña propina.

El precio de la gasolina puede ser muy alto, excepto en países que producen petróleo como Venezuela, Colombia y Ecuador. También es más común encontrar carros pequeños y con cambios. ¿Por qué crees que es común tener carros pequeños en muchos países hispanos?

▲ San Juan, Puerto Rico.

Hacia la comunicación II

I. Expressing Past Intentions and Responsibilities: *Iba a* + infinitive and *Tenía/Tuve que* + infinitive

1 ◆ To express what you were going to do, but didn't, use **iba a** + *infinitive.* To tell what you actually did, use the preterit.

Iba a estudiar, pero **fui** a una fiesta.	*I was going to study, but I went to a party.* (unfulfilled intention)

2 ◆ To express what you had to do, and perhaps didn't, use **tenía que** + *infinitive.*

Tenían que trabajar, pero **fueron** al cine.	*They had to/were supposed to work, but they went to the movies.* (They did not fulfill their obligation.)
—**Tenía que** hablar con el profesor.	*I had to/was supposed to speak with the professor.*
—¿Y? ¿**Hablaste** con él o no?*	*And? Did you speak with him or not?*

***NOTE:** The listener does not know whether or not the obligation was fulfilled and therefore has to ask for a clarification.

3 ◆ To express what you had to do and did, use **tuve que** + *infinitive.*

—**Tuve que ir** al médico.	*I had to go to the doctor.* (I had to and did go.)
—¿Qué te dijo el médico?	*What did the doctor tell you?*

After studying the grammar explanation, answer the following questions.

In the sentences that follow, who actually went to buy a present, the man or the woman?

Ella fue a comprarle un regalo. Él iba a comprarle un regalo.

If you said "the woman," you were correct since the words **iba a** in the second sentence imply merely an unfulfilled intention to do something.

If someone said, **"Tenía que comprarle un regalo",** what would be a logical response?

¿Qué compraste? ¿Lo compraste al fin?

If you chose the second, you were correct. **Tenía que** simply indicates an obligation; if that obligation was met or not is up in the air.

II. *Saber* and *Conocer* in the Imperfect and Preterit

Saber and **conocer** express different meanings in English depending on whether they are used in the preterit or the imperfect. Note that the imperfect retains the original meaning of the verb.

To review uses of **saber** and **conocer,** see Ch. 4.

	Imperfect	Preterit
conocer	knew	met (for the first time), became acquainted with
saber	knew	found out

Conocí a tu padre el sábado. ¡Qué simpático!	*I met your father on Saturday. He's really nice!*
Lo **conocía** antes de empezar a trabajar con él.	*I knew him before starting to work with him.*
Ella **supo** la verdad anoche.	*She found out the truth last night.*
Ella **sabía** la verdad.	*She knew the truth.*

III. Describing: Past Participle as an Adjective

The past participle can function as an adjective to describe a person, place, or thing. To form the past participle (*rented, done, said*) in Spanish, add **-ado** to the stem of all **-ar** verbs, and **-ido** to the stem of most **-er** and **-ir** verbs. When the past participle functions as an adjective it agrees in gender and number with the noun it modifies.

alquilar ⟶ alquil**ado** perder ⟶ perd**ido** servir ⟶ serv**ido**

Él fue a Cali en un carro **alquilado.**	*He went to Cali in a rented car.*
Sólo encontró gasolineras **cerradas.**	*He only found closed gas stations.*

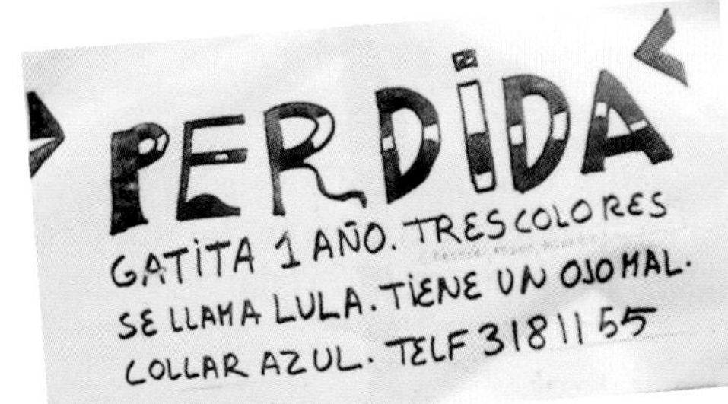

Use **estar** + *past participle* to describe a condition resulting from an action. The past participle functions as an adjective.

Cerraron las gasolineras.	*They closed the gas stations.*
Las gasolineras **están cerradas** ahora.	*The gas stations are closed now.*
Ella se sentó.	*She sat down.*
Ya **está sentada.**	*She is already sitting/seated.*

Do Workbook *Práctica mecánica II,* CD-ROM, Web ACE Tests, and lab activities.

ACTIVIDAD 30 Buenas intenciones En español, como en inglés, hay un refrán que dice "No dejes para mañana lo que puedas hacer hoy". Pero, con frecuencia, todos dejamos para mañana lo que podemos hacer hoy. En parejas, digan qué acciones iban a hacer la semana pasada, pero no hicieron.

- Iba a visitar a mi hermana, pero no fui porque no tenía carro.

ACTIVIDAD 31 ¿Mala memoria? Su profesor/a organizó una fiesta para la clase, pero nadie fue. Ustedes tienen vergüenza y tienen que inventar buenas excusas. Empiecen diciendo: **"Lo siento. Iba a ir, pero tuve que . . ."**

ACTIVIDAD 32 ¿Eres responsable? Escribe tres cosas que tenías que hacer y que no hiciste el fin de semana pasado y tres cosas que tuviste que hacer. Luego, en parejas, comenten por qué las hicieron y por qué no.

ACTIVIDAD 33 ¿Ya sabías? En parejas, digan a qué personas o qué cosas ya conocían o qué información ya sabían el primer día de clases de su primer año de universidad y qué personas o lugares conocieron o qué información supieron después de empezar el año.

- A: ¿Sabías el número de tu habitación?
  B: Sí, ya lo sabía. / No, no lo sabía todavía.
  A: ¿Cuándo lo supiste?
  B: Lo supe cuando llegué a la residencia.

1. la ciudad universitaria
2. dónde ibas a vivir
3. el nombre de tu compañero/a de cuarto
4. tu compañero/a de cuarto o apartamento
5. tu número de teléfono
6. tus profesores
7. tu horario de clases
8. si tus clases iban a ser fáciles o difíciles

participio pasivo = past participle

ACTIVIDAD 34 ¿Qué pasó? Terminen estas oraciones usando **estar +** *el participio pasivo* de un verbo apropiado: **aburrirse, beber, decidir, dormir, encantar, levantarse, pagar, preocuparse, resfriarse, terminar, vender** y **vestirse.** Hay más verbos de los que necesitas.

Use **estaba** + *past participle*, since you are describing in the past.

Remember: Past participles as adjectives agree in gender and number with the nouns they modify.

1. El carro iba haciendo eses (*was zigzagging*) porque el conductor ____________________.
2. La chica estaba en una clase de matemáticas y el profesor hablaba y hablaba y ella ____________________.
3. Salí a comer con mi amigo y cuando iba a pagar la cuenta, el camarero me dijo que la cuenta ya ____________________.
4. Queríamos comprar entradas para el cine, pero todas ____________________.
5. El tenor José Carreras no pudo cantar porque ____________________.
6. Mi padre ____________________ en el sillón cuando terminó el programa de televisión.
7. Mi novio llegó temprano y tuvo que esperar porque todavía yo no ____________.
8. Su esposa debía de llegar a las 8:00 y ya era la medianoche. El señor ____________________.

ACTIVIDAD 35 Un poema **Parte A:** Alfonsina Storni (1892–1938), poeta argentina, escribió el poema "Cuadrados y ángulos" para hacer un comentario social. Primero, cierra los ojos y escucha mientras tu profesor/a lee el poema en voz alta. Después contesta esta pregunta: ¿Oíste mucha repetición de letras? ¿De palabras?

Parte B: En parejas, pongan las letras de los dibujos al lado de la línea del poema que representan.

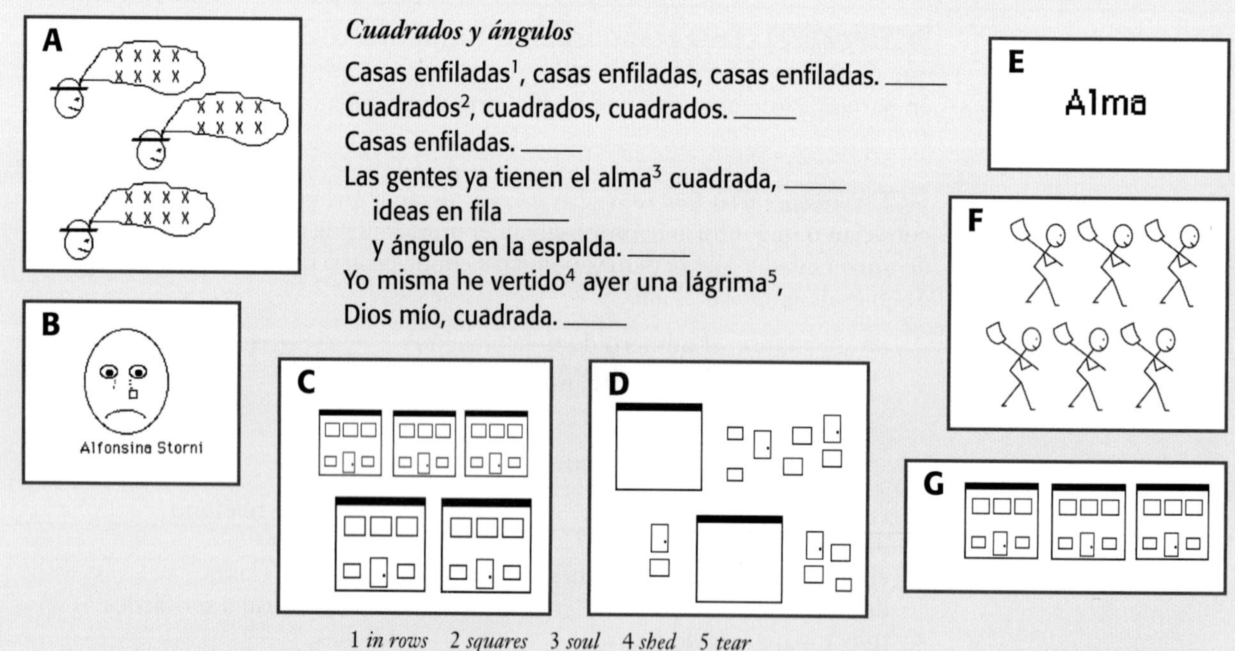

Cuadrados y ángulos

Casas enfiladas[1], casas enfiladas, casas enfiladas. _____
Cuadrados[2], cuadrados, cuadrados. _____
Casas enfiladas. _____
Las gentes ya tienen el alma[3] cuadrada, _____
ideas en fila _____
y ángulo en la espalda. _____
Yo misma he vertido[4] ayer una lágrima[5],
Dios mío, cuadrada. _____

1 *in rows* 2 *squares* 3 *soul* 4 *shed* 5 *tear*

Parte C: Ahora, decidan cuál de las siguientes oraciones describe mejor el mensaje del poema. Justifiquen su respuesta.

1. Storni dice que la vida es aburrida porque todo es igual —no hay variedad.
2. Storni dice que la gente se conforma con las normas establecidas de la sociedad —no hay individualismo.

Parte D: Discutan estas preguntas y justifiquen sus respuestas.

1. ¿Storni se conforma con las normas establecidas o es individualista?
2. ¿Uds. se conforman con las normas establecidas o son individualistas?

Entre los grandes poetas del mundo hispano se encuentran los chilenos Gabriela Mistral (1889–1957) y Pablo Neruda (1904–1973). Mistral, que llegó a ser diplomática y ministro de cultura, fue la primera mujer de América Latina en recibir el Premio Nobel de Literatura. Los temas principales de su poesía son el amor, la tristeza y los recuerdos dolorosos. Entre sus obras más famosas está *Sonetos de la muerte.* Neruda, que fue diplomático y estaba afiliado al partido marxista, también recibió el Premio Nobel de Literatura. Entre sus obras más famosas está *Veinte poemas de amor y una canción desesperada.* Él habla no sólo del amor sino también de la lucha política de la izquierda y del desarrollo histórico social de Suramérica.

En los países de habla española, generalmente, los estudiantes de la primaria y la secundaria tienen que memorizar poemas de escritores famosos para recitarlos, pues se considera que la poesía se escribe para ser escuchada. Esto lleva a tener cierta apreciación por la poesía y no es de sorprender que si un grupo de adultos viaja en un autobús, en vez de cantar canciones, alguien recite un poema.

ACTIVIDAD 36 Músicos, poetas y locos "De músico, poeta y loco, todos tenemos un poco", dice el refrán. Escribe un poema siguiendo las indicaciones.

primera línea:	un sustantivo
segunda línea:	dos adjetivos (es posible usar participios)
tercera línea:	tres acciones (verbos)
cuarta línea:	una frase relacionada con el primer sustantivo (cuatro o cinco palabras máximo)
quinta línea:	un sustantivo que resuma la idea del primer sustantivo

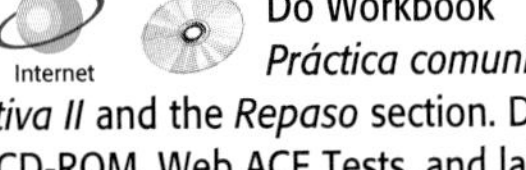

Do Workbook *Práctica comunicativa II* and the *Repaso* section. Do CD-ROM, Web ACE Tests, and lab activities.

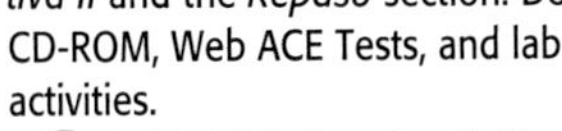

Do Web Search activities.

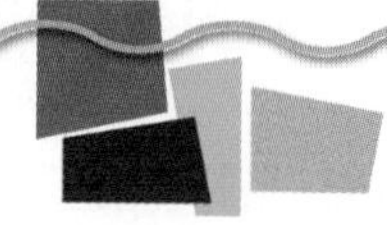

Vocabulario funcional

La salud (*Health*) *Ver páginas 289–290.*

la ambulancia	*ambulance*
la fractura	*fracture, break*
la radiografía	*x-ray*
la sangre	*blood*
tener escalofríos	*to have the chills*

Los medicamentos y otras palabras relacionadas *Ver página 291.*

El carro *Ver página 301.*

el baúl	*trunk*
el limpiaparabrisas	*windshield wipers*
la llanta	*tire*
las luces	*lights*
el parabrisas	*windshield*
la puerta	*door*
el tanque de gasolina	*gas tank*

Palabras y expresiones útiles

además	*besides*
ahora mismo	*right now*
casi	*almost*
jugarse la vida	*to risk one's life*
mientras	*while*
(No) Vale la pena.	*It's (not) worth it.*
(No) Vale la pena + *infinitive.*	*It's (not) worth* + -ing.
para colmo	*to top it all off*
¡Qué lío!	*What a mess!*
¡Qué va!	*No way!*
quejarse	*to complain*

Capítulo 12

Chapter Objectives

- Discussing music
- Ordering food and planning a meal
- Discussing past occurrences
- Describing geographical features
- Making comparisons
- Describing people and things

Una pareja baila un tango sensual para un grupo de turistas, en el barrio de La Boca en Buenos Aires.

Datos interesantes

La música hispana en los EE.UU. en el siglo XX:

1904	Pablo Casals, violonchelista, concierto en la Casa Blanca para Roosevelt
1928	Andrés Segovia, guitarrista, debut en Nueva York
los 30	Xavier Cugat con la samba y la rumba
1940	Desi Arnaz presenta la conga en Broadway
los 50	Tito Puente con el chachachá y el mambo
los 70	Celia Cruz, "la reina de la salsa", en Nueva York
los 80	Gloria Estefan y Miami Sound Machine, Julio Iglesias, Los Lobos
los 90	El boom de la música hispana: Selena, Jon Secada, Ricky Martin, Christina Aguilera, Luis Miguel, Enrique Iglesias, Marc Anthony, Shakira, Buena Vista Social Club, etc.

¡Qué música!

¿Qué es poesía? —dices mientras clavas
en mi pupila tu pupila azul,
¿Qué es poesía? ¿Y tú me lo preguntas?
Poesía . . . ¡eres tú!

¡Qué chévere!	Great! (*Caribbean expression*)
cursi	overly cute; tacky, in bad taste
¿Algo más?	Something/Anything else?

Teresa ganó el partido de tenis y por eso Vicente la invitó a comer. Están en un restaurante argentino donde hay un conjunto de música.

ACTIVIDAD 1 ¿Cierto o falso? Mientras escuchas la conversación, marca **C** si la oración es cierta y **F** si es falsa.

1. _____ Teresa aprendió a jugar al tenis en un parque de Puerto Rico.
2. _____ Vicente juega bien al tenis.
3. _____ Teresa pide sopa, ensalada y churrasco.
4. _____ Vicente es un hombre muy romántico.
5. _____ A Teresa le gusta mucho que los músicos le toquen una canción.

CAMARERO Su mesa está lista . . . Aquí tienen el menú.

VICENTE Muchas gracias.

TERESA ¡Qué chévere este restaurante argentino! ¡Y con conjunto de música!

Being facetious

VICENTE Espero que a la experta de tenis le gusten la comida y los tangos argentinos con bandoneón y todo.

TERESA Me fascinan. Pero, juegas bastante bien, ¿sabes?

VICENTE Eso es lo que pensaba antes de jugar contigo; pero, ¿cómo aprendiste a jugar tan bien?

Describing habitual past actions

TERESA Cuando era pequeña aprendí a jugar con mi hermano mayor. Todas las tardes, después de la escuela, íbamos a un parque donde había una cancha de tenis y allí nos encontrábamos con unos amigos de mi hermano para jugar dobles. Seguí practicando y después de mucha práctica, empezamos a ganar.

VICENTE ¿Así que aprendiste con tu hermano?

TERESA No exactamente; mi padre se dio cuenta de que yo tenía talento y me buscó un profesor particular. Yo jugaba al tenis a toda hora; era casi una obsesión; no quería ni comer ni dormir.

VICENTE ¡Por eso! Ya decía yo . . .

CAMARERO ¿Están listos para pedir?

TERESA No, todavía no . . . Perdón, ¿cuál es el menú del día?

CAMARERO De primer plato, hay sopa de verduras o ensalada mixta; de segundo, churrasco con patatas y de postre, flan con dulce de leche.

Ordering a meal

TERESA Me parece perfecto. Quiero el menú con sopa, por favor.

CAMARERO ¿Y para Ud.?

VICENTE También el menú, pero con ensalada. ¿El churrasco viene con papas fritas?

CAMARERO Sí. ¿Y de beber?

VICENTE Vino tinto, ¿no?

TERESA Sí, claro.

CAMARERO ¿Algo más?

VICENTE No, nada más, gracias. Teresa, este restaurante es fantástico. No sabes cuánto me gusta estar aquí contigo. Estoy con una chica no solamente inteligente y bonita sino también buena tenista. ¿Me quieres?

TERESA Claro que sí. ¿Y tú a mí?

VICENTE Por supuesto que sí . . . Mira, aquí vienen los músicos.

MÚSICOS *En mi viejo San Juan / cuántos sueños forjé / en mis años de infancia . . .*

Showing playful anger

TERESA ¡¡¡VICENTE!!! ¡Te voy a matar! ¡Qué cursi! ¿Cuánto les pagaste?

VICENTE ¿No te gusta?

TERESA La próxima vez quiero uno de esos tangos superrománticos y sensuales que cantaba Carlos Gardel.

Carlos Gardel = famoso cantante argentino de tangos

ACTIVIDAD 2 Preguntas Después de escuchar la conversación otra vez, contesta estas preguntas.

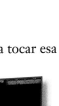

1. ¿Qué tipo de música se asocia con Argentina?
2. ¿Por qué es buena jugadora de tenis Teresa?
3. ¿Qué van a comer Vicente y Teresa?
4. ¿Por qué a Vicente le gusta Teresa?
5. ¿Crees que la última canción que tocan los músicos sea un tango?
6. ¿Por qué crees que los músicos fueron a la mesa de Vicente y Teresa a tocar esa canción?

En España, muchas facultades de las diferentes universidades tienen tunas formadas por estudiantes que cantan y tocan guitarras, bandurrias (*mandolins*) y panderetas (*tambourines*). Los tunos, o miembros de la tuna, llevan trajes al estilo de la Edad Media y cantan canciones tradicionales en restaurantes, en plazas y por las calles. Generalmente, los tunos son hombres, pero últimamente también es posible ver tunas de mujeres.

➤ Un miembro de la Tuna de Derecho de Valladolid se casa en la iglesia de Santa María en Wamba, España.

ACTIVIDAD 3 **¿Cursi o chévere?** Di si las siguientes cosas son cursis o chéveres.

◆ ¡Qué chévere es la playa de Luquillo en Puerto Rico!
¡Qué cursis son las tarjetas del día de San Valentín!

jugar al bingo	unas vacaciones en el Caribe
Graceland y Elvis	el concurso de Miss Universo
los videojuegos	ganar la lotería

Lo esencial I

I. Los instrumentos musicales

Other instruments: **el sintetizador, el oboe, la guitarra eléctrica, el bajo, el flautín, el piano.**

1. la flauta	3. la trompeta	5. el violín	7. el saxofón
2. el trombón	4. la batería	6. el clarinete	8. el violonchelo

As you listen to music, try to name all the instruments you hear.

ACTIVIDAD 4 **¿Qué sabes de música?** En parejas, decidan qué instrumentos necesitan estos grupos musicales: **una orquesta sinfónica, una banda municipal y un conjunto de rock.**

ACTIVIDAD 5 ¿Tocas? En grupos de tres, descubran el talento musical de sus compañeros. Pregúntenles qué instrumentos tocan o tocaban y averigüen algo sobre su experiencia musical, según las indicaciones.

Nombre ______________________
Instrumento(s) ______________________
Toca/Tocaba ____ muy bien ____ bien ____ un poco
Cuándo empezó a tocar ______________________
Dónde aprendió a tocar ______________________
Quién le enseña/enseñaba ______________________
Cuánto tiempo practica/practicaba ______________________
Si ya no toca, cuándo dejó de tocar y por qué ______________________
____
Si no toca ningún instrumento, pregúntale cuál le gustaría tocar y por qué
____

ACTIVIDAD 6 Preferencias En parejas, planeen la música para una boda en una iglesia y para la recepción en un restaurante, sin preocuparse por el dinero. ¿Qué tipo de música quieren? ¿Qué instrumentos van a tocar los músicos?

Dos músicos españoles famosísimos del siglo XX fueron Andrés Segovia (1893–1987) y Pablo Casals (1876–1973). Segovia llevó la guitarra de la calle y de los bares a los teatros del mundo y la convirtió en un instrumento de música clásica. Casals tocaba el violonchelo; era maestro, compositor, director y organizador de festivales musicales. Se fue de España en 1939 por no estar de acuerdo con la dictadura de Franco, y vivió en Francia y después en Puerto Rico hasta su muerte. Segovia y Casals dieron conciertos en lugares como el Lincoln Center y la Casa Blanca. Cuando murieron, el mundo perdió a dos músicos extraordinarios. ¿Te gusta la guitarra clásica? ¿Tienes algún disco compacto de Segovia o de Casals?

▲ Pablo Casals, violonchelista español.

II. La comida

1. el ajo
2. el pollo
3. la carne de res
4. la coliflor
5. el cordero
6. los espárragos
7. las habichuelas/ judías verdes
8. el cerdo
9. las zanahorias

Think of the names of food items when you eat.

Verduras (*Vegetables*)

los frijoles beans
los guisantes/las arvejas peas
las lentejas lentils

Aves (*Poultry*)

el pavo turkey

Carnes (*Meats*)

el bistec (**churrasco** in Argentina) steak
la chuleta chop
el filete fillet; sirloin
la ternera veal

Postres

el flan Spanish egg custard
el helado ice cream

Gazpacho andaluz

2 kilos de tomates muy maduros
1/2 pepino
1 barrita de pan pequeña
un vaso (de los de vino) de aceite
sal
1 pimiento grande
1 cebolla grande
2 dientes de ajo
2 ó 3 cucharadas (de las de sopa) de vinagre

Primero, se pelan los tomates y se pasan por la licuadora. Mientras tanto, se ponen a remojar el pan y los pepinos (cortados en rodajas) en un poco de agua con sal. Se trituran juntos, en la licuadora, el pepino, el pimiento, la cebolla, el ajo, el aceite, el pan, el agua del pan, el vinagre y sal a gusto. Se mezcla este líquido con los tomates y se pasa todo, otra vez, por la licuadora. Se pone todo en la nevera. Se sirve con trocitos de pimiento, pepino, tomate y pan.

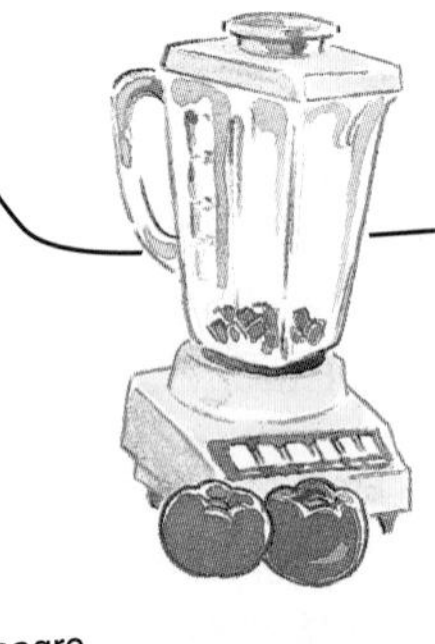

La comida básica de los países hispanos varía de región a región según la geografía. Por ejemplo, en la zona del Caribe la base de la comida son el plátano (*plantain*), el arroz (*rice*) y los frijoles. El maíz es importante especialmente en México y Centroamérica, y la papa en la región andina de Suramérica. En el Cono Sur se come mucha carne, producto de las pampas argentinas. El nombre de muchas comidas también varía según la región; por ejemplo, judías verdes, habichuelas, porotos verdes, vainas y ejotes son diferentes maneras de decir *green beans.* ¿Con qué regiones de los Estados Unidos relacionas estas comidas: langosta (*lobster*), "grits", "jambalaya" y el queso "cheddar"? ¿Por qué son populares estos platos en esas regiones?

ACTIVIDAD 7 Una comida especial En parejas, Uds. invitaron a su jefe a comer y necesitan planear una comida muy especial que incluya **primer plato, segundo plato, postre, bebida,** etc. Usen vocabulario de este capítulo y de otros.

ACTIVIDAD 8 ¡Camarero! En grupos de cuatro, una persona es el/la camarero/a y las otras tres son clientes que van a comer juntos en Mi Buenos Aires Querido, un restaurante argentino en Madrid. Tienen que pedir la comida. Antes de empezar, miren las siguientes listas de frases útiles.

Mi Buenos Aires Querido

Casa del Churrasco
Castellana 240, Madrid

Primer plato	€
Sopa de verduras	5,00
Espárragos con mayonesa	6,00
Melón con jamón	7,20
Tomate relleno	6,00
Ensalada rusa	4,80
Provoleta (queso provolone con orégano)	5,00
Segundo plato	
Churrasco con papas fritas	15,00
Bistec de ternera con puré de papas	14,00
Medio pollo al ajo con papas fritas	12,00
Ravioles	9,00
Lasaña	9,00
Pan	1,00

Ensaladas	€
Mixta	5,00
Zanahoria y huevo	5,00
Waldorf	6,00
Bebidas	
Agua con o sin gas	3,00
Media botella	2,00
Gaseosas	2,00
Té	2,50
Café	2,50
Vino tinto, blanco	4,00
Postres	
Helado de vainilla, chocolate	5,20
Flan con dulce de leche	5,20
Torta de chocolate	5,80
Frutas de estación	5,50
Menú del día: ensalada mixta, medio pollo al ajo con papas, postre, café y pan	18,00

Camarero/a

¿Qué van a comer?
¿De primer plato?
¿De segundo plato?
¿Qué desean beber?
El/La . . . está muy bueno/a hoy.
El/La . . . está muy fresco/a hoy.
El menú del día es . . .
De postre tenemos . . .
Aquí tienen la cuenta (*bill*).

Clientes

¿Está bueno/a el/la . . . ?
¿Cómo está el/la . . . ?
Me gustaría el/la . . .
¿Qué hay de primer/segundo plato
¿Viene con papas?
¿Hay . . . ?
¿Cuál es el menú del día?
¿Qué hay de postre?
La cuenta (*bill*), por favor.

Hacia la comunicación I

I. Negating: *Ni . . . ni*

To express *neither . . . nor* use **ni . . . ni.** If **ni . . . ni** is part of the subject, a plural form of the verb is normally used.

Ni él **ni** ella asist**en** a la clase.	*Neither he nor she attends the class.*
No como **ni** carne **ni** pollo.*	*I eat neither meat nor chicken.*

***NOTE:** When **no** precedes the verb, the first **ni** is often omitted: ***No* como carne *ni* pollo.**

Review uses of the preterit and imperfect, Chs. 9, 10, and 11.

II. Narrating and Describing: Preterit and Imperfect

Do the following sentences express an action that occurred only once or are they habitual or repetitive actions in the past? What time expressions can you find?

Todas las tardes íbamos a un parque.
Yo jugaba al tenis a toda hora.
Muchas veces ella salía con sus amigos.

These sentences all refer to habitual or repetitive actions and the time expressions that appear are **todas las tardes, a toda hora,** and **muchas veces.** Certain time expressions are often used with the imperfect, since one of its functions is to describe habitual or repetitive actions in the past.

Imperfect	
a menudo	frequently, often
con frecuencia	frequently, often
a veces	at times
algunas veces	sometimes
de vez en cuando	once in a while, from time to time
muchas veces	many times
siempre	always
todos los días/meses	every day/month

Notice the difference in meaning in the following sentences where the preterit denotes a completed past action and the imperfect is used to describe repetitive or habitual actions.

Preterit ⟶ completed past action	Imperfect ⟶ repetitive or habitual past action
La semana pasada fuimos a la playa.	**Íbamos con frecuencia** a la playa.
Anteayer comí paella.	**A menudo comía** paella.
El mes pasado Vicente **jugó** al tenis dos veces.	En Costa Rica, Vicente **jugaba** al tenis **de vez en cuando.**

The time expression **de repente** (*suddenly*) always takes the preterit. Other expressions such as **anoche, ayer, anteayer, hace tres días, la semana pasada,** etc., can be used with either the preterit or the imperfect.

Ayer caminábamos por la playa cuando **de repente empezó** a llover.	*Yesterday we were walking on the beach when all of a sudden it began to rain.*
Anoche fuimos al cine.	*Last night we went to the movies.*
Anteayer a las ocho yo **miraba** televisión mientras Felipe **leía.**	*The day before yesterday at eight o'clock I watched (was watching) TV while Felipe read (was reading).*

III. Describing: Irregular Past Participles

As you saw in Chapter 11, a past participle can be used as an adjective to describe a noun. The following verbs have irregular past participles.

Remember: Past participles used as adjectives agree in gender and number with the nouns they modify.

abrir	**abierto**	morir	**muerto**
cubrir	**cubierto**	poner	**puesto**
decir	**dicho**	romper	**roto**
escribir	**escrito**	ver	**visto**
hacer	**hecho**	volver	**vuelto**

—¿Abriste la puerta?	*Did you open the door?*
—No, ya **estaba abierta.**	*No, it was already open.*
—¿Robaron algo?	*Did they steal anything?*
—No, pero la guitarra **estaba rota** y los pájaros **estaban muertos.**	*No, but the guitar was broken and the birds were dead.*

Do Workbook *Práctica mecánica I* and corresponding CD-ROM activities.

ACTIVIDAD 9 Los gustos **Parte A:** Marca lo que no te gusta.

Popeye come espinacas.

_____ el ajo	_____ el cordero	_____ los huevos fritos
_____ las arvejas	_____ los espárragos	_____ el jamón
_____ el brócoli	_____ las lentejas	_____ las espinacas
_____ la carne de res	_____ el filete de ternera	_____ el pescado
_____ la cebolla	_____ el flan	_____ el pollo
_____ las coles de Bruselas	_____ los frijoles	_____ el queso
_____ las chuletas de cerdo	_____ la fruta	_____ el tofú
_____ la coliflor	_____ las habichuelas	_____ las zanahorias

Parte B: En parejas, entrevisten a su compañero/a para averiguar qué no le gusta comer.

- A: ¿Qué no te gusta comer?
  B: No me gustan ni las habichuelas ni la carne de res ni . . .

ACTIVIDAD 10 De pequeño En parejas, miren la lista de la actividad anterior y digan qué comían y qué no comían cuando eran niños.

- Cuando era niño, no comía ni lentejas ni frijoles. Siempre comía sándwiches de jamón. Ahora me gustan las lentejas, pero no como frijoles.

ACTIVIDAD 11 Antes y después En grupos de tres, hagan un anuncio para la dieta "Kitakilos", basándose en las siguientes fotos del Sr. Delgado. Expliquen cómo era y qué hacía cuando estaba gordo, cuándo empezó la dieta y qué tuvo que hacer para bajar de peso (*lose weight*). También expliquen cómo es y qué hace ahora.

ACTIVIDAD 12 Un email Diana le escribe un email a una colega que es profesora de español en los Estados Unidos. Completa la carta con la forma y el tiempo correctos de los verbos que aparecen después de cada párrafo.

Madrid

Querida Vicky:

Ya hace cinco meses que ____________ a España y por fin hoy ____________ unos minutos para ____________ tu carta. Las cosas aquí me van de maravilla. ____________ en un colegio mayor, pero ahora ____________ un apartamento con cuatro amigas hispanoamericanas. ____________ muy simpáticas y estoy ____________ mucho de España y también de Hispanoamérica.

(alquilar, aprender, contestar, llegar, ser, tener, vivir)

Durante el verano pasado, ____________ clases todos los días. Por las mañanas, nosotros ____________ a la universidad y por las tardes ____________ museos y lugares históricos como la Plaza Mayor, el Palacio Real y el Convento de las Descalzas Reales. Cuando ____________ por primera vez en el Museo del Prado, me ____________ grandísimo, y solamente ____________ las salas de El Greco y de Velázquez.

(entrar, ir, parecer, tener, ver, visitar)

____________ enamorada de España. La música me ____________ porque tiene mucha influencia árabe y gitana (*gypsy*). El otro día ____________ por la calle cuando ____________ a unos niños gitanos cantando y bailando; ____________ unos diez años y me ____________ que, con frecuencia, ellos ____________ en la calle para ____________ dinero.

(caminar, cantar, decir, estar, fascinar, ganar, tener, ver)

Mis clases ____________ hace dos meses; después ____________ seis semanas de vacaciones y las clases ____________ otra vez la semana pasada. Además de tomar clases, ____________ enseñando inglés desde junio para ____________ dinero.

(empezar, estar, ganar, tener, terminar)

Bueno, ya tengo que irme a la clase de Cervantes. Espero que ____________ un buen año en la escuela y ojalá que me ____________ pronto.

(escribir, tener)

Un abrazo desde España de tu amiga,

Diana

ACTIVIDAD 13 Con frecuencia En parejas, digan cuándo o con qué frecuencia hicieron o hacían las siguientes actividades en su niñez. Usen el pretérito o el imperfecto según el caso y palabras como **una vez, dos veces, a veces, de vez en cuando, con frecuencia, a menudo, todos los sábados, una vez al año,** etc. Sigan el modelo.

◆ Cuando era pequeña, yo iba al dentista dos veces al año, ¿y tú?

1. ir al dentista
2. visitar Disneyworld o Disneylandia
3. ir a conciertos
4. comer pavo
5. ver películas
6. ir al teatro
7. visitar a tus abuelos
8. romper una ventana
9. asistir a misa o a un servicio religioso/ ir a una sinagoga o una mezquita

ACTIVIDAD 14 ¿Qué hiciste ayer? En parejas, hablen de las cosas que hicieron ayer. Usen palabras como **primero, después, a las 8:30, mientras,** etc.

◆ Ayer me levanté a las . . . Después . . .

ACTIVIDAD 15 Los críticos **Parte A:** Lee las siguientes preguntas para pensar en la última película que viste.

1. ¿Cuál fue la última película que viste?
2. ¿Cómo era la película?
   ____ patética ____ mala ____ muy buena
   ____ buena, pero no muy buena ____ excelente ____ la mejor del año
3. ¿De qué género es?
   ____ romance/drama ____ comedia ____ acción
   ____ suspenso ____ ciencia ficción ____ terror
4. ¿Quiénes actuaron? ¿Quién dirigió la película?
5. ¿Cuál era el argumento de la película?
6. ¿Cómo te sentías mientras veías la película?
   ____ triste ____ contento/a ____ enojado/a
   ____ confundido/a ____ asustado/a (*scared*) ____ aburrido/a
   ____ emocionado/a ____ interesado/a ____ divertido/a
7. ¿Cómo era la música? ¿Las imágenes? ¿La dirección? ¿Los actores?
8. ¿Cuál fue tu parte favorita y qué ocurrió?
9. ¿Te molestó algo de la película?
10. ¿Les vas a recomendar a tus amigos que vean la película?

Parte B: En parejas, usen la información de la Parte A para hablar de la última película que vieron.

ACTIVIDAD 16 Detectives En parejas, Uds. son el detective Sherlock Holmes y su ayudante Watson. Describan la escena que encontraron al entrar en un apartamento donde ocurrió un asesinato. Usen el participio pasivo de los siguientes verbos: **abrir, cubrir, escribir, hacer, morir, poner, preparar, romper** y **servir.**

◆ Un plato estaba roto . . .

Do Workbook *Práctica comunicativa I* and corresponding CD-ROM activities.

Nuevos horizontes

Lectura

ESTRATEGIA: The Importance of Background Knowledge

When reading an article, an essay, a poem, a novel, or song lyrics **(la letra)** on a specific topic, your background knowledge helps you to interpret the message being conveyed. Song lyrics may draw attention to an event in an attempt to enact change, or simply to keep the event in the memory of the people. This was particularly true in the United States during the tumultuous 1960s, when songwriters such as Bob Dylan, Joan Baez, and John Lennon wrote songs in opposition to the Vietnam War.

You will read the lyrics to a song entitled "El Padre Antonio y su monaguillo (*altar boy*) Andrés" by Rubén Blades. In order to best understand this song you must know the following background information.

▲ El arzobispo Óscar Arnulfo Romero.

Rubén Blades is a Panamanian singer, actor, politician, and lawyer. He has acted in over 20 films, including *The Cradle Will Rock, Gideon's Crossing, All the Pretty Horses, Crossover Dreams,* and *The Milagro Beanfield War.*

To learn more about Archbishop Romero, search the Internet.

El 24 de marzo de 1980, el arzobispo Óscar Arnulfo Romero fue asesinado en El Salvador. Una persona desconocida entró en la iglesia donde el padre Romero

misa = mass
portavoz = spokesman
canonizarlo = hacerlo santo

celebraba misa y lo mató. Se especula que el asesino era militar porque Romero era considerado portavoz de los pobres y había expresado su oposición a la represión y la violencia de los militares. Desde su muerte, el padre Romero es un símbolo político y, en Roma, se han recibido peticiones para canonizarlo.

ACTIVIDAD 17 Otras canciones En grupos de tres, nombren por lo menos tres canciones populares que tienen mensaje social y expliquen cuál es el mensaje de cada una.

ACTIVIDAD 18 Mensajes Ahora vas a leer la letra de "El Padre Antonio y su monaguillo Andrés". Al leer, contesta estas preguntas.

1. Según la primera estrofa, ¿cómo es el padre Antonio?
   a. burocrático b. agresivo c. sencillo
2. Según la segunda estrofa, ¿cómo es Andrés?
   a. un niño normal b. un niño muy inteligente c. un niño con conflictos
3. ¿Qué tragedia ocurrió y dónde tuvo lugar?
4. ¿El final de la canción es pesimista o expresa esperanza para el futuro?
5. ¿Cómo crees que sea la música de la canción?
   a. rápida, con buen ritmo para bailar b. una balada lenta c. ni rápida ni lenta, pero seria

"El Padre Antonio y su monaguillo Andrés"

Rubén Blades

(*canción dedicada al Padre A. Romero*)

▲ Rubén Blades.

El padre Antonio Tejeira vino de
 España buscando
Nuevas promesas en estas tierras.
Llegó a la selva sin la esperanza
 de ser obispo,
Y entre el calor y entre los
 mosquitos habló de Cristo.
El Padre no funcionaba en el Vaticano
 entre papeles
Y sueños de aire acondicionado,
Y se fue a un pueblito en medio de la nada a dar su sermón.
Cada semana pa'[1] los que busquen la salvación.

El niño Andrés Eloy Pérez tiene diez años
Y estudia en la elementaria Simón Bolívar.
Todavía no sabe decir el credo correctamente.
Le gusta el río, jugar al fútbol y estar ausente.
Le han dado el puesto en la iglesia de monaguillo
A ver si la conexión compone al chiquillo.
Y la familia está muy orgullosa porque a su vez
Ellos creen que con Dios conectando a uno conecta a diez.

---

1 pa' = para

Suenan las campanas un - dos - tres
Del Padre Antonio y su monaguillo Andrés.
Suenan las campanas otra vez . . .
Del Padre Antonio y su monaguillo Andrés.

El Padre condena la violencia.
Sabe por experiencia que no es la solución.
Les habla de amor y de justicia
De Dios va la noticia librando en su sermón.

Suenan las campanas un - dos - tres
Del Padre Antonio y su monaguillo Andrés.
Suenan las campanas otra vez . . .
Del Padre Antonio y su monaguillo Andrés.

Al padre lo halló la guerra un domingo en misa,
Dando la comunión en manga de camisa.
En medio del Padre Nuestro entró el matador
Y sin confesar su culpa le disparó.
Antonio cayó hostia[2] en mano y sin saber por qué.
Andrés se murió a su lado sin conocer a Pelé.
Y entre el grito y la sorpresa agonizando otra vez
Estaba el Cristo de palo parado en la pared.
Y nunca se supo el criminal quién fue
Del Padre Antonio y su monaguillo Andrés.
Pero suenan las campanas otra vez
Del Padre Antonio y su monaguillo Andrés.

Suenan las campanas tierra va a temblar.
Suenan las campanas por América.
Suenan las campanas ¡O Virgen Señora!
Suenan las campanas ¿Quién nos salva ahora?
Suenan las campanas de Antonio y Andrés.
Suenan las campanas óyelas otra vez.
Suenan las campanas centroamericanas.
Suenan las campanas por mi tierra hermana.
Suenan las campanas mira y tú verás.
Suenan las campanas el mundo va a cambiar.

Suenan las campanas para celebrar.
Suenan las campanas nuestra libertad.
Suenan las campanas porque un pueblo unido.
Suenan las campanas no será vencido.
Suenan las campanas de Antonio y Andrés.
Suenan las campanas suénenlas otra vez.
Suenan las campanas por un cura bueno.
Suenan las campanas Arnulfo Romero.
Suenan las campanas de la libertad.
Suenan las campanas por América.

2 *the Host*

ACTIVIDAD 19 Descripción **Parte A:** En tus propias palabras, describe qué pasó en la iglesia. ¿Qué estaba haciendo el Padre Antonio? ¿Y Andrés? ¿Qué ropa llevaban? ¿Qué ocurrió?

Parte B: Rubén Blades intenta mostrarnos (*is trying to show us*) que el Padre Antonio es una persona común y corriente y que Andrés es un niño típico. Busca partes de la canción que muestren esto.

ACTIVIDAD 20 Las ideas En un concierto, Rubén Blades dijo: "En Latinoamérica matan a la gente, pero no la idea". Di qué opinas sobre este comentario.

Escritura

ESTRATEGIA: Reporting

As you learned in Chapter 11, when narrating in the past, you need to say what happened (preterit) and add descriptive and background information (imperfect). You should also construct a clear timeline of events for the reader. To do this, use words such as the following.

primero	**mientras**	**al final**
luego/más tarde	**más tarde**	**después de una hora**
de repente	**después**	**media hora más tarde**

ACTIVIDAD 21 Un cuento **Parte A:** En un libro de texto, normalmente lees un cuento y después contestas preguntas para ver si entendiste o no el contenido. Ahora vas a hacer esta actividad pero al revés (*backwards*). Usa la imaginación y contesta estas preguntas.

1. ¿Adónde fueron Ricardo y su esposa de vacaciones?
2. ¿Cómo era el lugar y qué tiempo hacía?
3. ¿Qué hicieron durante las vacaciones?
4. ¿Cómo se murió la esposa de Ricardo?
5. ¿Qué estaba haciendo Ricardo cuando se rompió la pierna?
6. La policía no dejó a Ricardo volver a su ciudad. ¿Por qué?
7. ¿Quién era la señora del vestido negro y los diamantes?
8. ¿Cómo era físicamente la señora?
9. ¿Qué importancia tiene ella?
10. Al fin, la policía supo la verdad. ¿Cuál era?

historia/cuento = story

Parte B: Usa tus respuestas de la Parte A para escribir una historia coherente y lógica sobre lo que les pasó a Ricardo y a su esposa. Conecta tus ideas con palabras como **más tarde, mientras** y **de repente.**

Parte C: Debes releer tu historia para ver si tiene lógica. También debes revisar cada uso del imperfecto y del pretérito.

Parte D: Entrégale las respuestas de la Parte A, los borradores y la versión final a tu profesor/a.

Lo esencial II

La geografía

1. la carretera
2. el puente
3. el pueblo
4. la montaña
5. el valle
6. el lago
7. el río
8. las cataratas

Otras palabras relacionadas con la geografía

norte = north, **sur** = south, **este/oriente** = east, **oeste/occidente** = west

la autopista freeway, expressway
el bosque woods
el campo countryside
la ciudad city
la colina hill
la costa coast
la isla island
el mar sea
el océano ocean
la playa beach
el puerto port
la selva jungle
el volcán volcano

ACTIVIDAD 22 Categorías En parejas, organicen las palabras relacionadas con la geografía en las siguientes categorías.

1. cosas que asocian Uds. con el agua
2. lugares donde normalmente hace calor
3. lugares donde normalmente hace frío
4. cosas que no forman parte de la naturaleza

¿Lo sabían?

La variedad geográfica de Hispanoamérica incluye fenómenos naturales como el lago de Nicaragua que, aunque es de agua dulce (*fresh water*), tiene tiburones (*sharks*) y el lago Titicaca, entre Bolivia y Perú, que es el lago navegable más alto del mundo. En los Andes está el Aconcagua, la montaña más alta del hemisferio. También hay erupción de volcanes y terremotos causados por una falla (*fault line*) que va de Centroamérica a Chile. Esta variedad geográfica que les da su encanto a diferentes partes de América Latina, también trae problemas catastróficos. Algunos desastres que ocurrieron al final del siglo XX hicieron eco en todo el mundo.

1985 Un terremoto destruyó parte del centro y suroeste de México. Murieron unas 25.000 personas.

1985 La erupción de un volcán en Colombia destruyó un pueblo de más de 20.000 habitantes.

1998 El huracán Mitch mató a 8.000 personas en Honduras y un millón de personas se quedaron sin casa.

1999 En la ciudad de La Guaira, en la costa venezolana, hubo terribles inundaciones y derrumbamientos de lodo (*mud slides*). Murieron más de 30.000 personas.

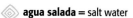

agua salada = salt water

▲ El Salto Ángel, Venezuela, la catarata más alta del mundo.

ACTIVIDAD 23 ¿Dónde naciste tú? **Parte A:** En parejas, descríbanle a su compañero/a la geografía de la zona donde nacieron.

Parte B: Ahora, descríbanle a su compañero/a la geografía de una zona donde les gustaría vivir. Empiecen diciendo: **Quiero vivir en un lugar que tenga . . .**

ACTIVIDAD 24 La propaganda **Parte A:** En grupos de tres, cada uno de Uds. va a preparar un anuncio para la televisión hispanoamericana para atraer más turismo a una zona específica. Deben poner énfasis en la variedad de belleza natural que tiene cada lugar. Escojan uno de los siguientes lugares.

- Andorra (los sitios web pueden estar escritos en catalán, español [castellano], francés o inglés)
- El Petén
- Patagonia

Como tarea, cada uno debe investigar su lugar en Internet y preparar un anuncio comercial de un mínimo de 30 segundos e incluir fotos del lugar.

Parte B: Cada persona de un grupo debe presentarles el anuncio a los otros.

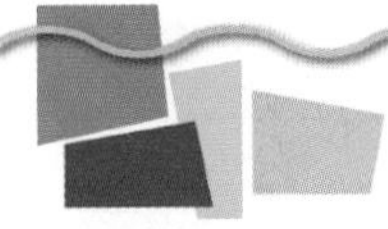

La propuesta

➤ Pareja de novios en un parque de Sarchí, Costa Rica.

hoy (en) día	today; nowadays
verdadero/a	real, true
Ya era hora.	It's about time.

Vicente tiene una pequeña sorpresa (surprise) *planeada para Teresa. Todos sus amigos los esperan en el apartamento para ver qué pasa.*

ACTIVIDAD 25 Reacciones iniciales Escucha la conversación y marca tus reacciones a estas preguntas.

1. ¿Cómo está Teresa al principio de la conversación?
   ____ triste ____ contenta ____ preocupada ____ distraída (*distracted*)
2. ¿Cómo es Vicente?
   ____ romántico ____ divertido ____ estúpido ____ absurdo

GRUPO Aquí vienen. Aquí vienen. Todos al dormitorio. El champán, ¿eh? Rápido. Vamos. Oye, ¿quieres cerrar la puerta? ¡Huy! Shhhhhhh.
VICENTE Hola, hola.
TERESA ¿No hay nadie?
VICENTE No. Solos por fin.
TERESA Sí, sí. ¿Por qué no te sientas allí mientras miro el correo?
VICENTE Bueno.

Making a suggestion

TERESA ¿Qué haces?
VICENTE Nada. En el restaurante dijiste que querías un tango, ¿no?
TERESA ¿Cómo? Lo que quiero es leer mi correo.
VICENTE Sí, un tango romántico.
TERESA ¿Ahora quieres ser Carlos Gardel?
VICENTE Romántico y sensual.
TERESA ¿Sabes algún tango?
VICENTE En realidad no, pero sé muchas canciones románticas y sensuales. Eso es lo que dijiste el otro día, ¿no?
TERESA ¡Huy! 114 euros de mi cuenta del móvil. ¡Por Dios!

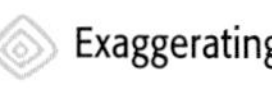
Exaggerating

VICENTE Ahhhh . . . Aquí tienes la canción más romántica del mundo: "Cuando se quiere de veras, como te quiero yo a ti, es imposible mi vida tan separados vivir".
TERESA Hoy en día todo es tan caro. ¿Me vas a querer si soy pobre? Porque después de . . .
VICENTE "No te acuerdas, cuando te decía, a la pálida luz de la luna: yo no puedo querer más que a una, y esa una, mi vida, eres tú."
TERESA ¿Y eso es lo que les cantas a todas las mujeres?
VICENTE "Solamente una vez, amé en la vida. Solamente una vez y nada más."
TERESA . . . ¿Y ésa que amaste soy yo? ¿Por qué?

Comparing

VICENTE "Por ser la chica más guapa del barrio, la más bonita de la localidad."
TERESA ¿Pero estás loco?
VICENTE Loco no . . . "yo soy un hombre sincero de donde crece la palma" . . .
TERESA ¡Basta ya!
VICENTE Teresa . . . quiero que te cases conmigo y que pasemos el resto de la vida juntos.
TERESA Sí que estás loco, ¿eh?
VICENTE No, no. Nada de loco. Lo digo en serio. ¿Quieres ser mi esposa?
TERESA ¿Hablas en serio? ¿Esto es una verdadera propuesta de matrimonio?
VICENTE ¿Qué más esperabas de mí? Pero, por supuesto. Por favor. Si no te casas conmigo, voy a continuar cantando. "La gallina turuleta ha puesto uno, ha puesto dos, ha puesto tres" . . .
TERESA ¡No puedo más! Sí, sí, sí me caso contigo.
GRUPO ¡Felicitaciones! ¡Enhorabuena! Ya era hora.

ACTIVIDAD 26 Preguntas Después de escuchar la conversación contesta estas preguntas.

1. ¿Cómo son las canciones que canta Vicente: románticas, violentas, cómicas, cursis, tristes?
2. ¿Qué le propone Vicente a Teresa?
3. ¿Teresa le contesta que sí o que no?
4. ¿Cómo sabes que Vicente estaba convencido de que Teresa iba a decir que sí?
5. ¿Te gustaría tener un novio o novia tan chistoso/a como Vicente o prefieres una persona más romántica?
6. Las cuatro primeras canciones que canta Vicente son canciones de amor y todas tienen un tema en común. ¿Cuál es?
   a. la atracción física entre el cantante y la mujer
   b. sólo hay una mujer para el cantante y es la mujer a quien le canta
   c. la atracción espiritual entre el cantante y la mujer
   d. el cantante salió con muchas mujeres, pero la mujer a quien le canta es la mejor de todas

El tango se originó en los barrios pobres de inmigrantes en las afueras de Buenos Aires al final del siglo XIX. Los instrumentos originales del tango eran la guitarra, la flauta y el violín, pero más tarde se introdujo el bandoneón, que es una especie de acordeón con botones. Al principio se consideraba el tango como una música vulgar, pero en los años 20 el tanguero Carlos Gardel empezó a tener fama y a llevar el tango a los escenarios de Europa y de todo el continente americano y llegó a hacer películas para la Paramount Pictures. Lamentablemente en 1935, Gardel falleció en un accidente aéreo en Colombia. Hoy día Gardel sigue siendo un símbolo del tango, y su estatua, que se encuentra en un cementerio de Buenos Aires, tiene placas y flores de admiradores de todas partes del mundo.

▲ Música con bandoneón.

Hacia la comunicación II

I. Describing: Comparisons of Inequality

1 ◆ To compare two people or two things, use the following formula.

más / **menos** } + *noun/adjective/adverb* + **que**

Hablamos **más español que** ellos.	*We speak more Spanish than they do.*
Mis clases son **más difíciles que** tus clases.	*My classes are more difficult than your classes.*
Me acosté **más tarde que** tú.	*I went to bed later than you.*
Hoy tengo **menos clases que** ayer.	*Today I have fewer classes than yesterday.*
Carlos es **menos estudioso que** su hermana.	*Carlos is less studious than his sister.*

2 ◆ To indicate that there is more or less than a certain *amount*, use the following formula.

más / **menos** } + **de** + *number*

Hay **más de veinte** lenguas indígenas en Guatemala.	*There are more than twenty native languages in Guatemala.*
Me costó **menos de 20.000** pesos.	*It cost me less than 20,000 pesos.*

3 ◆ Some adjectives have both a regular and an irregular comparative form, as well as a change in meaning in some cases.

Regular Comparisons		
bueno	**más bueno**	better; kinder*
malo	**más malo**	worse; meaner; naughtier*
grande	**más grande**	larger in size
pequeño	**más pequeño**	smaller in size

***NOTE:** **Más bueno** and **más malo** usually refer to *goodness* or lack of it.

Note: **Mayor** (*greater*) and **menor** (*lesser*) may be used with things as in **mayor/menor importancia** (*greater/lesser importance*).

Irregular Comparisons		
bueno	**mejor**	*better*
malo	**peor**	*worse*
grande	**mayor**	*older (person); greater*
pequeño	**menor**	*younger (person); lesser*

Las playas del Caribe son **mejores que** las playas del Pacífico. — *The Caribbean beaches are better than the Pacific beaches.*
Pablo es **menor que** Juan. — *Pablo is younger than Juan.*
Pablo es **más bueno que** Juan. — *Pablo is kinder/a better person than Juan.*
Pablo es **peor** estudiante **que** Juan. — *Pablo is a worse student than Juan.*

II. Describing: The Superlative

When you want to compare three or more people or things, use the following formula.

el/la/los/las (*noun*) **más** **el/la/los/las** (*noun*) **menos**	+	*adjective*

Toño es **el** (chico) **más optimista.** — *Toño is the most optimistic (young man).*
Raquel es **la mejor** (cantante) **del** conjunto.* — *Raquel is the best (singer) in the group.*

***NOTE:**

a. In the superlative, *in* = **de: El fútbol es el deporte más popular *de* Suramérica.**
b. **Mejor** (*Best*) and **peor** (*worst*) usually precede the nouns they modify: **Lucía es mi *mejor* amiga. Luquillo es *la mejor* playa *de* Puerto Rico.**

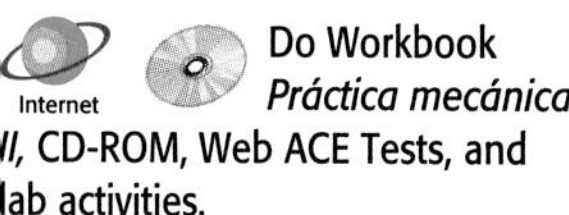

Do Workbook *Práctica mecánica II*, CD-ROM, Web ACE Tests, and lab activities.

ACTIVIDAD 27 Las vacaciones En parejas, "A" cubre la Columna B y "B" cubre la Columna A. Ustedes deben decidir adónde quieren ir de vacaciones. Con su compañero/a, describan y comparen diferentes características de los lugares para decidir cuál de los dos lugares les parece mejor.

◆ A: El Hotel Casa de Campo tiene tres canchas de tenis.
B: Pues el Hotel El Caribe tiene seis canchas.
A: Entonces el Hotel Caribe tiene más canchas de tenis que el Hotel Casa de Campo.

A

La Romana, República Dominicana
Hotel Casa de Campo*****
Media pensión
Temperatura promedio 30°C
Increíble playa privada
Tres canchas de tenis
Golf, windsurfing
Discoteca
US$2.199 por persona en habitación doble por semana

B

Cartagena, Colombia
Hotel El Caribe****
Pensión completa
Temperatura promedio 27°C
Playas fabulosas
Seis canchas de tenis
Golf, pesca, esquí acuático
Casino
US$2.599 por persona en habitación doble por semana

ACTIVIDAD 28 ¿Cuánto ganan? Di cuánto crees que gana una persona en las siguientes ocupaciones durante el primer año de trabajo. Sigue el modelo.

◆ El primer año de trabajo, un médico gana más de 50.000 dólares y menos de 75.000 dólares.

1. un/a abogado/a
2. un/a policía
3. un/a asistente social
4. un/a recepcionista
5. un beisbolista profesional
6. un/a profesor/a de escuela secundaria

ACTIVIDAD 29 ¿Mejor o peor? En parejas, túrnense para preguntar cuál de las siguientes cosas son mejores o peores. Justifiquen sus respuestas.

1. unas vacaciones en las montañas o en la playa
2. tener un trabajo aburrido donde se gana muchísimo dinero o tener un trabajo interesante donde se gana poco dinero
3. ser hijo/a único/a o tener muchos hermanos
4. vivir en una ciudad o vivir en el campo
5. una cena romántica o un concierto
6. ir de camping o quedarse en un hotel elegante
7. el machismo o el feminismo

En español hay muchos dichos que son comparaciones. Es común oír expresiones como "es más viejo que (la moda de) andar a pie", "es más viejo que Matusalén", "es más largo que una cuaresma (*Lent*)" o "es más largo que una semana sin carne". Para hablar de la mala suerte se dice: "es más negra que una noche". Para decir que uno es muy buena persona, los hispanoparlantes dicen "él es más bueno que el pan" mientras que en inglés se dice *"he's better than gold"*. ¿Qué se puede aprender de una cultura y los valores de su gente a través de sus dichos?

ACTIVIDAD 30 Comparaciones **Parte A:** Rompe un papel en tres partes. Sin consultar con nadie, escribe el nombre de una persona famosa en el primer papel. En el segundo papel, escribe el nombre de un lugar famoso. En el tercero, escribe el nombre de una cosa. Dobla cada papel.

Parte B: Tu profesor/a tiene tres sobres grandes, uno dice **gente famosa,** otro dice **lugares** y el tercero dice **cosas.** Pon los papeles en los sobres correspondientes.

Parte C: Un estudiante debe escoger dos o tres papeles del mismo sobre y leer el contenido en voz alta. La clase debe hacer comparaciones. Repitan este proceso cinco o seis veces.

- Madonna / Britney Spears
  Madonna es más inteligente que Britney Spears.

Parte D: Un estudiante debe escoger dos o tres papeles de diferentes sobres y leerlos. Después la clase tiene que hacer comparaciones.

- Madonna / Madrid / guitarra
  Madonna es la más bonita de las tres.

ACTIVIDAD 31 Los recuerdos de la escuela secundaria En parejas, hablen sobre los siguientes recuerdos de la escuela secundaria.

1. el mejor profesor que tuviste: cómo se llamaba, cómo era, por qué te gustaba su clase
2. el peor profesor que tuviste: cómo se llamaba, cómo era, por qué no te gustaba su clase
3. las mejores vacaciones que tuviste: adónde fuiste, con quién, por qué te gustaron

ACTIVIDAD 32 El mejor o el peor Uds. quieren comprar un perro. En grupos de tres, miren los perros y decidan cuál van a comprar y por qué. Usen frases como **Chuchito es más bonito que Toby. Toby es el más inteligente de todos. Rufi es la mejor porque . . .**

Rufi (hembra),
8 semanas

Chuchito (macho),
6 meses

Toby (macho),
6 meses

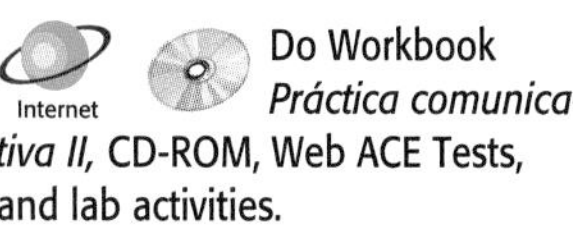

Do Workbook *Práctica comunicativa II,* CD-ROM, Web ACE Tests, and lab activities.

ACTIVIDAD 33 El Oscar En grupos de tres, hagan una lista de las mejores películas de este año y hagan nominaciones para estas categorías: película dramática, película cómica, actor y actriz. Digan por qué cada una de sus nominaciones es mejor que las otras y por qué debe ganar. Después, hagan una votación (*vote*).

Videoimágenes

Ritmos

ACTIVIDAD 34 La música ¿Cuánto sabes sobre la música hispana? Antes de ver el segmento, marca qué país o región asocias con estos tipos de música.

1. ____ flamenco	a. Argentina
2. ____ mariachi	b. el Caribe
3. ____ merengue	c. España
4. ____ música andina	d. México
5. ____ salsa	e. Perú, Ecuador y Bolivia
6. ____ tango	

41:54–46:33

ACTIVIDAD 35 En España La música nos revela mucho de una cultura. Escucha esta entrevista con Carmen Cubillos y contesta las siguientes preguntas sobre el flamenco, la música típica de Andalucía, una región del sur de España.

1. ¿Qué instrumento musical se asocia con este tipo de música?
   a. la trompeta b. la guitarra c. el piano
2. Al escuchar la música, ¿qué influencia notaste?
   a. polkas de Alemania b. música del Medio Oriente c. cantos gregorianos
3. Según Carmen Cubillos, ¿qué partes del cuerpo son importantes al bailar flamenco?
   a. los brazos b. las piernas c. todo el cuerpo
4. ¿Qué adjetivo es el que describe mejor el flamenco?
   a. alegre b. dramático c. lento

46:34–52:08

ACTIVIDAD 36 En Ecuador Mientras escuchas una entrevista con el conjunto otavaleño Ñanda Mañachi ("Préstame el camino", en quichua), contesta estas preguntas sobre la música andina. Lee las preguntas antes de mirar el video.

1. La música andina tiene influencias . . .
   a. indígena, española y africana.
   b. indígena y española.
   c. indígena y africana.
2. El señor toca y habla de varios instrumentos. Escribe una **V** si el instrumento es de viento o una **C** si es un instrumento de cuerda.

____ bandolín	____ guitarra
____ bocina	____ rondador
____ charango	____ zampoña o sikus

➤ El charango, un instrumento típico de la zona andina.

3. ¿Qué animal se usa para hacer un charango?
   a. armadillo
   b. cocodrilo
   c. tortuga (*turtle*)
4. ¿Cuál es el tema principal de las canciones de Ñanda Mañachi?
   a. la naturaleza
   b. los problemas de los indígenas
   c. el amor

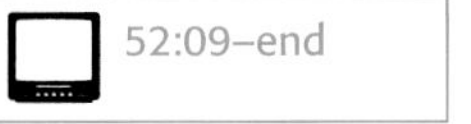

ACTIVIDAD 37 En Puerto Rico La salsa es un baile típico del Caribe. Mira este segmento del video para contestar estas preguntas sobre la salsa.

1. La salsa tiene influencias . . .
   a. indígena, española y africana.
   b. indígena y española.
   c. africana y española.
2. Para bailar salsa, ¿qué es importante? Es posible marcar más de una respuesta.
   a. mantener la espalda recta
   b. mover mucho las caderas (*hips*)
   c. comunicarse con su pareja
   d. nunca separarse de su pareja

ACTIVIDAD 38 Fusión de culturas La música de un país refleja las diferentes culturas que influyeron en su historia. En parejas, comenten cómo refleja la historia la fusión de culturas en el flamenco, la música andina y la salsa. Después piensen en la música de su país o región y comenten cómo refleja la historia del área.

Do Web Search activities.

Vocabulario funcional

Instrumentos musicales

la batería *drums*
el clarinete *clarinet*
la flauta *flute*
el saxofón *saxophone*
el trombón *trombone*
la trompeta *trumpet*
el violín *violin*
el violonchelo *cello*

Vocabulario relacionado con la música

la banda *band*
el conjunto *group* (as in *rock group*)
la orquesta sinfónica *symphony orchestra*

La comida *Ver página 316.*

el ajo *garlic*
la carne de res *red meat*
el cerdo *pork*
la coliflor *cauliflower*
el cordero *lamb*
los espárragos *asparagus*
las habichuelas/judías verdes *green beans*
las zanahorias *carrots*

Vocabulario de restaurante

las bebidas *drinks*
La cuenta, por favor. *The check, please.*
¿Cómo está el/la . . . ? *How is the . . . ?*
Me gustaría el/la . . . *I would like . . .*
el menú/la carta *menu*
la sopa *soup*
la torta *cake*

Expresiones usadas con el imperfecto

Ver página 318.

La geografía *Ver página 326.*

la carretera *highway*
las cataratas *waterfalls*
el lago *lake*
la montaña *mountain*
el pueblo *town*
el puente *bridge*
el río *river*
el valle *valley*

Los puntos cardinales

el este *east*
el norte *north*
el oeste *west*
el sur *south*

Más verbos

continuar *to continue*
cubrir *to cover*
romper *to break*

Palabras y expresiones útiles

¿Algo más? *Something/Anything else?*
cursi *overly cute; tacky, in bad taste*
hoy (en) día *today; nowadays*
¡Qué chévere! *Great!* (Caribbean expression)
ni . . . ni *neither . . . nor*
verdadero/a *real, true*

Capítulo 13

Chapter Objectives

- Discussing travel plans
- Talking about past experiences in relation to the present
- Expressing feelings about the past
- Talking about unintentional occurrences
- Giving directions and commands
- Making comparisons

Lisa Demetriou, policía, con su hijo Troy Julio en un desfile puertorriqueño en Nueva York. Foto de la exhibición *Americanos: La vida latina en los Estados Unidos.*

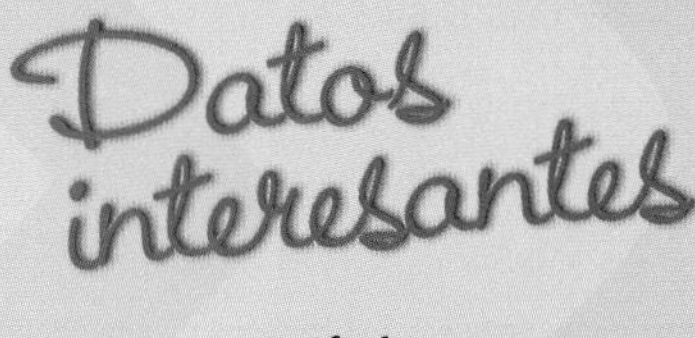

Profesiones en los Estados Unidos

	Blancos no hispanos	Hispanos	Blancas no hispanas	Hispanas
Precisión producción	19%	22%	2%	3%
Servicios	9%	15%	15%	26%
Gerencial, profesional	31%	11%	35%	18%
Técnico, ventas	21%	15%	42%	38%
Agricultura	3%	8%	1%	2%
Operarios, obreros	17%	29%	5%	13%

La oferta de trabajo

ya que	since, because
¿De acuerdo?	O.K.? Agreed?
sacar de un apuro (a alguien)	to get (someone) out of a jam

Don Alejandro ya regresó de Colombia y quiere hablar con Juan Carlos y con Álvaro para ofrecerles un trabajo.

ACTIVIDAD 1 ¿Qué oferta? Mientras escuchas la conversación, identifica cuál es la oferta que hace don Alejandro y si los muchachos la aceptan.

JUAN CARLOS Buenos días, don Alejandro.

ALEJANDRO ¡Entren, entren muchachos! Buenos días. Encantado de verlos.

ÁLVARO Igualmente, don Alejandro. ¿Cómo está?

ALEJANDRO Bien, pero muy ocupado. Los invité a la oficina porque quiero hablarles sobre un posible trabajo y espero que todavía no hayan planeado sus vacaciones de Semana Santa.

JUAN CARLOS Yo no tengo ningún plan en particular. ¿Y tú, Álvaro?

ÁLVARO No, yo tampoco. ¿De qué se trata?

ALEJANDRO Pues necesito ayuda con un grupo de cuarenta turistas que va a viajar por América. He contratado a un guía, pero necesito a alguien más. Teresa me mencionó que Uds. tenían algo de experiencia de ese tipo. ¿Pueden darme más detalles?

Expressing a hope

Semana Santa = Holy Week

Talking about the recent past

JUAN CARLOS Yo fui guía turístico en Machu Picchu.

ÁLVARO Y yo he acompañado a algunos grupos de estudiantes a las Islas Canarias.

ALEJANDRO Bueno, me parece experiencia suficiente ya que no van a tener Uds. toda la responsabilidad. El trabajo consiste en llevar al grupo de los aeropuertos a los hoteles, ir en las excursiones y ayudar al guía a resolver problemas. El tour va a los Estados Unidos, México, Guatemala, Venezuela y la República Dominicana. ¿Les interesa?

ÁLVARO ¡Me parece buenísimo! ¿Y a ti, Juan Carlos?

JUAN CARLOS Me encanta la idea.

Stating unintentional occurrences

ALEJANDRO Entonces . . . ah, casi se me olvida decirles algo importante. El viaje es gratis para Uds., por supuesto, y también reciben un pequeño sueldo. Mi secretaria puede darles más detalles. Luego podemos reunirnos la próxima semana para hablar con más calma. ¿De acuerdo?

JUAN CARLOS Cómo no, don Alejandro, y gracias por la oferta.

ALEJANDRO ¡Uds. son los que me sacan de un apuro! Fue un placer verlos.

ÁLVARO Adiós, don Alejandro. Gracias nuevamente.

JUAN CARLOS Hasta luego, don Alejandro.

ÁLVARO ¡Vamos a América! No lo puedo creer.

Inviting someone

JUAN CARLOS Vamos a hablar con la secretaria y luego te invito a tomar una cerveza para celebrarlo.

ACTIVIDAD 2 En el bar Después de escuchar la conversación otra vez, contesta estas preguntas.

1. ¿Cuándo es el viaje?
2. ¿Qué experiencia tienen los dos jóvenes?
3. ¿Sabes dónde están las Islas Canarias? ¿A qué país pertenecen?
4. ¿A cuántos países va a ir el grupo? ¿Cuáles son?
5. ¿Has viajado alguna vez en un tour organizado? ¿Adónde, con quiénes y cuándo fuiste?

Las Islas Canarias son siete islas volcánicas españolas que están en el Océano Atlántico, cerca de África. Son una meca para el turismo por su belleza natural. En las islas hay una gran variedad de paisajes: unas playas doradas y otras negras por la lava de los volcanes, montañas con valles fértiles de vegetación tropical y hasta desiertos con camellos. Tres de los nueve parques nacionales españoles están en las Islas Canarias. En las ciudades de Santa Cruz de Tenerife y Las Palmas de Gran Canaria, el turista tiene la oportunidad de gastar su dinero en las numerosas tiendas libres de impuesto.

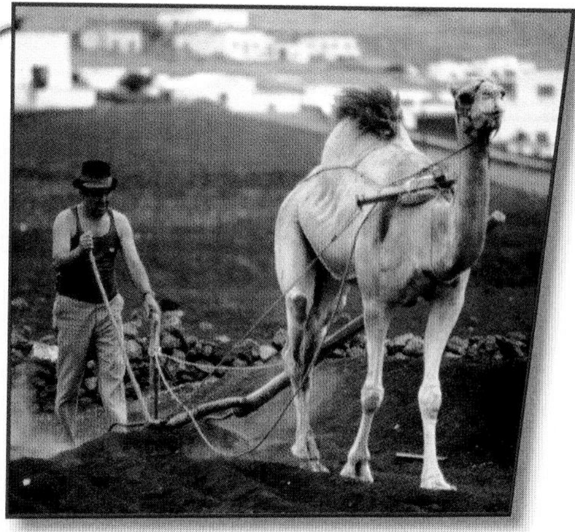

➤ Hombre trabajando la tierra con la ayuda de un camello en las Islas Canarias, España.

ACTIVIDAD 3 Ya que . . . Escoge frases de cada columna para formar oraciones lógicas sobre Juan Carlos y Álvaro.

Álvaro puede ver el Festival de la Calle Ocho		van a ir en el tour de América
Juan Carlos necesita tener el pasaporte al día		va a ir a Miami
en Miami van a comer plátanos fritos	ya que	viajó por las Islas Canarias
Álvaro sabe montar a camello		les encanta la comida cubana
Juan Carlos tiene experiencia en turismo		fue guía turístico en Machu Picchu
los dos están contentos		le encanta viajar

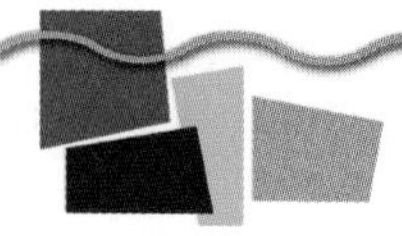

Lo esencial I

El viaje

El/La guía = a person who guides; la guía = a guidebook.

La entrada = admission ticket; el billete (Spain)/el boleto (Hispanic America) = ticket for transport; el ticket/tiquete = ticket stub

Traveltur

Itinerario e instrucciones especiales para Juan Carlos y Álvaro:

PRIMER DÍA

10:45 Llegada a Miami del vuelo charter 726 de Iberia
Traslado del aeropuerto al hotel en autobús
($10,00 de propina para el chofer)

13:00 Almuerzo en el hotel

Tarde libre para ir a la playa

Explíquenle al grupo que en los Estados Unidos no es como en España donde la propina está incluida en el precio o se deja muy poco. Hay que darles un 15% a los camareros en los restaurantes y a los taxistas. A los botones en los hoteles, como en España, se les da $1 por cada maleta. A los guías y al chofer del autobús los pasajeros no tienen que darles nada si no quieren; Traveltur les da propinas.

SEGUNDO DÍA

9:00 Tour por la ciudad en autobús con guía turístico ($25,00 propina para el guía)
Visita a Vizcaya (museo y jardines), el Seaquarium y el Metro Zoo
Entradas incluidas en el tour de la ciudad

Almuerzo libre: Sugerencias: el comedor del hotel; también hay muchas cafeterías cerca del hotel

Tarde: Excursión opcional a los Everglades Precio: $15,00

Cena libre: Sugerencias: Joe's Stone Crab (mariscos), Los Ranchos (nicaragüense), Versailles (cubano), La Carreta (cubano), Monserrate (colombiano)

TERCER DÍA

Traslado del hotel al aeropuerto en autobús
($10,00 de propina para el chofer)

Tiempo para ir de compras en el aeropuerto

Los impuestos de los aeropuertos están incluidos en el precio del tour

13:00 Salida del vuelo 356 de Aeroméxico para México
Almuerzo a bordo

La costumbre de dejar propina en los restaurantes no es uniforme en el mundo hispano y la cantidad que se deja en un restaurante varía según la categoría del restaurante. En los económicos generalmente no se espera propina, pero en los más elegantes la propina puede variar entre el 5% en países como España al 15% en países como México. Antes de viajar a un país hispano, es buena idea consultar guías turísticas en Internet como **www.lonelyplanet.com** para saber cuánta propina se debe dejar; o si no al llegar al país, se puede hablar con la gente del lugar. ¿Cuáles son las costumbres en cuanto a propinas en tu país?

ACTIVIDAD 4 **Las responsabilidades** En grupos de tres, contesten las siguientes preguntas según el itinerario.

1. ¿Cuáles son algunas cosas que Juan Carlos y Álvaro tienen que explicarle al grupo?
2. ¿A quiénes les tienen que dar ellos propina? ¿A quiénes les tienen que dar propina los pasajeros?
3. ¿Cómo van a ir del aeropuerto al hotel y viceversa?
4. Ya que Álvaro y Juan Carlos tienen que ir en todas las excursiones, ¿qué van a ver ellos?

ACTIVIDAD 5 **Preferencias** **Parte A:** En parejas, entrevístense para ver cuáles son sus preferencias sobre los viajes.

1. ¿Te gusta tener mucho tiempo libre cuando viajas o prefieres tener muchas actividades planeadas?
2. ¿Te interesan las explicaciones históricas de los guías?
3. ¿Te interesa ver los monumentos de las ciudades que visitas o solamente quieres descansar?
4. ¿Te gustan las excursiones en autobús donde puedes conocer a gente nueva o prefieres alquilar un carro y explorar la zona con dos o tres amigos?
5. Cuando viajas, ¿compras libros para aprender algo de la zona o prefieres hacer una excursión con un guía que te lo explique todo?
6. Generalmente, ¿das propinas cuando viajas? ¿A quién y cuánto le das?
7. ¿Crees que viajar a otros países cambia tu manera de pensar?

Parte B: Ahora, sugiérele a tu compañero/a el viaje perfecto de la siguiente lista de acuerdo con sus preferencias. Usa oraciones como: **Me parece que . . . , (No) creo que . . . , ¿No te gustaría . . . ?**

A	B	C
4 días en la ciudad de México con 3 excursiones con guía turístico	4 días en Mazatlán con carro para explorar la costa	2 días en la ciudad de México, tour opcional de la ciudad el segundo día. 2 días en la playa de Mazatlán.

Hacia la comunicación I

I. Speaking About Past Experiences: The Present Perfect

1 ◆ The present perfect is frequently used to ask and answer the question, "Have you ever . . . ?"

haber (*present*)			
he	hemos	+	*past participle*
has	habéis		
ha	han		

¿**Han ido** Uds. a Suramérica alguna vez? — *Have you (ever) gone to South America?*

Possible answers include:

—No, nunca **hemos ido.** — *No, we have never gone.*
—No, todavía no **hemos ido** a Suramérica, pero nos gustaría. — *No, we haven't gone to South America yet, but we would like to.*
—Sí, ya **hemos ido** y nos gustaría volver pronto. — *Yes, we have gone already and we would like to return soon.*
—Sí, ya fuimos y nos encantó. — *Yes, we already went and we loved it.*

NOTE: Todavía no is frequently followed by the present perfect. Although **ya** can be followed by either the present perfect or the preterit, the latter is more common.

2 ◆ The present perfect can also be used to talk about the recent past. Like in English, it can be used interchangeably with the preterit without changing the message of the sentence or question.

¿**Has visto** el nuevo video de Sting? — *Have you seen the new video by Sting?*
¿**Viste** el nuevo video de Sting? — *Did you see the new video by Sting?*

Review the subjunctive, Chs. 8 and 9.

II. Expressing Feelings About the Past: *Haya* + Past Participle

To express doubt, emotion, hope, etc., in the present about something that may have happened in the past, you may use the present perfect subjunctive in a dependent clause. This tense is formed as follows.

que + *present subjunctive of* **haber** + *past participle*

haber (*present subjunctive*)			
que **haya**	que **hayamos**	+	*past participle*
que **hayas**	que **hayáis**		
que **haya**	que **hayan**		

—Dudo que ella **haya viajado** mucho y yo busco personas que **hayan estado** en Suramérica.	*I doubt that she has traveled a lot, and I'm looking for people who have been in South America.*
—¿Crees que ella **haya ido** a Bolivia a visitar a su novio?	*Do you think she's gone to Bolivia to visit her boyfriend?*

Compare:

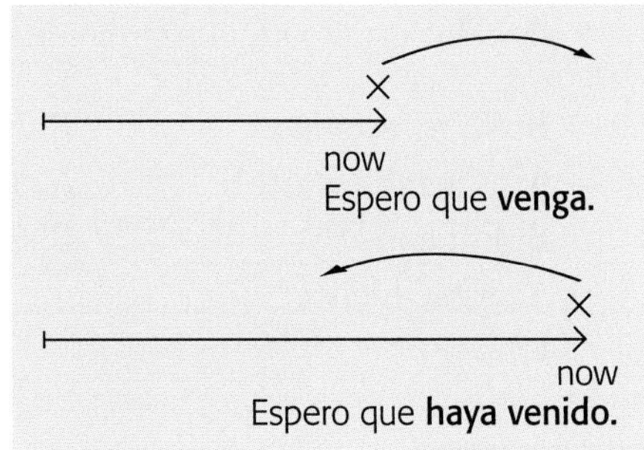
now
Espero que **venga.**
now
Espero que **haya venido.**

III. Talking About Unintentional Occurrences: *Se me olvidó* and Similar Constructions

To express accidental and unintentional actions or events, use the following construction with verbs like **caer, olvidar, perder, quemar,** and **romper.**

se me	**se nos**	+	*third person singular of verb + singular noun or infinitive*
se te	**se os**		
se le	**se les**		*third person plural of verb + plural noun or a series of nouns*

Se nos quemó la tortilla.	*We burned the tortilla (unintentionally).*
Se me olvidó llamarte ayer.	*I forgot to call you yesterday (unintentionally).*
¿Cómo? ¿**Se te perdieron** las entradas?	*What? You lost the tickets (unintentionally)?*
BUT: Quemamos la carta.	*We burned the letter (intentionally).*

NOTE: Remember that the person who accidentally does the action is represented by an indirect-object pronoun, which may be clarified or emphasized by a phrase with **a: a mí, a él,** etc.

Se **le** perdió la maleta **(a él).**	*He lost the suitcase.*
(A mí) siempre se **me** olvida llevar los libros a clase.	*I always forget to take my books to class.*
Se **le** rompieron las gafas **(a Jorge).**	*Jorge's glasses broke.*

Do Workbook *Práctica mecánica I* and corresponding CD-ROM activities.

ACTIVIDAD 6 De viaje **Parte A:** Entre todos, hagan una lista en la pizarra de lugares interesantes para visitar.

Parte B: Pregúntenles a algunos de sus compañeros si han estado en esos lugares. Si contestan que sí, pregúntenles cuándo fueron, con quién, cuánto tiempo estuvieron y qué hicieron.

◆ A: ¿Has estado en el parque de Yellowstone?

B: Sí, he estado.	B: No, no he estado nunca.
A: ¿Cuándo fuiste?	A: ¿Te gustaría ir?
B: Fui en el 99.	B: Sí/No . . .
A: ¿Qué hiciste?	
B: . . .	

En el 99 = en 1999

ACTIVIDAD 7 El Club Med El Club Med de Punta Cana, República Dominicana, está entrevistando gente para el puesto (*position*) de director de actividades. Ésta es la persona que entretiene a todos los huéspedes (*guests*) durante una semana, organizando bailes, competencias deportivas y otras actividades. En parejas, escojan el Papel A o B y sigan las instrucciones para su papel.

A

Trabajas para el Club Med y vas a entrevistar a una persona para el puesto de director de actividades. La persona que buscas debe haber hecho las siguientes cosas: trabajar para el Club Med antes y tener experiencia con adultos o con niños y con primeros auxilios (*first aid*). Buscas una persona que sea dinámica. Haz preguntas como la siguiente: ¿Has trabajado antes para el Club Med?

B

Estás en una entrevista para el puesto de director de actividades del Club Med. Ésta es la información sobre ti que puede ayudarte a conseguir el trabajo: fuiste huésped (*guest*) en un Club Med hace dos años, tienes cuatro hermanos pequeños y enseñas educación física en una escuela. En este momento, eres estudiante en un curso de primeros auxilios (*first aid*).

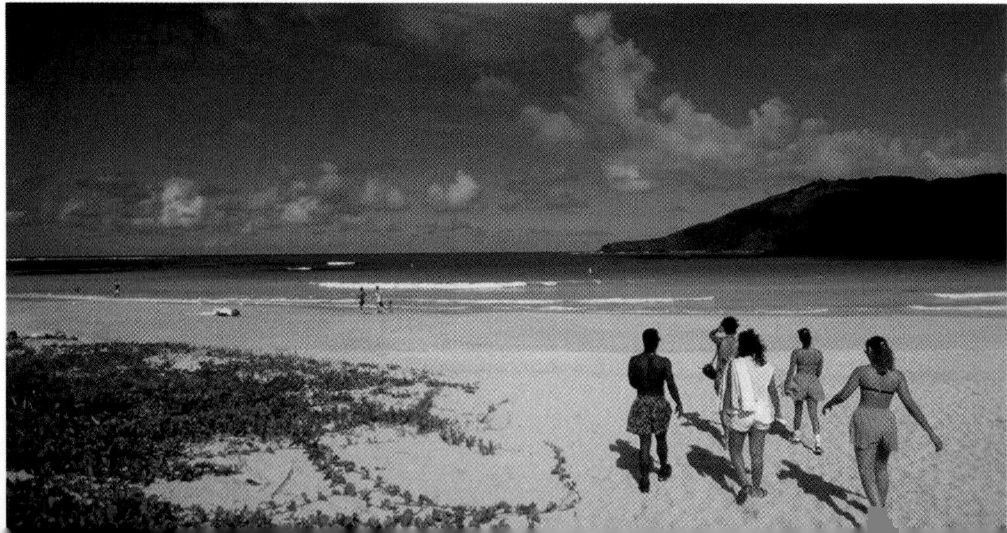

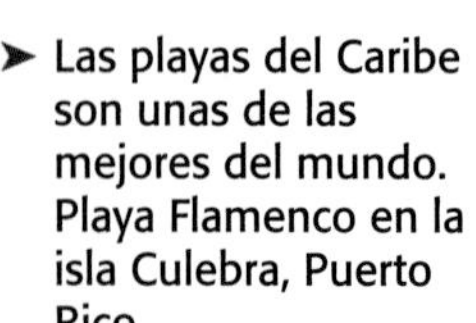

➤ Las playas del Caribe son unas de las mejores del mundo. Playa Flamenco en la isla Culebra, Puerto Rico.

ACTIVIDAD 8 ¿Alguna vez . . . ? **Parte A:** Pregúntales a un mínimo de cuatro compañeros si han hecho las cosas de la lista que sigue. Si contestan que sí, pregúntales cuándo, cuántas veces, con quién y si les gustó. Si contestan que no, pregúntales si les gustaría hacerlas algún día.

◆ A: ¿Has piloteado un avión?
B: No, nunca.
A: ¿Te gustaría hacerlo?
B: Sí, me gustaría porque . . . / No, no me interesa porque. . .

1. nadar en el Caribe o en el Golfo de México
2. hablar con un cubano de Miami
3. ir al festival de la Calle Ocho en Miami
4. hacer un crucero
5. ver el desfile (*parade*) puertorriqueño en Nueva York
6. comer ropa vieja
7. viajar en un tour
8. visitar Cuba, Puerto Rico o la República Dominicana
9. estudiar sobre la crisis de los misiles soviéticos en Cuba en 1962
10. beber piña colada

Parte B: Ahora tu profesor/a va a hacerte algunas preguntas.

◆ Profesor/a: ¿Hay alguien en la clase que haya nadado en el Caribe?

S1: No, no hay nadie que haya nadado en el Caribe.

S2: Sí, hay alguien que ha nadado en el Caribe.
Profesor/a: ¿Quién es?
S2: Jim nadó en el Caribe el año pasado.

ACTIVIDAD 9 No te preocupes En parejas, tú y tu esposo/a se van de viaje con sus siete hijos a una playa de Puerto Rico. "A" preparó una lista de cosas que cada persona de la familia tenía que hacer y ahora quiere saber si las hicieron. "B" sabe qué hizo o no hizo cada uno.

◆ Juan: hacer la maleta
A: Espero que Juan haya hecho la maleta.
B: Ya la hizo. / Todavía no la ha hecho, pero va a hacerla hoy.

A

1. Pablo: comprar los pasajes
2. Pepe y Manuel: ir al banco
3. Victoria y Ángela: comprar gafas de sol
4. Elisa: llevar el perro a la casa de su amiga
5. Guillermo y Manuel: recoger (*pick up*) sus pasaportes
6. Tu esposo/a: poner el Pepto-Bismol en la maleta
7. Victoria: hacer la reserva del hotel
8. Todos: poner los trajes de baño en la maleta

B

Tú sabes que tus hijos y tú han hecho las cosas que tenían que hacer, pero que tus hijas no las han hecho.

ACTIVIDAD 10 Una llamada urgente En parejas, Uds. son hermanos y acaban de volver a casa. Ven que hay un mensaje en el contestador automático diciendo que sus padres están en el hospital y que Uds. deben ir allí. Reaccionen a esa llamada usando frases como **Dudo que hayan . . . , Es posible que . . . , No creo que . . . ,** etc.

- Es posible que hayan tenido un accidente.

ACTIVIDAD 11 La mala suerte En grupos de cuatro, díganles a sus compañeros si alguna vez, al hacer un viaje, han tenido alguno de los siguientes problemas inesperados (*unexpected*). Den detalles.

- Una vez se me olvidó el pasaporte en el avión . . .
  Nunca se me ha olvidado el pasaporte . . .

1. perder la maleta
2. acabar el dinero
3. olvidar cosas en un hotel
4. romper algo en una tienda
5. perder las tarjetas de crédito
6. abrir un perfume, un Pepto-Bismol, etc. en la maleta

ACTIVIDAD 12 ¿Intencional o accidental? En parejas, miren los siguientes pares de situaciones y digan para cada par, cuál de la acciones fue accidental. Luego inventen el contexto en que ocurrió cada una.

1. a. Se me rompieron los pantalones.
   b. Rompí los pantalones.
2. a. Se me quemó la foto de mi novia.
   b. Quemé la foto de mi novia.

ACTIVIDAD 13 Dichos En español hay muchos dichos que tienen la construcción **se me, se te,** etc. Unos muy populares son los siguientes.

Se le hace agua la boca.
Se le fue la lengua.
Se le hizo tarde.
Se le acabó la paciencia.
Se le fue el alma (*soul*) a los pies.
Se le cae la baba (*drool*) (por alguien).

En parejas, adivinen el significado de cada dicho y digan qué dicho se puede usar en cada una de las siguientes situaciones.

1. Tenía que ir a la biblioteca para buscar un libro; iba a ir a las siete, pero llegué a las ocho y ya estaba cerrada. ________________
2. El niño no debía decirle nada a nadie, pero le dijo a su abuela que sus padres tenían problemas económicos. ________________
3. Miguel está muy enamorado de Marcela y tiene ganas de salir con ella. ________________
4. Mi abuela acaba de preparar ropa vieja. UMMMMM. A mí ________________
5. Al final, el camarero se enfadó con los clientes y les tiró toda la comida encima. ________________
6. Raquel tuvo un accidente y su madre recibió una llamada del hospital. ________________

Do Workbook *Práctica comunicativa I* and corresponding CD-ROM activities.

Nuevos horizontes

Lectura

ESTRATEGIA: Linking Words

In a text, phrases and sentences are linked with connectors, or linking words, to provide a smooth transition from one idea to another. Linking words establish relationships between parts of a text. For example, in the sentence *My house is more beautiful than yours, more . . . than* expresses a comparison. In the sentence *I went to the movies and then I had dinner,* sequence is established by the words *and then.* The following list contains common Spanish linking words.

Function	*Linking Words*
Adding	**y, también, además de** (*apart from, besides*), **asimismo** (*likewise*), **a la vez** (*at the same time*), **sino también** (*but also*)
Contrasting and Comparing	**a diferencia de, pero, sin embargo, por otro lado** (*on the other hand*), **a pesar de que** (*in spite of*), **aunque** (*although*), **más/menos . . . que, al igual que** (*just like*), **como**
Exemplifying	**por ejemplo**
Generalizing	**por lo general, generalmente, normalmente**
Giving Reasons	**por, porque, pues, ya que**
Showing Results	**por lo tanto** (*therefore*), **por eso, como consecuencia/resultado, entonces**
Showing Sequence	**primero, después, luego, finalmente**

ACTIVIDAD 14 Preguntas Contesta estas preguntas antes de leer el texto.

1. ¿Quiénes fueron los primeros inmigrantes que llegaron a los Estados Unidos?
2. ¿Por qué vinieron?
3. ¿Dónde hay inmigrantes hispanos en los Estados Unidos?
4. ¿Crees que la cultura hispana es homogénea o heterogénea?
5. ¿Crees que los inmigrantes que vienen a los Estados Unidos pierden sus costumbres en las generaciones sucesivas?

ACTIVIDAD 15 El significado Las palabras que están en negrita en las siguientes oraciones aparecen en la lectura que sigue. Primero, lee estas oraciones y escoge el sinónimo para cada palabra.

1. Voy a **criar** a mis hijos exactamente como mis padres me criaron. Mis padres son fantásticos. (educar, mirar)
2. Soy de Guatemala, pero vivo en México y no puedo volver a mi **patria** por razones políticas. (ciudad, país)
3. Después de cometer muchos delitos (*crimes*) contra el pueblo, el nuevo gobierno mandó al ex presidente a vivir a otro país. En el **destierro** estaba muy triste y quería volver. (prisión, exilio)

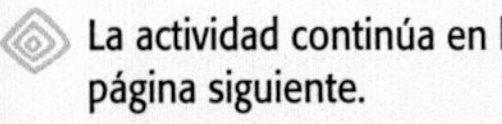
La actividad continúa en la página siguiente.

4. Es increíble el **cariño** que tiene por su hijo de cinco meses: lo besa, lo baña y le lee cuentos infantiles. Su hijo es la luz de sus ojos. (amor, admiración)
5. Después de dejar de salir con su novio, Marta quería **borrarlo de la memoria.** (matarlo, olvidarlo)
6. Es importante que las plantas tengan agua, sol y **abono** (el mejor es el natural que no contiene productos químicos). (calor, fertilizante)
7. **Un bebé recién nacido** pesa más o menos tres kilos. (un bebé de dos o tres días, un bebé de seis meses)
8. Raúl va a dar su primer recital y su profesor de música le compró flores porque está muy **orgulloso de** él. (contento por, triste por)

ACTIVIDAD 16 Asociaciones Mientras lees la lectura, asocia estas oraciones con las personas de la lectura y escribe sus iniciales después de cada oración. ¡Ojo! Puede haber más de una persona para cada línea.

1. Nací y me crie en Cuba. __________
2. Nací en Cuba, pero me crie en los Estados Unidos. __________
3. Nací en los Estados Unidos de padres cubanos. __________
4. Nada es gratis en este mundo. Hay que trabajar. __________
5. Echo muchísimo de menos a mi familia en Cuba. __________
6. Mi experiencia al salir de Cuba fue muy difícil, pero irónica. __________
7. Tengo doble patria: me siento de Cuba y de los Estados Unidos. __________
8. Me siento más cubano/a que norteamericano/a. __________

Retratos y relatos

Las siguientes lecturas son citas de diferentes cubanos o personas de origen cubano que viven en los Estados Unidos. Cada uno tiene una historia diferente que refleja algún aspecto de la experiencia de ser cubano y vivir fuera de su patria. Algunos vinieron antes de subir Fidel Castro al poder en 1959 y otros después. Todos han pasado por lo menos parte del régimen de Castro en los Estados Unidos. Al leer sus historias, se puede ver un poco del alma de cada uno de ellos y aprender así algo más sobre los cubanos.

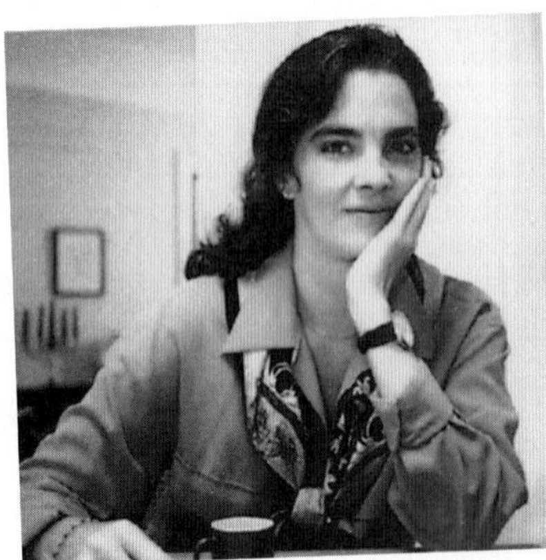

PAMELA MARÍA SMORKALOFF
Escritora, Nueva York

Mi familia emigró a los Estados Unidos en los años 30. Mi abuela me enseñaba en los libros *National Geographic* dónde estaba Cuba, porque después de la revolución, en los partes meteorológicos no aparecía; la habían borrado.

Yo nací en Nueva York, pero desde pequeña mi madre y mi abuela me inculcaron la cultura cubana. Ellas no tenían idea, en ese entonces, que después de grande escribiría un estudio de la cultura literaria cubana, publicado en La Habana.

JULIO RAMÍREZ MARQUES
Desempleado, Miami, Florida

"Soy balsero y trabajo por comida. Ayúdame." Yo llegué aquí el 14 de noviembre de 1993. Un hombre ahí me dijo que eso era un mal ejemplo para los cubanos porque yo estaba pidiendo trabajo por comida. Yo le dije que yo no sé hacer otra cosa. Yo no sé robar. No sé quitarle la cartera a una vieja. No sé vender drogas. En Cuba yo trabajaba en abono químico. Soy de Regla y no tengo familia. Allá yo no podía vivir por el régimen que está muy malo.

HILDE F. CRUZ
All-Car Service, Washington Heights, Nueva York

Yo soy de Banes, Oriente. Nosotros nos fuimos de Cuba el 26 de septiembre de 1961. La lancha era de catorce pies y medio, con un motor fuera de borda de 15 H.P. Salimos para las Bahamas en un viaje como de 18 horas. Éramos cuatro en la lancha. Cuando llegamos a Nassau, el cubano que atendía a los cubanos recién llegados, por esas cosas del destino, ¡se llamaba Fidel Castro!

RUBÉN D. JIMÉNEZ
Maestro, Nueva York

Salí de Cuba hace más de 25 años y prácticamente me siento tan cubano como la caña de azúcar. Ser cubano exiliado es una ventaja amarga puesto que el destierro nos ha enseñado a querer a nuestra patria aún más.

Siempre pienso en el regreso a ver a mi familia, pues aunque hayan pasado tantos años, el amor y la relación familiar jamás se han perdido. ¿Qué les diría? ¿Cuál será la relación de ese momento en adelante? Verdaderamente es difícil tratar de recuperar el tiempo perdido, pero el cariño puede vencer. Los años pasan y mi juventud se va marchitando y el miedo de llegar viejo a Cuba y no poder disfrutarla me entristece.

Nací en La Habana, Cuba, procedente de una familia de clase media, y me crié en Nueva York. Hoy día soy maestro de educación especial en la misma escuela donde fui estudiante hace 25 años.

OFELIA COBIÁN
Agente de publicidad, Nueva York

Yo nací en Oriente, Cuba, el 13 de abril de 1966. Mi niñez fue feliz, **aunque** con muy pocas riquezas. En 1980 emigré junto con mi familia a los Estados Unidos. Soy el producto de dos culturas y de dos naciones. De mi hispanidad estoy muy orgullosa y es **por eso** que representé a la comunidad latina de Nueva York en un concurso internacional. **Por otro lado,** amo a este país **y,** aunque todo aquí no es perfecto, fue la mejor decisión que tomaron mis padres al traerme a este país para garantizarme un mejor futuro. Hoy en día, mi vida es **como** la de cualquier hispano neoyorquino y no la cambiaría por nada en el mundo.

ACTIVIDAD 17 **Comparar** En parejas, lean las historias una vez más y decidan cuál de las cinco personas es la más feliz y cuál es la más triste y por qué.

ACTIVIDAD 18 **Enlaces** Lee otra vez lo que dice Ofelia Cobián y contesta estas preguntas.

1. ¿Qué cosas contrasta **aunque** en la línea 2?
2. ¿Qué resultado indica **por eso** en la línea 8?
3. ¿Qué sentimientos contrasta **Por otro lado** en la línea 10?
4. ¿Qué añade **y** en la línea 10?
5. ¿Qué cosas compara **como** en la línea 12?

Escritura

ESTRATEGIA: Comparing and Contrasting

To compare or contrast two ideas is to present their similarities and differences. This may be done by presenting one idea and then the other or by presenting the similarities of both ideas followed by their differences. Look at how Ofelia Cobián contrasted her life in Cuba with her life in the United States. Also notice how linking words helped her to create cohesive and coherent sentences.

nacer en Cuba
niñez feliz
pocas riquezas
dos culturas
dos naciones
hispanidad
representante concurso internacional
amar el país
mejor futuro

When writing a comparison, you may want to use a Venn Diagram to help organize your ideas. The diagram on the left reflects the paragraph written by Ofelia Cobián. The circle on the left contains information about her life in Cuba and the other has data about her life in the United States. Where the circles overlap there is information common to both the United States and Cuba.

ACTIVIDAD 19 Contrastes **Parte A:** Vas a escribir un párrafo que contraste y compare dos elementos de tu personalidad, dos ciudades o dos universidades. Primero, haz un Diagrama Venn para organizar tus ideas. Después, escribe el párrafo.

Parte B: Revisa bien el párrafo. ¿Usaste frases como **sin embargo** y **a diferencia de?** Al terminar, entrégale el Diagrama Venn, los borradores y la copia final a tu profesor/a.

Consult the list of linking words on page 347 while writing.

Lo esencial II

Cómo llegar a un lugar

Ayer un detective pasó todo el día observando los movimientos de un sospechoso (*suspect*). Mira los dibujos y las descripciones que hizo el detective.

1. El sospechoso salió del banco y caminó hasta la **esquina.**

2. En la esquina **dobló a la derecha** y caminó hasta la estación de autobuses.

3. **Tomó** el autobús.

4. Cuando el autobús paró en **el semáforo, bajó** en la **parada.**

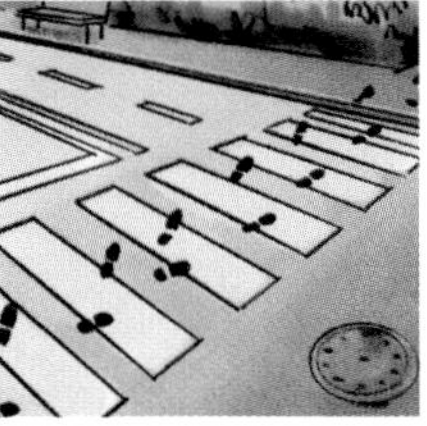
5. **Cruzó** la calle por **la senda peatonal.**

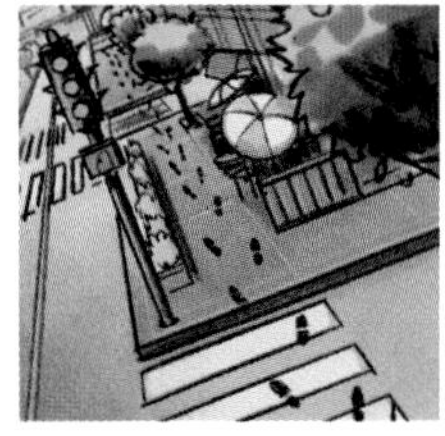
6. **Siguió derecho** dos **cuadras.**

7. Caminó por un **callejón.**

8. **Pasó por** la iglesia.

Derecho = recto

Cuadra = manzana (Spain), **bloque** (Puerto Rico)

9. Entró en **el estacionamiento.**

10. Quiso subir en **el ascensor,** pero no funcionaba.

11. Por eso **subió las escaleras,** se subió al coche y se fue.

ACTIVIDAD 20 Cómo llegar a un lugar En parejas, explíquenle a su compañero/a cómo se va al correo, al banco o a otro lugar desde su clase. Luego su compañero/a le explica cómo llegar a otro sitio.

- A: ¿Cómo se llega a . . . ? ¿Puedes decirme cómo llegar a . . . ?
  B: Primero, sales de la clase, después bajas las escaleras y . . .

ACTIVIDAD 21 ¿Dónde estás? **Parte A:** Escribe instrucciones para llegar a un lugar de la universidad desde la clase. No escribas en el papel el nombre del lugar.

Parte B: Ahora en parejas, lea cada uno las instrucciones que escribió la otra persona y digan a qué lugar de la universidad llegaron con esas instrucciones.

ACTIVIDAD 22 En la calle **Parte A:** En grupos de tres, discutan las siguientes preguntas sobre su comportamiento (*behavior*) en la calle.

1. ¿Generalmente cruzan la calle por la senda peatonal?
2. Si tienen que ir a un lugar que está a quince cuadras de su casa, ¿caminan, manejan o toman el autobús o el metro?
3. Si conducen, ¿con qué frecuencia cruzan con el semáforo en amarillo?
4. ¿Hablan con la gente en la parada del autobús o en la estación de metro?
5. ¿Con qué frecuencia olvidan dónde han dejado su carro en un estacionamiento?
6. Por la noche, ¿caminan a veces por un callejón cuando éste es el camino más corto para llegar adonde van?
7. Si tienen que subir tres pisos, ¿suben las escaleras o usan el ascensor?

Parte B: Ahora usen las siguientes palabras para describir cómo creen que son sus compañeros y expliquen por qué eligieron esas palabras.

respetuoso
osado (*daring*)
distraído (*absent-minded*)
amigable
perezoso
atlético

Impresiones de Miami

El Carnaval Miami, en la Calle Ocho de la Pequeña Habana. Actualmente es el festival hispano más grande de los Estados Unidos.

así	like this/that
todo el mundo	everybody, everyone
volver a + *infinitive*	to do (something) again

Juan Carlos y Álvaro llegaron ayer a Miami con el grupo de turistas españoles y ahora regresan al hotel en el autobús después de hacer el tour de la ciudad.

ACTIVIDAD 23 Cierto o falso Mientras escuchas la conversación, identifica si estas oraciones son ciertas **(C)** o falsas **(F)**.

1. _____ A los turistas les sorprendió ver que Miami no fuera una ciudad típica de los Estados Unidos.
2. _____ La Dra. Llanos estuvo en Cuba.
3. _____ Las películas presentan al norteamericano tal como es.
4. _____ El Sr. Ruiz y la Dra. Llanos no son muy buenos amigos.
5. _____ El Sr. Ruiz tiene que ir a la oficina de American Express mañana.

ÁLVARO Esperamos que les haya gustado el tour de la ciudad. Para mí fue una verdadera sorpresa.

DRA. LLANOS Es cierto. ¡Qué sorpresa encontrar una ciudad tan hispana en los Estados Unidos!

JUAN CARLOS Y Miami no es la única; hay hispanos en el suroeste, en California, en Nueva York . . . vamos . . . en casi todo el país.

SR. RUIZ ¡Y la Calle Ocho! ¡Qué interesante! Todo el mundo hablando con acento caribeño. Al cerrar los ojos me parecía volver a estar en La Habana. ¿Sabían que yo estuve allí hace muchos años? Me fascina, sencillamente, ¡me fascina! Y . . .

ÁLVARO ¿Vieron qué interesante pasear por las calles y ver restaurantes de tantos países hispanos? Hay muchos centroamericanos, ¿no?

JUAN CARLOS ¡Cómo no! Y suramericanos también.

Making comparisons

DRA. LLANOS De veras, los Estados Unidos es un país increíble. No creo que haya otro país tan variado como éste, con tal mezcla de gentes y costumbres. Me sorprende este pluralismo cultural.

ÁLVARO Y qué distinta es la realidad del estereotipo que se ve en las películas. Pero los estereotipos son siempre así . . .

Giving a direct command

JUAN CARLOS Bueno, ¡atención! Ya hemos llegado al hotel. Escuchen, por favor. Ahora hay un rato libre para el almuerzo, pero por favor, si quieren ir a los Everglades, regresen a la una y media porque volvemos a salir a las dos. ¡Ah, me olvidaba! Para los que necesitan mandar email, hay un cibercafé en la calle Washington cerca del hotel.

SR. RUIZ ¡Virgen Santísima! ¡No encuentro mis cheques de viajero y los tenía en el bolsillo! ¿Ahora qué voy a hacer?

ÁLVARO Pero, los tiene Ud. en la mano, Sr. Ruiz.

Expressing annoyance

DRA. LLANOS ¡Qué hombre, Dios mío, qué hombre!

ACTIVIDAD 24 **¿Comprendiste?** Después de escuchar la conversación otra vez, contesta las siguientes preguntas.

1. Según Juan Carlos, ¿en qué parte de los Estados Unidos hay muchos hispanos?
2. Según el Sr. Ruiz, ¿a qué ciudad se parece Miami y por qué?
3. Menciona dos cosas que le sorprendieron a la Dra. Llanos.
4. ¿Adónde pueden ir las personas del tour para mandar email?
5. Álvaro menciona los estereotipos que se ven en las películas. ¿Cuáles son? ¿Cómo es el estereotipo del hispano? ¿Y del norteamericano? ¿Qué piensas de los estereotipos en general?

En muchos países hispanos es frecuente ver cibercafés por la ciudad. En ellos la gente puede tomar café o comer algo ligero mientras escribe emails o se conecta a Internet. La existencia de estos cafés se debe en gran parte al alto costo de las computadoras en algunos países y, en parte, a la necesidad que tienen los turistas de tener un lugar para mandar emails mientras están de viaje. En algunos países, otro lugar donde uno puede encontrar computadoras para mandar emails es el locutorio. Desde allí también se pueden hacer llamadas telefónicas de larga distancia que generalmente resultan más económicas que de un teléfono público. Cuando una persona viaja por los Estados Unidos, ¿adónde puede ir para leer sus emails? ¿Y para hacer llamadas de larga distancia?

▲ Cibercafé en Buenos Aires, Argentina.

ACTIVIDAD 25 Volver a empezar Di las cosas que tienes que volver a hacer, completando estas frases.

- Si no entiendo las instrucciones, tengo que volver a leerlas.

1. Si no sale bien la comida, . . .
2. Si estás contando dinero y te interrumpen, . . .
3. Si el profesor no está en su oficina, . . .
4. Si te devuelven una carta por no tener estampillas, . . .
5. Si te quieres conectar a Internet pero está ocupado, . . .
6. Si no entiendes el final de la novela, . . .
7. Si te quedas dormido/a en el autobús y te pasas de la parada, . . .

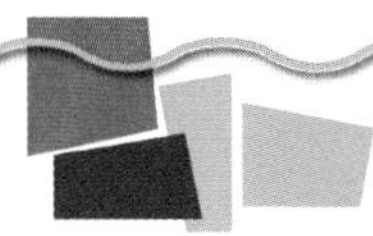

Hacia la comunicación II

I. Describing: Comparisons of Equality

When you want to compare things that are equal, you can apply the following formulas.

tan + *adjective/adverb* + **como**

Mi hermano es **tan alto como** mi mamá.	*My brother is **as** tall **as** my mother.*
Llegaste **tan tarde como** tus hermanos.	*You arrived **as** late **as** your brothers.*

tanto/a/os/as + *noun* + **como**

Tienes **tanto trabajo como** yo.	*You have **as much** work **as** I do.*
Hay **tantas mujeres como** hombres en el tour.	*There are **as many** women **as** men in the tour group.*

II. Making Requests and Giving Commands: Commands with *Usted* and *Ustedes*

You have already learned how to ask somebody to do something.

Es importante que hagas la tarea.
No quiero que pongas los pies en la mesa.

1 ◆ To make a direct request or to give a command to someone you address as **Ud.** or **Uds.,** use the corresponding present subjunctive verb forms.

¡Hable (Ud.)!* **¡Hablen (Uds.)!**	*Speak!*
¡No **lleguen** tarde al concierto, por favor!	*Don't come late to the concert, please!*

***NOTE:** Subject pronouns are seldom used with commands, but if they are, they follow the verb.

2 ◆ When reflexive or object pronouns are used with commands, follow these rules.

a. When the command is affirmative, the pronouns are attached to the end of the verb.

¡Levánte**se** temprano!	*Get up early!*
¡Dígan**selo** a él!	*Tell it to him!*

b. When the command is negative, the pronouns immediately precede the verb.

¡**No se** levante tarde!	*Don't get up late!*
¡**No se lo** digan a él, por favor!	*Please, don't tell it to him!*

Remember to use accents.

To review double-object pronouns, see Ch. 10.

Internet Do Workbook *Práctica mecánica II*, CD-ROM, Web ACE Tests, and lab activities.

ACTIVIDAD 26 **Tan . . . como . . .** Usa la imaginación para comparar dos personas de la siguiente lista. Incluye las expresiones **tan . . . como . . . , tantos/tantas . . . como** y **más/menos . . . que . . .**

◆ Bart Simpson es tan inteligente como Ozzy Osbourne, pero es más inteligente que Regis Philbin.

ACTIVIDAD 27 Las comparaciones En parejas, comparen a Adela y Consuelo, dos buenas amigas que tienen muchas cosas en común. "A" cubre la Columna B y "B" cubre la Columna A. Altérnense dando información.

- A: Adela tiene 28 años. ¿Y Consuelo?
  B: 29. Entonces Adela es menor que Consuelo. / Entonces Consuelo es mayor que Adela.

1,70 = 1 meter 70 centimeters (5 feet 7 inches)
medir (e ⟶ i, i)

A	B
Adela	Consuelo
medir 1,70 (uno setenta)	medir 1,65 (uno sesenta y cinco)
pesar 59 kilos	pesar 59 kilos
ser bonita	ser bonita
jugar bien al tenis	jugar bien al tenis
tener dos carros	tener dos carros
tener $10.000 en el banco	tener $1.000 en el banco

ACTIVIDAD 28 Sigan las instrucciones Escuchen las instrucciones de su profesor/a y hagan las acciones de los siguientes gestos (*gestures*) hispanos.

Para indicar que una persona es tacaña (*stingy*):

1. Levántense.
2. Doblen el brazo derecho con la mano hacia arriba.
3. Cierren la mano derecha.
4. Abran la mano izquierda.
5. Pongan la mano izquierda debajo del codo derecho.
6. Con la palma de la mano izquierda, tóquense el codo varias veces.

Para indicar "no, no, no":

1. Levanten la mano derecha y pónganla enfrente del cuerpo con la palma de la mano hacia enfrente.
2. Cierren la mano.
3. Saquen el dedo índice hacia arriba.
4. Muevan el dedo índice de izquierda a derecha como un limpiaparabrisas.

ACTIVIDAD 29 Te toca a ti Lee las siguientes instrucciones y escribe órdenes (*commands*) con los verbos entre paréntesis para poder hacer unos gestos típicos de la cultura hispana. Usa la forma de Uds. al escribir las instrucciones.

1. Para indicar que se debe tener cuidado:
   ______________ el dedo índice debajo del ojo y ______________ hacia abajo. (Poner, tirar)
2. Para indicar que una persona es delgada:
   ______________ la mano y ______________ el dedo meñique (*little finger*) hacia arriba. (Cerrar, levantar)
3. Para indicar que hay muchas personas en un lugar:
   Con la palma de la mano hacia arriba, ______________ la mano. ______________ los dedos hacia arriba. ______________ el pulgar (*thumb*) con los otros dedos. (cerrar, Extender, Tocar)

ACTIVIDAD 30 ¿Quién dice qué? **Parte A:** Completa las siguientes órdenes con la forma de Uds.

1. No __________ en voz alta. (hablar)
2. No __________ papeles. (tirar)
3. No __________. (fumar)
4. No __________. (tocar)
5. __________ a la policía. (Llamar)
6. __________ ahora mismo. (Hacerlo)
7. __________ el cinturón de seguridad. (Abrocharse)

Parte B: Ahora en parejas, decidan en qué situaciones se dicen estas órdenes.

ACTIVIDAD 31 Los asistentes de vuelo **Parte A:** Lee las siguientes medidas de seguridad que se escuchan en un avión y subraya todas las órdenes que encuentres.

Buenos días y bienvenidos a bordo. Ahora unas medidas de seguridad. Abróchense el cinturón de seguridad. Mantengan el respaldo del asiento en posición vertical, la mesa en la posición inicial y pongan su equipaje de mano completamente debajo del asiento de adelante o en uno de los compartimientos de arriba. Recuerden que no se pueden usar móviles durante el vuelo. Por favor, apaguen su móvil. Se prohibe fumar en todos los vuelos de TACA. Obedezcan el aviso de no fumar. En el respaldo del asiento, delante de Uds., hay una tarjeta con información. Tomen unos minutos para leerla. Esta tarjeta les indica la salida de emergencia más cercana. En este avión hay dos puertas en cada extremo de la cabina y dos salidas sobre las alas. En caso de que sea necesario, el cojín del asiento puede usarse como flotador: pasen los brazos por los tirantes que están debajo del cojín. Si hay un cambio brusco de presión en la cabina, los compartimientos que contienen las máscaras de oxígeno se abren automáticamente. Entonces, pónganse la máscara sobre la nariz y la boca y respiren normalmente. Después, tomen la cinta elástica y póngansela sobre la cabeza. Después de ponerse la máscara, ajusten bien la máscara de sus niños. Gracias por su atención y esperamos que tengan un buen viaje a bordo de TACA.

Parte B: La aerolínea costarricense TACA va a hacer un video para demostrar las medidas de seguridad en sus vuelos. En grupos de cuatro, lean las siguientes instrucciones para su papel.

Estudiantes A, B y C: Uds. quieren ser actores en el video de TACA. Van a hacer una prueba (*audition*) para ver quién es el/la mejor actor/actriz. Un empleado de TACA va a leer el guion del video mientras Uds. hacen las acciones.

Estudiante D: Trabajas para TACA y tienes que seleccionar a la mejor persona para actuar en un video que demuestra las medidas de seguridad de la aerolínea. Lee en voz alta el texto que aparece en la **Parte A** de esta actividad y observa cómo actúan los posibles actores. Selecciona la mejor persona para el trabajo.

ACTIVIDAD 32 En La Habana En parejas, una persona lee el Papel A y la otra el Papel B.

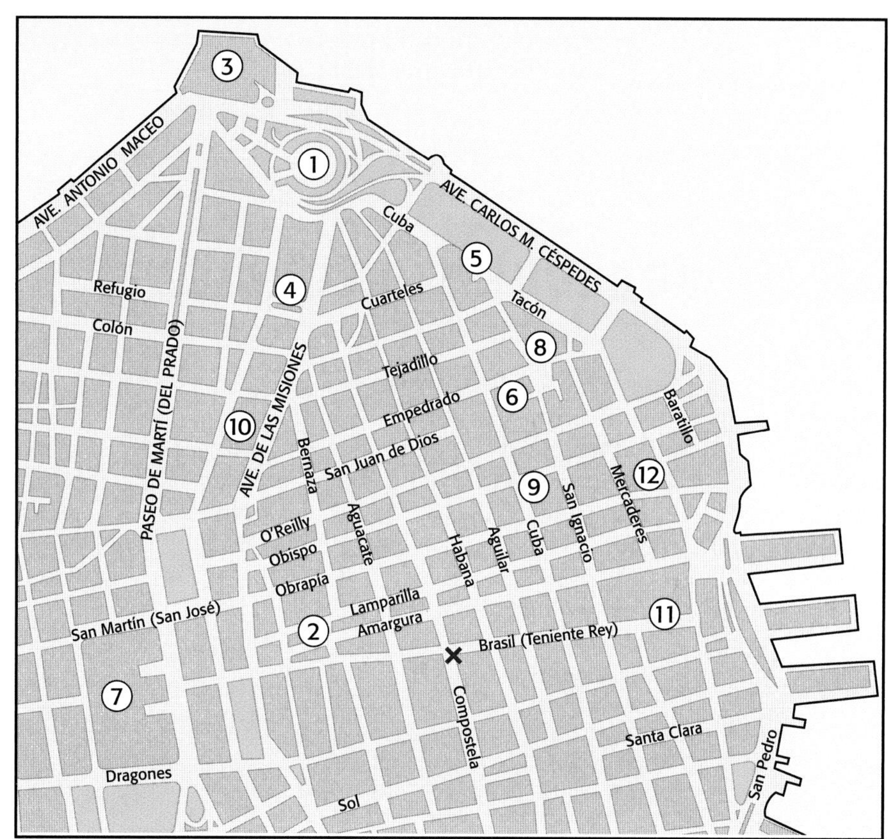

A

Estás en La Habana Vieja, Cuba y quieres saber cómo llegar a los siguientes lugares:
el Parque Arqueológico
el Museo Nacional de Bellas Artes
la Iglesia del Espíritu Santo

Sabes dónde están los siguientes lugares que aparecen numerados en el mapa, así que cuando tu compañero/a te pregunte cómo llegar, dale instrucciones. Empieza las instrucciones para cada lugar en la esquina de las calles Compostela y Brasil que está marcada con una X.

3. el Castillo de San Salvador de la Punta
7. el Capitolio Nacional
8. la Catedral de La Habana

B

Estás en La Habana Vieja, Cuba y quieres saber cómo llegar a los siguientes lugares:
el Castillo de San Salvador de la Punta
el Capitolio Nacional
la Catedral de La Habana

Sabes dónde están los siguientes lugares que aparecen numerados en el mapa, así que cuando tu compañero/a te pregunte cómo llegar, dale instrucciones. Empieza las instrucciones para cada lugar en la esquina de las calles Compostela y Brasil que está marcada con una X.

5. el Parque Arqueológico
10. el Museo Nacional de Bellas Artes
12. la Iglesia del Espíritu Santo

 Do Workbook *Práctica comunicativa II* and the *Repaso* section. Do CD-ROM, Web ACE Tests, and lab activities.

 Do Web Search activities.

ACTIVIDAD 33 En la universidad En parejas, túrnense para darle instrucciones muy detalladas a su compañero/a para llegar a los siguientes lugares de su universidad: **la biblioteca principal, el cajero automático (*ATM*) más cercano a la clase, la cafetería que tiene la mejor comida de la universidad, un buen lugar para dormir una siesta.**

Vocabulario funcional

El viaje

el/la chofer	*driver, chauffeur*
la entrada	*entrance ticket*
la excursión	*excursion, side trip*
el/la guía turístico/a	*tour guide*
los impuestos	*taxes*
el itinerario	*itinerary*
libre	*free (with nothing to do)*
opcional	*optional*
la propina	*tip, gratuity*
el/la taxista	*taxi driver*
el tour	*tour*
el traslado	*transfer*

Cómo llegar a un lugar

el ascensor	*elevator*
bajar	*to go down*
bajar de	*to get off*
el callejón	*alley*
¿Cómo se llega a . . . ?	*How does one get to . . . ?*
cruzar	*to cross* (the street)
la cuadra	*city block*
doblar	*to turn*
la(s) escalera(s)	*stair(s), staircase*
la esquina	*corner*
el estacionamiento	*parking*
la parada de autobús	*bus stop*
pasar por	*to pass by/through*
¿Puede decirme cómo llegar a . . . ?	*Can you tell me how to get to . . . ?*
¿Sabe dónde está . . . ?	*Do you know where . . . is?*
seguir derecho	*to keep going straight ahead*
el semáforo	*traffic light*
la senda peatonal	*pedestrian walkway*
subir	*to go up*

Más verbos

caer	*to fall; to drop*
conseguir	*to get, obtain*
haber	*to have* (auxiliary verb)
obtener	*to obtain*
olvidar	*to forget*
pasar	*to spend* (time)
perder	*to lose*
quemar	*to burn*

Palabras y expresiones útiles

alguna vez	*(at) sometime; ever*
así	*like this/that*
el cheque de viajero	*traveler's check*
¿De acuerdo?	*O.K.?, Agreed?*
sacar de un apuro (a alguien)	*to get (someone) out of a jam*
tan	*so*
tan . . . como	*as . . . as*
tanto/a . . . como	*as much . . . as*
tantos/as . . . como	*as many . . . as*
todo el mundo	*everybody, everyone*
volver a + *infinitive*	*to do (something) again*
ya que	*since, because*

Capítulo 14

Chapter Objectives

- Making bank transactions
- Discussing sites to visit
- Giving informal and indirect commands
- Avoiding repetition
- Expressing possession in an emphatic way
- Discussing animals

Detalle del mural *Historia de la conquista* de Diego Rivera en el Palacio Nacional de la ciudad de México.

Datos interesantes

	Estados Unidos de América	**México**
Tasa bruta de natalidad (por 1.000 habitantes) 1995–2000	14%	29%
Tasa bruta de mortalidad (por 1.000 habitantes) 1995–2000	8%	5%
Tasa de mortalidad infantil (menores de 5 años de edad por 1.000 nacidos vivos) 1995–2000	9%	15%
Población de 60 años, y más, 1999	16,4%	7,3%

En México y con problemas

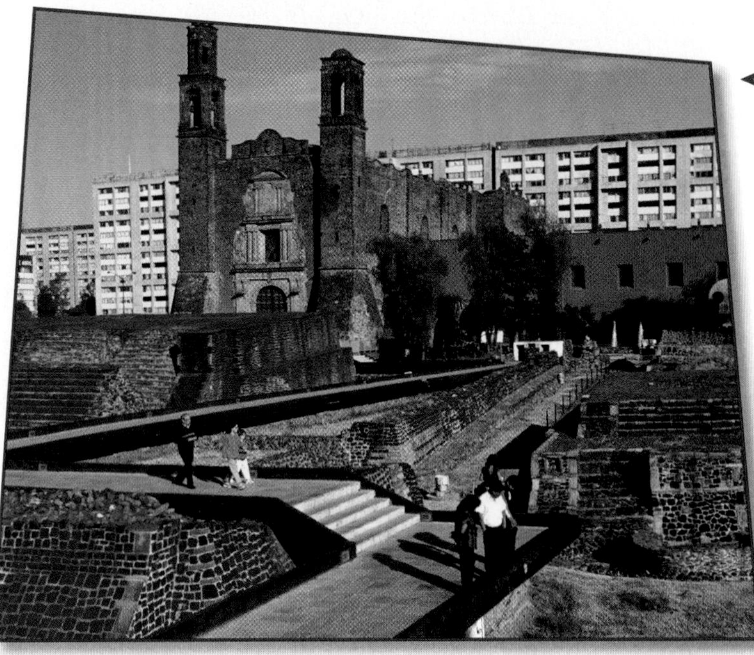

La Plaza de las Tres Culturas, México. ¿Puedes indentificar cuáles son las tres culturas representadas?

¡Basta (de . . .)!	(That's) enough (. . .)!
¡Ya voy!	I'm coming!
una enciclopedia ambulante	a walking encyclopedia
¡Ni loco/a!	Not on your life!

Mientras el grupo de turistas tiene unas horas libres en México, Álvaro y Juan Carlos tienen cosas que hacer.

ACTIVIDAD 1 Por la calle Mientras escuchas la conversación, identifica las respuestas a estas preguntas.

1. ¿Adónde va a ir Álvaro y por qué?
2. ¿Adónde va a ir Juan Carlos?
3. ¿Por qué llama Álvaro a Juan Carlos "una enciclopedia ambulante"?

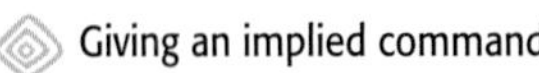

Giving an implied command

JUAN CARLOS Vamos, Álvaro, ya es tarde. Apúrate.

ÁLVARO ¡Ya voy!

JUAN CARLOS Hombre, te digo que te apures que no vas a tener tiempo para ir al consulado español. ¡Qué memoria tiene este hombre! Perder el pasaporte cuando estamos de viaje. ¡Increíble!

ÁLVARO Ya estoy listo.
JUAN CARLOS ¿Lo tienes todo?
ÁLVARO Sí, tres fotos, la denuncia que hice en la policía y . . .
JUAN CARLOS ¿Y la fotocopia del pasaporte con tu foto?
ÁLVARO Aquí está. Por suerte hice una fotocopia de mi pasaporte en España.
JUAN CARLOS Bien, vamos.
ÁLVARO Una cosa más. ¿Me prestas tu chaqueta de cuero?
JUAN CARLOS ¿Mi chaqueta de cuero? ¡Ni loco! Se te va a perder como se te perdió el pasaporte.
ÁLVARO Bueno, hombre, no te pongas así. Vamos, yo voy al consulado y, mientras tanto, tú puedes ir a sacar dinero de un cajero automático.

Giving a negative command

JUAN CARLOS No olvides que tenemos que estar en el hotel a las once para acompañar al grupo en el tour de la ciudad.
ÁLVARO Y dime, ¿qué vamos a ver hoy? Lo leí en el itinerario anoche, pero se me olvidó.
JUAN CARLOS Vamos a ir por la Avenida de la Reforma hasta el Zócalo, que es la plaza principal, para ver la Catedral y los murales de Diego Rivera en el Palacio Nacional.
ÁLVARO Ahhh, los murales de Rivera. Qué bien representó ese artista los problemas del indígena, ¿no?
JUAN CARLOS Sí, los representó hace muchos años y todavía siguen casi los mismos problemas en muchos lugares, especialmente en Chiapas, cerca de Guatemala.

Maximilian and Carlota were emperors of Mexico, sent by Napoleon III in 1864. Their empire was short and disastrous. When Napoleon withdrew his aid to them, Carlota went to Europe to find support, but received none. Frustrated and desperate, she went crazy. Mexicans captured and executed Maximilian in 1867. Carlota died in Belgium sixty years later.

ÁLVARO ¿Y después de los murales en el Palacio Nacional?
JUAN CARLOS Después vamos al Parque de Chapultepec a ver el castillo de Maximiliano y Carlota y por último, vamos a la Plaza de las Tres Culturas, donde hay edificios de apartamentos modernos, una iglesia colonial y ruinas de una pirámide azteca. ¿Y qué? ¿Ya se te está pasando la amnesia?
ÁLVARO ¡Cuánto sabes! ¿Para qué le pagamos a un guía si tú eres una enciclopedia ambulante?

Giving a command

JUAN CARLOS ¡Basta de tonterías y deja de molestar! Ve al consulado mientras yo voy al cajero automático y luego nos encontramos en el hotel. ¡Chau!

ACTIVIDAD 2 ¿Comprendiste? Después de escuchar la conversación otra vez, contesta estas preguntas.

1. ¿Qué tiene que llevar Álvaro al consulado de España y por qué? ¿Alguna vez has perdido tu identificación?
2. ¿Por qué Juan Carlos no quiere prestarle la chaqueta de cuero a Álvaro?
3. ¿A qué hora tienen que estar Álvaro y Juan Carlos en el hotel y por qué?
4. ¿Cómo se llama el artista qué pintó los murales del Palacio Nacional?
5. ¿Qué hay en el Zócalo?
6. ¿Qué van a visitar en el Parque de Chapultepec?
7. ¿Cuáles son las culturas representadas en la Plaza de las Tres Culturas?

In the video at the end of this chapter, you will see the Plaza de las Tres Culturas.

A pesar de que la colonización de Latinoamérica produjo un gran número de mestizos, aún existe una población numerosa de indígenas, especialmente en México y partes de Centroamérica y Suramérica. Lamentablemente, hoy día este grupo de gente sigue marginada política y económicamente. Un ejemplo de esta opresión es el caso del estado de Chiapas, en el sur de México, donde hay mucho conflicto entre los indígenas por un lado y el gobierno y los grandes terratenientes (*landowners*) por el otro. Sólo el 1% de los dueños de la tierra (descendientes de alemanes, familias españolas y mestizas) controlan la mitad del estado. Muchos indígenas trabajan en plantaciones de café y algodón en condiciones deplorables y reciben sueldos miserables.

▲ Residentes del estado de Chiapas celebran la retirada de tropas del gobierno.

Hay organizaciones como las Naciones Unidas que intentan ayudar a resolver el conflicto y tanto Rigoberta Menchú (guatemalteca) como Óscar Arias (costarricense) recibieron el Premio Nobel de la Paz por su trabajo para mejorar la situación del indígena en Centroamérica. También hay grupos como Amnistía Internacional que continuamente dan información sobre los problemas que existen y ayudan a la población mundial a presionar a sus gobiernos para que intervengan en la resolución de conflictos de otros países.

ACTIVIDAD 3 Un buen amigo Cuando hablan dos amigos, como Juan Carlos y Álvaro, no es igual que cuando hablan dos personas que no se conocen bien. En parejas, lean la conversación de la página 362 e indiquen qué oraciones y comentarios muestra que ellos son amigos y por qué.

ACTIVIDAD 4 Una enciclopedia ambulante Si una persona sabe muchos datos, coloquialmente se dice que es "una enciclopedia ambulante". ¿Cómo se puede describir a las siguientes personas usando la palabra **ambulante**?

1. una persona que tiene muchos medicamentos
2. una persona que siempre lleva muchos libros
3. una persona que sabe la definición de muchas palabras
4. una persona que sabe mucha geografía

Lo esencial I

I. Lugares de interés

▲ **Acueducto** colonial de Morelos.

▲ **Catedral** de Querétaro.

▲ **Ruinas** de Monte Albán.

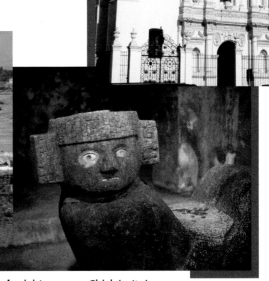

▲ **Templo** del Jaguar en Chichén Itzá.

el acuario aquarium
el anfiteatro amphitheater
el ayuntamiento city hall
el cementerio cemetery
el consulado consulate
la embajada embassy
la mezquita mosque
el monasterio monastery
el palacio palace
el parque de atracciones amusement park
la pirámide pyramid
la sinagoga synagogue
la torre tower
el zoológico zoo

ACTIVIDAD 5 Categorías Di qué lugares de la lista de vocabulario asocias con las siguientes ideas.

las civilizaciones indígenas; la modernidad; las instituciones religiosas; los reyes y la Edad Media; los griegos, los fenicios y los romanos

ACTIVIDAD 6 ¿Qué vas a visitar? En grupos de tres, hablen de las siguientes ideas.

1. Miren la lista de lugares y digan cuáles tiene su ciudad.
2. Expliquen con detalles qué lugares han visitado en otras ciudades o países.
3. Imaginen que van a una ciudad por primera vez y selecciones dos de los siguientes lugares que les gustaría visitar. Expliquen sus preferencias.

   museo, pirámides, zoológico, acuario, palacio, parque de atracciones
4. Digan los pros y los contras de sacar a los animales de su habitat natural y ponerlos en un zoológico.

II. En la casa de cambio

el billete bill (paper money)
la caja cashier's desk
el/la cajero/a cashier
el cajero automático ATM
cambiar (dinero) to exchange; to change (money)
el cambio exchange rate; change
el cheque de viajero traveler's check
el (dinero en) efectivo cash
la firma signature
firmar to sign
la moneda currency; coin
sacar to take out; to withdraw
la tarjeta de crédito credit card

Si viajas a un país hispano, puedes obtener dinero de los cajeros automáticos con una tarjeta de banco. Éstos te dan el dinero en la moneda del país y, por eso, tienes que calcular cuántos dólares sacas de tu cuenta. Pero antes de viajar, es buena idea preguntar en tu banco si te van a cobrar algo cada vez que saques dinero de un cajero. Si optas por no usar el cajero automático, es bueno cambiar dinero en un banco o en una casa de cambio porque generalmente las tiendas y los hoteles cobran una comisión alta. En algunos países no se puede cambiar dinero en todos los bancos; hay que hacerlo en casas de cambio o en bancos que tienen un aviso que dice "CAMBIO". También es bueno que lleves cheques de viajero, pues son más seguros y generalmente los bancos te dan mejor cambio por ellos. No es común pagar con cheques personales en tiendas, restaurantes o supermercados; las compras se hacen con dinero en efectivo o con tarjeta de crédito.

▲ Cajero automático en Caracas, Venezuela.

ACTIVIDAD 7 **¿Cómo pagas?** En parejas, decidan cómo explicarle a un/a visitante hispano/a dónde o cuándo se paga en los Estados Unidos con dinero en efectivo, con cheque personal, con cheque de viajero o con tarjeta de crédito.

ACTIVIDAD 8 **El dinero** Los billetes de los Estados Unidos son todos del mismo tamaño (*size*) y durante años eran del mismo color, pero en otros países, unos billetes son más grandes y otros más pequeños y de colores diferentes. En grupos de cinco, miren e identifiquen de dónde son estos billetes. ¿Quién o qué aparece en el billete? ¿Cuáles son las ventajas y desventajas de tener billetes de diferentes tamaños y colores?

(*left*) **Ignacio Carrera Pinto** is a Chilean war hero from the **Guerra del Pacífico.** He is known as **"el capitán de los 77".** Seventy-seven men under his command died while trying to hold off over 2,000 Peruvians. (*right*) The bill depicting an **embera** Indian was issued to commemorate the Quincentennial (500 years since the arrival of the Spaniards).

ACTIVIDAD 9 **El cambio** En parejas, "A" va a un banco en Puerto Rico a cambiar dólares por moneda de un país hispano; "B" trabaja en el banco y le pregunta a "A" si quiere comprar o vender, qué moneda quiere, cuánto dinero quiere cambiar y le dice a cuánto está el cambio.

Exchange rates accurate at time of printing.

Cambio	US$
Unión Europea/euro	0,92
Bolivia/boliviano	7,84
Brasil/real	3,26
Canadá/dólar	1,45
Chile/peso	734,57
Colombia/peso	2.982,60
Costa Rica/colón	401,58
Gran Bretaña/libra	0,64
Guatemala/quetzal	8,09
Hong Kong/dólar	7,80
Japón/yen	119,65
México/peso	10,57
Perú/nuevo sol	3,58
Venezuela/bolívar	1.600,00

Hacia la comunicación I

I. Making Requests and Giving Commands: Commands with *Tú*

In the conversation between Juan Carlos and Álvaro earlier in the chapter, Juan Carlos says, **"¡Deja de molestar!"** Is he making a suggestion or giving a command? Do you think Juan Carlos is using the **Ud.** or the **tú** form when talking to Álvaro?

If you said command to the first question and the **tú** form to the second question, you were correct.

1 ◆ In this book you have seen the singular familiar command **(tú)** used in the directions for many activities. To give an affirmative familiar command or to make a request, use the present indicative verb form corresponding to **él/ella/Ud.**

practicar ⟶ practic**a** traer ⟶ tra**e** subir ⟶ sub**e**

—**Sube** a mi habitación y **trae** el libro que está allí.	*Go up to my room and bring the book that is there.*
—¡**Espera** un momento!	*Wait a minute!*

The familiar commands for the following verbs are irregular.

Sé is a familiar command; **se** is a reflexive pronoun and an object pronoun.

decir	**di**	salir	**sal**
hacer	**haz**	ser	**sé**
ir	**ve**	tener	**ten**
poner	**pon**	venir	**ven**

Ven acá y **haz** el trabajo.	*Come here and do the work.*
Sé bueno y **di** siempre la verdad.	*Be good and always tell the truth.*

Review formation of the subjunctive, Ch. 8.

2 ◆ To give a negative familiar command, use the **tú** form of the present subjunctive.

No vayas al consulado todavía.	*Don't go to the consulate yet.*
No salgas esta tarde.	*Don't go out this afternoon.*

NOTE: Subject pronouns are seldom used with familiar commands, but if they are, they follow the verb: **Estoy ocupado; ven tú. No lo hagas tú; yo voy a hacerlo.**

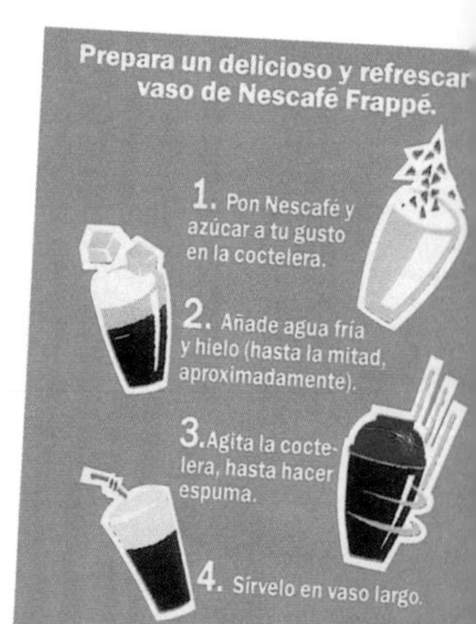

Prepara un delicioso y refrescar
vaso de Nescafé Frappé.
1. Pon Nescafé y azúcar a tu gusto en la coctelera.
2. Añade agua fría y hielo (hasta la mitad, aproximadamente).
3. Agita la coctelera, hasta hacer espuma.
4. Sírvelo en vaso largo.

3 ◆ In familiar commands, as in formal commands (**Ud.** and **Uds.**), the reflexive and the object pronouns immediately precede the verb in a negative command and are attached to the end of an affirmative command.

Note the need for an accent.

No se lo digas.	*Don't tell it to her.*
Levánta**te**.	*Get up.*

Vosotros affirmative commands:
decir = deci + d ⟶ decid.
Reflexive affirmative **vosotros** commands: **lavarse = lava + os ⟶ lavaos.**
Negative **vosotros** commands: Use the corresponding subjunctive forms.

4 ◆ The following chart summarizes the forms used for commands.

***NOTE:** All forms are identical to the subjunctive except the affirmative command form of **tú.**

	Affirmative Commands	Negative Commands
(tú)	**come***	**no comas**
(Ud.)	**coma**	**no coma**
(Uds.)	**coman**	**no coman**

When using **decir:** *to tell that; to say that* = indicative; *to tell to* = subjunctive.

II. Giving Indirect Commands: *Decir* + Subjunctive

To give an indirect command, you can use the verb **decir** in the independent clause and a verb in the subjunctive in the dependent clause.

Te **digo** que **vayas** al consulado.	*I'm telling you to go to the consulate.*
¡Oigan! Les **estoy diciendo** que **vengan.**	*Listen! I'm telling you to come.*

Do Workbook *Práctica mecánica I* and corresponding CD-ROM activities.

However, when the verb **decir** is used to give information, the verb in the dependent clause is in the indicative.

Él dice que no **va** a llover.	*He says that it's not going to rain.*
Le digo que **vamos** al Zócalo.	*I'll tell her that we're going to the Zócalo.*
Ella dice que él **es** buen guía.	*She says that he is a good guide.*

ACTIVIDAD 10 Los mayores siempre mandan Los niños escuchan muchas órdenes todos los días. En parejas, hagan una lista de, por lo menos, cinco órdenes afirmativas y cinco órdenes negativas que normalmente oye un niño o una niña.

ACTIVIDAD 11 En el programa de David Letterman Tú tienes un perro muy inteligente y lo llevas al programa de David Letterman. Dale órdenes comunes y después pídele que haga "un truco estúpido". Usa verbos como **sentarse, levantarse, dar la pata** (*paw*), **hablar, correr, saltar** (*to jump*), **hacerse el muerto, traer,** etc.

Hacerse el/la + *adjective* = to pretend to be + *adjective*

ACTIVIDAD 12 ¡Cuántas órdenes! En grupos de tres, Uds. son tres hermanos que viven juntos e invitaron a comer a un amigo de su padre que está de visita en la ciudad. Tienen que darse órdenes para preparar la comida. Normalmente, los hermanos se contradicen (*contradict each other*) mucho.

◆ A: ¡Corre a la tienda y compra café!
B: ¡No compres café, compra té!
C: No, voy a comprar Pepsi.

servir vino
ir al supermercado y comprar carne
hacer papas fritas
lavar y secar los platos
salir y comprar cerveza
limpiar la casa
preparar el pollo
hacer una ensalada

ACTIVIDAD 13 ¿Quién hace qué? En parejas, Uds. son Juan Carlos y Álvaro y tienen muchas cosas que hacer. Lean primero sólo las instrucciones para su papel; luego denle órdenes a la otra persona.

Juan Carlos	**Álvaro**
Quieres que Álvaro: —mande tarjetas postales —compre las entradas para el Ballet Folklórico —llame al guía para ver la hora de salida mañana —no le pague al guía todavía Tú ya: —hiciste una reserva en un restaurante	Quieres que Juan Carlos: —compre las entradas para el Ballet Folklórico —ponga un anuncio sobre el Ballet en el hotel —haga una reserva en un restaurante —pregunte cómo llegar al Ballet Tú ya: —llamaste al guía y sabes que el grupo sale mañana a las 7:30 —mandaste las tarjetas postales

ACTIVIDAD 14 Lo bueno y lo malo En grupos de tres, una persona tiene dudas sobre qué debe hacer y las otras personas son su conciencia buena y su conciencia mala. Después de escuchar las dos voces de la conciencia, la persona tiene que decidir qué va a hacer y por qué.

El vendedor me dio 10 dólares de más. ¿Debo devolverle el dinero o no decirle nada?
Devuélvele el dinero. Tú no lo necesitas . . .
No se lo devuelvas y no le digas nada. Con el dinero puedes . . .
Creo que voy a devolverle el dinero porque soy honrado y no lo necesito.

1. No tengo dinero y quiero un helado. ¿Debo robármelo?
2. No sé la respuesta, pero puedo ver el examen de Gonzalo. ¿Debo copiar la respuesta?
3. Se le cayeron veinte dólares de la bolsa a esa mujer. ¿Debo decirle algo o quedarme con el dinero?
4. No fui al trabajo ayer porque fui a la playa. ¿Debo mentirle a mi jefa y decirle que estuve enfermo/a?

Remember: Indirect command = subjunctive; information = indicative

ACTIVIDAD 15 **¿Quién lo dice?** Di qué suelen decir un médico, un dentista, un abogado y un profesor.

◆ Un dentista siempre te dice que . . .

1. comer muchas verduras
2. hacerse limpieza de dientes una vez al año
3. los cigarrillos causar muchos problemas
4. no decirle nada a nadie
5. tomar buenos apuntes
6. tener problemas de estrés
7. ir al laboratorio
8. la clase empezar a las diez en punto
9. comer dulces es malo para los dientes
10. hacer ejercicio físico
11. darle dinero por anticipado
12. tomar dos aspirinas y llamarlo mañana

ACTIVIDAD 16 **Escúchame niño** En parejas, una persona lee las instrucciones para el papel A y la otra persona lee el papel B.

A

Tu padre/madre siempre te da órdenes y a veces obedeces y a veces no. Haz las siguientes acciones para hacer enojar (*make angry*) a tu padre/madre. Cuando escuches una orden, cuestiónala y continúa haciendo lo que estás haciendo. Tú empiezas haciendo una de las acciones.

B

Tienes un hijo/una hija muy rebelde que necesita aprender a comportarse bien. Reacciona a lo que hace, dándole órdenes para que haga lo que tú quieres y explícale por qué. Si no obedece, repítele la orden diciendo **te digo que . . .** Tu hijo va a empezar.

comer con la boca abierta

saltar

sentarse en el piso

poner los pies en la silla y quitarse los zapatos

meterse el dedo en la nariz

dibujar en la pared

Do Workbook *Práctica comunicativa I* and corresponding CD-ROM activities.

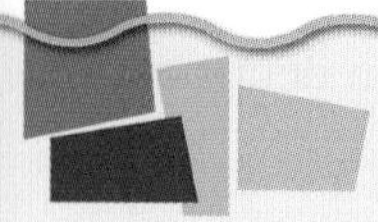

Nuevos horizontes

ESTRATEGIA: Defining Style and Audience

In novels or short stories, the author usually decides whether to write in third or first person. Some authors write in first person from the point of view of one of the characters, and the reader can only rely on what the character says and does to better understand the character and his/her perceptions of others. When writing in third person, the omniscient author can convey more information about the characters and the story to the reader. A writer also chooses an audience (adults, teenagers, etc.) and keeps it in mind when writing the text.

As you read, it is useful to determine in which person the author is writing and who his/her audience is in order to best understand the work.

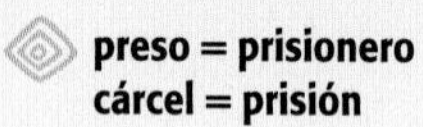
preso = prisionero
cárcel = prisión

ACTIVIDAD 17 Antes de leer Uds. van a leer el cuento "Beatriz (Una palabra enorme)" del autor uruguayo Mario Benedetti. Antes de leerlo, en grupos de tres, expliquen qué es un **preso político.**

ACTIVIDAD 18 Lectura rápida Lee rápidamente el primer párrafo para determinar si el cuento está escrito:

a. en tercera persona.
b. en primera persona.
c. en primera persona desde el punto de vista de un personaje.

ACTIVIDAD 19 Identificar Mientras lees el cuento, identifica con qué persona se relaciona cada frase de la lista. Escribe la letra de la frase al lado del nombre de cada persona. Hay más de una respuesta correcta para algunos personas y una frase puede relacionarse con más de un persona.

Mario Benedetti ____ Beatriz ____ Graciela ____

el papá ____ Rolando ____ Angélica ____

a. una amiguita
b. el tío de la narradora
c. un prisionero político
d. la madre de la narradora
e. la esposa del prisionero
f. la narradora
g. el autor del cuento
h. una niña pequeña
i. vive en Libertad
j. tiene ideas
k. su perro se llama Sarcasmo
l. la más alunada

Beatriz (Una palabra enorme)

Mario Benedetti

Libertad es una palabra enorme. Por ejemplo, cuando terminan las clases, se dice que una está en libertad. Mientras dura la libertad, una pasea, una juega, una no tiene por qué estudiar. Se dice que un país es libre cuando una mujer cualquiera o un hombre cualquiera hace lo que se le antoja[1]. Pero hasta los países libres tienen cosas muy prohibidas. Por ejemplo matar. Eso sí, se pueden matar mosquitos y cucarachas, y también vacas para hacer churrascos. Por ejemplo está prohibido robar, aunque no es grave que una se quede con algún vuelto[2] cuando Graciela, que es mi mami, me encarga alguna compra. Por ejemplo está prohibido llegar tarde a la escuela, aunque en ese caso hay que hacer una cartita, mejor dicho la tiene que hacer Graciela, justificando por qué. Así dice la maestra: justificando.

Libertad quiere decir muchas cosas. Por ejemplo, si una no está presa, se dice que está en libertad. Pero mi papá está preso y sin embargo está en Libertad, porque así se llama la cárcel donde está hace ya muchos años. A eso el tío Rolando lo llama qué sarcasmo. Un día le conté a mi amiga Angélica que la cárcel en que está mi papá se llama Libertad y que el tío Rolando había dicho qué sarcasmo y a mi amiga Angélica le gustó tanto la palabra que cuando su padrino le regaló un perrito le puso de nombre Sarcasmo. Mi papá es un preso pero no porque haya matado o robado o llegado tarde a la escuela. Graciela dice que mi papá está en Libertad, o sea está preso, por sus ideas. Parece que mi papá era famoso por sus ideas. Yo también a veces tengo ideas, pero todavía no soy famosa. Por eso no estoy en Libertad, o sea que no estoy presa.

Si yo estuviera presa, me gustaría que dos de mis muñecas[3], la Toti y la Mónica, fueran también presas políticas. Porque a mí me gusta dormirme abrazada por lo menos a la Toti. A la Mónica no tanto, porque es muy gruñona[4]. Yo nunca le pego, sobre todo para darle ese buen ejemplo a Graciela.

Ella me ha pegado pocas veces, pero cuando lo hace yo quisiera tener muchísima libertad. Cuando me pega o me rezonga yo le digo Ella, porque a ella no le gusta que la llame así. Es claro que tengo que estar muy alunada[5] para llamarla Ella. Si por ejemplo viene mi abuelo y me pregunta dónde está tu madre, y yo le contesto Ella está en la cocina, ya todo el mundo sabe que estoy alunada, porque si no estoy alunada digo solamente Graciela está en la cocina. Mi abuelo siempre dice que yo salí la más alunada de la familia y eso a mí me deja

▲ Mural de protesta en un barrio obrero de Santiago, Chile.

---

1 lo que quiere 2 el cambio (monedas) 3 Ken y Barbie son muñecos
4 una persona que protesta mucho 5 de mal humor

muy contenta. A Graciela tampoco le gusta demasiado que yo la llame Graciela, pero yo la llamo así porque es un nombre lindo. Sólo cuando la quiero muchísimo, cuando la adoro y la beso y la estrujo[6] y ella me dice ay chiquilina no me estrujes así, entonces sí la llamo mamá o mami, y Graciela se conmueve y se pone muy tiernita y me acaricia[7] el pelo, y eso no sería así ni sería tan bueno si yo le dijera mamá o mami por cualquier pavada[8].

O sea que la libertad es una palabra enorme. Graciela dice que ser un preso político como mi papá no es ninguna vergüenza. Que casi es un orgullo. ¿Por qué casi? Es orgullo o es vergüenza. ¿Le gustaría que yo dijera que es casi vergüenza? Yo estoy orgullosa, no casi orgullosa de mi papá, porque tuvo muchísimas ideas, tantas y tantísimas que lo metieron preso por ellas. Yo creo que ahora mi papá seguirá teniendo ideas, tremendas ideas, pero es casi seguro que no se las dice a nadie, porque si las dice, cuando salga de Libertad para vivir en libertad, lo pueden meter otra vez en Libertad. ¿Ven como es enorme?

6 abrazar fuertemente 7 tocar con amor 8 cosa sin importancia; tontería

ACTIVIDAD 20 Después de leer En parejas, contesten las siguientes preguntas.

1. El cuento está escrito desde el punto de vista de una niña, pero ¿es un cuento para niños o adultos? Expliquen su respuesta.
2. Al escribir el cuento, el autor usa letras mayúsculas y minúsculas para las mismas palabras. ¿Cuál es la diferencia entre **libertad** y **Libertad**? ¿Cuál es la diferencia entre **ella** y **Ella**?
3. Si un gobierno pone en la cárcel a alguien por sus ideas políticas, ¿crees que esto sea una violación de sus derechos aun cuando (*even though*) sus ideas puedan ser peligrosas para la estabilidad del gobierno?

ACTIVIDAD 21 El futuro **Parte A:** En parejas, comparen a Beatriz con su padre. ¿Son parecidos o muy diferentes? Justifiquen su respuesta.

Parte B: Imagínense que han pasado veinte años y Beatriz ya es adulta. ¿Cómo es? ¿Qué hace?

ESTRATEGIA: Journal Writing

In the story you just read, Beatriz justified why she thought liberty was such an enormous word; she recorded her thoughts. For many people, the recording of their thoughts in journals or diaries helps them clarify their beliefs. Beatriz appears to be very spontaneous in her writing with one thought leading to another. This allows her to freely examine her feelings.

When you write a journal or diary, you sometimes concentrate on the day's highlights, making comments and jotting down your impressions about what happened. You usually write down your thoughts freely, focusing on the content of the writing, not its form. This spontaneous style of writing helps ideas flow and minimizes writer's block.

ACTIVIDAD 22 **Día tras día** Divide las hojas en dos columnas, una ancha (*wide*) y otra angosta (*narrow*) para escribir un diario. En la parte ancha, escribe, durante un mínimo de tres días, las cosas importantes que te ocurrieron y haz comentarios. La segunda columna es para que tu profesor/a haga comentarios sobre tus ideas.

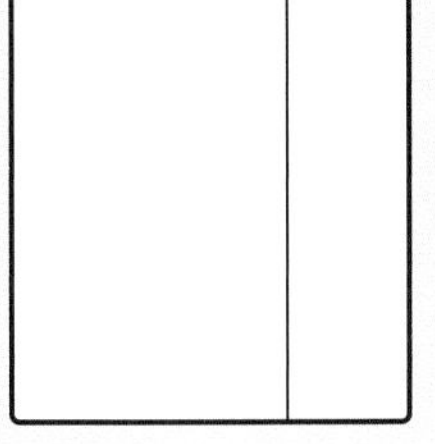

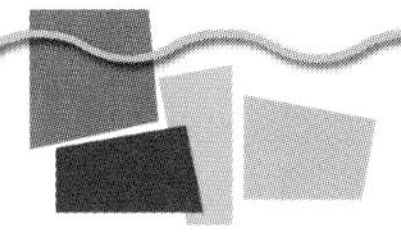

Lo esencial II

Los animales

1. el elefante
2. el león
3. la serpiente
4. el oso
5. el mono
6. el pez
7. el pájaro

1. la vaca
2. el toro
3. el gato
4. la gallina
5. el perro
6. el caballo

ACTIVIDAD 23 Características En parejas, clasifiquen los animales de los dibujos anteriores según los siguientes adjetivos.

◆ grande — El animal más grande es el elefante.

1. feo
2. gracioso
3. rápido
4. tímido
5. valiente
6. simpático
7. tonto
8. bonito
9. inteligente
10. cobarde (*cowardly*)

¿Lo sabían?

La llama, la vicuña, la alpaca y el guanaco son animales de la familia del camello y viven en los altiplanos de los Andes. Tanto el guanaco como la vicuña son salvajes y están en peligro de extinción, pues los indígenas de los Andes los cazan para usar su piel (*hide*) y su lana, que es muy fina y muy cara. La llama y la alpaca han sido domesticadas por los indígenas y se emplean como animales de carga en zonas muy elevadas de los Andes. Pueden llevar cargas hasta de cuarenta y cinco kilos (100 libras). De la llama y la alpaca se usan también la leche y la carne, además de la lana y la piel. ¿Qué animales son importantes en la cultura de tu país?

▲ Hombres cargan una llama en Lacatunga, Ecuador.

ACTIVIDAD 24 Definiciones Uds. van a describir animales. Para hacerlo, necesitan saber que un pájaro tiene dos **alas,** que come con el **pico** y que los animales tienen **patas,** no piernas. En parejas, "A" cierra el libro y "B" describe los animales en la primera caja para que "A" adivine qué animal es.

Ahora, cambien de papel. "A" describe los animales en la segunda caja.

vaca caballo perro
mono serpiente león

gallina pez elefante
oso pájaro toro

ACTIVIDAD 25 Los animales hablan En parejas, usen la imaginación y túrnense para decir las frases que diría un animal. La otra persona debe adivinar qué animal es. Sigan el modelo.

- A: Me gusta vivir en la selva porque yo soy el rey.
  B: Eres un león.

ACTIVIDAD 26 ¿Te gustan los animales? En grupos de tres, pregúntenles a sus compañeros si tienen o alguna vez han tenido un animal doméstico. Luego comenten los pros y los contras de tener un animal en una casa y compartan sus ideas con el resto de la clase.

En Yucatán

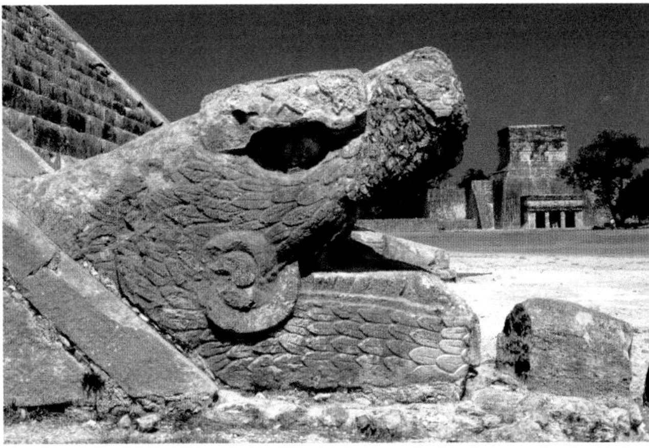

Ruinas mayas en Chichén Itzá, península de Yucatán, México.

pasarlo bien/mal	to have a good/bad time
por un lado . . . por el otro	on the one hand . . . on the other
tenerle fobia a . . .	to have a fear of . . . ; to hate

Juan Carlos está en Yucatán, México, donde buscó un cibercafé para poder escribirles un email a sus amigas de España.

ACTIVIDAD 27 Cierto o falso Lee rápidamente el mensaje de Juan Carlos y marca si estas oraciones son ciertas **(C)** o falsas **(F).**

1. _____ Juan Carlos y Álvaro lo están pasando muy bien en México.
2. _____ Álvaro tuvo un problema en la habitación del hotel.
3. _____ El grupo de Álvaro tiene gente divertida.
4. _____ El Sr. Ruiz llega tarde para el desayuno.
5. _____ Las ruinas de Yucatán son aztecas.

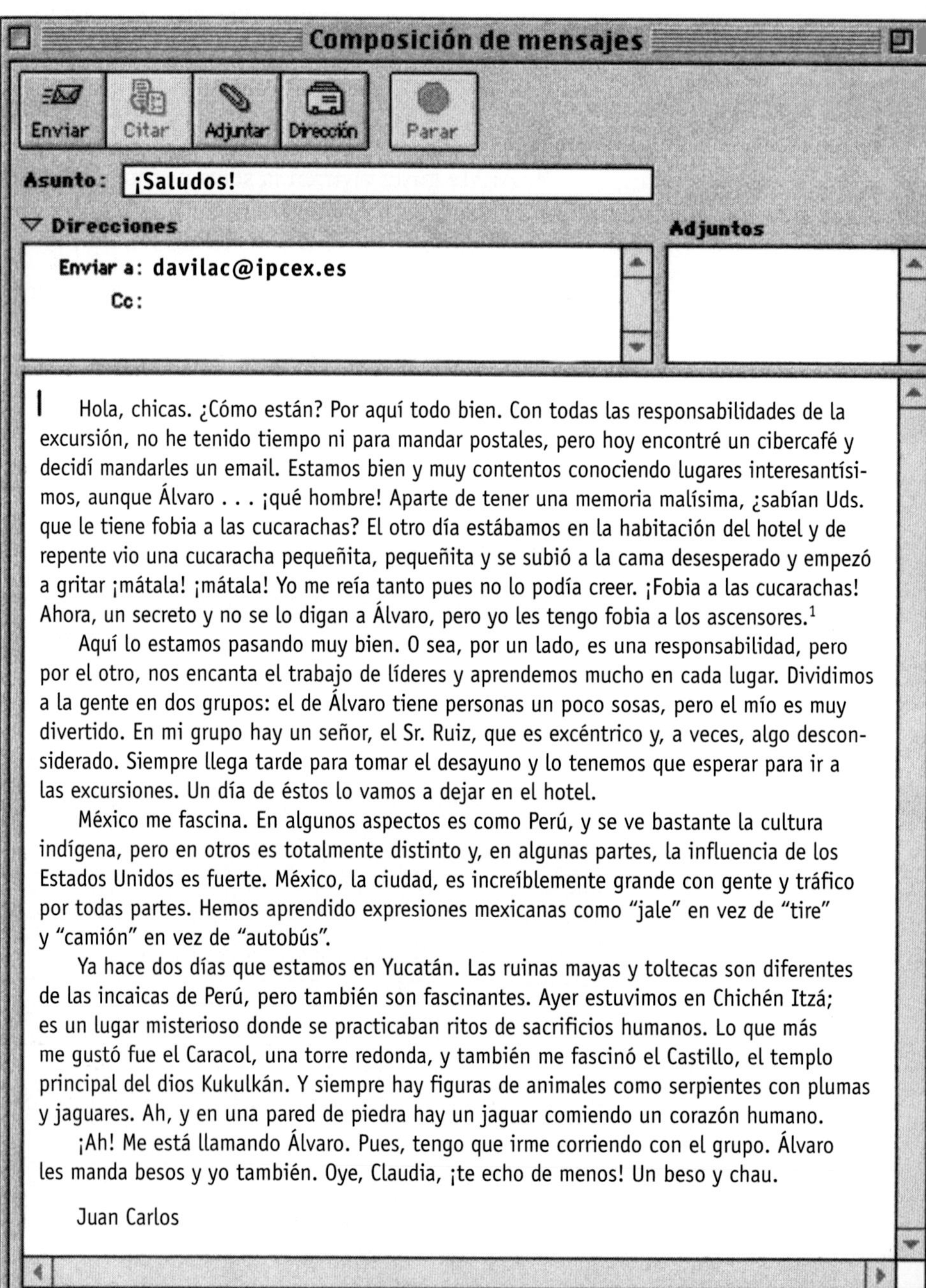

Composición de mensajes

Enviar | Citar | Adjuntar | Dirección | Parar

Asunto: ¡Saludos!

Direcciones

Enviar a: davilac@ipcex.es

Cc:

Adjuntos

Expressing extreme interest

Hola, chicas. ¿Cómo están? Por aquí todo bien. Con todas las responsabilidades de la excursión, no he tenido tiempo ni para mandar postales, pero hoy encontré un cibercafé y decidí mandarles un email. Estamos bien y muy contentos conociendo lugares interesantísimos, aunque Álvaro . . . ¡qué hombre! Aparte de tener una memoria malísima, ¿sabían Uds. que le tiene fobia a las cucarachas? El otro día estábamos en la habitación del hotel y de repente vio una cucaracha pequeñita, pequeñita y se subió a la cama desesperado y empezó a gritar ¡mátala! ¡mátala! Yo me reía tanto pues no lo podía creer. ¡Fobia a las cucarachas! Ahora, un secreto y no se lo digan a Álvaro, pero yo les tengo fobia a los ascensores.[1]

Aquí lo estamos pasando muy bien. O sea, por un lado, es una responsabilidad, pero por el otro, nos encanta el trabajo de líderes y aprendemos mucho en cada lugar. Dividimos a la gente en dos grupos: el de Álvaro tiene personas un poco sosas, pero el mío es muy divertido. En mi grupo hay un señor, el Sr. Ruiz, que es excéntrico y, a veces, algo desconsiderado. Siempre llega tarde para tomar el desayuno y lo tenemos que esperar para ir a las excursiones. Un día de éstos lo vamos a dejar en el hotel.

Comparing and contrasting

México me fascina. En algunos aspectos es como Perú, y se ve bastante la cultura indígena, pero en otros es totalmente distinto y, en algunas partes, la influencia de los Estados Unidos es fuerte. México, la ciudad, es increíblemente grande con gente y tráfico por todas partes. Hemos aprendido expresiones mexicanas como "jale" en vez de "tire" y "camión" en vez de "autobús".

Ya hace dos días que estamos en Yucatán. Las ruinas mayas y toltecas son diferentes de las incaicas de Perú, pero también son fascinantes. Ayer estuvimos en Chichén Itzá; es un lugar misterioso donde se practicaban ritos de sacrificios humanos. Lo que más me gustó fue el Caracol, una torre redonda, y también me fascinó el Castillo, el templo principal del dios Kukulkán. Y siempre hay figuras de animales como serpientes con plumas y jaguares. Ah, y en una pared de piedra hay un jaguar comiendo un corazón humano.

¡Ah! Me está llamando Álvaro. Pues, tengo que irme corriendo con el grupo. Álvaro les manda besos y yo también. Oye, Claudia, ¡te echo de menos! Un beso y chau.

Juan Carlos

1 *elevators*

ACTIVIDAD 28 ¿Comprendiste? Lee cada pregunta y busca rápidamente la respuesta en el texto del email.

1. ¿A qué le tiene fobia Álvaro? ¿Cómo lo sabes? ¿A qué le tiene fobia Juan Carlos? ¿Tienes tú alguna fobia?
2. ¿Por qué dice Juan Carlos que el Sr. Ruiz es desconsiderado?
3. ¿Qué piensa hacerle Juan Carlos al Sr. Ruiz?
4. ¿Cuáles son algunas diferencias entre el español de España y el de México?
5. ¿Dónde están ahora los turistas? ¿Qué visitaron?
6. ¿Qué animales vio Juan Carlos en Chichén Itzá?
7. ¿Has viajado alguna vez en tour? ¿Adónde fuiste? ¿Había alguien como el Sr. Ruiz en el grupo?

La serpiente es un animal que aparece con frecuencia en ruinas indígenas de México y Centroamérica. Se encuentra inclusive en la bandera de México, donde se puede ver un águila sobre un cacto comiendo una serpiente. Cuenta la leyenda que el dios Huitzilopochtli les ordenó a los aztecas buscar un lugar para vivir donde hubiera un águila, posada en un cacto, devorando a una serpiente. Después de siglos, finalmente pudieron encontrar el águila con la serpiente y establecieron la ciudad de Tenochtitlán en una isla del lago Texcoco.

Hay diferentes versiones sobre lo que representan los colores de la bandera, pero una teoría dice que el verde representa la esperanza, el blanco la pureza y el rojo la sangre que se derramó (*shed*) durante la guerra de la Independencia.

▲ La bandera de México.

ACTIVIDAD 29 Los pros y los contras Di cuáles son los pros y los contras de las siguientes acciones relacionadas con los viajes.

- leer el periódico mientras viajas

  Por un lado es bueno leer el periódico mientras viajas porque sabes qué pasa en el mundo, pero **por otro lado,** generalmente las noticias son muy tristes y si estás de vacaciones, quieres olvidarte un poco de los problemas.

1. viajar en tour
2. trabajar como guía
3. visitar lugares históricos
4. hacer ecoturismo

Hacia la comunicación II

I. Avoiding Repetition: Nominalization

In the email that Juan Carlos writes to his friends in Spain, he says **". . . el de Álvaro tiene personas un poco sosas pero el mío es divertido."** Is he referring to **las responsabilidades, el grupo,** or **el trabajo?**

If you answered **el grupo,** you were correct.

Nominalization consists of avoiding the repetition of a noun by using only its corresponding article and the word or words that modify the noun.

Nos gustan las ruinas mayas y **las ruinas aztecas** también.
Nos gustan las ruinas mayas y **las aztecas** también.

Pon unas maletas aquí y **unas maletas** allí.
Pon unas maletas aquí y **unas** allí.

El souvenir que quería comprar y **el souvenir que compré** son muy diferentes.
El souvenir que quería comprar y **el que compré** son muy diferentes.

Tu email y **los emails de Teresa y Claudia** llegaron ayer.
Tu email y **los de ellas** llegaron ayer.

NOTE: The indefinite article **un** becomes **uno** when the noun is eliminated.

Me compré un póster de Diego Rivera y **un póster de Frida Kahlo.**
Me compré un póster de Diego Rivera y **uno de Frida Kahlo.**

Review possessive adjectives, Ch. 2.

II. Expressing Possession: Long Forms of Possessive Adjectives and Pronouns

Possessive adjectives have corresponding long forms that are used for emphasis. The long forms agree in gender and in number with the noun being modified, and they always follow the noun.

mío/a/os/as	**nuestro/a/os/as**
tuyo/a/os/as	**vuestro/a/os/as**
suyo/a/os/as	**suyo/a/os/as**

Un amigo **mío** viene a visitarme y esa habitación **tuya** está sucia. — *A friend of mine is coming to see me and that room of yours is dirty.*

NOTE: The possessive pronouns, which have the same forms as the possessive adjectives, are a form of nominalization.

Adjective		el/la/los/las + *Possessive Pronoun*
Mi grupo es divertido, pero	→	**el tuyo** es aburrido.
Ella tiene **su** habitación y	→	nosotros tenemos **la nuestra.**
No es **su** maleta	→	es **mía.***

Internet Do Workbook *Práctica mecánica* I, CD-ROM, Web ACE Tests, and lab activities.

***NOTE:** After **ser,** the definite article may be omitted: **Esta maleta es (la) tuya, pero ésa es (la) mía.**

ACTIVIDAD 30 En la tienda En parejas, formen dos conversaciones lógicas. Tienen la primera oración de cada conversación y deben terminarlas sólo con oraciones de la siguiente lista. Al final van a tener dos conversaciones de seis líneas cada una. Las primeras dos oraciones son:

Conversación A	*Conversación B*
—¿Desea ver una camisa?	—¿Quiere ver un vestido?
—???	—???

_____ Me gusta mucho, pero déjeme ver la blanca también.
_____ ¿Le gusta? Tengo una igual en blanco.
_____ Prefiero el azul.
_____ ¿Le gusta más el blanco o el azul?
_____ ¿Prefiere la blanca o la azul?
_____ Sí. El azul, por favor.
_____ ¿Le gusta? Tengo el mismo en blanco.
_____ Sí. Una azul, por favor.
_____ Voy a llevar las dos.
_____ Me gusta, pero también quiero ver el blanco.

ACTIVIDAD 31 ¿Qué prefieres? En parejas, túrnense para preguntarle a su compañero/a qué cosas prefiere de la siguiente lista y por qué.

- la sopa de verduras / la sopa de pescado
  A: ¿Te gusta más/Prefieres la sopa de verduras o la de pescado?
  B: Me gusta más/Prefiero la de verduras porque . . .

Machu Picchu see p. 104, Chichén Itzá see p. 377.

1. la clase de geografía / la clase de cálculo
2. los carros grandes / los carros pequeños
3. las ruinas de Machu Picchu / las ruinas de Chichén Itzá
4. el equipo de los Yanquis / el equipo de los Mets
5. un restaurante vegetariano / un restaurante chino
6. un perro grande / un perro pequeño
7. un tour organizado / un tour independiente

ACTIVIDAD 32 Los míos son mejores Saca dos cosas —un bolígrafo, un cuaderno, un libro, una chaqueta, un suéter, etc. Tu compañero/a tiene que tener las mismas cosas. Después intenta convencer a tu compañero/a de que tus cosas son mejores. Sigue el modelo.

◆ A: Mi bolígrafo es mejor que el tuyo.
B: No, el mío es mejor porque no es de plástico.
A: Pero el mío . . .

ACTIVIDAD 33 Un poco de preocupación **Parte A:** En grupos de tres, "A" es un/a agente de policía y "B" y "C" son dos personas que perdieron a sus hijas en el aeropuerto. Sigan las instrucciones para su papel.

A: Eres policía. Dos personas preocupadas vienen a decirte que no encuentran a sus hijas. Necesitas la siguiente información para tu informe. Entrevista a las dos personas simultáneamente. Usa oraciones como: **¿Cuántos años tiene su hija? ¿Y la suya? ¿De qué color es el pelo de la suya?**

Niños perdidos POLICÍA
Sexo: M ____ F ____
Edad ____
Nombre ____________ Apellidos ____________
Color de pelo ____________ Color de ojos ____________
Ropa ________________________
Objetos personales que tiene ________________________
Comentarios ________________________

Niños perdidos POLICÍA
Sexo: M ____ F ____
Edad ____
Nombre ____________ Apellidos ____________
Color de pelo ____________ Color de ojos ____________
Ropa ________________________
Objetos personales que tiene ________________________
Comentarios ________________________

B: No encuentras a tu hija de cinco años y estás preocupado/a. Mira el dibujo y descríbesela al/a la policía.

C: No encuentras a tu hija de siete años y estás preocupado/a. Mira el dibujo y descríbesela al/a la policía.

Parte B: Ahora en su grupo, discutan las siguientes preguntas.

1. Cuando eran niños/as, ¿se perdieron alguna vez? Describan las circunstancias: dónde estaban, con quién, qué ocurrió, etc.
2. Hoy día existe la posibilidad de implantarle al niño un chip en el cuerpo para encontrarlo cuando se pierde. ¿Qué opinan de esta idea?

ACTIVIDAD 34 **¿Con cuál nos quedamos?** En grupos de tres, Uds. comparten un apartamento y acaban de llegar a casa cada uno con un animal doméstico distinto: un perro, un gato y un loro. Pero hay un problema: el dueño del apartamento permite que Uds. tengan un solo animal. Cada uno debe intentar convencer a las otras personas de que el animal que trajo es el mejor. Para hacer esto deben comparar los animales usando frases como **el mío es el indicado porque . . . , en cambio el tuyo . . .**

perro

ser mi mejor amigo
traer el periódico
proteger la casa
hacer sus necesidades afuera

gato

no necesitar mucha atención
no hacer ruido
ser independiente
hacer sus necesidades en una caja

loro

hablar dos idiomas
ser exótico
cantar "La bamba"
hacer sus necesidades en un periódico

ACTIVIDAD 35 **El orgullo** En parejas, Uds. son dos mujeres de negocios que están en un avión y empiezan a hablar sobre sus familias. Para hablar de las "fotos" que están abajo, usen oraciones como las siguientes:

—Mi esposo es abogado.

—El mío es ingeniero.

Internet Do Workbook *Práctica comunicativa II* and the *Repaso* section. Do CD-ROM, Web ACE Tests, and lab activities.

Videoimágenes

Justicia social

ACTIVIDAD 36 México y su gente **Parte A:** Antes de ver el video, en grupos de tres digan qué saben sobre los siguientes temas relacionados con la historia de México.

1. ¿Dónde vivían los aztecas? ¿Y los mayas?
2. ¿De dónde eran los conquistadores que llegaron a México?
3. ¿Se mezclaron los conquistadores con los indígenas?

55:01–58:05

Parte B: Ahora mira el segmento sobre México para averiguar la siguiente información.

1. ¿Qué era Tlatelolco?
2. ¿Qué culturas están representadas en la Plaza de las Tres Culturas?
3. ¿Qué opinan tres personas sobre la situación del indígena?

Parte C: En el segmento sobre México, una persona opina que los indígenas de ese país aún hoy día se encuentran marginados. En grupos de tres, decidan si uno o más de los siguientes tipos de marginalización son un problema serio en su país. Den ejemplos para justificar su opinión.

color de piel   belleza   religión   edad

ACTIVIDAD 37 Las Madres de la Plaza de Mayo **Parte A:** En el cuento "Libertad" hay un hombre a quien su gobierno pone en la cárcel por sus ideas políticas. A lo largo de la historia de tu país, ¿ha hecho el gobierno ciertas cosas para silenciar la opinión de la gente? Mira la siguiente lista y di su tu gobierno ha hecho algunas de estas cosas.

quitarle dinero a alguien
prohibir que la prensa hable de un caso
prohibir que un acusado publique un libro
acusar a alguien de delitos que no cometió
difamar a alguien
prohibir que un acusado hable en televisión o radio
poner a alguien en la cárcel sin permitirle hablar con su abogado
torturar
matar

Parte B: Mira el segmento sobre las Madres de la Plaza de Mayo para averiguar quiénes son y por qué están en la plaza.

Una madre en la Plaza de Mayo, Buenos Aires.

Parte C: Mira otra vez el segmento donde cinco madres hablan de sus hijos. Completa las siguientes ideas con toda la información que puedas escribir y luego úsala para decir cuáles eran las características comunes de las personas que desaparecieron.

Año en que desaparecieron	*Edad*	*Ocupación*

Parte D: Después de ver el video y en grupos de tres, mencionen lugares del mundo donde en la actualidad se violan los derechos humanos. Expliquen brevemente cada caso.

Durante la dictadura militar de Argentina entre 1976 y 1984 desaparecieron unas treinta mil personas. Entre ellos había mujeres embarazadas que dieron a luz (*gave birth*) mientras estaban en la cárcel. Muchas de estas mujeres fueron torturadas y asesinadas y sus bebés fueron adoptados ilegalmente. Las abuelas de esos niños buscaron a sus nietos durante años, y una vez restaurada la democracia y con la ayuda de la justicia y de exámenes de sangre, pudieron encontrar a algunos de esos niños. Si quieres saber más sobre este tema, puedes mirar la película *La historia oficial,* que ganó el Oscar a la Mejor Película Extranjera en 1985.

Do Web Search activities.

Vocabulario funcional

Lugares de interés *Ver página 365.*

el acueducto	*aqueduct*
la catedral	*cathedral*
las ruinas	*ruins*
el templo	*temple*

En la casa de cambio *Ver página 366.*

Los animales *Ver páginas 375–376.*

Palabras y expresiones útiles

¡Basta (de . . .)!	*(That's) enough (. . .)!*
la cita	*appointment; date*
dulce	*sweet*
una enciclopedia ambulante	*a walking encyclopedia*
¡Ni loco/a!	*Not on your life!*
pasarlo bien/mal	*to have a good/bad time*
por un lado . . . por el otro	*on the one hand . . . on the other hand*
quejarse (de)	*to complain (about)*
tenerle fobia a . . .	*to have a fear of . . . ; to hate*
¡Ya voy!	*I'm coming!*

Capítulo 15

Chapter Objectives

- Discussing the environment and ecology
- Describing personality traits
- Expressing pending actions
- Making suggestions
- Requesting information
- Expressing a past action that preceded another past action

Ruinas mayas en plena selva. Tikal, Guatemala.

Datos interesantes

- Guatemala es un poco más pequeño que el estado de Tennessee.
- Los principales productos de exportación de Guatemala son el café, el azúcar, el banano y el cardamomo.
- El índice de alfabetismo es 63,50%.
- Aparte del español, en Guatemala se hablan 23 lenguas indígenas.

Pasándolo muy bien en Guatemala

➤ La catedral de Antigua, Guatemala.

al + *infinitive*	upon + *-ing*
Me cae (la mar de) bien.	I like him/her (a lot).
Me cae mal.	I don't like him/her.

El grupo de turistas está en Guatemala y hoy se dividieron en dos grupos para hacer diferentes excursiones. Juan Carlos fue con un grupo y Álvaro con el otro. Acaban de regresar al hotel.

ACTIVIDAD 1 ¿Qué hicieron? Mientras escuchas la conversación, anota las respuestas a estas preguntas.

1. ¿Adónde fue el grupo de Álvaro?
2. ¿Adónde fue el grupo de Juan Carlos?
3. En tu opinión, ¿quiénes se divirtieron más y por qué?

DRA. LLANOS ¡Qué cansada estoy! ¿Y tú, Álvaro?
ÁLVARO Yo también, pero valió la pena hacer el viaje a Tikal.
JUAN CARLOS O sea, que les gustó, ¿eh?
DRA. LLANOS Fue interesantísimo; imagínate, ruinas mayas en medio de una selva tropical tan verde y con tal variedad de pájaros cantando por todos lados. Fue maravilloso.

	ÁLVARO	Después de ver tanta belleza, no entiendo por qué destruyen la selva.
Speculating about future actions	DRA. LLANOS	Sí, es triste. Parece que el ser humano no va a estar satisfecho hasta que lo destruya todo. Es una pena que seamos así.
	ÁLVARO	. . . ¿Y vosotros en Antigua y Chichicastenango? ¿Qué tal, Juan Carlos?
	JUAN CARLOS	Fue fantástico. Antigua es una ciudad colonial bella, con muchas iglesias y muy tranquila.
	DRA. LLANOS	¿Y Chichicastenango?
	JUAN CARLOS	El pueblo nos encantó porque es muy pintoresco y el mercado tiene unas artesanías fabulosas. El grupo compró de todo; creo que ya no queda nada en el mercado.
	DRA. LLANOS	¿Y qué hizo el Sr. Ruiz esta vez?
	JUAN CARLOS	Cada día está más gracioso. Al llegar al mercado, se puso a regatear por un vestido que quería comprar para su hija.
	ÁLVARO	¿Y qué pasó?
	JUAN CARLOS	No lo van a creer. Le pidió ayuda a una mujer que, según él, tenía la misma talla que su hija y siguió regateando quince minutos más. ¡Hasta la mujer, con el vestido puesto, empezó a ayudarle a regatear!
Showing dislike	DRA. LLANOS	¡Qué vergüenza!
	JUAN CARLOS	Nada de vergüenza. Fue divertidísimo. Al final el vendedor le dio un descuento, se hicieron amigos y le regaló un cinturón.
	DRA. LLANOS	¡Ay! Ese pesado me cae tan mal . . .
	ÁLVARO	Pues a mí me cae la mar de bien. Cuando llegue a España, quiero conocer a su familia. Deben ser todos tan graciosos como él. Seamos justos, es un hombre inofensivo.
Stating future intentions	DRA. LLANOS	Por mi parte, cuando yo vuelva a España, no lo quiero volver a ver ni pintado en la pared.

***ACTIVIDAD* 2 ¿Comprendiste?** Después de escuchar la conversación otra vez, escoge la respuesta correcta.

1. Según Álvaro la selva tropical . . .
   a. está intacta   b. está en peligro   c. tiene ruinas aztecas
2. La ciudad de Antigua . . .
   a. tiene ruinas mayas   b. es de la época colonial   c. está en la selva
3. La Dra. Llanos usa la palabra **pesado** para referirse al Sr. Ruiz. Ella quiere decir que el Sr. Ruiz . . .
   a. es gordo   b. molesta mucho   c. es divertido
4. El vendedor le regaló un cinturón al Sr. Ruiz porque él . . .
   a. le cayó bien   b. compró mucho   c. a y b

***ACTIVIDAD* 3 ¿Cómo te cae?** Hazles preguntas a personas de la clase para averiguar cómo les caen las siguientes personas y por qué: **su consejero académico, su profesor de . . . , su compañero/a de habitación, sus compañeros de clase, los padres de su novio/a.**

- A: ¿Te cae bien tu consejero académico?

  B: Me cae (muy/la mar de) bien. / Me cae (muy) mal.

  A: ¿Por qué?

  B: Porque . . .

Guatemala, México, Ecuador, Perú, Paraguay y Bolivia son los países de Hispanoamérica que tienen la población indígena más numerosa y donde todavía se ven más aspectos de las culturas y de las tradiciones indígenas. Aproximadamente el 50% de los guatemaltecos son descendientes de los mayas y conservan las costumbres y las lenguas de sus antepasados (*ancestors*). En Guatemala se hablan todavía más de veinte lenguas indígenas y hoy en día, el gobierno está estableciendo programas educativos en las escuelas para enseñarles a los niños indígenas en sus propias lenguas mientras aprenden a hablar, leer y escribir en español. ¿Hay escuelas en tu estado que tengan programas bilingües? ¿Qué idiomas se enseñan?

▲ Ecuador es un país de contrastes. Mercado de Latacunga en la Sierra Cotopaxi, Ecuador.

Lo esencial I

El medio ambiente = environment

El medio ambiente

1. la contaminación
2. la lluvia ácida
3. la fábrica
4. la basura
5. el reciclaje; reciclar
6. plantar un árbol
7. la energía solar

Both **la contaminación** and **la polución** are used, but the former is more common.

Otras palabras relacionadas con el medio ambiente

el agujero hole
la capa de ozono ozone layer
el cartón cardboard
la conservación; conservar conservation; to preserve
la destrucción; destruir destruction; to destroy
la ecología ecology
en peligro in danger
la energía nuclear nuclear energy
el envase container
la extinción extinction
la lata de aluminio aluminum can
el plástico plastic
proteger to protect
ser consciente to be aware
el vidrio glass

ACTIVIDAD 4 **Salvar el planeta** En grupos de tres, miren los anuncios y hablen sobre el mensaje de cada uno.

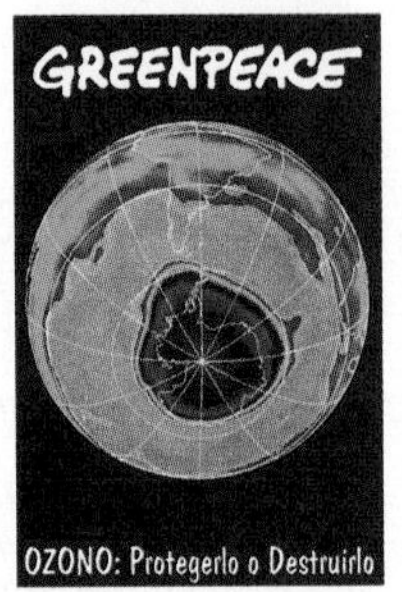

¿Lo sabían?

Las Islas Galápagos, que están en el Océano Pacífico, son parte de Ecuador y son famosas en todo el mundo por su gran variedad de animales y plantas. Charles Darwin fue a esas islas por primera vez en el año 1835 y allí hizo estudios para su teoría de la evolución. Allí está el Instituto Darwin, donde los biólogos estudian muchas especies de animales que no existen en otras partes del mundo. Hoy, las Islas Galápagos son un santuario para conservar la flora y la fauna que están en peligro de extinción por la introducción de plantas y animales que no son típicos de las islas, por los derrames (*spills*) de petróleo y por la pesca excesiva.

▲ Turistas con las tortugas gigantes de las Islas Galápagos, Ecuador.

ACTIVIDAD 5 **La conservación, ¿sí o no?** Hazle esta encuesta sobre la ecología a uno de tus compañeros y después comenta los resultados con la clase.

1. ¿Estás a favor o en contra de estas fuentes de energía?

   nuclear a favor ____ en contra ____
   solar a favor ____ en contra ____
   carbón a favor ____ en contra ____

2. Las armas nucleares son . . . para un país.

   esenciales ____ importantes ____
   peligrosas ____ inútiles ____

3. ¿Haces algún esfuerzo por reciclar materiales?

   latas de aluminio sí ____ a veces ____ no ____
   periódicos sí ____ a veces ____ no ____
   papel sí ____ a veces ____ no ____
   vidrio sí ____ a veces ____ no ____
   plástico sí ____ a veces ____ no ____

4. El control del gobierno sobre las fábricas es . . .
   excesivo ____ adecuado ____
   insuficiente ____ no sé ____
5. ¿Alguna vez le has escrito una carta sobre la contaminación a algún político?
   sí ____ no ____
6. La extinción de especies de animales . . .
   afecta mucho al ser humano ____
   afecta poco al ser humano ____
7. ¿Haces algo para reducir la cantidad de contaminación?
   no usar plástico ____
   tener un coche económico ____
   no usar fluorocarburos (productos aerosoles) ____
   reusar bolsas de papel o de plástico ____
   no comprar verduras y frutas empacadas (*packed*) ____
   otras cosas ________________________________

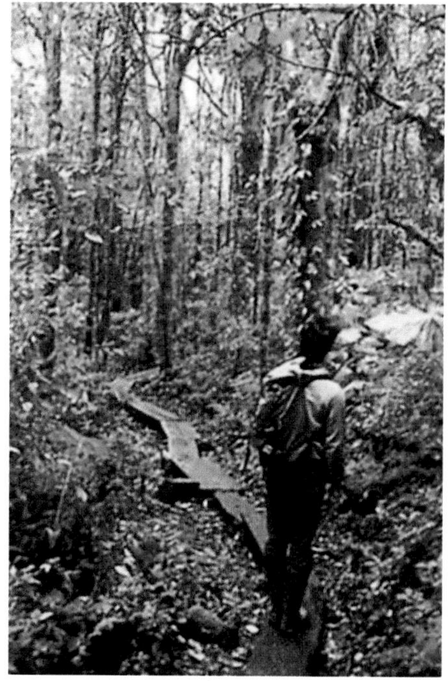

▲ Selva, tropical de Costa Rica.

ACTIVIDAD 6 La basura Hay gente que dice que se conoce un país por su basura. En grupos de tres, hablen sobre los siguientes temas.

1. ¿Cuál es la multa (*fine*) por tirar basura en las calles o en las carreteras del estado donde viven?
2. Alaska y otros estados han sufrido grandes derrames de petróleo que han afectado la ecología del área. ¿Qué sugerencias pueden dar Uds. para evitar esos desastres? ¿Quién debe tener la responsabilidad de limpiar los derrames que ocurren?
3. Una compañía de Beverly Hills, California, empaca y vende la basura de muchos de sus vecinos famosos. ¿Qué piensan Uds. de eso? ¿Creen que sea diferente esa basura de la de otras personas? ¿Por qué?
4. ¿Debe hacer más el gobierno para promocionar el transporte público? ¿Y para buscar alternativas a la gasolina? ¿Qué medios de transporte público tiene su ciudad? ¿Los usan Uds.? ¿Qué ciudades en su país tienen tren para ir a otra ciudad cercana? Si han viajado a otro país o continente, comparen los sistemas de transporte público con los de su país.
5. Piensen en la última vez que fueron al supermercado y gastaron más de $30. ¿Cuántas bolsas de plástico y/o de papel les dieron? Incluyan todas las bolsas, por ejemplo: la bolsa de los tomates, la de las papas, etc.
6. ¿La lavadora que usan se abre por arriba o por delante? ¿Cuál es más común en su país? Si han estado en otro país, ¿notaron si las lavadoras se abren por arriba o por delante? ¿Saben cuál de las dos usa menos agua y electricidad?

Hacia la comunicación I

I. Expressing Pending Actions: The Subjunctive in Adverbial Clauses

Look at the following sentences to decide which one refers to an action that may occur in the future.

Cuando llegue a España quiero conocer a su familia.
Cuando llegué a España quería conocer a su familia.

If you chose the first, you were correct.

Remember: After a preposition, use an infinitive: **Después de llegar a casa . . .**

1 ◆ To express present or past *habitual* actions as well as *completed* actions, use the indicative after adverbial conjunctions such as **cuando, después de que,** and **hasta que.**

Habitual

Siempre preparo la cena **cuando llego** a casa.	*I always prepare dinner when I get home.*
Preparaba la cena **cuando llegaba** a casa.	*I used to (would) prepare dinner when I got home.*

Completed

Preparé la cena **cuando llegué** a casa.	*I prepared dinner when I got home.*

2 ◆ To express intentions or actions that have not occurred yet and are *pending*, use the subjunctive after **cuando, después de que,** and **hasta que.**

Pending

Voy a preparar la cena **cuando llegue** a casa.	*I'm going to prepare dinner when I get home.*
¿Qué vas a hacer mañana **después de que llegue** tu sobrina?	*What are you going to do tomorrow after your niece arrives?*
Vamos a trabajar **hasta que terminemos.**	*We'll work until we finish.*

II. Making Suggestions: *Let's . . .*

1 ◆ When you want to suggest to someone that he/she do something with you, use a **nosotros** command, which is identical to the subjunctive form.

Let's go = **vámonos** or **vamos**

Ya es tarde. **Volvamos** a casa.	*It's late already. Let's go home.*
¡**Hagámoslo** ahora!	*Let's do it now!*
No le **digamos** nada a Isabel.	*Let's not tell Isabel anything.*

2 ◆ When the **nosotros** affirmative command is followed by **se** or by the reflexive pronoun **nos,** drop the final **-s** from the command form.

¿Vamos a prepararle la comida? ⟶ Sí, **¡preparémosela!**
¿Quieres que nos levantemos? ⟶ Claro, **¡levantémonos!**

BUT:

¿Vamos a preparar la comida? ⟶ Sí, **¡preparémosla!**
¿Quieres que lo levantemos? ⟶ Sí, **¡levantémoslo!**

III. Requesting Information: *¿Qué?* and *¿Cuál/es?*

1 ◆ In most cases, the uses of **¿qué?** (*what?*) and **¿cuál/es?** (*which?*) are similar in Spanish and English.

¿Qué pasa?/**¿Qué** hay?	*What's going on?/What's up?*
¿Qué tienes?	*What do you have?/What's the matter?*
¿Cuál prefieres?	*Which (one) do you prefer?*
¿Cuáles de tus amigas son uruguayas?	*Which of your friends are Uruguayan?*

2 ◆ Both **¿qué?** and **¿cuál/es?** followed by the verb **ser** express *what.*

a. Use **¿qué + ser . . . ?** only when asking for a definition or a classification, such as a political affiliation, religion, or nationality.

¿Qué es antropología?	*What is anthropology?* (definition)
¿Qué eres, demócrata o republicano?	*What are you, a Democrat or a Republican?* (classification)

NOTE: **¿Qué es eso/esto?** is used to ask for the identification of an unknown item or action.

b. Use **¿cuál/cuáles + ser . . . ?** in all other cases.

¿Cuál es la tarea para mañana?	*What is the homework for tomorrow?*
¿Cuál es el país más grande de Hispanoamérica?	*What is the largest country in Hispanic America?*
¿Cuáles son tus pasatiempos favoritos?	*What are your favorite pastimes?*

3 ◆ Use **qué** when a noun follows: **¿qué** + *noun* . . . ?

¿Qué idiomas hablas?	*What/Which languages do you speak?*
¿En **qué país** nacieron tus padres?	*In what/which country were your parents born?*

Do Workbook *Práctica mecánica I* and corresponding CD-ROM activities.

ACTIVIDAD 7 Tus planes futuros Termina estas frases y después, pregúntales a algunos compañeros cuáles son sus planes para el futuro.

1. Después de que termine los estudios universitarios . . .
2. Voy a trabajar hasta que . . .
3. Cuando tenga cincuenta y cinco años . . .

Habitual and completed actions = indicative; pending actions = subjunctive

ACTIVIDAD 8 Un poco de variedad **Parte A:** Muchas personas se quejan de no tener variedad en la vida y de que su rutina diaria siempre es igual. Termina estas oraciones con lo que haces normalmente.

1. Todos los días cuando termina la clase, yo . . .
2. Cuando llega el verano, yo . . .
3. Todos los días cuando entro en mi casa, yo . . .
4. Cuando llega el fin de semana, mis amigos y yo . . .
5. Los sábados cuando voy a fiestas, yo . . .

Parte B: Ahora, cuéntale a un/a compañero/a qué haces normalmente y qué vas a hacer para cambiar tu rutina. Sigue el modelo.

◆ Todos los días **cuando termina** la clase, voy a la cafetería de la universidad y como una hamburguesa, pero mañana **cuando termine** la clase, pienso ir a un restaurante mexicano y pedir una quesadilla.

Remember: After a preposition, use the infinitive.

ACTIVIDAD 9 Los padres **Parte A:** Juan Carlos le describe su familia al Sr. Ruiz. Completa el párrafo que sigue con la forma y tiempo correctos de los verbos entre paréntesis.

Mis papás se casaron cuando ______________ (tener) veinticinco años. Yo nací cuando mi mamá ______________ (tener) veintinueve años. Después de ______________ (tener) a mis cuatro hermanos menores, mi mamá ______________ (dejar) de trabajar. Mi papá es abogado y trabajó quince años con la misma compañía hasta que ______________ (cambiar) de trabajo y empezó a trabajar para el gobierno. Dice que cuando ______________ (cumplir) sesenta y dos años va a dejar el trabajo, pero hasta que yo no lo ______________ (ver), no voy a creerlo porque él es un hombre que vive para el trabajo. Dice que después de que ______________ (dejar) de trabajar, va a un hacer crucero por el Caribe cada invierno.

Parte B: En parejas, después de leer la descripción de la familia de Juan Carlos, hablen con su compañero/a sobre su familia y sus planes para el futuro.

ACTIVIDAD 10 ¡Sorpresa! En grupos de tres, Uds. van a planear una fiesta de sorpresa (*surprise*) para un/a amigo/a que se va a casar. Den un mínimo de seis sugerencias.

◆ Invitemos a todo el mundo.
Alquilemos un salón en un restaurante.

ACTIVIDAD 11 Un día de viaje En grupos de tres, Uds. están en la ciudad de Guatemala por un solo día y tienen que aprovechar (*take advantage of*) el tiempo. Lean el siguiente folleto sobre la ciudad y decidan qué van a hacer.

- Veamos . . . Visitemos . . .

MUSEOS

- **Museo Nacional de Arqueología y Etnología** Parque Aurora, Zona 13. Trajes típicos de Guatemala. Modelo de Tikal. Esculturas, cerámicas, textiles, colección de máscaras. Excelente colección de jade. Precio: *$3.80. Niños menores de 10 años gratis.
- **Museo Nacional de Historia Natural** Parque Aurora, Zona 13. Colección de animales y pájaros embalsamados. Mariposas. Especímenes geológicos. Precio: *$1.25.
- **Museo Popol Vuh. Museo de Arqueología** La Reforma 8-60, Zona 9. Amplia colección de artefactos precolombinos y coloniales. Precio: *$2.00.

* precios en dólares norteamericanos

RESTAURANTES

- **El Rodeo** Avenida 7, 14-84, Zona 9. Bistecs excelentes. **$**
- **Hola** Avenida Las Américas, Zona 14. Comida francesa e italiana. **$$**
- **Los Antojitos** Calle 17, 6-28, Zona 1. Comida regional (bananas, aguacates, sopa, pollo, arroz, frijoles negros). Música. **$$$**
- **Señor Sol** Calle 5, 11-32, Zona 1. Comida vegetariana. **$**

IGLESIAS

- **Catedral** Calle 8 y Avenida 7. Se terminó de construir en 1815. Fue dañada por un terremoto en 1976. Pinturas y estatuas de la ciudad de Antigua.
- **San Francisco** Avenida 6 y Calle 13, Zona 1. Escultura de la Cabeza Sagrada, originalmente de Extremadura. Interesante museo con pinturas.
- **Capilla de Yurrita** Ruta 6 y Vía 8. Zona 4. Construida en 1928. Estilo de iglesia ortodoxa rusa.

TIENDAS ARTESANALES

- **La Momosteca** Avenida 7, 14-48, Zona 1. Textiles y objetos de plata.
- **La Placita** Calle 18 y Avenida 5. Ropa y maletas de cuero.
- **Mercado del Sur** Avenida 6, 19-21, Zona 1. Mercado de comidas, sección de artesanías.
- **Pasaje Rubio** Calle 9, cerca de Avenida 6. Objetos de plata y monedas.

Qué + **ser** = definition or classification; **Cuál** + **ser** = all other cases

ACTIVIDAD 12 La entrevista estudiantil Completa las siguientes preguntas sobre los estudios académicos con **qué** o **cuál/es.** Luego usa las preguntas para entrevistar a tres compañeros de la clase a quienes no conozcas bien. Háblale sobre las respuestas al resto de la clase.

1. ¿__________ eres, estudiante de primero, segundo, tercer o cuarto año?
2. ¿__________ asignaturas tienes este semestre?
3. ¿__________ es tu clase favorita?
4. ¿__________ son las clases más difíciles?
5. ¿__________ problemas tuviste al llegar a la universidad?
6. ¿__________ piensas hacer cuando termine el semestre?
7. ¿__________ son tus planes para el futuro?

ACTIVIDAD 13 Cultura general En parejas, preparen un examen de quince preguntas sobre cultura general. Después de preparar el examen, dénselo a algunos compañeros para que lo hagan.

- ¿Cuál es la capital de Honduras?
  ¿Qué idiomas se hablan en Guatemala?

Do Workbook *Práctica comunicativa I* and corresponding CD-ROM activities.

Nuevos horizontes

Lectura

ESTRATEGIA: Mind Mapping

Mind mapping is a way of brainstorming before you read a text in order to activate your background knowledge and predict the contents of a reading selection. To apply this technique, you start with a key concept and jot down related ideas in different directions radiating from the key concept. This technique lets your mind run freely to tap whatever is stored in it. In the following example you can see how the mind-mapping technique was applied to the word **hogar** (*home*).

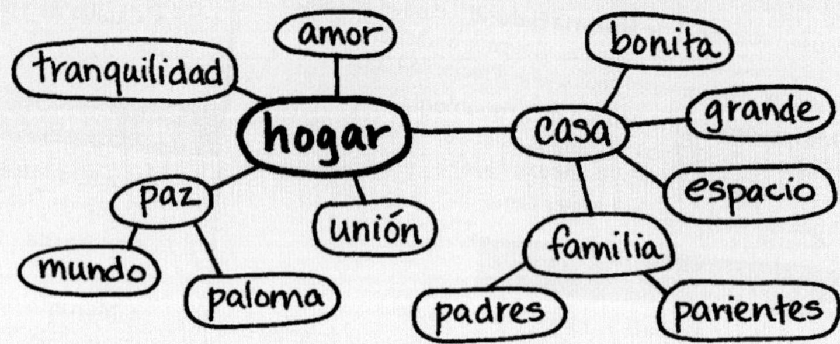

ACTIVIDAD 14 El mapa mental En parejas, hagan un mapa mental con la palabra **ecología** y luego compártanlo con el resto de la clase. Después piensen en los temas relacionados con este concepto que puedan aparecer en el siguiente artículo sobre la ecología. Por último, lean el artículo "Pobre tierra" de la revista peruana *Debate* para confirmar sus predicciones.

¡Pobre tierra!

DEBATE identificó los principales problemas ecológicos que sufre nuestro planeta. Junto a una breve explicación de cada uno de ellos, DEBATE ofrece consejos prácticos que se pueden seguir desde la propia casa para mejorar el medio ambiente.

Desechos peligrosos

Son productos químicos que contaminan el agua, el aire y los alimentos.

- Utilice jabón de lavar en lugar de detergentes y lejía, éstos contienen fosfatos que contaminan ríos y mares.
- Utilice menos bolsas y empaques plásticos.
- Use baterías recargables en sus aparatos, las descartables contienen cadmio, gas que permanece en el medio ambiente.
- Prefiera envases de vidrio reciclables en lugar de botellas, latas o envases descartables.

Lluvia ácida

Los gases tóxicos producidos por los vehículos de motor y las fábricas, permanecen en la atmósfera, luego son condensados, y caen nuevamente a la tierra en forma de lluvia o nieve, lo cual destruye plantas y animales y erosiona incluso los edificios.

- Controle los gases tóxicos de los vehículos y maquinaria manteniéndolos en buen estado.
- Disminuya el consumo de petróleo; utilice otros medios de transporte: bicicletas, caminatas; comparta movilidad.

Destrucción de la capa de ozono

La capa de ozono protege a la tierra y a sus habitantes de la radiación solar de los rayos ultravioletas. Esta capa protectora se está destruyendo rápidamente por la contaminación. Un solo átomo de gas dañino destruye 100.000 moléculas de ozono. La radiación que recibe la tierra destruye el sistema inmunológico del ser humano; además, ha elevado el número de casos de cáncer a la piel.

- Evite usar aire acondicionado en su casa, oficina o automóvil.
- No utilice aerosoles.

Basura acumulada

Los depósitos para basura en las ciudades estarán ocupados al máximo de su capacidad dentro de los próximos años, y los miles de metros cuadrados de desperdicios aumentan día a día.

- Utilice menos envases plásticos.
- Recicle el papel periódico.
- Evite los pañales plásticos porque demoran 500 años en desintegrarse: prefiera los de tela.
- Compre baterías recargables.

Efecto invernadero

El efecto invernadero es el fenómeno que regula la temperatura de la tierra. Debido a la contaminación, el efecto invernadero ha llegado al punto de ser perjudicial. El exceso de dióxido de carbono proveniente de la quema de combustibles eleva la temperatura y queda atrapado en la atmósfera, recalentando la tierra.

- Disminuya su consumo de electricidad.
- Mantenga su automóvil y artefactos eléctricos en buen estado.
- Alumbre con fluorescentes compactos: dan mayor luminosidad, ahorran 75% de la energía y duran entre 5 y 10 años.
- Comparta la movilidad al colegio y a la oficina: ahorra en gasolina y contamina menos.
- Maneje menos y camine más. Movilícese en bicicleta.

Contaminación ambiental

El aire que respiramos es sucio e insano. La contaminación del medio ambiente es el resultado del uso del petróleo en vehículos y maquinaria. Ello produce el recalentamiento de la tierra y es la causa principal de los casos de cáncer de pulmón en los países en vías de desarrollo. Las recomendaciones son las mismas que para el efecto invernadero.

Extinción de la vida salvaje

El crecimiento de la población mundial, la destrucción de bosques, la contaminación de los mares y la comercialización de pieles y colmillos de animales, han ocasionado la desaparición de muchas especies. Tres especies animales o vegetales desaparecen al día, con lo cual para el año 2010 habrá desaparecido el 20% de las especies de la fauna y flora.

- Guarde periódicos viejos y papel que no sirva, envíelo a reciclar a una planta papelera. Le pagarán por kilo.
- Evite las bolsas y envases plásticos: use canastas, cajas de cartón (que también se pueden reciclar) o bolsas de papel.
- Lave con jabón en lugar de detergente.
- No compre artículos fabricados con pieles o colmillos de animales salvajes.
- Prefiera siempre artículos orgánicos: telas de fibras naturales en lugar de sintéticas o de plástico.

ACTIVIDAD 15 Problemas y soluciones En parejas, usen la información del artículo que leyeron para decidir qué acciones de la segunda columna disminuyen los problemas de la primera columna. Puede haber más de una respuesta posible para cada uno.

1. desechos peligrosos _____
2. lluvia ácida _____
3. destrucción de la capa de ozono _____
4. basura acumulada _____
5. efecto invernadero _____
6. contaminación ambiental _____
7. extinción de la naturaleza y la vida salvaje _____

a. tomar el autobús para ir al trabajo
b. volver a usar las bolsas del supermercado
c. no comprar botas de piel de caimán
d. comprar botellas de vidrio reciclable
e. no usar detergentes
f. apagar las luces cuando no se usa un cuarto
g. abrir las ventanas del carro cuando hace calor
h. revisar el carro con frecuencia
i. usar ropa de algodón y no de poliéster

Escritura

ESTRATEGIA: Mind Mapping

The mind-mapping technique described under the *Lectura* section on page 396 can also be used as a pre-writing strategy. This is a useful way of generating ideas in a nonlinear and unstructured way. Once you finish your mind map, choose the main ideas and organize them.

ACTIVIDAD 16 El progreso **Parte A:** Haz un mapa mental con la palabra **progreso** en el centro. Incluye tanto los aspectos positivos como los negativos.

Parte B: Escoge las ideas más interesantes del mapa mental y haz un bosquejo (*outline*) para escribir una composición sobre el progreso. Después, escribe la composición.

Parte C: Entrégale el mapa mental, el bosquejo, el borrador (o los borradores) y la versión final a tu profesor/a.

Lo esencial II

Associate these adjectives with friends or relatives to help you remember them.

La personalidad

abierto/a open
agresivo/a aggressive
amable nice
ambicioso/a ambitious (*negative connotation*)
arrogante arrogant
astuto/a astute
capaz capable
carismático charismatic
chismoso/a gossipy
cobarde cowardly
corrupto/a corrupt
creído/a conceited, vain
encantador/a charming
honrado/a honest
ignorante ignorant
impulsivo/a impulsive
indiferente indifferent, apathetic
insoportable unbearable
justo/a fair
orgulloso/a proud
mentiroso/a untruthful, lying, false
pacifista pacifist
perezoso/a lazy
sensato/a sensible
sensible sensitive
sociable sociable
sumiso/a submissive
testarudo/a stubborn
valiente brave

¿Cómo eres? ¿Te conoces bien a ti mismo?

1. Cuando tienes un problema, ¿lo confrontas o no haces nada?
2. Cuando cometes un error, ¿lo admites?
3. Cuando un amigo te habla de sus problemas, ¿lo escuchas?
4. Si necesitas un trabajo, ¿lo buscas activamente?

ACTIVIDAD 17 **¿Cómo somos?** De la lista anterior, escoge la característica que más te describa y la que menos te describa y anótalas. Escoge también una característica que describa a tu compañero/a y una que no lo/la describa. Luego en parejas, comparen las palabras y digan por qué las seleccionaron.

ACTIVIDAD 18 **¿Positivo o negativo?** En grupos de tres, decidan cuáles de las palabras de la lista anterior representan defectos y cuáles representan cualidades deseables. ¿Es positivo o negativo ser orgulloso o ambicioso? ¿Creen que sea igual en otras culturas?

ACTIVIDAD 19 **Personas famosas** Describe cómo son o eran estas personas: Julia Roberts, la princesa Diana, Brittany Spears, Abraham Lincoln, Hillary Clinton, el reverendo Al Sharpton, The Rock, Venus Williams, John F. Kennedy.

ACTIVIDAD 20 **Los sexos** **Parte A:** Piensa en los estereotipos de un hombre y una mujer en un contexto laboral, mira la lista de adjetivos de la página 399 y di si se relacionan más con un hombre o con una mujer. ¿Hay palabras que se interpretan como positivas si describen a un hombre y que son negativas si describen a una mujer y viceversa? ¿Hay algún adjetivo de la lista que se relacione sólo con hombres o sólo con mujeres?

Parte B: Menciona las consecuencias negativas a las que llevan estos estereotipos en el campo laboral. Si conoces a alguien que haya sufrido discriminación por esas percepciones, explica el caso.

ACTIVIDAD 21 **Los gobernantes** **Parte A:** En parejas, hablen de las cualidades que deben tener los políticos para ganar elecciones.

Parte B: Entre los integrantes de una monarquía parlamentaria como la de España o Inglaterra se encuentran los miembros de la familia real (el rey, la reina, los príncipes, las princesas, etc.) que a veces son muy populares y a veces no. ¿Qué cualidades deben tener un rey o una reina para ser populares con el público? Comparen estas cualidades con las que mencionaron sobre los políticos en la Parte A. ¿Son iguales o diferentes?

España tiene una monarquía parlamentaria que está formada por el poder legislativo (el Congreso de Diputados y el Senado), el poder ejecutivo y el poder judicial. Dentro del ejecutivo se encuentran el rey Juan Carlos I de Borbón (Jefe de Estado, cargo que es de por vida), el primer ministro, el vice presidente y el gabinete (*cabinet*). Las funciones del rey son sancionar y proclamar leyes nuevas, disolver el parlamento y llamar a elecciones parlamentarias, actuar como jefe de las Fuerzas Armadas y también representar al país en relaciones internacionales. El príncipe Felipe, hijo del rey Juan Carlos I y la reina Sofía, va a ser el futuro rey de España y, para prepararse, se ha educado en diferentes universidades nacionales y del extranjero, entre ellas Georgetown. Tiene especializaciones en política, economía y derecho. También ha sido miembro de las tres fuerzas militares españolas: la Armada, la Marina y la Fuerza Aérea. Aunque no es común que la familia real participe en la política diariamente, con frecuencia el príncipe habla de temas como la protección del medio ambiente y la ayuda a los pobres. El príncipe Felipe es el miembro de la familia real más preparado de la historia de España y es muy popular con el pueblo español.

▲ El rey Juan Carlos I, la reina Sofía y su hijo el príncipe Felipe reciben a Condoleezza Rice en el Palacio de la Zarzuela en Madrid.

Sí, mi capitana

➤ Parque Nacional Mochima, Venezuela.

dar una vuelta	to take a ride; to go for a stroll/walk
llevarse bien/mal (con alguien)	to get along/not to get along (with someone)

El grupo de turistas salió de Guatemala para hacer un crucero por el Mar Caribe.

ACTIVIDAD 22 **Cierto o falso** Mientras escuchas el anuncio de la capitana, marca si estas oraciones son ciertas **(C)** o falsas **(F).**

1. _____ Hace buen tiempo.
2. _____ Durante la conquista se exportaba plata desde La Guaira.
3. _____ La Guaira es una ciudad muy moderna.
4. _____ El Sr. Ruiz va a invitar a las personas del grupo a cenar esta noche porque es su cumpleaños.

Identifying oneself

Describing weather

¡Atención! ¡Atención! Señores pasajeros: Les habla la capitana Leyva. Espero que estén disfrutando del crucero y del agradable clima caribeño. Avanzamos a una velocidad promedio de quince nudos (*knots*) y, como les había prometido ayer, hoy tenemos un día claro y despejado, de sol brillante y poco viento y una temperatura de veintiocho grados centígrados: un día ideal para hacer una parada en La Guaira, Venezuela. La Guaira era el puerto exportador de cacao más importante durante la conquista y más tarde se convirtió en un centro no sólo de exportación sino también de importación. Hoy día, es el puerto más importante del país. Es una ciudad del siglo XVI y un lugar de mucho turismo. Tenemos un día para ir de compras en La Guaira, dar una vuelta y luego, mañana, tienen un tour de Caracas. Pasado mañana saldremos para el Parque Nacional Mochima, que tiene unas playas vírgenes maravillosas y donde pueden hacer snorkeling.

It is common in Spain for the person celebrating a birthday to invite others out.

Este . . . ¿cómo? . . . Un momento por favor . . . ¡Atención! Acaban de informarme que es el cumpleaños del Sr. Pancracio Ruiz, un miembro del grupo que se lleva muy bien con todo el mundo. Él quiere invitarnos a todos a tomar una copa esta noche en el restaurante La Gabarra. ¡Qué hombre tan encantador! Le damos las gracias y le deseamos un feliz cumpleaños.

Gracias por la atención prestada y espero que pasen un día muy agradable.

ACTIVIDAD 23 ¿Comprendiste? Después de escuchar el anuncio de la capitana otra vez, contesta estas preguntas.

1. ¿Dónde van a hacer escala hoy?
2. ¿Cuál es la importancia de ese lugar?
3. ¿Qué va a hacer el grupo allí?
4. ¿Has hecho alguna vez un crucero o conoces a alguien que haya hecho un crucero? ¿Adónde fuiste o adónde fue? ¿Con quién?

El origen de los nombres de algunos países hispanoamericanos es muy variado. Por ejemplo, cuando llegaron los españoles a Venezuela, vieron casas construidas sobre pilotes (*stilts*) en el agua y recordaron a Venecia, en Italia. Por eso, llamaron a esa tierra Venezuela, que quiere decir "pequeña Venecia". Colón le dio su nombre a Costa Rica porque cuando llegó a esos lugares vio que tenían una rica vegetación. Uruguay es una palabra indígena que quiere decir "río de los pájaros". Nicaragua lleva el nombre del jefe indígena que los españoles encontraron en esa región. ¿Sabes qué significan las palabras Colorado, Nevada y Montana?

▲ Casas sobre pilotes en Venezuela.

ACTIVIDAD 24 **¿Bien o mal?** En parejas, pregúntenle a su compañero/a el nombre de dos personas con quienes se lleva bien y dos personas con quienes se lleva mal y por qué. Pueden ser amigos, compañeros de trabajo, profesores, vecinos (*neighbors*), etc.

Hacia la comunicación II

I. Talking About the Past: The Pluperfect

Review formation of the past participle, Chs. 11 and 12.

Remember:
hay = there is/are
había = there was/were
Other forms of the verb **haber** (**habías, habían,** etc.) are only used with past participles.

In the following sentence, which of the two underlined actions happened first?

Ayer cuando conocí a la Dra. Llanos, ya había salido el barco.

If you answered **había salido el barco,** you were correct.

The pluperfect tense (or past perfect) is used to express a past action that occurred prior to another past action. To express this tense use the following formula.

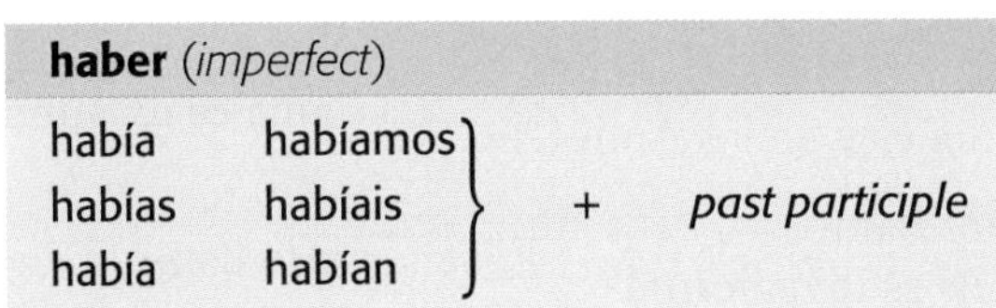

haber (*imperfect*)			
había	habíamos	+	*past participle*
habías	habíais		
había	habían		

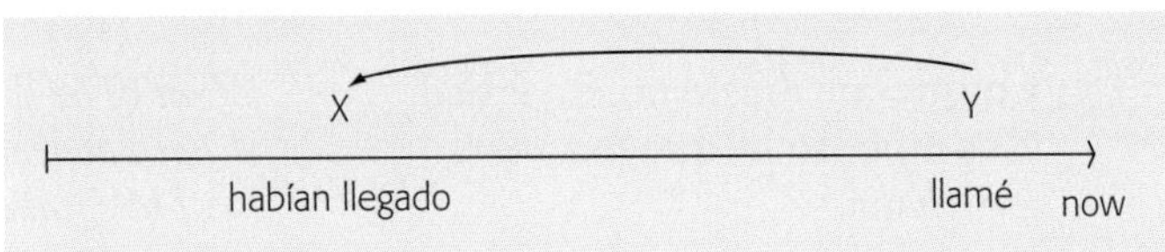

Ellos ya **habían llegado** cuando los llamé.	*They had already arrived when I called them.*
¿**Habías estudiado** para el examen de ayer?	*Had you studied for yesterday's exam?*
Cuando llegaste, el barco ya **había salido.**	*When you arrived, the ship had already left.*

II. Other Uses of *Por*

1 ◆ **Por** is used to express rate or measurement.

Se vende la gasolina **por** litro.	*Gas is sold by the liter.*
La velocidad máxima es de 110 km **por** hora.	*The speed limit is 110 km an hour.*

2 ◆ **Por** is used in many common expressions.

por (pura) casualidad	by (pure) chance	**por si (acaso)**	(just) in case
por eso	that's why	**por suerte**	luckily
por lo menos	at least	**por supuesto**	of course

Llevemos abrigo **por si (acaso)** hace frío. — *Let's take coats in case it's cold.*
Por suerte llegué a tiempo. — *Luckily I arrived in time.*
Ellos tienen, **por lo menos,** un millón de dólares. — *They have at least a million dollars.*
¿**Por casualidad,** tienes tiempo para ayudarme? — *Do you, by any chance, have time to help me?*

Note that relative pronouns have no accents.

III. Relating Ideas: The Relative Pronouns *Que, Lo que,* and *Quien*

1 ◆ Relative pronouns are words that connect or relate two clauses and refer to a person or thing in the first clause. The most common relative pronoun is **que,** which can refer to both persons and things.

La llama es un animal.
La llama vive en los Andes. } La llama es un animal **que** vive en los Andes.

El señor llamó.
El señor es ingeniero. } El señor **que** llamó es ingeniero.

When *what* is not a question word, use **lo que.**

2 ◆ To refer to a situation or occurrence in its entirety, use **lo que.**

Lo que me dijiste no es verdad. — *What (The thing that) you told me isn't true.*
Nos molestó **lo que** pasó esta mañana. — *What happened this morning bothered us. (The speaker knows what happened.)*

3 ◆ The relative pronoun **quien/es** is preferred after a preposition when referring to people.

No conozco al chico **con quien** sales. — *I don't know the young man you are dating.*
Les vendí el apartamento a los señores **de quienes** me hablaste. — *I sold the apartment to the couple that you spoke to me about.*

Internet Do Workbook *Práctica mecánica II,* CD-ROM, Web ACE Tests, and lab activities.

ACTIVIDAD 25 La historia En parejas, completen las dos oraciones que siguen. Después inventen cinco oraciones más que presenten una acción que ya había ocurrido cuando ocurrió otra.

1. John F. Kennedy ya ________________ (morir) cuando Neil Armstrong ________________ (llegar) a la luna.
2. La Guerra de Vietnam ya ________________ (terminar) cuando yo ________________ (nacer).

ACTIVIDAD 26 **Ya había . . .** En parejas, cuéntenle a su compañero/a tres cosas interesantes que ya habían hecho antes de empezar los estudios universitarios.

- Antes de empezar mis estudios universitarios ya había . . .

sacar el permiso de manejar
obtener mi primer trabajo
ir a Europa
visitar la universidad
asistir a una fiesta en la universidad
hablar con un/a profesor/a de la universidad
asistir a un partido de fútbol o basquetbol de la universidad
recibir una beca (*scholarship*)
conocer a mi compañero/a de cuarto

ACTIVIDAD 27 **Por supuesto** Completa estas situaciones de forma lógica, usando una expresión con **por.**

1. Odio a mi jefe/a y . . .
2. Para vivir bien económicamente hay que tener . . .
3. Mi hermana quiere ser una buena arquitecta . . .
4. No sé si va a nevar, pero . . .
5. Mi moto es muy rápida; puede ir a . . .
6. Yo sé que tengo razón y . . .
7. ¡Qué bueno! No tenía la tarea y . . .
8. Conocí a mi novio/a . . .

ACTIVIDAD 28 **La capa de ozono** Completa este párrafo sobre la capa de ozono con **que, lo que** o **quien/es.**

La capa de ozono, ___________ rodea la tierra, nos protege de los peligrosos rayos del sol. Desde 1974, los científicos nos han advertido sobre la posible crisis global por el uso de sustancias peligrosas como los clorofluorocarbonos. ___________ es importante recordar es que aunque los países de América Latina y el Caribe contribuyen solamente con el 14% del consumo global que afecta a la capa de ozono, la protección de la misma es reponsabilidad de todos. Sabemos ya que la destrucción de la capa de ozono trae consecuencias negativas como cáncer de piel, disminución del sistema inmunológico y problemas en los ojos, tales como cataratas ___________ afectan la visión. Pero no es sólo el ser humano a ___________ le afecta el problema de la capa de ozono. Los animales y las plantas también sufren consecuencias graves: hay animales como vacas, gatos, perros, ovejas y conejos ___________ pueden sufrir también de cáncer de piel. La alta cantidad de radiación ultravioleta disminuye el crecimiento de las plantas y si las plantas no alcanzan un tamaño normal, esto es un problema para los animales ___________ pasan hambre por falta de comida. Tanto los animales como los seres humanos sufren el efecto del agujero en la capa de ozono, pero son los científicos y los políticos con ___________ tenemos que trabajar para poder solucionar este problema.

ACTIVIDAD 29 Esa cosa Cuando no recuerdas o no sabes la palabra exacta para algo, necesitas describirlo. En parejas, usen **que** para explicar las palabras que buscan. Describan palabras relacionadas con animales, medicina, carros, ropa y comida.

◆ A: Es un líquido que le echamos al carro.
B: Ah, la gasolina.

Las gasolineras argentinas ofrecen alconafta, combustible hecho de caña de azúcar.

ACTIVIDAD 30 Un nuevo amigo En parejas, cuéntenle a su compañero/a sobre un/a nuevo/a amigo/a que tienen, completando las siguientes frases. Usen la imaginación.

Conocí a un/a chico/a que . . .
Lo que más me gusta de él/ella . . .
Es una persona que . . .
No sé lo que . . .
Creo que es una persona a quien . . .
Es una persona con quien . . .

ACTIVIDAD 31 La tecnología **Parte A:** En los últimos cincuenta años, la tecnología ha avanzado muy rápidamente. En grupos de tres, comenten qué tipo de tecnología ya existía cuando Uds. nacieron y qué cosas no existían. Usen oraciones como **Cuando nací, ya habían inventado las computadoras, pero no había computadoras portátiles.**

Parte B: Hablen de la tecnología actual. Usen oraciones como **Ahora es muy común tener computadora personal que nos ayude en el trabajo.**

Parte C: Usen la imaginación para predecir cuáles van a ser los avances tecnológicos de este siglo. Usen frases como **En el año 2020, cuando tenga . . . años, es posible que no exista el dinero en efectivo.**

Parte D: Usen la imaginación para predecir cuáles van a ser los problemas del medio ambiente de este siglo y cómo podemos evitar o solucionar estos problemas con o sin la tecnología. Usen frases como **Lo que más me preocupa es/son . . . , Los países que . . . , Los animales que . . . , Lo que hay que hacer es . . . ,** etc.

Do Workbook *Práctica comunicativa II*, CD-ROM, Web ACE Tests, and lab activities.

Do Web Search activities.

Vocabulario funcional

El medio ambiente (*The environment*)

Ver página 389.

la basura	*garbage*
la contaminación	*pollution*
la energía	*energy*
solar	*solar*
la fábrica	*factory*
la lluvia ácida	*acid rain*
plantar un árbol	*plant a tree*
el reciclaje	*recycling*
reciclar	*to recycle*

La personalidad *Ver página 399.*

Expresiones con *por* *Ver página 404.*

Palabras y expresiones útiles

al + *infinitive*	*upon* + -ing
dar una vuelta	*to take a ride; to go for a stroll/walk*
llevarse bien/mal (con alguien)	*to get along/not to get along (with someone)*
Me cae (la mar de) bien.	*I like him/her (a lot).*
Me cae mal.	*I don't like him/her.*
nacer	*to be born*

Capítulo 16

Chapter Objectives

- Discussing photography and camera equipment
- Establishing job requirements and discussing benefits
- Expressing future plans
- Expressing hypothetical actions
- Expressing probability in the present and past

▼ Niño en la República Dominicana.

Datos interesantes

- Santo Domingo, capital de la República Dominicana, fue la primera ciudad fundada por europeos en América, en 1496.
- La capital tuvo el primer hospital del continente americano.
- Santa María la Menor, la primera catedral del continente, tuvo bajo su techo los restos de Cristóbal Colón por dos siglos y medio. Hoy día se encuentran en Sevilla, España.
- La República Dominicana es el mayor exportador caribeño de ropa a los Estados Unidos.
- Veinte equipos norteamericanos de las Grandes Ligas del béisbol tienen campos de entrenamiento en la República Dominicana para buscar jugadores de ese país.
- Uno de cada seis jugadores de las Grandes Ligas es de América Latina. La mayoría es de la República Dominicana.

Ya nos vamos . . .

◄ Bahía de Barahona, República Dominicana.

dejar boquiabierto (a alguien)	to leave (someone) dumbfounded
ya es hora de + *infinitive*	it's time to + *infinitive*
antes que nada	before anything else

Ya se termina el tour y Juan Carlos y Álvaro están en la playa en Punta Cana, República Dominicana, aprovechando los últimos momentos de descanso antes de regresar a España con el grupo de turistas.

ACTIVIDAD 1 Temas principales Mientras escuchas la conversación, indica los temas que se mencionan.

_____ las playas de la República Dominicana
_____ el merengue
_____ lo aburrido que es Santo Domingo
_____ la vida nocturna de Caracas
_____ los indígenas de Guatemala
_____ los problemas de Álvaro

JUAN CARLOS Y ya se acaban las vacaciones y tenemos que regresar a España . . . ¡Qué lástima! Estas playas con sus palmeras y sus aguas cristalinas me han dejado boquiabierto. Se ven colores brillantes por todas partes: mar turquesa, arenas blancas, vegetación tropical de un verde intenso. Qué colores, qué colores y ya nos vamos . . .

ÁLVARO Bueno, hombre, pero todavía nos queda un día más. Recuerda que mañana nos vamos a Santo Domingo al festival del merengue.

JUAN CARLOS ¿Y tú sabes bailar merengue?

Discussing the future

ÁLVARO No, pero te aseguro que aprenderé pues soy muy bueno para bailar y además no me quiero perder a Juan Luis Guerra y su "Se me sube la bilirrubina".

JUAN CARLOS ¡Ah! Además de bailarín también cantas. No sabía que eras tan talentoso. Pero recuerda que aparte del festival también iremos a visitar la zona colonial de Santo Domingo.

ÁLVARO Ah, sí, es cierto. Pero, dime, Juan Carlos, ¿qué es lo que más te gustó?

Speaking hypothetically

JUAN CARLOS No sé . . . Sería difícil decir. Lo más sorprendente para mí fue ver lo cosmopolita que es Caracas.

Describing

ÁLVARO Sí, llena de discotecas y bares . . . ¡y qué playas tiene Venezuela! Pero a mí me encantó Guatemala y me pareció interesante ver cómo no le ha afectado mucho la globalización.

JUAN CARLOS Bueno, supongo que ahora que la situación política está más estable llegará más turismo, tendrán más infraestructura . . .

ÁLVARO . . . y llegarán las multinacionales. ¿Qué pasará entonces?

JUAN CARLOS No sé, tal vez mejore la calidad de vida, pero tal vez pierdan parte de su cultura. Pero . . . trabajar con el grupo ha sido una experiencia magnífica, ¿no?

ÁLVARO ¡Claro que sí! Pero, ya es hora de volver. Cuando llegue a España, antes que nada tengo que ir al oculista . . .

Reporting

JUAN CARLOS ¡Qué mala suerte tienes, Álvaro! Primero pierdes el pasaporte y ahora se te pierde el lente de contacto . . . ¡Ay, Dios mío! Mira qué hora es y yo le prometí al Sr. Ruiz que iría . . .

ÁLVARO Y hablando del rey de Roma . . . Ahí viene el Sr. Ruiz.

JUAN CARLOS ¡Por Dios! Mira el traje de baño que lleva y como siempre, sacando fotos.

ÁLVARO ¡Qué barbaridad! ¡Ese traje tiene más colores que toda la República Dominicana!

ACTIVIDAD 2 ¿Comprendiste? Después de escuchar la conversación otra vez, contesta estas preguntas.

1. ¿Quiere volver a España Juan Carlos?
2. ¿Qué van a ver en Santo Domingo?
3. ¿Qué fue lo que más le gustó a Álvaro?
4. ¿Han llegado los efectos de la globalización a Guatemala? ¿Cuáles son las posibles ramificaciones que mencionan?
5. ¿Qué tiene que hacer Álvaro en cuanto llegue a España?
6. ¿Crees que les gustó a los muchachos viajar con el grupo? ¿Te gustaría viajar a Hispanoamérica con un grupo de turistas?

ACTIVIDAD 3 Lo mejor En grupos de cuatro, decidan qué fue lo mejor y lo peor de todo el año en tu universidad. Usen frases como **lo más divertido fue . . . ; ahora, lo triste es . . . ; lo peor era que . . .**

"Globalización" es un término que se refiere a la influencia global sobre el sector cultural, económico y social de una nación o región. A nivel cultural, se observa esta influencia en ciertos cambios de tradiciones y costumbres. Hoy día, por ejemplo, no es raro ver a adultos y niños del mundo hispano comiendo hamburguesas en lugares de comida rápida como McDonald's, en vez de comer la comida tradicional que normalmente se prepara en casa. A nivel social y económico, la globalización le ofrece a un gran sector de la población un mayor acceso al confort que brinda la tecnología. Por ejemplo, con antenas satelitales de televisión, teléfonos celulares o acceso a Internet, la vida diaria, económica y social ha visto grandes cambios y se han facilitado la industria y el comercio. Pero por otro lado, algunas consecuencias de la globalización han sido negativas, tales como días laborales más largos, pérdida de beneficios y un aumento en el costo de servicios públicos como el teléfono y el agua. ¿Qué efectos de la globalización a nivel económico, social y cultural se ven en tu país?

Ranking mundial de globalización	
Panamá (28) Chile (34) Argentina (44) México (50) Venezuela (57) Colombia (60) Perú (61)	Este ranking tiene en cuenta trece factores que indican el nivel de relación del país con otros países. Entre los factores considerados están el comercio internacional, las inversiones extranjeras, viajes y turismo y número de usuarios de Internet. El estudio incluye a sesenta y dos países.

ACTIVIDAD 4 ¿Sabes el refrán? **Parte A:** Cuando Álvaro y Juan Carlos hablan del Sr. Ruiz, Álvaro lo ve venir y dice **"Hablando del rey de Roma (pronto asoma** [*he soon shows up*])". Aquí hay más refranes populares. Intenta completarlos con una terminación lógica de la segunda columna.

1. _____ Del odio al amor . . .	a. corazón que no siente.
2. _____ Dime con quién andas . . .	b. y el pedir, dolor.
3. _____ El dar es honor . . .	c. hay sólo un paso.
4. _____ En boca cerrada . . .	d. más quiere.
5. _____ Llama al pan, pan, . . .	e. no entran moscas (*flies*).
6. _____ Quien mucho duerme . . .	f. y te diré quién eres.
7. _____ Ojos que no ven . . .	g. poco aprende.
8. _____ Más vale tarde . . .	h. que mal acompañado.
9. _____ Quien más tiene, . . .	i. que nunca.
10. _____ Más vale estar solo . . .	j. y al vino, vino.

Parte B: Ahora, en parejas, inventen situaciones para cada refrán.

- "En boca cerrada no entran moscas."

  John no sabía que Carla ya no sale con Pete y le preguntó por él delante de su nuevo novio.

Lo esencial I

In some Hispanic countries it is common for optical stores to sell cameras and develop film.

En la óptica

1. la cámara (digital)
2. las gafas/los anteojos
3. la cámara de video
4. el marco
5. el rollo/carrete
6. el flash
7. el álbum (de fotos)
8. el/la oculista

Otras palabras relacionadas con la óptica y la fotografía

bajar fotos to download photos
blanco y negro; color black and white; color
desechable disposable
la diapositiva slide
enfocar to focus
el enfoque focus
filmar to film
los lentes de contacto (blandos/duros) contact lenses (soft/hard)
la pila battery
revelar (fotos) to develop (photos)
sacar fotos to take pictures

En todas las lenguas hay "frases hechas" que a menudo son iguales o parecidas en varios idiomas. Sin embargo, si miras la lista que sigue, verás una diferencia curiosa entre estas frases en español y su equivalente en inglés.

agua y jabón	**blanco y negro**	**huevos y jamón**	**tarde o temprano**
besos y abrazos	**de pies a cabeza**	**perros y gatos**	**vivo o muerto**

¿Cuáles son las expresiones correspondientes en inglés?

ACTIVIDAD 5 Entrevistas Habla con diferentes personas de la clase y escribe el nombre de las personas que usen o no las siguientes cosas. Haz preguntas como **¿Cuándo usas anteojos?, ¿Usas anteojos sólo para leer?**

Busca personas que . . .

1. usen anteojos sólo para leer
2. usen lentes de contacto blandos
3. usen lentes de contacto de color
4. usen lentes de contacto desechables
5. usen anteojos para ver de lejos
6. usen anteojos para manejar
7. no usen anteojos
8. nunca usen anteojos de sol

ACTIVIDAD 6 Los consejos fotográficos En grupos de cuatro, escriban un mínimo de cuatro consejos para sacar una buena foto.

- Hay que revisar las pilas.

ACTIVIDAD 7 La fotografía En grupos de tres, discutan las siguientes preguntas.

1. ¿Les gusta que les saquen fotos? ¿Se consideran personas fotogénicas? Cuando alguien les saca una foto ¿posan para la cámara, hacen caras graciosas?
2. ¿Saben sacar fotos?
3. ¿Tienen cámara de fotos? ¿Qué tipo de cámara tienen? ¿Compran cámaras desechables?
4. ¿Les gusta sacar fotos de personas o de lugares? ¿Generalmente sacan fotos o filman con su cámara de video cuando visitan un lugar nuevo?
5. ¿Ponen las fotos en un álbum o las dejan en el sobre? ¿Bajan fotos de su cámara digital para ponerlas en una página Web o para mandárselas a amigos o parientes?
6. ¿Dónde revelan sus fotos?
7. ¿Tienen fotos de su familia o amigos en su apartamento o colegio mayor? ¿Llevan fotos de su familia o amigos en su billetera (*wallet*)? Si tienen, muéstrenselas a sus compañeros de grupo.

ACTIVIDAD 8 Las quejas En parejas, "A" trabaja en una óptica y cubre el papel B. "B" es un/a cliente y cubre el papel A. El/La cliente recibe unas fotos que salieron bastante mal. Lean sólo las instrucciones para su papel.

A

Trabajas en una óptica en la República Dominicana y revelas fotos. A veces los clientes te culpan (*blame*) por revelar mal las fotos, pero usas máquinas automáticas para hacer el revelado. Muchas veces son ellos los que no sacan bien las fotos. Ahora viene un/a cliente a buscar sus fotos, que no son muy buenas. Es evidente que la persona que las sacó no es muy buen fotógrafo porque unas tienes poca luz y las otras están borrosas (*blurry*).

B

Estás haciendo turismo en la República Dominicana y ayer dejaste un rollo de fotos para revelar en una óptica. Hoy, al recibirlas, ves que algunas fotos están borrosas (*blurry*) y tú crees que las revelaron mal. Habla con el/la empleado/a para quejarte; empieza diciendo, **Estas fotos están horribles . . .**

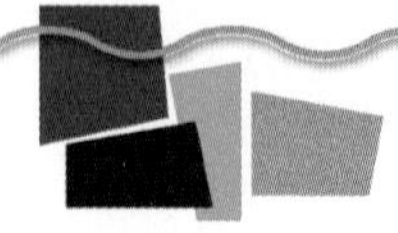

Hacia la comunicación I

I. Describing: *Lo* + Masculine Singular Adjective

To characterize something in a general or abstract way, use the neutral article **lo** with a masculine singular adjective.

Lo bueno es que regresaron sin problemas.	*The good thing is that they returned without any problems.*
Lo más interesante del viaje fue la gente.	*The most interesting part of the trip was the people.*
Lo difícil para los españoles era la comida mexicana picante.	*The difficult thing for the Spaniards was the hot Mexican food.*

After studying the preceding examples, answer the following questions.

- What does the title of the movie, ***Lo bueno, lo malo y lo feo*** with Clint Eastwood mean in English?
- What would it mean if it were ***El bueno, el malo y el feo?***

If you answered, *The good thing, the bad thing, and the ugly thing* to the first question and *The good one, the bad one, and the ugly one* to the second one, you were correct.

II. Expressing the Future: The Future Tense

In the conversation at the beginning of the chapter Juan Carlos says, **". . . también iremos a visitar la zona colonial de Santo Domingo,"** and Álvaro says, **"Y llegarán las multinacionales."** In these sentences they are discussing the future. How can you express these future ideas in another way?

If you answered **. . . también vamos a visitar** and **. . . van a llegar . . .**, you were correct.

As you have already seen, the future may be expressed with the present indicative or with the construction **ir** + **a** + *infinitive:* **Te veo mañana. Voy a ver a mi padre mañana.** The future may also be expressed with the future tense. To form the future tense, add the following endings to the infinitives of **-ar, -er,** and **-ir** verbs.

Note that the **nosotros** form has no accent.

mirar		traer		ir	
mir**aré**	mir**aremos**	tra**eré**	tra**eremos**	**iré**	**iremos**
mir**arás**	mir**aréis**	tra**erás**	tra**eréis**	**irás**	**iréis**
mir**ará**	mir**arán**	tra**erá**	tra**erán**	**irá**	**irán**

El año que viene, Teresa y Marisel **irán** a Suramérica.	*Teresa and Marisel will go to South America next year.*
Si el vuelo llega a tiempo, Juan Carlos **comerá** con Claudia.	*If the flight arrives on time, Juan Carlos will eat with Claudia.*

The following groups of verbs have an irregular stem in the future tense, but use the same endings as regular verbs.

haber ⟶ **habr**é	poner ⟶ **pondr**é	decir ⟶ **dir**é
poder ⟶ **podr**é	salir ⟶ **saldr**é	hacer ⟶ **har**é
querer ⟶ **querr**é	tener ⟶ **tendr**é	
saber ⟶ **sabr**é	venir ⟶ **vendr**é	

Hay = there is/are
Habrá = there will be

Habrá muchos amigos esperando a los turistas. — *There will be many friends waiting for the tourists.*

Si Álvaro llega hoy, él y Diana **saldrán** a cenar esta noche. — *If Álvaro arrives today, he and Diana will go out to eat tonight.*

III. Expressing Hypothetical Actions and Reporting: The Conditional

The conditional tense may be used to express something that you would do in a hypothetical situation. It is also used to report what someone said. The formation of this tense is similar to that of the future tense in that it uses the same stems. Add the conditional endings (**-ía, -ías, -ía,** etc.) to all stems.

The conditional endings are the same as those of imperfect **-er** and **-ir** verbs. Unlike the imperfect endings, they are added to an irregular stem or to the infinitive.

mirar	
mirar**ía**	mirar**íamos**
mirar**ías**	mirar**íais**
mirar**ía**	mirar**ían**

traer	
traer**ía**	traer**íamos**
traer**ías**	traer**íais**
traer**ía**	traer**ían**

ir	
ir**ía**	ir**íamos**
ir**ías**	ir**íais**
ir**ía**	ir**ían**

¡Comprar el carro de Gonzalo! Yo no lo **haría.** — *Buy Gonzalo's car! I wouldn't do it.* (hypothetical)

Álvaro me dijo que me **traería** unos aretes de jade mexicano. — *Álvaro told me that he would bring me some Mexican jade earrings.* (reporting)

Hay = there is/are
Habría = there would be

Do Workbook *Práctica mecánica I* and corresponding CD-ROM activities.

The groups of verbs on the right have the same irregular stems in the conditional as they do in the future.

Con el dinero que gana en la agencia, Teresa **podría** ir a Puerto Rico.
With the money she earns at the agency, Teresa could (would be able to) go to Puerto Rico.

—No sé qué **haría** sin ella —dijo Juan Carlos.
"I don't know what I would do without her," said Juan Carlos.

Infinitive	Stem	Conditional
haber	habr-	**habr**ía
poder	podr-	**podr**ía
querer	querr-	**querr**ía
saber	sabr-	**sabr**ía
poner	pondr-	**pondr**ía
salir	saldr-	**saldr**ía
tener	tendr-	**tendr**ía
venir	vendr-	**vendr**ía
decir	dir-	**dir**ía
hacer	har-	**har**ía

ACTIVIDAD 9 Los críticos En parejas, escojan una película interesante que Uds. dos hayan visto y comenten distintos aspectos de la película. Usen expresiones como **lo bueno, lo malo, lo inesperado, lo interesante, lo cómico, lo triste** y **lo peor de todo.**

- Lo mejor fue el final porque . . .
  Lo más divertido fue cuando . . .

ACTIVIDAD 10 La bola de cristal Escribe predicciones sobre el mundo de Hollywood y de Washington.

1. El próximo presidente de este país . . .
2. La boda del año en Hollywood . . .
3. El próximo escándalo en Washington . . .
4. La mejor película del año . . .
5. El divorcio menos esperado . . .

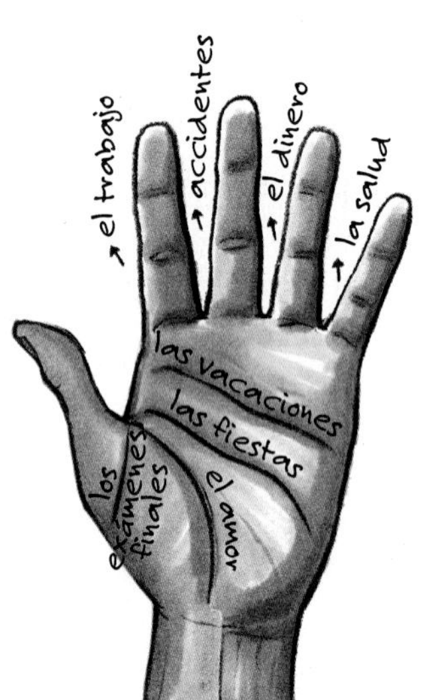

ACTIVIDAD 11 La suerte En parejas, "A" quiere saber su suerte (*fortune*) y "B" sabe leer la palma de la mano. Lea cada uno las instrucciones para un solo papel.

A

Tú crees en lo sobrenatural y quieres saber qué te ocurrirá en el futuro, por eso vas a ver a una persona que te lea la mano. Antes de empezar, piensa en preguntas que puedes hacerle como **¿Qué ocurrirá en mi vida? ¿Tendré muchos hijos?**

B

Tú sabes leer la palma de la mano y ahora viene un/a estudiante que quiere saber qué le ocurrirá en el futuro. Mira el dibujo de la mano como guía para interpretar la palma de la mano del/de la estudiante. Usa expresiones como **tendrás un futuro . . . , en el amor; tendrás . . . ; irás . . .** Empieza la conversación diciendo **Buenas tardes.**

ACTIVIDAD 12 Supersticiones dominicanas **Parte A:** En parejas, combinen ideas de las dos columnas para formar supersticiones comunes en la República Dominicana. Usen el futuro con los verbos de la segunda columna.

1. Si una persona se viste de negro para una boda, . . .
2. Si una persona duerme con los pies hacia el frente de la casa, . . .
3. Si se siente picor (*itch*) en la mano derecha, . . .
4. Si una persona va al cementerio cuando está enferma, . . .
5. Si se le pega a un niño el Jueves o el Viernes Santo, . . .

a. la mano quedar pegada (*stick*) al cuerpo del niño
b. morir
c. morir de esa enfermedad
d. recibir dinero
e. traerles mala suerte a los novios

Parte B: Ahora terminen estas supersticiones que son comunes en los Estados Unidos.

Si un gato negro cruza delante de una persona, . . .
Si a una mujer soltera le cae el ramo de flores en una boda, . . .
Si pisas una grieta (*crack*) en la calle, . . .
Si encuentras un trébol de cuatro hojas, . . .
Si alguien rompe un espejo, . . .

For hypothetical situations, use the conditional.

ACTIVIDAD 13 Mentiras inocentes ¿Has mentido alguna vez para evitar problemas o por el bien de otra persona? Decide qué harías en las siguientes situaciones. Después, en parejas, compartan las respuestas con su compañero/a.

- Acabas de comprar algo y el vendedor te da el cambio; te das cuenta de que hay $10 de más.

  a. decírselo al vendedor b. darle las gracias c. algo diferente

  Yo le diría que me dio $10 de más. / Le daría las gracias y saldría. / Le regalaría el dinero a una persona pobre. / (etc.)

1. Vuelves de un viaje por México y traes diez botellas de tequila en el carro; el agente de aduanas te pregunta si traes alcohol.
   a. decirle que sí b. decirle que no c. algo diferente
2. Estás en la sala de la casa de un amigo con su perro; acabas de sentarte en el sofá y de romperle los anteojos de $500 a tu amigo.
   a. decirle que su perro los rompió b. decirle la verdad c. algo diferente

125 kilómetros por hora = 78 mph

3. Un policía te detiene porque manejabas a 125 kilómetros por hora y el límite de velocidad es de 100.
   a. pedirle perdón por tu error b. decirle que ibas a 105 c. algo diferente
4. Un niño de cuatro años te dice que su hermana mayor le dijo que Santa Claus no existía.
   a. explicarle la verdad b. decirle que su hermana le mintió c. algo diferente
5. Sabes que un amigo casado sale con otra mujer.
   a. no hacer nada b. hablar con él c. algo diferente

ACTIVIDAD 14 El dilema Un avión pequeño tiene problemas con un motor y está perdiendo altitud rápidamente. Hay ocho pasajeros y un piloto, pero sólo hay cuatro paracaídas (*parachutes*). En grupos de cuatro, lean las descripciones de las personas y decidan a quiénes les darían Uds. los paracaídas y por qué.

- Lo importante/interesante/fundamental es que Antonio Sánchez tiene tres hijos; por eso le daría uno de los paracaídas.

1. Antonio Sánchez: 44 años, piloto, casado y con tres hijos
2. Pilar Tamayo: 34 años, soltera, doctora famosa por sus investigaciones sobre métodos anticonceptivos
3. Lola del Rey: 23 años, soltera, actriz; fue Miss Ecuador y salió segunda en el concurso de Miss Universo; hizo viajes cantando para los soldados
4. Tommy González: 10 años, estudiante de cuarto grado, jugador de fútbol
5. Angustias Ramírez: 63 años, casada, con cinco hijos y siete nietos, abuela de Tommy González; ayuda a los pobres en un programa de la iglesia
6. Enrique Vallejo: 46 años, divorciado, con tres hijos, político importante, liberal, líder del movimiento laboral
7. El Padre Pacheco: 56 años, cura católico de una iglesia para trabajadores migratorios, fundador del programa E.S.D. (Escuela Sin Drogas), una escuela para jóvenes ex drogadictos
8. Lulú Camacho y Víctor Robles: 25 y 28 años, dos físicoculturistas (*bodybuilders*) que participan en competencias internacionales; hacen anuncios en la televisión para el Club Cuerposano

ACTIVIDAD 15 El arte y la globalización En la siguiente escultura el artista colombiano Nadín Ospina muestra la influencia de la globalización al presentar a un indígena, jugador de pelota, con la imagen de Mickey Mouse.

En parejas, lean la siguiente lista de íconos americanos y digan cómo los modificarían para mostrar la influencia de la globalización en su país.

Ronald McDonald, el puente de Golden Gate, el cuadro *American Gothic*, la estatua de la Libertad, la estatua de Lincoln, el cowboy

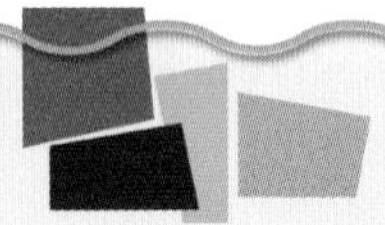

Do Workbook *Práctica comunicativa I* and corresponding CD-ROM activities.

Nuevos horizontes

Lectura

ESTRATEGIA: Understanding the Writer's Purpose

In writing a text, the writer chooses a purpose, such as informing, convincing, or entertaining. A writer does this by painting a picture with his/her words. In order to form one's own opinions about what one reads, it is important to note the writer's bias and how it can affect what he/she writes. By recognizing a writer's purpose and biases one can better filter the information presented.

ACTIVIDAD 16 A primera vista Lee el título de los artículos y di cuál de los dos preferirías leer y por qué.

ACTIVIDAD 17 Propósito Lee los dos artículos y decide cuál de las siguientes palabras describe mejor el propósito de cada artículo: informar, criticar, persuadir o entretener. Justifica tus respuestas con ejemplos específicos.

¡Magnífico Tikal!

▲ Ruinas mayas en plena selva. Tikal, Guatemala.

Viajar a Tikal no es fácil, pero resulta una experiencia inolvidable en la que siempre se aprende algo, y sobre todo, nutre nuestro orgullo como guatemaltecos y como descendientes de los mayas, una de las civilizaciones antiguas más admirables, comparables con los antiguos griegos o egipcios en el viejo mundo.

El valor histórico de Tikal es muy grande, como grande es también el valor turístico que tiene para nuestro país, pues sin duda es el mayor atractivo que Guatemala puede ofrecer a los extranjeros que visitan lo que ha dado a llamarse "el mundo maya" y que incluye un recorrido por Yucatán (México), Petén y Honduras, en un proyecto de explotación conjunto de estos países.

Si bien es cierto que Petén es el departamento más aislado y hasta cierto punto abandonado del país, en medio de la selva está Tikal, lo que obliga a pensar en la necesidad de seguir desarrollando la infraestructura turística, no sólo para facilitar la llegada de extranjeros, sino para buscar también que más guatemaltecos puedan apreciar algo de lo mucho que tenemos.

Por eso es que sería excelente que las autoridades de turismo y las empresas que se dedican al turismo receptivo, buscaran la forma de realizar excursiones al menor precio posible, con el fin de que muchas personas puedan viajar a Petén y disfrutar de ese patrimonio que trasciende a los guatemaltecos y se convierte en verdadero patrimonio de la humanidad.

Sería buena idea que se promocionara mucho internamente y que se crearan paquetes especiales —más accesibles—, desde el transporte, alimentación, hospedaje y el tour mismo.

Una modesta saga municipal

por José da Cruz

Esto pasó en los Estados Unidos. En la historia entran una niña de once años, un auto y un parquímetro[1].

En un día de marzo de 1998 en Berkeley, California, Ellie Lamer acompañó a su mamá al centro. Estacionaron el auto, pusieron en el parquímetro las monedas para cubrir una hora y se fueron a sus mandados. Regresaron cuarenta minutos después. En el parabrisas las esperaba una multa de veinte dólares pues el aparato indicaba tiempo vencido. La mamá se enojó mucho, pero comprobó que el dial del mecanismo marcaba lo que marcaba, aunque no hubiera pasado una hora, y de todos modos pagó la multa.

Los niños de esa edad suelen tener un sentido de la justicia muy agudo, y a Ellie no le gustó la cosa. En vez de protestar y armar un berrinche[2], decidió luchar por sus derechos. En la escuela comentó lo sucedido y en vista de que ya se acercaba el fin del año escolar —supongo que llegaría en mayo o junio— pidió permiso a la maestra para que su trabajo final fuese un control de los parquímetros de la ciudad. La maestra lo aceptó. Cuando llegó el momento, la niña vació su alcancía[3] y utilizó sus moneditas para controlar cincuenta aparatos.

Conviene resaltar varias cosas: la niña se había planteado un problema concreto, partía de su experiencia y contaba con apoyo[4] institucional; tenía una obligación escolar que cumplir, había hallado un tema que verdaderamente la entusiasmaba y podía aplicar un método empírico y sencillo para investigarlo; tenía recursos propios para cubrir gastos y la voluntad de invertirlos en eso; finalmente, estaba imbuida de un santo espíritu de reivindicación. En resumen: reunía todas las condiciones para tener éxito científico. Así, puso en marcha su trabajo de campo y obtuvo los siguientes resultados:

6% de los parquímetros eran exactos
28% favorecían al automovilista
66% medían tiempo de menos

No era poca cosa: era un escándalo. El informe de Ellie se hizo público y generó una reacción fuerte; es decir, tuvo una dimensión social muchísimo mayor que el 99,9% de los trabajos universitarios. La comuna de Berkeley alegó que los parquímetros eran de sistema mecánico, estaban desgastados y no había habido mala fe, pero la bola de nieve ya estaba en marcha y tuvieron que reponer 3.200 aparatos.

La cosa no quedó ahí[5]. El ejemplo de Ellie fue seguido en decenas de escuelas en el país, donde los alumnos obtuvieron resultados similares. Por lo tanto, grupos de enardecidos contribuyentes entablaron juicios alegando multas mal cobradas. La niña se hizo famosa y fue invitada a programas de radio y televisión, entrevistada en los periódicos y demás. Hasta hubo una reforma legal en California responsabilizando a los municipios por la exactitud de aparatos y multas. [. . .]

---

1 *parking meter* 2 *throw a tantrum* 3 *piggy bank* 4 *support* 5 *It didn't stop there.*

Esto pasó en los Estados Unidos; no sé qué hubiera sucedido si Ellie se hubiese enojado con el municipio[6] de Montevideo. Claro, dirán ustedes, aquí el estacionamiento se controla con relojes digitales y no pasa eso, pero utilicemos la fantasía. Probablemente su mamá le hubiera dicho "no te metás[7], dejá[7] todo así"; en el peor de los casos le hubiera dado una cachetada[8] y mandado a jugar con muñecas. La maestra le habría dicho, "pero m'ijita, estudiá[7] los verbos que te va a venir mejor" y el jerarca municipal correspondiente la habría hecho esperar seis horas a la puerta de la oficina, para después ladrarle que no se metiera en cosas de adultos, como el gobierno de la ciudad. Finalmente, los medios de comunicación hubieran publicitado el caso si su color político era contrario al del gobierno comunal; si no, no. Hay otra tolerancia aquí, la tolerancia cero. También es probable, bah, casi seguro, que Ellie no hubiera tenido ahorros[9] para pagar el costo de su prueba.

Conclusión: estamos muy mal para la investigación, andamos pésimo para armar un informe, no podemos esperar ayuda institucional y la sociedad interpreta como "horrible" todo esfuerzo para hacer cualquier cosa que pueda significar el mínimo cambio, el mínimo esfuerzo, el mínimo. Cuando pienso que esta niña tenía once años, recuerdo que, a los once años, mi preocupación principal era que no me descubrieran fumando a escondidas a la salida del Liceo Zorrilla. Tal vez todo se reduzca a un problema de mentalidades diferentes.

---

6 *as if she had gotten mad at the local government* 7 *familiar commands for* ***vos*** *used in Uruguay*
8 *little slap* 9 *savings*

ACTIVIDAD 18 ¿Quién dice qué? Después de leer los dos artículos, mira las siguientes ideas y escribe 1 para indicar que el autor del primer artículo menciona la idea, 2 para indicar que la menciona el autor del segundo artículo o 1 y 2 para indicar que la mencionan los dos.

_____ Quiere cambio.
_____ Ofrece sugerencias para implementar el cambio.
_____ Discute los impedimentos culturales para el cambio.
_____ Habla de la influencia de los medios de comunicación.
_____ Está orgulloso de su cultura.
_____ Habla de la importancia de apreciar su propia cultura.
_____ Es optimista en cuanto a la posibilidad de cambio.
_____ Es pesimista en cuanto a la posibilidad de cambio.

ACTIVIDAD 19 Problemas y soluciones **Parte A:** Discute la siguiente pregunta sobre el artículo de Tikal.

El autor dice que Tikal es una maravilla maya, pero identifica un problema. ¿Cuál es el problema y cómo se podría solucionar?

Parte B: Ahora discute las siguientes preguntas sobre el artículo del uruguayo José da Cruz.

1. ¿Cuál es la historia de Ellie?
2. ¿Bajo qué circunstancias publicaría la prensa de Uruguay lo ocurrido?
3. ¿Qué impedimentos para el cambio ve el autor en Uruguay?

Parte C: Después de la Segunda Guerra Mundial, Europa estaba totalmente destruida y los Estados Unidos implementaron un plan de ayuda económica llamado el Plan Marshall. La idea era que una Europa fuerte sería un buen mercado para comprar los productos de los Estados Unidos y se alejaría de la amenaza (*threat*) del comunismo de la Unión Soviética. En grupos de cuatro, piensen en los casos de Guatemala y de Uruguay que se presentan en los dos artículos que leyeron y digan de qué manera los países desarrollados pueden ayudar a los países en vías de desarrollo y beneficiarse de la ayuda que les brinden.

ESTRATEGIA: Writing a Summary

A summary includes the main points of a text, without details. As with a description of an event, you address the questions *who?*, *what?*, *where?*, *when?*, and *why?* In order to do a summary, it is helpful to list the main points of the text first, and then to use connectors or linking words to join the ideas. When writing a summary, remember to use the following phrases to support, expand upon, or contrast ideas:

a la vez	por ejemplo	sin embargo
por lo general	por un lado . . . por el otro	

ACTIVIDAD 20 Un resumen **Parte A:** Vas a escribir un resumen sobre uno de los dos artículos que acabas de leer. Tendrás que incluir también tus reacciones e impresiones sobre el argumento principal del artículo. Para organizarte, haz primero una lista con información sobre los puntos importantes del artículo y tus impresiones y reacciones a estos puntos.

Lo que dijo el artículo	*Mis impresiones y reacciones*

Parte B: Ahora escribe el resumen con tus comentarios. Relee el borrador para ver si incluiste frases como **a la vez** y **por lo general.**

Parte C: ¿Copiaste frases enteras del artículo o usaste paráfrasis, o sea, usaste tus propias palabras? Está bien citar (*to quote*) al autor, pero la mayoría de tu resumen debe estar escrito en tus propias palabras. Escribe la versión final.

Parte D: Entrégale la lista, el borrador y la versión final a tu profesor/a.

Lo esencial II

ESPAÑA

EXTRANJEROS

(Régimen General)

SOLICITUD DE PERMISO DE TRABAJO Y RESIDENCIA

REGISTRO

POR FAVOR, NO ESCRIBA EN LOS ESPACIOS SOMBREADOS. VEA INSTRUCCIONES AL DORSO. RELLENELO A MAQUINA O CON BOLIGRAFO NEGRO Y LETRA DE IMPRENTA

DATOS DEL TRABAJADOR

Apellido(s) — Nombre

Apellido de nacimiento — País de nacionalidad

Lugar de nacimiento (localidad) — País de nacimiento

Fecha de nacimiento (día, mes y año) — Sexo — Estado civil — Profesión habitual

Núm. de afiliación a la Seguridad Social española (1) — Titulación y conocimientos especiales

Apellido(s) y nombre de la madre — Apellido(s) y nombre del padre

¿TUVO PERMISO DE RESIDENCIA Y TRABAJO CON ANTERIORIDAD A ESTA SOLICITUD? (2) No ☐ Sí ☐ ¿Por cuenta propia? ☐ ¿Por cuenta ajena? ☐

SI YA TRABAJA O VA A TRABAJAR: Dependencia laboral (2) Cuenta propia ☐ Cuenta ajena ☐

En busca de trabajo

la carta de recomendación letter of recommendation
completar to fill out
contratar to contract, hire
el contrato contract
el curriculum (vitae)/currículo résumé, curriculum vitae
el desempleo unemployment
despedir (e ⟶ i, i) to fire
el empleo job, position; employment
la entrevista interview
la experiencia experience
el puesto job, position
el seguro médico medical insurance
solicitar to apply for
la solicitud application
el sueldo salary
el título title; (university) degree
trabajar tiempo parcial/tiempo completo to work part time/full time

ACTIVIDAD 21 Definiciones Termina estas oraciones con una palabra o frase lógica de la lista presentada en la sección *En busca de trabajo.*

1. Antes de una entrevista, tienes que completar una ________________.
2. Para solicitar un trabajo, es bueno pedirles a varias personas una ________________.
3. Sólo trabajas veinte horas por semana; es decir que trabajas ________________ y no ________________.
4. La cantidad de dinero que recibes por semana o por mes es tu ________________.
5. Tu historia profesional se llama ________________.
6. Un beneficio que te pueden dar es el ________________.

En muchos países hispanos se divide el sueldo anual en catorce pagos en vez de doce. De esta forma, una persona recibe normalmente el doble del sueldo mensual en julio y en diciembre. Mucha gente usa este dinero para las vacaciones y para las compras de Navidad. ¿Te gustaría recibir bonos o prefieres repartir el dinero en doce pagos iguales?

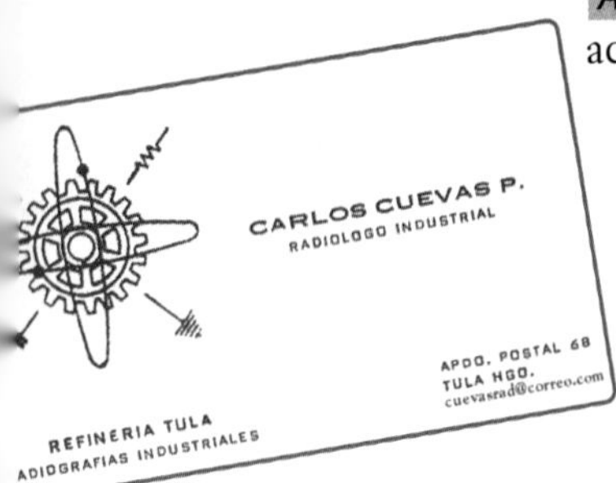

CARLOS CUEVAS P.
RADIOLOGO INDUSTRIAL
APDO. POSTAL 68
TULA HGO.
cuevasrad@correo.com
REFINERIA TULA
ADIOGRAFIAS INDUSTRIALES

ACTIVIDAD 22 ¿Quién lo hace? Decide quién o quiénes hacen las siguientes acciones: un futuro jefe, un jefe, un ex jefe, un futuro empleado o un empleado.

1. anunciar un puesto de trabajo
2. recibir seguro médico
3. despedir a alguien
4. firmar un contrato
5. leer una solicitud
6. completar una solicitud
7. escribir cartas de recomendación
8. hacer el curriculum vitae
9. recibir sueldo
10. participar en una entrevista

ACTIVIDAD 23 En busca de trabajo En parejas, "A" busca empleo y "B" es consejero/a en la agencia de empleos de la universidad. "A" quiere saber qué posibilidades de empleo hay, qué beneficios ofrecen, qué documentos tendrá que presentar, y qué debe incluir en su curriculum. Lean sólo las instrucciones para su papel.

A

Tienes título universitario en economía y estás empezando tus estudios de posgrado; por eso, necesitas un trabajo de tiempo parcial. Tu lengua materna es el inglés pero hablas francés y español. Durante tus años de escuela secundaria trabajaste en McDonald's y mientras estudiabas en la universidad, trabajaste en una compañía de importación escribiendo emails dirigidos a países hispanos y a Francia.

B

Los siguientes son dos puestos disponibles (*available*). Averigua las cosas que sabe hacer "A" y recomiéndale uno de estos puestos.

Camarero/a en el restaurante de primera categoría El Charro; lunes, martes, fines de semana; 25 horas semanales; sueldo según experiencia; propinas; 2 semanas de vacaciones; sin seguro médico.
Requisitos: buena presencia; con experiencia; carta de recomendación del último jefe; curriculum; conseguir la solicitud en el restaurante.
Avenida Guanajuato 3252.

Traductor/a para compañía de seguros; bilingüe (español/inglés); horario variable—más o menos 20 horas por semana; $25 por página; seguro médico incluido.
Requisitos: un año de experiencia; examen de español e inglés; 3 cartas de recomendación; curriculum; título universitario.
Para conseguir la solicitud, llamar al 467 43 89.

ACTIVIDAD 24 El puesto ideal Ahora, el/la consejero/a quiere simular una entrevista. "A" y "B" deben practicar entrevistas para los puestos presentados en la actividad anterior. Cambien de papel después de la primera entrevista.

¿A trabajar en la Patagonia?

Pingüinos en la Península de Valdés, Argentina.

los chismes	gossip
resultó ser . . .	it/he/she turned out to be . . .
tomarle el pelo (a alguien)	to pull someone's leg

Juan Carlos y Álvaro acaban de regresar de su viaje, y mientras estaban en Venezuela, Juan Carlos conoció a un señor que le habló de un posible empleo. Ahora él está otra vez en Madrid con Teresa y Claudia, contándoles sobre el viaje y completando la solicitud en Internet.

ACTIVIDAD 25 Escucha y responde Mientras escuchas la conversación, anota las respuestas a estas preguntas.

1. ¿Dónde conoció Juan Carlos al señor?
2. ¿Por qué tiene el señor interés en ayudar a Juan Carlos?
3. ¿Qué tiene que hacer Juan Carlos?
4. ¿Está contento don Alejandro con el trabajo de Juan Carlos y Álvaro?
5. Si Juan Carlos consigue el trabajo, ¿adónde irá?

TERESA ¿Por qué no sigues contándonos de la Dra. Llanos y el Sr. Ruiz? Ayer no terminaste de explicarnos por qué ella lo odiaba a muerte. No me sorprendería verlos después muy amigos.

JUAN CARLOS ¿Amigos, ellos? Nunca. ¡Estás loca! Tú no los viste en el viaje.

CLAUDIA Y, ¿por qué no? Del odio al amor hay sólo un paso . . .

Expressing urgency

JUAN CARLOS Bueno, dejémonos de chismes y ayúdenme a terminar esta solicitud, pues quiero mandarla antes de que salgamos a comer.

TERESA Lo que no entiendo es que te fuiste de viaje y llegaste con una oferta de trabajo. ¿Cómo es posible?

Approximating

JUAN CARLOS Fue pura casualidad. Estábamos en Venezuela celebrando el cumpleaños del Sr. Ruiz en un club y me puse a hablar con un señor peruano que tendría unos cuarenta años. Resultó ser gerente de una empresa de ingenieros e íntimo amigo de un tío mío.

CLAUDIA Para mala suerte, Álvaro, y para suerte loca, Juan Carlos.

JUAN CARLOS Bueno, entonces cuando supo quién era mi tío y que yo estudiaba ingeniería, me dijo que por qué no solicitaba un puesto con su empresa. Y ahora tengo que mandarles esta solicitud por email a los jefes de personal.

CLAUDIA O sea, conoce a tu tío, ¿eh? . . . Eso se llama tener palanca.

JUAN CARLOS Bueno, pero también tengo un buen curriculum, ¿no? Oye, Teresa, ¿crees que tu tío me escribiría una carta de recomendación?

Wondering

TERESA Por supuesto. Él está feliz con los comentarios de la gente del tour, pues todo lo que dicen de ti y de Álvaro son maravillas. Lo malo es que esta tarde sale para Londres y no sé dónde estará ahora . . . Lo llamo ahora mismo a ver si está en la oficina.

JUAN CARLOS Con la recomendación de don Alejandro, es posible que me den el puesto sin entrevistarme, ¿no crees?

CLAUDIA ¡Un momento, un momento! Lo que yo quisiera saber es dónde es ese trabajo . . . Creo que tengo derecho a saber . . . ¿eh?

JUAN CARLOS Pues . . . Lo único es que . . . es que es . . . es en la Patagonia . . .

CLAUDIA ¿La Patagonia? Pero, ¡eso está muy lejos!

JUAN CARLOS ¡Calma, calma! Te estoy tomando el pelo. La oferta de trabajo es para Caracas, no para la Patagonia y ¡con un buen sueldo . . . !

ACTIVIDAD 26 Un resumen Después de escuchar la conversación otra vez, en parejas, digan cinco oraciones que resuman la conversación entre Juan Carlos y las dos chicas.

ACTIVIDAD 27 Predicciones Escribe las respuestas a las siguientes preguntas y después, en parejas, comparen sus respuestas con las de su compañero/a. Deben estar preparados para defender sus predicciones.

1. Algún día, ¿serán amigos el Sr. Ruiz y la Dra. Llanos?
2. ¿Qué dirá don Alejandro en la carta de recomendación?
3. ¿Le darán el empleo a Juan Carlos?
4. ¿Qué pasará con Claudia y Juan Carlos?

En español se dice que si una persona está debajo de un árbol grande, está protegida por su sombra (*shade*). Este dicho se refiere a lo importante que es conocer a personas de influencia para obtener un buen puesto o, a veces, para que le hagan favores. Esta costumbre tiene diferentes nombres en diferentes países hispanos: el enchufe, la corbata, la conexión, la palanca, tener padrino, etc. ¿Crees que esta costumbre sea común en muchos países? ¿Y en tu país? ¿Puedes pensar en algunas palabras o expresiones en inglés que se relacionen con esta costumbre? ¿Sabes de alguien que haya obtenido su puesto con "palanca"?

ACTIVIDAD **28** **Al fin** Di qué ocurrió en las siguientes situaciones, usando la frase **resultó ser** para terminar las oraciones.

1. Compré un coche nuevo y . . .
2. Conseguí un puesto con la ONU (Organización de las Naciones Unidas) y . . .
3. Cuando un amigo mío conoció a su primera novia, ella era simpática, trabajadora y tenía ambiciones, pero después de unos años . . .
4. Para Juan Carlos el viaje . . .

Hacia la comunicación II

I. Expressing Probability: The Future and the Conditional

The future and the conditional tenses are often used to express probability or to wonder about a situation. When you wonder about the present, use the future tense. When you wonder about the past, use the conditional.

—¿Cuántos años **tendrá** ese muchacho?	*I wonder how old that guy is.*
—**Tendrá** unos diecinueve.	*He's probably (He must be) about nineteen.*
—¿Qué hora **será**?	*I wonder what time it is.*
—**Serán** las 3:00.	*It must be (It's probably) 3:00.*
—¿Cuántos años **tendría** cuando se casó?	*I wonder how old he was when he got married. (How old could he have been when he got married?)*
—**Tendría** unos veinticinco.	*He probably was (must have been) about twenty-five.*
—¿Qué hora **sería** cuando llegaron los chicos?	*What time could it have been when the guys arrived?*
—**Serían** las 3:00 de la mañana.	*It must have been (It probably was) 3:00 AM.*

II. The Subjunctive in Adverbial Clauses

The following adverbial conjunctions are always followed by the subjunctive.

Remember the acronym **ESCAPA.**

E	**en caso (de) que**	in the event that; in case
S	**sin que**	without
C	**con tal (de) que**	provided that
A	**antes (de) que**	before
P	**para que**	in order that, so that
A	**a menos que**	unless

En caso de que llueva, no iremos al parque. — *In the event that it rains, we won't go to the park.*

Van a entrar **sin que** nadie los **oiga.** — *They're going to come in without anybody hearing them.*

Yo voy, **con tal de que** tú **vayas** conmigo. — *I'll go provided that you go with me.*

Llámame **antes de que salgas** para Caracas. — *Call me before you leave for Caracas.*

Me va a dar su cámara **para que saque** fotos del viaje. — *He's going to give me his camera so that (in order that) I can take pictures of the trip.*

Juan Carlos no aceptará el puesto **a menos que** Claudia **vaya** con él. — *Juan Carlos won't accept the job unless Claudia goes with him.*

NOTE: Sin que, para que, and **antes de que** take the subjunctive when there is a change of subject. If there is no change of subject, use an infinitive immediately after the prepositions, omitting the word **que.**

Trabajo **para que mi familia viva** bien.
Trabajo **para vivir** bien.

Ella se va a casar **sin que sus padres** lo **sepan.**
Ella se va a casar **sin decirles** nada a sus padres.

Internet Do Workbook *Práctica mecánica II*, CD-ROM, Web ACE Tests, and lab activities.

There are multiple possibilities.

ACTIVIDAD 29 **Situaciones** Imagínate qué están haciendo las personas que dicen estas oraciones.

- "Me encanta esta música."
  Estará en un concierto.

1. "Está deliciosa. Realmente eres un genio."
2. "No puedo continuar. Estoy cansadísima."
3. "No me interrumpas. Debo terminar esto lo antes posible."
4. "Justo ahora que estoy aquí, suena el teléfono."

ACTIVIDAD 30 Los misterios de la vida En parejas, digan por qué creen que ocurrieron estas cosas.

- Gloria no fue a la entrevista de trabajo.
  Estaría enferma.

1. No aceptaron a tu amigo Alfredo, un estudiante excelente, en la facultad de medicina.
2. Desaparecieron misteriosamente tus amigos Mariano y Rosa.
3. Tu amigo Felipe nunca tenía dinero y la semana pasada compró un carro nuevo.
4. La perra de un amigo estaba muy gorda. Siempre tenía hambre y no hacía más que comer y dormir.

ACTIVIDAD 31 Los deseos de los padres Muchas veces nuestros padres nos piden que hagamos cosas que no queremos hacer. Cuando ocurre esto, tenemos tres opciones: decir que sí, decir que no o negociar con ellos. Cuando negociamos, les ponemos condiciones. Pon condiciones a los siguientes pedidos de tus padres.

1. Tus padres quieren que tú salgas con el hijo de uno de sus amigos que va a estar de visita en la ciudad. No conoces a ese joven, pero es posible que no te caiga bien.

   No saldré con él a menos que . . .

2. Tus padres quieren que tú pases el fin de semana con ellos para celebrar una reunión familiar, pero tus amigos van a hacer una fiesta fabulosa.

   Iré a la reunión familiar con tal de que . . .

3. Tú te quieres cambiar de universidad, pero tus padres se oponen.

   Me cambiaré de universidad después de que . . .

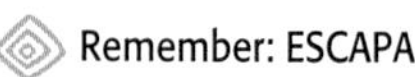

ACTIVIDAD 32 Usa la imaginación Completa las siguientes frases sobre los personajes del libro de forma original usando expresiones como **antes de que, sin que, para que,** etc.

- Juan Carlos no irá a Caracas a menos que le den el trabajo.

1. Don Alejandro va a entrevistar a varias personas . . .
2. Teresa estudia turismo . . .
3. Claudia piensa casarse con Juan Carlos . . .
4. No le van a dar el trabajo a Juan Carlos . . .
5. Vicente y Teresa irán de vacaciones a Centroamérica . . .
6. Claudia le pregunta a Juan Carlos sobre sus planes . . .
7. Marisel quiere quedarse en España . . .

ACTIVIDAD 33 Los últimos detalles **Parte A:** Uds. van a llevar a un grupo de estudiantes norteamericanos de dieciséis años a la República Dominicana para que vivan con familias dominicanas durante un mes. Completen la carta (página 430) que recibieron las familias dominicanas que van a hospedar (*host*) a los estudiantes. Usen las expresiones **en caso de que, sin que, con tal de que, antes de que, para que** y **a menos que.**

Estimados señores:

Muchas gracias por participar en nuestro programa de intercambio estudiantil. Ésta es la última carta que les voy a escribir antes de la llegada de los jóvenes a la República Dominicana. A continuación hay información que puede ayudarlos:

1. _______________ los estudiantes lleguen, Uds. van a recibir su nombre, su dirección en los Estados Unidos y el nombre de sus padres. Si no tienen esta información, por favor comuníquense con nuestra oficina.
2. _______________ su estudiante tenga un accidente o se enferme, deben llevarlo a la Clínica Infantil Dr. Robert Reid Cabral en Santo Domingo. Todos los estudiantes tienen seguro médico. Uds. no tienen que pagar nada. No tienen que avisar a la oficina _______________ sea algo grave.
3. Los estudiantes no pueden hacer viajes a otras ciudades _______________ tengan permiso escrito de sus padres y _______________ Uds. avisen a nuestra oficina.
4. Los estudiantes pueden salir de noche _______________ Uds. les den permiso. _______________ no tengan problemas, les recomendamos que impongan una hora de llegada.
5. Nuestra oficina no permite que los estudiantes cambien de casa _______________ el estudiante, la familia y el director del programa lo consideren necesario.

Los estudiantes llegarán el sábado a las 11:32 de la mañana en el vuelo número 357 de TACA. Allí los espero frente a la sala de aduanas número 2 para recibir a los estudiantes.

Los saluda atentamente,

Rafael Gris Vicens

Rafael Gris Vicens

Parte B: Uds. quieren que los chicos representen bien a los Estados Unidos mientras estén en la República Dominicana, pero temen que pueda haber problemas. Aquí hay algunas preocupaciones que Uds. tienen. En grupos de tres, hablen de la lista y sus posibles consecuencias.

Habrá problemas con el alcohol.
No querrán probar la comida.
Llegarán tarde por la noche.
Saldrán sin pedir permiso.
No hablarán español.
Aprenderán malas palabras en la calle y las usarán en la casa.

Parte C: Ahora en su grupo, preparen lo que les dirán a los chicos para evitar problemas. Estén listos para decirlo enfrente de la clase. Por ejemplo: **No deben salir de la casa sin que sus padres dominicanos les den permiso porque . . . Deben recordar que sus padres dominicanos son sus padres en la República Dominicana y . . .**

Internet

Do Workbook *Práctica comunicativa II*, CD-ROM, Web ACE Tests, and lab activities.

Videoimágenes

La comunidad global

ACTIVIDAD 34 El mundo es un pañuelo Antes de ver un segmento sobre la globalización, decidan en parejas si las siguientes compañías son de los Estados Unidos o de otros países.

1. Braun
2. Phillips
3. Shell
4. Johnson & Johnson
5. Benetton
6. Knorr
7. Nestlé
8. Goodrich
9. Panasonic
10. Volvo
11. Nokia
12. Motel 6

1:04:06–1:05:30

ACTIVIDAD 35 Las multinacionales Ahora mira este segmento del video sobre el mundo hispano y haz una lista de las marcas y compañías que conoces que aparecen en el video.

1:05:31–1:07:01

ACTIVIDAD 36 Los efectos de la globalización **Parte A:** Ahora mira otro segmento para enterarte (*find out*) de aspectos de España que se han visto afectados por la globalización y cuál ha sido el efecto de la Unión Europea sobre ese país.

1:07:02–1:08:40

Parte B: Ahora mira este segmento para enterarte de cuáles han sido los aspectos positivos y negativos de la globalización en la Argentina y si el ALCA (Acuerdo de Libre Comercio de las Américas) puede ser positivo o negativo para el país.

1:08:41–1:10:12

Parte C: Mira el siguiente segmento sobre México para saber cuáles son los aspectos positivos del TLC y qué aspectos negativos podría traer consigo este acuerdo.

1:10:13–end

ACTIVIDAD 37 Los otavalos Mariela está en Otavalo, Ecuador, donde entrevista a unos indígenas del lugar sobre cómo coexiste su cultura antigua con la modernización del siglo XXI. Mira el siguiente segmento y contesta las preguntas que les hace Mariela.

1. ¿Qué hacen para transmitir la cultura de sus antepasados a sus hijos y así mantener viva su cultura y su lengua?
2. ¿Qué han hecho para entrar en el mercado global?
3. En la página Web de los otavalos hay una frase que dice "Queremos pertenecer a una comunidad global sin dejar de ser lo que somos". ¿Qué quieren decir ellos con esta frase?

Mariela habla con dos otavaleños.

ACTIVIDAD 38 Los indígenas de tu país ¿Han podido aprovechar el desarrollo tecnológico los indígenas de tu país a nivel nacional y/o internacional? Busca en Internet información sobre el tema y tráela a clase al día siguiente para compararla con lo que hacen los otavalos.

Internet Do Web Search activities.

Vocabulario funcional

En la óptica

el álbum (de fotos)	*photo album*
la cámara (digital)	*(digital) camera*
la cámara de video	*video camera*
el flash	*flash*
las gafas/los anteojos	*eyeglasses*
el marco	*frame*
el/la oculista	*eye doctor*
el rollo/carrete	*film*

Otras palabras relacionadas con la óptica y la fotografía

Ver página 412.

En busca de trabajo

Ver página 423.

Palabras y expresiones útiles

antes que nada	*before anything else*
los chismes	*gossip*
dejar boquiabierto (a alguien)	*to leave (someone) dumbfounded*
es hora de + *infinitive*	*it's time to* + infinitive
inesperado/a	*unexpected*
resultó ser . . .	*it/he/she turned out to be . . .*
tomarle el pelo (a alguien)	*to pull someone's leg*

Capítulo 17

Chapter Objectives

- Discussing art and giving opinions about art
- Expressing doubts and emotions in the past
- Giving implied commands in the past
- Expressing your ideas on love and romance
- Expressing reciprocal actions
- Describing hypothetical situations

▼ Museo del Prado, Madrid.

Datos interesantes

Dentro de los Estados Unidos se puede ver arte hispano en lugares como:

- el Instituto Mexicano de Bellas Artes, Chicago, IL
- el Museo del Barrio, ciudad de Nueva York, NY
- el Museo de las Américas, Denver, CO
- el Museo de Arte Latinoamericano, Long Beach, CA
- el Centro Cívico y la Plaza Brunswick (esculturas de Picasso y Miró), Chicago, IL
- la Plaza de La Raza, East Los Ángeles
- el Museo de Arte de las Américas, Washington, D.C.

El arte escondido

▲ *Los fusilamientos en la montaña del Príncipe Pío,* Francisco de Goya y Lucientes (1746–1828), español.

no veo la hora de + *infinitive*	I can't wait to + *infinitive*
dar a conocer	to make known
en seguida	at once, right away

Diana y Álvaro van en el carro escuchando la radio cuando oyen una noticia increíble.

ACTIVIDAD 1 Busca información Mientras escuchas la conversación y la noticia, anota las respuestas a las siguientes preguntas.

1. ¿Cuándo tendrá examen Álvaro?
2. ¿Qué se encontró en la casa de la señora?
3. ¿Qué le pasó a la señora?
4. ¿Qué le molesta a Álvaro?
5. ¿Cuántas veces ha ido Álvaro al Museo del Prado?

Showing impatience

ÁLVARO No veo la hora de terminar el trimestre. A propósito, quería preguntarte, ¿qué tal van tus clases?

DIANA Pronto tendré exámenes.

ÁLVARO Sí, yo tengo uno de derecho penal el martes que viene.

DIANA Y yo, uno de literatura.

ÁLVARO ¡Huy! Literatura, ¡qué aburrido!

DIANA De aburrido, nada. A mí me encanta.

ÁLVARO Pero la literatura es . . .

EL LOCUTOR ¡Atención! Interrumpimos para dar una noticia de última hora . . .

DIANA ¡Calla, calla! Escucha.

EL LOCUTOR La dirección del Museo del Prado dio a conocer hoy el hallazgo de un cuadro, hasta ahora desconocido, de Goya. Se trata de una de las pinturas de su época negra. El cuadro se encontró en la casa de una señora de noventa y ocho años que murió en la provincia de Zaragoza. Cuando sus hijos estaban sacando los muebles de la casa, encontraron la pintura debajo de la cama. Dijeron que no sabían nada del cuadro, pero que era posible que fuera de un pariente coleccionista. Al principio se dudaba que fuera un original, pero al examinarla, los expertos en seguida se dieron cuenta de que era una obra maestra del gran pintor español. Al pedirle una declaración al director del museo, sólo ha dicho que valoran el cuadro en cientos de millones . . .

Expressing doubt

ÁLVARO Un loco del siglo XVIII pintó algo para que otro loco del siglo XXI pagara millones por su cuadro.

Showing displeasure

DIANA ¡Qué poco entiendes! El loco serás tú.

ÁLVARO Es que no me interesa mucho el arte; la arquitectura me fascina, pero los cuadros . . .

Inquiring about past actions

DIANA ¿Los cuadros qué? ¿Has estado en el Museo del Prado alguna vez?

ÁLVARO No, pero . . .

DIANA Eres un inculto. Mañana tengo que ir al museo y quiero que vengas conmigo.

ÁLVARO ¡¿Me estás pidiendo que vaya a un museo?!

DIANA Vamos, hombre. Vas a recibir una lección de arte.

ACTIVIDAD 2 ¿Comprendiste? Después de escuchar la conversación otra vez, completa estas oraciones.

1. Diana y Álvaro tienen que estudiar porque . . .
2. La pintura de Goya se encontró . . .
3. El valor de la obra . . .
4. Diana le dice a Álvaro que es un loco porque . . .
5. Álvaro prefiere . . .
6. Mañana Álvaro posiblemente . . .

ACTIVIDAD 3 No veo la hora . . . Escribe una lista de cuatro cosas que deseas que ocurran muy pronto. Después, en parejas, comparen su lista con la de su compañero/a y pregúntenle por qué quiere que pasen estas cosas.

- No veo la hora de terminar el semestre.

Uno de los mejores museos de arte del mundo es el Museo del Prado de Madrid. El Prado tiene una colección artística de más de tres mil pinturas y unas cuatrocientas esculturas de artistas de todo el mundo. Además de obras de El Greco, Velázquez, Goya, Ribera y muchos otros artistas españoles, el Prado tiene la segunda colección de pintores flamencos del mundo, con obras de Rubens, El Bosco, Van Dyck y Brueghel. En otro museo de Madrid, el Centro de Arte Reina Sofía, se puede ver la obra más política de Picasso, *Guernica,* y los dibujos que hizo el pintor cuando preparaba esta famosa obra.

Un museo relativamente nuevo en Madrid, el Museo Thyssen-Bornemisza, recibe su nombre del barón Hans Heinrich Thyssen-Bornemisza (1921–2002), holandés nacionalizado suizo casado con una española. Ellos le vendieron su colección de setecientos setenta y cinco cuadros, una de las mejores del mundo, al gobierno español a un precio mínimo. En una visita al Thyssen-Bornemisza se puede ver la evolución del arte europeo a través de los años, porque está organizado en orden cronológico empezando con los italianos del siglo XIV y terminando con cuadros del siglo XX. Aunque la mayoría de los cuadros son de origen europeo, inclusive de españoles como Goya, Ribera, Picasso y Miró, también hay pintores norteamericanos como Sargent, O'Keeffe, Rothko y Hopper.

Goya was the Garry Trudeau of his time. (Trudeau created the cartoon strip *Doonesbury.*) Goya's instrument was the brush.

Lo esencial I

Arte is normally masculine when singular **(el arte moderno)** and feminine when plural **(las bellas artes).**

El arte

1. el/la artista
2. el cuadro/la pintura
3. el dibujo
4. el/la modelo
5. la escultura
6. el/la escultor/a

When studying, try to associate these words with people or things: **pintor = Picasso; estatua = Venus de Milo.**

Otras palabras relacionadas con el arte

el autorretrato self-portrait
el bodegón still life
la copia copy
dibujar to draw, sketch
la escena scene
la estatua statue
la exhibición/exposición exhibition
la obra maestra masterpiece
el original original
el paisaje landscape
pintar to paint
el/la pintor/a painter
el retrato portrait

ACTIVIDAD 4 ¿Hay artistas en la clase? En parejas, háganle las siguientes preguntas a su compañero/a para ver si es una persona artística o una persona a quien le gusta el arte.

1. Cuando eras pequeño/a, ¿dibujabas o pintabas mucho?
2. Hoy día, ¿dibujas en los cuadernos durante tus clases o cuando hablas por teléfono?
3. ¿Te gusta dibujar? ¿Pintar? ¿Has hecho alguna escultura?
4. ¿Has tomado clases de arte?
5. ¿Hay cuadros en la casa de tus padres y/o abuelos? ¿Son originales o copias? Descríbelos.
6. ¿Te gusta visitar museos? ¿Cuál fue el último museo que visitaste? ¿Qué viste?
7. ¿Qué pintores/artistas te gustan y por qué?

Muchos artistas hacen comentarios sociales como los hizo Goya hace doscientos años. El arte mexicoamericano es un comentario social importante en los Estados Unidos. Los mexicoamericanos comenzaron a pintar murales urbanos en Chicago en 1968 y hoy en día hay murales en otras ciudades del país, especialmente en Los Ángeles. Estos murales representan, de forma a veces satírica, la historia mexicana, el movimiento de los trabajadores agrícolas y la tradición mexicana en los Estados Unidos; en ellos se ve la influencia de los grandes muralistas de México como Diego Rivera, José Clemente Orozco y David Alfaro Siqueiros.

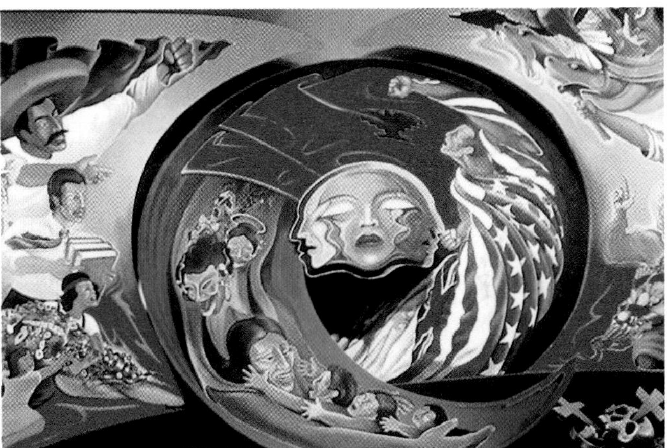

▲ *La antorcha* (torch) *de Quetzalcóatl,* Leo Tanguma, mexicoamericano. Este mural muestra la historia del mexicoamericano y su lucha por mantener sus costumbres dentro de la sociedad de los Estados Unidos.

ACTIVIDAD 5 Críticos de arte En grupos de cuatro, miren los cuadros de este capítulo y coméntenlos dando sus impresiones. Usen frases como **lo interesante es . . . , lo curioso es . . . , lo que (no) me gusta es . . . ,** etc. Incluyan el nombre del artista y del cuadro.

- Lo interesante de *Los fusilamientos en la montaña del Príncipe Pío* de Goya es que no se ven las caras de los militares.

ACTIVIDAD 6 Usa la imaginación En parejas, escojan uno de los siguientes cuadros para inventar una historia sobre lo que ocurrió fuera del cuadro antes y después de que lo pintaran. Usen la imaginación para crear la historia y usen el pretérito y el imperfecto para contarla. Sigan el modelo sobre el cuadro de Goya en la página 434.

- Era el tres de mayo y la gente tenía miedo y estaba cansada, cuando los soldados capturaron a un grupo de hombres . . .

(*Izquierda*) *El paro* (The Strike), Osvaldo Guayasamín, ecuatoriano. (*Arriba izquierda*) *Antes del juego,* Claudio Bravo, chileno. (*Arriba derecha*) *La mujer solitaria en una cantina,* Luz Ríos Duarte, costarricense.

Hacia la comunicación I

Remember: **hacer preguntas** = to ask questions.

I. Asking and Requesting: *Preguntar* Versus *Pedir*

1 ◆ Use the verb **preguntar** when reporting a question that was asked or talking *about* a question that will be asked.

Me **preguntaron** cuánto costaba la entrada.	*They asked me how much the entrance fee was.*
Le voy a **preguntar** si quiere ir al museo conmigo.	*I'm going to ask her if she wants to go to the museum with me.*

2 ◆ Use the verb **pedir** when reporting or talking about a request *for* something or *for* someone to do something.

Pidieron varios millones por el cuadro.	*They asked several million for the painting.*
Vamos a **pedirles** el dinero.	*We are going to ask them for the money.*
Ellos siempre me **piden** que los visite.*	*They always ask me to visit them.*

***NOTE:** Because **pedir** is used to request that somebody do something, it is followed by a verb in the subjunctive form introduced by **que.**

Review uses of the subjunctive, Ch. 8, 9, 13, 14, 15, and 16.

II. Speaking About the Past: The Imperfect Subjunctive

In the radio newscast that you heard at the beginning of the chapter, the newscaster says, **"Al principio se dubaba que fuera un original . . ."** Was he referring to a past or present doubt?

If you answered past, you were correct. When expressing a past doubt, emotion, or desire, you need to use an imperfect subjunctive form of the verb in the dependent clause.

A. Formation of the Imperfect Subjunctive

You use the imperfect subjunctive in the same cases as the present subjunctive, except that you are referring to the past. To conjugate any verb in the imperfect subjunctive, apply the following rules.

1. Put the verb in the **Uds./ellos** form of the preterit: **cerrar** ⟶ **cerraron**
2. Drop the final **-ron:** **cerra-**
3. Add the appropriate **-ra** endings: **cerrara, cerraras,** etc.

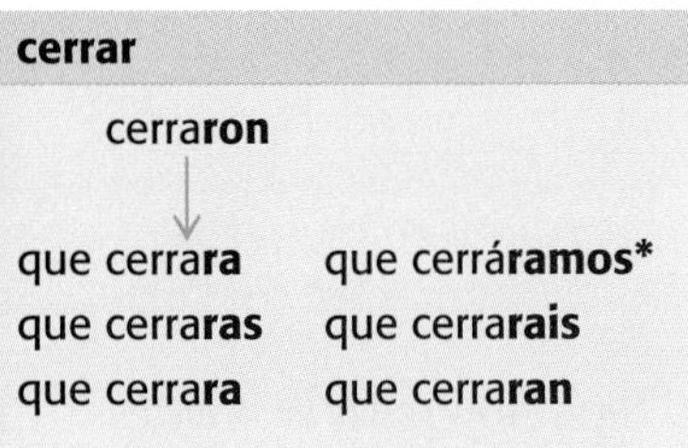

cerrar	
cerra**ron** ↓	
que cerra**ra**	que cerrá**ramos***
que cerra**ras**	que cerra**rais**
que cerra**ra**	que cerra**ran**

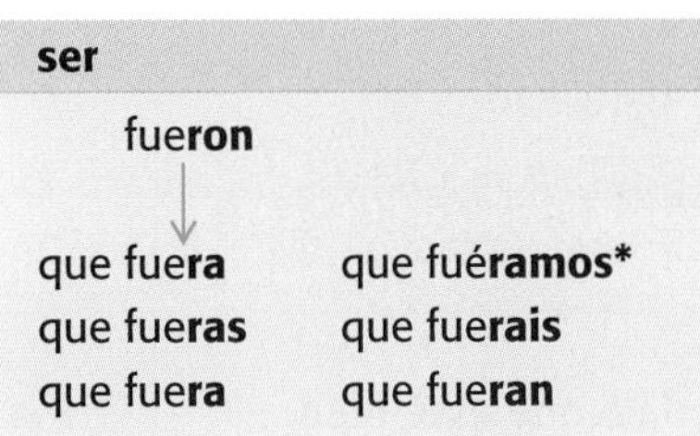

ser	
fue**ron** ↓	
que fue**ra**	que fué**ramos***
que fue**ras**	que fue**rais**
que fue**ra**	que fue**ran**

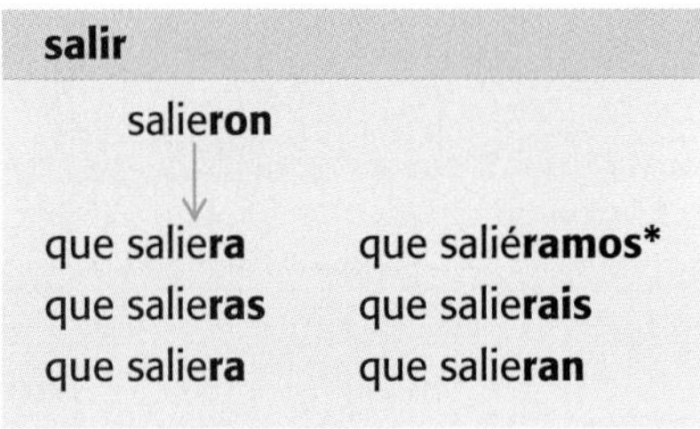

salir	
salie**ron** ↓	
que salie**ra**	que salié**ramos***
que salie**ras**	que salie**rais**
que salie**ra**	que salie**ran**

***NOTE:** The **nosotros** form always takes an accent on the final vowel of the stem.

Quería que **vinieras** temprano.	*I wanted you to come early.*
Busqué un cuadro que **fuera** famoso.	*I looked for a painting that was famous.*
Teresa **iba** a llevar a Carlitos al museo para que **viera** un cuadro de El Greco.	*Teresa was going to take Carlitos to the museum so that he could see one of El Greco's paintings.*

B. Using the Subjunctive in Different Time Frames

In order to decide which form of the subjunctive to use (**hable, haya hablado,** o **hablara**), follow these three guidelines.

1 ◆ To express *present* or *future* emotions, doubt, to give advice, etc., about a *present* or *future* situation, use the present subjunctive in the dependent clause.

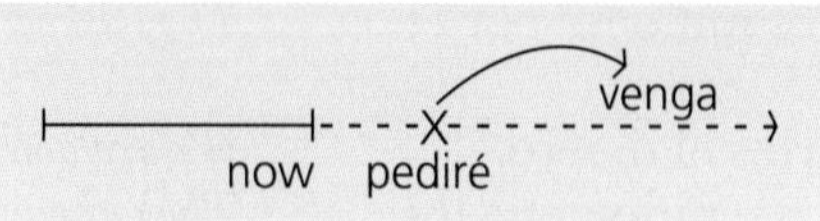

Le **pediré** que **venga** mañana.	*I'll ask him* (in the future) *to come tomorrow* (in the future).
Dile que **venga** esta noche.	*Tell him to come tonight.*

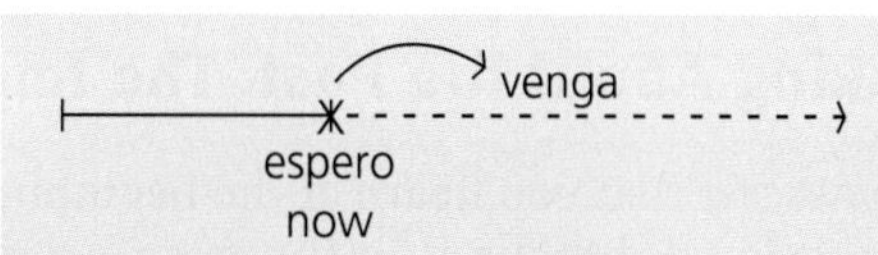

Espero que **venga** el sábado.	*I hope* (right now) *that he's coming on Saturday* (in the future).

2 ◆ To express *present* emotions, doubt, etc., about a *past* situation, use the present perfect subjunctive in the dependent clause.

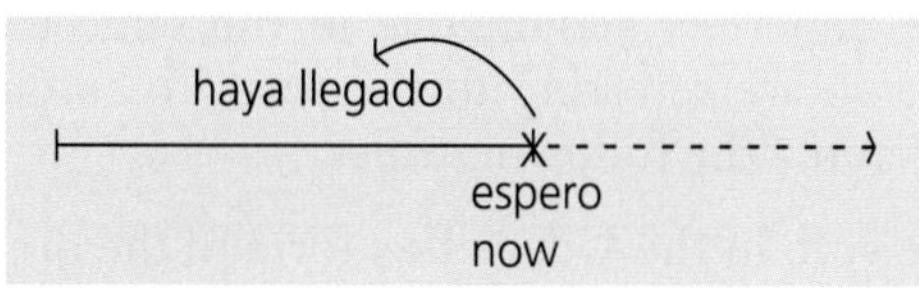

Espero que **haya llegado.**	*I hope* (right now) *that he has arrived* (at some time in the past).

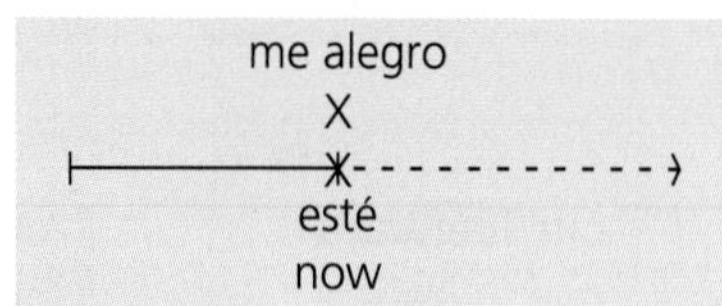

Me alegro de que **esté** bien.	*I'm happy* (right now) *that he is well* (right now).

3 ◆ To express *past* emotions, doubt, to give advice, etc., about a *past* situation, use the imperfect subjunctive in the dependent clause.

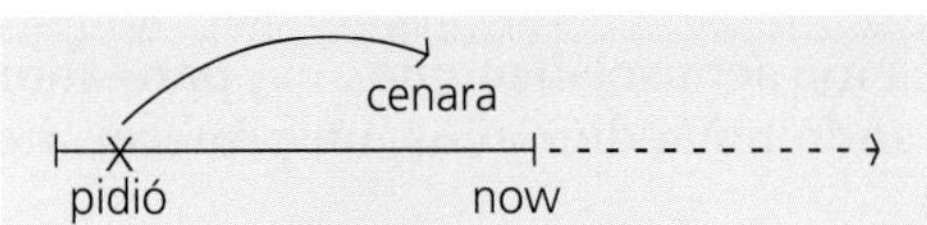

Me **pidió** que **cenara** con él. *He asked me to have dinner with him.*

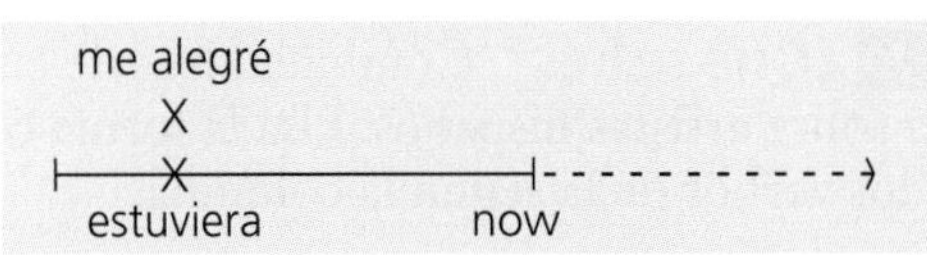

Me alegré de que **estuviera** bien. *I was happy that he was well* (at the same time in the past).

Do Workbook *Práctica mecánica I* and corresponding CD-ROM activities.

ACTIVIDAD 7 En el museo Usa **siempre me preguntan** y **siempre me piden** para formar oraciones que diría un adolescente al explicar las visitas típicas a un museo con un grupo de estudiantes y algunos profesores.

◆ qué pienso de los cuadros de arte moderno
Siempre me preguntan qué pienso de los cuadros de arte moderno.

1. mi carnet de estudiante para recibir un descuento
2. que no coma
3. que no hable en voz alta
4. cómo me siento al ver un cuadro
5. cuál de los pintores me gusta más
6. que no toque las esculturas
7. si entiendo el simbolismo
8. que explique el simbolismo
9. si prefiero los paisajes o los retratos
10. que escuche bien las explicaciones del guía
11. que estudie más sobre los diferentes estilos
12. que escriba una composición sobre mis impresiones

ACTIVIDAD 8 La indecisión Tú tienes talento artístico y tomas clases con un profesor muy indeciso que siempre cambia de idea. Lee estas oraciones que explican qué quiere tu profesor hoy y compáralo con lo que quería ayer.

◆ Hoy mi profesor me dice que use colores más brillantes en mis cuadros, pero ayer me dijo que usara colores más oscuros.

1. Hoy mi profesor me pide que yo pinte paisajes, pero ayer . . .
2. Hoy me aconseja que experimente con figuras más abstractas; ayer . . .
3. Hoy me pide que termine un cuadro para el lunes que viene; ayer . . .
4. Hoy me dice que le traiga más muestras (*samples*) de mis dibujos; ayer . . .
5. Hoy me dice que use más tonos de rojo en mis cuadros, pero ayer . . .
6. Hoy me sugiere que yo participe en una exhibición en la Galería Vicens, pero ayer . . .

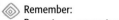

 Remember: Present ⟶ present subjunctive. Past ⟶ imperfect subjunctive.

ACTIVIDAD 9 Consejos En parejas, hablen de los consejos que les dieron sus maestros, sus padres u otros parientes cuando Uds. eran pequeños. Comparen estos consejos con los consejos que les dan esas personas hoy día. Usen oraciones como: **Antes me aconsejaban que . . . , pero ahora creen que es mejor que yo . . . ; Cuando tenía diez años, un profesor me dijo que . . . para que . . . , pero ahora . . .**

ACTIVIDAD 10 ¿Qué sabes? Combina ideas de las dos columnas para obtener información sobre artistas hispanos. Usa la forma correcta del imperfecto del subjuntivo con los verbos de la segunda columna.

1. Picasso, español, dijo que su cuadro *Guernica*, por su tema político, no podía estar en España antes de que . . .
2. Diego Rivera, mexicano, pintó murales políticos para que . . .
3. Francisco de Goya, español, pintó cuadros más o menos alegres antes de que . . .
4. Frida Kahlo, mexicana, no hizo ningún autorretrato antes de que . . .
5. Nadín Ospina, colombiano, hizo esculturas que combinan lo indígena con íconos como Mickey Mouse y Bart Simpson para que . . .
6. Antes de la segunda mitad del siglo XX, el mundo no reconoció las obras de artistas mujeres a menos de que . . .

a. el mundo ver los efectos de la globalización.
b. las mujeres tener una conexión con un hombre famoso, como Frida Kahlo con Diego Rivera y Georgia O'Keeffe con Alfred Stieglitz.
c. Napoleón invadir España y el pintor ver los horrores de la guerra.
d. la gente conocer los problemas del pueblo.
e. tener un accidente terrible dejarla con mucho dolor y sufrimiento.
f. España tener un gobierno democrático.

ACTIVIDAD 11 Los artistas Parte A: Hagan entre todos una lista de artistas famosos del mundo entero. Una persona debe escribir los nombres en la pizarra.

Parte B: Examinen la lista que crearon. ¿Cuántas mujeres hay en la lista? ¿Hay algunas que pintaran antes del siglo XX?

Parte C: Durante siglos, el arte producido por las mujeres no recibía ni ayuda ecomómica de los gobiernos ni reconocimiento mundial. Nadie apoyaba la formación de pintoras ni escultoras. Formen oraciones sobre ese período. Usen frases como **Antes la sociedad dudaba que . . . , era imposible que . . . , (no) creían que . . . , (no) querían que . . . ,** etc.

Parte D: Después de la revolución femenina muchas mujeres han podido exponer sus obras en los museos más importantes del mundo. Contrasten las opiniones de la Parte C con las opiniones sobre el arte producido por mujeres hoy día. Usen frases como **Ahora (no) creen que . . . , es posible que . . . , quieren que . . . ,** etc.

Do Workbook *Práctica comunicativa I* and corresponding CD-ROM activities.

Nuevos horizontes

Lectura

ESTRATEGIA: Timed Reading

One way of improving your reading speed is by timing yourself when you read. The advantage of this technique is that it forces you to focus on main ideas instead of stopping to wonder about individual words. Regular practice of this technique can help you learn to read faster and also hone in on key ideas. You will have a chance to practice this strategy while you read the selection.

ACTIVIDAD 12 Mira y contesta Antes de leer el texto, contesta estas preguntas.

1. ¿Qué crees que representen las obras de arte que hay en esta página y en la siguiente? ¿Por qué crees que sean tan gordas las personas?
2. En tu opinión, ¿qué quiere expresar el artista?
3. ¿Por qué crees que se pinta un cuadro o se hace una escultura?

ACTIVIDAD 13 Lectura veloz En cuatro minutos, lee los siguientes textos sobre el artista Fernando Botero y su obra. Concéntrate en buscar las ideas principales que se presentan.

▲ *Los músicos,* Fernando Botero, Colombia.

Datos interesantes sobre Fernando Botero

1932 Nace el 19 de abril en Medellín, Colombia.

1956 Enseña en la escuela de Bellas Artes de la Universidad Nacional en Bogotá y luego se va a vivir a México para estudiar las obras de los muralistas Rivera y Orozco.

1963 El Museo de Arte Moderno de Nueva York compra y exhibe su *Monalisa,* mientras que el Museo Metropolitano expone la *Mona Lisa* de Leonardo da Vinci.

1973 Tiene un terrible accidente automovilístico en España en el que muere su hijo Pedro. Botero pierde parte de dos dedos de la mano derecha y por muchos meses los doctores creen que no va a poder pintar más.

1975 Conoce a Sofía Vari, su compañera desde ese momento, quien lo conecta con la alta sociedad europea y con muchos coleccionistas de arte.

1990 Bate el récord en Christie's del mayor precio pagado por una obra de arte latinoamericana: 1.53 millones de dólares por su cuadro *La familia.*

FERNANDO BOTERO

Pinturas Dibujos Esculturas

Del 22 de Junio al 15 de Agosto
Sala A-O

MINISTERIO DE CULTURA

Centro de Arte Reina Sofía
C/. Santa Isabel, 52-28012 MADRID

▲ *Hombre a caballo,*
Fernando Botero, Colombia.

"Después de haber estado colonizados durante siglos, nosotros los artistas hispanoamericanos sentimos con especial fuerza la necesidad de encontrar nuestra propia autenticidad. El arte ha de ser independiente... Quiero que mi pintura tenga raíces, porque estas raíces son las que dan sentido y verdad a lo que se hace. Pero, al mismo tiempo, no quiero pintar únicamente campesinos sudamericanos. Quiero poder pintar de todo, así también a María Antonieta, pero siempre con la esperanza de que todo lo que toque reciba algo del alma sudamericana..."

Esta es la primera gran exposición individual de Fernando Botero en España. Organizada por la Kunsthalle de Munich, se ha exhibido ya en Bremen y Frankfurt, de donde llega a Madrid, ciudad en que finaliza su intinerario.

Junto al casi centenar de obras que integran la exposición itinerante, procedentes de Galerías, Museos y Colecciones privadas de EE.UU. y Europa, se presentarán unas 30 obras más entre pinturas, dibujos y esculturas de la colección del artista, que quiere subrayar así la importancia que concede a su exposición en Madrid.

El mundo creado por Botero—nutrido del arte de Piero della Francesca, Velázquez, Rubens, Ingres o Bonard entre otros—es un mundo imaginario, una distorsión poética de lo cotidiano, en donde subyace la realidad latinoamericana que Botero transforma.

Sus temas surgen de las ciudades de su juventud, padres e hijos, curas, monjas, cardenales, militares, etc., que no sólo quedan plasmados en los óleos, sino también en sus monumentales esculturas; "gigantismo" no exento de inocencia que provoca en el espectador una respuesta de acercamiento a su obra, por otro lado difícil de olvidar, ya que la originalidad de su estilo la convierte inmediatamente en reconocible.

Botero ha realizado desde 1951 exposiciones individuales y colectivas, en las más importantes galerías y museos, en muchos de los cuales sus obras se encuentran en la colección permanente.

ACTIVIDAD 14 Preguntas Después de leer el texto, contesta las siguientes preguntas.

1. ¿Dónde va a tener lugar la exposición de las obras de Botero?
2. ¿De dónde son las pinturas de esta exhibición?
3. ¿Qué influencias tuvo este artista?
4. ¿Cuáles son los temas de sus pinturas?
5. Botero dice que "El arte ha de ser (*should be*) independiente". ¿Independiente de qué?
6. Menciona algunos eventos importantes de la vida del artista.

ESTRATEGIA: Describing a Scene

To describe a scene for an audience who will not see it, it's a good idea to look carefully at all the details and make a list of those that are essential to include. A description can include not only the physical characteristics but also the feelings that the scene evokes in you. To do this, use phrases such as **Al mirarlo siento . . . , Me parece que . . . ,** and **Me da la impresión de que . . .** You may also want to speculate as to the message the artist was trying to convey. Use phrases such as **El artista quería que nosotros . . .** and **La artista esperaba que la gente . . .** The idea is to try to recreate not only the painting itself but also the sentiments it evoked in you.

ACTIVIDAD 15 Descripción de un cuadro **Parte A:** Observa detenidamente el siguiente cuadro de Frida Kahlo. Haz una lista de elementos de la obra. Por ejemplo: **lágrima** (*tear*), **cejas** (*eyebrows*), etc.

Parte B: Escribe qué sientes al mirar el cuadro y por qué.

Parte C: Contesta esta pregunta. **En tu opinión, ¿qué quería Kahlo que pensáramos al ver el cuadro?**

Parte D: Finalmente, escribe una descripción que incluya también tu interpretación de la obra. Usa todos los datos de las Partes A, B y C al expresar tu opinión.

Parte E: Entrégale todas las hojas a tu profesor/a con la versión final.

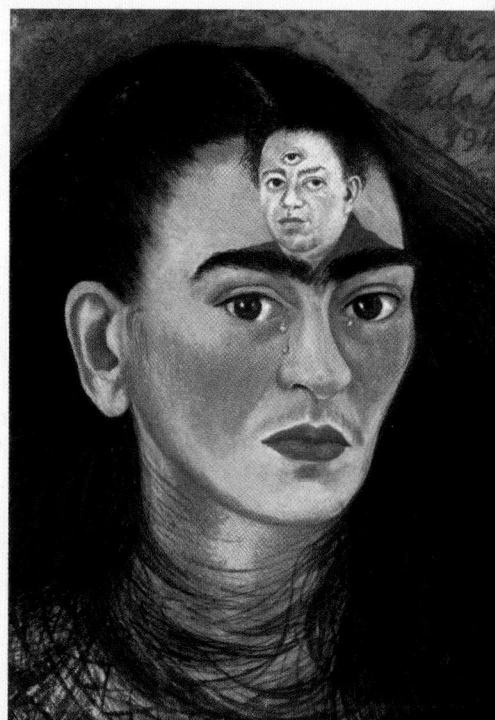

Diego y yo, Frida Kahlo, mexicana. ➤

Lo esencial II

La expresión del amor

Y EN EL SUEÑO APRENDEN LA FELICIDAD DE LARGOS INSTANTES DE AMOR.

abrazar/el abrazo

UN BESO QUE PARECE NO ACABAR NUNCA.

besar/el beso

CIERTAMEN-
TE NUNCA
HA HABIDO
ESPOSA TAN
TRISTE.
He tenido gran suerte en casarme con Guido. Es mu
bueno. Se ocupará de nosotros...

la novia vestida para la boda

Otras palabras relacionadas con el amor

Amante = lover (of a married person)

el/la amante lover (*usually a negative connotation*)
amar to love
la aventura amorosa affair
el cariño affection
casarse (con) to get married (to)
el compromiso engagement
el corazón heart
divorciarse (de) to get divorced (from)
el divorcio divorce
enamorarse (de) to fall in love (with)
estar comprometido/a to be engaged
estar enamorado/a (de) to be in love (with)
feliz happy
la novia girlfriend; fiancée; bride
el novio boyfriend; fiancé; bridegroom
odiar to hate
la pareja couple; lovers (*positive connotation*)
mi/tu pareja partner, significant other, lover (*positive connotation*)
pelearse (con) to fight (with)
querer a to love someone
querido/a, cariño dear (*terms of endearment*)
salir con to date, go out with (someone)
separarse (de) to separate
ser celoso/a to be a jealous person
la soledad loneliness
tener celos (de)/estar celoso/a (de) to be jealous (of)

ACTIVIDAD 16 Opiniones **Parte A:** Lee estas oraciones y escribe **sí** si te identificas con lo que dicen y **no** si no te identificas con lo que dicen.

1. _____ Te enamoras fácilmente.
2. _____ Te molesta ver parejas que se besan y se abrazan en público.
3. _____ Es importante salir con una persona por lo menos un año para conocerla bien antes de casarse.
4. _____ Te gustaría casarte en una iglesia, sinagoga, etc.
5. _____ Para casarse, es más importante que exista amistad que amor.
6. _____ Te casarías con una persona que no supiera besar bien.
7. _____ Es mejor vivir juntos antes de casarse.
8. _____ Muchas parejas se divorcian rápidamente sin intentar solucionar los problemas.
9. _____ En la televisión hay demasiadas aventuras amorosas y eso no refleja la realidad.
10. _____ Te gusta usar palabras como "cariño", "querido/a" y "mi amor" cuando hablas con tu novio/a.
11. _____ El refrán que dice "Más vale estar solo que mal acompañado" es verdad.
12. _____ El refrán "Donde hubo fuego, cenizas (*ashes*) quedan" es verdad.
13. _____ Las mujeres tienen tantas aventuras amorosas como los hombres.

Parte B: En grupos de tres, comparen sus respuestas y decidan:

1. quién es la persona más romántica
2. quién es la persona menos tradicional

➤ ¿Celebras el Día de los enamorados? ¿Cómo lo celebras?

ACTIVIDAD 17 La boda En parejas, Uds. están comprometidos y van a casarse dentro de un mes. Escojan el papel A o B y lean solamente las instrucciones para su papel. Después conversen según las indicaciones.

A

El fin de semana pasado fuiste a una fiesta sin tu novio/a y conociste a otro/a. Esta persona te gusta muchísimo y has decidido no casarte. Ve a casa de tu novio/a para decirle que no quieres casarte, pero sé diplomático/a para no herir (*hurt*) mucho sus sentimientos.

B

Estás planeando algunos detalles de tu boda y justo en ese momento llega tu novio/a. Pregúntale a quién invitó él/ella, si mandó las invitaciones y si reservó el salón para la fiesta.

ACTIVIDAD 18 Una telenovela Las telenovelas siempre tienen un argumento (*plot*) muy complicado. Aquí tienen Uds. seis personajes que necesitan nombre, profesión y personalidad. En grupos de tres, descríbanlos y escriban una sinopsis breve del argumento de tres episodios de la telenovela para publicarla en una revista. Usen las palabras de la lista *La expresión del amor* (página 446).

La pregunta inesperada

◄ *Don Quijote,* Pablo Ruiz Picasso (1881–1973), España.

invitar	to invite; to treat
por algo será	there must be a reason

Juan Carlos invitó a Claudia a pasar el día en Alcalá de Henares, una pequeña ciudad que está a media hora de Madrid.

ACTIVIDAD 19 **Busca la información** Mientras escuchas la conversación, anota qué hay en Alcalá de Henares y después, di por qué están allí Juan Carlos y Claudia.

Hypothesizing

CLAUDIA ¿Por qué insististe en venir a Alcalá de Henares? No me dices nada, ¿eh? Tú te andas con unos misterios como si tuvieras algún secreto . . .

JUAN CARLOS Pero, ¿no te parece romántico estar aquí, en el lugar donde nació Cervantes? Si no fuera por él, no existiría Dulcinea y entonces yo no te podría llamar "mi Dulcinea".

CLAUDIA Por favor, Juan Carlos, no seas cursi y vamos a almorzar que me estoy muriendo de hambre.

JUAN CARLOS Bueno, vamos a comer en la Hostería del Estudiante.

CLAUDIA ¡Huy, huy, huy! ¿A qué se debe tanta elegancia? ¿Qué vamos a celebrar, tu nuevo puesto en Caracas? Supongo que me vas a invitar, ¿no?

JUAN CARLOS Claro que te voy a invitar. Si venimos a Alcalá de Henares, por algo será . . .

En la Hostería del Estudiante (después de la comida)

CLAUDIA La comida estaba deliciosa. ¿Tomamos el café en otro lugar?

JUAN CARLOS No, mejor nos quedamos aquí porque quiero hablarte. Claudia . . . este . . . nosotros nos queremos, ¿no?

CLAUDIA Claro que nos queremos. ¿A qué viene esa pregunta? No sé qué te pasa hoy; estás tan . . . tan no sé qué . . .

JUAN CARLOS Pues es que . . . ya casi se acaba el año . . . y . . . yo me voy a Venezuela y tú te vuelves a Colombia.

CLAUDIA No me lo recuerdes . . . Pero vamos a estar cerca . . . Vas a ir a visitarme, ¿no?

JUAN CARLOS Por supuesto, pero . . . ya nos conocemos desde hace un año y . . . ¿Sabes que mi abuelo le propuso matrimonio a mi abuela aquí mismo hace cincuenta y cuatro años? Y . . . estaba pensando que . . . ¿Por qué no nos casamos tú y yo?

Popping the question

Showing disbelief

CLAUDIA ¿Cómo? . . . ¿Me estás tomando el pelo?

JUAN CARLOS Claudia, ¡por favor! Hablo en serio. Quiero que te cases conmigo, que te vayas a Caracas conmigo y que pasemos el resto de nuestra vida juntos.

CLAUDIA Juan Carlos . . .

Hypothesizing

CLIENTES Si fuera más joven, yo me casaría con él . . . ¡Di que sí! . . . ¡Contesta que sí! ¡Acepta! . . . ¡No lo hagas sufrir! ¡Cásate!

ACTIVIDAD 20 ¿Comprendiste? Después de escuchar la conversación otra vez, contesta estas preguntas.

1. ¿Por qué es romántico Alcalá de Henares para Juan Carlos?
2. ¿Qué sabes de Cervantes?
3. ¿Qué van a hacer Juan Carlos y Claudia ahora que casi se acaba el año?
4. ¿Por qué fueron a la Hostería del Estudiante y no a otro restaurante?
5. ¿Crees que Claudia diga que sí o que no? ¿Por qué?
6. En tu opinión, ¿cómo es Juan Carlos: romántico, cursi, . . . ?

Alcalá de Henares fue un centro cultural muy importante en siglos pasados. Por su universidad pasaron muchas personas famosas, incluso el escritor más famoso de la lengua española, Miguel de Cervantes Saavedra. Cervantes escribió *El ingenioso hidalgo Don Quijote de la Mancha,* la novela cumbre de la literatura española. La figura de Don Quijote representa el idealismo y Sancho Panza, su fiel compañero, el realismo. Del *Quijote* viene la palabra "Dulcinea", que tiene una connotación parecida a la de *Juliet* en inglés. ¿Qué significa la palabra *quixotic* en inglés?

ACTIVIDAD 21 Los estereotipos Los hispanos tienen fama de ser muy románticos. En cambio, los norteamericanos tienen fama de ser fríos y poco apasionados. En grupos de cuatro, hablen sobre esta pregunta: ¿Creen que sean ciertos estos estereotipos? ¿Por qué?

Hacia la comunicación II

I. Expressing Reciprocal Actions

Él la besa.

Ella lo besa.

Ellos se besan.

Review placement of reflexive pronouns, Ch. 4.

1 ◆ To express a reciprocal action (something people do to each other or to one another), use the reflexive pronouns **nos, os,** and **se** with the corresponding form of the verb. Some common verbs used reciprocally are **abrazar, amar, besar, escribir, mirar, llamar, odiar,** and **querer.**

Las amigas **se** escrib**en** a menudo.	*The friends write to each other often.*
Cuando entró mamá, **nos** est**ábamos** besando.	*When Mom came in, we were kissing* (each other).

2 ◆ You may use **el uno al otro** (*each other*) for clarification or emphasis. **El uno al otro** agrees in gender and number with the nouns or pronouns being modified.

Ellas **se** llam**an la una a la otra** todos los días.	*They call each other every day.*
Al ganar, los miembros del equipo **se** abraz**aron los unos a los otros.**	*Upon winning, the team members hugged each other.*

NOTE: Use the masculine form of the clarification or emphatic phrase for a male and a female or males and females.

Él y ella se besaron **el uno al otro.**

II. Expressing Hypothetical Situations: Clauses with *Si*

1 ◆ When making a hypothetical statement about possible future plans, use the present indicative after **si,** and the present, **ir a** + *infinitive*, or the future in the result clause.

Si Clause		Result Clause
Si + present indicative	+	present tense **ir a** + *infinitive* future tense

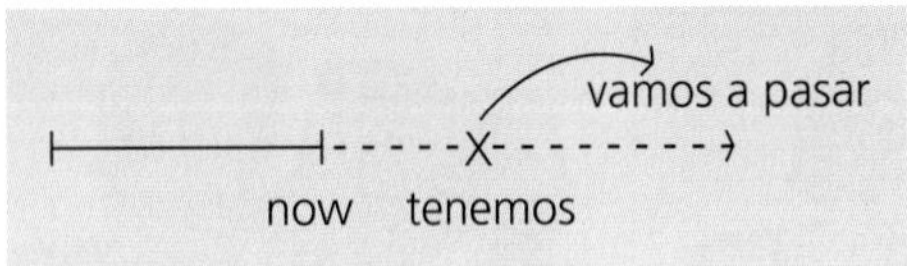

Si tenemos tiempo, **pasamos/ vamos a pasar** la tarde en el museo. — *If we have time, we are going to spend the afternoon at the museum.*

Si tengo dinero, **iré** a Machu Picchu. — *If I have money, I will go to Machu Picchu.*

When the subjunctive is used after **si,** it must be a form of the subjunctive in the past.

2 ◆ To express hypothetical situations about the present, use the imperfect subjunctive after **si** and the conditional in the result clause. Notice in the examples that the **si** clause expresses information that is contrary-to-fact.

Si Clause		Result Clause
Si + imperfect subjunctive	+	conditional

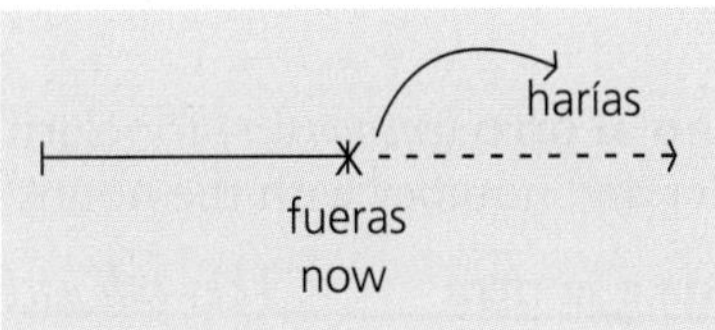

Si fueras presidente, ¿qué **harías**? — *If you were president* (which you are not), *what would you do?*

Si tuviera dinero, **iría** a Machu Picchu. — *If I had money* (which I don't right now), *I would go to Machu Picchu.*

Internet Do Workbook *Práctica mecánica II*, CD-ROM, Web Ace Tests, and lab activities.

ACTIVIDAD 22 La felicidad matrimonial Explica qué pasa en cada dibujo, usando los verbos que se presentan.

gritar

no / hablar / mirar

mirar

mirar

mirar

besar

abrazar

hablar

ACTIVIDAD 23 Luz, cámara, acción En grupos de tres, una persona es directora de películas y las otras dos (un hombre y una mujer) son actores. Los dos actores deben cerrar el libro ahora mismo. El/la director/a va a leer en voz alta las siguientes líneas del guion mientras los actores representan la escena.

Escena romántica

(Él y ella están sentados.)

Acción:
Él mira hacia la puerta y ella mira hacia la ventana.
Él la mira a ella.
Él mira la pizarra.
Ella lo mira a él.
Ella mira hacia la ventana otra vez.
Él la mira a ella.
Ella lo mira a él.
Se miran tiernamente por cinco segundos.
Él le toca la mano a ella.
Ella la retira y mira hacia la ventana.
Él se pone de pie enfrente de ella.
Se miran intensamente.
Ella se levanta.
Él la abraza.
Ella no lo abraza y se sienta otra vez.
Él se pone de rodillas y le dice: "Lo siento".
Ella se ríe.
Ellos se abrazan.
Se besan (si el director o la directora quiere).
FIN

ACTIVIDAD 24 A locas **Parte A:** En grupos de seis, preparen situaciones hipotéticas. Tres personas leen el papel A y tres personas leen el papel B. Sigan las instrucciones.

A

Usen la imaginación y escriban cinco situaciones como las siguientes usando la forma de **yo** (cuanto más exageradas las ideas, mejor): **Si yo ganara $100 por hora . . . , Si tuviera un león en casa . . . , Si estuviera en Siberia . . . ,** etc.

B

Usen la imaginación y escriban cinco resultados como los siguientes usando la forma de **yo** (cuanto más exageradas las ideas, mejor): **. . . tendría ocho carros, . . . sería la persona más feliz del mundo,** etc.

Parte B: Cuando estén listos, miren todas las frases del grupo y hagan combinaciones para formar oraciones. Compartan con la clase las que más les gusten.

- Si estuviera en Siberia, sería la persona más feliz del mundo.

ACTIVIDAD 25 ¿Qué pasaría? En parejas, terminen estas frases relacionadas con el amor.

1. Yo estaría feliz si mi novio/a . . .
2. Sólo me casaría si . . .
3. Si estuviera casado/a, sólo me divorciaría si . . .
4. Si me enamorara de una persona de otro país, mis padres . . .
5. Si quisiera casarme con alguien que a mis padres no les gustara, . . .
6. Si pudiera viajar a través del tiempo, yo . . . una aventura amorosa con . . . porque . . .

ACTIVIDAD 26 Mi media naranja **Parte A:** Tu vida romántica está muy mal últimamente y por eso, decides ir a la agencia "Corazones solitarios" para encontrar a la persona de tus sueños. Tienes que completar este formulario.

Nombre ______________________________

Edad __________ Soltero/a _______ Divorciado/a _______

Intereses ______________________________

Estoy contento/a cuando ______________________________

Creo que la inteligencia de una persona es tan importante como su aspecto físico.

Sí _______ No _______

Termina estas frases: Si la persona que me selecciona . . .

fuera quince años mayor que yo, ______________________________

tuviera otras creencias religiosas, ______________________________

fuera mucho más baja que yo, ______________________________

no tuviera dinero, ______________________________

no quisiera hijos, ______________________________

nunca hiciera estudios universitarios, ______________________________

viviera a más de cinco horas de mi casa, ______________________________

Creo que una noche perfecta es cuando ______________________________

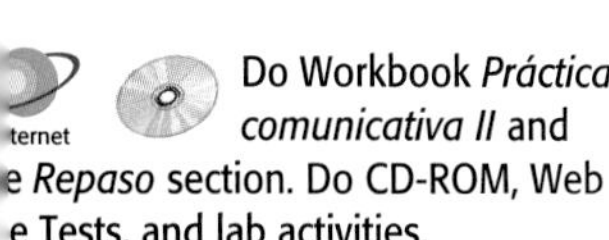
Do Workbook *Práctica comunicativa II* and
e *Repaso* section. Do CD-ROM, Web
e Tests, and lab activities.

Do Web Search activities.

Parte B: Ahora, vas a tener una entrevista con un/a empleado/a de la agencia. Trabajen en parejas, y basen la entrevista en las respuestas del formulario de la Parte A. Después, cambien de papel.

- A: Veo que a Ud. le interesa esquiar. ¿Le importaría salir con una persona que no esquiara?

  B: Sí, me molestaría porque viajo a muchos centros de esquí.

Vocabulario funcional

arte

/la artista	*artist*
cuadro/la pintura	*painting*
dibujo	*drawing, sketch*
/la escultor/a	*sculptor*
escultura	*sculpture*
/la modelo	*model*

tras palabras relacionadas con el arte

er página 437.

a expresión del amor

brazar	*to hug, embrace*
abrazo	*hug, embrace*
esar	*to kiss*
beso	*kiss*

Otras palabras relacionadas con el amor

Ver página 446.

Palabras y expresiones útiles

dar a conocer	*to make known*
en seguida	*at once, right away*
invitar	*to invite; to treat*
no veo la hora de + *infinitive*	*I can't wait to* + infinitive
por algo será	*there must be a reason*

Capítulo 18

Chapter Objectives

- Reviewing
- Reading and performing a short play

▼ Plaza Mayor, Madrid.

Datos interesantes

¡Felicitaciones! Terminaste el curso de español. Te sugerimos que veas las siguientes películas durante las vacaciones.

- *Como agua para chocolate*
- *El Norte*
- *Fresa y chocolate*
- *La historia oficial*
- *La lengua de la mariposa*
- *Mujeres al borde de un ataque de nervios*
- *Todo sobre mi madre*

La despedida

darle las gracias (a alguien)	to thank someone
llevarle la contraria (a alguien)	to contradict someone
cada loco con su tema	to each his/her own (literally, each crazy person with his/her own theme)
¡Que vivan los novios!	Long live the bride and groom!

En el capítulo anterior, Juan Carlos le propuso matrimonio a Claudia. Claudia decidió aceptar y ahora los dos van a volver a Colombia para hacer los preparativos para la boda. La conversación tiene lugar en el aeropuerto de Barajas en Madrid, donde están sus amigos para hacerles una despedida.

ACTIVIDAD 1 La despedida Mientras escuchas la conversación, marca los temas que se mencionan.

_____ recuerdos del año
_____ don Alejandro y su ayuda
_____ qué van a beber
_____ qué van a comer
_____ los nervios
_____ los exámenes finales
_____ una obra de teatro
_____ un brindis (*a toast*)

CLAUDIA Teresa, no te olvides de darle a don Alejandro las gracias otra vez por toda la ayuda que nos dio a Juan Carlos y a mí este año.
MARISEL De verdad, él ha sido como un padre para todos nosotros.
CAMARERO ¿Qué van a tomar?
JUAN CARLOS Champán para todos. Hay que celebrar.
CAMARERO Bueno, ¿dos botellas?
JUAN CARLOS Sí, y siete copas.
CLAUDIA Para mí no. Un té.
JUAN CARLOS ¿Un té? ¿Estás bien?
CLAUDIA Sí, estoy bien, sólo un poco nerviosa.

Ordering

JUAN CARLOS Camarero, dos botellas de champán, siete copas y un té. Por lo menos vas a participar en el brindis y no se puede brindar con una taza de té.
CLAUDIA Bueno, tomaré sólo un poquito.
TERESA ¡Ay! Los nervios de la novia.
JUAN CARLOS Y del novio. Todavía no conozco a la familia de Claudia y nunca he estado en Colombia.

Giving an implied command

CLAUDIA Ya te dije que no te preocuparas. Todos te van a querer mucho y te va a encantar Colombia. Yo tampoco conozco a tu familia.
JUAN CARLOS A través de mis emails ya te conocen perfectamente y les caes muy bien. Yo sólo espero que tú y yo tengamos una vida feliz y que no nos peleemos como en la obra de teatro que vimos la semana pasada.
CLAUDIA Sí, cada vez que él decía negro, ella decía blanco.
JUAN CARLOS Negro.
CLAUDIA Blanco, te dije.
JUAN CARLOS ¿Me vas a llevar la contraria? Negro.
MUJERES Blanco.
HOMBRES Negro.
VICENTE Cada loco con su tema y ésos del drama sí que estaban locos, completamente locos.

Predicting

CLAUDIA Tú y yo nunca seremos así. Siempre vamos a hablar.
JUAN CARLOS Y a escucharnos el uno al otro. Así no vamos a tener problemas cuando estemos casados.
CAMARERO Aquí tienen Uds. un té, siete copas y dos botellas de champán.
VICENTE Mira, el champán es Cordón Negro.
MUJERES Blanco.
HOMBRES Negro.
VICENTE Bueno, negro o blanco, quiero hacer un brindis.
TERESA Sí, un brindis.

Expressing hope

VICENTE Espero que Claudia y Juan Carlos sean felices en su matrimonio o por lo menos que no se peleen mucho por cosas de poca importancia, que todos nosotros podamos ir a Colombia para la boda y que don Alejandro encuentre unos pasajes muy baratos para que vayamos sin que nos cueste un ojo de la cara. ¡Que vivan los novios!
TODOS ¡Que vivan!

ACTIVIDAD 2 Los detalles Escucha la conversación otra vez y contesta estas preguntas. 

1. Don Alejandro los ayudó mucho a todos este año. ¿Con quién lo compara una de las chicas?
2. ¿Qué piden para tomar?
3. ¿Qué pide Claudia y por qué?
4. Todos vieron una obra de teatro la semana pasada. ¿Cuál crees que sea el título del drama?
5. Vicente hace un brindis y pide tres deseos. ¿Cuáles son?

ACTIVIDAD 3 ¡Que vivan! En la conversación, Vicente dice **¡Que vivan los novios!** Es muy típico oír deseos con la construcción **que** + *subjuntivo* en una celebración. Expresa tus deseos sobre el final del curso y el examen final.

◆ ¡Que el examen sea justo!

Una obra de teatro

ESTRATEGIA: Reading a Play

A play is meant to be seen and heard. Therefore, while reading a play it is important to visualize the action that is occurring. In order to do this, one must focus on the three integral parts of any play:

- a description of the set including lighting
- the stage directions, which tell the actors how to respond, what gestures to make, and where to go
- the dialogue

You will read a short, one-act play by Virgilio Piñera (1912–1980), a Cuban author. This work is entitled *Estudio en blanco y negro* and is representative of a genre called "theater of the absurd."

Use the conditional to hypothesize.

el personaje = character in a play

carácter = character of a person

ACTIVIDAD 4 Llevarle la contraria En parejas, lean otra vez la parte de la conversación del principio del capítulo donde Claudia y Juan Carlos hablan del drama que vieron. Si tuvieran que crear un drama con esa información, ¿de qué trataría? ¿Quiénes serían los personajes principales?

ACTIVIDAD 5 Según el contexto Antes de leer el drama *Estudio en blanco y negro* de Virgilio Piñera, debes comprender el significado de algunas palabras que encontrarás. Intenta sacar el significado de las palabras en negrita (*bold*).

1. Mira estos dos como están **arrullándose,** parece que están muy enamorados.
   a. peleándose b. abrazándose c. sentándose
2. Siempre me molesta cuando alguien **alza la voz** al hablar con los extranjeros. El problema es que ellos no entienden bien el español, no es que no puedan oír.
   a. habla en voz baja b. habla con claridad c. habla en voz alta
3. El otro día Juan **se me declaró** pero yo le dije que no lo quería. El pobre estaba muy triste.
   a. me dijo que me quería
   b. me propuso que viviéramos juntos
   c. me propuso que nos separáramos
4. —Un hombre me insultó en la calle.
   —**¡Qué más te da!** Ni lo conoces y nunca lo vas a volver a ver.
   a. ¡No importa! b. ¡Qué molesto! c. ¡Qué significativo!
5. —Yo que tú, le diría que debe aceptar el trabajo.
   —**¿Quién te dio vela en este entierro?** Él no es ni tu novio ni tu marido y de verdad, no tienes por qué opinar.
   a. Gracias por tu opinión.
   b. No estoy de acuerdo con tu opinión.
   c. No es asunto tuyo, por eso no debes dar tu opinión.
6. —Mi hermano me dijo que no iba a contarles nada a mis padres con tal de que yo le diera 1.000 pesos.
   —Conque **chantaje,** ¿eh?
   a. dinero para comprar algo en una tienda
   b. dinero para que otra persona no hable
   c. dinero para otra persona por un servicio
7. Pepe y Carlos se pelearon y Pepe **le dio dos bofetadas** a Carlos. Debías de haberlo visto. El pobre Carlos tenía el ojo totalmente cerrado y se le cayó un diente.
   a. le pegó b. le habló en voz alta c. le rompió algo
8. —¿Qué quieres que te diga?
   —Quiero **que seas franca,** no quiero oír más mentiras.
   a. que digas la verdad
   b. que seas puntual
   c. que des la respuesta correcta
9. Pobre Carmela, se le murió el marido y después perdió al hijo en un accidente de tráfico. La pobre se volvió loca y la pusieron en un **manicomio.**
   a. hospital para enfermos mentales
   b. hospital para pacientes con problemas físicos
   c. centro de rehabilitación para gente con problemas de drogadicción
10. —Creo **que encendí la candela** hoy con Pablo.
    —¿Se enfadó contigo? ¿Por qué?
    —Le conté un chiste sobre calvos y creo que se ofendió.
    a. terminé algo b. causé problemas c. justifiqué mi opinión

Estudio en blanco y negro

Virgilio Piñera

Una plaza. Estatua ecuestre en el centro de la plaza. En torno a la estatua, cuatro bancos de mármol. En uno de los bancos se arrulla una pareja. Del lateral derecho un HOMBRE *que se cruza con otro* HOMBRE *que ha salido del lateral izquierdo exactamente junto a la estatua. Al cruzarse se inmovilizan y se dan la vuelta como si se hubieran reconocido. La acción tiene lugar durante la noche.*

HOMBRE 1º: Blanco . . .

HOMBRE 2º: ¿Cómo ha dicho?

HOMBRE 1º: He dicho blanco.

HOMBRE 2º: (*Denegando con la cabeza.*) No . . . no . . . no . . . no . . . Blanco, no; negro.

HOMBRE 1º: He dicho blanco, y blanco tiene que ser.

HOMBRE 2º: Así que ésas tenemos . . . (*Pausa.*) Pues yo digo negro. Cámbielo si puede.

HOMBRE 1º: Y lo cambio. (*Alza la voz.*) Blanco.

HOMBRE 2º: Alza la voz para aterrorizarme, pero no irá muy lejos. Yo también tengo pulmones. (*Gritando.*) Negro.

HOMBRE 1º: (*Ya violento agarra a* HOMBRE *2º por el cuello.*) Blanco, blanco y blanco.

HOMBRE 2º: (*A su vez agarra por el cuello a* HOMBRE *1º, al mismo tiempo que se libra del apretón de éste con un brusco movimiento.*) Negro, negro y negro.

HOMBRE 1º: (*Librándose con igual movimiento del apretón del* HOMBRE *2º, frenético.*) Blanco, blanco, blancooooo . . .

HOMBRE 2º: (*Frenético.*) Negro, negro, negrooooo . . .

Las palabras "blanco" y "negro" llegan a ser ininteligibles. Después sobreviene el silencio. Pausa larga. HOMBRE *1º ocupa un banco.* HOMBRE *2º ocupa otro banco. Desde el momento en que ambos hombres empezaron a gritar, los* NOVIOS *han suspendido sus caricias y se han dedicado a mirarlos con manifiesta extrañeza.*

NOVIO: (*A la* NOVIA.) Hay muchos locos sueltos . . .

NOVIA: (*Al* NOVIO, *riendo.*) Y dilo . . . (*Pausa.*) El otro día . . .

NOVIO: (*Besando a la* NOVIA.) Déjalos. Cada loco con su tema. El mío es besarte Así. (*Vuelve a hacerlo.*)

NOVIA: (*Al* NOVIO, *un tanto bruscamente.*) Déjame hablar. Siempre que voy a decir algo me comes a besos. (*Pausa.*) Te figuras que soy nada más que una muñequita de carne . . .

NOVIO: (*Contemporizando.*) Mima, yo no creo eso.

Mima and **mami** are used interchangeably as terms of endearment in Cuba. **Papi** is a corresponding term for men.

NOVIA: (*Al* NOVIO *más excitada.*) Sí que lo crees. Y más que eso. (*Pausa.*) El otro día me dijiste que los hombres estaban para pensar y las mujeres para gozar.

NOVIO: (*Riendo.*) ¡Ah, vaya! ¿Es eso lo que tenías guardado? Por eso dijiste: «El otro día . . . »

NOVIA: (*Moviendo la cabeza.*) No, no es eso. Cuando dije «el otro día» es que iba a decir . . . (*Se calla.*)

NOVIO: (*Siempre riendo.*) Acaba por decirlo.

NOVIA: (*Con mohín de pudor.*) Es que me da pena.

NOVIO: (*Enlazándole la cintura con ambos brazos.*) Pena con tu papi . . .

NOVIA: Nada, que el otro día un loco se me declaró, y si no llega a ser por un perro, lo paso muy mal. Figúrate que . . . (*Se calla.*)

NOVIO: (*Siempre riendo.*) ¿Qué hizo el perro? ¿Lo mordió?

NOVIA: No, pero le ladró, el loco se asustó y se mandó a correr.

NOVIO: (*Tratando de besarla de nuevo.*) Bueno, mima, ya lo dijiste. Ahora déjate dar besitos por tu papi. (*Une la acción a la palabra.*)

HOMBRE 2º: (*Mostrando el puño a* HOMBRE *1º lo agita por tres veces.*) Negro.

HOMBRE 1º: (*Negando por tres veces con el dedo índice en alto.*) Blanco.

NOVIO: (*A la* NOVIA.) Esto va para largo. Mima, vámonos de aquí. (*La coge por la mano.*)

NOVIA: (*Negándose.*) Papi, ¡qué más te da! . . . Déjalos que griten.

NOVIO: (*Resignado.*) Como quieras. (*Con sensualidad.*) ¿Quién es tu papito rico?

NOVIA: (*Con sensualidad.*) ¿Y quién es tu mamita rica?

HOMBRE 1º: (*Se para, se acerca a la pareja, pregunta en tono desafiante.*) ¿Blanco o negro?

NOVIO: (*Creyendo habérselas con un loco.*) Lo que Ud. prefiera, mi amigo.

HOMBRE 1º: Lo que yo prefiera, no. ¿Blanco o negro?

NOVIO: (*Siempre en el mismo temperamento.*) Bueno, la verdad que no sé . . .

HOMBRE 1º: (*Enérgico.*) ¡Cómo que no sabe! ¿Blanco o negro?

NOVIA: (*Mirando ya a* HOMBRE *1º ya a su* NOVIO, *de súbito.*) Blanco.

NOVIO: (*Mirando a su* NOVIA *y dando muestras de consternación.*) ¿Blanco? . . . No; blanco, no; negro.

NOVIA: (*Excitada.*) Que te crees tú eso. He dicho blanco.

NOVIO: (*Persuasivo.*) Mima, ¿me vas a llevar la contraria? (*Pausa.*) Di negro, como tu papi lo dice.

NOVIA: (*Con mohín de disgusto.*) ¿Y por qué te voy a dar el gusto? Cuando el loco preguntó, yo dije blanco. (*Pausa.*) Vamos a ver: ¿por qué también no dijiste blanco?

NOVIO: (*Siempre persuasivo, pero con violencia contenida.*) Mima, di negro, complace a tu papi. ¿Qué más te da decirlo?

NOVIA: Pídeme lo que quieras, menos que diga negro. Dije blanco, y blanco se queda.

NOVIO: (*Ya violento.*) ¿De modo que le das la razón a ese tipejo y me la quitas a mí? (*Pausa.*) Pues vete con él.

NOVIA: (*Con igual violencia.*) ¡Ah!, ¿sí? ¿Conque chantaje? Pues oye: ¡blanco, blanco, blanco, blanco! (*Grita hasta desgañitarse, terminando en un acceso de llanto. Se deja caer en el banco ocultando la cara entre las manos.*)

HOMBRE 1°: (*Se arrodilla a los pies de la* NOVIA, *saca un pañuelo, le seca las lágrimas, le toma las manos, se las besa, con voz emocionada y un tanto en falsete:*) ¡Gracias, señorita, gracias! (*Pausa. Se para. Gritando.*) ¡Blanco!

NOVIA: (*Mirándolo extrañada.*) ¿Quién te dio vela en este entierro? (*Pausa.*) ¡Negro, negro, negro!

NOVIO: (*Se sienta junto a la* NOVIA, *le coge las manos, se las besa.*) Gracias mami; gracias por complacer a tu papi. (*Hace por besarla, pero ella hurta la cara.*)

NOVIA: ¡Que te crees tú eso! ¡Blanco, blanco!

HOMBRE 1°: (*A la* NOVIA.) Así se habla.

NOVIO: (*A* HOMBRE 1°, *agresivo.*) Te voy a partir el alma . . .

HOMBRE 2°: (*Llegando junto al* NOVIO.) Déle dos bofetadas, señor. Usted es de los míos.

NOVIO: (*A* HOMBRE 2°.) No se meta donde no lo llaman.

HOMBRE 2°: (*Perplejo.*) Señor, usted ha dicho, como yo, negro.

NOVIO: (*A* HOMBRE 2°.) ¡Y qué! Pues digo blanco. ¿Qué pasa?

NOVIA: (*Amorosa.*) Duro y a la cabeza, papi. Te quiero mucho.

NOVIO: (*A la* NOVIA.) Sí, mami; pero eso es aparte. No le permito a ese tipejo que hable en mi nombre. Si digo negro es porque yo mismo lo digo.

NOVIA: (*Al* NOVIO.) Pero ahora mismo acabas de decir blanco.

NOVIO: (*A la* NOVIA.) Por llevarle la contraria, mami; por llevársela. (*Pausa.*) Desde un principio dije negro, y si tú me quieres también debes decir negro.

NOVIA: (*Categórica.*) Ni muerta me vas a oír decir negro. Hemos terminado. (*Adopta una actitud desdeñosa y mira hacia otro lado.*)

NOVIO: (*Igual actitud.*) Bueno, cuando te decidas a decir negro me avisas. (*Se sienta en otro banco.*)

HOMBRE 1° y HOMBRE 2° ocupan los dos bancos restantes. La escena se oscurece hasta un punto en que no se distinguirán las caras de los actores. Se escuchará en sordina, cualquier marcha fúnebre por espacio de diez segundos. De nuevo se hace luz.

NOVIO: (*Desde su banco, a la* NOVIA.) ¿Cómo se llama este parque?

NOVIA: (*Con grosería, sin mirarlo.*) Ni lo sé ni me importa.

NOVIO: (*Se para, va al banco de su* NOVIA, *se sienta junto a ella.*) Vamos, mami, no es para tanto . . . (*Trata de abrazarla.*)

NOVIA: (*Se lo impide.*) Suelta . . . Suelta . . .

HOMBRE 1°: (*Desde su banco.*) Éste es el Parque de los Mártires.

NOVIA: (*Sin mirar a* HOMBRE 1°.) No me explico, sólo se ve un mártir.

HOMBRE 1°: (*A la* NOVIA.) Se llama Parque de los Mártires desde hace veinticinco años. Hace diez erigieron la estatua ecuestre. Es la del general Montes.

HOMBRE 2°: (*Se para, camina hacia el banco donde están los* NOVIOS.) Perdonen que intervenga en la conversación. (*Pausa.*) Sin embargo, les interesará saber que el general Montes fue mi abuelo.

HOMBRE 1°: (*Se para, camina hacia el banco donde están los novios. A* HOMBRE 2°.) ¿Es cierto, como se dice, que el general murió loco?

HOMBRE 2°: Muy cierto. Murió loco furioso.

HOMBRE 1°: (*A* HOMBRE 2°.) Se dice que imitaba el ladrido de los perros. ¿Qué hay de verdad en todo esto?

HOMBRE 2º: (*A* HOMBRE *1º.*) No sólo de los perros, también de otros animales. (*Pausa.*) Era un zoológico ambulante.

HOMBRE 1º: (*A* HOMBRE *2º.*) La locura no es hereditaria.

HOMBRE 2º: (*A* HOMBRE *1º.*) No necesariamente. Que yo sepa, en mi familia ha sido el único caso.

NOVIA: (*A* HOMBRE *2º.*) Perdone, pero soy tan fea como franca. Para mí, usted es un loco de atar.

HOMBRE 2º: (*Con suma cortesía y un dejo de ironía.*) Perdón, señorita; su opinión es muy respetable. Ahora bien: siento defraudarla. No estoy loco. Me expreso razonablemente.

NOVIA: (*A* HOMBRE *2º.*) ¿Cuerdo usted? ¿Cuerdo se dice? ¿Y cuerdo se cree? (*Pausa.*) ¿Así que usted llega a un parque, se para y grita: «¡Negro!», y cree estar cuerdo? (*Pausa.*) Pues mire, por menos que eso hay mucha gente en el manicomio. (*Pausa. A* HOMBRE *1º.*) Y usted no se queda atrás. Entró por allí (*Señala el lateral derecho.*) gritando «¡Blanco!»

HOMBRE 1º: (*A la* NOVIA.) Siempre es la misma canción. Si uno grita blanco o cualquier otra cosa, en seguida lo toman por loco. (*Pausa.*) Pues sepa que me encuentro en pleno goce de mis facultades mentales.

HOMBRE 2º: (*A la* NOVIA.) Igual cosa me ocurre a mí. Nadie, que yo sepa, está loco por gritar blanco, negro u otro color. (*Pausa.*) Vine al parque; de pronto me entraron unas ganas locas de gritar algo. Pues grité «¡Negro!» y no pasó nada, no se cayó el mundo.

NOVIO: (*A* HOMBRE *2º.*) ¿Que no pasó nada? Pues mire: mi novia y yo nos hemos peleado.

HOMBRE 2º: Lo deploro profundamente. (*Pausa.*) Ahora bien: le diré que eso es asunto de ustedes. (*A* HOMBRE *1º.*) ¿Vive por aquí?

HOMBRE 1º: No, vivo en la playa; pero una vez por mes vengo a efectuar un pago en ese edificio de la esquina. (*Señala con la mano.*) Usted comprenderá que el tramo es más corto atravesando el parque. (*Pausa.*) Y usted, ¿vive en este barrio?

HOMBRE 2º: Allí, en la esquina. (*Señala con la mano.*) Es la casa pintada de azul. ¿La ve? La de dos plantas. En ella murió el general.

NOVIO: (*Nervioso, a ambos hombres.*) ¡Oigan! Ustedes ahí muy tranquilos conversando después de haber encendido la candela . . .

HOMBRE 1º: (*Mirando a* HOMBRE *2º y después mirando al* NOVIO.) ¿La candela? . . . No entiendo.

NOVIO: ¡Pues claro! Se pusieron a decir que si blanco, que si negro; nos metieron en la discusión, y mi novia y yo, sin comerlo ni beberlo, nos hemos peleado por ustedes.

HOMBRE 2º: (*Al* NOVIO.) Bueno, eso de sin comerlo ni beberlo se lo cuenta a otro. Usted se decidió por negro.

NOVIO: Porque ella dijo blanco. (*Pausa. A la* NOVIA.) A ver, ¿por qué tenía que ser blanco?

NOVIA: (*Al* NOVIO.) ¿Y por qué tenía que ser negro? A ver, dime.

NOVIO: (*A la* NOVIA.) Mami, no empieces . . .

NOVIA: (*Al* NOVIO.) ¡Anjá! Conque no empiece . . . ¿Y quién empezó?

NOVIO: (*A la* NOVIA.) Mira, mami, yo lo que quiero es que no tengamos ni un sí ni un no. ¿Qué trabajo te cuesta complacer a tu papi?

NOVIA: (*Al* NOVIO.) Compláceme a mí. Di blanco. Anda, dilo.

NOVIO: (*A la* NOVIA.) Primero muerto y con la lengua cosida. Negro he dicho y negro seguiré diciendo.

Un teatro de ➤ Cienfuegos, Cuba.

HOMBRE 1º: (*Al* NOVIO.) Que se cree usted eso. Es blanco.

NOVIO: (*Se levanta, desafiante.*) ¿Qué te pasa? Está bueno ya, ¿no? No me desmoralices a mi novia. (*A la* NOVIA.) Mami, di que es negro.

NOVIA: (*Se levanta hecha una furia. Al* NOVIO.) No, no y mil veces no. Es blanco y seguirá siendo blanco.

HOMBRE 1º: (*Cuadrándose y saludando militarmente.*) Es blanco. (*Al* NOVIO, *presentándole el pecho abombado.*) Puede matarme, aquí mi corazón; pero seguiremos diciendo blanco. (*A la* NOVIA.) ¡Valor, señorita!

NOVIO: (*A* HOMBRE *1º.*) Y yo te digo que es negro y te voy a hacer tragar el blanco.

HOMBRE 2º: (*Gritando.*) ¡Negro, negro!

NOVIA: (*Gritando.*) ¡Blanco!

NOVIO: (*Gritando.*) ¡Negro!

HOMBRE 1º: (*Gritando.*) ¡Blanco!

HOMBRE 2º: (*Gritando.*) ¡Negro!

Ahora todos gritan indistintamente «blanco» o «negro». Las palabras ya no se entienden. Agitan los brazos.

HOMBRE 3º: (*Entrando por el lateral izquierdo, atraviesa el parque gritando:*) ¡Amarillo! ¡Amarillo! ¡Amarillo!

Los cuatro personajes enmudecen y se quedan con la boca abierta y los brazos en alto.

HOMBRE 3º: (*Vuelve sobre sus pasos, siempre gritando:*) ¡Amarillo! ¡Amarillo! ¡Amarillo! (*Desaparece. Telón.*)

FIN DE
ESTUDIO EN BLANCO Y NEGRO

ACTIVIDAD 6 ¿Cuánto entendiste? Contesta estas preguntas sobre el drama.

1. ¿Dónde tiene lugar la acción?
2. ¿Cuántos personajes hay? ¿Quiénes son?
3. ¿Cómo empieza la pelea entre los hombres?
4. ¿Al principio qué piensan los jóvenes de los dos hombres?
5. ¿Quiere responder el *NOVIO* cuando el *HOMBRE 1º* le pregunta si es blanco o negro? ¿Por qué sí o no?
6. ¿Cómo empieza la pelea entre los dos jóvenes?
7. ¿Cómo se llama el parque y de quién es la estatua?
8. La *NOVIA* cree que el *HOMBRE 2º* es **un loco de atar.** ¿El *HOMBRE 2º* se considera loco o cuerdo?
9. En las líneas 156–157, el *NOVIO* acusa a los dos hombres de **encender la candela.** ¿A qué se refiere?
10. ¿Cómo termina el drama?
11. Para ti, ¿cuál es el mensaje del drama?

Note: The director should use commands to tell the actors what to do. For example: **Siéntate allí. Di esta frase con más emoción.**

ACTIVIDAD 7 Luz, cámara, acción En grupos de seis, ensayen el drama para representarlo enfrente de la clase. Una persona es el/la director/a y el Hombre 3 y los otros son los demás personajes. Tomen de diez a quince minutos para ensayar su actuación.

El rodaje de una película en Madrid.

ACTIVIDAD 8 El feminismo y el machismo En el drama hay varios ejemplos de machismo y de feminismo. Busca los ejemplos y prepárate para defender tu opinión.

- Él le dijo a ella que quería que ella . . . Eso es típico del machismo porque . . .

ACTIVIDAD 9 Su vida En parejas, háganse las siguientes preguntas sobre su vida.

1. ¿Alguna vez has tenido una pelea con alguien sobre algo totalmente insignificante? Si contestas que sí, ¿recuerdas de qué se trataba?
2. ¿Conoces a alguien que sea muy machista? Si contestas que sí, ¿te molesta su actitud? ¿Por qué sí o no?
3. ¿Conoces a alguien que sea muy feminista? Si contestas que sí, ¿te molesta su actitud? ¿Por qué sí o no?

Review contrary-to-fact statements on p. 452.

ACTIVIDAD 10 Opiniones Piensa en tus respuestas a las siguientes preguntas. Luego, en parejas, comparen sus respuestas y defiendan su opinión.

1. ¿Cómo reaccionarías si tu pareja ganara más dinero que tú?
2. Si estuvieras con un grupo de amigos y si tu pareja dijera algo con lo cual no estuvieras de acuerdo, ¿le llevarías la contraria? ¿Por qué sí o no? Si dices que dependería de las circunstancias, explica las circunstancias.
3. ¿Cómo reaccionarías si tu hermana o una amiga estuviera casada con un hombre que no trabajara y que se ocupara de la casa y de los niños? ¿Cómo reaccionarían tus padres?
4. ¿Cómo reaccionarías si tu pareja te tratara como el novio del drama? ¿Y si tu pareja te tratara como la novia?

Predicting the future

ACTIVIDAD 11 El futuro En parejas, imagínense que la pareja del drama *Estudio en blanco y negro* se casa. ¿Cómo será su vida en el futuro? ¿Serán felices? ¿Vivirán tranquilamente? ¿Se pelearán? Hagan predicciones sobre el futuro.

Narrating and describing in the past and expressing opinions

ACTIVIDAD 12 Narración en el pasado En parejas, Uds. son críticos de teatro y van a hacer una crítica de *Estudio en blanco y negro*. Primero, hablen de cómo era el escenario, de qué trataba el drama, qué ocurrió, el machismo y feminismo en la obra y si les gustó la obra o no y por qué.

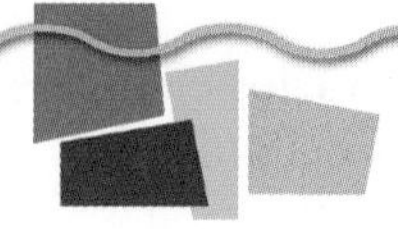

Fin de curso

Use future tense.

ACTIVIDAD 13 Preparándose para el examen **Parte A:** En grupos de tres, hablen de cómo se van a preparar para el examen final. Anoten sus ideas.

- Usaremos el CD-ROM.

Parte B: Conviertan las oraciones de la Parte A en mandatos para darle órdenes al resto de la clase.

Use commands.

- Usaremos el CD-ROM. → Usen el CD-ROM.

ACTIVIDAD 14 La última actividad Felicitaciones, Uds. acaban de terminar el curso de español. En grupos de tres hablen de los siguientes temas.

1. Tres cosas que aprendieron este año que no sabían antes sobre el mundo hispano.
2. Cómo usarán el español en el futuro. Deben pensar en cinco posibilidades, por lo menos.

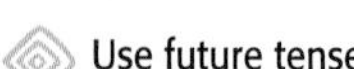

Videoimágenes

Imágenes

ACTIVIDAD 15 ¿Qué recuerdas? A lo largo de este video has visto cinco ciudades: Madrid, San Juan, el D. F., Quito y Buenos Aires. Di cuál te interesaría visitar y por qué.

El palacio de Bellas Artes, ciudad de México.

1:13:34–end

ACTIVIDAD 16 Lugares de interés Mariela y Javier le preguntan a gente de las cinco ciudades qué lugares recomendarían para visitar en un día solamente y por qué. Escucha lo que dice la gente y marca qué lugar está en qué ciudad.

	el D. F.	*San Juan*	*Quito*	*Buenos Aires*	*Madrid*
La Boca					
la Iglesia de la Compañía					
la Iglesia San Francisco					
el Morro					
el Museo de Antropología					
el Museo del Prado					
el Palacio de Bellas Artes					
el Parque de Chapultepec					
el Parque de la Alameda					
el Parque del Retiro					
la Plaza de la Independencia					
la Plaza Mayor					
la Recoleta					
San Telmo					
el Yunque					
el Zócalo					

ACTIVIDAD 17 ¿Cuáles prefieres? Imagina que puedes visitar una de las cinco ciudades que viste en el segmento. Decide cuál prefieres y prepárate para justificar tu preferencia. Luego, en grupos de tres, Uds. van a visitar juntos una de las cinco ciudades que vieron. Traten de convencer a las otras personas del grupo que la ciudad que Uds. eligieron es la ideal para visitar.

ACTIVIDAD 18 Tu ciudad En grupos de tres, imaginen que un grupo de estudiantes de otro país está de visita por un día en la ciudad donde Uds. estudian. Decidan cuatro lugares que van a recomendarles para que visiten y por qué.

Reference Section

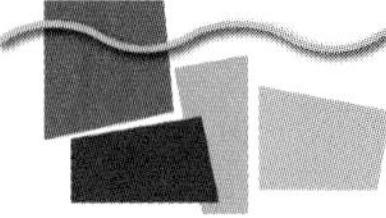

Appendix A: Verb Charts

NOTE: In the sections on stem-changing and spelling-changing verbs, only tenses in which a change occurs are shown.

Regular Verbs

Infinitive	hablar	comer	vivir
Present participle	hablando	comiendo	viviendo
Past participle	hablado	comido	vivido

Simple Tenses

	hablar	**comer**	**vivir**
Present indicative	habl**o** **as** **a** **amos** **áis** **an**	com**o** **es** **e** **emos** **éis** **en**	viv**o** **es** **e** **imos** **ís** **en**
Imperfect indicative	habl**aba** **abas** **aba** **ábamos** **abais** **aban**	com**ía** **ías** **ía** **íamos** **íais** **ían**	viv**ía** **ías** **ía** **íamos** **íais** **ían**
Preterit	habl**é** **aste** **ó** **amos** **asteis** **aron**	com**í** **iste** **ió** **imos** **isteis** **ieron**	viv**í** **iste** **ió** **imos** **isteis** **ieron**
Future indicative	hablar**é** **ás** **á** **emos** **éis** **án**	comer**é** **ás** **á** **emos** **éis** **án**	vivir**é** **ás** **á** **emos** **éis** **án**
Conditional	hablar**ía** **ías** **ía** **íamos** **íais** **ían**	comer**ía** **ías** **ía** **íamos** **íais** **ían**	vivir**ía** **ías** **ía** **íamos** **íais** **ían**

	hablar	comer	vivir
Affirmative and negative commands	**tú:** habl**a**, no habl**es**	com**e**, no com**as**	viv**e**, no viv**as**
	Ud.: habl**e**, no habl**e**	com**a**, no com**a**	viv**a**, no viv**a**
	Uds.: habl**en**, no habl**en**	com**an**, no com**an**	viv**an**, no viv**an**
	vosotros/as: habl**ad**, no habl**éis**	com**ed**, no com**áis**	viv**id**, no viv**áis**
Present subjunctive	que habl**e**	que com**a**	que viv**a**
	es	**as**	**as**
	e	**a**	**a**
	emos	**amos**	**amos**
	éis	**áis**	**áis**
	en	**an**	**an**
Imperfect subjunctive	que habl**ara**	que com**iera**	que viv**iera**
	aras	**ieras**	**ieras**
	ara	**iera**	**iera**
	áramos	**iéramos**	**iéramos**
	arais	**ierais**	**ierais**
	aran	**ieran**	**ieran**

Compound Tenses

	hablar	comer	vivir
Present perfect indicative	he hablado has hablado, *etc.*	he comido has comido, *etc.*	he vivido has vivido, *etc.*
Pluperfect indicative	había hablado habías hablado, *etc.*	había comido habías comido, *etc.*	había vivido habías vivido, *etc.*
Future perfect	habré hablado habrás hablado, *etc.*	habré comido habrás comido, *etc.*	habré vivido habrás vivido, *etc.*
Conditional perfect	habría hablado habrías hablado, *etc.*	habría comido habrías comido, *etc.*	habría vivido habrías vivido, *etc.*
Present perfect subjunctive	que haya hablado hayas hablado, *etc.*	que haya comido hayas comido, *etc.*	que haya vivido hayas vivido, *etc.*
Pluperfect subjunctive	que hubiera hablado hubieras hablado, *etc.*	que hubiera comido hubieras comido, *etc.*	que hubiera vivido hubieras vivido, *etc.*

Stem-Changing Verbs

	-ar verbs: e ⟶ ie		-er verbs: e ⟶ ie	
Infinitive	**pensar** to think		**entender** to understand	
Present indicative	**pienso**	pensamos	**entiendo**	entendemos
	piensas	pensáis	**entiendes**	entendéis
	piensa	**piensan**	**entiende**	**entienden**
Affirmative commands	**piensa**	pensad	**entiende**	entended
	piense	**piensen**	**entienda**	**entiendan**
Present subjunctive	que **piense**	pensemos	que **entienda**	entendamos
	pienses	penséis	**entiendas**	entendáis
	piense	**piensen**	**entienda**	**entiendan**

	-ar verbs: o → ue		-er verbs: o → ue	
Infinitive	**contar** to tell; to count		**volver** to return	
Present indicative	**cuento**	contamos	**vuelvo**	volvemos
	cuentas	contáis	**vuelves**	volvéis
	cuenta	**cuentan**	**vuelve**	**vuelven**
Affirmative commands	**cuenta**	contad	**vuelve**	volved
	cuente	**cuenten**	**vuelva**	**vuelvan**
Present subjunctive	que **cuente**	contemos	que **vuelva**	volvamos
	cuentes	contéis	**vuelvas**	volváis
	cuente	**cuenten**	**vuelva**	**vuelvan**

	-ir verbs: e → i, i	
Infinitive	**servir** to serve	
Present indicative	**sirvo**	servimos
	sirves	servís
	sirve	**sirven**
Affirmative commands	**sirve**	servid
	sirva	**sirvan**
Present subjunctive	que **sirva**	**sirvamos**
	sirvas	**sirváis**
	sirva	**sirvan**
Preterit	serví	servimos
	serviste	servisteis
	sirvió	**sirvieron**
Imperfect subjunctive	que **sirviera**	
	sirvieras, *etc.*	
Present participle	**sirviendo**	

	-ir verbs: e → ie, i		-ir verbs: o → ue, u	
Infinitive	**sentir** to feel; to regret		**dormir** to sleep	
Present indicative	**siento**	sentimos	**duermo**	dormimos
	sientes	sentís	**duermes**	dormís
	siente	**sienten**	**duerme**	**duermen**
Affirmative commands	**siente**	sentid	**duerme**	dormid
	sienta	**sientan**	**duerma**	**duerman**
Present subjunctive	que **sienta**	**sintamos**	que **duerma**	**durmamos**
	sientas	**sintáis**	**duermas**	**durmáis**
	sienta	**sientan**	**duerma**	**duerman**
Preterit	sentí	sentimos	dormí	dormimos
	sentiste	sentisteis	dormiste	dormisteis
	sintió	**sintieron**	**durmió**	**durmieron**
Imperfect subjunctive	que **sintiera**		que **durmiera**	
	sintieras, *etc.*		**durmieras,** *etc.*	
Present participle	**sintiendo**		**durmiendo**	

Verbs with Spelling Changes

	Verbs in **-car:** **c** ⟶ **qu** before **e**		Verbs in **-gar:** **g** ⟶ **gu** before **e**	
Infinitive	**buscar** to look for		**llegar** to arrive	
Preterit	**busqué**	buscamos	**llegué**	llegamos
	buscaste	buscasteis	llegaste	llegasteis
	buscó	buscaron	llegó	llegaron
Affirmative commands	busca	buscad	llega	llegad
	busque	**busquen**	**llegue**	**lleguen**
Present subjunctive	que **busque**	**busquemos**	que **llegue**	**lleguemos**
	busques	**busquéis**	**llegues**	**lleguéis**
	busque	**busquen**	**llegue**	**lleguen**

	Verbs in **-ger** and **-gir:** **g** ⟶ **j** before **a** and **o**		Verbs in **-guir:** **gu** ⟶ **g** before **a** and **o**	
Infinitive	**coger** to pick up		**seguir** to follow	
Present indicative	**cojo**	cogemos	**sigo**	seguimos
	coges	cogéis	sigues	seguís
	coge	cogen	sigue	siguen
Affirmative commands	coge	coged	sigue	seguid
	coja	**cojan**	**siga**	**sigan**
Present subjunctive	que **coja**	**cojamos**	que **siga**	**sigamos**
	cojas	**cojáis**	**sigas**	**sigáis**
	coja	**cojan**	**siga**	**sigan**

	Verbs in **-zar: z** ⟶ **c** before **e**	
Infinitive	**empezar** to begin	
Preterit	**empecé**	empezamos
	empezaste	empezasteis
	empezó	empezaron
Affirmative commands	empieza	empezad
	empiece	**empiecen**
Present subjunctive	que **empiece**	**empecemos**
	empieces	**empecéis**
	empiece	**empiecen**

	Verbs in **-eer:** unstressed **i** ⟶ **y**	
Infinitive	**creer** to believe	
Preterit	creí	creímos
	creíste	creísteis
	creyó	**creyeron**
Imperfect subjunctive	que **creyera**	**creyéramos**
	creyeras	**creyerais**
	creyera	**creyeran**
Present participle	**creyendo**	

Irregular Verbs

	caer to fall	**conducir** to drive
Present indicative	caigo, caes, cae, caemos, caéis, caen	conduzco, conduces, conduce, conducimos, conducís, conducen
Preterit	caí, caíste, cayó, caímos, caísteis, cayeron	conduje, condujiste, condujo, condujimos, condujisteis, condujeron
Imperfect	caía, caías, *etc.*	conducía, conducías, *etc.*
Future	caeré, caerás, *etc.*	conduciré, conducirás, *etc.*
Conditional	caería, caerías, *etc.*	conduciría, conducirías, *etc.*
Present subjunctive	que caiga, caigas, caiga, caigamos, caigáis, caigan	que conduzca, conduzcas, conduzca, conduzcamos, conduzcáis, conduzcan
Imperfect subjunctive	que cayera, cayeras, cayera, cayéramos, cayerais, cayeran	que condujera, condujeras, condujera, condujéramos, condujerais, condujeran
Participles	cayendo, caído	conduciendo, conducido
Affirmative commands	———	conduce, conducid conduzca, conduzcan

	conocer to know, be acquainted with	**construir** to build
Present indicative	conozco, conoces, conoce, conocemos, conocéis, conocen	construyo, construyes, construye, construimos, construís, construyen
Preterit	conocí, conociste, conoció, conocimos, conocisteis, conocieron	construí, construiste, construyó, construimos, construisteis, construyeron
Imperfect	conocía, conocías, *etc.*	construía, construías, *etc.*
Future	conoceré, conocerás, *etc.*	construiré, construirás, *etc.*
Conditional	conocería, conocerías, *etc.*	construiría, construirías, *etc.*
Present subjunctive	que conozca, conozcas, conozca, conozcamos, conozcáis, conozcan	que construya, construyas, construya, construyamos, construyáis, construyan
Imperfect subjunctive	que conociera, conocieras, conociera, conociéramos, conocierais, conocieran	que construyera, construyeras, construyera, construyéramos, construyerais, construyeran
Participles	conociendo, conocido	construyendo, construido
Affirmative commands	conoce, conoced conozca, conozcan	construye, construid construya, construyan

	dar to give	**decir** to say; to tell
Present indicative	doy, das, da, damos, dais, dan	digo, dices, dice, decimos, decís, dicen
Preterit	di, diste, dio, dimos, disteis, dieron	dije, dijiste, dijo, dijimos, dijisteis, dijeron
Imperfect	daba, dabas, *etc.*	decía, decías, *etc.*
Future	daré, darás, *etc.*	diré, dirás, *etc.*
Conditional	daría, darías, *etc.*	diría, dirías, *etc.*
Present subjunctive	que dé, des, dé, demos, deis, den	que diga, digas, diga, digamos, digáis, digan
Imperfect subjunctive	que diera, dieras, diera, diéramos, dierais, dieran	que dijera, dijeras, dijera, dijéramos, dijerais, dijeran
Participles	dando, dado	diciendo, dicho
Affirmative commands	da, dad dé, den	di, decid diga, digan

	estar to be	**freír** to fry
Present indicative	estoy, estás, está, estamos, estáis, están	frío, fríes, fríe, freímos, freís, fríen
Preterit	estuve, estuviste, estuvo, estuvimos, estuvisteis, estuvieron	freí, freíste, frió, freímos, freísteis, frieron
Imperfect	estaba, estabas, *etc.*	freía, freías, *etc.*
Future	estaré, estarás, *etc.*	freiré, freirás, *etc.*
Conditional	estaría, estarías, *etc.*	freiría, freirías, *etc.*
Present subjunctive	que esté, estés, esté, estemos, estéis, estén	que fría, frías, fría, friamos, friáis, frían
Imperfect subjunctive	que estuviera, estuvieras, estuviera, estuviéramos, estuvierais, estuvieran	que friera, frieras, friera, friéramos, frierais, frieran
Participles	estando, estado	friendo, frito
Affirmative commands	está, estad esté, estén	fríe, freíd fría, frían

	haber to have (*auxiliary verb*)	**hacer** to do; to make
Present indicative	he, has, ha, hemos, habéis, han	hago, haces, hace, hacemos, hacéis, hacen
Preterit	hube, hubiste, hubo, hubimos, hubisteis, hubieron	hice, hiciste, hizo, hicimos, hicisteis, hicieron
Imperfect	había, habías, *etc.*	hacía, hacías, *etc.*
Future	habré, habrás, *etc.*	haré, harás, *etc.*
Conditional	habría, habrías, *etc.*	haría, harías, *etc.*
Present subjunctive	que haya, hayas, haya, hayamos, hayáis, hayan	que haga, hagas, haga, hagamos, hagáis, hagan
Imperfect subjunctive	que hubiera, hubieras, hubiera, hubiéramos, hubierais, hubieran	que hiciera, hicieras, hiciera, hiciéramos, hicierais, hicieran
Participles	habiendo, habido	haciendo, hecho
Affirmative commands	———	haz, haced haga, hagan

	ir to go	**oír** to hear
Present indicative	voy, vas, va, vamos, vais, van	oigo, oyes, oye, oímos, oís, oyen
Preterit	fui, fuiste, fue, fuimos, fuisteis, fueron	oí, oíste, oyó, oímos, oísteis, oyeron
Imperfect	iba, ibas, iba, íbamos, ibais, iban	oía, oías, *etc.*
Future	iré, irás, *etc.*	oiré, oirás, *etc.*
Conditional	iría, irías, *etc.*	oiría, oirías, *etc.*
Present subjunctive	que vaya, vayas, vaya, vayamos, vayáis, vayan	que oiga, oigas, oiga, oigamos, oigáis, oigan
Imperfect subjunctive	que fuera, fueras, fuera, fuéramos, fuerais, fueran	que oyera, oyeras, oyera, oyéramos, oyerais, oyeran
Participles	yendo, ido	oyendo, oído
Affirmative commands	ve, id vaya, vayan	oye, oíd oiga, oigan

	poder (ue) to be able, can	**poner** to put
Present indicative	puedo, puedes, puede, podemos, podéis, pueden	pongo, pones, pone, ponemos, ponéis, ponen
Preterit	pude, pudiste, pudo, pudimos, pudisteis, pudieron	puse, pusiste, puso, pusimos, pusisteis, pusieron
Imperfect	podía, podías, *etc.*	ponía, ponías, *etc.*
Future	podré, podrás, *etc.*	pondré, pondrás, *etc.*
Conditional	podría, podrías, *etc.*	pondría, pondrías, *etc.*
Present subjunctive	que pueda, puedas, pueda, podamos, podáis, puedan	que ponga, pongas, ponga, pongamos, pongáis, pongan
Imperfect subjunctive	que pudiera, pudieras, pudiera, pudiéramos, pudierais, pudieran	que pusiera, pusieras, pusiera, pusiéramos, pusierais, pusieran
Participles	pudiendo, podido	poniendo, puesto
Affirmative commands	———	pon, poned ponga, pongan

	querer (ie) to want; to love (someone)	**saber** to know (how)
Present indicative	quiero, quieres, quiere, queremos, queréis, quieren	sé, sabes, sabe, sabemos, sabéis, saben
Preterit	quise, quisiste, quiso, quisimos, quisisteis, quisieron	supe, supiste, supo, supimos, supisteis, supieron
Imperfect	quería, querías, *etc.*	sabía, sabías, *etc.*
Future	querré, querrás, *etc.*	sabré, sabrás, *etc.*
Conditional	querría, querrías, *etc.*	sabría, sabrías, *etc.*
Present subjunctive	que quiera, quieras, quiera, queramos, queráis, quieran	que sepa, sepas, sepa, sepamos, sepáis, sepan
Imperfect subjunctive	que quisiera, quisieras, quisiera, quisiéramos, quisierais, quisieran	que supiera, supieras, supiera, supiéramos, supierais, supieran
Participles	queriendo, querido	sabiendo, sabido
Affirmative commands	quiere, quered quiera, quieran	sabe, sabed sepa, sepan

	salir de to leave; to go out	**ser** to be
Present indicative	salgo, sales, sale, salimos, salís, salen	soy, eres, es, somos, sois, son
Preterit	salí, saliste, salió, salimos, salisteis, salieron	fui, fuiste, fue, fuimos, fuisteis, fueron
Imperfect	salía, salías, *etc.*	era, eras, era, éramos, erais, eran
Future	saldré, saldrás, *etc.*	seré, serás, *etc.*
Conditional	saldría, saldrías, *etc.*	sería, serías, *etc.*
Present subjunctive	que salga, salgas, salga, salgamos, salgáis, salgan	que sea, seas, sea, seamos, seáis, sean
Imperfect subjunctive	que saliera, salieras, saliera, saliéramos, salierais, salieran	que fuera, fueras, fuera, fuéramos, fuerais, fueran
Participles	saliendo, salido	siendo, sido
Affirmative commands	sal, salid salga, salgan	sé, sed sea, sean

	tener to have	**traer** to bring
Present indicative	tengo, tienes, tiene, tenemos, tenéis, tienen	traigo, traes, trae, traemos, traéis, traen
Preterit	tuve, tuviste, tuvo, tuvimos, tuvisteis, tuvieron	traje, trajiste, trajo, trajimos, trajisteis, trajeron
Imperfect	tenía, tenías, *etc.*	traía, traías, *etc.*
Future	tendré, tendrás, *etc.*	traeré, traerás, *etc.*
Conditional	tendría, tendrías, *etc.*	traería, traerías, *etc.*
Present subjunctive	que tenga, tengas, tenga, tengamos, tengáis, tengan	que traiga, traigas, traiga, traigamos, traigáis, traigan
Imperfect subjunctive	que tuviera, tuvieras, tuviera, tuviéramos, tuvierais, tuvieran	que trajera, trajeras, trajera, trajéramos, trajerais, trajeran
Participles	teniendo, tenido	trayendo, traído
Affirmative commands	ten, tened tenga, tengan	trae, traed traiga, traigan

	valer to be worth	**venir** to come
Present indicative	valgo, vales, vale, valemos, valéis, valen	vengo, vienes, viene, venimos, venís, vienen
Preterit	valí, valiste, valió, valimos, valisteis, valieron	vine, viniste, vino, vinimos, vinisteis, vinieron
Imperfect	valía, valías, *etc.*	venía, venías, *etc.*
Future	valdré, valdrás, *etc.*	vendré, vendrás, *etc.*
Conditional	valdría, valdrías, *etc.*	vendría, vendrías, *etc.*
Present subjunctive	que valga, valgas, valga, valgamos, valgáis, valgan	que venga, vengas, venga, vengamos, vengáis, vengan
Imperfect subjunctive	que valiera, valieras, valiera, valiéramos, valierais, valieran	que viniera, vinieras, viniera, viniéramos, vinierais, vinieran
Participles	valiendo, valido	viniendo, venido
Affirmative commands	———	ven, venid venga, vengan

	ver to see
Present indicative	veo, ves, ve, vemos, veis, ven
Preterit	vi, viste, vio, vimos, visteis, vieron
Imperfect	veía, veías, veía, veíamos, veíais, veían
Future	veré, verás, *etc.*
Conditional	vería, verías, *etc.*
Present subjunctive	que vea, veas, vea, veamos, veáis, vean
Imperfect subjunctive	que viera, vieras, viera, viéramos, vierais, vieran
Participles	viendo, visto
Affirmative commands	ve, ved vea, vean

Reflexive Verbs

	levantarse to get up; to stand up
Present indicative	me levanto, te levantas, se levanta, nos levantamos, os levantáis, se levantan
Participles	levantándose, levantado
Affirmative and negative commands	**tú:** levántate, no te levantes **Ud.:** levántese, no se levante **Uds.:** levántense, no se levanten **vosotros/as:** levantaos, no os levantéis

Appendix B: Accentuation and Syllabication

Diphthongs

1 ◆ A diphthong is the combination of a weak vowel (i, u) and a strong vowel (a, e, o), or the combination of two weak vowels. When two vowels are combined, the strong vowel or the second of two weak vowels takes a slightly greater stress in the syllable:

v*u***e**lvo   **a***u*tomático   t*i***e**ne   conc*i***e**nc*i***a**   c*i***u**dad

2 ◆ When the stress of the word falls on the weak vowel of a strong-weak combination, no diphthong occurs and the weak vowel takes a written accent mark to break the diphthong:

pa-ís   dí-a   tí-o   en-ví-o   Ra-úl

Stress

1 ◆ If a word ends in **n, s,** or a **vowel,** the stress falls on the *next-to-last syllable.*

lava**pla**tos   **exa**men   **ho**la   aparta**men**to

2 ◆ If a word ends in any **consonant** other than **n** or **s,** the stress falls on the *last syllable.*

espa**ñol**   us**ted**   regu**lar**   prohi**bir**

3 ◆ Any exception to rules 1 and 2 has a written accent mark on the stressed vowel.

televisi**ó**n   tel**é**fono   **á**lbum   cent**í**metro

4 ◆ Question and exclamation words (**cómo, dónde, cuál, qué,** etc.) always have accents.

5 ◆ Certain words change meaning when written with an accent although pronunciation remains the same.

cómo	how	**como**	like
dé	give	**de**	of/from
él	he/him	**el**	the
más	more	**mas**	but
mí	me	**mi**	my
sé	I know	**se**	*refl. pro.*
sí	yes	**si**	if
sólo	only	**solo**	alone
té	tea	**te**	you
tú	you	**tu**	your

6 ◆ Demonstrative pronouns may have a written accent to distinguish them from demonstrative adjectives (except for **esto, eso,** and **aquello,** which are always neuter pronouns).

éste   este niño   éstas   estas blusas

Syllabication

1 ◆ Syllables usually end in a vowel.

ca-sa   ba-su-ra   dro-ga

2 ◆ A diphthong is never separated unless the stress of the word falls on the weak vowel of a strong-weak vowel combination.

a-mue-blar   ciu-dad   ju-lio   BUT: dí-a

3 ◆ Two consonants are usually separated. Remember that **ch, ll,** and **rr** are each a single consonant in Spanish.

al-qui-ler   por-te-ro   ca-le-fac-ción   BUT: pe-rro

4 ◆ The consonants **l** and **r** are never separated from the preceding letters **b, c, d, f, g, p,** or **t.**

po-si-ble   a-cla-rar   a-bri-go   BUT: ais-lar

5 ◆ When there is a cluster of three consonants, the first two stay with the preceding vowel unless the third consonant is an **l** or an **r,** in which case the last two consonants stay with the vowel that follows.

ins-ti-tu-ción   BUT: ex-pli-car   des-crip-ción

6 ◆ When there is a cluster of four consonants, they are always divided between the second and third consonants.

ins-crip-ción   ins-truc-ción

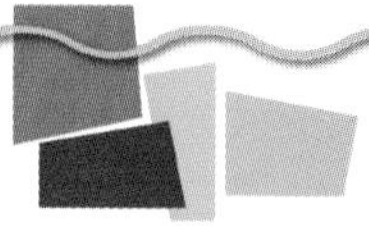

Spanish-English Vocabulary

'his vocabulary includes most of the active vocabulary presented in the chapters. (Some xceptions are the months of the year, adjectives of nationality, many numbers, names of ities and countries, and many obvious cognates.) The list also includes many receptive 'ords found throughout the chapters. The definitions are limited to the context in which ıe words are used in this book. Active words are followed by a number that indicates the hapter in which the word appears as an active item; the abbreviation Pre. refers to the *'apítulo preliminar.*

'he following abbreviations are used:

adj.	adjective	*n.*	noun
adv.	adverb	*part.*	participle
aux.	auxiliary	*pl.*	plural
f.	feminine	*sing.*	singular
inf.	infinitive	*subj.*	subjunctive
m.	masculine	*v.*	verb

to; at; **al (a + el)/a la** to the; **A la/s . . .** At . . . o'clock. 5; **~ la vez** at the same time; **~ lo mejor** perhaps 10; **~ menos que** unless 16; **~ menudo** often 12; **¿~ qué hora . . . ?** At what time . . . ? 5; **¿~ quién?** to whom?; **~ tiempo** on time 7, in time; **~ veces** at times 12; **~ ver.** Let's see.
ɔajo below
ɔierto/a open 15
/la abogado/a lawyer 1
abono fertilizer
ɔrazar to hug; to embrace 17
abrazo hug; embrace 17
abrigo coat 5
ɔrir to open 6; **Abre/Abran el libro en la página . . .** Open your book to page . . . Pre.
ɔrocharse el cinturón to buckle the seat belt 11
/la abuelo/a grandfather/grandmother 6
ɔurrido/a: estar ~ to be bored; **ser ~** to be boring 3
ɔurrirse como una ostra to be really bored (literally, "to be bored like an oyster") 10
:abar de + *inf.* to have just + *past part.* 5
:aso: por si ~ in case
:ampar to go camping
acción action
aceite oil 9
acelerador accelerator 11
acento accent
:entuar to accent
:eptado/a accepted
aceptar to accept, agree to do
acercarse to approach, come near
acompañar to accompany 7
aconsejar to advise 8
el acontecimiento event
acordarse (o ⟶ ue) de to remember
acostar (o ⟶ ue) to put someone to bed 5
acostarse (o ⟶ ue) to go to bed 5
acostumbrarse a to become accustomed to
la actividad activity Pre.; **Mira/Miren la actividad . . .** Look at activity . . . Pre.
activo/a active, lively
el actor/la actriz actor 1
actual present-day, current
el acuario aquarium 14
el acueducto aqueduct 14
acuerdo: ¿De ~? Agreed? O.K.?
adecuado/a adequate
además besides 11
Adiós. Good-by. Pre.
la adivinanza guessing game
adivinar to guess
la admisión admission
¿Adónde? Where? (*with verb of motion*); **¿~ vas?** Where are you going? 3
adorar to adore
adquirir (e ⟶ i, i) to acquire
la aduana customs 7; **el/la agente de aduanas** customs official
la aerolínea airline 7
el/la aeromozo/a flight attendant
el aeropuerto airport 7
afectar to affect
afeitar: la crema de ~ shaving cream 2
afeitarse to shave 4
el afiche poster
la afición liking, fondness
el/la aficionado/a enthusiast, fan
la agencia de viajes travel agency 3
el/la agente: ~ de aduanas customs official; **~ de viajes** travel agent 1
agradable pleasant
agresivo/a aggressive 15
agrícola agricultural
el agua (*f.*) water 8; **~ de colonia** cologne 2; **~ dulce** fresh water; **~ salada** salt water
el aguacate avocado
el agujero hole 15
ahí there
ahora now; **~ mismo** right now 11
ahorrar to save
el aire: ~ acondicionado air conditioning 11
al aire libre outdoors
aislado/a isolated
el ajedrez chess 9; **jugar (u ⟶ ue) (al) ajedrez** to play chess 9
el ajo garlic 12
al + *inf.* upon + *-ing* 15
el ala (*f.*) wing
el albergue hostel
el álbum (de fotos) photo album 16
alcanzar to reach
la alcoba bedroom
alcohólico/a alcoholic
alegrarse de to be happy about 9
la alegría happiness
la alfombra rug 8
algo something 6; **¿~ más?** Something/Anything else? 12

el algodón cotton 5
alguien someone 6
algún/alguno/a/os/as some/any 7; **algunas veces** sometimes 12; **alguna vez** (at) sometime, ever 13
allá over there 4
allí there 4
el alma (*f.*) soul
el almacén department store
almorzar (o ⟶ ue) to have lunch 5
el almuerzo lunch
¿Aló? Hello? 7
el alojamiento lodging, accommodation
alquilar to rent 8
el alquiler the rent 8
alrededor around
alternar to alternate
el altiplano high plateau
alto/a tall 3
el/la alumno/a student
el ama de casa (*f.*) housewife 1
amable nice 15
el/la amante lover (*usually negative connotation*) 17
amar to love 7
amargo/a bitter
amarillo/a yellow 5
ambicioso/a ambitious (*negative connotation*) 15
el ambiente atmosphere; **el medio ambiente** the environment 15
el ámbito field (*professional*)
ambos/as both
la ambulancia ambulance 11
el/la amigo/a friend
la amistad friendship
el amor love; **¡Por ~ de Dios!** For heaven's sake! (literally, "For the love of God!") 8
amueblado/a furnished 8
amueblar to furnish
el analfabetismo illiteracy
anaranjado/a orange (*color*) 5
el/la anciano/a old man/woman
andar to go; to walk; to amble
andinismo: hacer ~ to go mountain climbing, mountaineering
andino/a Andean
el anillo ring
el aniversario anniversary
anoche last night 6
anotar to take notes, jot down
anteayer the day before yesterday 6
los anteojos eyeglasses 16
el/la antepasado/a ancestor
anterior (*adj.*) former, previous; (*n. m.*) front part
antes before; **~ de** (+ *inf.*) before + *-ing*; **~ (de) que** before 16; **~ que nada** before anything else 16
el antibiótico antibiotic 11
el anticonceptivo contraceptive
antiguo/a ancient, antique
antipático/a unpleasant; disagreeable 3
anunciar to advertise; to announce
el anuncio advertisement, notice, announcement
añadir to add 9; to increase
el anfiteatro amphitheater 14
el año year 1; **Año Nuevo** New Year's Day; **~ pasado** last year 6; **~ que viene** next year; **cumplir años** to have a birthday 4
apagar to turn off 11
aparecer to appear
el apartamento apartment 8
aparte separate; **~ de** apart from
la apatía apathy
apático/a apathetic, indifferent
el apellido: el primer apellido first last name (*father's name*) 1; **el segundo apellido** second last name (*mother's maiden name*) 1
apenas scarcely, hardly
apoyar to support
el apoyo support
apreciar to value, appreciate
aprender to learn 3
aprovechar to make use of, take advantage of
aproximadamente approximately
apuntar to jot down
el apunte note; annotation; **tomar apuntes** to take notes
aquí here 4
la araña spider
el árbol tree
el arca (*f.*) treasure chest, coffer
el área (*f.*) area code 7
el argumento argument (*reasoning*); plot
el armario closet 8
el/la arqueólogo/a archaeologist
el/la arquitecto/a architect
arrancar to start the car 11
arreglar to fix; to arrange 9; **~ el carro** to fix the car 9
el arreglo arrangement
arriba above, up
arroba @ (*symbol used in email addresses*) 10
arrogante arrogant 15
el arroz rice
el arte (*normally m.*) art 2
las artes (*f. pl.*) the arts
la artesanía craftsmanship, handicraft
el artículo article
el/la artista artist 17
la arveja pea 12
la ascendencia ancestry
el ascensor elevator 13
asegurar to assure
asesinar to murder
así like this/that 13; **~ es** that's right
el asiento seat 7
la asignatura subject (*school*)
asimilarse to assimilate
asimismo likewise
asistir a to attend (*class, church, etc.*) 6
asociar to associate
el asombro amazement, astonishment
la aspiradora vacuum cleaner 8
la aspirina aspirin 11
astuto/a astute 15
el asunto matter, subject
asustado/a frightened
asustarse to be frightened
atraer to attract
atrás back, behind, rear
atropellar to run over 11
aumentar to increase
el aumento increase
aun even
aún still, yet
aunque although
la aurora dawn
el auto car 6
el autobús bus 6
automático/a automatic (*car*) 11
la autopista freeway, expressway 12
el autorretrato self-portrait 17
auxilios: primeros ~ first aid
avanzar to advance
el ave (*f.*) bird; poultry 12
la avenida avenue
la aventura adventure; **~ amorosa** (love affair 17
averiguar to find out (about)
el avión airplane 6; **por avión** by airmail, by plane
avisar to advise; to inform
el aviso sign
ayer yesterday 6
la ayuda help
el/la ayudante helper, assistant
ayudar to help 7; **~ a** + *inf.* to help + *in*
el ayuntamiento city hall 14
el azúcar sugar
azul blue 5

la bahía bay
bailar to dance 2
el bailarín/la bailarina dancer
el baile dance
bajar to go down 13; **~ de** to get off 13; **~ fotos** to download photos 16
bajo/a short (*in height*) 3; low (*voice*)
el bajo first floor; bass guitar
el balcón balcony
el balón ball (*large*) 10
el banano banana; banana tree
el banco bank 3; bench
la banda band 12
el bandoneón concertina (*type of accordion*
la bandurria lute-like instrument
bañarse to bathe 4

la bañera bathtub 8
el baño bathroom 7; **el traje de baño** bathing suit 5
barato/a cheap, inexpensive 5
la barba beard 4
barbaridad: ¡Qué ~! How awful!
el barco ship, boat 6; **en/por ~** by boat
la barra slash (*as in* http://www) 10
la barrera barrier
el barrio neighborhood
basado/a based
basar to base
el basquetbol basketball 10
¡Basta (de . . .)! (That's) enough (. . .)! 14
bastante enough
bastardilla: en ~ in italics
la basura garbage 15
el bate bat 10
la batería battery 11; drums 12
la batidora blender
el baúl trunk 11
beber to drink 2
la bebida drink 12
la beca scholarship
el béisbol baseball 10
la belleza beauty
bello/a beautiful; **bellísimo/a** very beautiful 6
besar to kiss 17
el beso kiss 17
la biblioteca library 3
la bicicleta bicycle 6
el bidé bidet 8
bien O.K.; well Pre.
bienvenido/a welcome
el/los bigote/s mustache 4
bilingüe bilingual
el billar billiards 9
el billete bill (*paper money*) 14; ticket 7
la biología biology 2
el bistec steak 12
blanco/a white 5; **blanco y negro** black and white 16
blando/a soft
el bloque block
la blusa blouse 5
la boca mouth 4
la boda wedding 6
el bodegón still life (*painting*) 17
la bola: ~ de bolos bowling ball 10
el boleto ticket
el bolígrafo ballpoint pen Pre.
los bolos bowling 10
la bolsa bag
el bolso: ~ de mano hand luggage 7
bonito/a pretty 3
borracho/a drunk 3
el borrador rough draft
borrar to erase
el bosque woods 12; **~ pluvial** rain forest
el bosquejo outline
la bota boot 5
la botánica store that sells herbs, candles, books, and religious articles (*Puerto Rico, Cuba*)
la botella bottle
el botones bellboy 7
el boxeo boxing 10
el brazo arm 4
breve brief
la brisa breeze
bueno/a good 3; **es bueno** it's good 8; **Buenas noches.** Good night. Good evening. Pre.; **Buenas tardes.** Good afternoon. Pre.; **Buenos días.** Good morning. Pre.
el buscador search engine 10
buscar to look for 6
la búsqueda search
el buzón mailbox 10

el caballero gentleman
el caballo horse 14
la cabeza head 4
la cabina cabin
cabo: al fin y al ~ after all; **llevar a ~** to accomplish
cada each, every; **~ loco con su tema** to each his/her own (literally, "each crazy person with his/her own theme") 18
la cadena chain; (television) network
la cadera hip
caer to fall; to drop 13; **Me cae (la mar de) bien.** I like him/her a lot. 15; **Me cae mal.** I don't like him/her. 15
el café coffee 2
la cafetera coffeepot 8
la cafetería cafeteria, bar 1
la caída fall, drop
la caja cashier's desk; box 14
el/la cajero/a cashier 14
el cajero automático ATM 14
la calabaza gourd
el calcetín sock
la calculadora calculator 2
el cálculo calculus 2
la calefacción heat (*in a house*) 8
el calendario calendar
caliente warm
¡Calla! Quiet!
callado/a quiet, silent
callarse to be silent, keep quiet
la calle street 8
el callejón alley 13
calor: hace ~ it's hot 4; **tener ~** to be hot 5
calvo/a bald
los calzoncillos/calzones men's/women's underwear
la cama bed 2
la cámara camera 2; **~ de video** video camera 16; **~ digital** digital camera 16
el/la camarero/a waiter/waitress 1
cambiar to change; **~ de papel** to switch roles; **~ (dinero)** to exchange, to change (money) 14; **cambiando de tema** changing the subject 10
el cambio exchange rate 14; change (*i.e., coins, small bills*) 14; exchange; **~ de raíz** stem change; **en cambio** in exchange; on the other hand; instead
los cambios gears (*of a car*); **con cambios** manual (transmission)
caminar to walk 2
la caminata walk, stroll
el camino road, path
el camión truck 6
la camisa shirt 5
la camiseta T-shirt 5
la campana bell
el campeón/la campeona champion 10
el campeonato championship
el/la campesino/a peasant, farmer
el campo countryside 12; field; **~ de fútbol** soccer field
el canal de televisión TV channel
la canasta basket
la cancha (*tennis, basketball*) court
la canción song
la canica marble (*for games*)
cansado/a tired 3
el cansancio fatigue, tiredness, weariness
el/la cantante singer 1
cantar to sing 2
la cantidad quantity
el canto singing, song
la caña de azúcar sugar cane
la capa de ozono ozone layer 15
el caparazón shell (*of an animal*)
capaz capable 15
la capital capital (city); **¿Cuál es ~ de . . . ?** What is the capital of . . . ? Pre.
el capítulo chapter
la cápsula capsule 11
captar to capture
la cara face 4; **Cuesta un ojo de ~.** It costs an arm and a leg. (Literally, "It costs an eye from your face.") 5
el cardamomo cardamom
la carga load, cargo, burden
cargar to carry, transport
el cariño affection 17
carismático/a charismatic 15
la carne meat 12; **~ de res** beef 12
caro/a expensive 5; **Te va a salir caro.** It's going to cost you. 10
la carrera course of study; career; race
la carreta wagon, cart
el carrete film 16
la carretera road, highway 12

el carro car 6
la carta letter 4; menu 12; **~ de recomendación** letter of recommendation 16
las cartas: jugar (u ⟶ ue) a ~ to play cards 9
el cartel poster
el/la cartero letter carrier 10
el cartón cardboard 15
la casa house; home 3; **echar ~ por la ventana** to go all out (literally, "to throw the house out the window") 6
casado/a: está ~ (con) he/she is married (to) 6
casarse (con) to marry; to get married (to) 6
el casco (de bicicleta/de moto/de fútbol americano) (bicycle/motorcycle/ football) helmet 10
casi almost 11
la casilla box
caso: en ~ (de) que in case that
el cassette tape, cassette 2
las castañuelas castanets
el castigo punishment
el castillo castle 14
casualidad: por (pura) ~ by (pure) chance
las cataratas waterfalls 12
catarro: tener ~ to have a cold 11
la catedral cathedral 14
el/la cazador/a hunter
cazar to hunt
la cebolla onion 9
la cédula ID card
celebrar to celebrate
celos: tener ~ (de) to be jealous (of)
celoso/a: estar ~ (de) to be jealous (of); **ser ~** to be jealous
celular: el teléfono ~ cell phone 2
el cementerio cemetery 14
la cena dinner
cenar to have supper/dinner
el centavo cent
centígrados centigrade/Celsius 4
cepillarse: ~ el pelo to brush one's hair 4; **~ los dientes** to brush one's teeth 4
el cepillo: ~ de dientes toothbrush 2; **~ de pelo** hairbrush 2
cerca de near 6
cercano/a near, close by
el cerdo pork 12; pig
el cereal cereal
el cerebro brain
cero zero 1
cerrado/a closed
cerrar (e ⟶ ie) to close 5; **Cierra/Cierren el libro.** Close your book. Pre.
la certeza certainty
la cerveza beer 2
el cetro scepter
el champán champagne
el champú shampoo 2
el chantaje blackmail
Chao. By. So long. Pre.
la chaqueta jacket 5
el charango small, five-stringed guitar
la charla talk, conversation
charlar to chat, talk
Chau. By. So long. Pre.
el cheque check; **~ de viajero** traveler's check 14
chévere: ¡Qué ~! Great! (*Caribbean expression*) 12
el/la chico/a boy/girl 1
el chile chili pepper
la chimenea chimney
el/la chiquillo/a young child
los chismes gossip 16
chismoso/a gossipy 15
el chiste joke, funny story
chocar to crash 11
el chocolate chocolate, hot chocolate
el chofer driver, chauffeur 13
el chorizo sausage (*pork, seasoned*)
la chuleta chop 12
el churrasco steak (*Argentina*) 12
el ciclismo cycling 10
el/la ciclista cyclist
cien one hundred 1
la ciencia science
cierto/a sure, certain, true; **es cierto** it's true 9; **por cierto** by the way
el cigarrillo cigarette
la cigüeña stork
el cine movie theater 3
la cinta tape, cassette 2
el cinturón belt 5, **~ de seguridad** seat belt 11
la cirugía surgery
la cita appointment; date; quote
la ciudad city 12; **~ universitaria** college campus
el/la ciudadano/a citizen
el clarinete clarinet 12
claro/a light 5; clear
Claro. Of course. 2; **¡Claro que no!** Of course not!; **¡Claro que sí!** Of course! 2; **está claro** it's clear 9
la clase lesson; class 3
clasificar to rate
el claustro cloister
la cláusula clause
clavar to fix upon; to nail down
el/la cliente client
el clima climate
cobarde cowardly 15
cobrar to charge; to collect
cobro: la llamada a ~ revertido collect phone call 7
el coche car 6
la cocina kitchen 8; **~ eléctrica/de gas** electric/gas stove 8
cocinar to cook 9
el/la cocinero/a cook, chef
el código: ~ internacional country code (*telephone*) 7; **~ postal** postal/zip code
el codo elbow 4
el cognado cognate
el cojín pillow, cushion
cola: hacer ~ to stand in line 10
coleccionar to collect 9; **~ estampillas** to collect stamps 9; **~ monedas** to collect coins 9
el colegio school 3; **~ mayor** dormitory (*Spain*) 1
colgar (o ⟶ ue) to hang
la coliflor cauliflower 12
la colina hill 12
colmo: para ~ to top it all off 11
colocado/a positioned, arranged
la colonia colony; **el agua** (*f.*) **de colonia** cologne 2
el color color 5; **¿De qué color es?** What color is it? 5
la comedia comedy
el comedor dining room 8
comentar to comment on; to gossip; **Se comenta que . . .** People comment that . . . 5
el comentario comment
comenzar (e ⟶ ie) to begin 5
comer to eat 2
el/la comerciante business owner 1
la comida meal 7
el comienzo beginning, start
como like, as; **~ consecuencia** as a consequence; **~ resultado** as a result; **~ si** as if
¿Cómo? What?; What did you say? 1; **¿~ estás/está?** How are you? (*informal/formal*) Pre.; **¿~ que . . . ?** What do you mean . . . ? 7; **¿~ se dice . . . en español?** How do you say . . . in Spanish? Pre.; **¿~ se escribe . . . ?** How do you spell . . . ? Pre.; **¿~ se llama (usted)?** What's your name? (*formal*) Pre.; **¿~ se llega a . . . ?** How do you get to . . . ? 13; **¿~ te llamas?** What's your name? (*informal*) Pre.
la cómoda chest of drawers 8
cómodo/a comfortable
el/la compañero/a companion; partner
la compañía comercial company, business
comparar to compare
compartir to share
completar to fill out 16; to complete, finish
el comportamiento behavior

comprar to buy 2
comprender to understand; **No comprendo.** I don't understand. Pre.
comprobar (o ⟶ ue) to check
el compromiso engagement (*for marriage*) 17
la computadora computer 2
común common; **en ~** in common
la comunidad community
con with 3; **~ cuidado** carefully; **~ frecuencia** frequently, often 12; **~ mucho gusto** with pleasure; **¿~ quién vas?** With whom are you going? 3; **~ tal (de) que** provided that 16
el concierto concert 5
la concordancia concordance, harmony
concordar (o ⟶ ue) to agree
el concurso contest
conducir to drive 11
conectar to connect
la conferencia lecture, talk; long distance call
la confianza confidence
el congelador freezer 8
el conjunto (musical) group 12; outfit
conocer to know (*a person/place/thing*) 4; **dar a ~** to make known
conocido/a known
el conocimiento knowledge
la conquista conquest
conquistar to win, conquer, overcome
consciente: ser ~ to be aware 15
la consecuencia consequence; **como consecuencia** as a consequence
conseguir (e ⟶ i, i) to get, obtain 13
el/la consejero/a counselor
el consejo advice 8
la conservación conservation 15
conservar to conserve, preserve 15; to take care of
consistir en to consist of
constante constant
constantemente constantly 9
construir to build
el consulado consulate 14
consultar to consult
el consultorio doctor's office
el consumidor consumer
el consumo consumption
la contaminación contamination, pollution 15
contar (o ⟶ ue) to tell 6; to count
contemporáneo/a contemporary
el contenido content
contento/a happy 3
el contestador automático answering machine
contestar to answer 6; **(Ana), contéstale a (Vicente) . . .** (Ana), answer (Vicente) . . . Pre.
continuamente continually 9
continuar to continue 12
contra: estar en ~ to be against
la contratapa inside cover
contratar to contract, hire 16
el contrato contract 16
convencer to convince
conversar to converse, talk
convertir (e ⟶ ie, i) to convert; to become
la copa stemmed glass, goblet; **~ Mundial** World Cup (*soccer*); **~ de vino** wine glass 9
la copia copy 17
el corazón heart 17
la corbata tie 5
el cordero lamb 12
corregir (e ⟶ i, i) to correct
el correo post office; mail 10; **~ electrónico** email 10
correr to run 2
correspondiente corresponding
la corrida de toros bullfight
corrupto/a corrupt 15
cortar to cut 9
la cortina curtain
corto/a short (*in length*) 3
la cosa thing
coser to sew 9
la costa coast 12
costar (o ⟶ ue) to cost 5; **Cuesta un ojo de la cara.** It costs an arm and a leg. 5
la costumbre custom, habit
cotidiano/a daily
crear to create
el crecimiento growth
crédito: la tarjeta de ~ credit card
creer to believe 7
creído/a conceited, vain 15
la crema de afeitar shaving cream 2
criar to breed, rear, raise
el crucero cruise
el crucigrama: hacer crucigramas to do crossword puzzles 9
la cruz cross
cruzar to cross (*the street*) 13
la cuadra city block 13
el cuadrado square
el cuadro painting 17; **de cuadros** plaid 5
¿Cuál? Which? 1; **¿~ es tu/su número de . . . ?** What is your . . . number? 1; **¿~ es la capital de . . . ?** What is the capital of . . . ? Pre.
cualquier any; whichever
cuando when; **de vez en ~** once in a while, from time to time 12
¿Cuándo? When? 2
¿Cuánto/a? How much?; **¿Cuánto cuesta/n . . . ?** How much is/are . . . ? 5
¿Cuántos/as? How many?; **¿Cuántos años tiene él/ella?** How old is he/she? 1
el cuarto room 8; **~ de hora** quarter (*of an hour*) 5; **~ de servicio** maid's room 8
cuarto/a fourth 8
el cuatro four-stringed guitar used in Andean and Caribbean music
cuatrocientos four hundred 6
los cubiertos silverware 9
cubrir to cover 12
la cuchara spoon 9
la cucharada spoonful
el cuchillo knife 9
el cuello neck 4
la cuenta check; account; bill; **~, por favor.** The check, please. 12; **darse cuenta de (algo)** to realize (something) 7; **tener en cuenta** to take into account, bear in mind
el cuento story
la cuerda string
el cuero leather 5
el cuerpo body 4
el cuestionario questionnaire
el cuidado care; **con cuidado** carefully; **tener cuidado** to be careful
cuidar to care for, take care of; **~ plantas** to take care of plants 9
la culpa guilt
culpable guilty
cultivado/a cultured, cultivated
el cumpleaños birthday 4; **Feliz cumpleaños.** Happy birthday.
cumplir ~ años to have a birthday 4
el/la cuñado/a brother-in-law/sister-in-law 6
el cura priest
curar to cure, treat
la curiosidad curiosity; indiscretion; question
el curriculum (vitae)/currículo résumé, curriculum vitae 16
cursar to study, take (*a class*)
cursi overly cute; tacky, in bad taste 12
el curso course

la dama: la primera dama first lady
la danza dance
el daño damage, harm
dar to give 6; **~ a conocer** to make known 17; **~ de comer** to feed; **~ un paseo** to take a walk; **~ una excusa** to give an excuse; **~ una vuelta** to take a ride 15; to go for a stroll/walk; **~ vergüenza** to make ashamed; **darle la vuelta** to turn over 9; **darle las gracias a alguien** to thank someone 18; **darse cuenta de (algo)** to realize (something) 7

el dato fact, piece of information
de of; from 1; **¿~ acuerdo?** O.K.?, Agreed? 13; **ir ~ compras** to go shopping; **~ cuadros** plaid 5; **¿~ dónde eres?** Where are you from? (*informal*) Pre.; **~ espaldas** back-to-back; **~ lunares** polka-dotted 5; **~ nada.** You're welcome. Pre.; **(~ parte) ~ . . .** It/This is . . . (*on telephone*) 7; **¿~ parte de quién?** May I ask who is calling? 7; **¿~ qué color es?** What color is it? 5; **¿~ qué material/tela es?** What material is it made out of? 5; **~ quien** about whom; **¿~ quién/es?** Whose? 2; **~ rayas** striped 5; **~ repente** suddenly 6; **~ segunda mano** secondhand, used 8; **~ súbito** suddenly; **¿~ veras?** Really? 2; **~ vez en cuando** once in a while, from time to time 12
debajo de below 6
deber to owe; **~** + *inf.* ought to/should + *v.* 4
debido/a due; **debido a** due to, because of
el/la decano/a dean
decidir to decide 6
décimo/a tenth 8
decir to say; to tell 5; **¿Cómo se dice . . . en español?** How do you say . . . in Spanish? Pre.; **Diga. / Dígame.** Hello? (*on telephone*) 7; **Dile a . . .** Tell . . . Pre.; **¡No me diga/s!** No kidding! 5; **¿Qué quiere ~ . . . ?** What does . . . mean? Pre.
el dedo finger 4; **~ meñique** little finger; **~ del pie** toe 4
dejar to leave behind; to let, allow 6; **~ boquiabierto/a (a alguien)** to leave (someone) dumbfounded 16; **~ caer** to drop; **~ de** + *inf.* to stop, quit + *-ing* 10
del = de + el of
delante de in front of 6
deletrear to spell
delgado/a thin 3
demás remaining, rest
demasiado/a too much 3
democrático/a democratic
¡Demonios! Damn! What the devil!
demorar to take (*time*), delay
demostrar (o ⟶ ue) to demonstrate
el/la dentista dentist 1
dentro: ~ de in, inside; **~ de poco** in a while
el departamento department; apartment
depender de to depend on
el deporte sport 10
el/la deportista athlete 1
deportivo/a (*adj.*) related to sports
el depósito security deposit 8
la derecha right-hand side; **a ~ de** to the right of 6
el derecho right; law
desafortunadamente unfortunately
la desaparición disappearance
desarrollado/a developed
desarrollar to develop
el desastre disaster
desayunar/se to have breakfast 4
el desayuno breakfast 7
descansar to rest
el/la descendiente descendant
desconocido/a unknown
describir to describe
la descripción description
el descubrimiento discovery
descubrir to discover
desde since, from; **~ hace** for (*time duration*); **~ . . . hasta** from . . . until; **~ luego** of course
desdeñoso/a disdainful, scornful
deseable desirable
desear to want; to desire 3
desechable disposable 16
el desecho waste
el desempleo unemployment 16
el deseo wish, desire
desesperado/a desperate
desfilar to march
el desfile de modas fashion show
el desierto desert
desnudo/a naked
el desodorante deodorant
el desorden disorder
despacio slow, slowly; **Más ~, por favor.** More slowly, please. Pre.; **¿Puede hablar más ~, por favor?** Can you speak more slowly, please? 7
la despedida farewell
despedir (e ⟶ i, i) to fire 16
despedirse (e ⟶ i, i) to say good-by
despejado/a clear, sunny; spacious
el desperdicio waste
despertar (e ⟶ ie) to wake someone up 5
despertarse (e ⟶ ie) to wake up 5
después after 3; **~ de** + *inf.* after + *-ing*; **~ de que** after
destacarse to stand out, be outstanding
el destierro exile
el destino destination 7; destiny
destrozado/a ruined, destroyed
la destrucción destruction 15
destruido/a destroyed
destruir to destroy 15
desvelado/a watchful, careful
la desventaja disadvantage
el detalle detail
detener to detain
detenidamente thoroughly
determinado/a specific
detrás de behind 6
la deuda debt
devolver (o ⟶ ue) to vomit 11; to return, send back
el día day; **Buenos días.** Good morning. Pre.; **hoy (en) día** today; nowadays 12; **ponerse al día** to bring up to date; **todos los días** every day 3
el diablo devil
el diálogo dialogue
el diamante diamond
la diapositiva (*photographic*) slide 16
diario/a daily
el diario diary, journal
diarrea: tener ~ to have diarrhea 11
dibujar to draw, sketch 17
el dibujo drawing, sketch 17
el diccionario dictionary 2
el dicho saying
el dictado dictation
la dictadura dictatorship
el diente tooth 4; **~ de ajo** clove of garlic; **cepillarse los dientes** to brush one's teeth 4; **la pasta de dientes** toothpaste 2
la diferencia difference; **a diferencia de** unlike; in contrast to
diferente (de) different (from)
difícil difficult
el dinero money 2; **~ en efectivo** cash 14
el/la dios/a god/goddess; **¡Por el amor de Dios!** For heaven's sake! (literally, "For the love of God!") 8
la dirección address 1
directamente directly
el/la director/a director 1
dirigido/a directed
el disco record; **~ compacto** compact disc 2
la discoteca club; disco
discutir to argue; to discuss
el/la diseñador/a designer
disfrutar to enjoy
disparar to fire, shoot
disponible available
disputarse to argue
la distancia distance; **larga distancia** long distance 7
el distrito district
diversificar to diversify
la diversión amusement, entertainment, recreation
divertido/a entertaining, amusing
divertirse (e ⟶ ie, i) to have fun 5
divinamente divinely, wonderfully 9
divino/a divine, wonderful
divorciado/a: está ~ (de) he/she is divorced (from) 6
divorciarse (de) to get divorced (from) 17
el divorcio divorce 17

doblado/a dubbed (*movie*)
doblar to turn 13; to fold
doble: la habitación ~ double room 7
el/la doctor/a doctor 1
el documental documentary
doler (o → ue) to hurt 11
el dolor ache, pain
doloroso/a painful
doméstico/a domestic
el domicilio residence
domingo Sunday 2; **el ~** on Sunday 2; **los domingos** on Sundays 2
don/doña title of respect used before a man's/woman's first name
donde where
¿dónde? where?; **¿~ estás?** Where are you? (*informal*) 3; **¿De ~ eres?** Where are you from? (*informal*) Pre.; **¿De ~ es Ud.?** Where are you from? (*formal*) Pre.
dorado/a gilded, covered with gold
dormir (o → ue, u) to sleep 5
dormirse (o → ue, u) to fall asleep 5
el dormitorio bedroom 8
doscientos two hundred 6
dramático/a dramatic
a droga drug
a ducha shower 8
ducharse to take a shower 4
duda: no hay ~ (de) there is no doubt 9
dudar to doubt 9
dudoso: es ~ it's doubtful 9
el/la dueño/a de un negocio owner of a business 1
dulce sweet
durante during
durar to last
duro/a hard

e and (*before* **i** *or* **hi**)
echar to throw; to put in, add; to throw out; **~ de menos** to miss (*someone or something*) 10; **~ la casa por la ventana** to go all out (literally, "to throw the house out the window") 6
a ecología ecology 15
a economía economics 2; economy
el/la economista economist 1
ecuador: la línea del ~ equator
ecuatorial: la línea ~ equator
a edad age; **~ Media** Middle Ages
el edificio building 8
a editorial publisher
el (dinero en) efectivo cash
efectuar to carry out
ejecutar to execute
ejemplar (*adj.*) exemplary, model
el ejemplo example; **por ejemplo** for example
el ejercicio exercise Pre.; **Mira/Miren ~ . . .** Look at exercise . . . Pre.

el ejército army
el the (*m. sing.*) 2
él he 1
la electricidad electricity 8
el elefante elephant 14
elegir (e → i, i) to choose, select
eliminar to delete (*email*)
ella she 1
ellos/as they 1
el elote corn on the cob (*Mexico*) 9
la embajada embassy 14
embarazada pregnant 11
embarazoso/a embarrassing
embargo: sin ~ however, nevertheless 12
el embrague clutch 11
la emergencia emergency
emigrar to emigrate
la emisora radio station
empacar to pack
el emperador emperor
empezar (e → ie) to begin 5
el/la empleado/a employee; **~ (de servicio)** maid 7
emplear to employ, use
el empleo job, position; employment 16
la empresa enterprise; company
en in; on; at; **~ barco/tren/etc.** by boat/train/etc. 6; **~ caso (de) que** in the event that; in case 16; **~ cuanto** when, as soon as; **~ general** in general; **~ lugar de** instead of, in place of; **¿~ qué página, por favor?** What page, please? Pre.; **¿~ qué puedo servirle?** How can I help you?; **~ realidad** really, actually; **~ seguida** at once, right away 17; **~ sus/tus propias palabras** in his/her/your own words
enamorado/a (de) in love (with) 3
enamorarse (de) to fall in love (with) 17
Encantado/a. Nice to meet you. 1
encantador/a enchanting, delightful 15
encantar to like a lot, love 10
encender (e → ie) to light; to ignite
encerrar (e → ie) to lock up, confine
la enciclopedia encyclopedia; **una enciclopedia ambulante** a walking encyclopedia 14
encima de on top of 6
encontrar (o → ue) to find 5
encontrarse con (alguien) (o → ue) to run into (someone)
el encuentro encounter, meeting
la encuesta inquiry, poll
la energía energy; **~ nuclear/solar** nuclear/solar energy 15
enfadarse to get angry
enfermarse to become sick
la enfermedad sickness, illness 11
el/la enfermero/a nurse

enfermo/a sick 3
enfilado/a in rows
enfocar to focus 16
el enfoque focus 16
enfrente de facing, across from 6
el enlace link, connection 10
enojado/a angry, mad 3
enojarse to become angry
la ensalada salad 9
ensayar to rehearse
el ensayo essay
enseñar to teach 6; to indicate, point out
entender (e → ie) to understand 5; **No entiendo.** I don't understand. Pre.
enterarse to find out, learn
el entierro burial
entonces then, therefore 1
la entrada entrance ticket; entrance 13
entrar (en/a) to enter 6
entre between, among 6
entregar to give, deliver
entretener to entertain
entretenido/a fun, entertaining
la entrevista interview 16
entrevistar to interview
el envase container 15
enviado/a sent
la época time, season
el equipaje luggage 7
el equipo team; equipment, gear 10
equivocado: el número ~ wrong (phone) number 7
equivocarse to be wrong, make a mistake
es: ~ hora de + *inf.* it's time + *inf.* 16
la escala stop 7; **hacer escala** to make a stop 7
escalar to climb
la(s) escalera(s) stair(s), staircase 13
escalofríos: tener ~ to have the chills 11
escasear to be scarce
la escena scene 17
el/la esclavo/a slave
la esclusa lock (*canal gate*)
escoger to choose, select 8
escondido/a hidden
escribir to write 2; **~ cartas/poemas** to write letters/poems 9; **Escribe./Escriban.** Write. Pre.
el/la escritor/a writer
el escritorio desk 2
la escritura writing
escuchar to listen 2; **Escucha./Escuchen.** Listen. Pre.
la escuela school 3; **~ primaria** elementary school; **~ secundaria** high school
el/la escultor/a sculptor 17
la escultura sculpture 17
el esfuerzo effort
eso that 4; **por ~** therefore 2, that's why

el espacio blank, space
la espada sword
la espalda back 4; **de espaldas** back-to-back
los espárragos asparagus 12
la especia spice
especial special
la especie species
específico/a specific
el espejo mirror 8; **~ retrovisor** rearview mirror 11
la esperanza hope 8
esperar to wait (for) 7; to hope 8
el espíritu spirit
el/la esposo/a husband/wife 6
el esqueleto skeleton
el esquema diagram; sketch; outline
el esquí skiing; ski
esquiar to ski 2
los esquíes: ~ de agua water skis 10; **~ de nieve** snow skis 10
la esquina corner 13
esta this; **~ mañana/tarde/noche** this morning/afternoon/evening 2
estable (*adj.*) stable
establecer to establish 3
la estación season 4; station
el estacionamiento parking 13
estacionar to park
el estadio stadium 10
las estadísticas statistics
el estado state; **~ civil** marital status
la estampilla stamp 10
el estante shelf 8
estar to be 3; **~ a dieta** to be on a diet; **~ casado/a (con)** to be married (to) 6; **~ celoso/a (de)** to be jealous (of) 17; **~ comprometido/a** to be engaged 17; **~ de acuerdo (con)** to agree (with); **~ divorciado/a (de)** to be divorced (from) 6; **~ en** to be in/at 3; **~ embarazada** to be pregnant; **~ enamorado/a (de)** to be in love (with); **~ listo/a** to be ready 3; **~ loco/a** to be crazy 3; **~ mareado/a** to be dizzy 11; **~ resfriado/a** to have a cold 11; **~ seguro/a (de)** to be sure (of) 9; **está nublado** it's cloudy 4; **¿Está . . . , por favor?** Is . . . there, please? 7
la estatua statue 17
el este east 12
el estéreo stereo 2
el estilo style
estimado/a esteemed, respected
el estómago stomach 4
estornudar to sneeze 11
la estrategia strategy
la estrella star
la estrofa stanza
el/la estudiante student 1
estudiar to study 2
el estudio study
la estufa stove 8; **~ eléctrica** electric stove; **~ de gas** gas stove
estúpido/a stupid 3
la etapa stage
étnico/a ethnic
evidente; es ~ it's evident 9
evitar to avoid
exactamente exactly
el examen examination; test
exceder to exceed
la excursión excursion, side trip 13
la excusa excuse
exento/a exempt
la exhibición exhibition 17
exigente demanding
existir to exist
éxito: tener ~ to be successful
el éxodo exodus
la experiencia experience 16
la explicación explanation
explicar to explain 6
la exposición exhibition
la expresión expression
expulsar to expel, throw out
externo/a external, outside
la extinción extinction 15
extranjero/a foreign
el/la extranjero/a foreigner
extrañar/se to miss; to find strange
extraño/a strange

la fábrica factory 15
fácil easy
fácilmente easily 9
la facultad school of a university
la falda skirt 5
falso/a false
la falta lack
faltar to lack; to be missing 10
la familia family 3
famoso/a famous
el fantasma ghost
fantástico/a fantastic, great; **es ~** it's fantastic 9
la farmacia pharmacy, drugstore 3
fascinar to like a lot; to find fascinating 10; **¡Me fascina/n!** I love it/them! 5
favor: por ~ please 1
favorito/a favorite
el fax fax 10
la fecha date 4
la felicidad happiness
felicitar to congratulate
feliz happy 17; **~ cumpleaños.** Happy birthday.
feo/a ugly 3
la fianza security deposit 8
la ficción fiction
la ficha record card, index card
la fiebre fever 11; **tener fiebre** to have a fever 11
fiel faithful, loyal
la fiesta party
la figura figure
la fila row, line
el filete fillet; sirloin 12
filmar to film 16
el fin end; **~ de semana** weekend 2; **al fin y al cabo** after all; **por fin** at last 7
el final ending; **al final de** at the end of
finalmente finally
fino/a fine, elegant
la firma signature 14
firmar to sign 14
flaco/a skinny 3
flamenco/a Flemish
el flamenco Spanish dance
el flan Spanish egg custard 12
el flash flash 16
la flauta flute 12
el flautín piccolo
la flor flower
fobia: tenerle ~ a . . . to have a fear of . . . ; to hate 14
el folleto brochure, pamphlet
fomentar to promote, foster, encourage
el fondo bottom; background
formado/a formed
formar to form
el formulario form
fornido/a robust, stout
la fotografía photography; **la foto(grafía)** photograph
el fracaso failure
la fractura fracture, break 11
franco/a frank, candid
la frase phrase
frecuencia: con ~ frequently, often 12
frecuente frequent
frecuentemente frequently 9
el fregadero kitchen sink 8
freír (e $\longrightarrow$ i, i) to fry 9
el freno brake 11
fresco/a fresh; cool; **Hace fresco.** It's chilly. 4
el frijol bean 12
frío/a cold; **hace frío** it's cold 4; **tener frío** to be cold 5
frito/a fried; **los huevos fritos** fried eggs
la frontera border
frustrado/a frustrated
frustrante frustrating
la fruta fruit 9
el fuego fire
la fuente fountain; source
fuerte strong
la fuerza strength, power, force
la fuga de cerebros brain drain
Fulano, Mengano y Zutano Tom, Dick, and Harry 8

fumar smoke 7; **se prohíbe ~** no smoking 7
funcionar to function, work, run
el/la fundador/a founder
funerario/a (*adj.*) funeral, funerary
el funicular cable car
el fusil rifle
el fusilamiento execution
el fútbol soccer 10; **~ americano** football 10
el futuro future

las gafas eyeglasses 16; **~ de sol** sunglasses 5
la galleta cookie; cracker
la gallina chicken 14
el/la ganador/a winner
ganar to win; to earn 10; to gain
ganas: tener ~ de + *inf.* to feel like + *-ing* 6
la ganga bargain
el garaje garage 8
la garganta throat
el gas gas 8
la gaseosa soda
la gasolinera gas station
gastar to spend
los gastos expenses 8
el gato cat 14
el/la gemelo/a twin
general: en ~ in general
generalmente generally 9
el género genre; gender
el/la genio genius
la gente people 8
el/la gerente manager
el gesto gesture
el/la gigante giant
el/la gitano/a gypsy
el/la gobernador/a governor
el/la gobernante person in power, ruler, governor
el gobierno government
el gol goal, point
el golpe: ~ de estado coup d'état; **~ militar** military coup
gordo/a fat 3
gozar to enjoy
la grabación recording
la grabadora tape recorder 2
grabar to record
Gracias. Thank you. Pre.; **Muchas ~.** Thank you very much. Pre; **Un millón de ~.** Thanks a lot. 4
gracioso/a funny
el grado degree; **Está a . . . grados (bajo cero).** It's . . . degrees (below zero). 4
graduarse to graduate
la gramática grammar
grande large, big 3; great
gratis free of cost
grave grave, serious
la gripe flu 11; **tener gripe** to have the flu 11
gris gray 5
gritar to shout, scream 6
el grupo group
el guante (de béisbol/boxeo/ciclismo) (baseball/boxing/racing) glove 10
guapo/a good-looking 3
guardar to keep, store
la guayabera specific style of men's shirt worn in the tropics
la guerra war
el/la guía guide; **~ turístico/a** tour guide 13
la guía guidebook 4
el guion script
el güiro musical instrument made from a gourd
el guisante pea (*Spain*) 12
la guitarra guitar 2
gustar to like, be pleasing 2; **me gustaría** I would like 3; **No me gusta/n nada.** I don't like it/them at all. 5
el gusto taste; pleasure

haber to have (*aux. v.*) 13
había there was/there were 10
la habichuela green bean 12
la habitación room 2; **~ doble** double room 7; **~ sencilla** single room 7
el/la habitante inhabitant
habitar to inhabit
hablar to speak 2; **Habla . . .** It/This is . . . (*on telephone*) 7; **¿Puede ~ más despacio, por favor?** Can you speak more slowly, please? 7; **¿Quién habla?** Who is speaking/calling? 7; **Quisiera ~ con . . . , por favor.** I would like to speak with . . . , please. 7
hace (*weather*): **~ buen tiempo.** It's nice out. 4; **~ calor.** It's hot. 4; **~ fresco.** It's chilly. 4; **~ frío.** It's cold. 4; **~ mal tiempo.** It's bad out. 4; **~ sol.** It's sunny. 4; **~ viento.** It's windy. 4
hacer to do 2; to make; **~ artesanías** to make crafts 9; **~ caso (de)** to pay attention (to); **~ clic** to click 10; **~ cola** to stand in line 10; **~ crucigramas** to do crossword puzzles 9; **~ escala** to make a stop 7; **~ punto** to knit; **~ rompecabezas** to do jigsaw puzzles 9; **hace tres días/meses/años** three days/months/years ago 6
hacia toward 6
el hall (de entrada) entrance hall 8
hallar to find
el hambre (*f.*) hunger; **tener hambre** to be hungry 5
hasta until 6; **~ luego.** See you later. Pre.; **~ mañana.** See you tomorrow. Pre.; **~ que** until 15
hay there is/there are 4; **~ que** + *inf.* one/you must + *v.* 9; **No ~ de qué.** Don't mention it./You're welcome. 1; **no ~ duda (de)** there's no doubt 9
el helado ice cream 12
la hembra female
el hemisferio hemisphere
heredar to inherit
la herencia heritage
la herida injury, wound 11
el/la herido/a injured man/woman
herir (e ⟶ ie, i) to hurt, injure
el/la hermanastro/a stepbrother/stepsister 6
el/la hermano/a brother/sister 6
el hielo ice 10; **los patines de hielo** ice skates 10
el hierro iron
el/la hijo/a son/daughter 6
hispano/a Hispanic
hispanoamericano/a Hispanic American
la historia history 2; story
el hockey hockey 10
el hogar home; fireplace, hearth
la hoja leaf; sheet (*of paper*)
Hola. Hi. Pre.
el hombre man; **~ de negocios** businessman 1
el hombro shoulder 4
el homenaje homage, tribute
honorífico/a honorable (*title*)
honrado/a honest 15
la hora hour 5; **~ de llegada** time of arrival 7; **~ de salida** time of departure 7; **¿A qué hora . . . ?** At what time . . . ? 5; **¿Qué hora es?** What time is it? 5
el horario schedule
el horizonte horizon
el horno oven 8; **~ (de) microondas** microwave oven 8
el hospedaje lodging
hospedar to lodge, give lodging
el hospital hospital 3
el hostal inn
el hotel hotel 6
hoy today 2; **~ (en) día** today; nowadays 12
el hoyo hole
el/la huérfano/a orphan

el huésped guest
el huevo egg 9; **los huevos (fritos, revueltos, duros)** (fried, scrambled, hard-boiled) eggs
humilde humble

la ida one way; outbound trip 7; **de ida y vuelta** round trip 7
la idea idea
la identidad identity
identificar to identify
el idioma language
la iglesia church 3
ignorante ignorant 16
igual equal, (the) same; **al ~ que** just like, whereas
Igualmente. Nice to meet you, too. / Same here. 1
la imagen image
imaginarse to imagine
impar odd (*number*)
el imperio empire
importante important; **es ~** it's important 8
importar to matter; **No importa.** It doesn't matter. 2
impresionante impressive
los impuestos taxes 13
impulsivo/a impulsive 15
inca Incan; **el/la ~** Inca
incaico/a Incan
incierto/a uncertain
incluido/a included
incluir to include
indicar to indicate
el indicativo internacional country code (*telephone number*) 7
el índice index
indiferente indifferent, apathetic 15
indígena indigenous, native
indio/a Indian 3; **el/la ~** Indian man/woman; **el/la indio/a americano/a** American Indian
inesperado unexpected 16
la inestabilidad instability
inexplicable unexplainable
la infección infection 11
la influencia influence
influir to influence
el informe report
el/la ingeniero/a engineer 1
el inglés English language 2
los ingresos income, revenue
iniciar to initiate, start
la injusticia injustice
inmediatamente immediately 9
el inodoro toilet 8
inofensivo/a harmless
inolvidable unforgettable
insoportable unbearable 15
instalar to install
las instrucciones instructions, directions; **Lee/Lean ~.** Read the instructions. Pre.
el instrumento instrument 12
integrar to make up, integrate
inteligente intelligent 3
intentar to try
el intercambio exchange
interesar to interest
interno/a internal
interrumpir to interrupt
la introducción introduction
inútil useless
inventar to invent
la inversión investment
invertir (e ⟶ ie, i) to invest
la investigación research
el invierno winter 4
la invitación invitation
el/la invitado/a guest
invitar to invite 7
la inyección injection 11
ir to go; **~ a** + *inf.* to be going to . . . 2; **~ de compras** to shop, go shopping 5
la isla island 12
el itinerario itinerary 13
la izquierda left-hand side; **a ~ de** to the left of 6

el jabón soap 2
jamás never
el jamón ham 9; **~ serrano** a country style of ham
el jarabe (cough) syrup 11
el jardín flower garden; lawn
la jardinería gardening 9
el/la jefe/a boss, chief 8
el/la joven youth, young person
joven (*adj.*) young 3
las joyas jewelry
la joyería jewelry store
la judía verde green bean (*España*) 12
el juego game; **~ electrónico/de video** electronic/video game 9
jueves Thursday 2; **el ~** on Thursday 2; **los ~** on Thursdays 2
el/la juez judge
jugar (u ⟶ ue) to play (*a sport or game*) 5; **~se la vida** to risk one's life 11
el jugo juice
el juguete toy
el juicio trial
junto/a together
justo/a fair 15
la juventud youth

el kilómetro kilometer
el kleenex Kleenex, tissue 2

la the (*f. sing.*) 2
los labios lips 4
el lado side; **al lado de** beside 6; **por otro lado** on the other hand; **por todos lados** on all sides; **por un lado** on the one hand
ladrar to bark
el lago lake 12
la lágrima tear
la laguna lagoon, small lake
la lámpara lamp 2
la lana wool 5
la lancha boat; launch
el lápiz pencil Pre.
largo/a long 3; **a lo largo de** alongside; **larga distancia** long distance
las the (*f. pl.*) 2
lástima: es una ~ it's a shame/pity; **¡Qué lástima!** What a shame! 9
la lata de aluminio aluminum can 15
el lavabo bathroom sink 8
la lavadora washing machine 8
el lavaplatos dishwasher 8
lavar to wash 4
lavarse to wash up, wash (oneself) 4
la lavavajillas dishwasher
la lección lesson
la leche milk
la lechuga lettuce 9
la lectura reading
leer to read 2; **Lee/Lean las instrucciones.** Read the instructions. Pre.
lejos de far from 6
la lengua tongue 4; language
el lenguaje language
la lenteja lentil 12
los lentes de contacto (blandos/duros) (soft/hard) contact lenses 16
lento/a slow
el león lion 14
el letrero sign
levantar to lift
levantarse to stand up Pre.; to get up 4; **Levántate./Levántense.** Stand up. Pre.
la ley law
la leyenda legend
libre free (*with nothing to do*)
la librería bookstore 3
el libro book Pre.; **Abre/Abran ~ en la página . . .** Open your book to page . . . Pre.; **Cierra/Cierren ~.** Close your book. Pre.
la licencia (de conducir) driver's license 11
limitar con to border on
el limpiaparabrisas windshield wiper 11
limpiar to clean 8
lindo/a pretty

la línea line; **~ aérea** airline 7; **~ ecuatorial** equator; **patines en línea** inline skates 10
lío: ¡Qué lío! What a mess! 11
la lista list
listo/a: estar ~ to be ready 3; **ser ~** to be clever 3
la literatura literature 2
el litoral shore (*of an ocean*)
la llamada telephone call; **~ a cobro revertido/para pagar allá** collect call; 7; **~ de larga distancia** long-distance call 7; **~ local** local call 7
llamar to call; to phone
llamarse to be called; **Me llamo. . .** My name is . . . Pre.
la llanta tire 11
la llave key
la llegada arrival 7; **la hora de ~** time of arrival 7
llegar to arrive 6; **~ con atraso** to arrive late 7
llenar to fill, fill out
lleno/a full
llevar to carry, take along; to wear 2; **~ a cabo** to accomplish; **~le la contraria a alguien** to contradict someone 18; **~se bien/mal (con alguien)** to get along/not to get along (with someone) 15
llorar to cry 6
llover (o ⟶ ue) to rain 4; **Llueve.** It's raining. 4
la lluvia rain; **~ ácida** acid rain 15
lo que what (the thing that)
Lo siento. I'm sorry. 7
loco/a crazy 3; **¡Ni ~!** Not on your life!
el/la locutor/a (radio/TV) commentator
lograr to get, obtain, achieve
los the (*m. pl.*) 2
las luces headlights 11; lights
la lucha fight, struggle
luego later 5; **desde ~** of course; **Hasta ~.** See you later. Pre.
el lugar place
lujoso/a luxurious
la luna moon; **~ de miel** honeymoon 6
lunares: de ~ polka-dotted 5
lunes Monday 2; **el ~** on Monday 2; **los ~** on Mondays 2
la luz electricity; light 8

el macho male
la madera wood
la madrastra stepmother 6
la madre mother 1
la madrina godmother; maid of honor (*in a wedding*)
la madrugada wee hours of the morning
el/la maestro/a teacher
mago: los Reyes Magos the Three Wise Men
el maíz corn
mal (*adv.*) lousy, awful Pre.
la maleta suitcase 7; **las maletas** luggage
malo/a bad 3
la mamá mom, mother 1
mami mom, mommy
mandar to send 6; to command
el mandato command
manejar to drive 7
la manera way, manner
la manga sleeve 5
la mano hand 4; **de segunda mano** secondhand, used 8
mantener to maintain
la mantequilla butter
la manzana apple; (city) block (*Spain*)
mañana tomorrow 2; **Hasta ~.** See you tomorrow. Pre.; **la ~** morning; **por la ~** in the morning 2
el mapa map
maquillarse to put on makeup 4
la máquina machine; **~ de afeitar** electric razor 2; **~ de escribir** typewriter; **~ de fotos** camera
el mar sea 12
maravilloso/a wonderful
la marca brand
marcar to mark; to dial; **~ directo** to dial direct 7; **~ un gol** to score a goal/point
el marco frame 16
mareado/a: estar ~ to be dizzy 11
el mariachi mariachi musician/group
el marido husband
los mariscos shellfish
marrón brown 5
martes Tuesday 2; **el ~** on Tuesday 2; **los ~** on Tuesdays 2
más more 2; **¿Algo ~?** Something/Anything else? 11; **~ de** + *number* more than; **~** + *n./adj./v.* + **que** more . . . than; **~ o menos.** So-so. Pre.; **~ tarde** later 5
la máscara mask; costume
la mascota pet
matar to kill
el mate maté (*tea, plant*), maté vessel
las matemáticas mathematics 2
la materia class; subject; material
el material: ¿De qué material es? What material is it made of?
la matrícula license plate 11; tuition
matrimonial: la cama ~ double bed
el matrimonio marriage
mayor old 3; older 6; **la ~ parte de** most of
la mayoría majority
la mazorca (de maíz) corn on the cob 9
Me cae (la mar de) bien. I like him/her (a lot). 15
Me cae mal. I don't like him/her. 15
mediados middle, halfway through
mediano/a average
la medianoche midnight 5
las medias stockings; socks 5
el medicamento medication
la medicina medicine 11
el médico doctor 1
medio/a half; **media (hora)** half (an hour) 5; **La Edad Media** Middle Ages; **media pensión** breakfast and one meal included 7; **medio tiempo** part-time 16; **el medio ambiente** environment 15; **el medio de transporte** means of transportation; **en medio de** in the middle of; **el asiento del medio** center seat 7
el mediodía noon 5
los medios de comunicación mass media
medir (e ⟶ i, i) to measure
mejor better 12; **a lo ~** perhaps 10; **es ~** it's better 8
mejorar to improve, better
el melocotón peach; peach tree
el melón melon
la memoria memory
memorizar to memorize
mencionar to mention
menor younger 6
menos less; **~ de** less than; **a ~ que** unless 16; **Es la una ~ cinco.** It's five to one. 5; **por lo ~** at least 15
el mensaje message; **~ electrónico** email 10
el/la mensajero/a messenger
mensual monthly
la mente mind
mentir (e ⟶ ie, i) to lie 7
la mentira lie
mentiroso/a untruthful, lying, false 15
el menú menu 12
menudo: a ~ often, frequently 12
meñique: el dedo ~ little finger
el mercadeo marketing
el mercado market; **~ consumidor** consumer market
el mes month 4; **~ pasado** last month 6; **todos los meses** every month 12
la mesa table 2; **poner ~** to set the table 9
mestizo/a of mixed Indian and European blood
la meta goal
meter la pata meddle, interfere (literally, "to put one's foot in it")
el método method
el metro subway 6
la mezcla mixture
mezclar to mix
la mezquita mosque 14
mí (*after a preposition*) me 6
mi/s my 1

el miedo fear; **tener miedo** to be scared 5
el miembro member
mientras while 11; **~ tanto** meanwhile 9
miércoles Wednesday 2; **el ~** on Wednesday 2; **los ~** on Wednesdays 2
mil one thousand 6
el milagro miracle
la milla mile
un millón one million 6; **~ de gracias.** Thanks a lot. 4
el mínimo minimum
ministro/a: el/la primer/a ~ prime minister
la minoría minority
el minuto minute 5
mío/a my, of mine 14; **el/la ~** mine 14
mirar to look (at); to watch 2; **Mira/Miren el ejercicio/la actividad . . .** Look at the exercise/the activity . . . Pre.
la misa mass (*church service*)
el/la mismo/a the same; **ahora mismo** right now 11
el misterio mystery
misterioso/a mysterious
la mitad half
el/la mocetón/ona robust youth
la moda fashion, trend
los modales manners
el modelo model 17; **el/la modelo** (fashion) model 17
modificar to modify, alter
el modo manner, way
el mole (poblano) black chili sauce
molestar to find annoying, to be bothered by 10
momento: un ~ just a moment
el monaguillo altar boy
el monasterio monastery 14
la moneda currency; coin 14; **coleccionar monedas** to collect coins 9
la monja nun
el mono monkey 14
el monstruo monster
la montaña mountain 12
montar to ride; **~ en bicicleta** to ride a bicycle 10; **~ en carro** to ride in a car
morado/a purple 5
morder (o ⟶ ue) to bite
moreno/a brunet/te; dark-skinned 3
morir/se (o ⟶ ue, u) to die 5
el/la moro/a Moor; Moslem
la mosca fly
mostrar (o ⟶ ue) to show
motivar to motivate
la moto/motocicleta motorcycle 6
el motor engine 11
el móvil cell phone 2
el mozo waiter; young man
el/la muchacho/a boy/girl, young man/woman
mucho/a/os/as many, a lot (of) 2; very much Pre.; **muchos/muchas** many; **muchas veces** many times 12; **Mucho gusto.** Nice to meet you. 1
mudar/se to move (*houses*)
los muebles furniture
la muerte death
muerto/a dead
la mujer woman; **~ de negocios** businesswoman 1
mulato/a dark-skinned, of mixed African and European blood
la multa fine (*as for speeding*)
el mundo world; **todo ~** everybody, everyone
la muñeca doll; wrist
el museo museum 3
la música music 2
muy very 3; **¡~ bien!** Very well! Pre.

nacer to be born 15
nacido/a born
el nacimiento birth
la nación nation
la nacionalidad nationality; **¿De qué nacionalidad eres/es?** What nationality are you? 3
nada nothing 6; **De ~.** You're welcome. Pre.
nadar to swim 2
nadie no one 6
el nailon nylon 5
la naranja orange
la nariz nose 4
narrar to narrate
natal native
la naturaleza nature
la náusea nausea 11; **tener náuseas** to feel nauseous 11
navegable navigable
navegar to sail; **~ por Internet** to surf the Net 9
la Navidad Christmas
necesario/a necessary; **es necesario** it's necessary 8
necesitar to need 3
el negocio business; **el hombre/la mujer de negocios** businessman/woman 1
negrita boldface type
negro/a black 5
nervioso/a nervous
nevar (e ⟶ ie) to snow 4; **Nieva.** It's snowing. 4
la nevera refrigerator 8
ni: ~ . . . ~ neither . . . nor 12
¡Ni loco/a! Not on your life! 14
ni siquiera not even
el/la nieto/a grandson/granddaughter 6
la nieve snow
el nilón nylon 5
ningún/ninguno/a (not) any; none/no one 7
el/la niño/a boy/girl
el nivel level
no no 1; **¿~?** right?, isn't it? 1
no veo la hora de + *inf.* I can't wait + *inf.* 17
la noche night, evening; **Buenas noches.** Good evening. Pre; **por ~** at night 5
la Nochebuena Christmas Eve
nombrar to name
el nombre (de pila) first name 1
el norte north 12
nosotros/as we, us 1
la nota grade; note
notar to note, notice
la noticia news item; **las noticias** news 7
novecientos nine hundred 6
la novela novel 2
noveno/a ninth 8
el/la novio/a boyfriend/girlfriend 1; fiancé/fiancée; groom/bride
nublado: Está ~. It's cloudy. 4
nuestro/a our 2; ours 14; **el/la nuestro/a** ours 14
nuevo/a new 3
numerar to number
el número number; shoe size 5; **~ equivocado** wrong number 7
nunca never 6

o or 2; **~ . . . ~** either . . . or 12; **~ sea** that is 8
el obispo bishop
el objeto object
la obra work; **~ maestra** masterpiece 17
obstruir to obstruct
obtener to obtain 13
obvio: es ~ it's obvious 9
ocasionar to cause
el océano ocean 12
ochocientos eight hundred 6
el ocio idleness, inactivity, leisure
octavo/a eighth 8
el/la oculista eye doctor 16
la ocupación occupation
ocupado/a busy 4
ocupar to fill (*a position*); to occupy
ocurrir to happen, occur
odiar to hate 7
el oeste west 12
la oficina office 3
ofrecer to offer 3
el oído inner ear 4
oír to hear 7; **¡Oye!** Hey!, Listen! 1
ojalá (que) + *subj.* I hope that . . . 8
el ojo eye 4; **Cuesta un ojo de la cara.** It costs an arm and a leg. 5; **¡Ojo!** Watch out!
la ola wave
la olla pot 9

olvidar to forget 13
opcional optional 13
el/la operador/a operator
oponer to oppose
la oración sentence
el orden order (*sequence*); **la orden** order (*command*)
el ordenador computer (*Spain*)
ordenar to arrange, put in order
la oreja ear 4
la Organización de las Naciones Unidas United Nations
organizar to organize
el orgullo pride
orgulloso/a proud 15
el origen origin 3
el original original 17
la orilla shore
el orisha god of Yoruba origin
el oro gold; **de oro** made of gold
la orquesta (sinfónica) (symphony) orchestra 12
oscuro/a dark 5
el oso bear 14
la ostra oyster; **aburrirse como una ostra** to be really bored (literally, "to be bored like an oyster") 10
el otoño fall, autumn 4
otro/a other; another 3; **el uno al otro** each other; **otra vez** again
¡Oye! Hey!, Listen! 1

pacifista pacifist 15
el padrastro stepfather 6
el padre father 1
los padres parents 6
los padrinos best man and maid of honor; godparents
pagar to pay (for) 6
la página page Pre.; **Abre/Abran el libro en ~ . . .** Open your book to page . . . Pre.; **¿En qué página, por favor?** What page, please? Pre.
el pago payment
el país country
el paisaje landscape 17
el paisajismo landscape painting
el pájaro bird 14
la palabra word; **en sus/tus propias palabras** in his/her/your own words
el palacio palace 14
el palo de golf golf club 10
la pampa Argentine prairie
el pan bread 9
la pandereta tambourine
los pantalones pants 5
la pañoleta scarf
el pañuelo handkerchief
la papa potato; **las papas fritas** potato chips; french fries 2
el papá dad, father 1; **los papás** parents 6
el papel paper Pre.; role
papi dad, daddy
el paquete package 10
par even (*number*)
un par (de) a pair (of)
para for; **~ colmo** to top it all off 11; **~** + *inf.* in order to + *v.*; **~ que** in order that 16; **¿~ qué?** For what (purpose)? 5; **¿~ quién?** For whom? 5
el parabrisas windshield 11
el paracaídas parachute
la parada stop; **~ de autobús** bus stop 13
el parador inn, hotel
parar to stop
parcial: tiempo ~ part time 16
parecer to seem 10
parecido/a similar
la pared wall
la pareja couple; lovers (*positive connotation*) 17; significant other; pair; dance partner
el/la pariente relative 6
el parque park 3; **~ de atracciones** amusement park 14
el párrafo paragraph
la parte: De parte de . . . It/This is . . . (*on telephone*) 7; **¿De parte de quién?** May I ask who is calling? 7; **por mi parte** as far as I'm concerned
participar to participate
particular private
el partido game, match 10; **~ (político)** political party
partir: a ~ de starting from
pasado/a: el (sábado/mes/año) pasado last (Saturday/month/year) 6; **la semana pasada** last week 6
el pasaje (plane) ticket 7; **~ de ida** one-way ticket 7; **~ de ida y vuelta** round-trip ticket 7
el/la pasajero/a passenger 7
el pasaporte passport 1
pasar to spend (*time*) 13; to happen, occur; **~ por** to pass by/through 13; **pasarlo bien/mal** to have a good/bad time 14
el pasatiempo pastime, hobby 9
pascua: la Pascua Florida Easter
pasear to take a walk
el paseo: dar un paseo to take a walk
el pasillo hallway 8; **el asiento del ~** aisle seat 7
el paso step
la pasta de dientes toothpaste 2
el pastel cake
la pastilla pill 11
la pata paw, foot
la patata potato (*Spain*) 2; **las patatas fritas** potato chips; french fries
paterno/a paternal 6
patinar to skate 10
los patines: ~ de hielo ice skates 10; **~ en línea** inline skates 10
la patria homeland
el patrimonio heritage
paulatinamente slowly
el pavo turkey 12
la paz peace
el pedido request
pedir (e ⟶ i, i) to ask for 5
peinarse to comb one's hair 4
el peine comb 2
la pelea fight
pelearse (con) to fight (with) 17
la película movie 3
el peligro danger; **en peligro** in danger 15
peligroso/a dangerous
el pelo hair 4; **tomarle ~ (a alguien)** to pull someone's leg; **cepillarse ~** to brush one's hair 4
la pelota ball 10
la peluquería hair salon
la pena grief, sorrow; **(No) vale ~** + *inf.* It's (not) worth + *-ing*. 11; **es una pena** it's a pity 9; **¡Qué pena!** What a pity! 9
el pendiente earring
el pensamiento thought
pensar (e ⟶ ie) to think 5; **~ (en)** to think (about) 5; **~** + *inf.* to plan to 5
la pensión boarding house; **media pensión** breakfast and one meal included 7; **pensión completa** all meals included 7
peor worse 12
pequeño/a small 3
la percepción extrasensorial ESP
perder (e ⟶ ie) to lose 5; **~ el autobús/el avión/etc.** to miss the bus/plane/etc. 7
perdido/a lost
Perdone. I'm sorry./Excuse me.
perezoso/a lazy 15
perfecto/a perfect
el perfume perfume 2
el periódico newspaper 2
el/la periodista journalist 1
permanecer to stay, remain
el permiso de conducir driver's license 11
pero but 2
el perro dog 14
el personaje character (*in a book*)
la personalidad personality
personalmente personally
pertenecer a to belong to
la pesa weight, dumbell 10
pesado/a heavy
pesar to weigh; **a ~ de que** in spite of
la pesca fishing
el pescado fish
pescar to fish 9

el peso weight
el petróleo oil
el pez fish 14
picante spicy
el pie foot 4
la piedra rock, stone
la piel skin, hide
la pierna leg 4
la pila battery 16
la píldora pill 11
el pimentero pepper shaker 9
la pimienta pepper 9
el pimiento (bell) pepper
pintar to paint 9
el/la pintor/a painter 17
pintoresco/a picturesque
la pintura painting 17
la pirámide pyramid 14
el piropo flirtatious remark
pisar to step on 11
la piscina pool 3
el piso floor 8
la pista clue; **~ de aterrizaje** landing strip
la pizarra chalkboard
la placa license plate 11
el placer pleasure
el plan plan; diagram
planear to plan
el plano diagram
la planta plant 2; **~ baja** first or ground floor
el plástico plastic 15
la plata slang for "money" (literally, "silver") 8; **de plata** made of silver
el plátano plantain; banana
la plática chat (*Mexico*)
el plato course, plate 9; dish
la playa beach 3
la plaza plaza, square 3
la pluma pen
la población population
poblado/a populated
pobre poor
la pobreza poverty
poco/a/os/as (*adj.*) few, a little 3; **poco** (*adv.*) a little; **dentro de poco** in a while; **poco a poco** little by little
el poder power; **~ adquisitivo** purchasing power
poder (o ⟶ ue) to be able, can 5; **¿Podrías +** *inf.*? Could you . . . ? 4; **¿Puede decirme cómo llegar a . . . ?** Can you tell me how to get to . . . ? 13; **¿Puede hablar más despacio, por favor?** Can you speak more slowly, please? 7; **No puedo más.** I can't take it anymore. 9
poderoso/a powerful
la poesía poem 9; poetry
político/a in-law; **el/la hermano/a ~** brother-/sister-in-law 6
el/la político/a politician
el pollo chicken 12
poner to put, place 3; **~ la mesa** to set the table 9
ponerse: ~ al día to bring up to date; **~ de moda** to become fashionable; **~ de pie** to stand up; **~ la ropa** to put on one's clothes 4; **~ rojo/a** to blush
por for; by 5; **~ algo será.** There must be a reason. 17; **~ aquí** around here; **~ avión** by airmail; **~ barco/tren/etc.** by boat/train/etc. 6; **~ (pura) casualidad** by (pure) chance 15; **~ cierto** by the way; **~ ejemplo** for example; **¡~ el amor de Dios!** For heaven's sake! (literally, "For the love of God!") 8; **~ eso** therefore 2; that's why; **~ favor** please 1; **~ fin** at last, finally 5; **~ lo general** in general; **~ lo menos** at least 15; **~ lo tanto** therefore; **~ mi parte** as far as I'm concerned; **~ otro lado** on the other hand; **¿~ qué?** Why? 3; **~ si acaso** (just) in case 15; **~ suerte** luckily 15; **~ supuesto** Of course. 2; **~ última vez** for the last time; **~ un lado . . . ~ el otro** on the one hand . . . on the other hand 14
el porcentaje percentage
porque because 3
portátil portable
el portero doorman; janitor 8; goalkeeper; **~ automático** intercom; electric door opener 8
la posesión possession 2
el posgrado graduate studies
posible possible 7; **es ~** it's possible 9
posiblemente possibly 9
postal: la (tarjeta) ~ postcard 10
el postre dessert 9
la práctica practice
practicar to practice
el precio price 7
precolombino/a pre-Columbian
predecir to predict
la preferencia preference
preferir (e ⟶ ie, i) to prefer 5
el prefijo prefix; (telephone) area code 7
la pregunta question
preguntar to ask (*a question*) 6; **(Vicente), pregúntale a (Ana) . . .** (Vicente), ask (Ana) . . . Pre.
preguntarse to wonder
el premio prize
la prenda item of clothing
preocupado/a worried 3
preocuparse to worry; **No te preocupes.** Don't worry. 3
preparar to prepare
la presentación introduction
presentado/a presented
presidencial presidential
la presión pressure
prestar atención (a) to pay attention (to)
prever to foresee
previo/a previous
la prima bonus
la primavera spring 4
primer/o/a first 8; **el primer plato** first course 9
primero (*adv.*) first 5
el/la primo/a cousin 6
el principio beginning
prisa: tener ~ to be in a hurry
probable: es ~ it's probable 9
probablemente probably 9
probar (o ⟶ ue) to try (*food*)
probarse (o ⟶ ue) to try on (*clothes*) 5
la procedencia (point of) origin
procedente de coming from, originating in
producir to produce 3
el/la profesor/a teacher 1
el/la programador/a de computadoras computer programmer 1
prohibir to prohibit 8; **se prohíbe fumar** no smoking 7
el promedio average
la promesa promise
pronto soon
la propaganda advertising
el/la propietario/a owner
la propina tip, gratuity 14
propio/a own
proponer to propose
el/la protagonista main character
proteger to protect 15
provenir (de) to come (from)
la provincia province
próximo/a next
el proyecto project
la prueba quiz
la psicología psychology 2
el/la psicólogo/a psychologist
el público audience
el pueblo town, village 12
el puente bridge 12
la puerta door 11; **~ (de salida) número . . .** (departure) gate number . . . 7
el puerto port 12
pues well (then)
el puesto job, position 16
la pulgada inch
el punto point
la pupila pupil (*of the eye*)

que that, who 8
Qué: ¿~? What? 2; **¡~ +** *adj.*! How + *adj.*! 4; **¡~ +** *n.* **+ más +** *adj.*! What a + *adj.* + *n.*! 6; **¡~ barbaridad!** How awful!; **¡~ chévere!** Great! (*Caribbean expression*) 12; **¿~ hay?** What's up?

1; **¿~ hora es?** What time is it? 5; **¡~ lástima!** What a shame! 9; **¡~ lío!** What a mess! 11; **¡~ mala suerte!** What bad luck! 9; **¡~ pena!** What a pity! 9; **¿~ quiere decir . . . ?** What does . . . mean? Pre.; **¿~ tal?** How are you? (*informal*) Pre.; **¿~ tiempo hace?** What's the weather like? 4; **¡~ va!** No way! 11; **No hay de ~.** Don't mention it. You're welcome. 1
quedar: Te queda bien. It looks good on you. / It fits you well. 5
quedarse en + *place* to stay in + *place* 10
la queja complaint
quejarse to complain 11; **~ (de)** to complain (about) 14
quemar to burn 13
querer (e ⟶ ie) to want; to love 5; **~ a alguien** to love someone 5; **quisiera/quisiéramos** I/we would like 7; **Quisiera hablar con . . . , por favor.** I would like to speak with . . . , please. 7
querido/a dear (*term of endearment*) 17
el queso cheese 9
quien who; **de ~** about whom
¿Quién? Who? 1; **¿De parte de ~?** Can I ask who is calling? 7; **¿De ~?** Whose? 2; **¿~ habla?** Who is speaking/calling? 7
¿Quiénes? Who? 1
químico/a chemical
quinientos five hundred 6
quinto/a fifth 8
quitar to remove; to take away
quitarse la ropa to take off one's clothes 4
quizá(s) + *subj.* perhaps/maybe 9

el/la radio radio 2
la radiografía x-ray 11
la raíz root
la ranchera Mexican country song
rápido/a fast
la raqueta racquet 10
el rascacielos skyscraper
el rasgo trait, characteristic
el rato period of time, a while
el ratón mouse
el ratoncito tooth fairy
la raya stripe; **de rayas** striped 5
el rayón rayon 5
la raza race, ancestry
la razón reason; **tener razón** to be right
real royal; true
la realidad reality; **en realidad** really, actually
realizar to accomplish
realmente really
la rebaja discount, sale
rebelde rebellious, rebel
la recámara bedroom (*México*)
el recaudador (tax) collector
la recepción front desk 7
el/la recepcionista receptionist 1
la receta recipe; **~ médica** prescription 11
recibir to receive 3
el reciclaje recycling 15
reciclar to recycle 15
recién recently, newly
reciente recent
el recipiente container
el reclamo complaint
recoger to pick up, gather
recomendación: la carta de ~ letter of recommendation 16
reconocer to recognize
recordar (o ⟶ ue) to remember
el recorrido route
recreativo/a recreational
recto/a straight
el recuerdo memory; memento
el recurso resource
la red web (www) 10
la redacción composition; editorial office
redondo/a round
referir/se (e ⟶ ie, i) a to refer to
el reflejo reflection; reflex
el refrán proverb, saying
el/la refugiado/a refugee
regalar to give (*a present*) 6
el regalo present, gift 6
regatear to haggle over, bargain for
la regla rule
regresar to return 3
regular not so good Pre.
rehusar to refuse
la reina queen
la relación relation
relacionado/a related
relativamente relatively
rellenar to fill out
el reloj watch; clock 2
el remite return address 10
repente: de ~ suddenly 6
repetir (e ⟶ i, i) to repeat 7; **Repite. / Repitan.** Repeat. Pre.
el/la reportero/a reporter
representar to represent
el reproductor de DVD DVD player 2
requete + *adj.* really/extremely + *adj.* 6
el requisito requirement
res: la carne de ~ beef 12
la reseña description, review
la reserva reservation
resfriado/a: estar ~ to have a cold 11
resfrío: tener ~ to have a cold 11
la residencia (estudiantil) dormitory 1
respirar to breathe
responder to answer, respond
la responsabilidad responsibility
la respuesta answer Pre.; **(María), repite ~, por favor.** (María), repea the answer, please. Pre.; **No sé ~.** I don't know the answer. Pre.
el restaurante restaurant 3
el resto rest, remainder
el resultado result; **como resultado** as a result
resultó ser . . . it/he/she turned out to be . . . 16
el resumen summary
resumir to summarize
retirar to take away
el retraso delay 7
el retrato portrait 17
retroceder to recede, go back
retrovisor: el espejo ~ rearview mirror 11
revelar (fotos) to develop (photos) 16
revertido: la llamada a cobro ~ collect call 7
revés: al ~ backwards
revisar to check 11
la revista magazine 2
revolver (o ⟶ ue) to mix 9
revuelto/a scrambled; **los huevos revueltos** scrambled eggs
el rey king; **los reyes** king and queen; **los Reyes Magos** the Three Wise Men
rico/a rich
el río river 12
la riqueza wealth, riches, richness
el ritmo rhythm
robar to steal
rojo/a red 5; **ponerse ~** to blush
el rollo film 16
el rompecabezas: hacer rompecabezas to do jigsaw puzzles 9
romper to break 12
romperse (una pierna) to break (a leg) 11
el ron rum
la ropa clothes; **~ interior** men's/women's underwear 5; **ponerse ~** to put on one's clothes 4; **quitarse ~** to take off one's clothes 4
el ropero closet 8
rosa pink 5
rosado/a pink 5
rubio/a blond/e 3
la rueda wheel; **los patines de ruedas** roller skates
el ruido noise
las ruinas ruins 14
la ruta route

sábado Saturday 2; **el ~** on Saturday 2; **los sábados** on Saturdays 2
saber to know (*facts/how to do something*) 3; **¿Sabe(s) dónde está . . . ?** Do you know where . . . is? 13; **¿No sabías?** You didn't know? 9; **No sé (la respuesta).** I don't know (the answer). Pre.

la sabiduría learning, knowledge
sabroso/a tasty, delicious
sacar to get (*a grade*); to take out 6; to withdraw 14; **~ de un apuro (a alguien)** to get (someone) out of a jam 13; **~ dinero del banco** to withdraw money from the bank; **~ fotos** to take pictures 16; **~ la basura** to take out the garbage; **Saca/Saquen papel/bolígrafo/lápiz.** Take out paper/a pen/a pencil. Pre.
el sacerdote priest
el saco sports coat 5
sagrado/a sacred
la sal salt 9
la sala living room 8; **~ de emergencia** emergency room
el salero salt shaker 9
la salida departure 7; **la hora de salida** time of departure 7
salir to leave, go out 2; **~ con (alguien)** to date, go (out) with (someone) 17; **~ de** to leave (*a place*) 6; **Te va a ~ caro.** It's going to cost you. 10
el salón hall, room for a large gathering; formal living room
la salsa style of Caribbean music; sauce
saltar to jump
el salto waterfall; jump, dive
la salud health; **tener buena salud** to be in good health 11
el saludo greeting Pre.
salvar to save, rescue
sangrar to bleed 11
la sangre blood 11
la sangría sangria (*a wine punch*) 2
el/la santo/a saint
el/la sartén frying pan 9
satisfecho/a satisfied
el saxofón saxophone 12
el secador hair dryer
la secadora clothes dryer
secar to dry
seco/a dry
la sede headquarters
el/la secretario/a secretary 1
el secreto secret 6
secundario/a secondary
sed: tener ~ to be thirsty 5
la seda silk 5
seguida: en ~ at once, right away
seguir (e ⟶ i, i) to follow 7; **~ derecho** to keep going straight ahead 13
según according to
el segundo second (*time*) 5
segundo/a second 8; **de segunda mano** secondhand, used 8; **el segundo apellido** second last name (mother's maiden name) 1; **el segundo plato** second course 9
la seguridad security; saftey
seguro/a safe; **estar ~ (de)** to be sure (of) 9
seguro: el ~ médico medical insurance 16
los seguros insurance (*medical*)
seiscientos six hundred 6
seleccionar to select
el sello stamp 10
la selva jungle 12
el semáforo traffic light 13
la semana week 2; **~ pasada** last week 6; **~ que viene** next week 2; **Semana Santa** Holy Week
la semejanza similarity
la semilla seed
sencillamente simply
sencillo/a simple, easy; **la habitación sencilla** single room 7
la senda peatonal pedestrian walkway 13
la sensación feeling 5
sensato/a sensible 15
sensible sensitive 15
sentarse (e ⟶ ie) to sit down 5; **Siéntate./Siéntense.** Sit down. Pre.
el sentido sense, feeling
el sentimiento feeling
sentir (e ⟶ ie, i) to feel sorry 9; **Lo siento.** I'm sorry. 7
sentirse (e ⟶ ie, i) to feel 7
señalar to indicate, point out
señor/Sr. Mr. 1; **el señor** the man 1
señora/Sra. Mrs./Ms. 1; **la señora** the woman 1
señorita/Srta. Miss/Ms. 1; **la señorita** the young woman 1
separar to separate
separarse (de) to separate (from) 17
séptimo/a seventh 8
ser to be 3; **~ + de** to be from 1; **~ + de +** *material* to be made of + *material* 5; **~ + de +** *nationality* to be + *nationality* 1; **~ celoso/a** to be a jealous person 17; **~ consciente** to be aware 15; **~ listo/a** to be clever 3; **Resultó ~ . . .** It/He/She turned out to be . . . ; **Somos tres.** There are three of us. 9; **Son las . . .** It's . . . (*o'clock*) 5
el ser humano human being
la serpiente snake 14
serrano: el jamón ~ a country style of ham
la servilleta napkin 9
servir (e ⟶ i, i) to serve 5; **¿En qué puedo servirle?** How can I help you?
setecientos seven hundred 6
el sexo sex
sexto/a sixth 8
si if 3
sí yes 1
siempre always 3
el siglo century
el significado meaning
significar to mean
siguiente following
silenciosamente silently
la silla chair 2; **~ de ruedas** wheelchair
el sillón easy chair, armchair 8
la simpatía sympathy
simpático/a nice 3
sin without 6; **~ embargo** however, nevertheless 12; **~ que** without 16
la sinagoga synagogue 14
sino but rather; **~ que** but rather; on the contrary; but instead
el síntoma symptom 11
siquiera: ni ~ not even
el sitio place; site 10
sobre about
el sobre envelope 10
sobrepasar to surpass
sobresaliente outstanding
sobrevivir to survive
el/la sobrino/a nephew/niece 6
sociable sociable 15
el socialismo socialism
la sociología sociology 2
el sofá sofa, couch 2
el sol sun; **las gafas de sol** sunglasses 5; **Hace sol.** It's sunny. 4
solamente only 9
el/la soldado soldier
la soledad loneliness 17
solicitar to apply for 16
la solicitud application 16
solitario/a lonely, solitary
solo/a alone 3
sólo only
soltar (o ⟶ ue) to let go, set free
soltero/a: es ~ he/she is single 6
la sombra shadow
el sombrero hat 5
Somos dos. There are two of us. 9
sonar (o ⟶ ue) to ring
el sonido sound
soñar (o ⟶ ue) (con) to dream (of/about)
la sopa soup 12
el soplón/la soplona tattletale
soportar to tolerate
sordo/a deaf
sorprenderse de to be surprised about 9
la sorpresa surprise
soso/a dull
el/la sospechoso/a suspect
el sostén bra
el squash squash (*sport*) 10
su/s his/her/your (*formal*)/their 1
subir to go up, climb 4; to raise

subrayar to underline, emphasize
el subtítulo subtitle
sucio/a dirty
el/la suegro/a father-in-law/mother-in-law 6
el sueldo salary 16
suelto/a separate, unmatched
el sueño dream; **tener sueño** to be tired 5
la suerte luck; **por suerte** by chance 15; **¡Qué mala suerte!** What bad luck! 9; **tener suerte** to be lucky 9
el suéter sweater 5
sufrir to suffer
la sugerencia suggestion
sugerir (e ⟶ ie, i) to suggest
la suma sum; amount
sumiso/a submissive 15
superar to surpass, exceed
el supermercado supermarket 3
la supervivencia survival
suponer to suppose
supuesto: Por ~. Of course. 2
el sur south 12
el suspenso suspense
suspirar to sigh
el sustantivo noun
la sutileza subtlety
suyo/a his/her/your (de Ud. or de Uds.)/their; **el/la ~** his/hers/yours (*formal*)/ theirs 14

el tablón de anuncios bulletin board
tachar to cross out
el tacón heel
tal vez + *subj.* perhaps/maybe 9
la talla size 5
el tamaño size
también too, also 1
tampoco neither, nor
tan so 13; **~ . . . como** as . . . as 13
el tanque de gasolina gas tank 11
tanto: mientras ~ meanwhile 9; **por lo ~** therefore; **tanto/a . . . como** as much . . . as 14; **tantos/as . . . como** as many . . . as 14
tapar to cover
tardar to be late; to take a long time
la tarde afternoon 2; **Buenas tardes.** Good afternoon. Pre.; **por ~** in the afternoon 5; (*adv.*) late
la tarea homework 2
la tarjeta card 10; **~ de crédito** credit card 14; **~ de embarque** boarding pass 7; **~ postal** postcard 10
el taxi taxi 6
el/la taxista taxi driver 13
la taza cup 9
el té tea 2
el teatro theater 3
tejer to knit; to weave 9
el tejido weave; fabric
la tela cloth, fabric, material
el telar loom
el/la teleadicto/a television addict
el teléfono telephone 1; **~ celular** cell phone 2
la telenovela soap opera
el televisor television set 2
el tema theme
el temor fear
la temperatura temperature 4
el templo temple 14
la temporada season
temprano early 4
el tenedor fork 9
tener to have 2; **~ . . . años** to be . . . years old 1; **~ buena salud** to be in good health 11; **~ calor** to be hot 5; **~ catarro** to have a cold 11; **~ celos (de)** to be jealous (of) 17; **~ diarrea** to have diarrhea 11; **~ en cuenta** to take into account, bear in mind; **~ escalofríos** to have the chills 11; **~ éxito** to succeed; **~ fiebre** to have a fever 11; **~ frío** to be cold 5; **~ ganas de** + *inf.* to feel like *-ing* 6; **~ gripe** to have the flu 11; **~ hambre** to be hungry 5; **~ le fobia a . . .** to have a fear of . . . ; to hate 14; **~ lugar** to take place 5; **~ miedo** to be scared 5; **~ náuseas** to be nauseous 11; **~ prisa** to be in a hurry; **~ que** + *inf.* to have to . . . 2; **~ que ver (con)** to have to do (with); **~ razón** to be right; **~ resfrío** to have a cold 11; **~ sed** to be thirsty 5; **~ sueño** to be tired 5; **~ suerte** to be lucky 9; **~ tos** to have a cough 11; **~ vergüenza** to be ashamed 5; **No tengo idea.** I don't have any idea. 3; **No, tiene el número equivocado.** No, you have the wrong number. 7
el tenis tennis 10
tercero/a third 8
terminar to finish 6
la ternera veal 12
el terremoto earthquake
terrestre terrestrial
testarudo/a stubborn 15
el texto text
el tiempo weather 4; time; tense; **a tiempo** on time, in time 7; **tiempo completo** full-time 16; **¿Cuánto tiempo hace?** How long ago? 6; **hace buen/mal tiempo** it's nice/bad out 4; **¿Qué tiempo hace?** What's the weather like? 4; **tiempo parcial** part-time 16
la tienda store 3
la tierra earth
tinto: el vino ~ red wine
el tío uncle 3; **la tía** aunt 6
típico/a typical
el tipo type
tirar to pull; to throw out; **~ la casa por la ventana** to go all out (literally, "to throw the house out the window") 6
el título title; (*university*) degree 16
la toalla towel 2
tocar to play (*an instrument*) 3; to touch
el tocino bacon
todavía still, yet 8; **~ no** not yet 8
todo/a everything; every, all 6; **todo el mundo** everybody, everyone 13; **todos** all 1; everyone 6; **todos los días** every day 3; **todos los meses** every month 12
la toma rough cut (*when filming*)
tomar to drink; to take (*a bus, etc.*) 6; **~le el pelo (a alguien)** to pull someone's leg 16
el tomate tomato 9
el tono tone
la tontería foolishness
tonto/a stupid 3
el torneo tournament 5
el toro bull 14
torpe clumsy, awkward
la torre tower 14
la torta cake 12
la tortilla (de patatas) (potato) omelette (*Spain*) 2
la tos cough; **tener tos** to have a cough 11
toser to cough 11
la tostada toast
la tostadora toaster 8
totalmente totally
el tour tour 13
trabajar to work 2; **~ tiempo parcial** to work part-time 16; **~ tiempo completo** to work full-time 16
el trabajo work
traducir to translate 3
traer to bring 3
el traje suit 5; **~ de baño** bathing suit 5
tranquilamente quietly 9
tranquilo/a quiet, tranquil
transporte: el medio de ~ means of transportation
trasero/a back, rear
el traslado transfer 13
el tratado treaty
el tratamiento treatment
tratar de to try to
tratarse de to be about
través: a ~ de across, through
el tren train 6; **en/por tren** by train
trescientos three hundred 6
la tribu tribe

el trigo wheat
el trineo sled
triste sad 3
triunfar to triumph
el trombón trombone 12
la trompeta trumpet 12
tronar (o ⟶ ue) to thunder
el trozo piece
el truco trick
tu/s your (*informal*) 1
tú you Pre.
la tumba tomb
el turismo tourism
tuyo/a yours (*informal*) 14; **el/la ~** yours (*informal*) 14

Ud. (usted) you (*formal*) Pre.
Uds. (ustedes) you (*formal/informal*) 1
últimamente lately, recently
último/a last, most recent; **la última vez** the last time 7
un, una a, an 2
el uniforme uniform 10
unir to unite, join together
la universidad university 3
uno one 1; **el ~ al otro** each other 17
unos/as some 2
urbano/a urban
usar to use 3
útil useful
utilizar to use, utilize

la vaca cow 14
las vacaciones vacation 4
la vacuna vaccine
la vaina green bean
Vale. O.K. 2; **(No) ~ la pena.** It's (not) worth it.; **(No) ~ la pena** + *inf.* It's (not) worth + *-ing*. 11
valiente brave 15
el valle valley 12
el valor value
valorar to value, price
variar to vary
la variedad variety
varios/as several
vasco/a Basque
el vaso glass 9
¡Vaya! Wow! 8
veces: a ~ at times 12; **algunas ~** sometimes 12; **muchas ~** many times 12
el/la vecino/a neighbor
veloz swift, fast
vencer to conquer, overcome
el vendaje bandage 11
el/la vendedor/a seller; salesperson
vender to sell 3
venir to come 5
la ventaja advantage
la ventana window; **echar la casa por ~** to go all out (literally, "to throw the house out the window") 6
la ventanilla car window; **el asiento de ventanilla** window seat 7
ver to see 3; **A ~.** Let's see.
el verano summer 4
veras: ¿De ~? Really? 2
la verdad the truth; **¿verdad?** right? 1; **es verdad** it's true 9
verdadero real, true 12
verde green 5
la verdura vegetable 12
la vergüenza shame; **tener vergüenza** to be ashamed 5
vertir (e ⟶ ie, i) to shed (*a tear*)
el vestido dress 5
vestirse (e ⟶ i, i) to get dressed 5
vez: a la ~ at the same time; **de ~ en cuando** once in a while, from time to time 12; **en ~ de** instead of; **la última ~** the last time 7; **por última ~** for the last time; **una ~** one time
la vía way, road
viajar to travel 6
el viaje trip; **el/la agente de viajes** travel agent 1
el/la viajero/a traveler; **el cheque de viajero** traveler's check
la vida life; **jugarse ~** to risk one's life 11
el video VCR; videocassette 2
el vidrio glass 15
viejo/a old 3
viento: Hace ~. It's windy. 4
viernes Friday 2; **el ~** on Friday 2; **los ~** on Fridays 2
el vinagre vinegar 9
el vino wine 2; **~ tinto** red wine
el violín violin 12
el violonchelo cello 12
la viruela smallpox
la visita visit
visitar to visit 2
la vista view
la vivienda dwelling
vivir to live 3
vivo/a bright (*colors*); alive
el volante steering wheel 11
el volcán volcano 12
el voleibol volleyball 10
volver (o ⟶ ue) to return, come back 5; **~ a** + *inf.* to do (something) again 13
volverse (o ⟶ ue) to become
vomitar to vomit 11
vosotros/as you (*pl., informal*) 1
la votación vote
el/la votante voter
el voto vote
la voz voice
el vuelo flight 7
la vuelta return trip 7; **darle ~** to turn over, flip 9; **dar una vuelta** to take a ride; to go for a stroll/walk; **pasaje de ida y vuelta** round-trip ticket 7
vuestro/a your (*pl. informal*) 3; **el/la ~** yours (*pl. informal*) 14

y and 1; **Es la una ~ cinco.** It's five after one. 5
ya already; now 8; **~ era hora.** It's about time. 12; **~ no** no longer, not anymore 8; **~ que** since, because 13; **¡~ voy!** I'm coming! 14
la yerba herb; grass
yo I 1
el yogur yogurt

la zanahoria carrot 12
los zapatos shoes 5; **~ de tacón alto** high-heeled shoes 5; **~ de tenis** tennis shoes, sneakers 5
la zona zone
el zoológico zoo 14

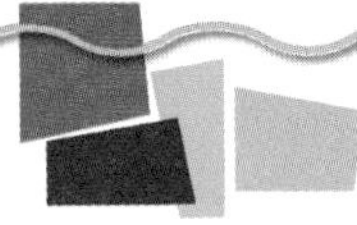

English-Spanish Vocabulary

This vocabulary contains a selected listing of common words presented in the lesson vocabularies. Many word sets are not included, such as foods, sports, animals, and months of the year. Page references to word sets appear in the index.

Refer to page R13 for a list of abbreviations used in the following vocabulary.

@ arroba
able: be ~ poder (o ⟶ ue)
about sobre; **~ whom** de quien
above arriba
accent (*n.*) el acento; (*v.*) acentuar
accept aceptar
accident el accidente
accomplish realizar
according to según
account: take into ~ tener en cuenta
across a través de
action la acción
active activo/a
activity la actividad
actor el actor/la actriz
actually en realidad
add añadir
advantage la ventaja
adventure la aventura
advertise anunciar
advertisement el anuncio
advertising la propaganda
advise aconsejar; avisar
affair (love) la aventura amorosa
affect afectar
after después; **~ all** al fin y al cabo
afternoon la tarde; **Good ~.** Buenas tardes.
again otra vez
against: be ~ estar en contra
age la edad
agree (with) estar de acuerdo (con)
Agreed? ¿De acuerdo?
airmail por avión
alcoholic alcohólico/a
all todos
allow dejar
almost casi
alone solo/a
already ya
also también
alternate (*v.*) alternar
although aunque
always siempre
among entre
amusing divertido/a
ancient antiguo/a
Andean andino/a
angry: become ~ enojarse
anniversary el aniversario
announce anunciar
announcement el anuncio
answer (*n.*) la respuesta; (*v.*) responder, contestar
answering machine el contestador automático
antique antiguo/a
apathetic indiferente
appear aparecer
apply for solicitar
approximately aproximadamente
archaeologist el/la arqueólogo/a
architect el/la arquitecto/a
argue discutir
argument el argumento, la discusión
army el ejército
around alrededor; **~ here** por aquí
art el arte
as como; **~ . . . ~** tan . . . como; **~ a consequence** como consecuencia; **~ a result** como resultado; **~ if** como si; **~ many . . . ~** tantos/as . . . como; **~ much . . . ~** tanto/a . . . como
ask preguntar; **~ for** pedir (e ⟶ i, i); **Can I ~ who is calling?** ¿De parte de quién?
assimilate asimilarse
association la asociación
astute astuto/a
at en; **~ last** por fin; **~ least** por lo menos; **~ . . . o'clock** a la(s) . . . ; **~ once** en seguida; **~ the end of** al final de; **~ the same time** a la vez; **~ times** a veces; **~ what time . . . ?** ¿A qué hora . . . ?
athlete el/la deportista
ATM el cajero automático
attend asistir a
audience el público
avenue la avenida
average (*n.*) el promedio; (*adj.*) mediano/a
awful mal, fatal

backwards al revés
bad: It's ~ out. Hace mal tiempo.
bald calvo/a
banana el plátano
bargain la ganga; **~ for** regatear
bark (*v.*) ladrar
baseball el béisbol
bathe bañarse
battle la batalla
bay la bahía
be estar, ser; **~ able** poder (o ⟶ ue); **~ against** estar en contra (de); **~ ashamed** tener vergüenza; **~ called** llamarse; **~ careful** tener cuidado; **~ clever** ser listo/a; **~ cold** tener frío; **~ crazy** estar loco/a; **~ dizzy** estar mareado/a; **~ engaged** estar comprometido/a; **~ from** ser + de; **~ happy about** alegrarse de; **~ hot** tener calor; **~ hungry** tener hambre; **~ in a hurry** tener prisa; **~ in/at** estar en; **~ in good health** tener buena salud; **~ jealous (of)** estar celoso/a (de), tener celos (de); **~ late** atrasarse; **~ lucky** tener suerte; **~ nauseous** tener náuseas; **~ on a diet** estar a dieta; **~ pregnant** estar embarazada; **~ ready** estar listo/a; **~ right** tener razón; **~ scared** tener miedo; **~ silent** callarse; **~ successful** tener éxito; **~ sure (of)** estar seguro/a (de); **~ surprised about** sorprenderse de; **~ thirsty** tener sed; **~ tired** tener sueño; **~ . . . years old** tener . . . años
bear in mind tener en cuenta
beautiful bello/a; **very ~** bellísimo/a
beauty la belleza
because porque
become volverse (o ⟶ ue); **~ angry** enojarse; **~ sick** enfermarse
bedroom la alcoba
before antes; **~ + *-ing*** antes de + *inf.*; **~ anything else** antes que nada
begin comenzar (e ⟶ ie), empezar (e ⟶ ie)
beginning el comienzo, el principio
behind atrás, detrás de
believe creer
below abajo, debajo de
beside al lado de

besides además
better mejor; **it's ~** es mejor
between entre
bilingual bilingüe
bill la cuenta
birth el nacimiento
birthday el cumpleaños; **Happy ~.** Feliz cumpleaños.; **have a ~** cumplir años
blue azul
blush ponerse rojo/a
bored (estar) aburrido/a
boring (ser) aburrido/a
boss el/la jefe/a
bottle la botella
bra el sostén
brain el cerebro
brand la marca
break romper/se
bring traer; **~ up to date** poner(se) al día
buckle the seat belt abrocharse el cinturón
build construir
burn quemar
business el negocio
businessman/woman el hombre/la mujer de negocios
but pero; **~ instead** sino que; **~ rather** sino
buy comprar
by por; **~ boat/train/etc.** en barco/tren/etc., por barco/tren/etc.
by the way por cierto

calculus el cálculo
calendar el calendario
call llamar; **be called** llamarse
can: ~ I ask who is calling? ¿De parte de quién?; **~ you speak more slowly, please?** ¿Puede hablar más despacio, por favor?; **~ you tell me how . . . ?** ¿Puede decirme cómo . . . ?
capable capaz
capital (*city*) la capital; **What is the ~ of . . . ?** ¿Cuál es la capital de . . . ?
care el cuidado; **take ~ of** cuidar
career la carrera
careful: be ~ tener cuidado
carefully con cuidado
carrot la zanahoria
case: in ~ por si acaso; **in ~ that** en caso (de) que
castle el castillo
celebrate celebrar
celebration la celebración
cell phone el teléfono celular
cent el centavo
century el siglo
cereal el cereal
chalkboard la pizarra
champagne el champán
championship el campeonato
change cambiar; **changing the subject** cambiando de tema
chapter el capítulo
character el personaje
chat charlar
check la cuenta
chew mascar
chilly: It's ~. Hace fresco.
chimney la chimenea
choose elegir (e ⟶ i, i)
Christmas la Navidad
cigarette el cigarrillo
class la clase; la materia
clever: be ~ ser listo/a
click hacer clic
client el/la cliente
climate el clima
climb subir
close cerrar (e ⟶ ie)
closed cerrado/a
cloth la tela
clothes: ~ dryer la secadora; **put on one's ~** ponerse la ropa; **take off one's ~** quitarse la ropa
cloudy: It's ~. Está nublado.
clue la pista
clumsy torpe
cold: be ~ tener frío; **have a ~** tener catarro, estar resfriado/a; **It's ~.** Hace frío.
collection la colección
cologne el agua de colonia
comb one's hair peinarse
combat combatir
come venir; **~ back** volver (o ⟶ ue)
comedy la comedia
comfortable cómodo/a
command el mandato
comment (*n.*) el comentario; (*v.*) comentar
common común; **in ~** en común
community la comunidad
compare comparar
complain quejarse
computer programmer el/la programador/a de computadoras
concert el concierto
conceited creído/a
confidence la confianza
congratulate felicitar
conquer conquistar
conserve conservar
consist of consistir en
constant constante
consult consultar
consumer el consumidor
continue continuar
contraceptive el anticonceptivo
contrast: in ~ to a diferencia de
converse conversar
convert convertir (e ⟶ ie, i)
correct corregir (e ⟶ i, i)
cough (*v.*) toser; **have a ~** tener tos
Could you . . . ? ¿Podrías + *inf.*?
counselor el/la consejero/a
count contar (o ⟶ ue)
country el país
course el curso
court (*for tennis, basketball*) la cancha
craftsmanship la artesanía
crash chocar
crazy: be ~ estar loco/a
create crear
croissant el croissant, la medialuna
cross (*n.*) la cruz; (*v.*) cruzar
culture la cultura
current (*adj.*) actual
curse el mal de ojo; **put a ~ on** echar el mal de ojo
custom la costumbre

dance (*n.*) el baile; (*v.*) bailar
danger el peligro; **in ~** en peligro
dangerous peligroso/a
day el día; **~ before yesterday** anteayer; **every ~** todos los días
dead muerto/a
dear (*term of endearment*) cariño/a, querido/a
death la muerte
decide decidir
degree (*temperature*) grado; **It's . . . degrees (below zero).** Está a . . . grados (bajo cero).; **(*university*)** el título
delicious sabroso/a, delicioso/a
delightful encantador/a
demanding exigente
democratic democrático/a
department (*of a university*) la facultad; **~ store** el almacén
describe describir
desert el desierto
desperate desesperado/a
destroy destruir
detain detener
develop desarrollar
developed desarrollado/a
diarrhea: have ~ tener diarrea
die morir/se (o ⟶ ue, u)
diet: be on a ~ estar a dieta
difference la diferencia
different diferente
difficult difícil
dinner la cena; **have ~** cenar
disadvantage la desventaja
disaster el desastre
discover descubrir
distance: long ~ larga distancia
divine divino/a
divorced divorciado/a; **get ~ (from)** divorciarse (de); **is ~ (from)** está divorciado/a (de)
dizzy: be ~ estar mareado/a

ɔ hacer; ~ **crossword puzzles** hacer crucigramas; ~ **jigsaw puzzles** hacer rompecabezas
oll la muñeca
ollar el dólar
omestic doméstico/a
on't mention it. No hay de qué.
oubt: there's no ~ no hay duda (de)
raw dibujar
ream (*n.*) el sueño; (*v.*) soñar (o ⟶ ue)
rink (*n.*) la bebida; (*v.*) beber
rive conducir, manejar
river's license el permiso/la licencia de conducir
rop dejar caer
ry (*adj.*) seco/a; (*v.*) secar
ryer: hair ~ el secador; **clothes ~** la secadora
umbfounded: leave (someone) ~ dejar boquiabierto (a alguien)
uring durante

ach cada; ~ **other** el uno al otro; **to ~ his own** cada loco con su tema
arn ganar
arring el arete, el pendiente
arth la tierra
arthquake el terremoto
Easter la Pascua Florida
asy fácil, sencillo/a
at comer
ither . . . or o . . . o
legant fino/a
levator el ascensor
mail el correo/mensaje electrónico
mergency la emergencia
nd el fin
nding el final
ngaged: be ~ estar comprometido/a
ngagement (*for marriage*) el compromiso
njoy disfrutar
nough bastante
nter entrar (en)
ntertaining divertido/a
ssay el ensayo
stablish establecer
ethnic étnico/a
even (*adj.*) par; (*adv.*) aun
evening la noche; **Good ~.** Buenas noches.
every cada, todo/a; ~ **day** todos los días; ~ **month** todos los meses
everybody todo el mundo
everything todo
evident: it's ~ es evidente
example el ejemplo; **for ~** por ejemplo
exchange (money) cambiar (dinero)
exercise (*n.*) el ejercicio
exist existir

fabric la tela
fabulous fabuloso/a
fair justo/a
faithful fiel
fall caer; ~ **asleep** dormirse (o ⟶ ue, u)
fan (*sports*) el/la aficionado/a
farmer el/la granjero/a
fashion la moda
fast rápido/a
fax el fax
fear el miedo; **have a ~ of . . .** tenerle miedo/fobia a . . .
feel sentir/se (e ⟶ i, i); ~ **like** + **-*ing*** tener ganas de + *inf.*
feeling el sentido
fever: have a ~ tener fiebre
few pocos/as
fight (*n.*) la lucha, la pelea; (*v.*) pelearse
fill (*a position*) ocupar; ~ **out** completar, rellenar
find encontrar (o ⟶ ue); ~ **strange** extrañarse
fine (*as for speeding*) la multa
finish completar, terminar
first name el nombre (de pila)
fish (*n.*) el pez; (*v.*) pescar
fit: It fits you well. Te queda bien.
fix arreglar
flight attendant el/la asistente de vuelo
floor el piso, el suelo; **first ~** el bajo
flower la flor; ~ **garden** el jardín
flu: have the ~ tener gripe
fly la mosca
follow seguir (e ⟶ i, i)
following siguiente
foolishness la tontería
football el fútbol americano
for para, por; ~ **example** por ejemplo; ~ **heaven's sake!** ¡Por amor de Dios!; ~ **lack of** por falta de; ~ **the last time** por última vez; ~ **what (purpose)?** ¿Para qué?; ~ **whom?** ¿Para quién?
foreign extranjero/a
former anterior
fountain la fuente
frame el marco
free gratis; libre
frequently con frecuencia, frecuentemente, a menudo
friend el/la amigo/a
from de
front: in ~ of delante de
frustrated frustrado/a
fun: have ~ divertirse (e ⟶ ie, i)
function funcionar
funny gracioso/a
furnish amueblar
furnished amueblado/a
furniture los muebles

gas station la gasolinera
gears los cambios
general: in ~ en general, por lo general
gentleman el caballero
geography la geografía
geology la geología
get conseguir (e ⟶ i, i); (***a grade***) sacar; ~ **angry** enfadarse; ~ **dressed** vestirse (e ⟶ i, i); ~ **off** bajar(se) de; ~ **(someone) out of a jam** sacar de un apuro (a alguien)
gift el regalo
give dar; ~ **a present** regalar
go ir; ~ **all out** echar la casa por la ventana; ~ **down** bajar; ~ **out** salir; ~ **(out) with (someone)** salir con (alguien); ~ **to bed** acostarse (o ⟶ ue); ~ **up** subir
goal (*sports*) el gol
good bueno/a; ~ **afternoon.** Buenas tardes.; ~ **evening/~ night.** Buenas noches.; ~ **morning.** Buenos días.
gossip comentar
government el gobierno
grade la nota
graduate graduarse
granddaughter la nieta
grandson el nieto
Great! ¡Qué chévere! (*Caribbean expression*)
grief la pena
ground el suelo
group el grupo

habit la costumbre
hair dryer el secador
hair salon la peluquería
half la mitad
hand la mano; **on the one ~** por un lado; **on the other ~** por otro lado
handicraft la artesanía
happen ocurrir
happiness la felicidad, la alegría
happy: be ~ about alegrarse de; ~ **birthday.** Feliz cumpleaños.
hate odiar
have (*aux. v.*) haber; tener; ~ **a cold** estar resfriado/a, tener catarro; ~ **a cough** tener tos; ~ **a fear of . . .** tenerle miedo/fobia a . . . ; ~ **a fever** tener fiebre; ~ **a good/bad time** pasarlo bien/mal; ~ **diarrhea** tener diarrea; ~ **drink** tomar; ~ **fun** divertirse (e ⟶ ie, i); ~ **just** + *past part.* acabar de + *inf.*; ~ **lunch** almorzar (o ⟶ ue); ~ **supper/dinner** cenar; ~ **the chills** tener escalofríos; ~ **the flu** tener gripe
health la salud; **be in good ~** tener buena salud
hear oír
heart attack el infarto
heat calor; calefacción (de la casa)
heavy pesado/a
help (*n.*) la ayuda; (*v.*) ayudar

here aquí
Hey! ¡Oye!
hidden escondido/a
hire contratar
Hispanic hispano/a
home el hogar; la casa
hot: be ~ tener calor; **It's ~.** Hace calor.
How? ¿Cómo?; **~ are you** (*informal/formal*)? ¿Cómo estás/está?; **~ awful!** ¡Qué barbaridad!; **~ many?** ¿Cuántos?; **~ much?** ¿Cuánto?; **~ much is/are . . . ?** ¿Cuánto cuesta/n . . . ?; **~ old is he/she?** ¿Cuántos años tiene él/ella?
however sin embargo
hug (*n.*) el abrazo; (*v.*) abrazar
hungry: be ~ tener hambre
hunt cazar
hurricane el huracán
hurry: be in a ~ tener prisa
hurt doler (o ⟶ ue); herir (e ⟶ ie, i)

I love it/them! ¡Me fascina/n!
I would like me gustaría; **~ to speak with . . . , please.** Quisiera hablar con . . . , por favor.
ID card la cédula de identidad
identify identificar
if si
illiteracy el analfabetismo
I'm coming! ¡Ya voy!
I'm sorry. Perdone.
image la imagen
imagine imaginarse
in en; **~ a while** dentro de poco; **~ case** por si acaso; **~ case that** en caso (de) que; **~ contrast to** a diferencia de; **~ danger** en peligro; **~ front of** delante de; **~ general** por lo general, en general; **~ order that** para que; **~ spite of** a pesar de que
inch la pulgada
income los ingresos
increase añadir, aumentar
indicate indicar, señalar
indifferent indiferente
indigenous indígena
influence (*n.*) la influencia; (*v.*) influir
inhabitant el/la habitante
instability la inestabilidad
instead of en vez de
interest interesar
interrupt interrumpir
interview (*n.*) la entrevista; (*v.*) entrevistar
invent inventar
invest invertir (e ⟶ ie, i)
Is . . . there, please? ¿Está . . . , por favor?
It looks good on you. Te queda bien.
it's es; **~ a pity** es una pena/lástima; **~ a shame** es una lástima; **~ bad out** hace mal tiempo; **~ better** es mejor; **~ chilly** hace fresco; **~ cloudy** está nublado; **~ evident** es evidente; **~ going to cost you** te va a salir caro; **~ hot** hace calor; **~ nice out** hace buen tiempo; **~ (not) worth it** (no) vale la pena; **~ obvious** es obvio; **~ probable** es probable; **~ raining** llueve; **~ snowing** nieva; **~ sunny** hace sol; **~ true** es verdad; **~ windy** hace viento
It/This is . . . Habla . . .

jealous: be ~ (of) tener celos (de); estar celoso/a (de); ser celoso/a
joke el chiste
jot down anotar
journalist el/la periodista
jump saltar
just a moment un momento

keep going straight seguir (e ⟶ i, i) derecho
key la llave
kill matar
king el rey; **~ and queen** los reyes
kiss (*n.*) el beso; (*v.*) besar
knit hacer punto, tejer
know (***sfacts/how to do something***) saber; (***someone or something***) conocer; **You didn't ~?** ¿No sabías?; **Do you ~ where . . . is?** ¿Sabes dónde está . . . ?; **I don't ~ (the answer).** No sé (la respuesta).; **~ people in the right places** tener palanca
known: make ~ dar a conocer

lack faltar; **for ~ of** por falta de
landing strip la pista de aterrizaje
language el idioma
last último/a; **for the ~ time** por última vez; **~ night** anoche
last name el apellido; **first last name (father's name)** el primer apellido; **second last name (mother's maiden name)** el segundo apellido
late (*adv.*) tarde; **be ~** atrasarse
lately últimamente
later luego, más tarde; **See you ~.** Hasta luego.
lawn el jardín
learn aprender
leave salir; **~ behind** dejar; **~ (someone) dumbfounded** dejar boquiabierto (a alguien)
lecture la conferencia
less menos; **~ than** menos de/que
lesson la clase, la lección
let's see a ver
lie (*n.*) la mentira; (*v.*) mentir (e ⟶ ie, i)
life la vida; **risk one's ~** jugarse (u ⟶ ue) la vida
light (*n.*) la luz; (*v.*) encender
like (*adv.*) como; (*v.*) gustar; **I don't ~ him/her.** Me cae mal.; **I ~ him/her a lot.** Me cae (la mar de) bien.; **I don't ~ it/them at all.** No me gusta/n nada.; **~ a lot** encantar, fascinar; **~ this/that** así
listen escuchar; **Listen!** ¡Oye!
little: a ~ poco/pocos; **~ by ~** poco a poco
live vivir
long distance larga distancia
look for buscar; **look (at)** mirar
lose perder (e ⟶ ie)
lost perdido/a
lousy mal
love (*n.*) el amor; (*v.*) amar, querer; **I ~ it/them!** ¡Me fascina/n!
loyal fiel
luck la suerte; **What bad ~!** ¡Qué mala suerte!
lunch el almuerzo; **have ~** almorzar (o ⟶ ue)

maintain mantener
majority la mayoría
make hacer; **~ a stopover** hacer escala; **~ known** dar a conocer
male el macho
manner la manera
many: muchos/muchas; **as ~ . . . as** tantos/as . . . como; **~ times** muchas veces
map el mapa
married casado/a; **is ~ (to)** está casado/a (con)
mask la máscara
mean significar; **What do you ~ . . . ?** ¿Cómo que . . . ?
meaning el significado
meanwhile mientras tanto
measure medir (e ⟶ i, i)
member el miembro
memorize memorizar
memory el recuerdo; la memoria
mention mencionar
mess: What a ~! ¡Qué lío!
message el mensaje
middle mediados; **~ Ages** la Edad Media
mile la milla
mind la mente
minimum el mínimo
minority la minoría
miss (***someone or something***) echar de menos, extrañar
mix revolver (o ⟶ ue)
mixture la mezcla
model el/la modelo
modern moderno/a
monster el monstruo
month el mes
monthly mensual
morning la mañana; **Good ~.** Buenos días
most recent último/a

motivate motivar
move (*relocate*) mudarse
murder el asesinato
must: One/You ~ + *v.* Hay que + *inf.*
mysterious misterioso/a
mystery el misterio

name: first ~ el nombre (de pila); **last ~** el apellido; **My ~ is . . .** Me llamo . . .
nation la nación
native indígena
nauseous: be ~ tener náuseas
necessary necesario/a
neck el cuello
neighbor el/la vecino/a
neighborhood el barrio
neither tampoco; **~ . . . nor** ni . . . ni
nervous nervioso/a
never nunca
nevertheless sin embargo
news la(s) noticia(s)
news item la noticia
next próximo/a
nice: It's ~ out. Hace buen tiempo.
night noche; **Good ~.** Buenas noches.
no longer ya no
No way! ¡Qué va!
noise el ruido
nor tampoco
not even ni siquiera
note (*n.*) la nota, el apunte; (*v.*) notar; **take notes** apuntar, tomar apuntes
nothing nada
now ahora
nowadays hoy (en) día
number (*n.*) el número; (*v.*) numerar; **You have the wrong ~.** Tiene el número equivocado.
nurse el/la enfermero/a

O.K. Bien., De acuerdo., Vale.
obtain conseguir (e ⟶ i, i), obtener
obvious: it's ~ es obvio
occupation la ocupación
occur ocurrir
of de (del/de la)
Of course. ¡Claro!, ¡Por supuesto!, ¡Claro que sí!; **Of course not!** ¡Claro que no!
offer ofrecer
often a menudo, con frecuencia
old man/woman el/la anciano/a
on en; **~ all sides** por todos lados; **~ the one hand** por un lado; **~ the other hand** por otro lado; **~ time** a tiempo
once: at ~ en seguida; **~ in a while** de vez en cuando
One/You must + *verb.* Hay que + *inf.*
only solamente, sólo
open abierto/a
option la opción
optional opcional
or o
order el orden
organize organizar
origin el origen
other otro/a
ought to + *v.* deber + *inf.*
outstanding sobresaliente
over there allá
owe deber
own (*adj.*) propio/a

pair (of) un par (de); la pareja
paragraph el párrafo
park (*n.*) el parque; (*v.*) estacionar
participate participar
partner el/la compañero/a
pass by/through pasar por
path el camino
paw la pata
pay pagar; **~ attention (to someone)** prestarle atención (a alguien)
peace la paz
peasant el/la campesino/a
pen la pluma
people la gente
percentage el porcentaje
perfect perfecto/a
perhaps a lo mejor, tal vez + *subj.*, quizás + *subj.*
personality la personalidad
pet la mascota
phone (*n.*) el teléfono; (*v.*) llamar por telefono
phrase la frase
pick up recoger
pictures: take ~ sacar fotos
picturesque pintoresco/a
pity: it's a ~ es una pena/lástima; **What a ~!** ¡Qué pena!
place el sitio; **take ~** tener lugar
plaid de cuadros
plan (*n.*) el plan; (*v.*) planear
plantain el plátano
play (*a sport or game*) jugar (u ⟶ ue); **(*an instrument*)** tocar
pleasant agradable
please por favor
point el punto; **~ out** señalar
polka-dotted de lunares
population la población
possibly posiblemente
poster el afiche, el cartel
power el poder, la fuerza; **purchasing ~** el poder adquisitivo
practice (*n.*) la práctica; (*v.*) practicar
predict predecir
prefer preferir (e ⟶ ie, i)
preference la preferencia
pregnant: be ~ estar embarazada
prepare preparar
prescription la receta médica
present-day actual
preserve conservar
previous anterior
pride el orgullo
priest el cura
prize el premio
probable: it's ~ es probable
probably probablemente
produce producir
program el programa
prohibit prohibir
project el proyecto
promise (*n.*) la promesa; (*v.*) prometer
proud orgulloso/a
provided that con tal (de) que
province la provincia
psychologist el/la psicólogo/a
pull tirar; **~ someone's leg** tomarle el pelo (a alguien)
purchasing power el poder adquisitivo
put poner; **~ a curse ("the evil eye") on** echar el mal de ojo; **~ on one's clothes** ponerse la ropa; **~ someone to bed** acostar (o ⟶ ue)

quantity la cantidad
question la pregunta
quiet tranquilo/a

race la carrera
reading la lectura
ready: be ~ estar listo/a
real verdadero/a
reality la realidad
realize something darse cuenta de algo
really en realidad; **Really?** ¿De veras?
reason la razón
recent: most ~ último/a
recipe la receta
recognize reconocer
record grabar
recording la grabación
refer to referir/se (e ⟶ ie, i) a
rehearse ensayar
reject rechazar
relation la relación
relatively relativamente
remember acordarse (o ⟶ ue) de; recordar (o ⟶ ue)
remove quitar
rent (*n.*) el alquiler; (*v.*) alquilar
repeat repetir (e ⟶ i, i)
report el informe
reporter el/la reportero/a
request el pedido
requirement el requisito
research la investigación
reservation la reserva
respond responder
responsibility la responsabilidad
rest descansar
return devolver (o ⟶ ue); volver (o ⟶ ue)

rice el arroz
rich rico/a
ride montar; **~ a bicycle** montar en bicicleta
right el derecho; **be ~** tener razón; **~ now** ahora mismo; **right?** ¿verdad?; **on the ~** a la derecha
risk one's life jugarse (u ⟶ ue) la vida
road el camino, la carretera
rock la piedra
roof el techo
room la habitación; **single ~** la habitación sencilla; **double ~** la habitación doble
round redondo/a
royal real

safe seguro/a
saint el/la santo/a
same: the ~ el/la mismo/a; igual
satisfied satisfecho/a
save salvar
say decir; **How do you ~ . . . ?** ¿Cómo se dice ~ . . . ?
scared: be ~ tener miedo
scarf la pañoleta
schedule el horario
science la ciencia
search engine el buscador
secondary secundario/a
secondhand de segunda mano
see ver; **Let's ~.** A ver.; **~ you later.** Hasta luego.; **~ you tomorrow.** Hasta mañana.
seem parecer
select seleccionar
sell vender
send mandar
sensitivity la sensibilidad
sentence la oración
separate (from) separar/se (de)
serious grave
serve servir (e ⟶ i, i)
set the table poner la mesa
several varios
sex el sexo
shame la vergüenza; **it's a ~** es una lástima; **What a ~!** ¡Qué lástima!
share compartir
shave afeitarse
shaving cream la crema de afeitar
shellfish los mariscos
shoot disparar
shopping de compras
show mostrar (o ⟶ ue)
sick: become ~ enfermarse
side el lado; **on the other ~** por otro lado; **on all sides** por todos lados
significant other la pareja
silent: be ~ callarse
similar parecido/a
simple sencillo/a
simply sencillamente
since ya que, desde
sing cantar
singer el/la cantante
single (*unmarried*) soltero/a
single room la habitación sencilla
sit down sentarse (e ⟶ ie)
situation la situación
skin la piel
slash la barra (http://www)
slave el/la esclavo/a
sleep dormir (o ⟶ ue, u)
slow lento/a
smoke fumar
snow (*n.*) nieve; (*v.*) nevar
snowing: It's ~. Nieva.
so tan
soap opera la telenovela
soccer el fútbol
sock el calcetín, la media
soda la gaseosa
soldier el/la soldado
some algún, alguno/a
someone alguien
something algo; **~ else?** ¿Algo más?
sometimes algunas veces
song la canción
soon pronto
sorry: I'm ~. Perdone. Lo siento.
source la fuente
speak hablar; **Can you ~ more slowly, please?** ¿Puede hablar más despacio, por favor?; **I would like to ~ with . . . , please.** Quisiera hablar con . . . , por favor.
special especial
specific específico/a
spend (*money*) gastar; **(*time*)** pasar
spice la especia
spicy picante
spite: in ~ of a pesar de que
stand in line hacer cola
start (*n.*) el comienzo; (*v.*) comenzar (e ⟶ ie), empezar (e ⟶ ie); **~ the car** arrancar
starting from a partir de
stay in + *place* quedarse en + *place*
steal robar
step on pisar
still aún, todavía
stingy tacaño/a
stone la piedra
stop (*n.*) la parada; **stop + *-ing*** (*v.*) dejar de + *inf.*
story el cuento
straight recto/a; **keep going ~** seguir (e ⟶ i, i) derecho
strange extraño/a
strength la fuerza
striped de rayas
strong fuerte
struggle la lucha
study estudiar
subject (*school*) la asignatura, la materia
succeed tener éxito
successful: be ~ tener éxito
suddenly de repente
suffer sufrir
sugar el azúcar
suggest sugerir (e ⟶ ie, i)
suggestion la sugerencia
summary el resumen
sunny: It's ~. Hace sol.
supper: have ~ cenar
suppose suponer
sure: be ~ (of) estar seguro/a de
surf the net navegar por Internet
surgery la cirugía
surprise la sorpresa
surprised: be ~ about sorprenderse de
suspect el/la sospechoso/a
switch roles cambiar de papel

take (*a bus, etc.*) tomar; **~ a walk** dar un paseo; **~ care of** cuidar; **~ into account** tener en cuenta; **~ notes** anotar, tomar apuntes; **~ off one's clothes** quitarse la ropa; **~ out** sacar; **~ out the garbage** sacar la basura; **~ pictures** sacar fotos; **~ place** tener lugar
talk conversar, hablar
taste probar (o ⟶ ue)
tasty sabroso/a
teach enseñar
tear la lágrima
television la televisión; **~ set** el televisor
tell contar (o ⟶ ue); decir; **Can you ~ me how . . . ?** ¿Puede decirme cómo . . . ?
that que; (*adj.*) ese/a, aquel, aquella; (*pron.*), ése/a, eso/a, aquél, aquélla, aquello; **~ is** o sea
that's why por eso
theme el tema
then entonces
there allí; **~ is/~ are** hay; **~ must be a reason.** Por algo será.; **~ was/~ were** había
therefore por eso, por lo tanto
there's no doubt no hay duda (de)
thing la cosa
think pensar (e ⟶ ie); **~ about** pensar en
thirsty: be ~ tener sed
this (*adj.*) este/a; (*pron.*) éste/a, esto
those (*adj.*) esos/as, aquellos/as; (*pron.*) ésos/as, aquéllos/as
those (over there) (*adj.*) aquellos/aquellas; **~ ones (over there)** (*pron.*) aquéllos/aquéllas
throat la garganta
through a través de
throw: ~ out echar, tirar
ticket el boleto
time: on ~ a tiempo; **What ~ is it?** ¿Qué hora es?

times: many ~ muchas veces
tired: be ~ tener sueño
title el título
to a; **~ top it all** para colmo
together junto/a
tomorrow mañana; **See you ~.** Hasta mañana.
too también; **~ much** demasiado
touch tocar
tour la gira, el tour
tourism el turismo
translate traducir
travel viajar
tree el árbol
true cierto/a, real; **it's ~** es cierto, es verdad
truth la verdad
try intentar; **~ on (*clothes*)** probarse (o ⟶ ue); **~ to** tratar de
turn: ~ off apagar; **~ over** darle la vuelta
TV channel el canal de televisión
typical típico/a

unbearable insoportable
uncertain incierto/a
understand comprender, entender (e ⟶ ie)
understanding comprensivo/a
underwear (men's) los calzoncillos; **(women's)** los calzones
unexpected inesperado/a
unexplainable inexplicable
uniform el uniforme
unknown desconocido/a
unless a menos que
until hasta (que)
up arriba
upon + *-ing* al + *inf.*
use usar
useful útil
useless inútil

vacation las vacaciones
vain creído/a, vanidoso/a
value el valor
variety la variedad
vary variar
very muy; **~ well!** ¡Muy bien!
view la vista
visit (*n.*) la visita; (*v.*) visitar
voice la voz
vomit devolver (o ⟶ ue)

wake up despertarse (e ⟶ ie); **wake someone up** despertar (e ⟶ ie)
walk andar; **take a ~** dar un paseo
wall la pared
want desear, querer
war la guerra
warm caliente
water el agua (*f.*)
way la manera; **No ~!** ¡Qué va!
web (www) la red
weekend el fin de semana
weigh pesar
weight el peso
well (then) pues
What? ¿Qué?, ¿Cómo?; **~ a mess!** ¡Qué lío!; **~ a pity!** ¡Qué pena!; **~ a shame!** ¡Qué lástima!; **~ bad luck!** ¡Qué mala suerte!; **~ color is it?** ¿De qué color es?; **~ do you mean . . . ?** ¿Cómo que . . . ?; **~ is the capital of . . . ?** ¿Cuál es la capital de . . . ?; **~ is your . . . number?** ¿Cuál es tu/su número de . . . ?; **~ time is it?** ¿Qué hora es?; **What's the weather like?** ¿Qué tiempo hace?; **What's up?** ¿Qué hay?
when cuando; **When?** ¿Cuándo?
where donde; **Where?** ¿Adónde?, ¿Dónde?; **~ are you from?** ¿De dónde eres?
Which? ¿Cuál/es?
while mientras; **in a ~** dentro de poco
who quien, que; **Who?** ¿Quién? ¿Quiénes?; **~ is speaking/calling?** ¿Quién habla?
whom: For ~? ¿Para quién?
Whose? ¿De quién/es?
Why? ¿Por qué?
win ganar
window la ventana
windy: It's ~. Hace viento.
winner el/la ganador/a
with con; **~ pleasure** con mucho gusto
without sin
wonder preguntarse
wonderful divino/a, maravilloso/a
work (*n.*) el trabajo; (*v.*) trabajar; **~ part-time** trabajar medio tiempo; **~ full-time** trabajar tiempo completo
worth: It's (not) ~ it. (No) vale la pena.
Wow! ¡Vaya!
wrist la muñeca
write escribir; **~ letters/poems** escribir cartas/poemas
writer el/la escritor/a
wrong: You have the ~ number. Tiene el número equivocado.

year el año; **last ~** el año pasado; **next ~** el año que viene; **New Year's Day** el Año Nuevo
yesterday ayer
yet aún, todavía; **not ~** todavía no
young person el/la joven
younger menor
You're welcome. De nada., No hay de qué.
youth la juventud

zip code el código postal
zone la zona

Index

Permissions and Credits

The authors and editors thank the following persons and publishers for permission to use copyrighted material.

Text Permissions

Chapter 7: pp. 192–193, Secretaría General de Turismo/Turespaña, Ministerio de Industria, Comercio y Turismo. **Chapter 8:** p. 217, "No quiero," from *Obras completas* by Angela Figuera Aymerich (Ediciones Hiperión, 1st Edition 1986, 2nd Edition 1999). Reprinted by permission of Ediciones Hiperión; p. 218, Copyright © 1986 by Houghton Mifflin Company. Adapted and reprinted by permission from the *American Heritage Spanish Dictionary*. **Chapter 9:** p. 245, "¿Para qué sirven las telenovelas?" by Luis Adrián Ysita from *Impacto*, April 5, 1998, pp. 24–25. **Chapter 10:** p. 272, "El fútbol y yo," from El País, No. 179, July 24, 1994, Año XIX, p. 42. Copyright © Diario El País, S.L. Used by permission. **Chapter 11:** p. 299, "Tragedia" by Vicente Huidobro. Reprinted by permission of Fundación Vicente Huidobro, Santiago, Chile. **Chapter 12:** pp. 323–324, Rubén Blades, "El Padre Antonio y su monaguillo Andrés." Copyright by Rubén Blades Publishing. Reprinted by permission. All rights reserved. **Chapter 13:** pp. 348–350, From "Fragments from Cuban Narratives: A Portfolio" by Eduardo Aparicio, *Michigan Quarterly*, University of Michigan, Vol. XXIII, No. 3, Summer 1994. Used with permission from the author. **Chapter 14:** pp. 373–374, "Beatriz (Una palabra enorme)" by Mario Bendetti. Copyright © Mario Bendetti: *Primavera con una esquina rota*, Ediciones Alfaguara, Madrid 1983, 3ª edición. Reprinted by permission. **Chapter 15:** pp. 396–398, Adapted by permission from *Pobre tierra 1*, Revista Debate, No. 77, Año XVI, May–June 1994, p. 33, Lima, Perú. **Chapter 16:** p. 419, Excerpts from article, "¡Magnífico Tikal!," from *La República*, No. 355, p. 9, Año I; pp. 420–421, "Una modesta saga municipal" by José da Cruz. **Chapter 17:** p. 444, Brochure text from the exposition "Fernando Botero, Pinturas, Dibujos, Esculturas." Reprinted by permission of the Ministry of Culture, Spain. **Chapter 18:** pp. 461–465, *Estudio en blanco y negro* by Virgilio Piñera. Permiso concedido por herederos de Virgilio Piñera y Agencia Literaria Latinoamericana.

Photo Credits

Preliminary Chapter: p. 2, Richard Lord/The Image Works; p. 3, Francisco Rangel; p. 5 left, Kathy Squires; p. 5 right, Frerck/Odyssey Productions Inc./Chicago; p. 6, Jefkin/Elnekave Photography. **Chapter 1:** p. 18, Cameramann/The Image Works; p. 19, Stuart Cohen/The Image Works; p. 27, Ulrike Welsch; p. 32 from left to right: AP/Wide World Photos; Corbis; Corbis; Allsport/Getty Images; p. 38 top row from left to right: Courtesy montevideo.com; Tom & Michelle Grimm/Getty Images; Beryl Goldberg; p. 38 bottom row from left to right: Claudia Parks/The Stock Market; Ulrike Welsch; Photri/Microstock; Ulrike Welsch. **Chapter 2:** p. 40, Tomas Stargardter/Latin Focus; p. 48, Jonathan Daniels/Getty Images; p. 59, F. Origlia/Corbis Sygma; p. 63 left, Beryl Goldberg; p. 63 right, David Botello; p. 65, South Park Productions. **Chapter 3:** p. 67, Pablo Corral/National Geographic Image Collection; p. 70, DDB Stock Photography; p. 79, Blake Little/Corbis Sygma; p. 80, Susan Greenwood/Getty Images; p. 85, Ulrike Welsch; p. 87, Ulrike Welsch. **Chapter 4:** p. 93, Kenneth Garrett/National Geographic Image Collection; p. 94, Bruce Klepinger/Adventure Photo; p. 96, Museo de America, Madrid, Spain/Index/Bridgeman Art Library; p. 97 top, Bibliothèque Nationale, Paris, France/Lauros-Giraudon/Bridgeman Art Library; p. 97 bottom left and right, Museo del Oro; p. 101, Frerck/Odyssey Productions, Inc./Chicago; p. 104 top, Robert Fried; p. 104 bottom, Ulrike Welsch; p. 109, Ulrike Welsh; p. 112, Alan Grinberg; p. 114, Vince Streano/The Stock Market; p. 117, South Park Productions. **Chapter 5:** p. 120, Corbis; p. 121, Greg Williams/Latin Focus; p. 133, Todd Smitala; p. 138, Francisco Rangel; p. 139, LJ Regan/Getty Images; p. 140, Jimmy Dorantes/Latin Focus; p. 144, Art Resource, NY. **Chapter 6:** p. 147, Hans Strand/Getty Images; p. 148, David R. Frazier Photolibrary; p. 150, James Blair/National Geographic Image Collection; p. 157, Alex Ocampo/Latin Focus; p. 161, George F. Mobley/National Geographic Image Collection; p. 162, Michael Boeckmann; p. 174, South Park Productions; p. 175, South Park Productions. **Chapter 7:** p. 177, Masakatsu Yamazaki/HAGA/The Image Works; p. 178, Steve Vidler/Leo de Wys, Inc.; p. 180, Robert Fried; p. 193 top, Frerck/Odyssey Productions, Inc./Chicago; p. 193 bottom, Robert Fried; p. 197, Viesti Associates. **Chapter 8:** p. 204, Jeff Goldberg/Esto; p. 205, Margot Granitsas/The Image Works; p. 207, John Ehlers/Stockline; p. 222, Bryant/DDB Stock Photography; p. 223, James Nelson/Getty Images; p. 229, South Park Productions. **Chapter 9:** p. 232, Sven Martson/The Image Works; p. 233, Stuart Cohen/The Image Works; p. 235, Bob Daemmrich/The Image Works; p. 238, Francisco Rangel; p. 250, University of California, San Francisco, CA, USA/Index/Bridgeman Art Library; p. 255, John Williamson; p. 246 top, Courtesy RCN; p. 246 bottom, Courtesy Miguel Sabido. **Chapter 10:** p. 260, Monika Graff/The Image Works; p. 261, Ulrike Welsch; p. 267, Randall Hyman/Stock Boston; p. 272, Duomo; p. 276, Ulrike Welsch; p. 279, Bill Frakes/Sports Illustrated; p. 281, Odyssey/Frerck/Chicago; p. 283, South Park Productions. **Chapter 11:** p. 286, Museo del Oro; p. 291, Odyssey/Frerck/Chicago; p. 303, Victor Engelbert; p. 305, David R. Frazier Photolibrary; p. 307, Eduardo Aparicio. **Chapter 12:** p. 311, Contact Press Images/Adriana Groisman; p. 313, Tuna de Derecho de Valladolid, España, URL: http://www.tunaderecho.com; p. 315, Time-Life Syndication; p. 322, AP/Wide World; p. 323, Esdras Suarez/Getty Images; p. 327, DDB Stock Photography; p. 328, Jeff Greenberg/The Image Works; p. 330, Oberto Gili/Barbara von Schreiber, Ltd.; p. 335, South Park Productions. **Chapter 13:** p. 337, Rita Rivera; p. 339, Bob Krist/Corbis; p. 344, Bob Krist/Corbis; pp. 348–350, Eduardo Aparicio; p. 353, Taylor/Fabricus/Gamma Liaison; p. 354, Viviana Domínguez; p. 358, Jeff Greenberg/PhotoEdit, Inc. **Chapter 14:** p. 361, Francisco Rangel; p. 362, Jimmy Dorantes/Latin Focus; p. 364, Reuters NewMedia, Inc./Corbis; p. 365 top left, Danny Lehman/Corbis; p. 365 top right, Charles & Josette Lenars/Corbis; p. 365 bottom left, Neil Beer/Corbis; p. 365 bottom right, Buddy Mays/Corbis; p. 366, David R. Frazier Photolibrary; p. 373, Todd Smitala; p. 376, Victor Englebert; p. 377, Topham/The Image Works; p. 379, Jimmy Dorantes/Latin Focus; p. 384, South Park Productions. **Chapter 15:** p. 386, Bryant/DDB Stock Photo; p. 387, The Purcell Team/Corbis; p. 389, Chip & Rosa Maria Peterson; p. 390, Inga Spence/DDB Stock Photo; p. 391, Barbara Alper/Stock Boston; p. 400, Reuters NewMedia, Inc./Corbis; p. 401, Neil

Rabinowitz/Corbis; p. 402, Degas Parra/ADK Images/The Viesti Collection; p. 406, Joe Viesti/The Viesti collection. **Chapter 16:** p. 408, Suzanne Nurphy-Larronde; p. 409, Richard Bickel/Corbis; p. 418, Courtesy Leon Tovar Gallery, NYC; p. 419, Frerck/Odyssey/Chicago; p. 425, Galen Rowell/Corbis; p. 432, South Park Productions. **Chapter 17:** p. 433 Despotovic Dusko/Corbis Sygma; p. 434, Eric Lessing/Art Resource, NY; p. 437, William A. Cotton/Colorado State University; p. 438 top left, Private Collection/Marlborough Gallery; p. 438 top right, Courtesy of Luz Ríos Duarte; p. 438 bottom left, Fundación Guayasamín; p. 443, Private Collection/Marlborough Gallery; p. 444, Private Collection/Marlborough Gallery; p. 445, © 2003 Banco de México Diego Rivera & Frida Kahlo Museums Trust. Av. Cinco de Mayo No. 2, Col. Centro, Del. Cuauhtémoc 06059, México, D.F.; p. 449, © 1995 ARS, N.Y./SPADEM, Paris. **Chapter 18:** p. 456, Mimmo Jodice/Corbis; p. 465, Bob Krist/Corbis; p. 466, Beryl Goldberg; p. 468, South Park Productions.

Illustration Credits

Patrice Rossi Calkin: p. 359.
Roberto Ezzavelli/Famous Frames: pp. 23, 31, 54, 64, 81, 83, 90, 91, 183, 189, 201, 217, 218, 220 top, 351, 370, 375 bottom, 376, 382 bottom, 383, 436, 448, 451, 453.
Jeff Kronen/Famous Frames: pp. 71, 274, 312, 314, 316 top, 322, 326, 412, 416.
Duff Moses/Famous Frames: pp. 13, 32, 41, 43, 44, 50, 57, 68, 84, 98, 99, 101, 103, 106, 107, 115, 123, 124, 126, 137, 138, 152, 164, 165, 236, 238, 248, 249, 254, 287, 289, 290, 293, 295, 298, 299, 301, 338, 457, 461.

Realia Credits

Chapter 1: p. 28, Festejos M.A.R., C.A. **Chapter 2:** p. 42, Reprinted with permission of TransFair USA; p. 52, Reprinted by permission of Yahoo! Inc. Copyright © 2000 by Yahoo! Inc. Yahoo! and the Yahoo! logo are trademarks of Yahoo! Inc.; p. 53, Reprinted by permission of Yahoo! Inc. Copyright © 2000 by Yahoo! Inc. Yahoo! and the Yahoo! logo are trademarks of Yahoo! Inc. **Chapter 5:** p. 136, Copyright Diario El País, SD; p. 145, Revista Noticias-Editorial Perfil S.A. **Chapter 7:** p. 181 top left, Minicines Astorias; p. 165 top right, Peluqueros Pedro Molina; p. 165 bottom left, Restaurante El Hidalgo; p. 165 bottom right, Librería Compás. **Chapter 8:** p. 209, Copyright Diario El Pais, SD. **Chapter 12:** p. 320, Slim International Esthetic Center de Argentina. **Chapter 15:** p. 390 left, Fundación Vida Silvestre Arentina; p. 390 left and right, Look and Take/Greenpeace. **Chapter 16:** p. 424, Carlos Cueva. **Chapter 17:** p. 447, Ediciones Verónica.

ACTIVITIES MANUAL

¡Claro que sí!

Contents

To the Student

The Activities Manual to accompany ***¡Claro que sí!, Fifth Edition*** consists of two parts:

- Workbook Activities
- Lab Manual Activities

Workbook

The Workbook activities are designed to reinforce the chapter material and to help develop your writing skills. Each chapter in the Workbook, with the exception of the preliminary chapter, contains four parts:

- *Práctica mecánica I:* Contains mechanical drills to reinforce and practice the vocabulary and grammar presented in the first part of the textbook chapter. You should do this section after studying the first grammar explanation.
- *Práctica comunicativa I:* Contains open-ended activities that allow you to use the concepts learned in the first part of the chapter. Many of the activities will focus on more than one concept. Do this section after having completed the activities in the first *Hacia la comunicación I* section.
- *Práctica mecánica II:* Contains mechanical drills to reinforce and practice the vocabulary and grammar presented in the second part of the textbook chapter. You should do this section after studying the second grammar explanation.
- *Práctica comunicativa II:* Integrates all vocabulary, grammar, and functions presented in the chapter and allows you to express yourself in meaningful and open-ended contexts. You should do this section after having completed *Hacia la comunicación II,* and before any exams or quizzes.

The *Repaso* sections after odd numbered chapters will help you review some key concepts.

Answers to the Workbook activities are provided in a separate Workbook Answer Key, which your instructor may make available to you.

Here are some tips to follow when using the Workbook:

- Before doing the exercises, study the corresponding vocabulary and grammar sections in the textbook.
- Do the exercises with the textbook closed and without looking at the answer key.
- Write what you have learned. Be creative, but not overly so. Try not to overstep your linguistic boundaries.
- Try to use dictionaries sparingly.
- Check your answers against the answer key, marking all incorrect answers in a different color ink.

- Check any wrong answers against the grammar explanations and vocabulary lists in the textbook. Make notes to yourself in the margins to use as study aids.
- Use your notes to help prepare for exams and quizzes.
- If you feel you need additional work with particular portions of the chapter, do the corresponding exercises in the CD-ROM and/or ACE Practice Tests on the ***¡Claro que sí!*** Website.

Lab Manual

The activities in the Lab Manual are designed to help improve your pronunciation and listening skills. Each chapter contains three parts:

- *Mejora tu pronunciación:* Contains an explanation of the sounds and rhythm of Spanish, followed by pronunciation exercises. This section can be done at the beginning of a chapter.
- *Mejora tu comprensión:* Contains numerous listening comprehension activities. As you listen to these recordings, you will be given a task to perform (for example, completing a telephone message as you hear the conversation). This section should be done after studying the second grammar explanation and before taking any exams or quizzes.
- The audio program for each chapter ends with the corresponding conversations from the text, so that you can listen to them outside of class. You may also listen to them on the audio CD packaged with the textbook.

Here are some tips to follow when doing the Lab Manual activities:

- While doing the pronunciation exercises listen carefully, repeat accurately, and speak up.
- Read all directions and items before doing the listening comprehension activities.
- Pay specific attention to the setting and type of spoken language (for example, an announcement in a store, a radio newscast, a conversation between two students about exams, and so forth).
- Do not be concerned with understanding every word; your goal should be to do the task that is asked of you in the activity.
- Replay the activities as many times as needed.
- Listen to the recordings again after correction to hear what you missed.

Conclusion

Through conscientious use of the Workbook and Lab Manual you should make good progress in your study of the Spanish language. Should you need additional practice, do the CD-ROM and Web ACE Practice Tests. The CD-ROM and the ACE Practice Tests are excellent review tools for quizzes and exams.

Workbook

Capítulo preliminar

Actividad 1: *Llamarse.* Complete the following sentences with the correct form of the verb **llamarse.**

1. Ud. se ____________ Pedro Lerma, ¿no?
2. Me ____________ Francisco.
3. ¿Cómo te ____________?
4. ¿Cómo se ____________ Ud.?
5. Ud. ________ ____________ Julia Muñoz, ¿no?
6. ____________ llamo Ramón.
7. ¿Cómo ________ ____________ tú?
8. Hola, tú ________ ____________ Patricia, ¿no?

Actividad 2: ***Ser***. Complete the following sentences with the correct form of the verb **ser**.

1. Yo ____________ de Cali, Colombia.
2. ¿De dónde ____________ Ud.?
3. Tú ____________ de California, ¿no?
4. Tomás, ¿____________ de México?
5. Ud. ____________ de Valencia, ¿no?
6. ¿De dónde ____________ tú?
7. ¿De dónde ____________ Susana?
8. Yo ____________ de San José.

NOMBRE ______________________ FECHA ______________

Actividad 3: ¿Cómo se llama Ud.? Two businesspeople are sitting next to each other on a plane, and they strike up a conversation. You can hear the woman, Mrs. Beltrán, but not the man, Mr. García. Write what you think Mr. García is saying.

SRA. BELTRÁN Buenas tardes.

SR. GARCÍA ______________________.

SRA. BELTRÁN Me llamo Susana Beltrán, y ¿cómo se llama Ud.?

SR. GARCÍA ______________________.

¿______________________?

SRA. BELTRÁN Soy de Guatemala, ¿y Ud.?

SR. GARCÍA ______________________.

SRA. BELTRÁN Encantada.

SR. GARCÍA ______________________.

Actividad 4: Buenos días. Today is Pepe's first day at a new school. He is meeting his teacher, Mr. Torres, for the first time. Complete the following conversation. Remember that Pepe will show respect for Mr. Torres and use **usted.**

SR. TORRES Buenos días.

PEPE ______________________.

SR. TORRES ¿______________________?

PEPE ______________________ Pepe.

SR. TORRES ¿De dónde ______________________?

PEPE ______________________ Buenos Aires.

SR. TORRES Ahhh… Buenos Aires.

PEPE Señor, ¿______________________?

SR. TORRES Soy el señor Torres.

Actividad 5: *Estar*. Complete the following sentences with the correct form of the verb **estar**.

1. ¿Cómo ______________________ Ud.?
2. Pepe, ¿cómo ______________________?
3. Sr. Guzmán, ¿cómo ______________________?
4. Srta. Ramírez, ¿cómo ______________________?

Actividad 6: ¿Cómo te llamas? Finish the following conversation between two college students who are meeting for the first time.

ÁLVARO ¿Cómo te ______________?
TERESA Me ______________. ¿Y ______________?
ÁLVARO ______________.
TERESA ¿De ______________ eres?
ÁLVARO ______________ Córdoba, España. ¿Y ______________?
TERESA ______________ Ponce, Puerto Rico.
ÁLVARO ______________.
TERESA Igualmente.

Actividad 7: ¡Hola!

Parte A. Two friends see each other on the street. Complete their brief conversation with what you think they said.

MARIEL Hola, Carlos.
CARLOS ______________, ______________.
¿______________?
MARIEL Bien, ¿______________?
CARLOS Muy bien.
MARIEL Hasta luego.
CARLOS ______________.

Parte B. Rewrite the preceding conversation from **Parte A** so it takes place between two business acquaintances who meet at a conference.

SR. MARTÍN ______________.
SR. CAMACHO ______________, ______________.
¿______________?
SR. MARTÍN ______________. ¿______________?
SR. CAMACHO ______________.
SR. MARTÍN ______________.
SR. CAMACHO ______________.

NOMBRE ______________________ FECHA ______________

Actividad 8: La capital es... Mr. Torres is teaching Latin American capitals and asks the students the following questions. Write the students' answers using complete sentences.

1. ¿Cuál es la capital de Panamá? ______________________
2. ¿Cuál es la capital de Honduras? ______________________
3. ¿Cuál es la capital de Colombia? ______________________
4. ¿Cuál es la capital de Puerto Rico? ______________________
5. ¿Cuál es la capital de Chile? ______________________

Actividad 9: Países. As a student, Luis Domínguez has many opportunities to travel. Look at the button collection on his backpack and list the countries he has visited.

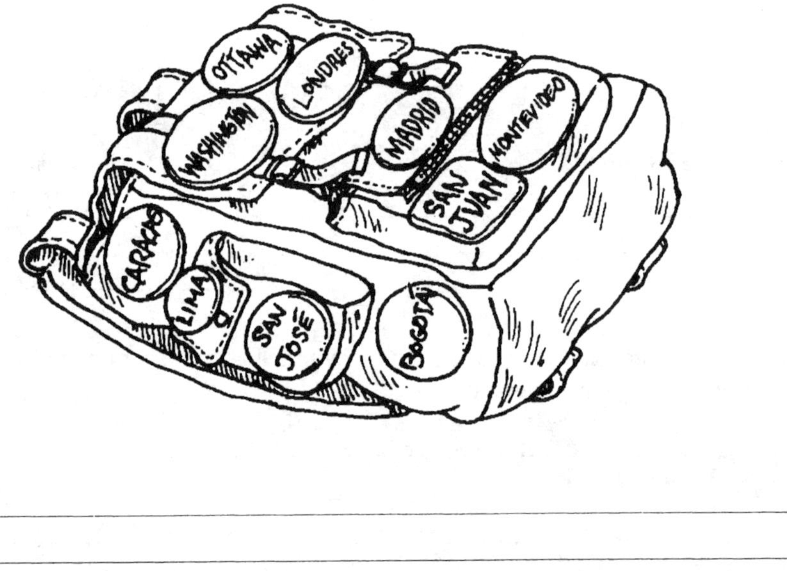

____

____

____

NOMBRE ______________________________ FECHA ______________

Actividad 10: Población. Look at the following data provided by the United States Census Bureau, then answer the questions that follow.

POBLACIÓN DE LOS ESTADOS UNIDOS		
Proyección para el año 2010		
Número total de habitantes	299.861.000	100%
Blancos (no hispanos)	201.956.000	67,3%
Negros (no hispanos)	37.482.000	12,5%
Hispanos	43.687.000	14,6%
Proyección para el año 2020		
Número de habitantes	351.070.000	100%
Blancos (no hispanos)	212.740.000	54,5%
Negros (no hispanos)	51.559.000	13,2%
Hispanos	90.343.000	23,1%
Proyección para el año 2050		
Número de habitantes	403.686.000	100%
Blancos (no hispanos)	212.740.000	52,8%
Negros (no hispanos)	53.466.000	13,2%
Hispanos	98.228.000	24,3%

1. Do all groups mentioned rise in number of inhabitants from 2010 to 2050? _____ yes _____ no
2. In terms of percentage of the overall population, which group is rising quickly?

   ____________________ Which is declining? ____________________

Actividad 11: Opinión. In English, briefly discuss what you think may be some of the implications for the United States of the population trends seen in *Actividad 10.*

____

____

____

____

____

NOMBRE ______________________ FECHA ____________

Actividad 12: ¿Cómo se escribe? Write out the spellings for the following capitals.

➤ Asunción *A-ese-u-ene-ce-i-o con acento-ene*

1. Caracas ______________________
2. Tegucigalpa ______________________
3. San Juan ______________________
4. Quito ______________________
5. Santiago ______________________
6. La Habana ______________________
7. Managua ______________________
8. Montevideo ______________________

Actividad 13: Los acentos. Write accents on the following words where needed. The stressed syllables are in boldface.

1. televi**sor**
2. **fa**cil
3. impor**tan**te
4. **dis**co
5. Ra**mon**
6. **Me**xico
7. ri**di**culo
8. conti**nen**te
9. fi**nal**
10. fan**tas**tico
11. ciu**dad**
12. invita**cion**

Actividad 14: Puntuación. Punctuate the following conversation.

MANOLO Cómo te llamas

RICARDO Me llamo Ricardo Y tú

MANOLO Me llamo Manolo

RICARDO De dónde eres

MANOLO Soy de La Paz

NOMBRE ______________________ FECHA ______________

Capítulo 1

PRÁCTICA MECÁNICA I

Actividad 1: Los números. Write out the following numbers.

a. 25 ______________________

b. 15 ______________________

c. 73 ______________________

d. 14 ______________________

e. 68 ______________________

f. 46 ______________________

g. 17 ______________________

h. 54 ______________________

i. 39 ______________________

j. 91 ______________________

Actividad 2: Nacionalidades. Indicate the nationality of the following people in complete sentences.

➤ Juan es de Madrid. *Juan es español.*

1. María es de La Paz. ______________________
2. Hans es de Bonn. ______________________
3. Peter es de Londres. ______________________
4. Gonzalo es de Buenos Aires. ______________________

Continued on next page →

5. Jesús es de México. ______________________
6. Ana es de Guatemala. ______________________
7. Irene es de París. ______________________
8. Tú eres de Quito. ______________________
9. Frank es de Ottawa. ______________________
10. Soy de los Estados Unidos. ______________________

Actividad 3: Verbos. Complete the following sentences with the appropriate form of the indicated verbs.

1. ¿Cómo __________ __________________ él? (llamarse)
2. ¿Cuántos años __________________ tú? (tener)
3. Yo __________________ de España. (ser)
4. Ella __________________ veinticinco años. (tener)
5. ¿Cómo __________ __________________ Ud.? (llamarse)
6. Laura, ¿cuántos años __________________? (tener)
7. Felipe __________________ boliviano, ¿no? (ser)
8. ¿De dónde __________________ tú? (ser)
9. Ana __________________ diecinueve años y Pepe __________________ veinte. (tener, tener)
10. Sra. Gómez, ¿de dónde __________________ Ud.? (ser)

PRÁCTICA COMUNICATIVA I

Actividad 4: ¿Cuál es tu número de teléfono? You are talking to a friend on the phone, and she asks you for a few phone numbers. Write how you would say the numbers.

➤ Juana *dos, cincuenta y ocho, setenta y seis, quince*

NOMBRE	TELÉFONO
Juana	258 76 15
Paco	473 47 98
Marisa	365 03 52
Pedro	825 32 14

1. Paco ______________________________

2. Marisa ______________________________

3. Pedro ______________________________

Actividad 5: ¿De dónde son? Look at the accompanying map and, using adjectives of nationality and complete sentences, state each person's nationality.

1. ______________________________
2. ______________________________
3. ______________________________
4. ______________________________

Actividad 6: En orden lógico. Put the following conversation in a logical order by numbering the lines from 1 to 10.

_______ ¿De dónde es ?

_______ ¿España?

_______ ¿Quién, ella?

_______ ¡Ah! Hola, ¿cómo estás?

_______ Antonio.

_______ Bien... ¿Cómo se llama?

_______ Es de Córdoba.

___*1*___ Hola, Carlos.

_______ No, Argentina.

_______ No, él.

Actividad 7: ¿Quién es? Write a brief paragraph saying all that you can about the two people shown in the accompanying student I.D.s.

Universidad Complutense de Madrid

Nombre:	Claudia		
Apellidos:	Dávila Arenas		
Ciudad:	Cali	**País:**	Colombia
Edad:	21	**Pasaporte:**	AC 67 42 83

Universidad Complutense de Madrid

Nombre:	Vicente		
Apellidos:	Mendoza Durán		
Ciudad:	San José	**País:**	Costa Rica
Edad:	26	**Pasaporte:**	83954

____

____

____

____

____

____

NOMBRE ______________________ FECHA ______________

Actividad 8: La suscripción. Fill out the accompanying card to order this magazine for yourself or a friend.

Reciba en su casa la nueva revista *Mujer*

Lo último en moda y belleza para la mujer refinada

12 ejemplares por sólo $20.00

¡Suscríbame hoy!

Nombre ______________________

Dirección ______________________

____

Ciudad __________ Estado __________ Código Postal __________

Incluyo mi ☐ cheque o ☐ giro postal   Cargar a mi ☐ Visa ☐ MasterCard

Tarjeta número __________ Fecha de vencimiento __________

Firma autorizada ______________________

Esta oferta es válida sólo para suscripciones en Estados Unidos y Puerto Rico. Hacer cheque o giro postal a nombre de: Editorial Latina. Su primer ejemplar será puesto en correo dentro de seis semanas.

PRÁCTICA MECÁNICA II

Actividad 9: Las ocupaciones. Change the following words from masculine to feminine or from feminine to masculine. Make all necessary changes.

1. ingeniero ______________________
2. doctora ______________________
3. actriz ______________________
4. abogada ______________________
5. secretaria ______________________
6. artista ______________________
7. profesora ______________________
8. director ______________________
9. camarero ______________________
10. vendedora ______________________
11. comerciante ______________________
12. deportista ______________________

NOMBRE ______________________ FECHA ______________

Actividad 10: Verbos. Complete the following sentences with the appropriate form of the indicated verbs.

1. Ellos ______________ paraguayos. (ser)
2. ¿Cuántos años ______________ Uds.? (tener)
3. Nosotros ______________ abogados. (ser)
4. Él ______________ veinticinco años y ______________ ingeniero. (tener, ser)
5. Juan y yo ______________ veintiún años. (tener)
6. ¿De dónde ______________ Clara y Miguel? (ser)
7. Ella ______________ Pilar, ______________ veinticuatro años y ______________ artista. (llamarse, tener, ser)
8. El Sr. Escobar y la Sra. Beltrán ______________ ecuatorianos. (ser)

Actividad 11: Preguntas y respuestas. Answer the following questions both affirmatively and negatively in complete sentences.

1. ¿Eres de Chile? Sí, ______________

   No, ______________
2. Ud. es colombiano, ¿no? Sí, ______________

   No, ______________
3. Ella se llama Piedad, ¿no? Sí, ______________

   No, ______________
4. ¿Son españoles Pedro y David? Sí, ______________

   No, ______________
5. Uds. tienen veintiún años, ¿no? Sí, ______________

   No, ______________

Actividad 12: Las preguntas. Write questions for the following answers.

1. —¿______________? —Sí, es Ramón.
2. —¿______________? —Ellos son de Panamá.
3. —¿______________? —Tenemos treinta años.
4. —¿______________, ¿no? —No, me llamo Felipe.
5. —¿______________? —Se llaman Pepe y Ana.
6. —¿______________? —Es abogada.
7. —¿______________, ¿no? —No, es abogada.
8. —¿______________, ¿no? —No, no es abogado.
9. —¿______________? —Soy guatemalteca.

PRÁCTICA COMUNICATIVA II

Actividad 13: ¿Recuerdas? How many characters from the text can you remember? Try to answer the following questions in complete sentences. You might have to scan the text for answers.

1. ¿De dónde es Juan Carlos? ______________________
2. ¿Es Álvaro de Perú? ______________________
3. ¿Cuántos años tiene Diana? ______________________
4. ¿Qué hace el padre de Claudia y de dónde es él? ______________________
5. ¿Es Juan Carlos el Sr. Moreno o el Sr. Arias? ______________________
6. Teresa es colombiana, ¿no? ______________________
7. ¿De dónde es Diana? ______________________
8. ¿Qué hace el padre de Vicente? ¿Y su madre? ______________________

   ____
9. ¿De dónde son los padres de Vicente y cuántos años tienen? ______________________

   ____

Actividad 14: La respuesta correcta. Choose the correct responses to complete the following conversation.

PERSONA A ¿Quiénes son ellas?

PERSONA B ______________

a. Felipe y Juan. b. Felipe y Rosa. c. Rosa y Marta.

PERSONA A ¿De dónde son?

PERSONA B ______________

a. Soy de Ecuador. b. Son de Ecuador. c. Eres de Eduador.

PERSONA A Son estudiantes, ¿no?

PERSONA B ______________

a. No, son abogadas. b. No, no son abogadas. c. No, son estudiantes

PERSONA A Y tú, ¿qué haces?

PERSONA B ______________

a. Soy economista. b. Soy doctor. c. Somos ingenieros.

PERSONA A ¡Yo también soy economista!

NOMBRE ______________________ FECHA ______________

Actividad 15: En el aeropuerto. You are in the airport, and you overhear bits and pieces of four different conversations. Fill in the missing words.

1. —¿De dónde eres?

   —______________ de Monterrey, México.

2. —¿De dónde ______________ Uds.?

   —______________________________________.

   —Yo también ______________ de Panamá.

3. —¿Cómo se ______________ ellos?

   —Felipe Y Gonzalo.

4. —¿______________________________________?

   —¿Cómo?

   —¿______________________________________?

   —¡Ah! Yo tengo veinte años y ella veintidós.

5. —¿______________ hacen Uds.?

   —______________ cantantes.

Actividad 16: Un párrafo. Write a paragraph about yourself and your parents. Tell your names, nationalities, how old you are, and what each of you does.

____

____

____

____

____

____

Actividad 17: La tarjeta. Look at the accompanying business card and answer the questions that follow in complete sentences.

Sociedad Industrial de Productos Siderúrgicos S.A.

HUMBERTO HINCAPIÉ VILLEGAS
INGENIERO INDUSTRIAL

CARRERA 13 No. 26-45. OF. 1313
TELEX 044-1435
hicapivill@correo.com

TELS. 828-10-76 - 828-14-75
BOGOTÁ. D. E.

1. ¿Es el Sr. Hincapié o el Sr. Villegas? ______________________________

____

2. ¿Qué hace Humberto? ______________________________
3. ¿De qué país es? ______________________________
4. ¿Cuáles son sus números de teléfono? ______________________________

____

Actividad 18: Jorge Fernández Ramiro. Jorge is a contestant on a TV show and is being interviewed by the host. Read the following description of Jorge and his family. Then, complete the conversation between Jorge and the host.

Se llama Jorge Fernández Ramiro. Tiene veinticuatro años y es ingeniero civil. Su padre también es ingeniero civil. Él también se llama Jorge. Su madre, Victoria, es ama de casa. Ellos tienen cincuenta años. Jorge tiene una novia que se llama Elisa. Ella es estudiante y tiene veinte años. Ellos son de Managua, la capital de Nicaragua.

ANIMADOR ______________________________

JORGE Me llamo ______________________________.

ANIMADOR ______________________________

JORGE Jorge, también.

ANIMADOR ______________________________

JORGE Victoria.

ANIMADOR ______________________________

JORGE Tienen cincuenta años.

ANIMADOR ______________________________

JORGE Veinticuatro.

ANIMADOR ______________________________

JORGE Se llama Elisa. (¡Hola Elisa!)

ANIMADOR ______________________________

JORGE Soy ingeniero civil y ella es estudiante.

ANIMADOR ______________________________

JORGE Él es ingeniero también y ella es ama de casa.

ANIMADOR ______________________________

JORGE Somos de Managua.

ANIMADOR Muchas gracias, Jorge.

NOMBRE ______________________ FECHA ______________

Actividad 19: ¿Quién es quién? Read the clues and complete the following chart. You may need to find some answers by process of elimination.

Nombre	Primer apellido	Segundo apellido	Edad	País de origen
Ricardo	*López*	*Navarro*	25	*Venezuela*
Alejandro				
		Martínez		
			24	
				Argentina

La persona de Bolivia no es el Sr. Rodríguez.

La persona que tiene veinticuatro años es de Chile.

Su madre, Carmen Sánchez, es de Suramérica pero su padre es de Alemania.

Miguel es de Colombia.

La madre de Ramón se llama Norma Martini.

La persona de Chile se llama Ana.

La persona que es de Argentina tiene veintiún años.

El primer apellido de Ramón es Pascual.

El Sr. Rodríguez tiene veintidós años.

El segundo apellido del Sr. Fernández es González.

El primer apellido de Ana es Kraus.

La persona que tiene veintiún años no se llama Miguel.

El señor de Bolivia tiene diecinueve años.

Capítulo 1 Repaso

GEOGRAFÍA

Actividad 1: Países y capitales. Label the Spanish-speaking countries (one is actually a commonwealth of the United States) and their capitals.

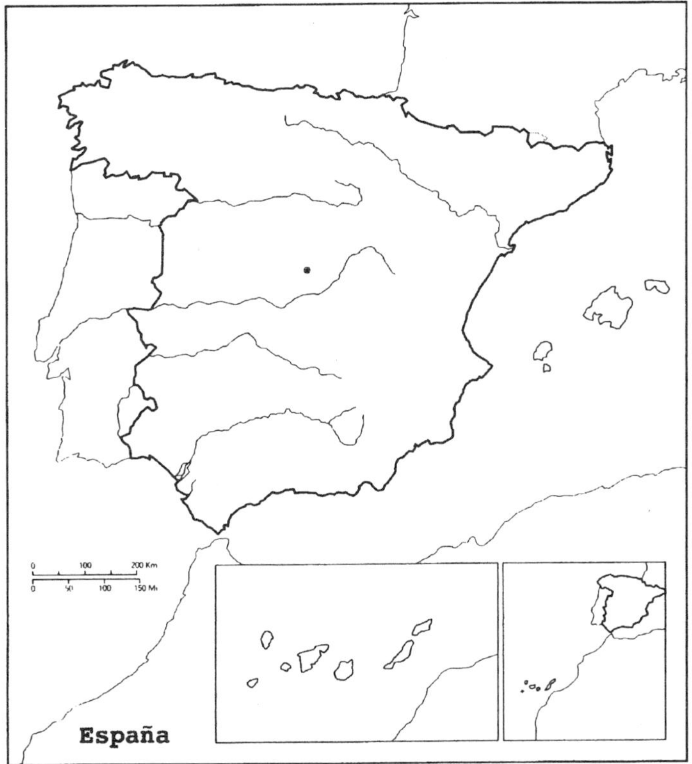

NOMBRE ______________________ FECHA ______________

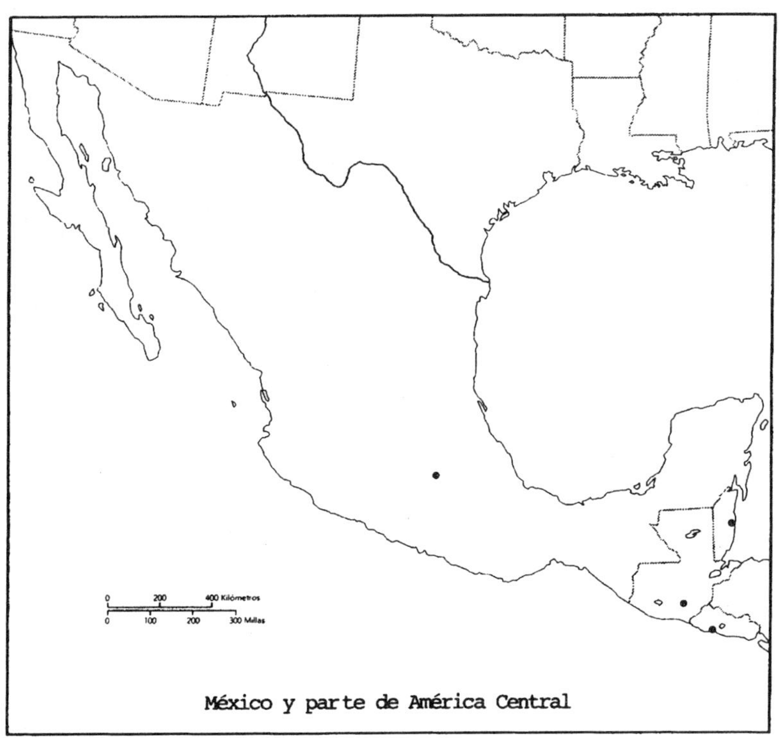

México y parte de América Central

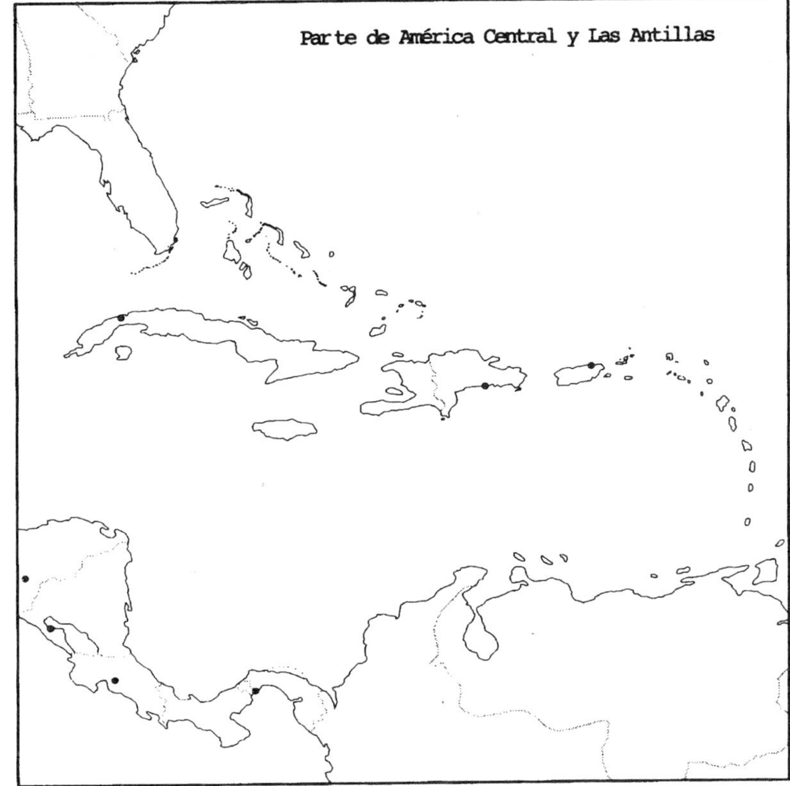

Parte de América Central y Las Antillas

Actividad 2: Zonas geográficas. Match the following countries with their geographic area.

1. ______ Venezuela
2. ______ Honduras
3. ______ España
4. ______ México
5. ______ Cuba
6. ______ Chile
7. ______ Panamá
8. ______ La República Dominicana
9. ______ Ecuador
10. ______ El Salvador

a. Norteamérica
b. Centroamérica
c. El Caribe
d. Suramérica
e. Europa

Capítulo 2

PRÁCTICA MECÁNICA I

Actividad 1: *El, la, los* o *las*. Add the proper definite article for each of the following words.

1. __________ calculadora
2. __________ plantas
3. __________ papel
4. __________ discos compactos
5. __________ lámparas
6. __________ escritorios
7. __________ reproductor de DVD
8. __________ sillas
9. __________ cama
10. __________ champú
11. __________ estéreo
12. __________ guitarras
13. __________ jabón
14. __________ novelas
15. __________ peines

Actividad 2: Plural, por favor. Change the following words, including the articles, from singular to plural.

1. la ciudad ______________________________
2. la nación ______________________________
3. un estudiante ______________________________
4. una grabadora ______________________________
5. un reloj ______________________________
6. el papel ______________________________
7. el artista ______________________________
8. el lápiz ______________________________
9. el televisor ______________________________

NOMBRE ______________________________ FECHA ______________

Actividad 3: Los gustos. Complete the following sentences with the appropriate form of the verb **gustar** and the words **me, te, le, a mí, a ti, a él, a ella,** or **a Ud**.

1. A mí __________ ______________________ las novelas.
2. Sr. García, __________ __________ le ______________________ la computadora, ¿no?
3. A Juan __________ ______________________ las cintas de rock.
4. A ______________________ me ______________________ las plantas.
5. ¿A ______________________ te ______________________ el video de Harrison Ford?
6. A Elena __________ ______________________ la universidad.
7. __________ mí ______________________ gusta tu móvil.

Actividad 4: La posesión. Create sentences from the following words. You may need to add words or change forms.

➤ mesa / Carlos *La mesa es de Carlos.*

1. lápiz / Manuel ____
2. papeles / el director ____
3. estéreo / mi madre ____
4. libro / la profesora ____
5. computadora / el ingeniero ____

Actividad 5: La posesión 2. In Spanish, one can express possession using **de** or by using **mi/s, tu/s, su/s**, etc. Follow the models to create sentences that state who owns what.

➤ Yo tengo móvil. *Es mi móvil.*

Tú tienes libros de historia. *Son tus libros de historia.*

1. Ellos tienen televisor. ____
2. Ella tiene guitarra. ____
3. Nosotros tenemos plantas. ____
4. Tú tienes grabadora. ____
5. Él tiene cintas. ____
6. Nosotros tenemos reproductor de DVD. ____

   ____
7. Yo tengo reloj. ____
8. Ud. tiene discos compactos. ____

NOMBRE ______________________ FECHA ______________

PRÁCTICA COMUNICATIVA I

Actividad 6: La palabra no relacionada. In each of the following word groups, circle the word that doesn't belong.

1. champú, pasta de dientes, crema de afeitar, silla
2. cama, mesa, disco compacto, sofá
3. periódico, lápiz, revista, papel
4. estéreo, cinta, radio, grabadora
5. cepillo, lámpara, escritorio, libro

Actividad 7: Las asignaturas.

Parte A. Write the letter of the item in Column B that you associate with each subject in Column A.

	A		**B**
1.	_____ matemáticas	a.	animales y plantas
2.	_____ sociología	b.	fórmulas y números
3.	_____ historia	c.	Wall Street
4.	_____ economía	d.	Picasso, Miró, Velázquez, Kahlo
5.	_____ literatura	e.	adjetivos, sustantivos, verbos
6.	_____ arte	f.	1492, 1776
7.	_____ inglés	g.	H_2O
8.	_____ biología	h.	Freud
9.	_____ psicología	i.	la sociedad
10.	_____ química	j.	Miguel de Cervantes y Gabriel García Márquez

Parte B. Now answer these questions based on the subjects listed in Column A of **Parte A**.

1. ¿Qué asignaturas tienes? ______________________
____
2. ¿Qué asignatura te gusta? ______________________
____
3. ¿Qué asignatura no te gusta? ______________________
____
4. ¿Te gusta más el arte o la biología? ______________________
____

Actividad 8: ¿De quién es? Look at the drawing of these four people moving into their apartment. Tell who owns which items. Follow the example.

➤ Pablo y Mario: *El televisor es de Pablo y Mario*

1. Pablo y Mario: ______________________________
2. Ricardo: ______________________________
3. Manuel: ______________________________

Actividad 9: ¿De quién es? Many college students live with a roommate or roommates. Look at the following list of items and state who owns what. (If you live alone, make it up.) Follow the example.

➤ las cintas *Son mis cintas.*
Las cintas son de Jazmine.
Son nuestras cintas.
No tenemos cintas.

1. el televisor ______________________________
2. el video ______________________________
3. los discos compactos ______________________________
4. el reproductor de DVD ______________________________
5. el sofá ______________________________

NOMBRE ______________________________ FECHA ______________

Actividad 10: Los gustos. Form sentences by selecting one item from each column.

A mí				el café de Colombia
A ti				el jazz
A él		me		la música clásica
A ella		te		las novelas de Cervantes
A Ud.	(no)	le	gusta	las computadoras
A nosotros		nos	gustan	las cintas de Jennifer López
A vosotros		os		el actor Antonio Banderas
A ellos		les		los exámenes
A ellas				la televisión
				los relojes Rolex

1. ______________________________
2. ______________________________
3. ______________________________
4. ______________________________
5. ______________________________
6. ______________________________
7. ______________________________
8. ______________________________

PRÁCTICA MECÁNICA II

Actividad 11: Los días de la semana. Complete the following sentences in a logical manner.

1. Si hoy es martes, mañana es ______________.
2. Si hoy es viernes, mañana es ______________.
3. No tenemos clases los ______________ y los ______________.
4. Si hoy es lunes, mañana es ______________.
5. Tengo clase de español los ______________.

Actividad 12: Verbos. Complete the following sentences with the appropriate form of the indicated verbs.

1. Mañana ellos ______________ a ______________ en Portillo. (ir, esquiar)
2. A mí ________ ______________ ______________ mucho. (gustar, nadar)
3. Nosotros ______________ que ______________. (tener, estudiar)

Continued on next page →

4. ¿Qué __________ a __________ tú el fin de semana? (ir, hacer)
5. Yo __________ a __________ una composición. (ir, escribir)
6. Ud. __________ que __________, ¿no? (tener, trabajar)
7. A nosotros no ______ __________ __________ televisión. (gustar, mirar)

Actividad 13: Preguntas y respuestas. Answer the following questions in complete sentences according to the cues given.

1. ¿Qué vas a hacer mañana? (leer / novela) __________
2. ¿Qué tiene que hacer tu amigo esta noche? (trabajar) __________
3. ¿A Uds. les gusta correr? (sí) __________
4. ¿Tienes que escribir una composición? (sí) __________
5. ¿Tienen que estudiar mucho o poco los estudiantes? (mucho) __________
6. ¿Van a hacer una fiesta tus amigos el sábado? (no) __________
7. ¿Vas a visitar a tus padres la semana que viene? (sí) __________

Actividad 14: Asociaciones. Associate the words in the following list with one or more of these actions: **escribir, leer, escuchar, hablar, mirar**.

1. estéreo __________
2. novela __________
3. televisión __________
4. computadora __________
5. revista __________
6. periódico __________
7. radio __________
8. guitarra __________
9. grabadora __________
10. teléfono __________

NOMBRE ______________________ FECHA ______________

PRÁCTICA COMUNICATIVA II

Actividad 15: Tus gustos.

Parte A. On the first line of each item, state whether you like or dislike what is listed. On the second line, state whether your parents like it or not. Remember to include an article if necessary (**el, la, los, las**).

➤ comer pizza *A mí me gusta comer pizza.*
A mis padres no les gusta comer pizza.

1. videos de MTV

____

____

2. escuchar música rock

____

____

3. correr

____

____

4. cintas de jazz

____

____

5. discos compactos

____

____

6. usar computadoras

____

____

Parte B. Look at the preceding list and indicate the things that both you and your parents like or dislike.

➤ *(No) nos gusta leer novelas.*

1. ______________________
2. ______________________
3. ______________________
4. ______________________
5. ______________________
6. ______________________

NOMBRE ______________________ FECHA ______________

Actividad 16: Planes y gustos. Complete the following paragraph to describe yourself and your friends.

A mí me gusta ______________; por eso, tengo ______________________.
A mis amigos les gusta ______________. Este fin de semana yo tengo que ______________, pero mis amigos y yo también vamos a ______________________________.

Actividad 17: Yo tengo discos. It's Saturday night, and Marisel is trying to get things organized for the party. Read the entire conversation, then go back and fill in the missing words.

MARISEL ¿Quién ______________ discos compactos de Juan Luis Guerra?
ÁLVARO Yo ______________ tres discos compactos ______________ él.
MARISEL ¡Perfecto!
TERESA Claudia y yo ______________ cintas de Marc Anthony.
MARISEL Bien... Ah, Juan Carlos, Vicente, ¿qué tienen Uds.?
VICENTE ______________ la sangría y ______________ tortillas.
MARISEL Muy bien.
TERESA Álvaro, tú ______________ muchas cintas, pero nosotros no ______________ grabadora.
MARISEL Álvaro va a ______________ la grabadora y ______________ grabadora es excelente.
VICENTE ¿Tenemos guitarra?
MARISEL ¡Claro! Yo ______________ guitarra.

Actividad 18: Gustos y obligaciones. Answer the following questions.

1. ¿Qué tienes que hacer mañana por la mañana? ______________________
2. ¿Qué van a hacer tus amigos mañana? ______________________
3. ¿Qué les gusta hacer a ti y a tus amigos los sábados? ______________________
4. ¿Qué van a hacer Uds. el sábado? ______________________

Actividad 19: Hoy y mañana.

Parte A. List three things that you are going to do tonight. Use **ir a** + *infinitive.*

1. ______________________
2. ______________________
3. ______________________

Parte B. List three things that you have to do tomorrow. Use **tener que** + *infinitive.*

1. ______________________
2. ______________________
3. ______________________

Actividad 20: ¿Obligaciones o planes? Write an **O** if the following phrases refer to future obligations and a **P** if they refer simply to future plans. Then write a sentence saying what you are going to do or have to do.

➤ __*P*__ comer en un restaurante con tus amigos.
Voy a comer en un restaurante con mis amigos.

1. ______ estudiar para el examen de historia
____
2. ______ nadar
____
3. ______ hacer la tarea de filosofía
____
4. ______ salir a comer con tus padres
____
5. ______ ir al cine
____
6. ______ comprar un libro de álgebra
____

NOMBRE ______________________ FECHA ______________

Actividad 21: La agenda de Álvaro. Look at Álvaro's datebook and answer the following questions.

OCTUBRE	ACTIVIDADES
lunes 15	*estudiar cálculo; comer con Claudia*
martes 16	*examen de cálculo; ir a bailar*
miércoles 17	*salir con Diana y Marisel a comer; nadar*
jueves 18	*leer y hacer la tarea*
viernes 19	*mirar un video con Juan Carlos*
sábado 20	*nadar; ir a la fiesta — llevar cintas y grabadora*
domingo 21	*visitar a mis padres*

1. ¿Adónde va a ir Álvaro el sábado? ______________________

____

2. ¿Qué tiene que hacer el lunes? ______________________

____

3. ¿Cuándo va a salir con Diana y Marisel y qué van a hacer? ______________________

____

4. ¿Qué tiene que llevar a la fiesta? ______________________

____

5. ¿Cuándo va a nadar? ______________________

____

6. ¿Qué va a hacer el domingo? ______________________

____

NOMBRE ______________________ FECHA ______________

Actividad 22: Tus planes.

Parte A. Use the accompanying datebook to list the things that you have to do or are going to do next week, and indicate with whom you are going to do them. Follow the model.

OCTUBRE	ACTIVIDADES
lunes	
martes	*Pablo y yo tenemos que estudiar — examen mañana*
miércoles	
jueves	
viernes	
sábado	
domingo	

Parte B. Based on your datebook notations, write a description in paragraph form of what you are going to do or what you have to do next week. Be specific.

El lunes ____

NOMBRE ______________________ FECHA ______________

Estrategia de lectura: Scanning

When scanning a written text, you look for specific information and your eyes search like radar beams for their target.

Actividad 23: La televisión. Scan these Spanish TV listings to answer the following question: ¿Cuáles son los programas de los Estados Unidos?

____

____

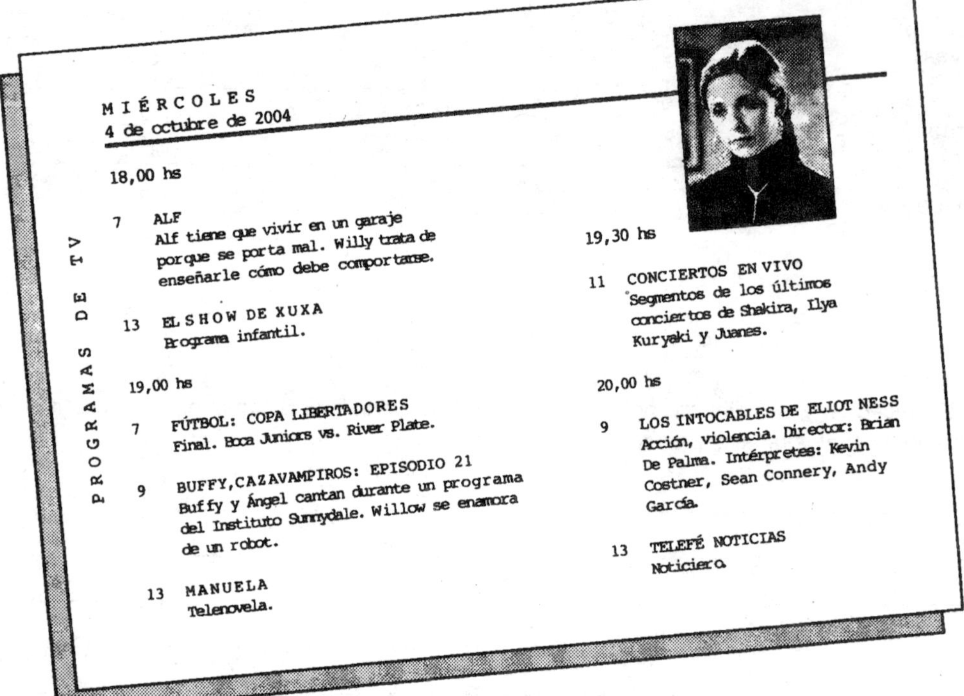

PROGRAMAS DE TV

MIÉRCOLES
4 de octubre de 2004

18,00 hs

7 ALF
Alf tiene que vivir en un garaje porque se porta mal. Willy trata de enseñarle cómo debe comportarse.

13 EL SHOW DE XUXA
Programa infantil.

19,00 hs

7 FÚTBOL: COPA LIBERTADORES
Final. Boca Juniors vs. River Plate.

9 BUFFY, CAZAVAMPIROS: EPISODIO 21
Buffy y Ángel cantan durante un programa del Instituto Sunnydale. Willow se enamora de un robot.

13 MANUELA
Telenovela.

19,30 hs

11 CONCIERTOS EN VIVO
Segmentos de los últimos conciertos de Shakira, Ilya Kuryaki y Juanes.

20,00 hs

9 LOS INTOCABLES DE ELIOT NESS
Acción, violencia. Director: Brian De Palma. Intérpretes: Kevin Costner, Sean Connery, Andy García.

13 TELEFÉ NOTICIAS
Noticiero.

Capítulo 3

PRÁCTICA MECÁNICA I

Actividad 1: Asociaciones. What places do you associate with the following names, items, and actions? Follow the model.

➤ Safeway, Piggly Wiggly *un supermercado*

1. Gap, TJ Maxx ________________
2. Walgreens, CVS ________________
3. libros, estudiar ________________
4. libros, comprar, Barnes & Noble ________________
5. arte, Picasso ________________
6. nadar ________________
7. médicos, operaciones ________________
8. $$$$, Chase Manhattan ________________
9. Kleenex, aspirinas ________________
10. Broadway ________________
11. Harvard, Wellesley, Duke ________________
12. comer, TGI Fridays, Applebee's, Olive Garden ________________

NOMBRE ______________________ FECHA ______________

Actividad 2: *¿Al o a la?* Complete the following sentences with **al** or **a la**.

1. Tengo que ir __________ banco.
2. Los domingos Juana va __________ iglesia.
3. Mañana vamos a ir __________ cine.
4. Tengo que comprar champú. Voy __________ tienda.
5. Tenemos que trabajar. Vamos __________ oficina.

Actividad 3: Verbos. Complete the following sentences with the appropriate form of the logical verb.

1. Pablo ______________ francés muy bien. (hablar, caminar)
2. Ellos ______________ en la discoteca. (nadar, bailar)
3. Tú ______________ en la cafetería. (comer, llevar)
4. Nosotros ______________ novelas. (leer, visitar)
5. Me gusta ______________ música. (mirar, escuchar)
6. ¿______________ Uds. estéreos? (vender, aprender)
7. Yo ______________ Coca-Cola. (beber, comer)
8. Carlota y yo ______________ a las ocho. (regresar, necesitar)
9. Uds. tienen que ______________ champú. (estudiar, comprar)
10. Nosotros ______________ mucho en clase. (vender, escribir)
11. Mi padre ______________ el piano. (molestar, tocar)
12. Tú ______________ cinco kilómetros todos los días. (recibir, correr)
13. Ellos ______________ en Miami. (vivir, hacer)
14. Margarita ______________ en una biblioteca. (esquiar, trabajar)
15. Yo ______________ con Elisa, mi novia. (salir, mirar)
16. Mis padres ______________ en Puerto Vallarta. (desear, estar)
17. Guillermo, Ramiro y yo ______________ la televisión. (mirar, hacer)
18. Mis amigos siempre ______________ en Vail, Colorado. (esquiar, regresar)
19. Paula ______________ álgebra en la escuela. (recibir, aprender)
20. Uds. ______________ un video. (mirar, tocar)

Actividad 4: Más verbos. Change the following sentences from **nosotros** to **yo**. Follow the model.

➤ ¿Salimos mañana? ***¿Salgo mañana?***

1. Traducimos cartas al francés. ______________________
2. Nosotros salimos temprano. ______________________
3. Traemos la Coca-Cola. ______________________
4. Vemos bien. ______________________
5. ¿Qué hacemos? ______________________
6. Ponemos los papeles en el escritorio. ______________________

PRÁCTICA COMUNICATIVA I

Actividad 5: Los lugares. Fill in the following crossword puzzle with the appropriate names of places.

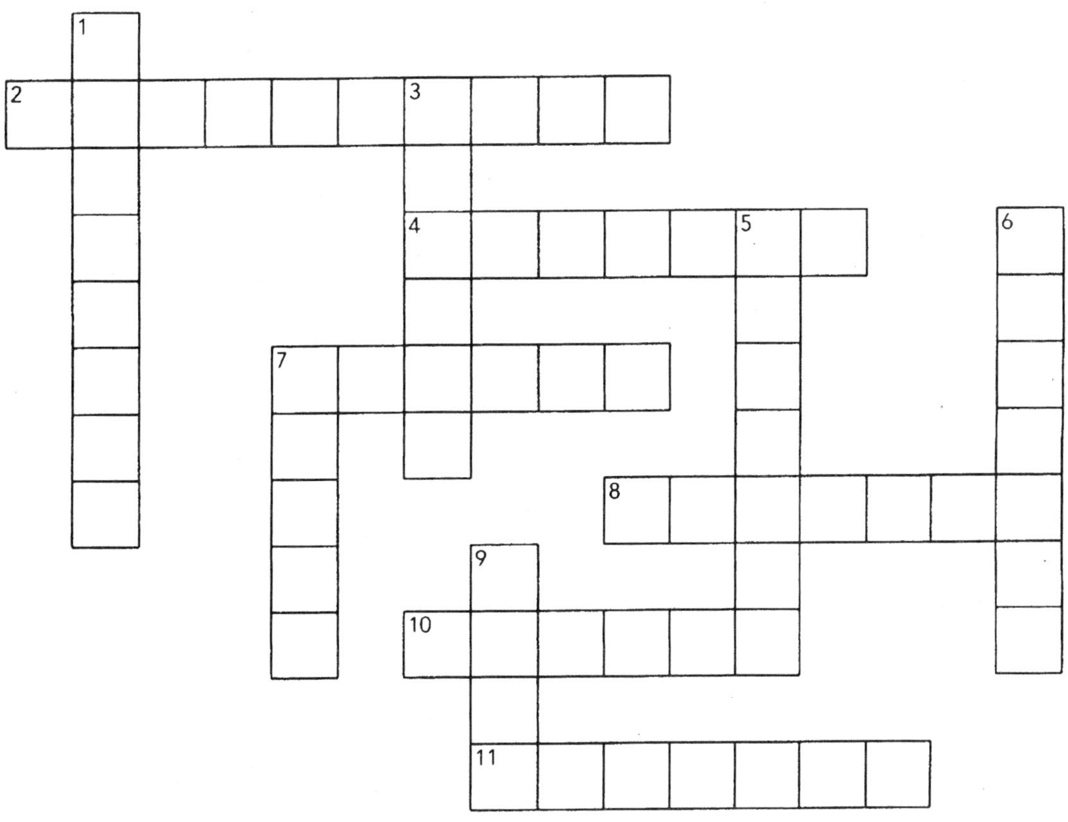

Horizontales

2. Un lugar donde estudias.
4. _______ de viajes.
7. El _______ Central está en Nueva York.
8. El hotel tiene una _______ para las personas que nadan.
10. Para comprar cosas vas a una _______.
11. Los maestros trabajan en una _______.

Verticales

1. Una tienda que vende libros.
3. Vas allí para ver un ballet o un concierto de música clásica.
5. Mis amigos católicos van a la _______ los domingos.
6. Un lugar donde compras Coca-Cola, vegetales, etc.
7. Para nadar, vamos a la _______ de Luquillo en Puerto Rico.
9. Adonde vas para ver *Psycho, Titanic, E.T.*, etc.

NOMBRE ______________________________ FECHA ________________

Actividad 6: ¿Dónde están? While Salvador is at home alone, he receives a phone call from his wife, Paquita, asking where their children are. Read the entire conversation, then go back and fill in the missing words.

SALVADOR ¿Aló?

PAQUITA Hola, Salvador. ¿Está Fernando?

SALVADOR No, no ______________.

PAQUITA ¿Dónde ______________?

SALVADOR Fernando y su novia ______________ ________ el cine.

PAQUITA ¿Y Susana?

SALVADOR Susana ______________ ________ la librería. Tiene que trabajar esta tarde.

PAQUITA ¿______________ ______________ Pedro y Roberto?

SALVADOR ______________ ________ la piscina. Yo ______________ solo en casa. ¿Dónde ______________ tú?

PAQUITA ______________ ________ la oficina. Voy a ir al supermercado y después voy a casa.

SALVADOR Bueno, hasta luego.

PAQUITA Chau.

Actividad 7: Una nota. Teresa has promised her uncle (**tío**) to baby-sit his children. The accompanying note from him confirms the dates and gives her some instructions. Complete the sentences with the appropriate form of the verbs indicated.

TRAVELTUR

Teresa:

Nosotros ______________ (tener) que ir a Salamanca el viernes y ______________ (regresar) el domingo por la mañana. Vas a estar con los niños, ¿no? En general, los niños ______________ (mirar) la televisión después del colegio y luego ______________ (ir) al parque. Por la noche ellos ______________ (comer) y ______________ (beber) poco. Mientras (*While*) los niños ______________ (estudiar) el sábado por la mañana, tú debes (*should*) comprar unos sándwiches para comer después en la piscina. En la piscina no vas a ______________ (tener) problemas porque

Carlitos siempre ____________ con sus amigos y Cristina ____________.
(estar) (nadar)
Generalmente los niños van al cine el sábado por la tarde. Y tú ____________,
(salir)
____________ o ____________ mi computadora. Tú decides.
(estudiar) (usar)

Gracias por todo. Tu tío,

Alejandro

Actividad 8: Una conversación. Complete the following conversation about organizing an opening party for an art exhibition with the present tense of the indicated verbs.

ANA ¿Qué ____________ yo? (traer)

GERMÁN Tú ____________ las cintas de música clásica, ¿no? (traer)

ANA Bien. ¿Quién va a ____________ el café? (hacer)

GERMÁN Yo ____________ un café muy bueno. ____________ un café de Costa Rica que es delicioso. (hacer, tener)

ANA Perfecto.

GERMÁN ¿Dónde ____________ el estéreo? (poner)

ANA En la mesa.

GERMÁN Oye, ¿quién está con el director? Yo no ____________ bien. (ver)

ANA Es Patricia, y ella ____________ traer Coca-Cola y vino. (ofrecer)

GERMÁN O.K. Ahora yo ____________ que hablar con el director porque nosotros ____________ los programas ¿Adónde ____________ tú ahora? (tener, necesitar, ir)

ANA ____________ para la universidad. Chau. (salir)

NOMBRE ______________________ FECHA ______________

Actividad 9: Los problemas. Ignacio wrote a note to his friend Jorge, who replied. Read both notes first, then go back and fill in the missing words with the appropriate forms of the following verbs: **bailar, cantar, escuchar, estar, estudiar, gustar, leer, ser, tener, tocar**. You can use a verb more than once.

Querido Jorge:

Yo ______________ una persona muy simpática y ______________ una novia que también es simpática. Nos gusta hacer muchas cosas: nosotros ______________ muchos tipos de música, ______________ en las discotecas, yo ______________ la guitarra y ella ______________. Ella y yo ______________ literatura en la universidad; nos ______________ mucho ______________ poemas. Nosotros ______________ enamorados, pero yo ______________ un problema: ella ______________ muy alta. Yo no ______________ contento porque ______________ muy bajo.

Ignacio

Querido Ignacio:

Tu novia es fantástica. Tú ______________ un problema: ¡tu ego!

Jorge

Actividad 10: La rutina diaria. Answer the following questions about yourself.

1. Cuando vas al cine, ¿con quién vas? ______________
2. ¿Nadas? Si contestas que sí, ¿con quién nadas? ¿Dónde nadan Uds.? ______________
3. ¿Corres con tus amigos? ¿Corren Uds. en un parque? ______________
4. En las fiestas, ¿qué beben Uds.? ______________
5. ¿Lees mucho o poco? ¿Qué lees? ______________
6. ¿Adónde vas con tus amigos los sábados? ______________
7. Cuando estás en la universidad. ¿escribes muchas cartas o hablas mucho por teléfono? ______________

NOMBRE ______________________ FECHA ______________

PRÁCTICA MECÁNICA II

Actividad 11: Opuestos. Write the opposites of the following adjectives.

1. guapo ______________________
2. alto ______________________
3. bueno ______________________
4. tonto ______________________
5. nuevo ______________________
6. moreno ______________________
7. simpático ______________________
8. joven ______________________
9. delgado ______________________
10. corto ______________________

Actividad 12: El plural. Change the following sentences from singular to plural.

1. Pablo es guapo. Pablo y Ramón ______________________
2. Yo soy inteligente. Miguel y yo ______________________
3. Ana es simpática. Ana y Elena ______________________
4. Maricarmen es delgada. Maricarmen y David ______________________

Actividad 13: Descripción. Complete the following sentences with the correct form of the indicated descriptive and possessive adjectives.

1. Lorenzo y Nacho son ______________________. (simpático)
2. La chica ______________________ está en la cafetería. (guapo)
3. ______________________ amigas están ______________________. (mi, aburrido)
4. ______________________ padres son ______________________. (su, alto)
5. ______________________ clases son muy ______________________. (nuestro, interesante)
6. Ellos están ______________________. (borracho)
7. Voy a comprar discos compactos de música ______________________. (clásico)
8. Daniel y Rodrigo están ______________________. Vamos al cine. (listo)
9. Marcos y Ana tienen un estéreo. ______________________ estéreo es muy ______________________. (su, bueno)
10. Elena está muy ______________________. (preocupado)

NOMBRE ______________________________ FECHA ______________

Actividad 14: ¿*Ser* o *estar*? Complete the following sentences with the correct form of **ser** or **estar**.

1. Mis amigos ______________ en la residencia.
2. Ellos ______________ peruanos.
3. Yo ______________ aburrida, porque el profesor ______________ terrible.
4. Carmen, tenemos que salir. ¿______________ lista?
5. Nosotros ______________ nerviosos porque tenemos un examen de biología.
6. Mi novio ______________ muy alto.
7. Mi profesor de historia ______________ joven.
8. Tú ______________ muy simpático.
9. Es muy tarde y Felipe no ______________ listo.
10. Julián y yo ______________ enojados.

Actividad 15: En orden lógico. Form complete sentences by putting the following groups of words in logical order.

1. altos / Pablo / son / y / Pedro

____

2. profesores / los / inteligentes / son

____

3. disco compacto / un / tengo / de / REM

____

4. amigos / muchos / simpáticos / tenemos

____

5. madre / tres / tiene / farmacias / su

____

Actividad 16: ¿Qué están haciendo? Say what the following people are doing right now, using the indicated verbs.

1. José Carreras ________ ______________ ópera. (cantar)
2. Felipe y Silvia ________ ______________. (comer)
3. Michael Jackson y Liz Taylor ________ ______________. (bailar)
4. Yo ________ ______________ una respuesta. (escribir)
5. Picabo Street ________ ______________. (esquiar)

NOMBRE ______________________ FECHA ______________

PRÁCTICA COMUNICATIVA II

Actividad 17: Una descripción. Describe your aunt and uncle to a friend who is going to pick them up at the bus station. Base your descriptions on the accompanying drawing. Use the verb **ser**.

____

____

____

____

____

Actividad 18: ¿Cómo están? Look at the accompanying drawings and describe how each person feels. Use the verb **estar** and an appropriate adjective in your responses. Remember to use accents with **estar** when needed.

1. ______________

2. ______________

3. ______________

4. ______________

5. ______________

NOMBRE ______________________________ FECHA ______________

Actividad 19: ¿La familia típica? Look at the accompanying drawing and describe the mother, the father, and their son, Alfonso. Tell what they look like (**ser**) and how they feel (**estar**).

____

____

____

____

____

____

Actividad 20: Eres profesor/a. You are the teacher. Correct the grammar in the following sentences. The bolded words contain no errors and may help you find the mistakes. (There are nine mistakes.)

Mi familia y yo regreso mañana de nuestro **vacaciones** en Guadalajara. Mi hermano Ramón no regresa porque **él** viven en Guadalajara. Su novia es **en Guadalajara**, también. **Ella** es guapo, inteligente y simpático. Ellos van a una fiesta esta noche y van a llevar sus **grabadora.** A **ellos** le gusta la música mucho. Siempre baila en las fiestas.

Actividad 21: Hoy estoy... Finish the following sentences in an original manner.

1. Me gustaría ______________________ porque hoy estoy ______________________.
2. Hoy voy a ______________________ porque estoy muy ______________________.
3. Hoy tengo que ______________________ porque necesito ______________________.
4. Deseo ______________________ porque estoy ______________________.

Actividad 22: El cantante famoso. Freddy Fernández, a famous Mexican rock singer, was interviewed by a reporter. Write an article based on the following notes that the reporter took.

Descripción

Alto, guapo, simpático

Estado

contento, enamorado

Un día normal

cantar por la mañana / guitarra
leer / periódico
correr / 10 kilómetros / parque
comer / con / agente
él / novia / comer / restaurante
él / novia / mirar / videos

Planes futuros

él / novia / ir / Cancún / sábado
él / ir / cantar / Mazatlán / programa de televisión

Le gustaría

cantar / el coliseo de Los Ángeles
ir / novia / una playa / del Pacífico

____

____

____

____

____

____

____

____

____

____

____

____

____

____

____

____

NOMBRE ______________________________ FECHA ____________

Actividad 23: El detective. A detective is following a woman. Write what he says into the microphone of his tape recorder.

➤ hablar / micrófono *Él está hablando en el micrófono.*

1. salir / apartamento ______________________________
2. caminar / parque ______________________________
3. comprar / grabadora ______________________________
4. hablar / grabadora ______________________________
5. vender / cassette ______________________________

Estrategia de lectura: Dealing with Unfamiliar Words

When reading, people frequently come across unfamiliar words. Sometimes you consult a dictionary to find the exact meaning, but more often than not, you simply guess the meaning from context. You will practice guessing meaning from context in *Activity 26*.

NOMBRE ______________________ FECHA ______________

Actividad 24: Ideas principales. Each paragraph in the following letter expresses one of the main ideas in the list. Scan the letter and put the correct paragraph number next to its corresponding idea.

a. ______ las actividades de Mario

b. ______ la familia de Mario

c. ______ las preguntas a Teresa

d. ______ la composición étnica

Carta de Puerto Rico

Teresa recibe cartas (*letters*) de sus amigos puertorriqueños. La siguiente carta es de su amigo Mario. Él vive con su padre y su madre en San Juan, Puerto Rico.

San Juan, 20 de octubre

Querida Teresa:

Por fin tengo tiempo para escribir. ¿Cómo estás? Espero que bien. Tengo muchas preguntas porque deseo saber cómo es tu vida en España y cuáles son tus planes y actividades. ¿Te gusta Madrid? ¿Tienes muchos amigos? ¿De dónde son y qué estudian? ¿Qué haces los sábados y los domingos? Escribe pronto y contesta todas las preguntas; todos deseamos recibir noticias de nuestra querida Teresa.

Yo estoy muy bien. Voy a la universidad todas las noches y trabajo por las mañanas en un banco. Soy cajero y me gusta mucho el trabajo. Por las tardes voy a la biblioteca y estudio con Luis Sosa. Eres amiga de Luis, ¿verdad? Tengo que estudiar dos años más y termino mi carrera; voy a ser hombre de negocios. ¿Te gusta la idea? A mí me gusta mucho.

Por cierto, uno de mis cursos es geografía social de Hispanoamérica y es muy interesante, pero tengo que memorizar muchos datos. Por ejemplo, en Argentina la mayoría de las personas son de origen europeo y solamente un 2% tiene mezcla de blancos, indios y/o negros; pero en México sólo un 5% es de origen europeo; el 25% de los mexicanos son indígenas y el 60% son mestizos. Necesito tener buena memoria porque hay mucha variedad en todos los países, ¿verdad?

Por aquí, todos bien. Mis padres y yo vivimos ahora en la Calle Sol en el Viejo San Juan. Nos gusta mucho el apartamento. Los amigos están bien. Marta estudia y trabaja todo el día. Tomás, el deportista profesional, practica béisbol ocho horas diarias y Carolina va a comprar una computadora Macintosh. Ahora escribe en mi computadora y quiere aprenderlo todo en tres días, ¡como siempre! Bueno, no tengo más noticias.

Teresa, espero recibir carta muy pronto. Contesta todas las preguntas, ¿O.K.? Adiós.

Cariños,

Mario

P.D. La dirección nueva es: Calle Sol, Residencias Margaritas, Apto. 34, San Juan, Puerto Rico 00936

NOMBRE ______________________ FECHA ______________

Actividad 25: ¿Quién es el sujeto? To whom do the following verbs refer? Reread the letter; note the verb endings and the context given before choosing an answer.

1. "¿De dónde son y qué **estudian**?" (línea 5)
   a. Teresa y Mario b. los amigos de Teresa c. los amigos de Teresa y Mario
2. "**Tengo** que estudiar dos años más..." (línea 11)
   a. Mario b. Teresa c. Luis
3. "Por ejemplo, en Argentina... **son** de origen europeo..." (línea 14)
   a. los amigos de Mario b. la mayoría de las personas c. los hispanoamericanos
4. "Ahora **escribe** en mi computadora..." (línea 21)
   a. Marta b. Tomás c. Carolina
5. "Teresa, **espero** recibir carta muy pronto." (línea 23)
   a. Mario b. Teresa c. Carolina

Actividad 26: Contexto. Refer to the reading to determine which translation best fits each word in bold.

1. "Tengo que estudiar dos años más y termino mi **carrera**; voy a ser hombre de negocios." (línea 11)
   a. career b. internship c. university studies
2. "...y solamente un 2% tiene **mezcla** de blancos, indios y negros..." (línea 15)
   a. mixture b. blended c. combining
3. "...pero en México sólo un 5% son de origen europeo; el 25% de los mexicanos son indígenas y el 60% son **mestizos**." (línea 17)
   a. indigenous b. European c. European and indigenous

Actividad 27: Preguntas. Answer the following questions based on the letter you read.

1. ¿Dónde trabaja Mario y qué hace? ______________________________

2. ¿Cuál es el origen de los argentinos? ______________________________

3. En México, ¿qué porcentaje de personas son mestizas? ______________________________

4. ¿Qué practica Tomás todos los días? ______________________________

5. ¿Qué va a comprar Carolina? ______________________________

Capítulo 3 Repaso

Ser, estar, tener

In Chapter 3, you learned how to describe someone using **ser** or **estar** with adjectives. In previous chapters you have already learned other uses of **ser** and **estar**.

Ser:	¿De dónde **eres**?	**Soy** de Wisconsin. **Soy** norteamericana.
	¿Qué haces?	**Soy** economista.
	¿Cuál **es** tu número de teléfono?	Mi número de teléfono **es** 448 22 69.
	¿**Es** tu padre?	Sí, él **es** mi padre.
	¿Quién **es** ella?	**Es** mi madre.
	¿De quién **es** el carro?	**Es** de mi madre.
	¿Cuándo **es** tu examen de historia?	**Es** el lunes.
	¿Cómo **es** tu profesor de historia?	**Es** muy simpático, pero la clase **es** difícil.
Estar:	¿Cómo **estás**?	**Estoy** bien.
	¿Dónde **está** tu madre?	**Está** en casa, **está** enferma.
	¿Dónde **está** tu casa?	**Está** en la parte vieja de Bogotá.
	¿Qué **estás** haciendo?	**Estoy** escribiendo la tarea.

You have also learned that to express age in Spanish, you use the verb **tener**.

¿Cuántos años **tienes**?	**Tengo** veinte años.

NOMBRE ______________________________ FECHA ______________

Actividad: En el aeropuerto. Paula and Hernán are sitting next to each other in the airport when they find out their flight will be delayed for a few hours. Fill in the blanks in their conversation with the appropriate forms of **ser, estar,** or **tener**.

COMPUTADORA Bip... Bip... Bip...

HERNÁN ¿Qué haces?

PAULA ____________ (1) trabajando con la computadora, pero ya no tiene batería.

HERNÁN ¿Cómo te llamas?

PAULA ____________ (2) Paula, Paula Barrero. ¿Y tú?

HERNÁN Hernán Gálvez. Encantado. ¿De dónde ____________ (3)?

PAULA ____________ (4) de Santiago.

HERNÁN ¿En qué país ____________ (5) Santiago?

PAULA Ay, perdón, ____________ (6) en Chile.

HERNÁN Pues, yo también ____________ (7) de Santiago, pero Santiago, en España. Y ¿qué haces?

PAULA ____________ (8) programadora de computadoras.

HERNÁN ¿Para qué compañía trabajas?

PAULA Para IBM.

HERNÁN ¿Tu oficina ____________ (9) en Santiago?

PAULA No, ____________ (10) en Valparaíso. Y tú, ¿qué haces?

HERNÁN ____________ (11) director de cine.

PAULA Entonces, ____________ (12) muy creativo, ¿no?

HERNÁN No exactamente; ____________ (13) un poco creativo e idealista, pero también ____________ (14) muy responsable... Si ____________ (15) programadora de computadoras, te gustan los números, ¿no?

PAULA No sé... ____________ (16) posible, pero ahora ____________ (17) aburrida en el trabajo. Todos los días ____________ (18) iguales.

HERNÁN Todos los días ____________ (19) diferentes y activos para mí. Y tus padres, ¿viven en Valparaíso?

PAULA No, ____________ (20) en Santiago.

HERNÁN ¿Trabajan?

PAULA No. Mi padre ____________ (21) enfermo. ____________ (22) un poco gordo y tiene diabetes; por eso mi madre ____________ (23) en casa con él. ____________ (24) mayores.

HERNÁN ______________________ (25) preocupada, ¿no?

PAULA Sí, un poco. Mi padre siempre ______________________ (26) en el sofá enfrente del televisor todo el día y el pobre ______________________ (27) aburrido y mi madre ______________________ (28) un poco triste últimamente.

HERNÁN ¿Cuántos años ______________________ (29) ellos?

PAULA Mi madre ______________________ (30) sesenta y cinco años y mi padre ______________________ (31) setenta y cinco.

HERNÁN Bueno, ______________________ (32) un poco mayores... ¿Te gustaría tomar una Coca-Cola o algo?

PAULA Bueno.

HERNÁN La cafetería Los Galgos ______________________ (33) en este aeropuerto y ______________________ (34) muy bonita. Vamos.

NOMBRE ______________________ FECHA ______________

Capítulo 4

PRÁCTICA MECÁNICA I

Actividad 1: Las partes del cuerpo. Look at the following drawing and label the parts of the body.

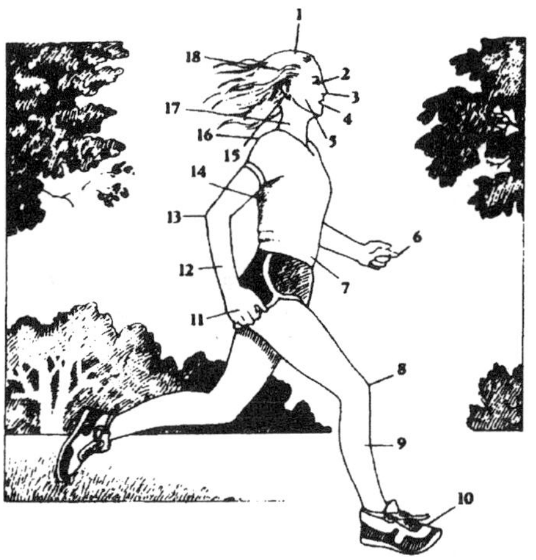

1. ______________________
2. ______________________
3. ______________________
4. ______________________
5. ______________________
6. ______________________
7. ______________________
8. ______________________
9. ______________________
10. ______________________
11. ______________________
12. ______________________
13. ______________________
14. ______________________
15. ______________________
16. ______________________
17. ______________________
18. ______________________

NOMBRE ________________________________ FECHA ________________

Actividad 2: Los verbos reflexivos. Complete the following sentences with the appropriate form of the indicated reflexive verbs.

1. Los domingos yo __________ ______________________ tarde. (levantarse)
2. Mi novio no __________ ______________________ porque a mí me gusta la barba. (afeitarse)
3. Todos los niños __________ ______________________ el pelo con champú Johnson para no llorar. (lavarse)
4. Nosotros siempre __________ ______________________ tarde y no ______________________ porque no tenemos tiempo. (levantarse, desayunar)
5. ¿__________ ______________________ o __________ ______________________ tú por la mañana? (ducharse, bañarse)
6. Yo __________ ______________________ los dientes después de comer. (cepillarse)
7. El niño tiene cuatro años pero __________ ______________________ la ropa solo. (ponerse)
8. Las actrices de Hollywood __________ ______________________ mucho. (maquillarse)

Actividad 3: Posición de los reflexivos. Write the following sentences a different way without changing their meaning.

1. Voy a lavarme el pelo. ____
2. Ella tiene que maquillarse. ____
3. Juan se va a afeitar. ____
4. Tenemos que levantarnos temprano. ____

Actividad 4: *A, al, a la, a los, a las.* Complete the following sentences with **a, al, a la, a los,** or **a las** only if necessary; otherwise, leave the space blank.

1. Voy a ir ______________ ciudad.
2. No veo bien ______________ actor.
3. ¿ ______________ ti te gusta esquiar?
4. ¿Conoces ______________ David?
5. Escucho ______________ discos compactos muy interesantes.
6. Tengo ______________ un profesor muy interesante.
7. Siempre visitamos ______________ padres de mi novio.
8. Vamos a ver ______________ la película mañana.
9. Deseo caminar ______________ parque.
10. Conozco ______________ Sr. Ruiz muy bien.

NOMBRE ______________________ FECHA ______________

PRÁCTICA COMUNICATIVA I

Actividad 5: ¡Qué tonto! Rewrite the following sentences in a logical manner, changing whatever elements are necessary.

1. El señor se afeita los brazos. ______________________

____

2. La señora se maquilla el pelo. ______________________

____

3. Me levanto, me pongo la ropa y me ducho. ______________________

____

4. Después de levantarme, desayuno las piernas. ______________________

____

5. Antes de salir de la casa, me cepillo la nariz y me maquillo las orejas. ______________________

____

____

Actividad 6: Una carta. Finish the following letter to your Spanish-speaking grandmother, who has asked you to describe a typical day at the university.

Universidad de ______________________, 12 de septiembre de 20____

Querida abuela:

¿Cómo estás? Yo ______________________. Me gusta mucho ______________________

______________________. Estudio mucho pero también ______________________. Tengo muchos amigos que son ______________________.

A ellos les gusta ______________________.

Todos los días son iguales (*the same*); normalmente me levanto y ______________________

____

______________________.

Por la noche ______________________

______________________.

Un abrazo,

____

(tu nombre)

NOMBRE ______________________________________ FECHA ____________________

Actividad 7: También tiene interés Claudia. Finish the following story about Claudia, Juan Carlos, Vicente, and Teresa. Use **a, al, a la, a los,** or **a las** only if necessary; otherwise, leave the space blank.

Claudia desea saber más de Juan Carlos; por eso llama ____________ Teresa porque Teresa conoce ____________ Juan Carlos. Teresa sabe que Juan Carlos va ____________ llamar ____________ Claudia para salir con ella. Teresa sabe también que ____________ Juan Carlos le gusta ir ____________ montañas a esquiar, pero no le gusta mucho escuchar ____________ jazz. Teresa también sabe que Juan Carlos va ____________ discotecas porque le gusta bailar ____________ salsa.

Vicente también conoce ____________ Juan Carlos. Claudia sabe que ____________ Teresa le gusta mucho Vicente. Teresa ve ____________ Vicente todos los días en la cafetería. Ella va ____________ hablar con Vicente para ir ____________ cine con Claudia y Juan Carlos el domingo.

Actividad 8: Una familia extraña. Pedro's family seems to be caught in a routine. First read the entire paragraph, then go back and fill in the missing words with the appropriate forms of the verbs in the list. You can use verbs more than once. When finished, reread the paragraph and check to see that each verb agrees with its subject. Note: some verbs are reflexives and some aren't.

afeitarse	desayunar	leer	maquillarse	peinarse
cepillarse	ducharse	levantarse	mirar	salir

En mi casa todos los días son iguales. Mis padres ____________ temprano. Mi madre va al cuarto de baño y ____________. Mi padre prepara el café. Después él ____________ el periódico. Al terminar de ducharse, mi madre ____________ los dientes con Crest (mi padre usa Colgate) y ____________ la cara con productos de Mary Kay. Entonces, mi padre ____________, ____________ con su Schick, ____________ los dientes y ____________ (¡tiene poco pelo, pero tiene peine!). Al final ellos ____________ café y tostadas. Después, ellos ____________ los dientes otra vez y ____________ para el trabajo. Luego, yo ____________ y ____________ café y yogur. ____________ los dientes y ____________ la televisión. Voy a la universidad, pero por la tarde, no por la mañana.

NOMBRE ______________________ FECHA ______________

PRÁCTICA MECÁNICA II

Actividad 9: Las fechas. Write out the following dates and state what season it is in the Northern and Southern Hemispheres. Remember that the day is written first in Spanish.

	Fecha	Hemisferio norte	Hemisferio sur
a.	3/4 ______	______	______
b.	15/12 ______	______	______
c.	30/8 ______	______	______
d.	25/10 ______	______	______
e.	1/2 ______	______	______

Actividad 10: El tiempo. Look at the accompanying drawings. Using complete sentences, state what the weather is like in each case.

1. ______________________
2. ______________________
3. ______________________
4. ______________________
5. ______________________
6. ______________________
7. ______________________
8. ______________________

NOMBRE ______________________ FECHA ______________

Actividad 11: *¿Saber o conocer?* Complete the following sentences with the appropriate form of the verbs **saber** o **conocer.**

1. ¿__________ tú a mi padre?
2. Yo no __________ tu número de teléfono.
3. ¿__________ Uds. dónde es la fiesta?
4. Ellos __________ Caracas muy bien porque trabajan allí.
5. ¿__________ nadar Teresa?
6. ¿__________ Uds. cómo se llama el profesor nuevo?
7. Yo no __________ la película nueva de Almodóvar.
8. Jorge __________ bailar muy bien. Es bailarín profesional.

Actividad 12: ¿Cuál es? Complete these miniconversations by selecting the appropriate demonstrative and writing the correct form.

1. —Me gustan las plantas que están cerca de la puerta.

   —¿__________ plantas? (este, ese)
2. —¿Te gustan __________ discos compactos que tengo en la mano? (este, aquel)

   —Sí, me gustan mucho.
3. —¿Dónde está el restaurante?

   —Tenemos que caminar mucho. Es __________ restaurante que está allá. (este, aquel)
4. —¿Vas a comprar una revista?

   —Sí, pero ¿cuál quieres? ¿__________ que tengo aquí o __________ que está allí? (este, ese) (este, aquel)

   —Me gusta más *Cambio 16.*

PRÁCTICA COMUNICATIVA II

Actividad 13: Fechas importantes. Complete the following lists with dates that are important to you.

Cumpleaños:	Nombre	Fecha
1.	*madre*	
2.	*padre*	
3.		
4.		
5.		

Aniversarios

6. *mis padres* ______________ ______________

Exámenes

7. *español* ______________ ______________

8. ______________ ______________

9. ______________ ______________

10. ______________ ______________

Otros

11. *último (last) día del semestre* ______________ ______________

12. ______________ ______________

Actividad 14: Asociaciones. Associate the following words with others.

➤ otoño *clases, estudiamos*

1. julio ______________
2. primavera ______________
3. Acapulco ______________
4. diciembre ______________
5. invierno ______________
6. hacer viento ______________
7. octubre ______________

Actividad 15: Lógica. Finish the following series of words in a logical manner.

1. junio, julio, ______________
2. hacer frío, hacer fresco, ______________
3. afeitarse, crema de afeitar; lavarse el pelo, champú; cepillarse los dientes, ______________
4. este libro, ese libro, ______________
5. verano, ______________, ______________, primavera
6. noviembre, ______________, enero
7. el brazo, el codo, ______________, los dedos

NOMBRE ______________________________ FECHA ______________

Actividad 16: ¿Qué tiempo hace? You are on vacation in the Dominican Republic, and you call a friend in Cleveland. As always, you begin your conversation by talking about the weather. Complete the following conversation based on the accompanying drawings.

Cleveland La República Dominicana

TU AMIGO ¿Aló?

TÚ Hola. ¿Cómo estás?

TU AMIGO Bien, pero ______________________________

______________________________.

TÚ ¿También llueve?

TU AMIGO ______________________________.

¿______________________________?

TÚ ¡Fantástico! ______________________________

______________________________.

TU AMIGO ¿Cuál es la temperatura?

TÚ ______________________________.

TU AMIGO Creo que voy a visitar la República Dominicana.

Actividad 17: El fin de semana. Look at the accompanying map and plan your weekend. Say where you are going to go and why. Use phrases such as **voy a ir a... , porque hace... ,** and **me gusta... .**

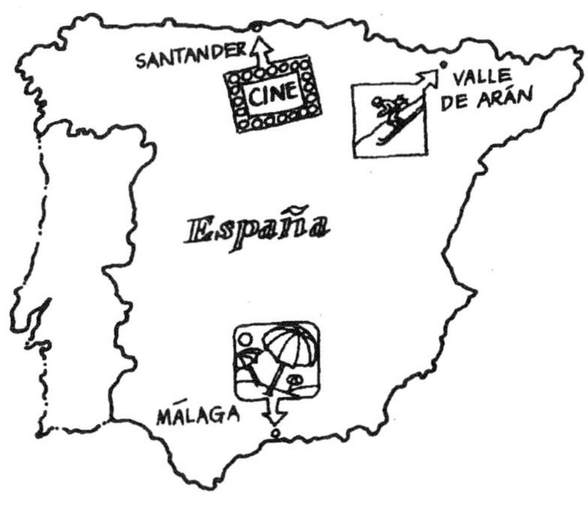

____

____

____

____

Actividad 18: Una conversación. Complete the following telephone conversation between Luis and Marcos, two students, by selecting the correct response.

LUIS ¿Qué estás haciendo?

MARCOS
a. ________ Estás comiendo.
b. ________ Voy a ir a Ávila mañana.
c. ________ Estoy lavando el carro.

LUIS
a. ________ Yo estoy estudiando y tengo una pregunta.
b. ________ No tengo carro.
c. ________ ¿Qué es?

MARCOS
a. ________ Ud. es el profesor.
b. ________ Bueno, pero no sé mucho.
c. ________ Eres experto.

LUIS
a. ________ ¡Hombre! Por lo menos sabes más que yo.
b. ________ Claro que soy inteligente.
c. ________ Siempre saca buenas notas.

MARCOS
a. ________ O.K. ¿Conoces al profesor?
b. ________ ¿Por qué no hablas con el médico? Sabe mucho.
c. ________ O.K., pero estoy lavando el carro. Más tarde, ¿eh?

NOMBRE ______________________________ FECHA ______________

Actividad 19: Muchas preguntas pero poco dinero. You work for a low-budget advertising agency that makes ads for TV and radio. Complete your boss's questions, using **saber** or **conocer**, and then answer them in complete sentences.

1. ¿______________ el número de teléfono de la compañía del champú?
   ____
2. ¿______________ tú personalmente a un actor famoso?
   ____
3. Necesito un pianista para un anuncio comercial. ¿______________ tocar el piano?
   ____
4. Necesito un fotógrafo. ¿______________ a un fotógrafo bueno?
   ____
5. ¿______________ tus amigos nuestros productos?
   ____

Actividad 20: *Este, ese* y *aquel*. You and a friend are at a party and you begin discussing the physical variety that exists among people. Look at the drawing and finish the conversation that follows describing the people you see.

TÚ	No hay dos personas iguales. Este señor es ______________ ______________.
TU AMIGA	Sí, y ______________ es muy alto.
TÚ	______________ ______________.
TU AMIGA	¿Y aquella señora?
TÚ	¡Huy! Aquella señora es ______________.
TU AMIGA	Es verdad, todos somos diferentes.

NOMBRE ______________________ FECHA ______________

Estrategia de lectura: Using Background Knowledge and Identifying Cognates

The following are excerpts from a Peruvian, Spanish-language Web site about Machu Picchu. By using your general knowledge and your ability to recognize cognates (words in Spanish that are similar to English), you should be able to obtain a great deal of information about this intriguing place.

When doing the following activities, assume that you are a tourist in Peru and do not have a bilingual dictionary. Simply try to get as much information as you can from the readings. A few key words have been glossed to help you.

Actividad 21: Cognados. In the excerpts that follow, underline all the cognates (words that are similar in Spanish and English) you can identify and all the words you may have already learned in Spanish. Then read the excerpts to extract as much information as you can.

VISITE MACHU PICCHU

Machu Picchu es, sin duda, el principal atractivo turístico del Perú, y uno de los más renombrados del mundo, atrayendo por este motivo un alto número de turistas anualmente. La UNESCO lo ha declarado Patrimonio Cultural de la Humanidad.

Su arquitectura es el más notable ejemplo inca de integración urbanística con la naturaleza. Esta actitud integral caracterizaba a todos los actos de los incas, y es expresada plenamente en su política estatal, organización social y planificación.

Machu Picchu es un símbolo de peruanidad, que compartimos con toda la humanidad porque presenta los niveles más altos alcanzados por el hombre para vivir integrado armónicamente[1] a su medio ambiente,[2] mediante un avanzado desarrollo tecnológico y estético.

HIRAM BINGHAM

El 14 de julio de 1911, arribó Hiram Bingham con especialistas de la Universidad de Yale en biografía, geología, ingeniería y osteología. Ellos fueron conducidos hasta el lugar por Melchor Arteaga, un habitante de la zona quien les dio derroteros de cómo llegar hasta lo que hoy se considera la Octava Maravilla del Mundo.

Posteriormente, en 1914, Bingham volvió a Machu Picchu con apoyo económico y logístico de la propia universidad y la Sociedad Geográfica de los Estados Unidos al frente de un equipo especializado y con una publicación que ya circulaba por el mundo: "La Ciudad Perdida[3] de los Incas".

[1]*in harmony* [2]*environment* [3]*lost*

NOMBRE ____ FECHA ____________________

Actividad 22: ¿Qué sabes ahora? Make a list of all the information you have been able to obtain from the above reading. You can make this list in English.

____

____

____

____

____

____

____

____

____

____

____

NOMBRE ______________________ FECHA ______________

Capítulo 5

PRÁCTICA MECÁNICA I

Actividad 1: ¿Qué hora es? Write out the following times in complete sentences.

➤ 2:00 *Son las dos.*

a. 9:15 Son las nueve y quince

b. 12:05 Son las doce y cinco

c. 1:25 Es la una y veinticinco

d. 5:40 Son las seis menos veinte

e. 12:45 Es la una menos quince

f. 7:30 Son las siete y media

Actividad 2: En singular. Change the subjects of the following sentences from **nosotros** to **yo** and make all other necessary changes.

1. Podemos ir a la fiesta. Puedo ir a la fiesta
2. Dormimos ocho horas todas las noches. Duermo ocho horas todas las noches
3. No servimos vino. No sirvo vino.
4. Nos divertimos mucho. Me divierto mucho
5. Nos acostamos temprano. Me acuesto temprano
6. Jugamos al fútbol. Juego al fútbol

NOMBRE ________________________ FECHA ____________

Actividad 3: Verbos. Complete the following sentences by selecting a logical verb and writing the appropriate form.

1. María no _puede_ venir hoy. (poder, entender)
2. Los profesores siempre _cierren_ las ventanas. (jugar, cerrar)
3. Carmen y yo _preferemos_ estudiar esta noche. (volver, preferir)
4. Marisel siempre _se duerme_ temprano. (dormirse, encontrar)
5. Yo no _entiendo_ francés. (entender, pedir)
6. ¿A qué hora _empieza_ el concierto? (despertarse, empezar)
7. Juan _piensa_ ir a bailar esta noche. (decir, pensar)
8. Pablo es camarero; ahora está _Airviendo_ cervezas. (servir, comenzar)
9. Nosotros _volvemos_ a casa esta tarde. (volver, poder)
10. ¿Qué _quieren_ hacer Uds.? (querer, dormir)
11. ¿_Vienen_ Ricardo y Germán mañana? (despertar, venir)
12. Los niños están jugando al fútbol y están _divertiendose_ mucho. (querer, divertirse)
13. Yo siempre _digo_ la verdad. (sentarse, decir)
14. ¿Cuándo _comienzan_ Ud. las clases? (comenzar, servir)
15. Ellos dicen que _quieren_ ir. (decir, querer)

Actividad 4: Preguntas. Answer the following questions about your life in complete sentences.

1. ¿A qué hora empiezan tus clases los lunes? ________________
2. ¿A qué hora te acuestas los domingos por la noche? ________________
3. ¿Con quién almuerzas los lunes? ________________
4. ¿Dónde almuerzan Uds.? ________________
5. ¿Puedes estudiar por la tarde o tienes que trabajar? ________________
6. ¿Prefieres estudiar por la tarde o por la noche? ________________
7. Generalmente, ¿cuántas horas duermes cada noche? ________________

NOMBRE ______________________ FECHA ______________

PRÁCTICA COMUNICATIVA I

Actividad 5: ¿A qué hora? Look at Pilar's schedule (**horario**). She is a first-year student of philosophy. Answer the questions that follow.

	lunes	martes	miércoles	jueves	viernes
9:00–9:50	Antropología 1	La Herencia Socrática	Antropología 1	La Herencia Socrática	
10:05–11:05	Filosofía de la Naturaleza	Teorías Científicas de la Cultura	Filosofía de la Naturaleza	Teorías Científicas de la Cultura	Filosofía de la Naturaleza
11:20–12:10	Metafísica 1		Metafísica 1		
12:25–1:25		Filosofía de la Religión		Filosofía de la Religión	
1:40–2:30	Fenomenología de la Religión	Nihilismo y Metafísica	Fenomenología de la Religión	Nihilismo y Metafísica	Fenomenología de la Religión

1. ¿A qué hora empieza la clase de Antropología I los lunes y los miércoles?

____

2. ¿A qué hora puede tomar un café en la cafetería los martes?

____

3. ¿A qué hora termina la clase de Filosofía de la Religión?

____

4. Normalmente empiezan las clases a las nueve. ¿A qué hora empiezan sus clases el viernes?

____

5. ¿Prefieren estudiar Antropología I o Nihilismo y Metafísica tú y tus amigos?

____

6. ¿Te gustaría tener este horario o prefieres tu horario de este semestre?

____

NOMBRE ______________________________ FECHA ______________

Actividad 6: ¿Tiene calor, frío o qué? Read the following situations and indicate how each person or group of people feels: hot, cold, hungry, etc. Use complete sentences. Remember to use the verb **tener** in your responses.

1. Una persona con una pistola está en la calle y le dice a Esteban que quiere todo su dinero.

   Esteban ______________________________.

2. Es el mes de julio y estoy en los Andes chilenos.

   ____

3. Son las tres y media de la mañana y estamos estudiando en la biblioteca.

   ____

4. Estoy en clase y veo mis medias (*socks*). ¡Por Dios! Son de color diferente.

   ____

5. Después de jugar al fútbol, Sebastián quiere una Coca-Cola.

   Sebastián ______________________________.

6. Volvemos de estudiar, vemos una pizzería, entramos y pedimos una pizza grande con todo.

   ____

7. Mis amigos están en San Juan, Puerto Rico, en el invierno porque no les gusta el frío de Minnesota.

   Mis amigos ______________________________.

NOMBRE ______________________ FECHA ______________

Actividad 7: Una carta a Colombia. Here you have one page from a letter that Claudia is writing to a friend in Colombia. First read the entire page, then reread the letter and complete it with the appropriate forms of the verbs found to the left of each paragraph. Note: you may use verbs more than once.

¿Y cómo están tus clases? ¿Tienes mucho trabajo?

querer, entender, ser, divertirse, estar, salir

Tengo unos amigos fantásticos. Una se llama Diana; (1) ______________ de los Estados Unidos, pero (2) ______________ en España estudiando literatura. Habla y (3) ______________ el español como tú y yo porque su familia (4) ______________ de origen mexicano. Yo (5) ______________ mucho cuando (6) ______________ con ella porque siempre pasa algo interesante. Nosotras (7) ______________ ir a Barcelona el fin de semana que viene y después irnos a Sitges para (8) ______________ en la playa.

saber, encontrar, ser, poder, ponerse

Tengo otra amiga que a ti te gustaría. Se llama Marisel; (9) ______________ de Venezuela. Tiene ropa, ropa y más ropa. Siempre (10) ______________ ropa muy moderna. Yo siempre tengo problemas con la ropa; voy a muchas tiendas, pero no (11) ______________ cosas bonitas. (12) ______________ que no soy fea, pero es un problema. En cambio Marisel siempre (13) ______________ encontrar algo que es perfecto para ella.

vivir, poder, querer, conocer, pensar

Si vienes a España, vas a (14) ______________ a dos hombres muy simpáticos. (15) ______________ en un apartamento y si tú (16) ______________, (17) ______________ vivir con ellos. Debes (18) ______________ en venir porque te gustaría y tienes que...

NOMBRE Jazmine Stewart FECHA Enero 17/2007

Actividad 8: Dos conversaciones. Complete the following conversations with verbs from the lists provided. Follow this procedure: first, read one conversation; then go back, select the verbs, and fill in the blanks with the appropriate forms; when finished, reread the conversations and check to see that all the verbs agree with their subjects. Note: you may use verbs more than once.

1. Una conversación por teléfono (**divertirse, empezar, mirar, preferir, querer, saber, volver**)

   —¡Aló!

   —¿Jesús?

   —Sí.

   —Habla Rafael. Carmen y yo ___quieremos___ ver la película de Ron Howard. ¿Quieres ir?

   —¿A qué hora ___empieza___ la película?

   —No ___se___.

   —¿Por qué no ___miras___ en el periódico?

   —Buena idea... Es a las siete y cuarto en el Cine Rex.

   —¿___Quieren___ Uds. comer un sándwich antes?

   —Claro. Siempre tengo hambre. Hoy Carmen ___vuelvo___ a casa a las cinco. ¿Dónde ___prefieres___ comer tú?

   —___me divertido___ la comida en la Perla Asturiana porque es barata y es un lugar bonito.

   —Buena idea; yo siempre ___vuelvo___ en esa cafetería.

2. Una conversación con el médico (**acostarse, despertarse, dormir, dormirse, entender**)

   —¿A qué hora ___se duermes___ Ud. por la noche normalmente?

   —A la una y media.

   —¡Qué tarde! ¿Y a qué hora ___te despiertas___?

   —___Despierto___ a las siete.

   —¡Cinco horas y media! ¿No ___dormirse___ Ud. en la oficina?

   —No, pero yo ___me acuesto___ la siesta todos los días.

   —Ah, ahora ___entiendo___. En mi casa, nosotros también ______________ la siesta.

NOMBRE ____________________ FECHA ____________

Actividad 9: El detective. The detective is still watching the woman. Today is very boring because the woman isn't leaving her apartment and the detective has to watch everything through the windows. Write what the detective says into his microphone, including the time and the activity in progress. Use the verb **estar** + *present participle* **(-ando, -iendo)** to describe the activity in progress.

1. estar / despertarse Ella es despertando a los ocho y diez en la mañana.
2. estar / preparar / el almuerzo Ella esta preparando el almuerzo a la una y quince.
3. hombre / estar / entrar Un hombre esta entrando por la puerta a las una y media.
4. estar / servir / el almuerzo Ella esta sirviendo almuerzo a la dos en la tarde.
5. hombre / estar / salir El hombre esta saliendo a las tres y media
6. estar / dormir Ella esta dormiendo despues de el hombre salio.

NOMBRE ______________________ FECHA ______________

PRÁCTICA MECÁNICA II

Actividad 10: La ropa. Identify the clothing items in this drawing.

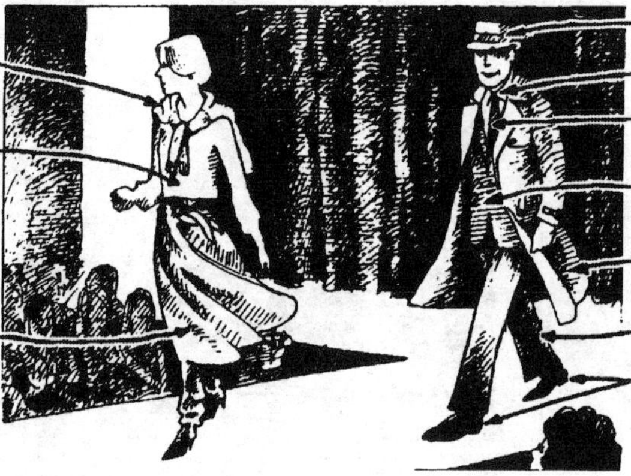

1. el suéter
2. ______
3. la falda
4. el sombrero
5. la corbata
6. ______
7. ______
8. ______
9. ______
10. los zapatos

Actividad 11: En orden lógico. Put the following words in logical order to form sentences. Make all necessary changes.

1. tener / suéter / ella / de / azul /lana / mi Ella tiene mi suéter de lana azul
2. camisas / el / para / comprar / yo / verano / ir a / algodón / de Voy a comprar camisas de algodón para el verano
3. gustar / rojo / me / pantalones / tus Me gusta tus pantalones rojos
4. yo / los / probarse / zapatos / alto / de / tacón / querer / negro Yo quiero probarme los zapatos negros de tacón alto

Actividad 12: *Por o para.* Complete the following sentences with **por** or **para**.

1. La blusa es para mi madre. Mañana es su cumpleaños.
2. Salimos el sábado para Lima.
3. Voy a vivir en la universidad por/durante dos años más.
4. Álvaro estudia para ser abogado. — lawyer
5. Ahora Carlos trabaja los sábados por/durante la noche.
6. Vamos a Costa Rica por/durante dos semanas.
7. No me gusta ser camarero pero trabajo para poder vestirme bien.
8. Tenemos que leer la novela para mañana.
9. Mi amigo estudia para ser médico.
10. Esta noche tengo que estudiar durante/por un mínimo de seis horas.
11. ¿Vas para tu casa ahora?
12. Durante los veranos yo trabajo para un banco en mi pueblo.

NOMBRE ______________________ FECHA ______________

✓

Actividad 13: *Ser* o *estar*. Complete the following sentences with the appropriate form of **ser** or **estar**.

1. Tu camisa ___es___ de algodón, ¿no?
2. Mis padres ___estan___ en Paraguay.
3. ¿De dónde ___son___ tus zapatos?
4. ¿Dónde ___estan___ tus zapatos?
5. El concierto ___es___ en el Teatro Colón.
6. Tus libros ___estan___ en la biblioteca.
7. ¿Dónde ___esta___ la fiesta?
8. ¿Dónde ___esta___ Daniel?
9. Daniel ___es___ de Cuba, ¿no?
10. ¿___Son___ de plástico o de vidrio tus gafas de sol?

PRÁCTICA COMUNICATIVA II

Actividad 14: La importación. Answer the following questions in complete sentences based on the clothes you are wearing.

1. ¿De dónde es tu camisa? Mi camisa es sobre mi cuerpo
2. ¿De qué material es? Es de algodon
3. ¿Son de los Estados Unidos tus pantalones favoritos? Mis pantalones si son de los Estados Unidos.
4. ¿De dónde son tus zapatos? Mis zapatos son de China.
5. ¿Son de cuero? No mis zapatos no son de cuero.

NOMBRE ______________________ FECHA ______________

Actividad 15: Descripción. Look at the accompanying drawing and describe what the people in it are wearing. Use complete sentences and be specific. Include information about colors and fabrics.

La mujer se lleva una falda, una blousa y un sueter. También tiene zapatos de tacon altos. El hombre lleva un traje, un sombrero y

Actividad 16: Tu ropa. Using complete sentences, describe what you normally wear to class.

Llevo una chaqueta una camisita unos zapatos y un sombrero

Actividad 17: ¿Dónde están? Read the following miniconversations and complete the sentences with an appropriate verb. Afterward, tell where each conversation is taking place.

1. —¿A qué hora ___es___ la película, por favor?

   —A las nueve y cuarto.

   ¿Dónde están? ______________________

2. —¿Cuánto ___cuesta___ la habitación?

   —52 euros.

   —¿Tiene dos camas o una cama?

   —Dos.

   ¿Dónde están? ______________________

Continued on next page →

3. —¿Qué hora es?

   —____Son____ la dos y media.

   —¿Siempre ____comes____ aquí?

   —Sí, es un lugar excelente para comer.

   ¿Dónde están? ______________________

4. —¿Aló?

   —Hola, Roberto. ____Puedo____ hablar con tu padre.

   —Está ______________ en el sofá.

   —Bueno. Voy a llamar más tarde.

   ¿Dónde están Roberto y su padre? ______________________

Actividad 18: Los viajes. All of the following people are currently traveling. Say where they are from and imagine where they are right now. Use complete sentences.

1. Sarah Ferguson (Fergie) ______________________

   ____
2. Denzel Washington ______________________

   ____
3. Tus padres ______________________

   ____
4. Enrique Iglesias ______________________

   ____

Actividad 19: ¡A comprar! Complete the following conversation between a store clerk and a customer who is looking for a gift for his girlfriend.

CLIENTE Buenos días.

VENDEDORA ¿En qué ______________ servirle?

CLIENTE Me gustaría ver una blusa.

VENDEDORA ¿______________ quién?

CLIENTE ______________ mi novia. Es que ella ______________ Ecuador y yo salgo ______________ Quito mañana.

VENDEDORA Muy ______________. ¿De qué color?

CLIENTE ______________, ______________ o ______________.

VENDEDORA Aquí tiene blusas.

CLIENTE ¿Son de ______________?

VENDEDORA Ésta es de algodón, ______________ las otras ______________ seda.

Continued on next page →

CLIENTE No, no quiero una de algodón, ______________ una blusa de seda.

VENDEDORA ¿______________________________?

CLIENTE Creo que es 36.

VENDEDORA Bien, 36. Aquí están. Son muy ______________.

CLIENTE ¡Ay! Éstas sí. Me gustan mucho.

VENDEDORA Y ______________ solamente 60 euros. ¿Cuál quiere?

CLIENTE Quiero la blusa ______________.

VENDEDORA Es un color muy bonito.

CLIENTE También necesito una corbata ______________ mí.

VENDEDORA ¿Con rayas o de un solo color? ¿De qué material?

CLIENTE Todas mis corbatas son de ______________. Y tengo muchas de rayas. Creo que quiero una azul.

VENDEDORA Aquí hay ______________ que ______________ muy elegante.

CLIENTE Perfecto.

VENDEDORA ¿Cómo va a ______________?

CLIENTE Con la tarjeta Visa.

VENDEDORA Si la talla no le queda ______________ a su novia, yo siempre estoy aquí ______________ las tardes.

CLIENTE Muchas gracias.

VENDEDORA Buen viaje.

Estrategia de lectura: Activating Background Knowledge

Predicting helps activate background knowledge, which aids you in forming hypotheses before you read. As you read, you confirm or reject these hypotheses based on the information given. As you reject them, you form new ones and the process of deciphering written material continues.

Actividad 20: Predicción. Don't read the entire ad; just look at the title and format to make two predictions about its content. You may write in English.

1. A kid wrote it
2. Es para los padres

Before reading the ad, list some common problems that parents have with young children. You may write in English.

____

____

NOMBRE ______________________ FECHA ______________

Ricardo Gómez	Pepito Cano	Ana Jiménez	Mariana López	Rafi Gris

Manuel Bert · Javi Alba · Marina Fidalgo · Gema Campos · Sarita Tamames · Viqui Ruiz

PERDÓN MAMÁ

¿Sus hijos son un desastre? ¿Siempre pierden cosas? No hablo de bolígrafos, cuadernos y lápices, sino de camisetas, guantes, cinturones, zapatos de tenis y hasta abrigos. ¿Le cuesta un ojo de la cara comprar prendas nuevas? Ahora Ud. puede dormir con tranquilidad. Su solución es Cintas Bordadas IMAK. Con nuestras cintas puede marcar la ropa de sus niños con sus nombres. Así no hay confusión. Los niños no van a ponerse la ropa de otros después de la clase de gimnasia, y de esta manera empiezan a ser más responsables.

IMAK entiende su problema
IMAK encuentra soluciones

Para pedir: Llame al 546 8908

Sonia Montero	Pablo Núñez	Irma Zapata	Paquito Jacinto	Jorgito Smith

Actividad 21: El anuncio. Answer the following questions based on the ad.

1. ¿A quién está dirigido el anuncio?

   a. madres   b. padres   c. niños   d. padres y madres

2. ¿Cuál es el problema? Los niños siempre pierden cosas

3. ¿Cuál es la solución? Marca la ropa con un marcadora

NOMBRE ______________________ FECHA ______________

Capítulo 5 Repaso

Future, present, and immediate past

You have learned to talk about future obligations and plans, and to state preferences, what you do every day, and what you are doing right now. You have also learned to state what has just happened.

Future obligations and plans:

Esta noche tengo que acostarme temprano.

Esta noche debo estudiar.

Esta noche voy a estudiar.

¿Cuándo vienes?

Pienso estudiar economía.

No puedo ir.

State preferences:

Me gustaría salir con mis amigos.

Me gusta comer en restaurantes e ir al cine.

Quiero ir contigo.

Prefiero la blusa roja.

What you do every day:

Yo me levanto temprano.

Voy al trabajo.

Como con mis amigos.

Vuelvo a casa tarde.

Miro la televisión.

Me acuesto temprano.

What you are doing right now:

Estoy leyendo.

Estoy estudiando.

Estoy haciendo la tarea.

State what you just did:

Acabo de hablar con mi jefe.

NOMBRE ______________________________ FECHA ____________________

Actividad: Una carta. Complete the following letter to a friend. Write the correct form of the indicated verbs in the blanks.

	______________________, ______ de ________
	(ciudad) (día) (mes)
	Querida Mariana:
estar	¿Cómo ______________? Yo bien, en este momento
estar	______________ escuchando un disco compacto de Marc
gustar	Anthony. Me ______________ mucho, ¿y a ti? Un día me
gustar	______________ ver uno de sus conciertos. Tú
deber, comprar	______________ ______________ su nuevo CD porque
ser	______________ excelente.
ser	Aquí con el trabajo, todos los días ______________
levantarse, ducharse	iguales. ______________ temprano, ______________,
vestirse, desayunar	______________ y ______________ en una cafetería
levantarse	cerca del trabajo. El sábado no voy a ______________
	hasta las doce.
buscar	Tengo que ______________ un trabajo nuevo. De
gustar	verdad, no me ______________ mi jefe. Además
querer	______________ vivir en Caracas para estar cerca de
gustar	mis padres. Me ______________ encontrar un trabajo en
acabar	una escuela como profesora. ______________ de leer en
necesitar	el periódico que ______________ profesores en una
	escuela bilingüe.
ser, salir	¿Cómo ______________ tu vida? ¿______________
ir, hacer	con Tomás? ¿Qué ______________ a ______________
gustar	para las vacaciones de Navidad? Me ______________ ir
tener	a una isla del Caribe, pero no ______________ dinero.
ir, venir	Mis padres ______________ a ______________ aquí
ir, divertirse	para Navidad. Ellos ______________ a ______________
venir	mucho. ¿Por qué no ______________ tú?
	Un fuerte abrazo de tu amiga,
	Raquel

NOMBRE ______________________ FECHA ______________

PRÁCTICA COMUNICATIVA II

Actividad 18: El transporte. Complete the following travel guide description about the modes of transportation in Barcelona.

Al aeropuerto de Barcelona llegan ______________ de vuelos (*flights*) nacionales e internacionales. Como el aeropuerto está a diez kilómetros de la ciudad, se puede tomar un ______________, pero hay un servicio de ______________ a la ciudad que cuesta menos. Como Barcelona está en la costa, también llegan ______________ de Italia y de otras partes del Mediterráneo. Existen dos estaciones de ______________; a muchas personas les gusta este medio rápido de transporte porque pueden dormir durante el viaje en una cama. Dentro de la ciudad el transporte público es muy bueno y cuesta poco: hay ______________, ______________ y, por supuesto, los ______________, que cuestan más. El ______________ es el modo más rápido porque no importan los problemas de tráfico. Muchas personas prefieren viajar en ______________, pero es difícil encontrar dónde dejarlo, especialmente en la parte vieja de la ciudad. Como en todas las ciudades grandes, hay pocos lugares para aparcar.

Actividad 19: Mi familia.

Parte A. List five of your relatives. For each of these relatives, indicate his/her name, relationship to you, age, occupation, marital status (single, married, or divorced), any children he/she may have, and whether he/she is a favorite relative. Follow the format shown in the example.

➤ *Betty: abuela—74 años—jubilada* (retired)*—divorciada—4 hijos—mi abuela favorita*
Clarence: abuelo—69 años—pintor—casado (con Helen)—2 hijos
Helen: abuela—71 años—escritora—casada (con Clarence)—2 hijos
Robert: hermano—31 años—piloto—soltero—mi hermano favorito
Phoebe: madre—52 años—profesora—viuda (widowed)*—4 hijos*

1. ____

____

2. ____

____

3. ____

____

4. ____

____

5. ____

____

NOMBRE ______________________ FECHA ____________

Parte B. Use information from **Parte A** to write a short composition about a member of your family.

Actividad 20: ¿Hiciste todo? Your roommate is sick and asked you to do a few things. He/She still has a few more requests. Answer his/her questions, using indirect-object pronouns.

COMPAÑERO/A ¿Le mandaste a mi tía la carta que te di?

TÚ ____________________

COMPAÑERO/A ¿Me compraste el champú y la pasta de dientes, y cuánto te costaron?

TÚ ____________________

COMPAÑERO/A ¿Le diste la composición al profesor de historia?

TÚ ____________________

COMPAÑERO/A ¿Le dejaste la nota al profesor de literatura?

TÚ ____________________

COMPAÑERO/A ¿Nos dio tarea la profesora de cálculo?

TÚ ____________________

COMPAÑERO/A ¿Me buscaste el libro en la biblioteca?

TÚ ____________________

COMPAÑERO/A ¿Les vas a decir a Adrián y a Pilar que no puedo ir a esquiar mañana?

TÚ ____________________

COMPAÑERO/A ¿Esta noche me puedes comprar papel para la computadora?

TÚ ____________________

NOMBRE ______________________________ FECHA ________________

Actividad 21: Niño triste. Complete the following paragraph with affirmative or negative words. Use **algo, alguien, siempre, nada, nadie,** and **nunca.**

Es el primer día de clases y Paul está triste, requetetriste porque está en un país nuevo. No tiene amigos, y no juega con ________________ en el parque. No estudia ________________ porque no entiende ________________. ________________ habla inglés y ________________ comprende sus problemas. No tiene ________________ que hacer y quiere volver a su país. La madre de Paul no está preocupada porque ella sabe que Paul va a aprender a decir ________________ en el idioma pronto y que ________________ va a empezar a jugar con su hijo. Los niños ________________ hacen amigos y se adaptan a diferentes situaciones en poco tiempo.

Estrategia de lectura: Skimming and Scanning

Skimming is a skill used for getting the gist of written materials. For example, you skim the contents of a newspaper, reading only the headlines and glancing at the photos to see which articles might interest you. Once you find an article of interest, you may then skim or scan it. Skimming it means merely reading quickly through to get the general message. Scanning means looking for specific details to answer questions that you already have in mind.

Actividad 22: Lectura rápida. Skim the article on pages 94–95 to find out what the main topic is:

a. geography and peoples of South America
b. peoples of South America
c. geography of South America

Actividad 23: Lectura enfocada. Scan the following article to find the answers to these questions.

1. ¿Dónde está el Atacama y qué es? ________________

____

2. ¿Dónde están las montañas más altas de América? ________________

____

3. ¿Dónde encontró Darwin animales casi prehistóricos? ________________

____

4. Son tristes o alegres las leyendas? ________________

____

NOMBRE ______________________ FECHA ______________

Las cataratas del Iguazú

Suramérica: Una maravilla

Suramérica es una zona de gran diversidad natural. La tierra que encontraron los conquistadores al final del siglo XV no es la misma que hoy día, pero precisamente esa diversidad natural fue lo que les causó muchos problemas a los españoles. No fue fácil explorar las tierras vírgenes del río Amazonas, el desierto de Atacama en Chile y los Andes cubiertos de nieve. Pero, a veces, la geografía les ofreció soluciones obvias a sus problemas. Por ejemplo, al llegar a lo que hoy en día es la frontera entre Argentina y Chile, los españoles vieron las montañas más altas de todo el continente y al cruzarlas, **llegaron** al Océano Pacífico. Además, el delta del Río de la Plata, entre Uruguay y Argentina, les ofreció lugares ideales para construir las ciudades de Buenos Aires, La Plata y Montevideo con acceso al interior por un río y al continente europeo por el Océano Atlántico: Un sitio perfecto para los comerciantes.

En 1492, los españoles llegaron a América, un continente ya conocido por los indígenas y aprendieron de ellos muchas cosas. La llama en la cordillera andina y la canoa en los ríos Orinoco, Amazonas y Paraná fueron medios de transporte mucho mejores que los caballos[1] y las caravelas[2] de los conquistadores. Pronto los españoles aprendieron a moverse por esas tierras, explorando diferentes lugares y conociendo la vida y costumbres de los habitantes. Los indígenas **les** contaron leyendas regionales. Como muchas otras leyendas, **éstas** explican el origen de lugares geográficos y casi siempre figuran en ellas seres humanos y dioses. Por ejemplo, las leyendas dicen que los dioses crearon las cataratas del Iguazú y los Cuernos del Paine cuando **se enfadaron**. En el caso del Iguazú, un dios se enfadó con dos amantes y, en el otro, con dos guerreros. Estas leyendas pasaron oralmente de generación en generación y hoy día forman parte del folclore suramericano.

[1] horses [2] ships, caravels

En el siglo XXI la diversidad natural que forma Suramérica todavía nos ofrece mucha belleza y recursos naturales. Las Cataratas del Iguazú son majestuosas y le dan electricidad a la zona. Los Cuernos del Paine forman parte de un parque nacional que es un lugar magnífico para hacer ecoturismo. Las islas Galápagos con sus animales casi prehistóricos **le** dieron a Darwin la oportunidad de investigar su teoria y son un tesoro de la naturaleza. Suramérica es rica en minerales como el cobre[3] de Chile, el petroleo de Venezuela, el estaño[4] de Bolivia y el carbón de Colombia. La misma tierra que nos **dio** la papa, todavía es rica en vegetación y exporta flores, bananas y café entre otros productos.

Los españoles llegaron con la idea de conquistar, explorar y llevar mucho oro[5] a España, pero no pensaron en la importancia de las riquezas naturales del Nuevo Mundo. Su llegada empezó un nuevo capítulo en la historia de Suramérica. Ahora, en el siglo XXI, estamos empezando a escribir otro capítulo, pero debemos tener cuidado para no destruir la belleza y las riquezas naturales que forman esa tierra tan maravillosa.

[3] copper [4] tin [5] gold

Actividad 24: Los detalles. Answer the following questions based on the reading.

1. ¿Cuál es el sujeto del verbo **llegaron** en el párrafo 1? ______________
2. ¿Por qué es un lugar ideal el Río de la Plata para construir ciudades? ______________
3. ¿Qué animal usaron los indígenas para transportar cosas en la zona andina? ______________
4. ¿A quiénes se refiere **les** en el párrafo 2? ______________
5. ¿A qué se refiere **éstas** en el párrafo 2? ______________
6. ¿Cuál es el sujeto del verbo **se enfadaron** en el párrafo 2? ______________
7. ¿Cuál es un sinónimo para **se enfadaron**? ______________
8. ¿A quién se refiere **le** en el párrafo 3? ______________
9. ¿Cuál es el sujeto de **dio** en el párrafo 3? ______________
10. ¿Hoy día que productos exporta Suramérica? ______________
11. ¿Por qué tenemos que tener cuidado en el siglo XXI? ______________

NOMBRE ______________________ FECHA ______________

España: Una historia variada

El estudio de las diferentes civilizaciones que vivieron en España nos ayuda a entender a los españoles; también nos ayuda a comprender a los habitantes de todos los países hispanoamericanos porque estos países recibieron, de algún modo, influencias de la "madre patria".

I. ______________________

Una de las culturas que más influyó en España fue la cultura romana. Durante seis siglos, II a.C.–V d.C.,[1] España fue la provincia más importante del Imperio Romano. Los romanos introdujeron la base del sistema educativo actual: escuela primaria, secundaria y escuelas profesionales. Su influencia fue muy importante además en la lengua y la religión: más o menos el 70% del idioma español proviene de su lengua, el latín, y los romanos también llevaron a España la religión cristiana. Los romanos construyeron anfiteatros y puentes, como el puente de Salamanca, que todavía se usa. Construyeron además acueductos como el acueducto de Segovia, que se hizo hace dos mil años y se usó hasta mediados de los años setenta del siglo XX.

II. ______________________

Otra influencia importante en España fue la de los moros, árabes del norte de África, que vivieron principalmente en el sur de España por unos ocho siglos (711–1492). Ellos llevaron a España el concepto del cero, el álgebra y su idioma, el árabe, que también influyó en el español. Esta influencia se ve en palabras como **alcohol, álgebra** y **algodón.** Los moros fundaron ciudades esplendorosas como Granada y Córdoba. En esta última, instalaron la primera escuela de científicos donde se hizo cirugía cerebral. Además de hacer contribuciones científicas, los moros participaron en la Escuela de Traductores de Toledo. Allí cristianos, moros y judíos —otro grupo que contribuyó a la riqueza cultural de la España medieval— colaboraron para traducir textos científicos e históricos del árabe y del latín al castellano. Toledo entonces era la ciudad que mejor reflejaba la coexistencia pacífica de moros, cristianos y judíos.

III. ______________________

En 1492 los Reyes Católicos (Fernando de Aragón e Isabel de Castilla) lograron expulsar[2] a los moros de España y unificaron el país política y religiosamente. Al terminar la guerra con los moros, los reyes pudieron utilizar el dinero de España para financiar los viajes de los conquistadores al Nuevo Mundo, empezando con el viaje de Cristóbal Colón. Los viajes de Colón iniciaron una época de exploración y dominación española en el Nuevo Mundo y, al extender su poder por América, los españoles transmitieron el idioma español, su cultura y la religión cristiana.

[1] **a.C.** = *antes de Cristo;* **d.C.** = *después de Cristo* [2] **lograron...** *managed to expel*

NOMBRE ______________________ FECHA ______________

Actividad 23: Completa la historia. After reading the article, complete the following sentences using the information from the reading. There may be more than one possible response.

1. Para los países hispanoamericanos, la "madre patria" es ______________________
2. Algo importante que introdujeron los romanos fue ______________________
3. Los moros vivieron en España por casi ______________ años.
4. Una de las ciudades fundadas por los moros fue ______________________
5. Los moros, judíos y cristianos colaboraron ______________________
6. Los Reyes Católicos ______________________
7. Los conquistadores ______________________

NOMBRE ________________ FECHA ________________

Capítulo 7 Repaso

THE DETAILS

Look at the following sentences and note how the use of an article (**el/un, la/una**) or lack of one can change the meaning.

Voy a comprar **la chaqueta** que vimos ayer.	The speaker has a specific one in mind.
Voy a comprar **una chaqueta** para el invierno.	I have none in mind; I'll go to some stores and just look for one.
Voy a comer en **el restaurante** Casa Pepe mañana.	The speaker has a specific one in mind—Casa Pepe.
Voy a comer en **el restaurante** mañana.	Implying the specific one the speaker has in mind.
Voy a comer en **un restaurante** chino mañana.	The speaker will eat in a Chinese restaurant, but does not specify which.
Yo como en **restaurantes** con frecuencia.	Implying that the speaker goes to many different restaurants.

Look at how the use of **el/los** can change the meaning in these sentences.

Trabajo **el** lunes.	*On Monday*
Trabajo **los** lunes.	*On Mondays*

Note the use of these prepositions in Spanish:

Estudio **en** la universidad de Georgetown.

Para mí, la clase **de** literatura moderna es muy difícil.

Normalmente estudio **por** la tarde.

Tengo que terminar un trabajo **para** el viernes.

Remember all the uses of **a**:

- the personal **a**

  Conozco **a** mi profesor de biología muy bien.

- with **gustar**

  A Juan y **a** Verónica les gusta la clase de biología.

- **a** + *place*

  asistir a + *place/event*, **ir a** + *place/event*

  Voy a la universidad temprano todos los días.

  Asisto a mi clase de español todos los días.

- verbs that take **a** before infinitives

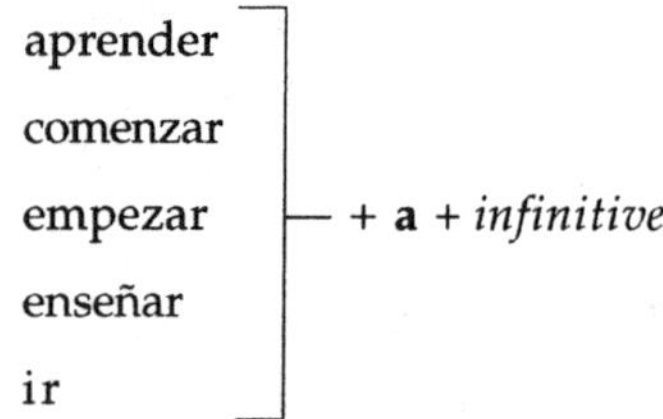

Poco a poco **aprendo a escribir** español.

Empiezo a entender las conversaciones del programa de laboratorio.

El profesor nos **enseña a pronunciar** las palabras correctamente.

Actividad: Conversaciones. Complete the following conversations with the correct articles or prepositions. Only one word per blank.

1. —Mi padre está ________ ________ hospital.

   —¿Cuándo va ________ salir?

   —________ miércoles, si Dios quiere.

2. —¡Carlitos! ¿Cuándo vas ________ aprender ________ comer bien?

   —Mamá, mamá, Ramón me está molestando.

3. —No quiero asistir ________ la reunión.

   —Yo tampoco. ¿Por qué no vamos ________ ________ restaurante ________ el centro?

   —Buena idea. Yo conozco ________ restaurante muy bueno.

4. —Por fin empiezo ________ entenderte.

   —¿Aprendiste ________ leer mis pensamientos?

   —No dije eso.

5. —¿Dónde estudias?

—_______ la Universidad Autónoma.

—¿Cuándo empezaste?

—Empecé _______ estudiar allí hace tres años.

—¿Qué estudias?

—Arte.

—¿_______ tus padres les gusta _______ idea?

—Claro, ¡son artistas!

6. —Oye, voy _______ tener el carro _______ Felipe este fin de semana.

—¿Adónde quieres ir?

—Me gustaría ir _______ _______ capital. ¿Podemos ir?

—¿Por qué no? Voy _______ ver _______ Pilar mañana _______ la noche.

—¿Y?

—Y su hermano comenzó _______ trabajar en la capital _______ mes pasado. Podemos dormir _______ el apartamento _______ él. Creo que está _______ _______ centro y que es muy grande.

—Buena idea.

7. ¿Compraste _______ saco que vimos _______ otro día?

—Sí, me costó _______ ojo de la cara.

—Ahora necesitas corbata.

—Sí, _______ corbata _______ seda roja.

8. —¿_______ cuándo es la composición?

—Es _______ _______ lunes.

Actividad 20: Usa el diccionario. Guess the meaning of the following words as used in the text you just read. Then confirm your predictions by consulting the accompanying dictionary definitions.

	Guess	Dictionary Definition
1. línea 2: **artesanía**	______________	______________
2. línea 6: **conseguir**	______________	______________
3. línea 11: **meter la pata**	______________	______________
4. línea 14: **prevalecieron**	______________	______________
5. línea 17: **telas**	______________	______________

ar·te·sa·ní·a f. *(habilidad)* craftsmanship; *(producto)* crafts.
con·se·guir §64 tr. *(obtener)* to obtain; *(llegar a hacer)* to attain; *(lograr)* to manage.
pa·ta f. ZOOL. *(pie)* paw, foot; *(pierna)* leg; COLL. *(pierna humana)* leg; *(base)* leg <*las patas de la mesa* the legs of the table>; ORNITH. female duck ◆ **a cuatro patas** on all fours • **a p.** COLL. on foot • **estirar la p.** COLL. to kick the bucket • **meter la p.** COLL. to put one's foot in it • **p. de gallo** crowfoot.
pre·va·le·cer §17 intr. *(sobresalir)* to prevail; BOT. to take root.
te·la f. *(paño)* fabric; *(membrana)* membrane; *(nata)* film; *(de araña)* web; ANAT. film; BOT. skin; ARTS *(lienzo)* canvas; *(pintura)* painting ◆ **poner en t. de juicio** to call into question • **t. adhesiva** adhesive tape • **t. aislante** electrical tape • **t. metálica** wire netting.
te·lar m. TEX. loom; *(de puerta)* frame; BKB. sewing press ◆ **en el t.** in the making.

Actividad 21: Preguntas. After reading the article, state what advice the author gives tourists about the following topics:

1. el regateo

   ____

2. cómo saber si los precios son buenos o malos

   ____

3. cuándo ir a la Lagunilla y San Telmo

   ____

4. si se puede regatear en el Rastro de Madrid

   ____

NOMBRE ______________________________ FECHA ______________

PRÁCTICA COMUNICATIVA II

Actividad 16: Rompecabezas. Do the following newspaper puzzle. By finding the correct word for each definition, you will be able to complete a popular Spanish saying that means *he's blushing.*

1. Es verde y es la base de la ensalada. __ __ __ __ __ __ __ (2nd blank: 1)
2. Cuando la corto, lloro. __ __ __ __ __ __ __ (1st blank: 8; 4th blank: 6)
3. Lo uso en la cocina y en mi carro. __ __ __ __ __ __ (1st blank: 4)
4. Pongo esto encima de los espaguetis. __ __ __ __ __ (4th blank: 2)
5. Una banana es parte de este grupo. __ __ __ __ __ __ (4th blank: 3)
6. Son blancos y el centro es amarillo; se pueden freír. __ __ __ __ __ __ (2nd blank: 10)
7. Es una ensalada pongo aceite y esto. __ __ __ __ __ __ __ (3rd blank: 11)
8. Oscar Mayer vende mucho de esto para sándwiches. __ __ __ __ __ (1st blank: 7)
9. Para comer uso una cuchara, un cuchillo y esto. __ __ __ __ __ __ __ (7th blank: 5)
10. Es la compañera de la sal; es negra. __ __ __ __ __ __ __ __ (3rd blank: 9)

El dicho secreto: __

1 2 3 4   5 6 7 6   8 6 9 6   10 11   3 6 9 4 3 1

Actividad 17: Una receta. Your friend is a disaster in the kitchen. She's so bad that you had to write her a recipe for a salad. Complete the recipe with the appropriate words.

Primero se lava y ________ ________________ la lechuga. Después ________ ________________ y ________ ________________ el tomate. ________ ________________ la lechuga en el plato y ________ ________________ el tomate encima de la lechuga. También puedes ________________ una cebolla si quieres y ponerla encima de la lechuga. Como te gusta mucho el queso, te aconsejo que ________________ un poco encima de todo. Ahora, ________ ________________ aceite y vinagre (pero poco vinagre), después ________ ________________ sal (y pimienta si quieres). Después ________ ________________ todo y se come.

Actividad 18: Las mentes inquisitivas quieren saber. Read the following headlines that appeared in different types of newspapers, some respectable and some sensational. React to them using these phrases: **Me sorprendo de que..., No creo que..., Me alegro de que..., (No) Es posible que..., Creo que...,** etc.

1. Viajes a Marte en el año 2015. ____________________
2. Cumple 125 años y todavía trabaja. ____________________
3. Mujer de 72 años tiene bebé. ____________________
4. Nueva droga del Amazonas. ¿La cura del cáncer? ____________________
5. Costa Rica tiene más profesores que policías y no tiene militares. ____________________
6. Cada año España tiene más turistas que habitantes. ____________________

Estrategia de lectura: Topic Sentences and Supporting Evidence

As you read, you need to focus your attention in order to understand the text. One way to do this is to locate the topic sentence (**oración principal**) in each paragraph. Once you have identified these, you can look for supporting information (**ideas de apoyo**).

Actividad 19: Oración principal e ideas de apoyo. As you read the following article, write the topic sentences of the paragraphs indicated and jot down in note form the supporting evidence given.

Párrafo 2: ____________________

Ideas de apoyo:

____

____

____

Párrafo 3: ____________________

Ideas de apoyo:

____

____

____

NOMBRE ______________________ FECHA ______________

Párrafo 4: ____

____

Ideas de apoyo:

____

____

____

____

Párrafo 5: ____

____

Ideas de apoyo:

____

____

____

____

____

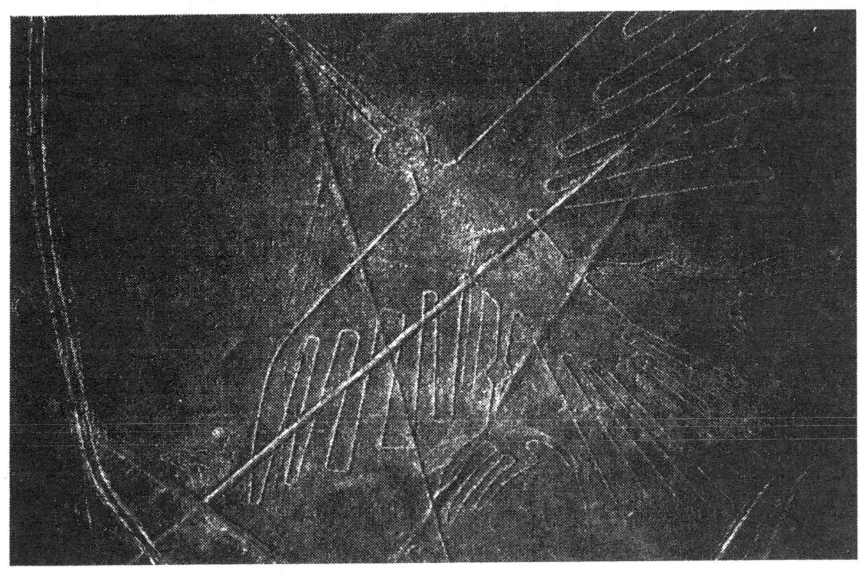

Las líneas de Nasca

NOMBRE ______________________ FECHA ______________

Curiosidades y costumbres del mundo hispano

En algunos países hispanos se encuentran enigmas difíciles de comprender. Hay enigmas arqueológicos intrigantes que se están investigando, pero quizás nunca se encuentre una explicación para ellos. Por otro lado, hay fenómenos religiosos curiosos que tienen su origen en civilizaciones pasadas.

Uno de los fenómenos arqueológicos inexplicables son los dibujos de Nasca, Perú. Allí, en la tierra, hay dibujos gigantescos de animales y flores que sólo pueden verse en su totalidad desde el aire. También hay unas líneas muy derechas. Algunos dicen que tal vez sean pistas de aterrizaje[1] que se hicieron en la época prehistórica para visitantes extraterrestres.

Otro enigma que contradice toda lógica está en la Isla de Pascua, Chile. Allí, al lado del mar, hay unas cabezas enormes de piedra volcánica. Hay mucha controversia sobre el origen de estos monolitos, pero se cree que se construyeron unos cuatrocientos años antes de Cristo. Estas piedras pesan más de veinte toneladas[2] cada una y, hoy en día, todavía es inexplicable cómo una pequeña población pudo moverlas tantos kilómetros, desde el volcán hasta la costa. Hay gente que afirma que es un fenómeno sobrenatural.

En el mundo hispano no sólo hay fenómenos arqueológicos intrigantes; existen también algunas costumbres religiosas que muestran aspectos únicos de la cultura. Una de estas costumbres es el uso de la hoja de coca por los indígenas de Bolivia y Perú. Ellos le ofrecen la coca a la diosa Pachamama para que ella les dé buena suerte; también mascan[3] la coca para combatir el hambre y el cansancio que causa la altitud. La hoja de coca se usa además en esa zona para predecir el futuro y para diagnosticar enfermedades.

Un fenómeno religioso que coexiste con el catolicismo es la santería, común en varios países del Caribe. Es de origen africano y consiste en la identificación de dioses africanos con santos cristianos. Cuando los españoles trajeron a los esclavos a América, los forzaron a adoptar el cristianismo, pero ellos no abandonaron totalmente su propia religión y el resultado fue una mezcla de las dos religiones. La santería que se practica hoy en día varía de país en país. En Cuba, por ejemplo, los **orishas** (dioses) corresponden a los santos cristianos: Babalú es el nombre de San Lázaro y es el protector de los enfermos; Changó, el dios del rayo[4], es Santa Bárbara. Hay símbolos especiales asociados con cada orisha y rituales para honrarlos.

Estos fenómenos arqueológicos y estas costumbres religiosas nos muestran varios aspectos de la cultura hispana. Conocer las costumbres propias de otras culturas nos ayuda a comprenderlas.

[1]**pistas...** *landing strips* [2]**toneladas** = toneladas métricas. Una tonelada métrica = 2204 libras.
[3]*they chew* [4]*lightning*

Capítulo 10

PRÁCTICA MECÁNICA I

Actividad 1: El correo. Escribe las palabras que corresponden a las siguientes cosas. Incluye el artículo definido en tus respuestas.

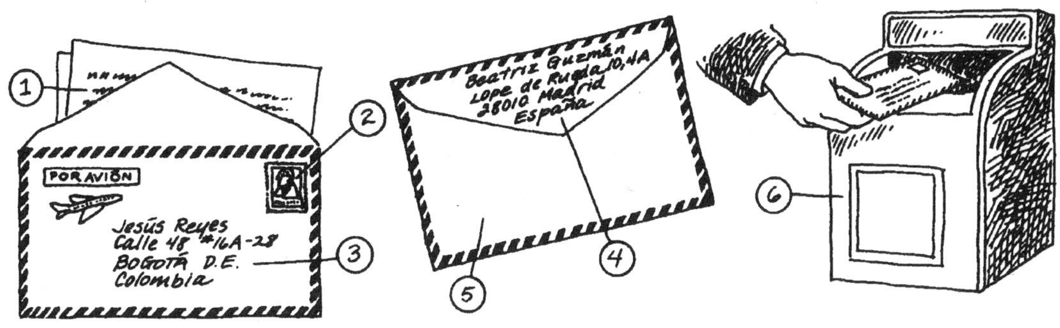

1. ______________________
2. ______________________
3. ______________________
4. ______________________
5. ______________________
6. ______________________

NOMBRE ______________________ FECHA ______________

Actividad 2: La red. Combina las cosas de la Columna A con las de la Columna B.

	A		B
1.	d @	a.	http://www.latinolink.com
2.	f /	b.	dos puntos
3.	b :	c.	yahoo
4.	a enlace	d.	arroba
5.	e dirección de correo electrónico	e.	miguel8@hotmail.com
6.	c buscador	f.	barra

Actividad 3: Más verbos. Completa las oraciones con la forma apropiada de los verbos indicados. (Algunos funcionan como **gustar**, otros no.)

1. A mí me parece que estás loca. (parecer)
2. A Bernardo y a Amalia les facinan las películas viejas. (fascinar)
3. ¿A ti te falta tiempo para terminar? (faltar)
4. El Sr. Castañeda nunca necesita trabajar porque es millonario. (necesitar)
5. Ahora, después de caminar tanto hoy, a Gustavo le molestan los zapatos. (molestar)
6. Ayer a Julio le facinó el concierto. (fascinar)
7. ¿Por qué no me ayudaste cuando te pedí ayuda? (ayudar)
8. A Amparo siempre le falta dinero. (faltar)

Actividad 4: Combina. Reescribe las siguientes oraciones usando los pronombres de complemento directo e indirecto *(direct- and indirect-object pronouns).*

1. Te voy a escribir una composición. Te la voy a escribir
2. Le regalé dos discos compactos de rock. Se los regalé
3. Mi madre les pidió una tortilla. Mi madre se la pidió
4. ¿Quieres que te mande la información por correo electrónico? Quieres que te la mande por correo eletronico
5. Estoy preparándote un café. Estoy preparandotelo

NOMBRE ______________________ FECHA ______________

Actividad 5: De otra manera. Reescribe las siguientes oraciones de otra manera sin cambiar el significado. Presta atención a los acentos.

➤ ¿Me lo vas a preparar? *¿Vas a preparármelo?*

1. Te lo voy a comprar. Voy a comprartelo
2. Se lo estoy cosiendo. Estoy cosiendoselo
3. Me los tienes que lavar. Tienes que lavarmelos
4. Nos lo está leyendo. Esta leyendonoslo
5. ¿Se lo puedes mandar? ¿Puedes mandarselo?
6. Te las va a preparar. Va a prepararteLas

PRÁCTICA COMUNICATIVA I

Actividad 6: El paquete.

Parte A. Estás en México y tienes que mandarle un paquete muy importante a tu jefe, Diego Velazco Ramírez. El paquete contiene unos contratos y lo vas a mandar al Hotel Meliá Castilla, Capitán Haya 43, 28020 Madrid, España. Es necesario que el paquete llegue mañana o pasado mañana. Completa la conversación que tienes con el empleado del correo.

EMPLEADO ¿Qué desea?

TÚ ______________________

EMPLEADO ¿Adónde va el paquete?

TÚ ______________________

EMPLEADO ¿Contiene comida o alcohol?

TÚ ______________________

EMPLEADO ¿Cómo lo quiere mandar? ¿Por avión? ¿Urgente?

____

¿______________________?

EMPL[illegible]O Mañana o pasado mañana.

TÚ ______________________

______________________?

EMPLEADO 4[illegible]. Favor de completar el formulario.

NOMBRE ______________________ FECHA ______________

Parte B. Ahora, llena el formulario de aduanas. Puedes inventar la dirección del remitente.

ADUANA DE MÉXICO

Destinatario: ______________________

____

____

Remitente: ______________________

____

____

Contenido del paquete: ______________________

____

Actividad 7: La universidad. Acabas de recibir un cuestionario de la universidad. Contesta las siguientes preguntas usando oraciones completas.

1. ¿Cuáles son tres cosas que le fascinan de esta universidad?

____

____

____

2. ¿Cuáles son tres cosas que le molestan?

____

____

____

3. ¿Le parecen excelentes, buenas, regulares o malas las clases?

____

4. ¿Le parece que hay suficientes computadoras en la universidad para poder mandar y recibir correo electrónico? ______________________

5. ¿Le falta algo que le pueda ofrecer la universidad?

____

Algún comentario personal:

____

____

NOMBRE ________________________ FECHA ________________

PRÁCTICA COMUNICATIVA II

Actividad 12: Un anuncio. Lee este anuncio y contesta las preguntas.

¿QUIERES SER INSTRUCTORA DE AEROBICS?
Inscríbete en:
Guiesca
Tenemos el mejor sistema de enseñanza por medio de un programa activo, con intervención de profesores ampliamente capacitados dentro de un agradable ambiente.
Servicios que presta: Gimnasia aeróbica, Jazz, Pesas.
Fdo. Iglesias y Calderón
No. 50 Jardín Balbuena
15900 5 · 71 · 63 · 78
Inscripción de la S.E.P No. Reg. V-881056

1. Marca las actividades que se pueden hacer en Guiesca.
   - ☐ levantar pesas
   - ☐ nadar
   - ☐ hacer ejercicio
   - ☐ jugar al squash
2. ¿Crees que Guiesca busque personas que tengan experiencia? ¿Por qué sí o no?

   ____
3. ¿Crees que sea un gimnasio para hombres? ¿mujeres? ¿hombres y mujeres?

   ____

   ¿Por qué crees eso? ____________________________

   ____

NOMBRE ______________________________ FECHA ______________

Actividad 13: Mi vida en Santiago. Completa esta descripción de lo que hacía Mario mientras vivía en Santiago de Chile.

Todos los días yo __Me levantaba__ (levantarse) temprano para ir a trabajar. __Caminaba__ (Caminar) al trabajo porque __vivía__ (vivir) muy cerca. __Trabajaba__ (Trabajar) en una escuela de inglés y __enseñaba__ (enseñar) cuatro clases al día, un total de veinticuatro horas por semana. Mis estudiantes __eran__ (ser) profesionales que __necesitaba__ (necesitar) el inglés para su trabajo. Todos __eran__ (ser) muy inteligentes e __iban__ (ir) a clase muy bien preparados. Me __gustaban__ (gustar) mis estudiantes y muchas veces ellos y yo __Salimos__ (salir) después de las clases. __Comimos__ (Comer) en los restaurantes o __ibamos__ (ir) al cine. Santiago __era__ (ser) fantástico y quiero volver algún día.

Actividad 14: Un campeonato final sin final.

Parte A. Escoge los verbos apropiados de la lista para completar el siguiente artículo sobre un partido de tenis. Escribe la forma del verbo en el imperfecto si hay una **i** y la forma del verbo en el pretérito si hay una **p**.

decir	esperar	ganar	hacer	ser
empezar	estar	haber	poder	tener

Ayer __había__ (i) mucha gente en el estadio de Wimbledon. __Hacía__ (i) mucho calor y sol. Entre el público __estaban__ (i) Guillermo Vilas, Arantxa Sánchez Vicario, Marcelo Ríos, Tom Hanks, Julia Roberts, Pedro Almodóvar y otra gente famosa. Todo el mundo __esperaba__ (i) ver el campeonato entre los dos españoles Juan Carlos Ferrero y Carlos Moya. __Era__ (i) las dos y media cuando __empezó__ (p) el partido; todo el mundo __estaba__ (i) en silencio; nadie __decía__ (i) nada esperando ansiosamente la primera pelota. Después de hora y media de juego en el calor intenso, Juan Carlos Ferrero __tuvo__ (p) un accidente y no __pudo__ (p) continuar. Así que Carlos Moya __ganó__ (p) el campeonato.

Parte B. Lee el párrafo otra vez y contesta esta preguntas.

1. Is the imperfect or the preterit used to give past description? ______________
2. Is the imperfect or the preterit used to narrate what occurred? ______________

NOMBRE ______________________ FECHA ______________

Actividad 15: El robo. Ayer viste un robo en la calle y tuviste que ir a hacerle una declaración a la policía. Mira los dibujos y completa la conversación con el policía usando oraciones completas.

POLICÍA ¿Qué hora era cuando vio Ud. el robo?

TÚ Eran las dos cincuenta y cinco / tres menos diez.

POLICÍA ¿Dónde estaba Ud. y dónde estaba la víctima?

TÚ Estaba en la esquina y la victima estaba en frente de la tienda de ropa.

POLICÍA ¿Qué hizo específicamente el criminal?

TÚ El criminal le robo el paquete a la victima

POLICÍA ¿Cómo era físicamente el criminal?

TÚ Era delgado, alto, blanco, pelo negro, con el pelo corto. Llevaba unos jeans y un sueter negro.

POLICÍA ¿Bigote o barba? La víctima nos dijo que tenía barba.

TÚ No tenia bigote

POLICÍA ¿Y la descripción del carro?

TÚ Era un Ford Fiesta de azul y bastante viejo

POLICÍA ¿Quién manejaba? ¿Lo vio Ud. bien? ¿Sabe cómo era?

TÚ No, lo vi

POLICÍA Muchas gracias por ayudarnos.

Actividad 16: Los niños de hoy. Diana y Marisel están comparando lo que ellas hacían cuando tenían trece años con lo que hacen los niños de esta edad en los Estados Unidos.

DIANA Cuando yo tenía trece años, ______________________________

____

MARISEL Yo iba al cine, salía con grupos de amigos y viajaba con mis padres.

DIANA También ______________________________

y ______________________________.

MARISEL Pero hoy, los niños parecen adultos.

DIANA Sí, es verdad, hoy los niños de la escuela donde enseño en los Estados Unidos __________

______________________________.

MARISEL ¡Es una lástima!

DIANA Pero eso no es todo; también ______________________________

______________________________.

MARISEL Son como pequeños adultos; casi no tienen infancia.

Actividad 17: ¡Cómo cambiamos! Paulina asistió a la universidad contigo. La viste ayer y no puedes creer cómo está; parece una persona totalmente diferente. Mira estas dos fotos de Paulina y escríbele una carta a tu amigo Hernando. Describe cómo era y qué hacía Paulina (imperfecto), y cómo es hoy y qué hace (presente).

Ahora

Panamá, 10 de enero

Querido Hernando:

No lo vas a creer; acabo de ver a Paulina Mateos. ¿La recuerdas? Recuerdas que era ______________________________

____

____

______________________________.

Continúa en la página siguiente →

Pues ahora ____________

____

Un abrazo,

____

Estrategia de lectura: Finding References

Understanding the relationship between words and sentences can help improve your understanding of a text. A text is usually full of references that are used to avoid redundancies. Common reference words are possessive adjectives, demonstrative adjectives and pronouns, and subject, indirect-, and direct-object pronouns. Furthermore, as you have seen, subject pronouns are generally omitted where the context allows it.

You will have a chance to practice identifying references while you read the next selection.

Actividad 18: Mira y contesta. Contesta estas preguntas sin consultar a nadie.

1. Mira el mapa en la contratapa (*inside cover*) de tu libro de texto y escribe qué países forman Centroamérica. ____________
2. ¿Sabes qué país construyó el Canal de Panamá? ¿Sabes qué país lo administra? ____________
3. ¿Qué aprendiste sobre Costa Rica en este capítulo? ____________
4. ¿Qué sabes sobre la situación política de Centroamérica? ____________

Actividad 19: Referencias. Al leer el texto, di a qué se refieren las siguientes frases o palabras.

1. línea 4: **esa región** ____________
2. línea 11: **lo** ____________
3. línea 17: **su** ____________
4. línea 22: **sus** ____________
5. línea 27: **Allí** ____________
6. línea 30: **ellos** ____________
7. línea 32: **Éstas** ____________

NOMBRE ______________________ FECHA ______________

Centroamérica: Mosaico geográfico y cultural

Los siete países que forman Centroamérica unen dos gigantes, Norteamérica y Suramérica, y separan el Océano Atlántico del Océano Pacífico. Seis de ellos son países hispanos; el otro, Belice, es una antigua colonia británica.

Centroamérica es un mosaico de tierras y de pueblos.[1] En **esa región** se encuentran playas blancas, selvas tropicales, montañas de clima fresco, sabanas fértiles y gigantescos volcanes. Su población incluye indígenas con lenguas y costumbres precolombinas, descendientes de europeos, negros, mestizos, mulatos y también asiáticos.

El país más austral[2] de Centroamérica es Panamá, que tiene la mayor población negra de los países hispanos de la región. El recurso económico más importante de ese país es el Canal de Panamá que construyeron los Estados Unidos. El gobierno estadounidense **lo** administró hasta el año 2000, cuando pasó a manos de Panamá. Este canal es de gran importancia comercial porque, al conectar el Océano Pacífico con el Océano Atlántico, es la ruta ideal para los barcos que van no sólo de Nueva York a California sino también de Asia a Europa.

En Costa Rica, la mayoría de la población es de origen europeo y el porcentaje del analfabetismo es bajo (10%). No tiene ejército[3] y, además, no tiene grandes conflictos políticos internos. En 1987, el presidente Óscar Arias recibió el Premio Nobel de la Paz por **su** iniciativa en buscar un fin a las guerras de Centroamérica.

Nicaragua, Honduras y El Salvador, por otro lado, son países de grandes conflictos políticos internos, pero a la vez de grandes riquezas naturales. Nicaragua es un país de volcanes y lagos donde sólo se cultiva el 10% de la tierra. Honduras es un país montañoso; su población vive principalmente en el campo y **sus** exportaciones principales son el banano, el café y la madera. El Salvador, a pesar de ser el país más pequeño de la zona, es el tercer exportador de café del mundo, después de Brasil y Colombia. El Salvador es además un país muy densamente poblado. La población de Nicaragua, Honduras y El Salvador tiene un alto porcentaje de mestizos (70%–90%).

Al norte de El Salvador está Guatemala. **Allí** se encuentran ruinas de una de las civilizaciones indígenas más avanzadas, la civilización maya. Más de un 50% de los guatemaltecos son descendientes directos de los mayas y hablan una variedad de lenguas indígenas; **ellos** forman la población indígena de sangre pura más grande de Centroamérica.

A pesar de las grandes diferencias que existen entre los países centroamericanos, también hay muchas semejanzas. **Éstas** forman la base de lo que es Centroamérica, pero, realmente, es la diversidad la que le da riqueza a la zona.

[1] *peoples* [2] **más...** *southernmost* [3] *army*

Actividad 20: Preguntas. Después de leer el texto, contesta las siguientes preguntas con oraciones completas.

1. ¿Cuál es la importancia del Canal de Panamá? ______________________
2. ¿En qué se diferencia Costa Rica de los otros países centroamericanos? ______________________
3. ¿Qué peculiaridad caracteriza a Nicaragua, Honduras y El Salvador? ______________________
4. ¿Cuál es una característica particular de Guatemala? ______________________

NOMBRE Jazmine Stewart FECHA ____________

Capítulo 11

PRÁCTICA MECÁNICA I

Actividad 1: La medicina. Pon estas letras en orden para formar palabras relacionadas con la medicina. Escribe acentos cuando sea necesario.

1. prnaaisi ____________
2. gernsa ____________
3. adveejn ____________
4. nyniieocc ____________
5. clseoiraof ____________
6. irrdaea ____________
7. ssaneau ____________
8. digraofaari ____________
9. efbire ____________
10. roiplda ____________

Actividad 2: La salud. Asocia las cosas de la Columna A con las palabras relacionadas con la medicina en la Columna B.

A		B
1. ______	X	a. vendaje
2. ______	Contac	b. fractura
3. ______	Ace	c. radiografías
4. ______	Robitussin	d. diarrea
5. ______	103°F, 39°C	e. dolor de cabeza
6. ______	Pepto-Bismol	f. cápsulas
7. ______	aspirina	g. jarabe
		h. fiebre

NOMBRE ______________________________ FECHA ______________

Actividad 3: ¿Imperfecto o pretérito? Completa las oraciones con la forma correcta de los verbos indicados en el pretérito o el imperfecto.

1. Ella ______________ documentos mientras él ______________ los contratos. (traducir, completar)
2. Ayer yo ______________ a un gimnasio nuevo por primera vez. Allí la gente ______________ gimnasia aeróbica, ______________ y ______________ pesas. (ir, hacer, nadar, levantar)
3. De pequeña todos los veranos yo ______________ un mes en la playa con mi familia. A mí me ______________. (pasar, encantar)
4. El año pasado Manuel y Carmen ______________ con turistas en Cancún durante cuatro meses. ______________ en un hotel muy elegante. (trabajar, Vivir)
5. Todo el sábado pasado ______________ náuseas y fiebre y por eso no fui a trabajar. (tener)
6. Javier ______________ a 150 kilómetros por hora cuando lo ______________ la policía. (manejar, ver)
7. Cuando Roberto me ______________, yo ______________ y por eso no ______________ el teléfono. (llamar, ducharse, contestar)
8. El año pasado cuando nosotros ______________ por Argentina, ______________ a un concierto de Les Luthiers. (viajar, ir)

PRÁCTICA COMUNICATIVA I

Actividad 4: Los síntomas. Termina estas conversaciones entre los pacientes y sus médicos.

1. PACIENTE A Hace tres días ______________________________

   ____

   ____

   MÉDICO Es posible que Ud. tenga una úlcera.

2. PACIENTE B Mi hijo tosía, ______________________________

   ____

   Ahora está bien pero no quiere comer.

   DOCTORA Creo que sólo fue gripe, pero debe obligarlo a comer algo.

3. PACIENTE C Todas la mañanas ______________________________

   ____

   Ahora estoy un poco mejor, pero no sé qué me pasa.

   MÉDICO Vamos a ver. ¿Cree que pueda estar embarazada?

NOMBRE ______________________ FECHA ______________

Actividad 5: Los remedios. Termina esta conversación que tiene lugar en la farmacia.

CLIENTE	Tengo un dolor de cabeza terrible.
FARMACÉUTICA	¿Por qué no toma aspirina ?
CLIENTE	¿Tiene Bayer?
FARMACÉUTICA	Claro que sí. ¿Algo más?
CLIENTE	Sí, mi hijo tiene un catarro muy fuerte y fiebre.
FARMACÉUTICA	Entonces, él tiene que toma una capsula .
CLIENTE	¡Ay! No le gustan las cápsulas. ¿No tiene pastillas de Tylenol?
FARMACÉUTICA	Sí las tengo/ claro que sí .
CLIENTE	También tiene tos.
FARMACÉUTICA	Bien, pues debe comprarle un jarabe por la tos .
CLIENTE	Y mi marido se cortó la mano.
FARMACÉUTICA	Entonces, usted necesita comprar vendajes . ¿Algo más?
CLIENTE	Creo que es todo.
FARMACÉUTICA	Ya entiendo por qué le duele la cabeza.

Actividad 6: Tu salud. Lee el siguiente artículo del periódico y contesta las preguntas.

TU SALUD *Por Antonio Calvo Roy*

■ Hipertensión

De tiempo en tiempo hay que recordarlo. En nuestro país el 20 por ciento de la población, cinco millones de personas, sufren de hipertensión, pero sólo el 10 por ciento lo sabe y toma las medidas oportunas. Hágase medir la tensión de vez en cuando, no olvide que tener la tensión alta es como llevar una espada de Damocles sobre la cabeza, y, por cierto, con muchos filos, entre ellos el peligro de infarto.

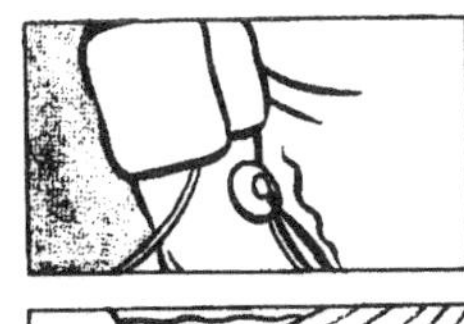

■ ¡Olé la siesta!

La siesta pasa por ser una de las grandes contribuciones hispanas a la calidad de vida mundial. En verano la costumbre se extiende como una benéfica bendición propiciada por el calor. Su sueño puede estar partido, seis horas nocturnas y dos vespertinas, no es perjudicial para su salud. Muy al contrario, pasar las horas de máximo calor entre dulces sueños puede reportarle beneficios.

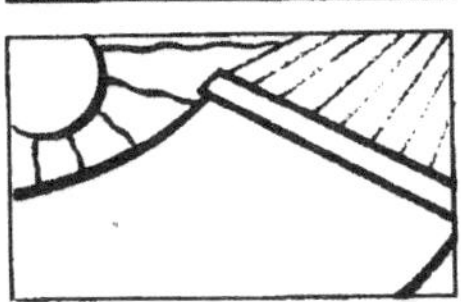

1. ¿Qué porcentaje de la población tiene hipertensión?
   a. el 50% b. el 20% c. el 75% d. el 100%
2. ¿Qué debes hacer para saber si tienes hipertensión?
   a. ver al médico b. medir la tensión c. saber los síntomas
   d. dejar de beber y fumar
3. La palabra **vespertino/a** no está en el vocabulario de Uds. ¿Qué significa?
   a. por la noche b. por la mañana c. por la tarde
4. Una persona normal debe dormir ocho horas cada noche. ¿Es bueno o malo para la salud dormir seis horas por la noche y dos horas por la tarde cuando hace calor?
   a. es bueno b. es malo c. se está investigando

NOMBRE ______________________________ FECHA ______________

Actividad 7: ¿Qué le pasaba? Termina esta parte de una carta que recibió Isabel de su tía que vive en Chile. Usa la forma correcta de los verbos que aparecen a la izquierda en el pretérito o el imperfecto.

levantarse
pasar
estar
poder
entrar
saber
creer
ir
estar

Es increíble el cambio que veo en tu primo Nando después de que se casó. Tú sabes que él nunca (1) ______________ en la cocina, y el viernes pasado yo (2) ______________ por la casa de él para dejarle algo y mientras su esposa Olga miraba la televisión, tu primo (3) ______________ preparando la cena. No (4) ______________ creerlo. Cuando él (5) ______________ preparando la ensalada, yo (6) ______________ que él (7) ______________ a ponerle demasiado vinagre; entonces (8) ______________ del sofá para ayudarlo, pero resulta que tu primo (9) ______________ exactamente cómo hacer una ensalada y al final, ¡qué ensalada más deliciosa!

empezar
poner
ser
saber
pensar
decir

Olga me (10) ______________ que el otro día mientras ella (11) ______________ la ropa en la lavadora, Nando (12) ______________ a ayudarla. Yo siempre (13) ______________ que tu primo (14) ______________ muy machista (sé que todavía es en ciertos sentidos), pero últimamente está cambiando. Cada día se parece más a su padre. Él tampoco (15) ______________ cocinar antes de casarse.

Por cierto, ayer tu tío me preparó una cena exquisita, con una ensalada fabulosa.

NOMBRE ______________________________ FECHA ______________

Actividad 8: El informe del detective. Eres un detective y pasaste la mañana siguiendo al esposo de tu cliente. En oraciones completas, escribe el informe que le vas a dar a ella. Di qué hizo el esposo durante la mañana.

trabajar

salir

mientras tomar café / llegar

entrar

mientras probarse vestido / comprar perfume

volver

Su esposo trabajo en la mañana. A las once él salio de la officina, y mientras tomaba un café una mujer guapa llego. Los dos entraron una tienda de ropa de mujeres. Mientras ella se probaba un vestido, él compro un perfume. Él volvio a su trabajo.

Actividad 9: La verdad. Termina esta conversación entre el esposo de la actividad anterior y su esposa.

ELLA ¿Qué hiciste hoy?

ÉL Nada; trabaje en la officina.

ELLA ¿Toda la mañana estabas trabajando?

ÉL Sí, excepto cuando sali para comprarte esto.

ELLA ¡Un vestido y perfume!

ÉL Claro, hoy hace diez años que te conosi.

ELLA Es que… es que…

ÉL Quieres decirme algo?

ELLA Es que yo creía que tú salias con otra mujer ______________.

ÉL No, ella era una amiga que me ayudo a comprar los.

Pero, ¿cómo supiste que fui con ella a la tienda?

✓**Actividad 10: ¿Qué estaban haciendo?** Todas las personas del dibujo oyeron una explosión y miraron a la calle para ver qué pasó. Di qué estaban haciendo estas personas cuando oyeron la explosión.

➤ El joven *El joven estaba haciendo un crucigrama cuando oyó la explosión.*

1. El mecánico estaba areglando la llanta cuando oyó la explosion
2. La señora en la ventana estaba preparando la comida cuando oyó la explosion
3. Los dos señores en el banco estaban leyendo cuando oyeron la explosion
4. El niño estaba jugando al futbol cuando oyó la explosion
5. El hombre viejo en el balcón estaba durmiendo cuando oyó la explosion
6. La joven en el balcón estaba duchandose cuando oyó la explosion

PRÁCTICA MECÁNICA II

Actividad 11: El carro. Identifica las diferentes partes del carro. Incluye el artículo definido en tus respuestas.

El interior

1. ______________________
2. ______________________
3. ______________________
4. ______________________
5. ______________________
6. ______________________
7. ______________________

El exterior

1. ______________________
2. ______________________
3. ______________________
4. ______________________
5. ______________________
6. ______________________
7. ______________________

NOMBRE ______________________ FECHA ______________

Actividad 12: ¿Pretérito o imperfecto? Escribe la forma correcta de los verbos indicados en el pretérito o el imperfecto.

1. El otro día mi novio ______________ a mi padre. (conocer)
2. Nosotros ______________ a ir al cine, pero llegamos tarde. (ir)
3. Mi hijo ______________ que visitar a su padre, pero no ______________ porque él ______________ un accidente con el carro. (tener, ir, tener)
4. Ayer yo ______________ la verdad, pero no le ______________ nada a nadie. (saber, decir)
5. Ella no ______________ su número de teléfono, por eso no ______________. (saber, llamar)
6. Nosotros ______________ que ir al banco ayer. El director del banco nos ______________ con nuestro problema. (tener, ayudar)
7. Los niños ______________ a ir a la piscina, pero ______________ a llover. (ir, empezar)
8. El profesor ______________ a devolver los exámenes hoy, pero los ______________. (ir, perder)
9. Yo ______________ en Salamanca por tres años, por eso cuando ______________ a esa ciudad, yo no ______________ mapa porque ______________ la ciudad muy bien. (vivir, volver, necesitar, conocer)
10. Margarita ______________ a Hollywood para pasar las vacaciones, pero no ______________ a nadie famoso. (ir, conocer)

Actividad 13: Descripciones. Completa estas oraciones con la forma correcta del participio pasivo de los verbos indicados.

1. Llegamos tarde y la tienda estaba ______________. (cerrar)
2. El niño que perdió su perro está ______________ allí. (sentar)
3. La ropa sucia está en la lavadora y la ropa ______________ está en tu dormitorio. (lavar)
4. María, ¿por qué estás ______________? (preocupar)
5. Mi tío vende carros ______________. (usar)
6. El carro está ______________ y ______________. (arreglar, lavar)
7. Los niños están ______________ y ______________. (bañar, vestir)
8. *Don Quijote de la Mancha* está ______________ a casi todos los idiomas. (traducir)

PRÁCTICA COMUNICATIVA II

Actividad 14: Problemas, problemas y más problemas. Termina esta carta que escribió Lorenzo Martín a una compañía de alquiler de carros después de una experiencia terrible que tuvo con un carro alquilado.

> Caracas, 15 de febrero de 2003
>
> Estimados señores:
>
> Alquilé un carro automático en su compañía hace tres semanas y tuve muchísimos problemas. Primero, estaba bajando las montañas cuando no funcionaron los ___frenos___. Por suerte no tuve un accidente. Paré en una gasolinera y me los arreglaron. Más tarde empezó a llover, pero no podía ver nada porque los ___limpiabrisas___ no funcionaban. Después, cuando llegué al hotel, no podía sacar las maletas del ___baul___ porque la llave que Uds. me dieron no era la llave que necesitaba; pero por fin un policía me lo abrió. Esa noche salí y no podía ver bien porque una de las ___luces___ no encendía. Para colmo, al día siguiente hacía muchísimo calor y el ___aire acondicionado___ no echaba aire frío, sólo aire caliente.
>
> Hace muchos años que alquilo automóviles de su compañía sin ningún problema; pero después de esta experiencia, creo que voy a tener que ir a otra agencia de alquiler de carros.
>
> Atentamente,
>
> *Lorenzo Martín*

Actividad 15: Las excusas. Lee estas miniconversaciones; luego complétalas usando **iba, fui, tenía** o **tuve.**

1. —Había muchas personas en la fiesta.

   —Entonces, ¿te divertiste?

   —Sí y no. Y tú, ¿Dónde estabas? Prometiste venir.

   —___Iba___ a ir, pero ___tuve___ que ayudar a mi madre, que estaba enferma.

2. —___Tenía___ que ir al dentista ayer.

   —¿Fuiste o no?

   —No fui porque el dentista estaba enfermo.

Continúa en la página siguiente →

3. —¿Me compraste el champú?

—Iba a comprártelo, pero no fui a la tienda porque tuve un pequeño accidente con el carro.

—¡No me digas! ¿Estás bien?

—Tuve que ir al hospital.

—¡Por Dios! ¿Y qué te dijo el médico?

—No mucho. Estoy bien, sólo tengo que tomar aspirinas.

Actividad 16: El correo electrónico. Termina este mensaje que Paco le mandó a Alicia, una pianista profesional. Usa las formas correctas de los participios pasivos (*past participles*) de los siguientes verbos: **alquilar, preparar, reservar, vender.**

Ya está todo listo para tu viaje: La habitación está reservada en el Hotel Santa Cruz. El carro está alquillado en Hertz. Todas las entradas están vendidas. Todo está preparado para tu concierto del jueves. ¡Mucha suerte!

Actividad 17: ¿Qué hiciste? Usando oraciones completas, contesta las siguientes preguntas sobre el último concierto que viste.

1. ¿A quién viste? ______________________
2. ¿Con quién fuiste? ______________________
3. ¿A qué hora empezó? ______________________
4. ¿Cuándo terminó? ______________________
5. ¿Dónde se sentaron Uds.? ______________________
6. ¿Pudiste ver y oír bien? ______________________
7. ¿Cuánto te costó la entrada? ______________________
8. ¿Qué canciones tocaron? ______________________
9. ¿Cuál de las canciones fue tu favorita? ______________________

____

Actividad 18: ¿Cómo era? En oraciones completas, contesta estas preguntas sobre el mismo concierto.

1. ¿Había mucha gente? ______________________
2. ¿Cuántos músicos había? ______________________
3. ¿Qué ropa llevaban los músicos? ______________________

____

4. ¿Cómo era el escenario (*set*)? ______________________

____

Continúa en la página siguiente →

5. ¿Cómo reaccionaba el público mientras escuchaba las canciones? ______________________

____

6. ¿Usaron efectos especiales (láser, video, etc.)? Si contestas que sí: ¿Qué hacían los músicos mientras Uds. veían los efectos especiales? ______________________

____

____

7. ¿Valió la pena ir al concierto o no? ¿Por qué sí o no? ______________________

____

Actividad 19: La carta. Hay que usar el imperfecto y el pretérito para describir bien algo que ocurrió. Usa la información de la *Actividad 17* y la *Actividad 18* para escribirle a un/a amigo/a una carta sobre el concierto. Describe qué hiciste, qué ocurrió y cómo era el concierto. Añade más detalles (*details*) si quieres.

______________, ______ de ______________
(ciudad) (día) (mes)

______________:

____

____

____

____

____

____

____

____

____

____

____

Un abrazo,

____

Estrategia de lectura: Activating Background Knowledge

You have already learned that by activating background knowledge prior to reading a text, you can better understand its content. In the following activity, you will have an opportunity not only to activate your background knowledge to become a better reader, but also to develop a greater sense of cultural understanding. By examining your knowledge of your own culture, you can better understand another one.

NOMBRE ______________________ FECHA ______________

Actividad 20: Aquí. Antes de leer una carta que habla de la educación en países hispanos, contesta estas preguntas sobre el sistema universitario de los Estados Unidos. Después lee la carta.

1. Para entrar en una universidad en los Estados Unidos, normalmente hay que tomar un examen de ingreso. ¿Cómo se llama uno de los exámenes de ingreso?

   ____

2. ¿Es normal que un estudiante empiece sus estudios universitarios sin saber su especialización?

   ❒ Sí ❒ No

3. ¿Se pueden estudiar asignaturas en diferentes facultades (*departments or schools*)?

   ❒ Sí ❒ No

4. ¿Es común que un estudiante salga de su pueblo o de su ciudad para asistir a la universidad?

   ❒ Sí ❒ No

5. ¿Cuesta mucho o poco la educación universitaria en los Estados Unidos?

   ❒ Mucho ❒ Poco

Madrid, 6 de octubre

Querido Craig:

Recibí tu carta hace unos días, pero no tuve tiempo para contestarte antes porque estaba ocupadísima con mis clases de literatura en la universidad. Por fin comencé mis vacaciones y ahora tengo tiempo para escribirte unas líneas. ¿Cómo estás? ¿Cómo va tu clase de español? ¿Mucho trabajo?

En tu carta me pides información sobre el sistema educativo hispano para usar en tu clase de español. Bueno, a nivel universitario los estudiantes deben pasar primero un examen para entrar en la universidad, pero desde el momento en que entran comienzan a especializarse. Por ejemplo, si quieres estudiar psicología, entras en esa facultad (lo que nosotros llamamos *department*) y estudias asignaturas de ese campo desde el primer día, no como en los Estados Unidos, donde cursas asignaturas de varios campos. Aquí los estudiantes tienen una preparación más global en la secundaria. Por lo que me contaron unos amigos, el sistema de educación superior es parecido al de España en casi toda Hispanoamérica.

En general, la gente va a la universidad en el lugar donde vive y no se muda a otra parte del país. Aunque muchas ciudades grandes tienen ciudades universitarias, en otras las diferentes facultades están en distintas partes de la ciudad. Esto no es ningún problema porque en general sólo necesitas ir a una facultad. ¡Y el tamaño de algunas de estas universidades! ¡Una sola facultad puede tener alrededor de veinte mil estudiantes! Increíble, ¿no? Algunas universidades importantes son la Central en Venezuela, la Universidad de Costa Rica, la Complutense de Madrid, y, por supuesto, la UNAM en México con casi 300.000 estudiantes.

¿Qué más te puedo contar? ¡Ah, sí! La educación pública generalmente es gratis o cuesta poco; mejor dicho, los ciudadanos pagan impuestos que ayudan a mantener las universidades. En lugares como Cuba, por ejemplo, los estudiantes universitarios trabajan en el campo para devolver ese dinero al gobierno. También hay universidades donde sí tienes que pagar, pero es algo mínimo; yo, por ejemplo, pago cien dólares por año. Naturalmente, también existen las universidades privadas donde los estudiantes pagan la matrícula, y a veces es cara.

Bueno, no se me ocurre qué más decirte sobre el sistema educativo universitario. Pero si tienes alguna pregunta puedes mandarme un e-mail; por fin tengo acceso a una computadora. ¿No te gustaría venir a estudiar aquí? Para mí éstas son circunstancias ideales: estoy aprendiendo cantidades del idioma, de la cultura y de la gente; además, la comida española es deliciosa. Siempre pienso en ti cuando como paella. Tienes que venir a probarla.

Espero entonces noticias tuyas.

Un abrazo,

Diana

NOMBRE ______________________ FECHA ____________

Actividad 21: Allá. En la primera columna tienes unos datos sobre el sistema universitario de los Estados Unidos. Escribe información correspondiente en la segunda columna sobre las universidades del mundo hispano según la carta.

Estados Unidos	El mundo hispano
1. Para entrar a la universidad, hay que tomar un examen de ingreso (SAT, ACT).	1. ______
2. Los estudiantes pueden pasar los primeros años de universidad sin saber su especialización.	2. ______
3. Los estudiantes pueden estudiar asignaturas en diferentes facultades.	3. ______
4. Muchos estudiantes no estudian en su pueblo o su ciudad; muchos estudian en otro estado.	4. ______
5. La educación universitaria cuesta un ojo de la cara.	5. ______

Capítulo 11 Repaso

Saber **and** conocer

In Chapter 4 you studied when to use **saber** and **conocer.**

You use **saber** to say what someone *knows how to do* and to state something that someone *knows by heart* (usually factual information).

> Ella **sabe** esquiar muy bien.
>
> Él **sabe** la dirección de mi casa y el número de teléfono.

You use **conocer** when saying that someone *knows a person* or *is familiar with a place or a thing.*

> Yo **conozco** a Jesús Covarrubias; es de Puerto Varas, Chile.
>
> **Conozco** Puerto Varas; es un pueblo muy bonito.

When **saber** and **conocer** are used in the preterit they have a different meaning when translated into English. This is because the use of the preterit implies the beginning of an action. Study these examples and their explanations.

> Cuando Verónica me contó todo, por fin **supe** la verdad.
>
> *When Veronica told me everything, at last I found out the truth. (The start of knowing something is to find it out.)*
>
> **Conocí** a Hernán en una fiesta en casa de mis amigos.
>
> *I met Hernán at a party at my friends' house. (The start of knowing someone is to meet him/her.)*

NOMBRE ______________________________ FECHA ______________

Actividad: Conversaciones. Completa las siguientes conversaciones con la forma apropiada del presente, pretérito o imperfecto de **saber** o **conocer**.

1. —Por favor, señor, ¿______________ Ud. dónde está la calle O'Higgins?

   —Lo siento, no ______________ muy bien esta ciudad. ______________ que está cerca de aquí, pero no ______________ exactamente dónde.

2. —Juan ______________ que Jorge iba a ir a Cochabamba este fin de semana con Paulina, pero no nos dijo nada.

   —Es verdad. ¿Cuándo lo ______________ tú?

   —Cuando me lo dijo Paulina. ¿Y tú?

   —Lo ______________ cuando Ricardo me lo dijo.

   —¿Ricardo? Yo no ______________ a ningún Ricardo. ¿De quién hablas?

   —Trabaja en la agencia de viajes de la calle Libertador.

   —Ah, sí... Ricky. Lo ______________ en un viaje que hice a Caracas.

3. —Oye Carmen, ¿______________ qué número de autobús debo tomar para ir a la calle Ibiza?

   —Lo siento, no ______________ la calle Ibiza.

   —Está cerca del Parque del Retiro.

   —______________ que el 62 pasa por allí.

   —Gracias.

4. —¿Dónde ______________ tu padre a tu madre?

   —La ______________ en un accidente de coche.

   —¡¿De veras?!

   —Él dice que los frenos no funcionaron y por eso chocó contra el carro de mi madre.

   —Bueno, todos nosotros ______________ que tu padre no maneja bien... siempre tiene por lo menos un accidente al año.

NOMBRE ______________________ FECHA ______________

Capítulo 12

PRÁCTICA MECÁNICA I

Actividad 1: La palabra que no pertenece. Marca la palabra que no pertenece (*doesn't belong*) al grupo.

1. clarinete, batería, flauta, trompeta
2. guisantes, judías verdes, cordero, espárragos
3. pavo, bistec, chuleta, filete
4. violín, saxofón, guitarra, violonchelo
5. ternera, ajo, cordero, cerdo
6. flauta, clarinete, saxofón, trombón
7. lentejas, coliflor, frijoles, guisantes
8. fruta, helado, zanahorias, flan

Actividad 2: Los platos. Organiza estas listas de la siguiente manera: primer plato, segundo plato y postre.

1. flan, melón con jamón, churrasco

   Primer plato ______________________

   Segundo plato ______________________

   Postre ______________________

2. medio pollo, espárragos con mayonesa, fruta

   Primer plato ______________________

   Segundo plato ______________________

   Postre ______________________

Continúa en la página siguiente →

3. helado, judías verdes, bistec

   Primer plato ______________________

   Segundo plato ______________________

   Postre ______________________

Actividad 3: Negaciones. Contesta estas preguntas de forma negativa. Usa palabras como **nadie, nunca, ni... ni, ninguno,** etc.

1. ¿Bailaste con alguien? ______________________
2. ¿Revisó el mecánico el aceite y la batería? ______________________

   ____
3. ¿Cuántos estudiantes vinieron anoche? ______________________
4. ¿Vas a la biblioteca con frecuencia? ______________________
5. ¿Pudiste comprar la carne y los espárragos? ______________________

   ____
6. ¿Vinieron José y Manuela? ______________________

Actividad 4: ¿Pretérito o imperfecto? Completa las oraciones con la forma apropiada del pretérito o del imperfecto de los verbos indicados.

1. Anteayer yo ______________ a tu profesor. (ver)
2. Durante el verano pasado, a veces yo ______________ en la piscina de los vecinos. (nadar)
3. Cuando ______________ en Madrid, con frecuencia nosotros ______________ a comer en el restaurante chino Kung Fu que ______________ en la calle Duque de Sesto. (vivir, ir, estar)
4. Todos los días mi jefe ______________ de los problemas que ______________ con sus hijos. (quejarse, tener)
5. Marcos y yo ______________ jugando al tenis cuando de repente ______________ a llover. (estar, empezar)
6. El año pasado Fernando ______________ a otra universidad por un semestre y ______________ aquí en octubre. (asistir, venir)
7. A menudo los vecinos me ______________ con su música. (molestar)
8. De vez en cuando mi novio me ______________ pequeños regalos, pero el sábado pasado me ______________ un estéreo. (mandar, dar)
9. Juan, un compañero de trabajo, me ______________ en la oficina a menudo y quería salir conmigo, pero anoche yo ______________ que estaba casado. (hablar, saber)
10. Mi hijo siempre ______________ bien, pero el mes pasado ______________ a tener problemas y a no dormir. (dormir, empezar)

Actividad 5: Descripciones. Completa estas oraciones con el participio pasivo de los verbos indicados.

1. El parabrisas estaba ______________ y tuvimos que ir a un taller. (romper)
2. La comida está ______________. (servir)
3. Sabíamos que la señora estaba ______________ porque no respiraba. (morir)
4. Los niños tienen las manos ______________ y la mesa está ______________; ya podemos comer. (lavar, poner)
5. Las tiendas están ______________ los domingos, excepto en el centro comercial, donde están ______________ de las doce a las cinco. (cerrar, abrir)
6. El contrato estaba ______________ pero nadie quería firmarlo. (escribir)

PRÁCTICA COMUNICATIVA I

Actividad 6: Las bodas de plata. El viernes que viene son las bodas de plata (aniversario de veinticinco años) de tus padres y vas a tener una fiesta para ellos en un restaurante. El restaurante te dio estas descripciones de conjuntos musicales. Completa la carta al restaurante diciéndole cuál de los conjuntos quieres.

Los tucututu

Tocan música clásica: 2 violines, un violonchelo y flauta.

Maruja Beltrán

Pianista y cantante versátil: música clásica, jazz o música moderna. Si quiere, el público puede cantar con ella.

Redonditos de ricota

Música de los años 40 y 50: clarinete, trompeta, trombón, saxofón, batería. Perfecto para bailar.

Las viudas del rock-and-roll

Música moderna: guitarra eléctrica, bajo, batería. Especialistas en rock de hoy y de los años 60.

Estimado Sr. Jiménez:

Para la fiesta de mis padres prefiero ______________________________
porque a mis padres les gusta/n ______________________________.
También creo que es una buena idea porque voy a invitar a ______________________________
______________ y a muchos de ellos les fascina/n ______________________________.

Actividad 7: El encuentro. Muchas personas tienen la misma rutina todos los días y cuando cambian de rutina es cuando pasan cosas interesantes. Termina este párrafo y cuenta cómo se conocieron los Sres. Durán.

Con frecuencia el Sr. Durán ______________ y muchas veces ______________.
Estas actividades eran parte de su rutina diaria. También ______________,
______________ y ______________. Pero el 3 de marzo fue diferente; no
______________. Fue a la playa y allí vio a la Srta. Guzmán. Pensaba que era una mujer
muy ______________ y quería conocerla. Mientras ella ______________, él
______________. De repente, ______________________________.
Así se conocieron y llevan diez años de casados.

Actividad 8: La comida. El restaurante quiere que decidas cuál va a ser el menú para la fiesta de tus padres. Ellos sugieren que pidas dos comidas de primer plato, dos comidas de segundo y algo de postre; así la gente puede elegir. También debes pensar en un menú especial para tus tíos que son vegetarianos. Puedes gastar hasta 25 euros por persona. Mira el menú y completa el papel que te mandaron del restaurante.

Mi Buenos Aires Querido

Casa del Churrasco
Castellana 240, Madrid

Primer plato	*euro*
Sopa de verduras	5
Espárragos con mayonesa	6
Melón con jamón	7,20
Tomate relleno	6
Ensalada rusa	4,80
Provoleta (queso provolone con orégano)	5

Segundo plato	
Churrasco	15
Bistec de ternera con puré de papas	14
Medio pollo al ajo con papas fritas	12
Ravioles	9
Lasaña	9
Pan	1

Ensaladas	*euro*
Mixta	5
Zanahoria y huevo	5
Waldorf	6

Bebidas	
Agua con o sin gas	3
Media botella	2
Gaseosas	2
Té	2,50
Café	2,50
Vino tinto, blanco	4

Postres	
Helado de vainilla, chocolate	5,20
Flan con dulce de leche	5,20
Torta de chocolate	5,80
Frutas de estación	5,50

Menú del día	
Ensalada mixta, medio pollo al ajo con papas, postre, café y pan	18

Primer plato 1. ______________________

2. ______________________

Segundo plato 1. ______________________

2. ______________________

Postre ______________________

Champán ❒ Sí ❒ No

Vino, agua, pan y café incluidos en el precio para grupos de veinticinco o más.

Señor Jiménez:

También necesitamos un menú especial para vegetarianos, que va a incluir lo siguiente:

Primer plato ______________________

Segundo plato ______________________

Postre ______________________

NOMBRE ______________________________ FECHA ____________________

Actividad 9: Un sobreviviente. Hubo un problema mecánico con el avión. Uno de los motores explotó y causó un accidente terrible. Murieron algunas personas en el accidente, pero sobrevivió (*survived*) la mayoría. Completa la descripción que le dio a la policía uno de los sobrevivientes. Usa el siguiente proceso: primero, lee el párrafo. Luego, léelo otra vez, selecciona los verbos correspondientes de la lista y escribe las formas apropiadas del pretérito o el imperfecto. Finalmente, lee el párrafo otra vez para revisarlo. ¡Ojo! Usa cada verbo solamente una vez.

decir, encontrar, estar, haber, ir, llegar, parecer, tener, volar

Yo ____________________ a ir de Santiago a Lima, pero obviamente no ____________________ a Lima. En el aeropuerto todo ____________________ normal. Durante muchos años yo ____________________ con frecuencia (dos días por semana) de Santiago a Lima por mi trabajo y hoy me ____________________ un día normal. Una vez, hace un año, recuerdo que ____________________ que bajar del avión porque ____________________ que ____________________ una bomba, pero al final los expertos no ____________________ nada.

decir, hacer, pasar, preocupar, salir, ser, subir, tener, volver

Hoy los pasajeros ____________________ por el control de maletas y ____________________ al avión. El avión ____________________ de Santiago sin problemas. Acababan de darnos las bebidas cuando de repente el piloto nos ____________________ que ____________________ que volver a Santiago, pero no nos ____________________ el anuncio porque durante muchos otros viajes, a menudo el avión ____________________ a Santiago porque ____________________ mal tiempo en Lima. Pero hoy no ____________________ así.

gritar, llorar, oír, tener

De repente ____________________ la explosión. La gente ____________________ y ____________________. No recuerdo el momento del impacto. Sólo sé que ____________________ muchísima suerte.

NOMBRE ______________________ FECHA ______________

Actividad 10: Las apariencias. Describe esta situación un poco rara que ocurrió anoche en la casa de Juan cuando él y su novia, Marta, les dijeron a los padres de ella que querían casarse. En tu descripción usa participios pasivos (*past participles*) como adjetivos. Usa las siguientes palabras en la descripción: **platos/lavar; lavaplatos/abrir; plato/romper; pequeño animal/morirse; carne/ preparar; nota/escribir; ojos/cubrir; mesa/poner; ensalada/servir.**

➤ ¡Qué desastre! Los platos estaban en el fregadero y no *estaban lavados.*

NOMBRE ______________________________ FECHA ______________

PRÁCTICA MECÁNICA II

Actividad 11: La variedad geográfica. Asocia las palabras de la Columna A con los términos geográficos de la Columna B.

	A		B
1.	______ Misisipí	a.	islas
2.	______ Caracas	b.	volcán
3.	______ Etna	c.	colina
4.	______ las Galápagos	d.	playa
5.	______ los Pirineos	e.	río
6.	______ Jack y Jill	f.	océano
7.	______ Atlántico	g.	ciudad
8.	______ Malibú	h.	lagos
9.	______ Michigan, Superior y Titicaca	i.	montañas

Actividad 12: Comparaciones. Escribe oraciones comparando estas personas o cosas. ¡Ojo! Algunas usan superlativos y otras usan comparativos.

➤ Calista Flockhart / Rosie O'Donnell / Oprah / delgado
Calista Flockhart es la más delgada de las tres.

1. Michael Jordan / Shaquille O'Neal / bueno ______________________________
2. México / Guatemala / El Salvador / grande ______________________________
3. mis hermanos / tus hermanos / joven ______________________________
4. carro / costar / más / diez mil dólares ______________________________
5. George W. Bush / Bill Clinton / George Bush / joven ______________________________
6. Danny DeVito / Tom Hanks / bajo ______________________________

Actividad 13: Exageraciones. Escribe estas oraciones de otra manera sin cambiar su significado. Usa **-ísimo** y escribe acentos cuando sea necesario.

1. Clara Inés es muy guapa. ______________________________
2. Pablo es muy alto. ______________________________
3. El examen fue muy fácil. ______________________________

Continúa en la página siguiente →

4. Ella tiene el pelo muy largo. ______________________
5. El programa fue muy malo. ______________________
6. La nieve fresca es muy blanca. ______________________

PRÁCTICA COMUNICATIVA II

Actividad 14: La geografía. Completa este crucigrama.

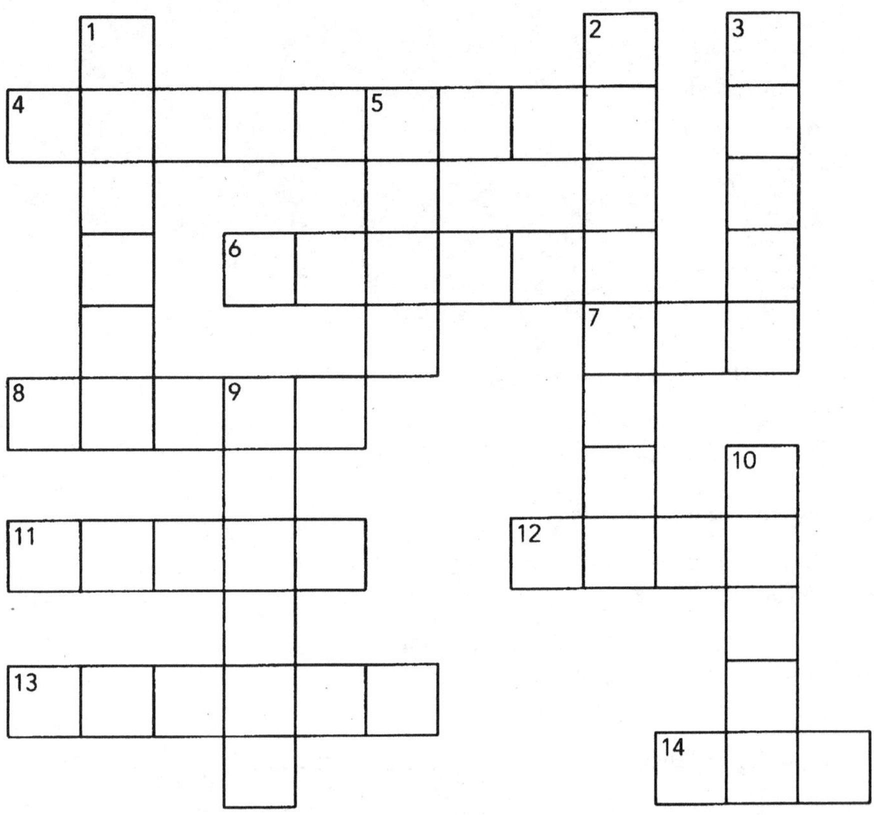

Horizontales

4. Es una carretera para carros de alta velocidad.
6. Es más pequeña que una montaña.
7. El Amazonas o el Orinoco.
8. Donde vive Tarzán.
11. Un lugar entre dos montañas: Napa es un ______.
12. Titicaca es el ______ navegable más alto del mundo.
13. El Atlántico o el Pacífico.
14. El Mediterráneo.

Verticales

1. Los romanos construyeron muchos, pero uno muy famoso y moderno conecta Manhattan y Brooklyn.
2. Iguazú o el Salto Ángel.
3. No es la ciudad.
5. Puerto Rico, Cuba o Mallorca.
9. De esto sale lava cuando hace erupción.
10. Viajando por la ______ este de España, vimos el Mediterráneo.

NOMBRE ______________________ FECHA ______________

Actividad 15: ¿Cuánto sabes? Marca estas oraciones **C** (cierta) o **F** (falsa). Corrige las oraciones falsas.

1. ______ El Aconcagua es la montaña más alta del mundo.

2. ______ Hay más de veinticinco países de habla española en el mundo.

3. ______ San Agustín, en la Florida, es la ciudad más vieja de los Estados Unidos.

4. ______ El Salto Ángel, en Venezuela, es la catarata más alta del mundo.

5. ______ La papa es más importante en Centroamérica y en México que en Suramérica.

6. ______ Pablo Casals fue el mejor guitarrista del mundo.

Actividad 16: Alquiler de carros. Lee este anuncio de Hertz y contesta las preguntas usando oraciones completas.

1. ¿En cuántos países latinoamericanos tiene oficinas Hertz? ______________________

2. Latinoamérica es un lugar de contrastes. ¿Con qué contrasta Hertz las ruinas arqueológicas? ______

3. Hertz habla de variedad geográfica. ¿Qué cosas menciona el anuncio? ______________________

Continúa en la página siguiente →

4. ¿Dónde crees que esté la Patagonia? ¿Cerca o lejos de Centroamérica? ______________

5. ¿Hertz te puede garantizar un precio antes de salir de los Estados Unidos o depende del país y a cuánto esté el dólar? ______________

Actividad 17: El ejercicio y la salud. Compara los siguientes gimnasios. Usa el comparativo o el superlativo.

	Cuerposano	Musculín	Barriguita
Número de clases aeróbicas	14/semana	7/semana	21/semana
Precio	$1.700/año	$2.500/año	$1.875/año
Piscina	50 metros	25 metros	40 metros
Número de miembros	1500 Hombres y mujeres	1400 Para toda la familia	1350 Sólo mujeres
Extras	Bar con jugos y sándwiches	Máquinas de Coca-Cola, boutique	Bar, cafetería y restaurante

1. clases aeróbicas: Cuerposano / Musculín

2. precio: Cuerposano /Musculín / Barriguita

3. piscina: Cuerposano / Musculín / Barriguita

4. número de miembros: Musculín / Barriguita

5. En tu opinión, ¿cuál es el mejor gimnasio? ¿Por qué?

NOMBRE ________________________ FECHA ______________

Actividad 18: La familia Villa. Mira el dibujo de la familia Villa y lee las pistas (*clues*). Después identifica el nombre de la persona en cada dibujo, su edad y qué hace. ¡Ojo! Debes escribir tus respuestas con lápiz.

Pistas

Felisa es la más alta de las hermanas.

El estudiante tiene un año más que el dentista y un año menos que la secretaria.

La secretaria tiene el pelo más largo de todos.

David es más alto que el dentista.

El menor de la familia tiene veinticinco años y se llama Felipe.

La persona que tiene dos años más que Felisa es doctora.

El estudiante no trabaja.

La mayor de todos los hermanos tiene treinta y cuatro años y es la más delgada.

La hermana más alta de las tres es arquitecta.

Maribel es mayor que Ana; Ana tiene sólo veintisiete años.

	Nombre	Edad	Ocupación
1.			
2.			
3.			
4.			
5.			

Actividad 19: ¿Cómo es tu familia? Escribe una pequeña descripción de tu familia usando comparativos y superlativos. Usa adjetivos como **interesante, inteligente, trabajador/a, mayor, menor,** etc.

____

____

____

____

____

NOMBRE ______________________ FECHA ______________

Estrategia de lectura: Reading an Interview Article

When reading an interview article you should go through the following steps to give you some background information ahead of time:

- Read the headline and subheadline.
- Look at accompanying photographs, drawings, graphs, or tables.
- Scan the text for the interviewer's questions.

Actividad 20: Lee y adivina. Lee el título, el subtítulo y las preguntas; luego mira los dibujos. Ahora, contesta esta pregunta.

¿Cuál es la idea principal del artículo?

a. la música de España

b. la historia de la música hispana

c. la historia de la música hispanoamericana

EL MUNDO DE LA MÚSICA HISPANA

Entrevista con el cantante boliviano Pablo Cuerda[1]

POR LAURA RÓGORA

Entré en la sala de su casa y allí me esperaba sentado con su guitarra, compañera inseparable. Charlamos un poco sobre su gira musical por Europa y luego comencé así.

—¿Me puedes contar un poco sobre las influencias que hubo en la música hispana?

—Bueno, la influencia fundamental en España fue la de los árabes. Su música fue la base del flamenco de hoy día que es popular en el sur de España.

—Y el flamenco influyó en la música hispanoamericana, ¿verdad?

—Exactamente. El instrumento principal del flamenco es la guitarra y los españoles la trajeron al Nuevo Mundo.

—¿Y los indígenas adoptaron este instrumento?

—Bueno, es decir, lo adaptaron porque crearon instrumentos más pequeños como el cuatro y el charango, que está hecho del caparazón del armadillo. Y, naturalmente, la música indígena es la base de gran parte de la música moderna hispanoamericana.

[1] *Pablo Cuerda is a fictitious character.*

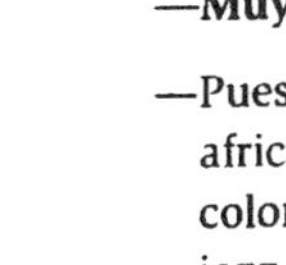

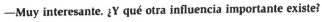

—Muy interesante. ¿Y qué otra influencia importante existe?

—Pues, la más importante para la zona caribeña fueron los ritmos africanos de los esclavos, que fueron la inspiración para la cumbia colombiana, el joropo de Venezuela, el merengue dominicano, el jazz y los blues norteamericanos y también para la salsa.

—La salsa. ¡Qué ritmo!

—Por supuesto, ¿y sabes que Cuba, Puerto Rico y Nueva York se disputan su origen? Pero en realidad fue en Nueva York donde se hizo famosa la salsa.

—¿Hay otros movimientos musicales?

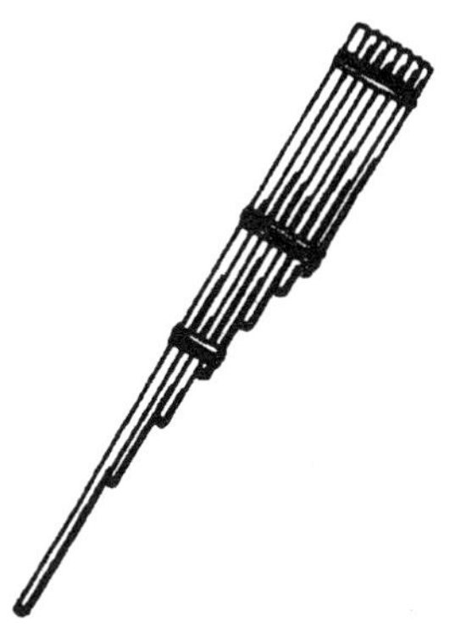

—Era justo lo que iba a decir. Un movimiento es el de la "Nueva Trova Cubana" con Silvio Rodríguez y Pablo Milanés, quienes cantan canciones de temas políticos, sociales y sentimentales. El otro movimiento importante es la "Nueva Canción" que nació en Chile en la década de los sesenta. Este tipo de música se conoció en el resto del mundo cuando Simon y Garfunkel incluyeron en un álbum "El cóndor pasa", una canción del conjunto Los Incas, quienes pertenecen a este movimiento.

—Pero, ¿qué es la Nueva Canción?

—Es un estilo de música que tiene como elementos esenciales el uso de los ritmos e instrumentos tradicionales de los indígenas de los Andes. Las canciones son de protesta, o sea, de tema político, y critican la situación socioeconómica de los países hispanos. Este estilo de música se conoce ahora en todo el mundo.

—...Y esto nos lleva a mi última pregunta. ¿Qué escucha la gente joven hoy día?

—La gente joven escucha de todo: la Nueva Canción, rock nacional y extranjero, la Nueva Trova... Los jóvenes escuchan también salsa y merengue y los bailan muchísimo. Permíteme ahora tocarte una canción de Juan Luis Guerra, un innovador de la música hispanoamericana de los años 90.

Y así terminó nuestra entrevista: con un ritmo y una melodía maravillosos.

NOMBRE ______________________ FECHA ______________

Actividad 21: Completa las ideas. Después de leer el texto, escribe una o dos oraciones sobre cada una de las siguientes ideas relacionadas con el texto.

1. la guitarra ______________________
____
2. los esclavos africanos ______________________
____
3. la salsa ______________________
____
4. "El cóndor pasa" ______________________
____
5. La Nueva Trova ______________________
____
6. La Nueva Canción ______________________
____

NOMBRE ______________________________ FECHA ______________

Capítulo 13

PRÁCTICA MECÁNICA I

Actividad 1: Definiciones. Lee las definiciones y escribe la palabra correcta. Después, contesta la pregunta que está al final usando las letras indicadas.

1. Llevar a los pasajeros del aeropuerto al hotel y del hotel al aeropuerto. __ __ __ __ __ __ __ __ (7, 6)
2. Le damos esto a un camarero o a un taxista. __ __ __ __ __ __ __ (3)
3. El plan del viaje. __ __ __ __ __ __ __ __ __ __ (1)
4. El opuesto de obligatorio. __ __ __ __ __ __ __ __ (8)
5. Los papeles que necesitas para entrar a un museo. __ __ __ __ __ __ __ __ (5, 9)
6. La persona que nos explica puntos de interés. __ __ __ __ (4)
7. La comida del mediodía. __ __ __ __ __ __ __ __ (2)

¿Qué es algo que nadie quiere pagar? __ __ __ __ __ __ __ __ __ (1 2 3 4 5 6 7 8 9)

Actividad 2: ¿Lo has hecho? Completa las siguientes oraciones con la forma correcta del pretérito perfecto (*present perfect*) de los verbos indicados.

1. María nunca ________ ______________ porque tiene miedo. (esquiar)
2. Gustavo, ¿________ ______________ gazpacho alguna vez? (tomar)
3. Yo nunca ________ ______________ sangría porque le tengo alergia al vino. (beber)

Continúa en la página siguiente →

4. Nosotros no le ________ ____________________ a la abuela todavía. (escribir)
5. ¿________ ____________________ el Museo de Antropología los chicos? (ver)
6. ¿________ ____________________ Ud. por la aduana? (pasar)
7. Mi abuelo tiene ochenta y nueve años, maneja un carro y nunca ________ ____________________ un accidente. (tener)
8. Perdón, pero nosotros no lo ________ ____________________ todavía. (hacer)

Actividad 3: Espero que hayas entendido. Completa estas oraciones con el subjuntivo de los verbos indicados. Algunas usan formas de **haber,** otras no.

1. Son las tres y Felipe iba a llegar a las dos. Es posible que su avión no ____________________ a tiempo. (llegar)
2. Ojalá que los chicos ____________________ pronto. (venir)
3. Es posible que tus padres no ____________________ hoy. (volver)
4. Es probable que el concierto ____________________ mañana. (ser)
5. Es tarde; tal vez Pedro y Pablo ya ____________________. (salir)
6. Iban a pasar por aquí antes de salir, pero es posible que ____________________ problemas con el carro. (tener)
7. ¿Seguro que no tienes el pasaporte? Quizás lo ____________________ en el hotel. (dejar)
8. No están aquí y hace media hora que esperamos. Dudo que ____________________. (venir)
9. Esperamos que el presidente ____________________ algo mañana sobre los impuestos. (decir)
10. Necesito una persona que me ____________________. (entender)

Actividad 4: ¡Ay, ay, ay! Forma oraciones diciendo qué les pasó a estas personas. Sigue el modelo.

➤ a Juan / perder / pasaporte *A Juan se le perdió el pasaporte.*

1. a mí / olvidar / examen ______________________________

____
2. a los niños / romper / ventana ______________________________

____
3. a Ramón / perder / niños ______________________________

____
4. a ti / caer / libros ______________________________

____
5. a nosotros / olvidar / pagar ______________________________

____

NOMBRE ______________________ FECHA ______________

PRÁCTICA COMUNICATIVA I

Actividad 5: Tus preferencias.

Parte A. Quieres visitar Puerto Rico. Contesta las siguientes preguntas usando oraciones completas.

1. ¿Te gusta más tener un itinerario con los días planeados o tener mucho tiempo libre?

____

____

2. ¿Te gusta hacer muchas excursiones o prefieres alquilar un carro e ir con un grupo pequeño?

____

____

3. ¿Prefieres tener incluidas las comidas en el precio o te gusta probar los restaurantes locales?

____

____

Parte B. Usando tus respuestas, decide cuál de estos dos viajes te gustaría hacer y explica por qué.

Puerto Rico—Viaje I

7 días, 6 noches en San Juan
Traslados, hotel de lujo
Todas las comidas incluidas
Excursiones a Luquillo y El Yunque
Excursión opcional a Ponce
Impuestos y propinas incluidos

Puerto Rico—Viaje II

7 días, 6 noches en San Juan
Traslados, hotel de lujo
Comida be bienvenida y cena de despedida
Excursiones opcionales a toda la isla
Impuestos incluidos

____

____

____

____

Actividad 6: Las aventuras. Viste esta prueba (*test*) en una revista. Contesta estas preguntas usando oraciones completas para saber si tú o tus amigos son muy aventureros.

1. ¿Has saltado de un avión? ______________________________

____

2. ¿Has dormido toda la noche en un carro? ______________________________

____

3. ¿Te han despertado tus amigos a las cuatro de la mañana para salir contigo? ______________

____

4. ¿Han nadado tú y tus amigos sin traje de baño? ______________________________

____

Continúa en la página siguiente →

5. ¿Te has enamorado de alguien a primera vista? ______________________

____

6. ¿Has llamado al trabajo alguna vez diciendo que estabas enfermo/a y has salido después con tus amigos? ______________________

____

7. ¿Has dejado un buen trabajo para hacer un viaje? ______________________

____

El resultado: Dos puntos por cada respuesta afirmativa y un punto por cada respuesta negativa.

1–6	Lee las instrucciones otra vez. No sabes matemáticas.
7–8	Llevas una vida muy tranquila y necesitas ser más arriesgado/a (*daring*).
9–10	Tu vida es normal (un poco aburrida, pero normal).
11–12	Eres bastante aventurero/a. Te gusta vivir bien.
13–14	Necesitas controlarte más, buscar un trabajo y ser una persona más responsable.

Actividad 7: Deseos y probabilidades. Lee estas situaciones y completa las oraciones usando formas de **haber.**

1. Ves un accidente de carros y unas botellas de vino; también hay una ambulancia.
   Es probable que ______________________.
2. Tu jefe quiere una secretaria bilingüe (español/inglés), sin niños, lista para viajar.
   Mi jefe busca una persona que ______________________.
3. Tu hijo te dijo que iba a tomar un avión a las tres o a las cinco. El avión de las tres tuvo un accidente. No te ha llamado todavía.
   Espero que ______________________.
4. Quieres recibir una carta de tu novio/a. Estás esperando al cartero y le dices a un amigo:
   Ojalá que me ______________________.
5. Tienes un boleto de lotería y estás escuchando las noticias de las ocho.
   Ojalá que ______________________.

NOMBRE ________________________________ FECHA ____________________

Actividad 8: Un puesto vacante. Olivia y Sergio entrevistaron a dos candidatos diferentes para un puesto de trabajo y ahora están comparando sus impresiones. Primero, lee la conversación. Después de leerla, usa el pretérito perfecto (**he, has, ha...** + participio pasivo) o el pretérito perfecto del subjuntivo (**haya, hayas, haya...** + participio pasivo) de los verbos indicados para completar la conversación.

OLIVIA Vamos a ver... ¿Elisa Piñeda ____________________ en otro país? (vivir)

SERGIO Sí, vivió en Bélgica por tres años y allí trabajó para la Comunidad Europea. Y Francisco Tamames, ¿____________________ como supervisor antes? (trabajar)

OLIVIA Si, pero dudo que ____________________ muchas responsabilidades. (tener)

SERGIO Pero, ¿crees que ____________________ algo en ese trabajo? (aprender)

OLIVIA No sé, me dio la impresión que no, pero es muy inteligente y creo que puede aprender rápidamente. Y la Srta. Piñeda, ¿____________________ programación con Lotus alguna vez? (hacer)

SERGIO Sí, pero no mucho.

OLIVIA Tenemos que decidir pronto porque es posible que el Sr. Tamames ya ____________________ un puesto con otra compañía. (aceptar)

SERGIO Tienes razón, pero no me gusta tomar decisiones sin pensar bien. Creo que es mejor entrevistar a más personas y tener la decisión para el final de esta semana.

OLIVIA Buena idea. Estoy totalmente de acuerdo.

Actividad 9: ¡Qué desastre de familia! Termina esta parte de una carta que Martín le escribió a su primo. Lee todo primero, y después termina la carta con frases como **se me olvidó.** Usa verbos como **caer, olvidar, perder, quemar** y **romper.**

No me vas a creer, pero ayer fue un día fatal. Todo empezó a las 8:15 de la mañana. Iba a llevar a mi esposa al aeropuerto porque tenía que ir a Santo Domingo en viaje de negocios. Salí con mi hijo Ramoncito y mi esposa y cerré la puerta, pero ¡_______ _______ ____________________ las llaves dentro de la casa! Abrí una ventana y Ramoncito entró, pero _______ _______ ____________________ la ventana (el niño está un poco más gordo que la última vez que lo viste). Finalmente, Ramoncito salió de la casa con las llaves en la mano. Tuvimos que parar para comprar gasolina. Le estábamos echando gasolina al carro, cuando de repente oímos una explosión. Ramoncito y yo corrimos rápidamente al otro lado de la calle y no nos pasó nada; pero _______ _______ ____________________ el carro. Mi esposa estaba en el baño y con la explosión, a ella _______ _______ ____________________ los anteojos en el inodoro. Ella salió corriendo del baño sin poder ver nada y con toda la confusión, _______ _______ ____________________ su bolso. Claro, los pasajes de avión estaban en el bolso, así que obviamente, ella perdió el vuelo. ¿Verdad que esto parece de novela? ¡Qué día!

NOMBRE ______________________ FECHA ______________

PRÁCTICA MECÁNICA II

Actividad 10: ¿Qué está haciendo? Di qué está haciendo el hombre en cada dibujo. Usa **está + –ando/–iendo.**

➤ *El hombre está entrando al edificio.*

1. ______________________
2. ______________________
3. ______________________
4. ______________________
5. ______________________

Actividad 11: Las órdenes. Mira los dibujos de la *Actividad 10* y escribe una orden (*command*) para cada acción.

➤ *Entre Ud. al edificio.*

1. ______________________
2. ______________________
3. ______________________
4. ______________________
5. ______________________

Actividad 12: Las órdenes. Escribe las órdenes correspondientes. Usa los pronombres de complemento directo cuando sea posible.

1. Ud. debe salir de aquí. ______________________
2. Uds. no deben copiar en el examen. ______________________
3. Ud. tiene que ponerse el abrigo. ______________________
4. Ud. debe comerlo. ______________________
5. Uds. no deben comprarlos. ______________________
6. Ud. no debe buscar problemas. ______________________

Continúa en la página siguiente →

7. Uds. lo tienen que hacer ahora. ____________________
8. Ud. no debe dármelo. ____________________
9. Uds. no se lo deben decir. ____________________
10. Ud. tiene que volver a su casa. ____________________

Actividad 13: Comparaciones. Escribe comparaciones basadas en los dibujos.

1. 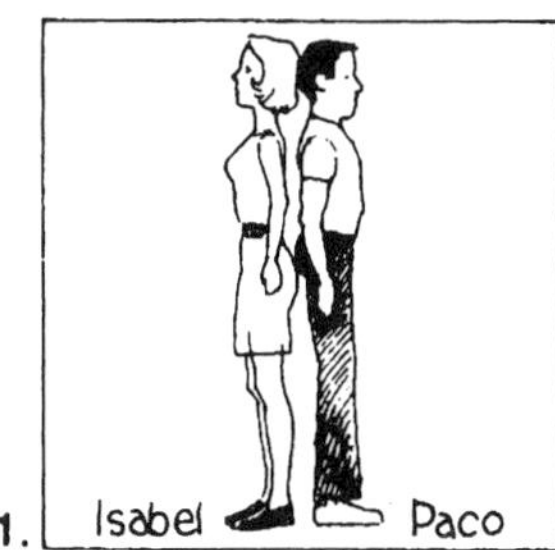

2. 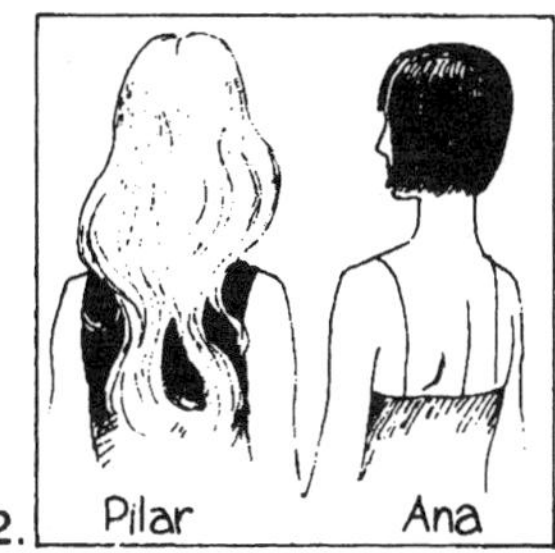

3. 

4. 

5. 

1. Isabel / Paco / alto ____________________
2. pelo / Pilar / Ana / largo ____________________
3. Paula / María / bonito ____________________
4. Pepe / Laura / cansado ____________________
5. ojos / Elisa / Juana / pequeño ____________________

NOMBRE ______________________ FECHA ______________

PRÁCTICA COMUNICATIVA II

Actividad 14: Los regalos y las compras. Contesta estas preguntas para una compañía de publicidad que está haciendo un estudio del mercado. Usa oraciones completas.

1. ¿Alguien le ha regalado a Ud. un carro alguna vez? ______________________

   Si contesta que sí, ¿quién se lo regaló y por qué? ______________________

2. ¿Ha comprado Ud. un reloj en el último año? ______________________

3. ¿Le ha mandado Ud. flores a alguien durante el último año? ______________________

   Si contesta que sí, ¿a quiénes les mandó y por qué? ______________________

4. ¿Qué le gustaría a Ud. recibir como regalo este año? ______________________

Actividad 15: ¡Ojo! Mira estos dibujos y escribe órdenes apropiadas. Usa pronombres de complemento directo cuando sea posible.

1. 

2. 

3. 

4. 

1. ______________________
2. ______________________
3. ______________________
4. ______________________

Actividad 16: Órdenes. Escribe órdenes que los viajeros pueden escuchar cuando viajan. Usa pronombres de complemento directo cuando sea posible. Sigue el modelo.

➤ dejar / maletas / en el autobús *Déjenlas en el autobús.*

1. no perder / pasaporte ______________________
2. pagar / pasajes ______________________
3. no olvidar / entradas ______________________
4. alquilar / carros / temprano ______________________
5. llenar / declaraciones de aduana / inmediatamente ______________________

Actividad 17: Los anuncios. Trabajas para una compañía de publicidad. Tienes que escribir frases que llamen la atención (*catchy phrases*). Usa **tan... como** en tus oraciones.

➤ el detergente Mimosil *El detergente Mimosil te deja la ropa tan blanca como la nieve.*

1. la película *Rambo VIII* ______________________
2. el nuevo disco compacto de Madonna ______________________
3. la pasta de dientes Sonrisa feliz ______________________
4. la dieta Kitakilos ______________________
5. el nuevo carro Mercedes Sport ______________________

Estrategia de lectura: Linking Words

Linking words establish relationships between parts of a text and provide smooth transitions as you read. There is a list of common Spanish linking words in Chapter 13 of your textbook. You will practice working with such words in the following activities.

Actividad 18: Conecta. Al leer el texto, contesta estas preguntas sobre las palabras que conectan (*linking words*).

1. ¿Qué ideas contrasta **sino también** en la línea 2? ______________________
2. ¿Qué grupos contrasta **a diferencia de** en la línea 6? ______________________
3. ¿Qué añade **a la vez** en la línea 10? ______________________

Continúa en la página siguiente →

NOMBRE ______________________________ FECHA ______________

4. ¿Qué compara **por otro lado** en la línea 17? ______________________________

5. ¿Qué ejemplifica **por ejemplo** en la línea 18? ______________________________

6. ¿Para quién es el anuncio de Kentucky Fried Chicken? ______________________________

Un mercado creciente

La población de los Estados Unidos está formada en su gran mayoría por inmigrantes o descendientes de inmigrantes que han venido no sólo de Europa, sino también de muchas otras partes del mundo. Los hispanos forman parte de estos inmigrantes; hay más de 38 millones de hispanos en el país y muchas compañías comerciales están investigando e invirtiendo mucho dinero en este mercado hispano.

A diferencia de los norteamericanos, los hispanos gastan una mayor parte de su sueldo en productos para el hogar, a pesar de tener un sueldo promedio menor. Y aunque la mayoría de los inmigrantes hispanos va asimilándose al idioma inglés y a la cultura estadounidense a través de las generaciones, conserva a la vez su idioma y su identidad hispana. Muchos de ellos (mexicanos, puertorriqueños, cubanos y centroamericanos) viven relativamente cerca de su país de origen y esto les permite estar en contacto con su familia, sus amigos y su cultura. Los hispanos también mantienen contacto con su lengua y con su cultura a través de las cadenas hispanas de televisión de los Estados Unidos y de muchos periódicos y revistas.

Basándose en sus investigaciones, las compañías comerciales hacen dos tipos de propaganda para los hispanos. Por un lado, hay propaganda dirigida a la comunidad hispana en general y por otro lado, debido a las diferencias entre hispanos de diferentes países, hay propaganda dirigida hacia grupos en particular. Por ejemplo, una propaganda de la cerveza Coors que se basa en un rodeo puede ser muy popular entre los mexicanos de Los Ángeles, San Antonio y Houston, pero no entre otros grupos de hispanos. Asimismo, la compañía Goya Foods presenta una propaganda de frijoles rojos para la comunidad puertorriqueña de Nueva York y otra de frijoles negros para la comunidad cubana de Miami. En este anuncio de Kentucky Fried Chicken usan la palabra "chévere". Esto indica que el anuncio es para gente de origen caribeño.

Uno, Dos y Tres,
¡Qué Pollo Más Chévere ...
El de Kentucky es!

El sabor único de la Receta Original de Kentucky Fried Chicken, en sus deliciosas variedades, harán de su fiesta un verdadero placer. Cámbiese ahora al gran sabor y ... ¡ahorre!
Kentucky Fried Chicken®

El poder adquisitivo de la población hispana en los Estados Unidos ha hecho que el mundo de los negocios tome conciencia de la importancia de este mercado. Las compañías comerciales, con la ayuda de expertos norteamericanos e hispanos, empiezan a comprender que la cultura hispana está formada por una multitud de culturas diferentes, que tienen puntos en común, pero que también tienen características y sutilezas propias.

Actividad 19: ¿Qué aprendiste? Anota (*Jot down*) lo que aprendiste al leer el artículo sobre los siguientes temas.

1. La diferencia entre la inmigración europea y la hispana

   ____

   ____

   ____

2. Los factores que motivan a las compañías norteamericanas a invertir en el mercado hispano

   ____

   ____

   ____

NOMBRE ______________________ FECHA ______________

Capítulo 13 Repaso

Present subjunctive, present perfect subjunctive, indicative, infinitive

In Chapters 8, 9, and 13, you learned some uses of the subjunctive mood. The subjunctive is used in the dependent clause if the independent clause contains a verb of doubt, emotion, desire/giving advice, hope, need/want, or sweeping negation.

Here are some examples:

Dudo que él tenga razón. (*doubt*)

Es fantástico que ellos se casen. (*emotion*)

Él **quiere que** tú lo hagas. (*desire*)

Espero que él venga. (*hope*)

Busco un apartamento que sea bonito. (*need/want*)

No hay ninguna clase que sea fácil en esta universidad. (*sweeping negation*)

Remember: If there is no change of subject, then there is no need for the word **que** and the infinitive is used. Compare these sentences:

Mi padre quiere que **yo** estudie medicina.

Yo quiero **estudiar** medicina.

When expressing present doubt, emotion, etc., about the past, use **haya, hayas,** etc., + *past participle.*

Dudo que ellos **hayan venido**.

Es una lástima que ella no **haya ganado** las elecciones.

Busco un médico que **haya estudiado** acupuntura.

No hay nadie aquí que **haya vivido** en Suramérica.

NOMBRE ______________________________ FECHA ______________

Actividad: Conversaciones. Completa las siguientes conversaciones con la forma apropiada de los verbos indicados. Usa el presente del subjuntivo, el pretérito perfecto del subjuntivo, el indicativo o el infinitivo.

1. —Mi novio quiere que nosotros ______________________ a Puerto Rico para las vacaciones. (ir)

   —¿Quieres ______________________ tú? (ir)

   —Sí, por supuesto. Pero busco un hotel que ______________________ barato y céntrico, y que también ______________________ en la playa. Tú tienes amigos que alguna vez ______________________ a Puerto Rico, ¿no? (ser, estar, viajar)

   —Sí, Miguel y Simón fueron hace poco y Sebastián Navarra es de San Juan. Es posible que ______________________ algo. (saber)

2. —Es una pena que Santiago no ______________________ al cine anoche. (ir)

   —¿Por qué no pudo ir?

   —¿No lo sabías? Tuvo un accidente automovilístico y es posible que ______________________ la pierna derecha. (romperse)

   —No, no lo sabía. ¡Qué horror! ¿Está en el hospital?

   —Sí, está en La Milagrosa. Voy a verlo esta tarde.

   —¿Quieres que yo ______________________ contigo? (ir)

   —Sí, me gustaría.

   —Le quiero ______________________ algo. (comprar)

   —Creo que le ______________________ mucho los bombones. (gustar)

   —Buena idea.

3. —No entiendo a los políticos de hoy. Quieren que nosotros les ______________________, pero siempre mienten. (creer)

   —Es verdad. En las últimas elecciones Javier Martini dijo que no iba a subir los impuestos y yo le creí. Es una pena que sólo dos meses después de ganar, ______________________ los impuestos un 4%. (subir)

   —Yo quiero que todos los políticos ______________________ que el pueblo quiere gente honrada. (entender)

   —Es una lástima que ______________________ Martini las últimas elecciones. Yo no quiero que él ______________________ otra vez. (ganar, presentarse)

   —Ese señor no se va a presentar porque la gente lo quiere ______________________ a Siberia. (mandar)

   —Es verdad. No hay nadie que ______________________ pagar más impuestos. Ese hombre no es nada popular en este momento. (querer)

NOMBRE ______________________ FECHA ______________

Capítulo 14

PRÁCTICA MECÁNICA I

Actividad 1: Asociaciones. Asocia las frases de la Columna A con las palabras de la Columna B.

A

1. ______ Si se te pierde el pasaporte, tienes que ir a este lugar.
2. ______ Los musulmanes no van a una iglesia, sino a este lugar.
3. ______ En la ciudad de Pisa en Italia hay una muy famosa y bastante inclinada.
4. ______ Los mayas construyeron estas cosas e hicieron sacrificios humanos encima de ellas.
5. ______ Si quieres ver leones, tigres y otros animales exóticos, visitas este lugar.
6. ______ Los romanos construyeron muchos de estos para llevar agua a las ciudades.
7. ______ Es más grande que una iglesia.
8. ______ Los mexicanos celebran el Día de los Muertos en estos lugares.
9. ______ Si quieres ver flora y fauna en el agua, visitas este lugar.
10. ______ Los judíos van a este lugar para Yom Kipur.

B

a. pirámides
b. sinagoga
c. zoológico
d. mezquita
e. cementerios
f. acueductos
g. acuario
h. catedral
i. consulado
j. torre

NOMBRE ______________________ FECHA ____________

Actividad 2: El dinero. Escribe la palabra correcta.

1. En los Estados Unidos las hay de uno, de cinco, de diez, de veinticinco y de cincuenta centavos. ¿Qué son? ______________
2. El de un dólar tiene la cara de George Washington. ¿Qué es? ______________
3. El anuncio de American Express dice "No salgas de viaje sin ellos". ¿Qué son? ______________
4. En este lugar te dicen a cuánto está el dólar. ______________
5. Visa, MasterCard y American Express. ¿Qué son? ______________
6. Si quieres sacar dinero por la noche y los bancos no están abiertos, ¿adónde vas? ______________
7. Si tienes que ir a un banco, normalmente hablas con una persona que trabaja allí. ¿Cómo se llama esta persona? ______________

Actividad 3: Órdenes. Cambia estas oraciones por órdenes. Usa pronombres de complementos directo e indirecto si es posible.

➤ Debes comer el sándwich. *Cómelo*

1. Tienes que decirle la verdad al policía. ______________
2. Necesitas escribirme un informe. ______________
3. No debes salir ahora. ______________
4. Tienes que ponerlo allí. ______________
5. Quiero que me busques después de la clase. ______________
6. No debes tocarlo. ______________
7. Te aconsejo que lo hagas. ______________
8. Debes afeitarte. ______________
9. No debes decírselo a nadie. ______________
10. No tienes que empezarlo ahora. ______________

NOMBRE ______________________ FECHA ______________

Actividad 4: Más órdenes. Completa estas oraciones con la forma correcta de los verbos indicados, usando el subjuntivo o el indicativo.

1. Te digo que yo no ______________ qué pasó. (saber)
2. El policía les está diciendo que ______________ de aquí. (salir)
3. Le digo a Ud. que me ______________ el dinero mañana o voy a llamar a mi abogado. (traer)
4. Me dice que mañana ______________ a nevar. (ir)
5. Tu madre siempre te dice que no ______________ eso. (hacer)
6. Les dice que ______________ esos papeles a la oficina. (llevar)
7. Nos dicen que ______________ mala la comida en este restaurante. (ser)
8. ¿Nos estás diciendo que ______________ nosotros? (ir)

PRÁCTICA COMUNICATIVA I

Actividad 5: A buscar. Usa Internet para buscar las respuestas a las siguientes preguntas.

1. ¿Dónde están las pirámides del Sol y de la Luna? ¿Quiénes las construyeron y cuándo las construyeron? ______________
2. ¿En qué cementerio y en qué ciudad está el cadáver de Eva Perón? ______________
3. ¿Dónde está la embajada de los Estados Unidos en España? ¿Y los consulados? ______________
4. ¿Qué es Tibidabo? ¿Dónde está? Probablemente al buscar en Internet la palabra "Tibidabo", los sitios que encontraste no estaban en español. ¿Sabes en qué idioma estaban escritos? ______________
5. Las ruinas mayas de Chichén Itzá están en la península de Yucatán. ¿Qué otras ruinas mayas hay en esa península? ______________
6. ¿Dónde está la basílica de Nuestra Señora de Guadalupe? ¿Qué existía en ese lugar anteriormente? ______________

NOMBRE ______________________ FECHA ______________

Actividad 6: En el banco. Lee estas miniconversaciones y di qué está haciendo la Persona A. Usa oraciones completas.

1. PERSONA A ¿Escribo mi nombre aquí?
   PERSONA B No, en la línea que hay abajo.
   ____
2. PERSONA A ¿Cómo quiere el dinero?
   PERSONA B Cuatro billetes de veinte y dos de diez, por favor.
   ____
3. PERSONA A ¿A cuánto está el dólar?
   PERSONA B A 125.
   ____
4. PERSONA B Firme Ud. ahora en esta línea; después al usarlos escriba la fecha y firme otra vez aquí abajo. Es importante que firme delante del cajero. Si los pierde no hay problema; sólo tiene que llamar a este número.
   PERSONA A Muchas gracias.
   ____

Actividad 7: La vida de los niños. Escribe tres órdenes afirmativas y tres órdenes negativas que los padres normalmente les dan a sus hijos pequeños.

1. ______________________
2. ______________________
3. ______________________
4. No ______________________.
5. No ______________________.
6. No ______________________.

Actividad 8: Una vida de perros. Tienes un perro inteligente pero a veces es malo. Escribe estas órdenes para tu perro.

1. sentarse ______________________
2. traer el periódico ______________________
3. bailar ______________________
4. no molestar a la gente ______________________
5. no subirse al sofá ______________________
6. acostarse ______________________
7. no comer eso ______________________
8. quedarse allí ______________________

NOMBRE ______________________ FECHA ______________

Actividad 9: Cómo llegar a mi casa. Escribe instrucciones para un amigo sobre cómo ir desde tu clase de español hasta tu residencia, apartamento o casa. Dale instrucciones muy completas e incluye órdenes. Por ejemplo: **Sal de la clase y baja las escaleras. Al salir del edificio, dobla a la derecha. Camina dos cuadras. Al llegar a la calle Washington, dobla a la derecha.** (etc.)

____

____

____

____

____

____

Actividad 10: ¡Qué desastre de amigo! Tienes un amigo muy torpe (*clumsy*). Siempre tiene accidentes. Mira estos dibujos y escribe las órdenes apropiadas.

1. cruzar: ______________________________
2. tocarla: ______________________________
3. domirse: ______________________________
4. olvidarlas: ______________________________

Actividad 11: ¿Una amiga? Conoces a una persona que piensa que tú eres su mejor amiga y te llama a todas horas. Le estás explicando a tu amigo Manolo cuánto te molesta ella. Completa la conversación.

MANOLO ¿Qué cosas te dice esta mujer?

TÚ Me dice que su trabajo ______________________________
y que sus hijos ______________________________.

MANOLO ¿Te habla de sus problemas?

TÚ Claro, siempre.

MANOLO ¿Y le das consejos?

TÚ Sí, le digo que ______________________________
______________________________.

MANOLO No puedes continuar así. ¿Qué vas a hacer?

TÚ ¡Le voy a decir que no me ______________ más!

PRÁCTICA MECÁNICA II

Actividad 12: Los animales. Los animales de la televisión forman parte de la cultura de los Estados Unidos y de otros países. Di qué tipo de animales son éstos.

1. Leo ____________
2. Fernando ____________
3. Chita ____________
4. Garfield ____________
5. Mister Ed ____________
6. Yogi y Boo Boo ____________
7. Dumbo ____________
8. Tweetie ____________
9. Elsie ____________
10. Lassie y Rin Tin Tin ____________

Actividad 13: Evita la redundancia. Cambia estas oraciones para evitar la redundancia.

1. Tengo unos pantalones negros y unos pantalones blancos. ____________
2. Quiero la blusa de rayas y también la blusa azul. ____________
3. ¿Compraste las sillas de plástico y las sillas rojas? ____________
4. Vamos a pedir un café con leche y un café solo. ____________

Actividad 14: La posesión. Cambia estas oraciones usando las formas largas de los adjetivos posesivos.

➤ Mi amigo es guapo. *El amigo mío es guapo.*

1. Mi carro es alemán. ____________
2. Su casa es grande. ____________
3. ¿Están aquí sus documentos? ____________
4. ¿Dónde está mi abrigo? ____________
5. Nuestros hijos son pequeños todavía. ____________

Actividad 15: Los pronombres posesivos. Cambia estas oraciones sustituyendo los sustantivos (*nouns*) por pronombres posesivos.

➤ Mi madre es simpática. *La mía es simpática.*

1. Me fascinan tus zapatos. ____________________
2. ¿Tienes mi CD de Marc Anthony? ____________________
3. Ellos no necesitan traer sus cintas. ____________________
4. Nuestros cheques de viajero son de Visa pero los cheques de viajero de Ud. son de American Express.
____
____
5. Mi casa tiene tres dormitorios. ____________________
____
6. ¿Dónde están mis libros de economía? ____________________
____

PRÁCTICA COMUNICATIVA II

Actividad 16: Los animales. Contesta las siguientes preguntas sobre los animales.

1. ¿Tienes mascotas? Si contestas que sí, descríbelas. Si contestas que no, di por qué no quieres tener mascota o qué mascota te gustaría tener y por qué.
____
____
____
____
2. Al ir a un zoológico, ¿cuáles de los animales son los más divertidos y por qué?
____
____
3. Muchas universidades tienen mascotas que son animales. Imagina que tu universidad quiere cambiar su mascota. ¿Cuál de los siguientes animales crees que sea el mejor y por qué?

   un oso, un león, una serpiente o un toro
____
____
____
____

NOMBRE ______________________________ FECHA ______________

Actividad 17: La corbata manchada. Al Sr. Sanz se le acaba de manchar (*stain*) la corbata con jugo de tomate y tiene que ir a una reunión importante. Por eso, va a una tienda para comprar una corbata nueva. Completa esta conversación entre el Sr. Sanz y el vendedor. Usa **el, la, los, las** o **uno, una, unos, unas.**

SR. SANZ Necesito comprar una corbata.

VENDEDOR Tenemos muchas. ¿Desea Ud. algún color en especial?

SR. SANZ Quiero __________ roja, pero puede tener otros colores también.

VENDEDOR Aquí tengo __________ rojas y allí hay __________ rojas con rayas de diferentes colores.

SR. SANZ Me gustan __________ de rayas, especialmente __________ roja con rayas azules. Es muy elegante, ¿no?

VENDEDOR Desde luego, y es de seda.

SR. SANZ Bueno, quisiera __________ roja con rayas azules.

Actividad 18: ¡Qué desorden! Pon esta conversación en orden.

______ ¡Ah! La veo allí. Está debajo de la cama.

______ ¿Cuáles?

__1__ ¿Dónde está la mía?

______ ¿Y has visto mis pantalones?

______ ¿Tu camisa?

______ Los verdes.

______ No sé. ¿Dónde la pusiste?

______ No tengo idea; por eso te pregunto.

______ No, pero de todos modos, no te vas a poner la camisa azul con los pantalones verdes.

______ Sí, la azul.

Actividad 19: Los anuncios. Tú haces anuncios de televisión para algunos productos comerciales. En tus anuncios, insultas a la competencia. Completa estos anuncios.

➤ Los carros nuestros tienen una garantía de cinco años, pero *los suyos tienen solamente una de tres.*

1. Las neveras nuestras tienen mucho espacio, pero ______________________________
2. La ropa nuestra es buena y barata, pero ______________________________
3. Los guías turísticos nuestros saben mucho, pero ______________________________

Actividad 20: Los compañeros. Verónica vive en un apartamento con Marisa y no está muy contenta. Eduardo vive con Rafael y tampoco está contento con su compañero. Lee estas descripciones de los dos y completa la conversación. Si es posible, usa frases como **la mía, el mío, ese compañero tuyo/mío, esa compañera tuya/mía.**

Marisa

Deja la ropa por todos lados. No lava los platos. Siempre trae amigos a casa. Nunca limpia el baño. Usa la ropa de Verónica sin pedirle permiso.

Rafael

Siempre habla por teléfono. No paga el alquiler a tiempo. Nunca lava los platos y tampoco limpia el baño. Su novia siempre está en el apartamento y se come la comida de Eduardo.

EDUARDO Tengo un compañero que me molesta muchísimo.

VERÓNICA ¡Crees que sólo tú tienes problemas!

EDUARDO Es que ese compañero ______________________.

VERÓNICA Pues, la ______________________

tampoco. Pero además, ______________________.

EDUARDO Eso no es nada. Ese compañero ______________________

______________________.

VERÓNICA ¡Qué horror! La ______________________.

¿Y sabes que ______________________?

EDUARDO La cosa que más me molesta es que ______________________

______________________.

VERÓNICA Necesito buscar una compañera que ______________________

______________________.

EDUARDO A lo mejor debo ______________ también.

Estrategia de lectura: Recognizing False Cognates

Throughout the readings in this book, you have probably noticed how many English cognates there are in Spanish. You have also seen that there are false cognates, that is, words that are spelled similarly in both languages, but have different meanings. The following is a list of commonly used false cognates.

actual present-day
asistir a to attend
embarazada pregnant
la facultad school (of law, English, etc.)
gracioso/a funny
la librería bookstore
la noticia news item
real royal; true
realizar to accomplish
sensible sensitive
simpático/a pleasant, nice
soportar to tolerate

NOMBRE ______________________ FECHA ______________

Actividad 21: Antes de leer. Antes de leer la parte de un diario que escribió Juan Carlos, contesta estas preguntas.

1. ¿Has estado en México alguna vez? Si contestas que sí, ¿qué lugares visitaste? ______________

____

____

2. ¿Sabes qué civilizaciones indígenas vivieron en México? ______________________

____

____

3. Escribe en la primera columna del gráfico lo que sabes sobre estos lugares, cosas o personas relacionados con México. Si no sabes nada, escribe "No sé nada". Después de terminar la primera columna, lee el diario de Juan Carlos y escribe en la segunda columna algo que aprendiste al leer.

Lo que ya sabía	Lo que aprendí al leer
1. Diego Rivera ______________________ ______________________	______________________ ______________________ ______________________
2. El Museo de Antropología ______________________ ______________________	______________________ ______________________ ______________________
3. Tenochtitlán ______________________ ______________________	______________________ ______________________ ______________________
4. Chichén Itzá ______________________ ______________________	______________________ ______________________ ______________________

NOMBRE ______________________ FECHA ______________

Chichén Itzá, México

El diario de Juan Carlos

martes, 25 de marzo

Hoy discutí con Álvaro, pues me tenía loco buscando su pasaporte. Finalmente fue al consulado de España para sacar uno nuevo. Dimos una vuelta por la ciudad. Fuimos por el Paseo de la Reforma hasta el Zócalo y visitamos la Catedral y el Palacio Nacional donde se ve la historia de México en los murales de Diego Rivera. De allí fuimos al Parque de Chapultepec y visitamos el Museo de Antropología. ¡Qué maravilla! La cantidad de objetos olmecas, mayas, toltecas y aztecas que había era impresionante: joyas, instrumentos musicales, cerámica, ropas y, por supuesto, el calendario azteca. Nos contó la guía de la excursión que ya en el siglo XIV los aztecas eran capaces de calcular el año solar.

El imperio azteca constaba de una confederación de tres ciudades —una de ellas era Tenochtitlán, la capital, que estaba donde actualmente está la ciudad de México. Es increíble lo bien planeada que estaba la ciudad: tenía agua potable y sistemas sanitarios mucho mejores que los que Europa llegó a tener en el siglo XVIII. (Esto yo ya lo sabía; lo aprendí en la facultad.)

Salimos del museo (demasiado corta la visita; tengo que regresar algún día) y fuimos a la Plaza de las Tres Culturas: ruinas aztecas, una iglesia colonial y rascacielos del siglo XX. ¡Qué buen ejemplo de la mezcla de culturas hay en el México actual!

miércoles, 26 de marzo

Anoche fuimos a ver el Ballet Folklórico y me fascinó. Me acosté muy tarde y estaba muerto de cansancio. Hoy llegamos a Mérida, Yucatán. El viaje en autobús me cansó mucho pero, por suerte, me divertí charlando con el Sr. Ruiz, porque es muy gracioso. Es una lástima que la Dra. Llanos ya no lo soporte. Llegamos tardísimo al hotel. Ahora a dormir, porque mañana salimos temprano para visitar Chichén Itzá.

jueves, 27 de marzo

Hoy fuimos a las ruinas de Chichén Itzá, donde vivieron muchos de los mayas entre los años 300 y 900 d.C. No se sabe bien dónde comenzó esta civilización: algunos dicen que en el Petén, Guatemala; otros creen que fue en Palenque, México. Los mayas eran muy avanzados en astronomía y matemáticas y conocían el uso del cero antes de que los árabes lo introdujeran en Europa. Cultivaban no sólo el maíz como los aztecas después, sino también el cacao, la batata y el chile. Estos genios también inventaron un sistema de escritura jeroglífica. Todo esto es tan fascinante que ahora quiero conocer otras ciudades mayas como Copán en Honduras y Tikal en Guatemala.

Bueno, de Chichén Itzá lo que más me gustó fue el templo de Kukulkán. Es un lugar impresionante; al entrar sentí una sensación de temor y me salí pronto. En ese templo hay un jaguar rojo con ojos de jade pintado en la pared. Es bellísimo.

Mañana partimos para Uxmal. A ver si les mando otro mensaje electrónico a las chicas.

Actividad 22: Explícalo. Después de leer el texto, explica en otras palabras qué significan las palabras en negrita. ¡No uses inglés!

1. Juan Carlos dice que lo aprendió en la **facultad.**

____

____

2. La ciudad de Tenochtitlán estaba en el lugar donde **actualmente** está la ciudad de México.

____

____

3. Juan Carlos dice que el Sr. Ruiz es **gracioso.**

____

4. La Dra. Llanos no **soporta** al Sr. Ruiz.

____

NOMBRE ______________________________ FECHA ______________

Capítulo 15

PRÁCTICA MECÁNICA I

Actividad 1: El medio ambiente. Completa estas oraciones con la palabra o las palabras apropiadas.

1. El hotel usa ______________ ______________; por eso, no paga mucho en electricidad y calefacción.
2. Todos los meses llevamos los periódicos a un lugar donde los ______________.
3. Hay muchos animales que están en peligro de ______________.
4. En Chernobil tuvieron un accidente en una planta de ______________ ______________.
5. En los lagos del norte de los Estados Unidos hay un gran problema con la ______________ ______________ por el uso del carbón.
6. Hay gente que no sabe qué es la ______________ y, por eso, se ven grandes cantidades de ______________ en los parques nacionales.
7. La ciudad de México tiene muchos problemas con la ______________; hay días en que las personas que sufren de asma y otras enfermedades de la respiración no pueden salir de la casa.
8. Van a abrir una ______________ nueva de carros y dicen que va a haber cuatrocientos puestos de trabajo.

Actividad 2: El futuro indefinido. Completa estas oraciones con la forma correcta de los verbos indicados en el subjuntivo o el indicativo (presente o pasado).

1. Cuando ______________ tu tío, dile que lo voy a ver mañana. (venir)
2. Después de que tú ______________ esto, quiero salir. (traducir)
3. Ayer corrimos por el parque hasta que ______________ a llover. (empezar)
4. Voy a ser estudiante hasta que se me ______________ el dinero. (acabar)
5. Debemos estudiar después de que ______________ de la película. (volver)
6. Él me llamó después de que su secretario le ______________ el mensaje. (dar)
7. Le voy a pagar cuando Ud. ______________ todo el trabajo y no antes. (terminar)
8. El hombre me vio cuando yo ______________ el dinero de la bolsa. (sacar)

Actividad 3: ¡Vámonos! Sugiere (*Suggest*) qué debemos hacer.

➤ estudiarlo *¡Estudiémoslo!*

1. bailar ______________
2. sentarnos ______________
3. beberlo ______________
4. no decírselo ______________
5. levantarnos ______________
6. cantar ______________
7. no mandárselo ______________
8. escribirlo ______________

Actividad 4: *¿Qué* o *cuál/es?* Completa estas preguntas usando **qué** o **cuál/es.**

1. ¿______________ de los carros alquilaste?
2. ¿______________ necesita Ud.?
3. ¿______________ son las exportaciones principales de Venezuela?
4. ¿______________ de éstas quieren Uds.?
5. ¿______________ eres, liberal o conservador?
6. ¿______________ es tu número de teléfono?
7. ¿______________ es la capital de Cuba?
8. ¿______________ es filosofía?
9. ¿En ______________ ciudad viven tus abuelos?
10. ¿______________ libro estás leyendo?

NOMBRE ______________________________ FECHA ______________

PRÁCTICA COMUNICATIVA I

Actividad 5: La conciencia. Lee este anuncio comercial de Bariloche, Argentina; luego marca con una **X** solamente los métodos de conservación que se mencionan en el anuncio.

Señor Turista:
Bariloche le ofrece
sus bellezas.
Colabore conservándolas.

De la arena nace el vidrio
del vidrio la botella...
Pero la botella no se
convierte en arena.
¡No insista!

Cuando vuelan
parecen pájaros o mariposas.
Cuando caen
son papel
y ¡ensucian!
Guárdelos para tirarlos en un
lugar adecuado.

Use y disfrute los bosques, playas
y lagos.
Manténgalos limpios.

¡Alto!
Esa basura es para la
bolsa de residuos.
En su auto comienza una
campaña de limpieza.

Las flores son para mirarlas.
¡No las corte!

Recuerde que los elementos reflectivos
(vidrios, latas, etc.)
pueden provocar
incendios.

Limpieza es además cultura.
¡Practíquela aquí también!

1. ______ no tirar papeles
2. ______ reciclaje de productos hechos de vidrio (*glass*)
3. ______ el uso de la energía solar
4. ______ conservar el uso de la electricidad
5. ______ manejar siguiendo los límites de velocidad
6. ______ no tirar basura en los bosques
7. ______ no cortar las plantas
8. ______ reciclar papel de periódico
9. ______ separar la basura en grupos: papeles, plásticos, aluminio, etc.
10. ______ tener una bolsa para la basura en el carro

NOMBRE ______________________________ FECHA ______________

Actividad 6: El político. Lee esta conferencia que dio un político y di si estás de acuerdo con sus ideas o no. Usa frases como **(no) estoy de acuerdo..., (no) creo que..., es posible..., es un problema...,** etc.

> Les digo que aquí, en este estado, no hay problemas de contaminación. Quemamos la basura o se la mandamos a otros estados y así preservamos la ecología de nuestro estado tan bonito. Antes teníamos algunas especies de osos y de peces en peligro de extinción; pero ahora tenemos más de cien osos y la situación en nuestros lagos también está mejorando, aunque todavía no es aconsejable comer los peces. Estamos trabajando con todas las fábricas y no hay ni una que contamine el medio ambiente. Vamos a construir una planta nueva para producir energía nuclear que va a dar energía a la parte sur del estado. No tengan miedo de la energía nuclear; es limpia y barata. Además, la planta va a dar trabajo a quinientas personas. Trabajemos juntos para tener el mejor estado posible.

Tu opinión:

____

____

____

____

____

____

Actividad 7: El pesimista. Eres muy pesimista. Completa estas oraciones de forma original.

1. Los políticos van a hacer algo sobre la lluvia ácida cuando ______________________________.
2. La gente no va a reciclar productos hasta que ______________________________.
3. El hombre va a seguir destruyendo las selvas hasta que ______________________________.
4. Tenemos que pensar en la ecología antes de que el mundo ______________________________.

Actividad 8: ¿Qué crees? Completa estas preguntas usando **qué** o **cuál/es.** Después contéstalas con oraciones completas para dar tus ideas sobre la protección del medio ambiente.

1. ¿______________ son algunas cosas que se pueden reciclar? ______________________________.
2. ¿______________ reciclas tú? ______________________________.
3. ¿______________ es la forma de energía más limpia? ______________________________.

Continúa en la página siguiente →

4. ¿__________ sabes de la lluvia ácida? ______________________

______________________________________.

5. ¿__________ tipo de fábricas hay en tu ciudad? ______________________

____

6. ¿__________ de las fábricas producen contaminación? ______________________

______________________________________.

Actividad 9: Invitaciones y soluciones. Completa cada conversación con una sugerencia (*suggestion*). Usa los verbos **bailar, volver, alquilar, sentarse** y **decir** y otras palabras si es necesario.

➤ —Necesitamos pan, leche, patatas, huevos y carne.
—*Comprémoslos en el supermercado.*

1. —¡Qué música más buena!

—______________________________________.

2. —No podemos decirle esto a Fernando, porque no nos va a creer.

—______________________________________.

3. —Estoy cansada y no quiero bailar más. Quiero ver si mis hijos están bien.

—______________________________________.

4. —Lo siento, pero no podemos ir a la costa porque mi carro no funciona.

—______________________________________.

5. —¿Prefieres estar en la barra (*bar*) o en una mesa?

—______________________________________.

PRÁCTICA MECÁNICA II

Actividad 10: Todos son diferentes. Completa estas oraciones que dice Imelda sobre su familia. Usa las formas apropiadas de los siguientes adjetivos: **agresivo, amable, ambicioso, astuto, chismoso, cobarde, creído, honrado, ignorante, indiferente, insoportable, justo, mentiroso, orgulloso, pacifista, perezoso, sensato, sensible, testarudo, valiente.**

1. Estoy muy __________________ de mi hija, porque hoy corrió un maratón y terminó en dos horas y treinta y cinco minutos.
2. Mi hijo, el político, es una persona muy __________________. Él sabe que la violencia es un problema serio, pero, en vez de construir más prisiones, él quiere mejorar el sistema educativo del país.
3. Mi otra hija es una mujer muy __________________; algún día va a ser presidenta de una compañía (si no es presidenta del país) y va a tener más dinero del que es necesario. Seguro que no va a darles ni un peso a los pobres.

Continúa en la página siguiente →

NOMBRE ______________________________ FECHA ____________________

Adjectivos: agresivo, amable, ambicioso, astuto, chismoso, cobarde, creído, honrado, ignorante, indiferente, insoportable, justo, mentiroso, orgulloso, pacifista, perezoso, sensato, sensible, testarudo, valiente

4. El esposo de mi hija mayor no hace nada. Siempre mira televisión. Es muy ____________________.
5. Mi nieto, el hijo de mi hija mayor, es muy ____________________. No tiene miedo de nadie. Ayer en el metro un hombre estaba molestando a una señora y el niño lo paró y le dijo que no debía hacer cosas así. ¡Y sólo tiene cuatro añitos!
6. Mi hermano es muy ____________________; ayer un hombre me estaba molestando en el metro y mi hermano no le dijo nada. La próxima vez voy a ir con mi nieto.
7. Mi esposo Juan es un hombre muy ____________________; ayer fuimos a ver la película *Bambi* y él lloró cuando se murió la madre de Bambi.
8. Mi madre es muy ____________________. Siempre nos ayuda aunque no está muy bien de salud, no critica a nadie y siempre está contenta.
9. Nuestro perro es muy ____________________ y da miedo, por eso nadie entra en nuestra casa si no hay alguien de la familia allí.
10. A veces yo soy demasiado ____________________. Ayer me dieron 20 euros de más en el supermercado y volví a la tienda para devolverlos.
11. Mi sobrino es muy ____________________; se cree superior a todo el mundo.
12. La hermana menor de mi esposo asiste a la universidad, pero no le importa nada la política. Es bastante ____________________ a todo, no como los otros estudiantes que siempre están luchando por una causa u otra.
13. Mi sobrina Maricarmen no puede estar con su primo Carlos. Ella dice que él es machista y, por eso, le parece ____________________. No lo quiere ver ni pintado en la pared.
14. Mis padres eran maravillosos, sabían que cada hijo era diferente y nunca favorecieron a nadie. Eran muy ____________________ con nosotros.
15. Mi vecino es increíble. Sabe algo de todos los que viven en mi edificio y cada vez que me ve me cuenta algo íntimo sobre otro. Me molesta muchísimo. Es muy ____________________.
16. El hijo de mi hermana nunca se responsabiliza de sus actos. Siempre dice que sus hermanos hicieron algo que no debían hacer. Nunca sé si debo creerle o no, porque no dice la verdad. Es muy ____________________ el niño y esto les causa problemas a mi hermana y a su marido.

NOMBRE ______________________________ FECHA ______________

Actividad 11: Hablando del pasado. Escribe oraciones completas usando el pluscuamperfecto (*past perfect*) de uno de los verbos indicados. Es posible que tengas que añadir palabras.

➤ tú / abrir / puerta / cuando / perro / salir
Tú habías abierto la puerta cuando el perro salió.

1. nosotros / comprar / comida / antes de / llegar / casa ______________________________
____
2. profesora / dar / examen / cuando / yo / entrar ______________________________
____
3. ellos / vender / carro / cuando / nosotros / llegar ______________________________
____
4. yo / salir / cuando / tus hermanos / tener / accidente ______________________________
____
5. ella / visitar / Ecuador / antes de / empezar / universidad ______________________________
____

Actividad 12: Expresiones. Usa expresiones con **por** para completar estas oraciones.

1. ______________, ¿sabes la dirección de Victoria?
2. La comida estuvo horrible y el servicio peor, pero ______________, la música estuvo buena.
3. Elisa manejaba a 135 kilómetros ______________; ______________ no la vio ningún policía.
4. Debes llevar cheques de viajero en vez de dinero en efectivo ______________.
5. Simón estudia mucho; ______________ saca buenas notas.
6. ______________ que voy a tu fiesta; siempre son buenísimas.

Actividad 13: Uniendo ideas. Termina estas oraciones con las palabras **que, lo que** o **quien/es.**

1. El carro ______________ está enfrente de la tienda es mío.
2. ¿Conoces al señor ______________ lleva el abrigo negro?
3. No ocurrió ______________ Uds. creen.
4. Me gusta ese libro ______________ tienes en la mano.
5. ¿Te interesó ______________ viste?
6. Éste es el empleado de ______________ te hablé ayer.
7. La chica con ______________ se casó mi hermano se llama Alejandra.
8. Voy a estudiar algo ______________ sea fácil.

NOMBRE ______________________ FECHA ______________

PRÁCTICA COMUNICATIVA II

Actividad 14: En una reunión. Una feminista está hablando con los participantes de un congreso. Aquí tienes una parte de su conversación con ellos. Completa las respuestas del público con adjetivos.

LA FEMINISTA El sexismo se ve en todas partes. Si un hombre tiene muchas ideas y quiere tener un puesto mejor, se dice que tiene ambiciones; pero si una mujer hace esto, ¿saben cómo la llaman?

EL PÚBLICO ______________________

LA FEMINISTA Si una mujer no quiere hacer algo porque tiene miedo, se dice que está bien y se considera normal, pero si un hombre tiene miedo, ¿saben cómo lo llaman?

EL PÚBLICO ______________________

LA FEMINISTA Si una mujer no quiere trabajar y desea estar en su casa con sus hijos, la llaman ama de casa, pero si un hombre no quiere ir a trabajar y desea estar en casa limpiando, cocinando y cuidando a los hijos, piensan que no le gusta trabajar. ¿Saben cómo lo llaman?

EL PÚBLICO ______________________

LA FEMINISTA Si un hombre llora y demuestra sus emociones lo llaman débil, pero si una mujer actúa así, ¿saben cómo la llaman?

EL PÚBLICO ______________________

LA FEMINISTA ¡Qué lástima que existan personas que piensen así en el mundo! Me dan lástima las personas que piensan así. ¿Saben cómo las llamo?

EL PÚBLICO ______________________

Actividad 15: Nadie es perfecto. Usa adjetivos para describir a tu mejor y a tu peor profesor/a de la escuela secundaria. Explica tanto las cualidades como los defectos de cada persona.

Mi mejor profesor/a era ______________________

____

____

____

____

____

____

Continúa en la página siguiente →

Mi peor profesor/a era ______________________________

____

____

____

____

Actividad 16: ¡Qué día! Lee lo que dice Teresa y pon en orden sus actividades de ayer.

Antes de salir del apartamento limpié el baño y lavé los platos de la cocina. Luego caminé a mi clase, pero, en el camino, paré en el cajero automático para sacar dinero. Enfrente del banco vi a Vicente. Él me esperó mientras yo sacaba el dinero y entonces fuimos a tomar un café. Después de la clase fui a pagar el alquiler, pero se me había olvidado el cheque, así que tuve que volver al apartamento para buscarlo y por fin pude pagar. Por la tarde, mientras estaba estudiando en la biblioteca, llegó Claudia a invitarnos a Vicente y a mí a ir al teatro. Antes de ir al apartamento para cambiarme de ropa, llamé a Vicente para decírselo.

_____ Estudió.
_____ Fue a clase.
_____ Fue al cajero automático.
_____ Fue al teatro.
__1__ Limpió la casa.
_____ Llamó a Vicente.
_____ Pagó el alquiler.
_____ Salió del apartamento para ir a clase.
_____ Se cambió de ropa.
_____ Tomó un café con Vicente.
_____ Volvió al apartamento para recoger el cheque.

Actividad 17: La historia.

Parte A. Estudia esta línea histórica; luego haz el ejercicio que sigue.

1492	Colón llega a América.
1494	Firman el Tratado de Tordesillas que divide las nuevas tierras entre España y Portugal.
1502	Bartolomé de las Casas llega a las Américas y empieza a documentar los abusos de los conquistadores contra los indígenas.
1512	Ponce de León llega a la Florida.
1513	Núñez de Balboa es el primer europeo que ve el Pacífico.
1519	Sale Magallanes para darle la vuelta al mundo.
1520	Muere Moctezuma.
1521	Cortés toma México para España; muere Magallanes.
1522	Elcano termina el viaje de Magallanes para darle la vuelta al mundo.
1525	Muere Cuauhtémoc, último emperador azteca, después de tres años de tortura.
1532	Pizarro termina con el imperio incaico en Perú.
1533	Pizarro ejecuta a Atahualpa, el último emperador inca.
1542	Hernando de Soto es el primer europeo que encuentra el río Misisipí.
1620	Los peregrinos fundan la colonia de Plymouth en el estado de Massachusetts.

Parte B. Escribe oraciones usando la información de la línea histórica.

➤ Colón / Tratado de Tordesillas

Colón ya había llegado a América cuando firmaron el Tratado de Tordesillas. / Cuando firmaron el Tratado de Tordesillas, Colón ya había llegado a América.

1. Ponce de León / Núñez de Balboa ______________________

2. Cortés / Pizarro ______________________

3. la muerte de Magallanes / Elcano ______________________

4. Pizarro / Cuauhtémoc ______________________

5. Moctezuma / Atahualpa ______________________

6. Hernando de Soto / Núñez de Balboa ______________________

7. Hernando de Soto / los peregrinos y la colonia de Plymouth ______________________

Actividad 18: Une ideas para aprender historia. Combina las siguientes oraciones cortas sobre la historia hispana para formar oraciones largas. Usa **que, lo que** o una preposición más (*plus*) **quien/es.**

1. Cristóbal Colón habló con los Reyes Católicos. De ellos recibió el dinero para su primera expedición.

____

2. Ponce de León exploró la Florida en busca de la fuente de la juventud (*youth*). La fuente de la juventud en realidad no existía. Las cosas que encontró fueron indígenas y bellezas naturales.

____

3. A principios del siglo XVI, los españoles les llevaron el catolicismo a los indígenas. Esto significó para los indígenas un cambio en su vida y en sus costumbres.

____

4. Hernando de Soto fue uno de los conquistadores españoles. Ellos tomaron posesión de Perú para España.

____

Continúa en la página siguiente →

5. Simón Bolívar liberó una parte de Hispanoamérica. Hoy en día, incluye Colombia, Venezuela, Ecuador y Panamá.

____

____

Estrategia de lectura: Mind Mapping

As you already have learned, activating background knowledge is an important step to improving reading comprehension. One way to tap this knowledge is to do a mind map, like the one in Chapter 15 of your textbook.

Actividad 19: El mapa mental. Haz un mapa mental sobre los **recursos naturales** (*natural resources*) para prepararte mejor para leer una carta de un periódico.

NOMBRE ______________________________ FECHA ______________

Carta abierta a los hermanos hispanoamericanos

Como ciudadano de Hispanoamérica considero que tengo la obligación de pedirles a los gobernantes que hagan algo para salvar nuestra tierra antes de que sea demasiado tarde. Para modernizarnos e intentar convertirnos en países desarrollados, necesitamos la tecnología, pero esta tecnología que trae avances constantes muchas veces destruye nuestros recursos naturales.

Tomemos Guatemala, por ejemplo. ¿Cuánto tiempo vamos a continuar destruyendo la selva tropical? Decimos que necesitamos esa área para criar animales y tener comida. ¿Pero a qué precio? Matamos las especies que ya habitan esa zona y así provocamos la extinción de animales y de plantas. Uds. dirán que nosotros, los guatemaltecos, no somos los únicos que destruimos el ambiente y hay que reconocer que es verdad. Sin embargo, Costa Rica, que también tiene este problema, lo admite y está intentando salvar su selva con la ayuda de científicos estadounidenses.

Usemos los recursos naturales, pero con moderación. ¿Qué va a ocurrir, por ejemplo, el día que se termine el petróleo mundial? El petróleo es un recurso, sí, pero como todo recurso tiene un límite. Si países latinoamericanos como Brasil y Argentina pueden obtener combustible para carros de la caña de azúcar, Guatemala, Honduras, Cuba y la República Dominicana pueden hacer lo mismo con su exceso de caña de azúcar y así reducir notablemente el consumo de petróleo. La fuente de energía que puede reemplazar de forma parcial el petróleo es la energía hidroeléctrica y su posibilidad de desarrollo en Hispanoamérica es gigantesca. Países ejemplares como Paraguay, Perú y Costa Rica lograron aumentar considerablemente su producción en la última década.

Debemos también tener cuidado con el uso de productos químicos que pueden destruir nuestro medio ambiente. Si seguimos abusando del uso de fluorocarburos (acondicionadores de aire, neveras, etc.) y se extiende el agujero en la capa de ozono sobre la Antártida, entonces Chile y Argentina van a ser los primeros en sufrir un aumento de radiación ultravioleta. ¿Qué significa esto? Miles de casos de enfermedades como cáncer de la piel y cataratas en los ojos. Debemos eliminar este peligro antes de que sea demasiado tarde.

¿Es éste el mundo que les queremos dejar a nuestros hijos? Por favor, tomemos conciencia.

Un ser humano preocupado

Actividad 20: Problemas y soluciones. Después de leer la carta, contesta esta pregunta.

¿Cuáles son los problemas y las soluciones que menciona el autor en la carta?

Problemas	Soluciones
1. ______________	1. ______________
2. ______________	2. ______________
3. ______________	3. ______________

NOMBRE ______________________ FECHA ______________

Capítulo 15 Repaso

Narrating in the past

Past narration has a number of components; here are a few of the major ones.

- Preterit and Imperfect

  Use the preterit to move the action along by narrating the start or end of an action or a completed past action; use the imperfect to set the scene, provide description, and to describe past actions in progress.

  Era una noche oscura cuando yo **llegué** a casa. Mientras **abría** la puerta **sonó el teléfono...**

- Past Perfect

  Use the past perfect to narrate an action that occurred prior to another action in the past.

  Ya **había terminado** los estudios cuando **aceptó** un trabajo en Nueva York.

- Present Perfect

  Use the present perfect to ask the question, "Have you ever . . . ?"

  ¿Has trabajado como camarero alguna vez?

Remember: After adverbs like **antes** and **después**, you need a conjugated verb. **But**, after the preposition **de**, you need an infinitive. Compare these sentences.

Primero fui al cine y **después comí** con mis amigos en un restaurante.

Antes de comer con mis amigos en un restaurante, fui al cine.

NOMBRE ______________________________ FECHA ____________________

Actividad: ¡Qué miedo! Completa la siguiente conversación con la forma apropiada de los verbos indicados. Usa el pretérito, el imperfecto, el pluscuamperfecto, el pretérito perfecto (*present perfect*) o el infinitivo.

Lucía le cuenta a su amiga una experiencia que tuvo.

—¿Sabes lo que me ____________________ (1. ocurrir) anoche?

—No, ¿qué te ____________________ (2. pasar)?

—Pues yo ____________________ (3. acostarse) temprano y ya ____________________ (4. dormir) varias horas cuando ____________________ (5. despertarse) muy asustada.

—Pero, ¿Por qué?

—No sé. ____________________ (6. Ser) más o menos las dos de la mañana cuando yo ____________________ (7. oír) un ruido terrible. Entonces ____________________ (8. levantarse) con mucho cuidado, ____________________ (9. abrir) la puerta de mi habitación, pero no ____________________ (10. ver) ni ____________________ (11. oír) nada. Aunque ____________________ (12. tener) mucho miedo, yo ____________________ (13. decidir) ir a investigar. Antes de ____________________ (14. salir) de mi habitación, ____________________ (15. tomar) mi raqueta de tenis para protegerme y ____________________ (16. salir) muy despacio. Ya ____________________ (17. bajar) las escaleras, cuando ____________________ (18. volver) a oír ruidos extraños en la sala. ¿Alguna vez ____________________ (19. tener) tú tanto miedo que casi no puedes caminar? Pues, yo ____________________ (20. estar) paralizada de terror, pero ____________________ (21. entrar) en la sala y en ese momento alguien encendió la luz. ____________________ (22. Haber) un grupo de personas. ____________________ (23. Ser) mis mejores amigos que habían llegado mientras yo ____________________ (24. dormir) para sorprenderme porque hoy es mi cumpleaños.

—Ay, ¿pero cómo entraron?

—Mi novio ____________________ (25. tener) la llave de mi casa y todos ____________________ (26. entrar) en silencio; pero mientras ____________________ (27. caminar) en la oscuridad, uno de ellos ____________________ (28. hacer) el ruido que me ____________________ (29. (despertar). ¿Sabes? Primero yo ____________________ (30. llorar) y después les ____________________ (31. dar) las gracias a mis amigos. ¿____________________ (32. vivir) tú un momento similar alguna vez?

—No, nunca, pero me gustaría. Y a propósito, ¡feliz cumpleaños!

NOMBRE ______________________ FECHA ______________

Capítulo 16

PRÁCTICA MECÁNICA I

Actividad 1: La fotografía. A tu amigo Lorenzo le gusta mucho la fotografía. Mira este dibujo (*drawing*) e identifica los objetos que él tiene en su dormitorio. Incluye el artículo indefinido en tus respuestas.

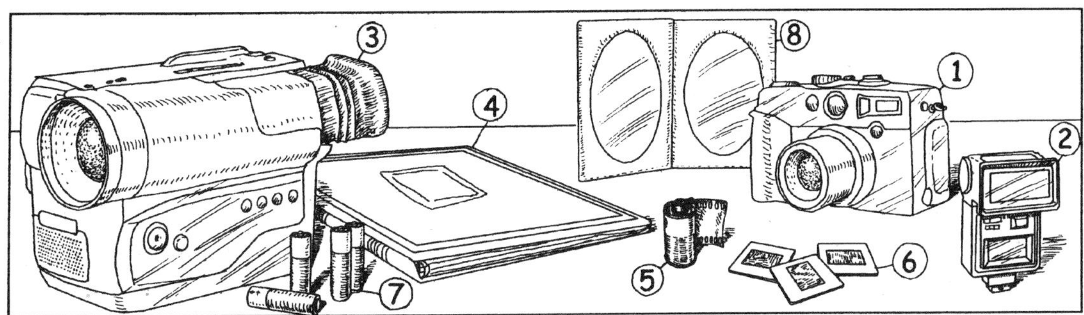

1. ______________________
2. ______________________
3. ______________________
4. ______________________
5. ______________________
6. ______________________
7. ______________________
8. ______________________

NOMBRE ______________________________ FECHA ______________

Actividad 2: Lo bueno. Completa estas oraciones usando expresiones como **lo bueno, lo interesante, lo fácil, lo malo, lo triste,** etc.

1. Tengo un nuevo trabajo; ______________________ es que ganaré mucho más dinero, pero ______________________ es que tengo que trabajar en un pueblo de la selva que no tiene electricidad; tampoco tiene agua corriente (*running water*).
2. Voy a ir a Bariloche; ______________________ es que puedo esquiar, pero ______________________ es que también tengo que pasar muchas horas en conferencias sobre medicina nuclear. Sé que me dormiré en las conferencias porque estaré cansado de tanto esquiar.
3. Mañana tengo un examen; ______________________ es que en la primera parte solamente tengo que decir si las oraciones son ciertas o falsas, pero ______________________ es que también tengo que escribir una composición y nunca me expreso bien cuando escribo.

Actividad 3: El futuro. Completa estas oraciones con la forma apropiada del futuro de los verbos indicados.

1. El año que viene yo ______________________ un trabajo. (tener)
2. Uds. ______________________ algún día. (casarse)
3. ¿Cuándo ______________________ tú ayudarme? (poder)
4. Nosotros se lo ______________________ cuando podamos. (decir)
5. Paco ______________________ en casa de sus tíos cuando vaya a la universidad. (quedarse)
6. Yo ______________________ un buen médico. (ser)
7. Si Ud. tiene tiempo mañana, ______________________ con mi jefe, ¿verdad? (hablar)
8. Yo ______________________ a las ocho y ______________________ el vino. (salir, traer)
9. Si tenemos dinero, este verano ______________________ a las islas Galápagos. (ir)
10. Yo te lo ______________________ mañana. (comprar)

Actividad 4: Forma hipótesis. Completa estas oraciones con la forma apropiada del potencial (*conditional*) de los verbos indicados.

1. ¿Qué ______________________ tú en mi lugar? (hacer)
2. Yo ______________________ que ella tiene razón. (decir)
3. Fernando nos dijo que no ______________________ venir mañana. (poder)
4. Nosotros creímos que Uds. ______________________ por qué no podíamos hacerlo. (entender)
5. Sabía que Víctor no ______________________ en un examen. (copiar)
6. Pepe y Carmen no ______________________ sin despedirse. (irse)
7. El niño gritó que no lo ______________________. (hacer)
8. El chofer dijo que no ______________________ más autobuses para Mérida hoy. (salir)
9. Me dijo que en ese hotel todo el mundo ______________________. (divertirse)
10. Nos explicaron que después de terminar los estudios, ______________________ la oportunidad de trabajar en otro país. (tener)

NOMBRE ______________________ FECHA ______________

PRÁCTICA COMUNICATIVA I

Actividad 5: Este año. Termina estas oraciones sobre tu vida de este año.

1. Lo interesante ______________________
2. Lo más inesperado ______________________
3. Lo triste ______________________
4. Lo malo ______________________
5. Lo bueno ______________________
6. Lo más cómico ______________________

Actividad 6: Tu futuro. Haz una lista de tres cosas que harás la semana que viene y tres cosas que debes hacer.

Para hacer

➤ *Iré al museo.*

1. ______________________
2. ______________________
3. ______________________

Para hacer si hay tiempo

➤ *Debo escribir unas cartas.*

1. ______________________
2. ______________________
3. ______________________

NOMBRE ______________________ FECHA ______________

Actividad 7: Predicciones. Primero, escribe nombres de personas famosas para las categorías indicadas. Después, da tus predicciones sobre qué estarán haciendo, dónde vivirán, en qué trabajarán, si estarán casados/divorciados, etc. dentro de diez años. Usa la imaginación.

1. Un/a cantante: ______________________

   Tu predicción:

   ____

   ____

   ____

2. Un/a político/a: ______________________

   Tu predicción:

   ____

   ____

   ____

3. Un actor / una actriz: ______________________

   Tu predicción:

   ____

   ____

   ____

4. Tu profesor/a de español: ______________________

   Tu predicción:

   ____

   ____

   ____

Actividad 8: Bola de cristal. Haz predicciones sobre el mundo de Hollywood y de Washington.

1. El próximo presidente de los Estados Unidos ______________________

   ____

2. El próximo escándalo en Washington ______________________

   ____

3. La mejor película del año ______________________

   ____

4. La boda del año en Hollywood ______________________

   ____

5. El divorcio menos esperado ______________________

   ____

Actividad 9: ¿Qué harías? Completa estas miniconversaciones dando consejos. Usa el potencial (*conditional*).

1. —No sé qué hacer; mi jefe quiere que yo salga con él.
   —En tu lugar, yo ______________________.
2. —Tengo un problema; los frenos de mi carro están muy malos y no tengo dinero para arreglarlos.
   —En tu lugar, yo ______________________.
3. —Me están molestando muchísimo los lentes de contacto. Siempre lloro.
   —En tu lugar, yo ______________________.
4. —Lo bueno es que tengo una entrevista con la compañía Xerox, pero lo malo es que es el mismo día de mi examen final de economía. No quiero cambiar la entrevista y el profesor es muy estricto en cuanto a los exámenes.
   —En tu lugar, yo ______________________.

Actividad 10: Los planes. Lee esta nota que Teresa le dejó a Marisel esta mañana; después termina la conversación entre Diana y Marisel. Usa el pretérito o el potencial (*conditional*) en las respuestas.

> Marisel:
> Voy a ir al oculista para hacerme un chequeo y también voy a comprar pilas para la cámara de Diana. Después es posible que Álvaro y yo vayamos a tomar algo. Las veo en la puerta del Café Comercial a las nueve, cerca del metro de Bilbao, para ir al cine. Álvaro dijo que iría también.
> Teresa

DIANA	¿Has hablado con Teresa?
MARISEL	No, pero ______________________.
DIANA	¿Fue al oculista?
MARISEL	______________________.
DIANA	¡Ay! Espero que no se le olvide comprarme las pilas.
MARISEL	Dijo que te ______________________.
DIANA	Bien. ¿Dijo algo sobre la película?
MARISEL	Sí, dijo ______________________.
DIANA	¿Y Álvaro va?
MARISEL	______________________.

NOMBRE ______________________ FECHA ______________

PRÁCTICA MECÁNICA II

Actividad 11: El trabajo. Estás leyendo en una revista la siguiente lista de consejos sobre cómo conseguir trabajo. Completa las oraciones con las palabras apropiadas.

1. Cuando Ud. busque trabajo, es importante que tenga algún tipo de ______________. Muchas compañías piden hasta tres años. También es necesario tener un ______________ universitario para muchos puestos.
2. Primero Ud. tiene que completar una ______________, mandarles un ______________ y tener tres cartas de ______________.
3. Después de evaluar a los candidatos para un puesto, es posible que lo llamen para hacerle una ______________.
4. Antes de aceptar el trabajo, es importante hablar de cuánto va a ser el ______________ y qué beneficios incluye. También es importante el ______________ en caso de que se enferme.
5. Después de que le ofrezcan un trabajo, es posible que Ud. firme un ______________.

Actividad 12: Probabilidad. Completa estas oraciones con la forma apropiada del futuro o el potencial (*conditional*) de los verbos indicados.

1. ¿Dónde está Felisa? ¿______________ enferma? (Estar)
2. ¿Qué hora ______________ cuando llegaron anoche? (ser)
3. Me pregunto qué ______________ comiendo esos señores. (estar)
4. Ahora, su hermano menor ______________ unos diecinueve años. (tener)
5. Sus hijos ______________ diez y quince años cuando los señores Martínez se divorciaron. (tener)
6. ______________ millones de pesos en el banco cuando lo robaron. (Haber)
7. Gabriela salió a las siete, así que ______________ llegando a Roma ahora. (estar)
8. Quiero comprar este carro. ¿Cuánto ______________? (costar)

Actividad 13: ¿Infinitivo o subjuntivo? Completa estas oraciones con la forma apropiada (infinitivo o subjuntivo) de los verbos indicados.

1. Antes de que ellos ______________, debemos preparar algo de comer. (venir)
2. Vamos a llevar los abrigos, en caso de que ______________. (nevar)
3. Teresa saldrá con Vicente esta noche con tal de que él ______________ de estudiar temprano. (terminar)
4. Diana enseña inglés para ______________ dinero. (ganar)
5. Vamos a llegar el sábado sin que nadie lo ______________. (saber)
6. Aceptaré el trabajo con tal de que me ______________ un buen sueldo. (ofrecer)

Continúa en la página siguiente →

7. Ellos van a arreglar el carro antes de _______________ a la playa. (ir)
8. La compañía nos da clases especiales para que _______________ todo lo necesario sobre los nuevos productos. (saber)
9. Saldremos a bailar esta noche a menos que mi madre no _______________ venir para estar con los niños. (poder)
10. Mándamelo antes de _______________; sólo necesito tener una idea de lo que estás haciendo. (terminar)

PRÁCTICA COMUNICATIVA II

Actividad 14: Posiblemente... Lee estas miniconversaciones y contesta las preguntas en oraciones completas. Como no estás seguro/a de las respuestas, usa el futuro para hablar de probabilidad.

1. —Hay poca luz.
   —Puede ser que salga todo negro; no la saques.
   —¿Y si uso flash?
   —Estamos en un museo, no se puede.
   ¿Qué hacen estas personas? _______________
   _______________.
2. —¿Incluyo mi trabajo de guía turístico?
   —¿Por qué no? Si quieres encontrar un empleo, por lo menos...
   ¿Qué están haciendo? _______________
   _______________.
3. —¡Ay! No salieron bien.
   —Nunca me han gustado las de blanco y negro.
   —Sí, estoy de acuerdo, pero son para un periódico.
   ¿De qué están hablando? _______________
   _______________.
4. —Aquí ven a Carlitos y a Cristina cuando estábamos en Bogotá. Y aquí hay otra de Carlitos en el hospital después de la operación.
   —Papá, la luz por favor; se me cayó algo.
   ¿Qué están haciendo? _______________
   _______________.
5. —Bien, muy bien. ¿Tiene Ud. algunas preguntas para mí?
   —Sí, gracias. Si me dan el trabajo, ¿tendré que viajar con frecuencia?
   —Es posible que haga un viaje al mes a nuestras oficinas en La Paz.
   ¿Qué están haciendo? _______________
   _______________.

NOMBRE ________________________ FECHA ____________

Actividad 15: Un encuentro raro. Lee lo que pasó y contesta las preguntas. Usa la imaginación.

Ayer vi a una mujer que entró a la librería. Noté que llevaba un sobre en la mano y que estaba muy nerviosa. Ella me preguntó si teníamos el libro ***Las aventuras de Miguel Littín*** de Gabriel García Márquez. Le dije que sí y le indiqué dónde estaba. Mientras estaba mirando el libro, entró un hombre de barba y con gafas de sol. Llevaba abrigo negro y sombrero. Mientras el señor miraba libros de arte, la mujer puso el sobre dentro del libro. Después, ella me dijo que no tenía el dinero, pero que iba a volver mañana para comprar el libro y salió. Después de unos minutos, vi al hombre de la barba abrir el libro y sacar el sobre. Cuando él salía, yo...

1. ¿Quién sería la mujer? ________________________

____

2. ¿Quién sería el hombre? ________________________

____

3. ¿Qué habría en el sobre? ________________________

____

4. ¿Por qué irían a la librería y no a otro lugar? ________________________

____

5. ¿Conocería el hombre a la mujer? ________________________

____

6. ¿Qué haría el vendedor después? ________________________

____

7. ¿Adónde iría el hombre de barba al salir de la librería? ________________________

____

Actividad 16: La experiencia.

Parte A. Lee esta conversación entre Teresa y su tío don Alejandro sobre el futuro de Juan Carlos.

TERESA Tío, sabes que Juan Carlos va a solicitar un puesto en Venezuela. ¿Tienes algún consejo para él?

TÍO ¡Claro que sí! Es importantísimo que le mande una carta a ese amigo de su padre y que le dé las gracias. Esa carta debe llegar antes que la solicitud. El curriculum debe estar hecho en computadora porque parece más profesional. Puede usar mi computadora si quiere. Si le piden que vaya a Venezuela para hacer una entrevista, sólo debe ir si ellos se lo pagan todo. Si lo paga él, van a pensar que es un tonto. Y por último, no debe firmar el contrato sin saber cuánto va a ganar de sueldo y qué seguro médico u otros beneficios va a tener. Tiene que leer el contrato con cuidado.

TERESA Gracias tío, se lo diré.

NOMBRE ______________________ FECHA ______________

Parte B. Ahora completa esta conversación entre Teresa y Juan Carlos, basada en los consejos de don Alejandro.

TERESA — Hablé con mi tío y tiene muchos consejos para ti.

JUAN CARLOS — ¡Ay, qué bueno! ¿Qué me aconseja?

TERESA — Primero, debes escribirle una carta al señor dándole las gracias antes de que ______ ______________________.

JUAN CARLOS — Ya le escribí.

TERESA — Segundo, tienes que escribir el curriculum en computadora para que ______________ ______________________.

JUAN CARLOS — Por supuesto. Pero, ¿dónde voy a poder hacer eso?

TERESA — Mi tío dijo que ______________________.

JUAN CARLOS — ¡Perfecto! ¿Algo más?

TERESA — Tercero, si te piden que vayas a Venezuela para hacerte una entrevista, no vayas a menos que ______________________ ______________________.

JUAN CARLOS — O.K. Esa idea me gusta.

TERESA — Una cosa más; solamente acepta el trabajo con tal de que ellos ______________ ______________________.

JUAN CARLOS — Le daré las gracias a tu tío.

TERESA — ¡Ah! No firmes el contrato sin ______________________.

Estrategia de lectura: Understanding the Writer's Purpose and Tone

When writing a text, the writer chooses a purpose (such as informing, entertaining, or convincing) and a tone (serious, funny, or aggressive, for example). By identifying the purpose and tone of a text, you can improve your comprehension and be more aware of the writer's point of view.

Actividad 17: Antes de leer. Mira la foto que acompaña el artículo y luego lee el título y el subtítulo. Di cuál crees que sea el propósito del artículo y el tono del autor.

Propósito:	a. entretener	b. informar	c. convencer
Tono:	a. serio	b. divertido	c. crítico

FAMILIA

CALABAY SICAY

[illegible]

En San Antonio de Palopó, la población indígena lucha por su supervivencia

Guatemala ha vivido bajo el terror de la guerra civil.[1] El balance es elocuente: 100.000 muertos—alrededor de uno de cada 20 habitantes—, 400 pueblos destruidos y un éxodo de más de 100.000 personas hacia los campos de refugiados de México. Durante más de un siglo, la nación ha estado controlada por su poderoso ejército y por un puñado de familias ricas descendientes de europeos. En la base de la pirámide social, desposeídos de cualquier tipo de privilegio, están los indígenas mayas, que constituyen más de la mitad de la población. La familia Calabay Sicay pertenece a la tribu de los cakchiqueles, uno de los 22 colectivos indígenas de Guatemala. Viven en San Antonio de Palopó, un hermoso lugar a orillas del lago Atitlán. Aquí se respira tranquilidad. Sin embargo, sus habitantes se resisten tenazmente a relacionarse con extranjeros.

Los Calabay Sicay son campesinos, por eso es frecuente encontrar a Lucía atando en manojos las cebollas que cultiva Vicente, su marido, y que después venden en el mercado de Sololá, la ciudad importante más próxima. Ese trabajo es casi un descanso. La vida en San Antonio de Palopó no es fácil. Las comodidades escasean, y por no tener no tienen ni agua corriente en la casa. Para *matar* el poco tiempo libre del que disponen, Lucía hila pulseras y bolsas en un telar pequeño. Vicente utiliza otro más grande para tejer *las cobijas* (mantas) con las que se tapan sus tres hijos.

RETRATO ROBOT

- Número de personas que viven en la casa: 5.
- Tamaño de la vivienda: 29,4 M². Una habitación con la cocina independiente.
- Semana laboral: padre, 60 horas; madre, todo el día.
- Equipamiento doméstico: radios: 1. Teléfonos: 0. Televisores: 0. Automóviles: 0.
- Posesiones más apreciadas: para la madre, un cuadro religioso y la Biblia. Para el padre, un casete portátil. Para las hijas, las muñecas. Para el hijo, un balón de fútbol.
- Renta per capita: 132.160 pesetas.[2]
- Porcentaje de sus ingresos que la familia Calabay Sicay dedica a comida: 66%.
- Desearían adquirir: televisor, cacerolas, sartenes, mesa de cocina.
- Número de veces que la familia ha estado a más de 50 Km de su casa: 0.
- Desean para el futuro: se conforman con sobrevivir.

[1] *The Guatemalan Civil War lasted 36 years and ended in 1996.*
[2] *132.160 pesetas = about $942 per capita per year.*

NOMBRE _______________________________________ FECHA ____________________

Actividad 18: Los pobres. Cada país tiene gente rica y gente humilde. Compara las posesiones de la familia Calabay Sicay con las de una familia pobre de tu país.

____

____

____

____

____

____

____

____

NOMBRE ______________________________ FECHA ______________

Capítulo 17

PRÁCTICA MECÁNICA I

Actividad 1: El arte. Completa las siguientes oraciones con palabras apropiadas asociadas con el arte.

1. En clase cuando estoy aburrido hago ______________________ graciosos del profesor.
2. No es un original; es una ______________________.
3. Picasso no sólo fue pintor; fue también ______________________. Una de sus esculturas abstractas está en Chicago. A algunas personas les gusta y a otras no.
4. El Greco, Velázquez y Goya son tres ______________________ españoles famosos.
5. En muchas clases de arte, antes de pintar personas y escenas, los estudiantes tienen que pintar como práctica un ______________________, que puede ser de frutas encima de una mesa.
6. Muchos artistas pintaron a los reyes españoles, pero algunos de los ______________________ más famosos son los que hizo Velázquez del rey Felipe II.
7. La ______________________ ______________________ de Velázquez se llama *Las Meninas.* En este cuadro se ve a la infanta Margarita, a los reyes, a Velázquez y a otras personas del palacio. Este cuadro es famoso en todo el mundo.
8. Frida Kahlo pintó muchos cuadros de ella misma. Muchos de esos ______________________ muestran el dolor y sufrimiento que ella pasó por tener un accidente terrible en las calles de México D.F.

NOMBRE ______________________________ FECHA ______________

Actividad 2: *¿Pedir o preguntar?* Completa estas oraciones con la forma apropiada de **pedir** o **preguntar.**

1. Yo te ____________________ que lo hagas.
2. Ellos me ____________________ si sabía el número de teléfono de Victoria.
3. El criminal me ____________________ el dinero, pero yo no tenía nada.
4. Felipe, ¿por qué no le ____________________ al taxista dónde está el museo?
5. Anoche, el niño nos ____________________ cuándo íbamos a volver.
6. Ayer, Carlos y Ramón le ____________________ a María que los ayudara con el trabajo.

Actividad 3: El pasado del subjuntivo. Completa estas oraciones con la forma apropiada de los verbos indicados en el imperfecto del subjuntivo.

1. Carlos IV quería que Goya le ____________________ un retrato. (pintar)
2. Era posible que El Greco ____________________ problemas con los ojos. (tener)
3. El cuñado de Goya le aconsejó que ____________________ a Madrid a estudiar arte. (ir)
4. Me prohibieron que ____________________ fotos en el Museo del Oro. (sacar)
5. Salvador Dalí buscaba personas que ____________________ tan locas como él. (estar)
6. Un amigo nos aconsejó que ____________________ la exhibición de Botero en Madrid y nos fascinó lo grande que era todo. (ver)
7. Vi unos cuadros de Claudio Bravo y eran tan realistas que yo dudaba que ____________________ cuadros; creía que eran fotos. (ser)
8. Fue interesante que Picasso ____________________ pintar *Guernica* en ese momento histórico (1937). (decidir)
9. Te dije que ____________________ la exhibición de Rufino Tamayo. ¿Por qué no fuiste? (visitar)
10. ¡Qué lástima que Frida Kahlo ____________________ tan joven! (morir)

Actividad 4: *¿Estudie, haya estudiado o estudiara?* Completa estas oraciones con la forma apropiada de los verbos indicados usando el presente, el pretérito perfecto del subjuntivo (*present perfect subjunctive*) o el imperfecto del subjuntivo.

1. ¿Crees que ellos ya ____________________ el museo? (visitar)
2. Dudábamos que el profesor ____________________ la respuesta. (saber)
3. Es posible que se ____________________ la escultura mañana. (vender)
4. La ciudad busca un artista que ____________________ hacer un estudio de la historia de la zona para hacer un mural. (querer)
5. Hoy visité a mi abuelo, que está muy enfermo. Hablé con él por media hora pero dudo que me ____________________. (entender)

Continúa en la página siguiente →

6. Le dijo que no ______________ a los niños al parque hoy porque iba a llover. (llevar)
7. Lo mandé por avión para que ______________ pronto. (llegar)
8. Fue una pena que nosotros no ______________ salir anoche. (poder)
9. Fue fantástico que nosotros finalmente ______________ ese cuadro que queríamos. (comprar)
10. Nos sorprendió que el Museo del Prado ______________ tantos cuadros italianos y flamencos (*Flemish*). Es una colección excelente. (tener)

PRÁCTICA COMUNICATIVA I

Actividad 5: El preguntón. Lee esta parte de una carta que Carla le escribe a Fernanda sobre un nuevo amigo. Después de leerla, termina la carta con la forma apropiada de los verbos **pedir** o **preguntar.**

...No me vas a creer, pero hay un hombre que siempre veo en el metro y me parece muy interesante. Últimamente, habla mucho conmigo. Al principio, todos los días me ______________ sobre el tiempo. Quería saber si iba a llover por la tarde o no. Ayer me ______________ si podía ayudarme con los paquetes que llevaba. Y después me ______________ mi número de teléfono. Él llamó anoche, pero yo no estaba. Entonces, le ______________ a mi madre cuándo iba a volver yo. Volvió a llamar, pero yo no había llegado todavía, entonces le ______________ a mi madre que me dijera que él iba a llamarme mañana...

Actividad 6: La juventud. Cuando éramos niños todos teníamos dudas, sorpresas y miedo. Completa estas oraciones de forma original.

1. Yo dudaba que mis profesores ______________________________
2. Tenía miedo de que mis padres ______________________________
3. Me sorprendió que mi hermano/a ______________________________
4. Era posible que yo ______________________________
5. Yo jugaba sin que ______________________________

NOMBRE ____________________ FECHA ____________________

Actividad 7: La telenovela. Lee esta conversación de una telenovela; después completa las frases. Usa el indicativo, el pretérito perfecto del subjuntivo (*present perfect subjunctive*) o el imperfecto del subjuntivo.

PILAR — No sé si puedo seguir mintiéndole a Roberto.

ANTONIO — No estás mintiendo; solamente le dices esas cosas a tu marido para que no sepa nada.

PILAR — Sí, es verdad. Le miento para que no mate a Hernando.

ANTONIO — Sin duda; es que tienes que recordar que Maruja era la hermana menor de Roberto y que él la adoraba.

PILAR — Él no entiende que Hernando intentó ayudar a Maruja. Claro que fue el carro de Hernando y que los frenos no funcionaron, pero él no quería que ella se muriera en ese accidente. Hernando no hizo absolutamente nada. Él la quería.

ANTONIO — Claro que la quería. Cuando estaban comprometidos siempre le regalaba flores y después de la boda eran muy felices, hasta que llegó ese...

PILAR — Es que Roberto sabe que Hernando nunca tuvo dinero y cuando Maruja se murió, Hernando recibió todo: el dinero, las joyas, la casa de Caracas y la casa de la playa.

ANTONIO — Roberto no sabe que Maruja tuvo una aventura amorosa y que se iban a divorciar. Si le dices algo, va a creer que Hernando la mató. No puedes decirle la verdad a Roberto.

PILAR — Yo sé que...

1. Es una lástima que ____________________
2. Pilar no cree que Hernando ____________________
3. Pilar decía mentiras para que ____________________
4. Era evidente que ____________________
5. Roberto cree que Hernando ____________________
6. Antonio le aconsejó a Pilar que ____________________
7. Es importante que Roberto ____________________

NOMBRE ______________________ FECHA ______________

Actividad 8: Historia de amor. Completa esta historia de amor sobre Juan Carlos y Claudia. Primero, lee todo el párrafo, después vuelve a leerlo y rellena los espacios.

Cuando Juan Carlos conoció a Claudia, ella no creía que él ______________________

______________________.

Juan Carlos estaba muy nervioso, porque él dudaba que Claudia ______________________

______________________. Por eso, él llamó a Teresa para ver qué le gustaba hacer a Claudia. Al final, él le pidió a Claudia que saliera con él y así empezó todo. Era evidente que ______________________ y todos pensaban que se iban a casar. Por eso, a Claudia le sorprendió que Juan Carlos ______________________ un trabajo en Caracas porque ella no quería que ellos ______________________ separados. Al final, fueron a Alcalá de Henares y Juan Carlos le pidió que ella ______________________ con él. Ahora están comprometidos y la boda será al final del verano.

PRÁCTICA MECÁNICA II

Actividad 9: El amor. Termina cada oración con una palabra o frase de la siguiente lista relacionada con el amor.

amante	casarse	divorciarse	querer
amar	celos	enamorarse	querido/a
amorosa	comprometido/a	odiar	separarse
aventura	compromiso	pareja	soledad
cariño	corazón	pelearse	

1. Ellos están ______________________, se casarán en julio.
2. Matilde siempre ______________________ con Francisco. Ella le grita y se oyen los gritos por todo el edificio.
3. Es mejor vivir con alguien, porque la ______________________ puede ser muy triste.
4. Julia tiene ______________________ de Adriana porque piensa que su esposo ha tenido una ______________________ ______________________ con ella. Por eso, Julia está pensando en ______________________ de él por un tiempo.
5. Madonna ______________________ con Sean Penn y después de unos años ellos ______________________.

Actividad 10: ¿Acciones recíprocas? Completa estas oraciones con los pronombres apropiados y la forma correcta de los verbos indicados. ¡Ojo! No todas las acciones son recíprocas.

1. Anoche, los novios __________ ______________________ en la puerta de la casa. (abrazar)
2. En los cines los jóvenes __________ ______________________ cuando apagan la luz. (besar)
3. Cuando era pequeña mi tía siempre __________ ______________________, pero no me gustaba mucho porque me daba miles de besos. (besar)
4. Yo __________ ______________________, pero ella no me vio. (ver)
5. Ellos __________ ______________________ todos los días en clase y la profesora siempre se enfada. (hablar)

NOMBRE ______________________________ FECHA ______________

Actividad 11: Lo hipotético. Completa estas oraciones con la forma apropiada de los verbos indicados.

➤ *Si Paco tuviera dinero, compraría un carro nuevo. / Si mañana tengo tiempo, lo haré.*

1. Si yo ______________ Antonio, le ______________ la verdad. (ser, decir)
2. Mis padres ______________ por todo el mundo si ______________ dinero. (viajar, tener)
3. Si me ______________ el viernes, ______________ al cine. (pagar, ir)
4. Si nosotros no ______________ que estudiar tanto, ______________ tener trabajo. (tener, poder)
5. Si tú ______________ aquí en México, te ______________ el Parque de Chapultepec, la Plaza de las Tres Culturas, el Zócalo y mucho más. (estar, enseñar)
6. Si Carlos ______________ tiempo mañana, lo ______________. (tener, hacer)
7. Fernando miente tanto que si él ______________ la verdad, yo no le ______________. (decir, creer)
8. Si Uds. no ______________ conmigo, yo ______________ problemas ahora. (estar, tener)

Actividad 12: Todo es posible. Completa estas oraciones con la forma correcta de los verbos indicados en el tiempo y modo (*tense and mood*) apropiados.

1. Ayer mientras yo ______________, ______________ un accidente de tráfico. Espero que no ______________ nadie. (correr, ver, morirse)
2. Cuando Jorge ______________ cinco años, su familia ______________ a Punta del Este por primera vez. Como nunca había visto el océano Atlántico, a él le sorprendió que un océano ______________ tan grande. (tener, viajar, ser)
3. Ellos ______________ de Taxco a las siete; entonces es posible que ya ______________ a la capital. (salir, llegar)
4. Pobre Tomás. Su novia ______________ una aventura amorosa con su mejor amigo Enrique. Si yo ______________ él, no ______________ con ninguno de los dos por el resto de mi vida. (tener, ser, hablar)
5. Mi amigo Adán ______________ ahora en Ecuador, pero cuando ______________ aquí siempre nos ______________: nos ______________ información en la biblioteca, nos ______________ a comer cuando teníamos exámenes y nos ______________ su carro cuando ______________ a visitar a nuestros padres. Fue una pena que ______________ trabajo en Ecuador. (vivir, vivir, ayudar, buscar, invitar, dar, ir, encontrar)

NOMBRE ______________________ FECHA ______________

PRÁCTICA COMUNICATIVA II

Actividad 13: Para encontrar tu pareja ideal.

Parte A. Lee el anuncio comercial y contesta las preguntas.

Encuentre con quien compartir su vida

Con más de 10 años de experiencia en Alemania, Austria y Suiza, presentamos en la Argentina, el método más serio, para personas interesadas en encontrar su pareja.

Envíenos el cuestionario adjunto (sólo para mayores de 21 años) y sus datos serán analizados EN LA MÁS ESTRICTA RESERVA, con ayuda de tests científicos y computación de datos.
De este modo, logramos que la persona propuesta, corresponda con la mayor exactitud al requerimiento del interesado.
El sistema elimina todo factor de riesgo, ya que nuestros profesionales, mediante un exhaustivo examen, logran que la persona propuesta corresponda lo más posible a lo deseado individualmente y asegura la verdadera identidad de los interesados.

¡Ésta es su oportunidad!

Llame y envíenos el cuestionario y recibirá sin cargo el folleto SELEVIP con información total sobre el servicio que prestamos y los métodos que aplicamos.
Además adelantaremos nuestra recomendación sobre posibles compañeros/as con una breve descripción.

1. ¿Qué tipo de agencia es SELEVIP? ______________________

2. ¿Es una compañía nacional o internacional? ______________________

3. ¿Cómo indica el anuncio que SELEVIP es una agencia muy seria y que usa los métodos más modernos? ______________________

4. ¿Qué se debe hacer para tener más información? ______________________

NOMBRE ______________________________ FECHA ______________

Parte B. Como dice el anuncio, para ser feliz no debes estar solo. Rellena el cuestionario para dar el primer paso hacia encontrar tu pareja ideal con la ayuda de la agencia SELEVIP

FICHA PERSONAL
Por favor llenar con letra imprenta:
Señor ☐ Señora ☐ Señorita ☐
Apellido: ____________
Nombre: ____________
Calle y Nº ____________
Ciudad: ________ C.P. ________
Teléfono part.: ________ Comercial: ________
Nacionalidad: ____________

SUS DATOS
Fecha de nacimiento: ________ Religión ________
Estado Civil:
Soltero(a) ☐ Viudo(a) ☐ Divorciado(a) ☐
Vive separado(a) ☐
Tiene hijos:
NO ☐ SI ☐ Cuantos ________
Entrada mensual neta aproximada: ________
Auto propio ☐ SÍ ☐ NO ☐
Vivienda: Propia ☐ Alquilada ☐ Familiar ☐
Vive solo(a):
SI ☐ NO ☐ Con sus Padres ☐ Con sus hijos ☐

ESTUDIOS
☐ Primario ☐ Técnico ☐ Otros
☐ Secundario ☐ Universitario
Profesión titulado en: ____________
Profesión ejercida actualmente: ____________
☐ Independiente ☐ Empleado ☐ Obrero
☐ Trabajo ocasional ☐ Cesante ☐ Estudiante
☐ Otro
Idiomas: ____________
Habla ☐ Lee ☐ Escribe ☐

ENCUENTRE CON QUIEN COMPARTIR SU VIDA... Y SE ENCONTRARA A SI MISMO.

SI UD. HA LLENADO EL CUESTIONARIO ENVIELO SIN DEMORA A:

ESTUDIO

selevip

OFICINA DE RECEPCION Y PROCESAMIENTO DE DATOS:

Paraguay 729-Piso 1º, Of.4
1057 Buenos Aires
Tel. 312-4035/313-9102

SU APARIENCIA
Estatura en cm.: ____________
Incapacidad física: ☐ NO ☐ SI ¿Cuál?
Contextura: ☐ Delgada ☐ Esbelta ☐ Mediana ☐ Gruesa
Apariencia: ☐ Clásica ☐ A la moda ☐ Elegante ☐ Común ☐ Deportiva
Color de cabello: ________ Ojos: ________

SUS INTERESES (Máximo 5 en cada rubro)

Intelectuales	Prácticos	Deportes prac./asiste	
☐ Pintura	☐ T.Manuales	Bowling	☐ ☐
☐ Música	☐ Fotografía	Tenis	☐ ☐
☐ Teatro	☐ Coleccionar	Squash	☐ ☐
☐ Ballet	☐ Cocinar	Gimnasia	☐ ☐
☐ Opera	☐ Jardinería	Equitación	☐ ☐
☐ Literatura	☐ Hacer música	Fútbol	☐ ☐
☐ Cine	☐ Dibujo	Boxeo	☐ ☐
☐ Televisión	☐ Caminatas	Natación	☐ ☐
☐ Historia	☐ Filmar	Golf	☐ ☐
☐ Ciencia	☐ Animales	Surf	☐ ☐
☐ Técnica	☐ Naipes	Esquí	☐ ☐
☐ Otros	☐ Viajes	Otros	☐ ☐

SUS IDEAS PARTICULARES
Fuma ☐ No fuma ☐ Ocasionalmente ☐
Tiene hijo(s) propio(s): ☐ SI ☐ NO
Si tiene, cuántos viven con Ud.? ________
Desea tener hijos aún? ________
(Por favor contestar aunque ya tenga hijos)
Le parece importante que una mujer, ejerza profesión?
Jornada completa ☐ Media Jornada ☐ NO ☐
Me es indiferente ☐
Le es muy importante su Religión; SI ☐ NO ☐
Le es muy importante una vida sexual armoniosa?.
Muy importante ☐ Importante ☐
Más bien sin importancia ☐
Dónde le gustaría encontrarse por primera vez con la persona seleccionada por SELEVIP?:
En su casa ☐ En casa de él/ella ☐
en el estudio de SELEVIP ☐
En un local/restaurante/café ☐
Me es indiferente ☐

COMO DESEA SU FUTURO CONTACTO?
Edad mínima: ____ Edad máxima: ________
Estatura de ____ cm. a ____ cm. es indiferente ☐
Con hijos? SI ☐ NO ☐
Religión deseada: ________ es indiferente ☐
Educación deseada: ________ es indiferente ☐
Desea Ud. que la persona seleccionada tenga en su mayoría los mismos intereses que Ud.?
SI ☐ NO ☐ es indiferente ☐
Sabe Ud. porqué el sistema aplicado por SELEVIP es el más importante de EUROPA para conocer gente?
• Porque cada 6 minutos una persona sola ingresa al sistema.
• Porque el sistema aplicado por SELEVIP le ofrece las mayores posibilidades para hacer contactos.

Firma ____________ Fecha ____________

Actividad 14: Soluciones. Es más fácil darles soluciones a otros que solucionar nuestros problemas. Termina estas oraciones dando soluciones.

1. Si estuviera en las Naciones Unidas, ______________________________

   ____
2. Si fuera el presidente de los Estados Unidos, ______________________________

   ____
3. Si tuviera millones de dólares, ______________________________

   ____
4. Si pudiera hablar por quince minutos por televisión, ______________________________

   ____
5. Si fuera Ralph Nader, ______________________________

   ____

Actividad 15: Interpretaciones. La semana pasada, Víctor salió con Laura. Él quedó encantado y quiere salir con ella otra vez. Ella, en cambio, lo encontró muy aburrido y no quiere salir más con él. Al día siguiente hablaron con un amigo mutuo (*a mutual friend*). Escribe lo que dijeron.

Víctor

Dudaba que ______________________________

____

______________________________.

No podía creer que ella ______________________________

____

______________________________.

Me sorprendió que ella ______________________________

____

______________________________.

Fui a casa antes de que ella ______________________________

____

______________________________.

Si saliera con ella otra vez ______________________________

____

______________________________.

Laura

Dudaba que ______________________________

____

______________________________.

No podía creer que él ______________________________

____

______________________________.

Me sorprendió que él ______________________________

____

______________________________.

Fui a casa antes de que él ______________________________

____

______________________________.

Si saliera con él otra vez ______________________________

____

______________________________.

NOMBRE ______________________ FECHA ______________

Estrategia de lectura: **Reading Between the Lines**

As you have learned while using *¡Claro que sí!*, many skills contribute to being a good reader. The better you become at reading, the more adept you are at making inferences or "reading between the lines".

Actividad 16: Los memos.

Parte A. Julia Guzmán es la jefa de Gustavo Tamames. Unos empleados de la compañía acaban de encontrar los siguientes memos. Léelos.

MEMO

Sr. Tamames:

No me quería pelear con Ud. Claro que puedo hacerlo y me gustaría hacerlo, pero nadie puede saber nada. Sé que formamos la pareja perfecta, pero si supiera la gente, me moriría de vergüenza. ¿Qué tal el martes a las ocho?

Srta. Guzmán

MEMO

Srta. Guzmán

Imposible el martes. Tengo que salir con mi esposa (es su cumpleaños), pero jueves sería perfecto. Creo que el jueves es el mejor día para ir al Club Caribe. No creo que encontremos a nadie que nos conozca, pero por si acaso.

Gustavo

MEMO

Gustavo:

El jueves a las ocho en el nuevo Club Caribe. Tengo muchas ganas de bailar contigo.

Julia

MEMO

Julia:

Gracias por el baile. ¡Eres increíble! Gracias por todo. ¡Soy el hombre más feliz del mundo!

Gustavo

MEMO

Gustavo:

Gracias a ti por una noche inolvidable. Tengo muchos celos de tu esposa pero yo nunca he estado tan feliz. Es una pena que yo no pueda ir a Puerto Rico.

Julia

Parte B. Ahora termina estas oraciones como si fueras uno de los empleados que acaban de encontrar y leer los memos. Para terminar las oraciones tienes que leer entre líneas (*read between the lines*).

1. Era probable que la esposa de Gustavo no ______________________
2. Es posible que en el Club Caribe ellos ______________________
3. Yo no creía que Gustavo ______________________
4. Si yo fuera Gustavo, ______________________
5. Si yo fuera la esposa de Gustavo, ______________________
6. A mí me sorprendió que Julia ______________________

NOMBRE ______________________ FECHA ______________

Actividad 17: La verdad.

Parte A. Después de leer los memos y de expresar sus opiniones sobre la situación (Actividad 16), los empleados leyeron este artículo en el periódico. Léelo.

> Anoche en el nuevo club nocturno, Club Caribe, tocó el conjunto La Salsa Tropical y para terminar hubo una competencia de baile. Ganó la pareja de Julia Guzmán y Gustavo Tamames. Recibieron un viaje para dos a San Juan, Puerto Rico, por una semana. Julia Guzmán dijo que no iba a ir y que le iba a dar su pasaje a la esposa de Gustavo para que pudieran celebrar su aniversario de diez años en Puerto Rico. Gustavo le prometió a Julia que le traería un buen regalo de su viaje. La esposa de Gustavo le explicó a este periódico que ella y su esposo se habían enamorado en Puerto Rico y que no habían tenido dinero para volver. Recibir el pasaje fue una sorpresa para la Sra. de Tamames. Otra cosa curiosa es que Julia es la jefa de Gustavo; por eso, él dijo que no creía que fuera a tener problemas en el trabajo al pedir una semana de vacaciones.

Parte B. Ahora completa esta carta donde la Sra. de Tamames le da las gracias a Julia.

Querida Srta. Guzmán:

Me parece increíble que Ud. y mi esposo ______________________

______________________. Estoy segura que nuestro viaje a Puerto Rico

______________________.

Espero que algún día nosotros ______________________

______________________ por Ud.

Muchísimas gracias por todo.

La saluda atentamente,

Elisa Fernández de Tamames

Capítulo 18

PRÁCTICA COMUNICATIVA

Actividad 1: Corregir. Corrige estas oraciones según lo que aprendiste en las lecturas del libro de ejercicios y en el libro de texto.

1. El Salto Ángel e Iguazú son dos montañas de Suramérica.

   ____

   ____

2. Gabriel García Márquez es de México.

   ____

3. Bolivia tiene una capital, Sucre.

   ____

4. Las Islas Canarias son de Ecuador; allí está el Instituto Darwin.

   ____

   ____

5. Los mayas y los incas son principalmente de México y de Centroamérica y los aztecas son de los Andes.

   ____

   ____

6. Los moros llevaron su lengua a España. Esta lengua forma la base del español de hoy día.

   ____

   ____

Continúa en la página siguiente →

7. El Museo del Prado está en Bogotá y tiene la mayor colección de oro precolombino del mundo.

8. Una forma de música muy popular del Caribe es el flamenco.

9. En Guatemala hay cuatro idiomas oficiales: el catalán, el gallego, el vasco y el español.

Actividad 2: Una vida anterior. Crees en la reencarnación. En una vida anterior (*previous life*), conociste a Hillary Clinton en una de sus vidas anteriores. Contesta estas preguntas sobre el encuentro.

1. ¿Quién eras tú? ______________________
2. ¿Quién era Hillary? ______________________
3. ¿En qué país estuvieron y más o menos qué año era? ______________________
4. ¿Cómo era Hillary? ______________________
5. ¿Qué ropa llevaban Uds.? ______________________
6. ¿Qué y dónde comieron Uds.? ______________________
7. ¿Qué hicieron después de comer? ______________________
8. Hillary hizo algo que te sorprendió. ¿Qué hizo? ______________________
9. ¿Por qué te gustó o no te gustó ese encuentro con Hillary? ______________________

NOMBRE ______________________ FECHA ______________

Actividad 3: Tus costumbres. En oraciones completas, contesta estas preguntas sobre cómo estudiaste este año para aprender el español.

1. ¿Habías estudiado español antes de este año? ______________________

   Si contestas que sí, ¿cuántos años hace que estudiaste y por cuánto tiempo? ______________________

2. ¿Cuándo tiempo estudiabas por semana este año? ______________________

3. ¿Qué hacías para aprender vocabulario? ______________________

4. ¿Qué te parecieron las grabaciones? ¿Las escuchabas sólo una vez o más de una vez? ______________________

5. ¿Te gustaba hablar con tus compañeros en clase? ______________________

6. ¿Hablabas mucho o poco en clase? ______________________

7. Si tuvieras que tomar esta clase otra vez, ¿hablarías más en clase? ______________________

8. Antes de empezar el curso, ¿pensabas que iba a ser fácil o difícil? ______________________

9. ¿Has aprendido mucho o poco? ______________________

10. ¿Usarás el español en el futuro? ______________________

    Si contestas que sí, ¿cómo? ______________________

11. Si mañana fueras a un país hispano, ¿podrías comunicarte con la gente a un nivel básico? ______________________

NOMBRE ______________________ FECHA ______________

Actividad 4: Los consejos. Si tuvieras un amigo que quisiera estudiar español el año que viene, ¿qué consejos le darías? Para ayudarlo, escribe siete instrucciones o sugerencias utilizando el imperativo (*commands*).

1. Para aprender vocabulario, ______________________
2. Cuando escuches las grabaciones, ______________________

   ____
3. Cuando estudies la gramática, ______________________

   ____
4. Para entender las lecturas, ______________________

   ____
5. En clase, ______________________

   ____
6. En clase, no ______________________

   ____
7. Cuando escribas en español, no ______________________

   ____

Lab Manual

NOMBRE ______________________________ FECHA ____________________

Capítulo preliminar

MEJORA TU PRONUNCIACIÓN

STRESSING WORDS

You have already seen Spanish stress patterns in the text. Remember that a word that ends in *n, s,* or a vowel is stressed on the next-to-last syllable, for example, **re*pi*tan**, **Hon*du*ras**, **a*mi*go**. A word that ends in a consonant other than *n* or *s* is stressed on the last syllable, as in the words **espa*ñol***, **fa*vor***, **Ma*drid***. Any exception to these two rules is indicated by a written accent mark on the stressed vowel, as in **An*drés***, **Pe*rú***, ***án*gel**.

Placing correct stress on words helps you to be better understood. For example, the word **a*mi*go** has its natural stress on the next-to-last syllable. Listen again: **a*mi*go**, not ***a*migo**, nor **ami*go***; **a*mi*go**. Try to keep stress in mind when learning new words.

Actividad 1: Escucha y subraya.

A. Listen to the following names of Hispanic countries and cities and underline the stressed syllables. You will hear each name twice.

1. Pa-na-ma
2. Bo-go-ta
3. Cu-ba
4. Ve-ne-zue-la
5. Me-xi-co
6. Ma-drid
7. Te-gu-ci-gal-pa
8. A-sun-cion

B. Pause the recording and decide which of the words from **part A** need written accents. Write the missing accents over the appropriate vowels.

Actividad 2: Los acentos.

A. Listen to the following words related to an office and underline the stressed syllables. You will hear each word twice.

1. o-fi-ci-na
2. di-rec-tor
3. pa-pel
4. dis-cu-sion
5. te-le-fo-no
6. bo-li-gra-fo
7. se-cre-ta-rio
8. ins-truc-cio-nes

B. Pause the recording and decide which of the words from **part A** need written accents. Write the missing accents over the appropriate vowels.

MEJORA TU COMPRENSIÓN

Actividad 3: La fiesta. You will hear three introductions at a party. Indicate whether each one is formal or informal.

	Formal	Informal
1.	❒	❒
2.	❒	❒
3.	❒	❒

NOMBRE ______________________ FECHA ______________

Actividad 4: ¿De dónde eres? You will hear three conversations. Don't worry if you can't understand every word. Just concentrate on discovering where the people in the pictures are from. Write this information on the lines provided in your lab manual.

1. ______________ 2. ______________ 3. ______________

Actividad 5: ¡Hola! ¡Adiós! You will hear three conversations. Don't worry if you can't understand every word. Just concentrate on discovering whether the people are greeting each other or saying good-by.

	Saludo (*greeting*)	Despedida (*saying good-bye*)
1.	❒	❒
2.	❒	❒
3.	❒	❒

Actividad 6: La entrevista. A man is interviewing a woman for a job. You will only hear what the man is saying. As you listen, number the response that the woman should logically make to each of the interviewer's statements and questions. Before listening to the interview, look at the woman's possible responses. You may have to listen to the interview more than once.

_______ Gracias.

_______ Soy de Caracas.

_______ Claudia Menéndez.

_______ ¡Muy bien!

Actividad 7: Las capitales. You will hear a series of questions on the capitals of various countries. Circle the correct answers in your lab manual. Before you listen to the questions, read all possible answers.

1.	Washington, D.C.	San Salvador	Lima
2.	México	Guatemala	Madrid
3.	Ottawa	Washington, D.C.	Buenos Aires
4.	Lima	Bogotá	Tegucigalpa
5.	Caracas	Santiago	Managua

Actividad 8: Las órdenes. You will hear a teacher give several commands. Number the picture that corresponds to each command. If necessary, pause the recording after each item.

______

______

______

______

Actividad 9: Las siglas. Listen and write the following acronyms.

1. ______________________
2. ______________________
3. ______________________
4. ______________________
5. ______________________
6. ______________________

Actividad 10: ¿Cómo se escribe? You will hear two conversations. Concentrate on listening to the names that are spelled out within the conversations and write these names in your lab manual.

1. ______________________________
4. ______________________________

Capítulo 1

MEJORA TU PRONUNCIACIÓN

VOWELS

In Spanish, there are only five basic vowel sounds: **a**, **e**, **i**, **o**, **u**. These correspond to the five vowels of the alphabet. In contrast, English has long and short vowels, for example, the long *i* in *pie* and the short *i* in *pit*. In addition, English has the short sound, schwa, which is used to pronounce many unstressed vowels. For example, the first and last *a* in the word *banana* are unstressed and are therefore pronounced [ə]. Listen: *banana*. In Spanish, there is no similar sound because vowels are usually pronounced the same way whether they are stressed or not. Listen: **banana**.

Actividad 1: Escucha la diferencia. Listen to the contrast in vowel sounds between English and Spanish.

	Inglés	Español
1.	map	mapa
2.	net	neto
3.	beam	viga
4.	tone	tono
5.	taboo	tabú

Actividad 2: Escucha y repite. Listen and repeat the following names, paying special attention to the pronunciation of the vowel sounds.

1. Ana Lara
2. Pepe Méndez
3. Mimí Pinti
4. Toto Soto
5. Lulú Mumú

Actividad 3: Repite las oraciones. Listen and repeat the following sentences from the textbook conversations. Pay attention to the pronunciation of the vowel sounds.

1. ¿Cómo se llama Ud.?
2. Buenos días.
3. ¿Cómo se escribe?
4. ¿Quién es ella?
5. Juan Carlos es de Perú.
6. Las dos Coca-Colas.

MEJORA TU COMPRENSIÓN

Actividad 4: Guatemala. You will hear a series of numbers. In your lab manual, draw a line to connect these numbers in the order in which you hear them. When you finish, you will have a map of Guatemala.

1	2	3	4	5	6	7	8	9	10
11	12	13	14	15	16	17	18	19	20
21	22	23	24	25	26	27	28	29	30
31	32	33	34	35	36	37	38	39	40
41	42	43	44	45	46	47	48	49	50
51	52	53	54	55	56	57	58	59	60
61	62	63	64	65	66	67	68	69	70
71	72	73	74	75	76	77	78	79	80
81	82	83	84	85	86	87	88	89	90
91	92	93	94	95	96	97	98	99	100

Actividad 5: Los números de teléfono. You will hear a telephone conversation and two recorded messages. Don't worry if you can't understand every word. Just concentrate on writing down the telephone number that is given in each case.

1. ______________ 2. ______________ 3. ______________

Actividad 6: ¿Él o ella? Listen to the following three conversations and put a check mark under the drawing of the person who is being talked about in each case. Don't worry if you can't understand every word. Just concentrate on discovering to whom each discussion refers.

1. ____ ____ 2. ____ ____ 3. ____ ____

Actividad 7: En el tren. Carlos is talking to a woman with a child on the train. Listen to the questions that he asks. For each question, number the response that would be appropriate for the women to give. Before you begin the activity, read the possible responses.

_______ Dos años

_______ Andrea

_______ De Tegucigalpa.

_______ Ella se llama Deborah.

NOMBRE ______________________________ FECHA ______________

Actividad 8: La conversación.

A. You will hear a series of sentences. Write each sentence you hear in the first column below. You will hear each sentence twice.

A. ______________________________	______
B. ______________________________	______
C. ______________________________	______
D. ______________________________	______
E. ______________________________	______
F. ______________________________	______
G. ______________________________	______
H. ______________________________	______

B. Now stop the recording and put the sentences you have written in the correct order to form a logical conversation. Number each sentence in the blank in the right-hand column above.

Actividad 9: En el hotel. You will hear a conversation between a hotel receptionist and a guest who is registering. Fill out the computer screen in your lab manual with the information about the guest. Don't worry if you can't understand every word. Just concentrate on listening for the information needed. You may have to listen to the conversation more than once. Remember to look at the computer screen before you begin the activity.

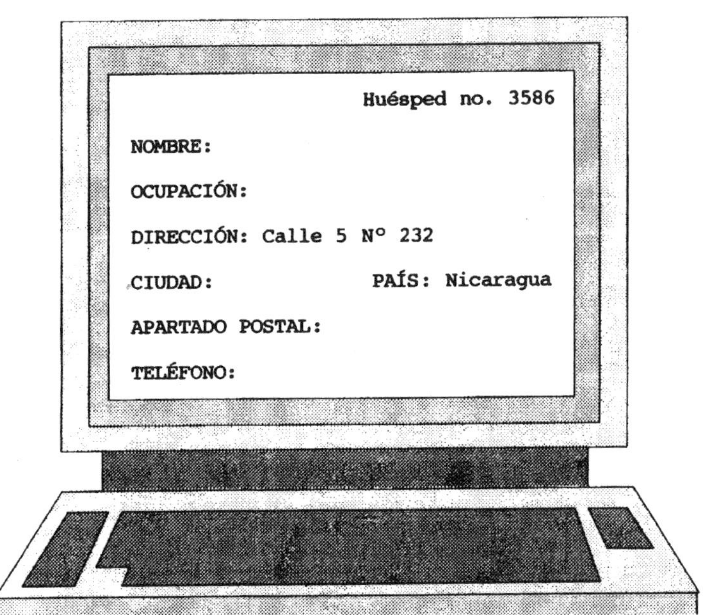

Huésped no. 3586
NOMBRE:
OCUPACIÓN:
DIRECCIÓN: Calle 5 Nº 232
CIUDAD:
PAÍS: Nicaragua
APARTADO POSTAL:
TELÉFONO:

Actividad 10: Los participantes. Mr. Torres and his assistant are going over the participants they have chosen for a TV game show. Listen to their conversation and fill out the chart with information on the participants. Don't worry if you can't understand every word. Just concentrate on listening for the information needed to complete the chart. You may have to listen to the conversation more than once.

Participantes	Nacionalidad	Ocupación	Edad
Francisco	*chileno*		
Laura		*abogada*	
Gonzalo			*30*
Andrea	*mexicana*		

Conversación: *En el Colegio Mayor Hispanoamericano*

Conversación: *En la cafetería del colegio mayor*

NOMBRE ______________________ FECHA ______________

Capítulo 2

MEJORA TU PRONUNCIACIÓN

THE CONSONANT *d*

The consonant **d** is pronounced two different ways in Spanish. When **d** appears at the beginning of a word or after *n* or *l,* it is pronounced by pressing the tongue against the back of the teeth, for example, **depósito**. When **d** appears after a vowel, after a consonant other than *n* or *l,* or at the end of a word, it is pronounced like the *th* in the English word *they,* for example, **médico**.

Actividad 1: Escucha y repite. Listen and repeat the names of the following occupations, paying attention to the pronunciation of the letter **d**.

1. director
2. deportista
3. vendedor
4. médico
5. estudiante
6. abogada

SPANISH SOUNDS *p, t,* AND *[k]*

In Spanish **p**, **t**, and **[k]** (**[k]** respresents a sound) are unaspirated. This means that no puff of air occurs when they are pronounced. Listen to the difference: *Paul,* **Pablo**.

Actividad 2: Escucha y repite. Listen and repeat the names of the following objects often found around the house. Pay attention to the pronunciation of the Spanish sounds **p**, **t**, and **[k]**.

1. periódico
2. teléfono
3. computadora
4. televisor
5. cámara
6. disco compacto

Actividad 3: Las cosas de Marisel. Listen and repeat the following conversation between Teresa and Marisel. Pay attention to the pronunciation of the Spanish sounds **p**, **t**, and **[k]**.

TERESA ¿**T**ienes **c**afé?

MARISEL ¡**C**laro **que** sí!

TERESA ¡Ah! **T**ienes **comput**adora.

MARISEL Sí, es una Ma**c**in**t**osh.

TERESA A mí me gus**t**a más la IBM **p**or**que** es más rá**p**ida.

MEJORA TU COMPRENSIÓN

Actividad 4: La perfumería. You will hear a conversation in a drugstore between a customer and a salesclerk. Check only the products that the customer buys and indicate whether she buys one or more than one of each item. Don't worry if you can't understand every word. Just concentrate on the customer's purchases. Before you listen to the conversation, read the list of products.

	Uno/a	Más de uno/a (*more than one*)
1. aspirina	❐	❐
2. crema de afeitar	❐	❐
3. champú	❐	❐
4. cepillo de dientes	❐	❐
5. desodorante	❐	❐
6. jabón	❐	❐
7. pasta de dientes	❐	❐
8. peine	❐	❐
9. perfume	❐	❐

Actividad 5: El baño de las chicas. Alelí, Teresa's young cousin, is visiting her at the dorm and she is now in the bathroom asking Teresa a lot of questions. As you hear the conversation, indicate in the drawing which of the items mentioned belong to whom.

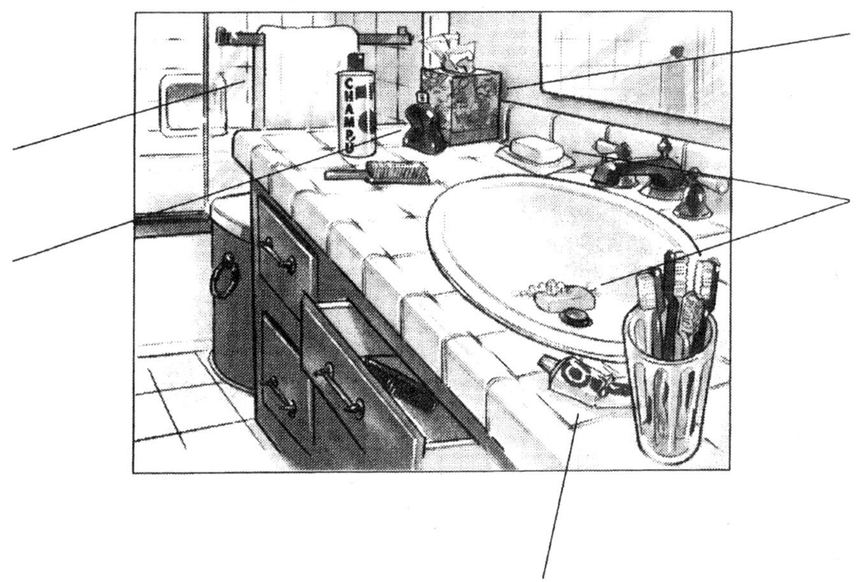

Actividad 6: ¿Hombre o mujer? Listen to the following remarks and write a check mark below the person or persons being described in each situation.

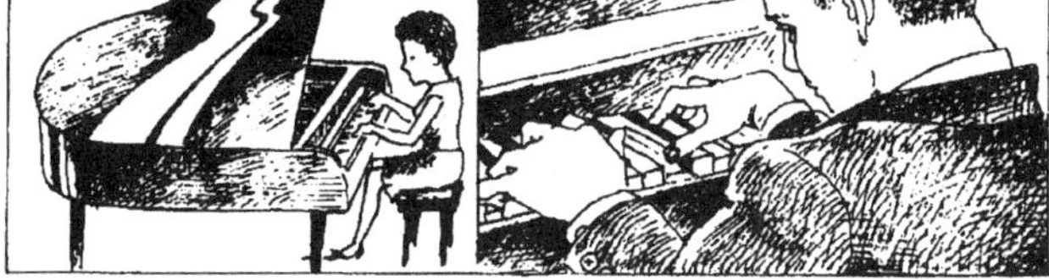

1. ____ ____
2. ____ ____

3. ____ ____
4. ____ ____

Actividad 7: El mensaje telefónico. Ms. Rodríguez calls home and leaves a message on the answering machine for her children, Esteban and Carina. Check off each item that Ms. Rodríguez reminds them about. Don't worry if you can't understand every word. Just concentrate on which reminders are for Esteban and which ones are for Carina. Before you listen to the message, look at the list of reminders.

	Esteban	Carina		Esteban	Carina
1. comprar hamburguesas	❒	❒	3. mirar video	❒	❒
2. estudiar matemáticas	❒	❒	4. no ir al dentista	❒	❒

Actividad 8: El regalo de cumpleaños.

A. You will hear a phone conversation between Álvaro and his mother, who would like to know what she can buy him for his birthday. Check off the things that Álvaro says he already has. Don't worry if you can't understand every word. Just concentrate on what Álvaro doesn't need. Before you listen to the conversation, read the list of possible gifts.

Álvaro tiene ...

❒ escritorio

❒ lámpara

❒ reloj

❒ silla

❒ toallas

B. Now write what Álvaro's mother is going to give him for his birthday. You may need to listen to the conversation again.

El regalo es ______________________.

Actividad 9: La agenda de Diana.

A. Pause the recording and write in Spanish two things you are going to do this weekend.

1. ____
2. ____

B. Now complete Diana's calendar while you listen to Diana and Claudia talking on the phone about their weekend plans. Don't worry if you can't understand every word. Just concentrate on Diana's plans. You may have to listen to the conversation more than once.

Día	**Actividades**
viernes	*3:00 P.M. – examen de literatura*
sábado	
domingo	

Actividad 10: La conexión amorosa. Mónica has gone to a dating service and has made a tape describing her likes and dislikes. Listen to the recording and then choose a suitable man for her from the two shown. Don't worry if you can't understand every word. Just concentrate on Mónica's preferences. You may use the following space to take notes. Before you listen to the description, read the information on the two men.

Mónica prefiere:

NOMBRE: Óscar Varone
OCUPACIÓN: profesor de historia
EDAD: 32
GUSTOS: música salsa, escribir

NOMBRE: Lucas González
OCUPACIÓN: médico
EDAD: 30
GUSTOS: música clásica, salsa, esquiar

El hombre perfecto para Mónica es ______________________________.
(nombre)

Conversación: *¡Me gusta mucho!*

Conversación: *Planes para una fiesta de bienvenida*

Capítulo 3

MEJORA TU PRONUNCIACIÓN

THE CONSONANTS *r* AND *rr*

The consonant **r** in Spanish has two different pronunciations: the flap, as in **caro**, similar to the double *t* sound in *butter* and *petty*, and the trill sound, as in **carro**. The **r** is pronounced with the trill only at the beginning of a word or after *l* or *n*, as in **reservado**, **sonrisa** (*smile*). The **rr** is always pronounced with the trill, as in **aburrido**.

Actividad 1: Escucha y repite. Listen and repeat the following descriptive words. Pay attention to the pronunciation of the consonants **r** and **rr**.

1. enfermo
2. rubio
3. moreno
4. gordo
5. aburrido
6. enamorado
7. preocupado
8. borracho

NOMBRE ______________________________ FECHA ____________________

Actividad 2: Escucha y marca la diferencia. Circle the word you hear pronounced in each of the following word pairs. Before you begin, look over the pictures and word pairs.

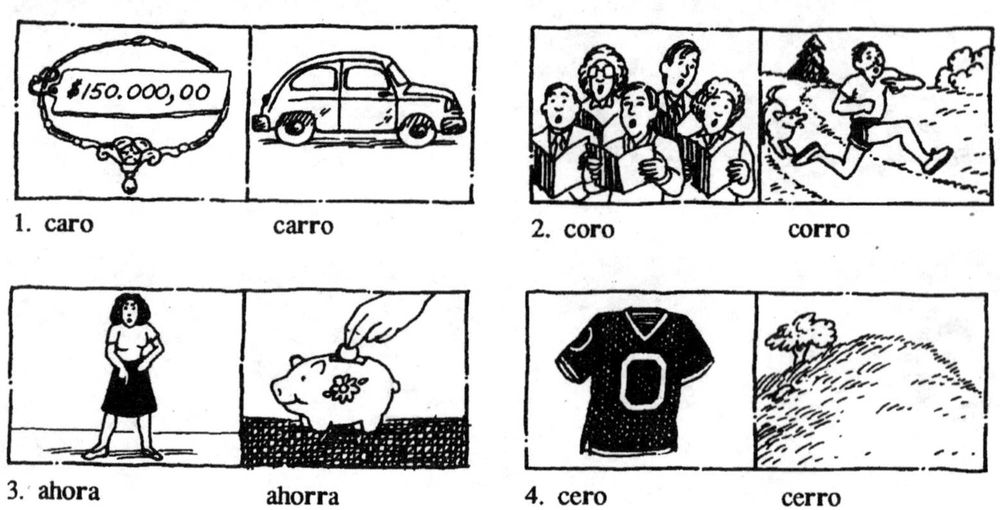

1. caro carro
2. coro corro
3. ahora ahorra
4. cero cerro

Actividad 3: Teresa. Listen and repeat the following sentences about Teresa. Pay attention to the pronunciation of the consonants **r** and **rr**.

1. Estudia turismo.
2. Trabaja en una agencia de viajes.
3. Su papá es un actor famoso de Puerto Rico.
4. ¿Pero ella es puertorriqueña?

MEJORA TU COMPRENSIÓN

Actividad 4: ¿Dónde? You will hear four remarks. In your lab manual, match the letter of each remark with the place where it is most likely to be heard. Before you listen to the remarks, review the list of places. Notice that there are extra place names.

1. ______ farmacia
2. ______ biblioteca
3. ______ teatro
4. ______ supermercado
5. ______ agencia de viajes
6. ______ librería

NOMBRE ______________________ FECHA ____________

Actividad 5: Mi niña es... A man has lost his daughter in a department store and is describing her to the store detective. Listen to his description and place a check mark below the drawing of the child he is looking for. Don't worry if you can't understand every word. Just concentrate on the father's description of the child. Before you listen to the conversation, look at the drawings.

1.  ☐ 2.  ☐ 3. ☐

Actividad 6: Su hijo está... Use the words in the list to complete the chart about Pablo as you hear a conversation between his teacher and his mother. Fill in **en general** to describe the way Pablo usually is. Fill in **esta semana** to indicate how he has been behaving this week.

aburrido	antipático	bueno
cansado	inteligente	simpático

Pablo Hernández
En general, él es ____.
Pero, esta semana él está ______________________________________.

Actividad 7: La conversación telefónica. Teresa is talking with her father long-distance. You will hear her father's portion of the conversation only. After you hear each of the father's questions, complete Teresa's partial replies, provided in your lab manual.

1. __________ ______________ Claudia.
2. ______________ economía.
3. ______________ __________ la Universidad Complutense.
4. ______________ de Colombia.
5. ______________, pero ahora ______________ en Quito.
6. ______________ es comerciante.
7. ______________ ama de casa.

Continued on next page→

8. ______________, gracias.
9. ________, ______________ mucho.
10. ______________ en la agencia de viajes del tío Alejandro.
11. ______________ muy ocupado.

Actividad 8: Intercambio estudiantil. Marcos contacts a student-exchange program in order to have a foreign student stay with him. Complete the following form as you hear his conversation with the program's secretary. Don't worry if you can't understand every word. Just concentrate on filling out the form. Before you listen to the conversation, read the form.

C.A.D.I.E.: Consejo Argentino de Intercambio Estudiantil		
Nombre del interesado: *Marcos Alarcón*		
Teléfono:	Edad:	Ocupación:
Gustos: *leer ciencia ficción*		
Preferencia de nacionalidad:		

Actividad 9: Las descripciones.

A. Choose three adjectives from the list of personality characteristics that best describe each of the people shown. Pause the recording while you make your selection.

artístico/a	intelectual	inteligente
optimista	paciente	pesimista
serio/a	simpático/a	tímido/a

Tu opinión

1. ______________
____
____

Tu opinión

2. ______________
____
____

NOMBRE ______________________ FECHA ______________

B. Now listen as these two people describe themselves, and enter these adjectives in the blanks provided. You may have to listen to the descriptions more than once.

Su descripción	Su descripción
1. ______________	2. ______________
______________	______________
______________	______________
______________	______________

Actividad 10: El detective Alonso. Detective Alonso is speaking into his tape recorder while following a woman. Number the drawings in the upper left corner according to the order in which he says the events take place. Don't worry if you can't understand every word. Just concentrate on the sequence of events.

Conversación: *Una llamada de larga distancia*

Conversación: *Hay familias... y... FAMILIAS*

NOMBRE ______________________ FECHA ______________

Capítulo 4

MEJORA TU PRONUNCIACIÓN

THE CONSONANT *ñ*

The pronunciation of the consonant **ñ** is similar to the *ny* in the English word *canyon*.

Actividad 1: Escucha y repite. Listen and repeat the following words, paying attention to the pronunciation of the consonants **n** and **ñ**.

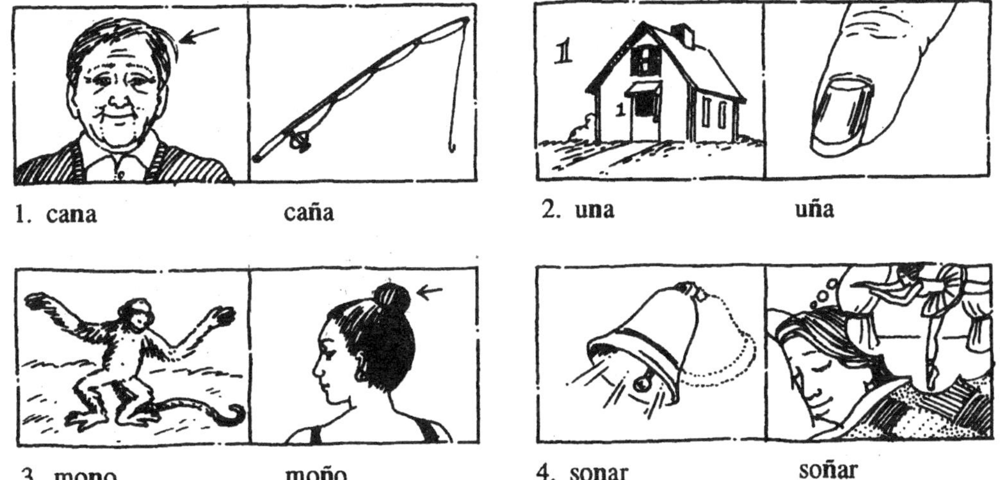

1. cana caña
2. una uña
3. mono moño
4. sonar soñar

NOMBRE ______________________ FECHA ______________

Actividad 2: Escucha y repite. Listen and repeat the following sentences. Pay special attention to the pronunciation of the consonants **n** and **ñ**.

1. Subo una montaña.
2. Conoces al señor de Rodrigo, ¿no?
3. ¿Podrías comprar una guía urbana de Madrid de este año?
4. ¿Cuándo es tu cumpleaños?

MEJORA TU COMPRENSIÓN

Actividad 3: Los sonidos de la mañana. Listen to the following sounds and write what Paco is doing this morning.

1. ______________________
2. ______________________
3. ______________________
4. ______________________

Actividad 4: El tiempo este fin de semana.

A. As you hear this weekend's weather forecast for Argentina, draw the corresponding weather symbols on the map under the names of the places mentioned. Remember to read the place names on the map and look at the symbols before you listen to the forecast.

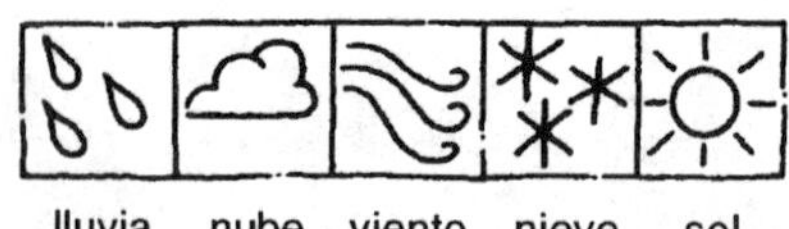

B. Now replay the activity and listen to the forecast again, this time adding the temperatures in Celsius under the names of the places mentioned.

Actividad 5: La identificación del ladrón. As you hear a woman describing a thief to a police artist, complete the artist's sketch. You may have to replay the activity and listen to the description more than once.

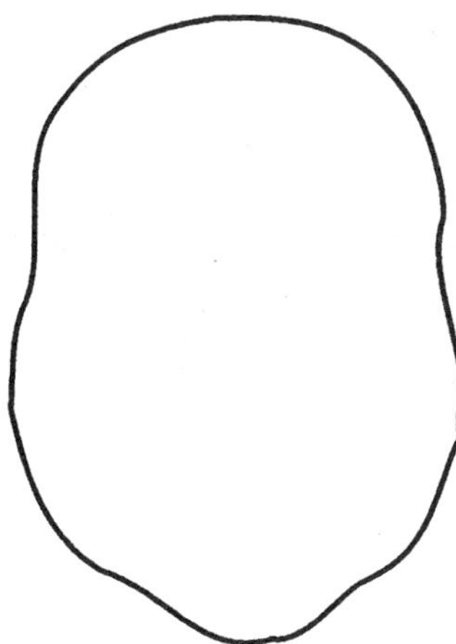

Actividad 6: Celebraciones hispanas.

A. A woman will describe some important holidays around the Hispanic world. As you listen to the description of each holiday, write the date on which it is celebrated.

	Fecha
1. Día de los Muertos	______________
2. Día de los Santos Inocentes	______________
3. Día Internacional del Amigo	______________
4. Día de Reyes	______________

B. Now listen again and match the holiday with the activity people usually do on that day. Write the number of the holiday from the preceding list.

a. ______ las personas reciben e-mails de otras personas

b. ______ las personas hacen bromas (*pranks*)

c. ______ las personas hacen un altar en casa

d. ______ los niños reciben juguetes (*toys*)

NOMBRE ______________________________ FECHA ______________

Actividad 7: ¿Conoces a ese chico?

A. Miriam and Julio are discussing some guests at a party. As you listen to their conversation, write the guests' names in the drawing. Use arrows to indicate which name goes with which person.

Miguel

Ramón

Mónica

Begoña

Carmen

B. Now listen to the conversation again, and write next to each name who or what the person knows.

Actividad 8: La entrevista. Lola Drones, a newspaper reporter, is interviewing a famous actor about his weekend habits. Cross out those activities listed in Lola's notebook that the actor does *not* do on weekends. Remember to read the list of possible activities before you listen to the interview.

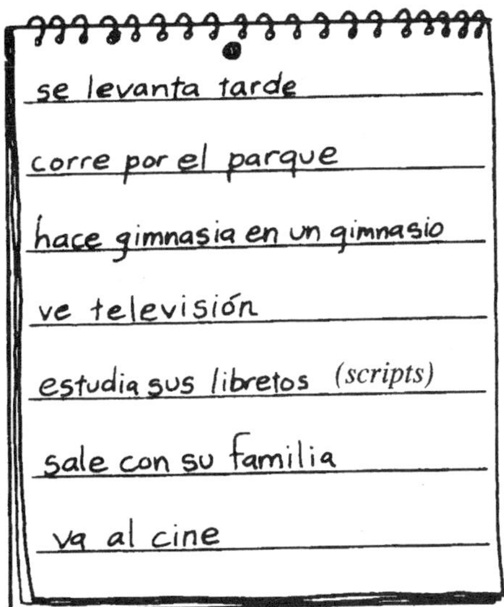

se levanta tarde
corre por el parque
hace gimnasia en un gimnasio
ve televisión
estudia sus libretos (scripts)
sale con su familia
va al cine

Conversación: *Noticias de una amiga*

Capítulo 5

MEJORA TU PRONUNCIACIÓN

THE CONSONANTS *ll* AND *y*

The consonants **ll** and **y** are usually pronounced like the *y* in the English word *yellow.* When the **y** appears at the end of a word, or alone, it is pronounced like the vowel **i** in Spanish.

Actividad 1: Escucha y repite. Listen and repeat the following verse. Pay special attention to the pronunciation of the **ll** and the **y**.

Hay una toalla
en la playa amarilla.
Hoy no llueve;
Ella no tiene silla.

Actividad 2: Escucha y repite. Listen and repeat the following sentences. Pay special attention to the pronunciation of the **ll** and the **y**.

1. **Y** por favor, otra cerveza.
2. Voy a **ll**amar a Vicente **y** a Teresa.
3. E**ll**os también van al cine.
4. ¡Ay! Tiene mucha violencia.

NOMBRE ______________________________ FECHA ______________

MEJORA TU COMPRENSIÓN

Actividad 3: ¿Qué acaban de hacer? As you hear the following short conversations, circle what the people in each situation have just finished doing. Remember to read the list of possible activities before you begin.

1. a. Acaban de ver una película.
   b. Acaban de hablar con un director.
2. a. Acaban de beber un café.
   b. Acaban de comer.
3. a. Acaban de ducharse.
   b. Acaban de jugar un partido de fútbol.

Actividad 4: El cine. You will hear a recorded message and a conversation, both about movie schedules. As you listen, complete the information on the cards. Don't worry if you can't understand every word. Just concentrate on filling out the cards. Remember to look at the cards before beginning.

GRAN REX		
La historia oficial		
Horario:	________, ________, ________, 10:00	
Precio:	$________	$________ matinée.

SPLENDID		
La mujer cucaracha		
Horario:	________, 8:00, ________	
Precio:	$________	$________ matinée.

NOMBRE ______________________________ FECHA ______________

Actividad 5: Las citas del Dr. Malapata. As you hear Dr. Malapata's receptionist making appointments for two patients, complete the corresponding scheduling cards.

DR. MALAPATA	
Paciente:	
Fecha:	Hora:
Fecha de hoy:	

DR. MALAPATA	
Paciente:	
Fecha:	Hora:
Fecha de hoy:	

Actividad 6: Las sensaciones. Listen to the conversation between Aníbal and Dora and check off the different sensations or feelings they have.

	Aníbal	Dora
1. Tiene calor	❒	❒
2. Tiene frío.	❒	❒
3. Tiene hambre.	❒	❒
4. Tiene miedo.	❒	❒
5. Tiene sed.	❒	❒
6. Tiene sueño.	❒	❒
7. Tiene vergüenza.	❒	❒

Actividad 7: Ofertas increíbles. Listen to the following radio ad about a department store and check off the articles of clothing that are mentioned. Remember to read the list of items before you listen to the ad.

______ blusas de rayas

______ camisas de manga larga

______ chaquetas de cuero

______ cinturones de plástico

______ faldas de seda

______ trajes de baño de algodón

______ zapatos de diferentes colores

NOMBRE ______________________ FECHA ______________

Actividad 8: La fiesta.

A. Look at the drawing of a party and write four sentences in Spanish describing what some of the guests are doing. Pause the recording while you write.

1. ______________________
2. ______________________
3. ______________________
4. ______________________

B. Miriam and Julio are discussing some of the guests at the party. As you listen to their conversation, write the guests' names in the drawing. Use arrows to indicate which name goes with which person. Don't worry if you can't understand every word. Just concentrate on who's who.

Pablo Fabiana Lucía Mariana

C. Now listen to the conversation again and write the occupations of the four guests next to their names.

Actividad 9: Los fines de semana.

A. Write three sentences in Spanish describing things you usually do on weekends. Pause the recording while you write.

1. ______________________
2. ______________________
3. ______________________

B. Pedro is on the phone talking to his father about what he and his roommate Mario do on weekends. Listen to their conversation and check off Pedro's activities versus Mario's. Remember to read the list of activities before you listen to the conversation.

	Pedro	Mario
1. Se acuesta temprano.	☐	☑
2. Se acuesta tarde.	☑	☐
3. Sale con sus amigos.	☐	☐
4. Se despierta temprano.	☐	☐
5. Se despierta tarde.	☐	☐
6. Duerme 10 horas.	☐	☐
7. Duerme 14 horas.	☐	☐
8. Juega al fútbol.	☐	☐
9. Almuerza con sus amigos.	☐	☐
10. Pide una pizza.	☐	☐
11. Juega al tenis.	☐	☐

Conversación: *¿Qué hacemos esta noche?*

Conversación: *De compras en San Juan*

NOMBRE ________________________________ FECHA ________________

Capítulo 6

MEJORA TU PRONUNCIACIÓN

THE SOUND [*g*]

The sound represented by the letter **g** before **a**, **o**, and **u** is pronounced a little softer than the English *g* in the word *guy*: **gustar, regalo, tengo**. Because the combinations **ge** and **gi** are pronounced **[he]** and **[hi]**, a *u* is added after the *g* to retain the **[g]** sound: **guitarra, guerra**.

Actividad 1: Escucha y repite. Listen and repeat the following phrases, paying special attention to the pronunciation of the letter **g**.

1. mi ami**ga**
2. te **gu**stó
3. es ele**ga**nte
4. sabes al**go**
5. no ten**go**
6. no pa**gué**

Actividad 2: ¡Qué guapo! Listen and repeat the following conversation between Claudio and Marisa. Pay special attention to the pronunciation of the letter **g**.

MARISA Me **gu**sta mucho.
CLAUDIO ¿Mi bi**go**te?
MARISA Sí, estás **gua**po pero cansado, ¿no?
CLAUDIO Es que ju**gué** al tenis.
MARISA ¿Con **Gó**mez?
CLAUDIO No, con López, el **guí**a de turismo.

THE SOUND [*K*]

The **[k]** sound in Spanish is unaspirated, as in the words **casa, claro, quitar,** and **kilo**. Hear the contrast between the *[k]* sound in English and the **[k]** sound in Spanish: *case*, **caso**; *kilo*, ***kilo***; cape, ***capa***. The **[k]** sound in Spanish is spelled *c* before *a, o,* and *u; qu* before *e* and *i*, and *k* in a few words of foreign origin. Remember that the *u* is not pronounced in *que* or *qui*, as in the words **qué** and **quitar.**

NOMBRE ______________________ FECHA ______________

Actividad 3: El saco. Listen and repeat the following conversation between a salesclerk and a customer. Pay attention to the **[k]** sound.

CLIENTE	¿**Cu**ánto **cu**esta ese sa**c**o?
VENDEDORA	¿A**qu**él?
CLIENTE	Sí, el de **cu**ero negro.
VENDEDORA	¿No **qu**iere el sa**c**o azul?
CLIENTE	No. Bus**c**o uno negro.

MEJORA TU COMPRENSIÓN

Actividad 4: El gran almacén. You are in Araucaria, a department store in Chile, and you hear about the sales of the day over the loudspeaker system. As you listen, write the correct price above each of the items shown.

Actividad 5: Los premios.

A. You will listen to a radio ad for a photo contest that mentions the prizes (**premios**) that will be awarded and how much each is worth. Before you listen to the ad, stop the recording and write down under **tu opinión** how much you think each item is worth.

	tu opinión	el anuncio (*ad*)
Mercedes Benz	$________	$________
viaje para dos por una semana a Costa Rica	$________	$________
reproductor de DVD	$________	$________
cámara digital	$________	$________
chaqueta de cuero	$________	$________

B. Now listen to the ad and write down how much each prize is worth in the second column.

Actividad 6: La habitación de Vicente. Vicente is angry because Juan Carlos, his roommate, is very messy. As you listen to Vicente describing the mess to Álvaro, write the names of the following objects in the drawing of the room, according to where Juan Carlos leaves them.

medias   teléfono   libros   periódico

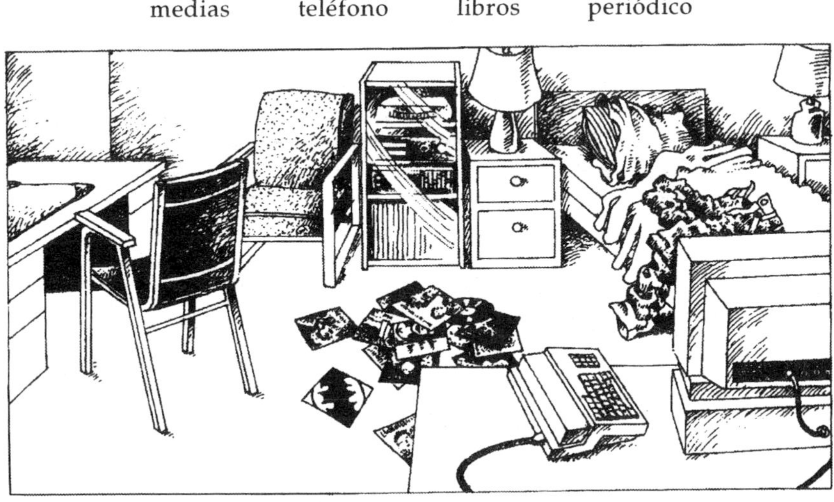

Actividad 7: ¿Presente o pasado? As you listen to each of the following remarks, check off whether the speaker is talking about the present or the past.

	Presente	Pasado
1.	❐	❐
2.	❐	❐
3.	❐	❐
4.	❐	❐

Actividad 8: El fin de semana pasado.

A. In your lab manual, write in Spanish three things you did last weekend. Pause the recording while you write.

1. ______________________________
2. ______________________________
3. ______________________________

B. Now listen to Raúl and Alicia talking in the office about what they did last weekend. Write *R* next to the things that Raúl did, and *A* next to the things that Alicia did. Remember to look at the list of activities before you listen to the conversation.

1. ______ Fue a una fiesta.
2. ______ Trabajó.
3. ______ Comió en su casa.
4. ______ Se acostó temprano.
5. ______ Fue al cine.
6. ______ Tomó café.
7. ______ Habló con una amiga.
8. ______ Se acostó tarde.
9. ______ Jugó al tenis.
10. ______ Miró TV.

NOMBRE ______________________ FECHA ______________

Actividad 9: La familia de Álvaro. This is an incomplete tree of Álvaro's family. As you listen to the conversation between Álvaro and Clara, complete the tree with the initials of the names listed in your lab manual. Don't be concerned if you don't understand every word. Just concentrate on completing the family tree. You may have to listen to the conversation more than once.

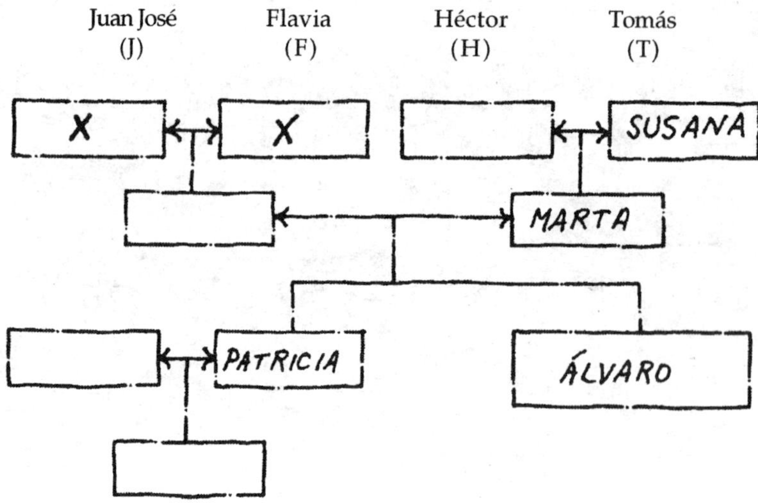

Actividad 10: Una cena familiar. Tonight there is a family dinner at Álvaro's and his mother is planning the seating arrangements. Listen to Álvaro's mother, Marta, as she explains her plan to Álvaro. Write the name of each family member on the card in front of his/her place setting. You may have to refer to *Actividad 9* for the names of some of Álvaro's relatives.

NOMBRE _______________ FECHA _______________

Actividad 11: El matrimonio de Nando y Olga.

A. Nando and Olga have already gotten married, and now Hernán, Nando's father, gets a phone call. Read the questions in your lab manual; then listen to the phone call and jot one-word answers next to each question. You may have to listen to the conversation more than once.

1. ¿Quién llamó al padre de Nando por teléfono? _______________
2. ¿A quién le hizo un vestido la Sra. Montedio? _______________
3. ¿Qué le aquiló la mamá de Nando a su hijo? _______________
4. ¿Quién les regaló una cámara de video a los novios? _______________
5. ¿Quiénes les regalaron un viaje? _______________
6. ¿A quiénes llamaron los novios desde la República Dominicana? _______________

B. Now pause the recording and use your one-word answers to write down complete answers to the questions from **part A**.

1. _______________
2. _______________
3. _______________
4. _______________
5. _______________
6. _______________

Conversación: *La boda en Chile*

NOMBRE ______________________ FECHA ______________

Capítulo 7

MEJORA TU PRONUNCIACIÓN

THE CONSONANTS *b* AND *v*

In Spanish, there is generally no difference between the pronunciation of the consonants **b** and **v**. When they occur at the beginning of a phrase or sentence, or after *m* or *n,* they are both pronounced like the *b* in the English word *bay,* for example, **bolso** and **vuelo**. In all other cases, they are pronounced by not quite closing the lips, as in **cabeza** and **nuevo**.

Actividad 1: Escucha y repite. Listen and repeat the following travel-related words, paying special attention to the pronunciation of the initial **b** and **v**.

1. **b**anco
2. **v**estido
3. **v**uelo
4. **b**olso
5. **v**uelta
6. **b**otones

Actividad 2: Escucha y repite. Listen and repeat the following weather expressions. Note the pronunciation of **b** and **v** when they occur within a phrase.

1. Está nu**b**lado.
2. Hace **b**uen tiempo.
3. ¿Cuánto **v**iento hace?
4. Llue**v**e mucho.
5. Está a dos grados **b**ajo cero.

Actividad 3: En el aeropuerto. Listen and repeat the following sentences. Pay special attention to the pronunciation of the **b** and **v**.

1. **B**uen **v**iaje.
2. ¿Y su hijo **v**iaja solo o con Ud.?
3. Las lle**v**as en la mano.
4. ¿Dónde pongo las **b**otellas de ron?
5. **V**amos a hacer escala en Miami.
6. Pero no lo **v**a a **b**e**b**er él.
7. **V**oy a cam**b**iar mi pasaje.

MEJORA TU COMPRENSIÓN

Actividad 4: ¿Qué es? As you hear each of the following short conversations in a department store, circle the name of the object that the people are discussing.

1. una blusa — un saco
2. unos pantalones — un sombrero
3. unas camas — unos videos

Actividad 5: Un mensaje para Teresa. Vicente calls Teresa at work, but she is not there. Instead, he talks with Alejandro, Teresa's uncle. As you listen to their conversation, write the message that Vicente leaves.

MENSAJE TELEFÓNICO

Para: *Teresa*

Llamó: ______________________

Teléfono: ______________________

Mensaje: ______________________

Recibido por:	Fecha:	Hora:
tío Alejandro	*6 de septiembre*	

NOMBRE ______________________ FECHA ______________

Actividad 6: La operadora. You will hear two customers calling the operator. As you listen, write the name of the country or city they are calling and check off what they want.

	Ciudad y país	Quiere...	
1.	______________	❐ marcar directo	❐ llamada a cobro revertido
2.	______________	❐ el indicativo del país	❐ el prefijo de la ciudad

Actividad 7: Las excusas. Two of Perla's friends call her to apologize for not having come to her party last night. They also explain why some others didn't show up. As you listen, match each person with his/her excuse for not going to the party. Notice that there are extra excuses.

Invitados

1. ______ Esteban
2. ______ Pilar
3. ______ Andrés
4. ______ Viviana

Excusas

a. Tuvo que estudiar.
b. No le gusta salir cuando llueve.
c. Conoció a una persona en la calle.
d. Se durmió en el sofá.
e. No pudo dejar a su hermano solo.
f. Se acostó temprano.

Actividad 8: Aeropuerto Internacional, buenos días. You will hear three people calling the airport to ask about arriving flights. As you listen to the conversations, fill in the missing information on the arrival board.

Llegadas Internacionales

Línea aérea	Número de vuelo	Procedencia	Hora de llegada	Comentarios
Iberia		Lima		a tiempo
TACA	357		12:15	
LACSA		NY/México		

Actividad 9: Las noticias. As you hear the news report, complete the following chart indicating who the people are and what happened in each case.

	Quién es	Qué ocurrió
1. María Salinas	__________	____________________
2. Mario Valori	__________	____________________
3. Pablo Bravo	__________	____________________
4. Sara Méndez	__________	____________________

NOMBRE ______________________ FECHA ______________

Actividad 10: ¿Cuánto tiempo hace que...? You will listen to a set of personal questions. Pause the recording after you listen to each question, and write a complete answer in your lab manual.

1. ______________________
2. ______________________
3. ______________________
4. ______________________

Conversación: *¿En un "banco" de Segovia?*

Conversación: *Un día normal en el aeropuerto*

NOMBRE ______________________ FECHA ______________

Capítulo 8

MEJORA TU PRONUNCIACIÓN

THE CONSONANTS *g* AND *j*

As you saw in Chapter 6, the consonant **g**, when followed by the vowels *a, o,* or *u* or by the vowel combinations *ue* or *ui,* is pronounced a little softer than the *g* in the English word *guy*, for example, **gato, gordo, guerra**. **G** followed by *e* or *i* and *j* in all positions are both pronounced similarly to the *h* in the English word *hot*, as in the words **general** and **Jamaica**.

Actividad 1: Escucha y repite. Listen and repeat the following words. Pay attention to the pronunciation of the letters **g** and **j**.

1. ojo
2. Juan Carlos
3. trabajar
4. escoger
5. congelador
6. gigante

Actividad 2: Las asignaturas. Listen and repeat the following conversation between two students. Pay attention to the pronunciation of the letters **g** and **j**.

ESTUDIANTE 1 ¿Qué asignatura vas a escoger?

ESTUDIANTE 2 Creo que psicología.

ESTUDIANTE 1 Pero es mejor geografía.

ESTUDIANTE 2 ¡Ay! Pero no traje el papel para inscribirme.

ESTUDIANTE 1 ¿El papel rojo?

ESTUDIANTE 2 No. El papel anaranjado.

NOMBRE ______________________ FECHA ______________

MEJORA TU COMPRENSIÓN

Actividad 3: El crucigrama. Use the clues you will hear to complete the puzzle on electrical appliances. Remember to look over the list of words and the puzzle before you listen to the clues.

lavaplatos	horno	aspiradora	secadora
cafetera	tostadora	nevera	lavadora

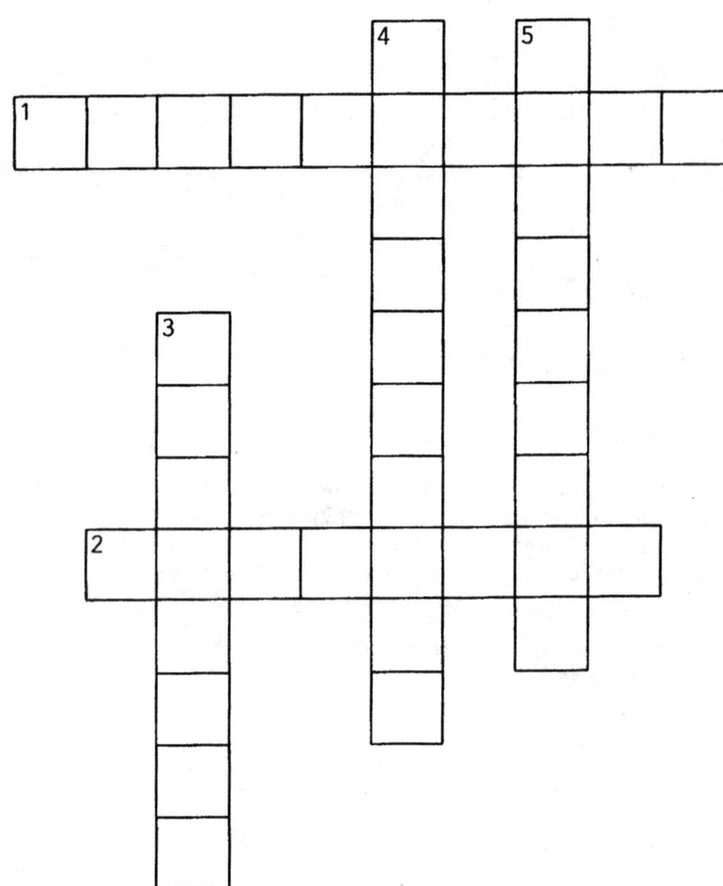

Actividad 4: En busca de apartamento. Paulina has seen an ad listing an apartment for rent and calls to find out more about it. Listen to Paulina's conversation with the apartment manager and complete her notes on the apartment.

Teléfono 986-4132

Apartamento: 1 dormitorio

¿Alquiler? $ ¿Depósito? $

¿Amueblado?

¿Teléfono?

¿Dirección? San Martín ¿Piso?

Actividad 5: ¿Dónde ponemos los muebles? Paloma and her husband are moving into a new apartment and are now planning where to place their bedroom furniture. As you listen to their conversation, indicate where they are going to put each piece of furniture by writing the number of each item in one of the squares on the floor plan of their bedroom.

1 alfombra	3 cómoda	5 sillón
2 cama	4 mesa	6 televisor

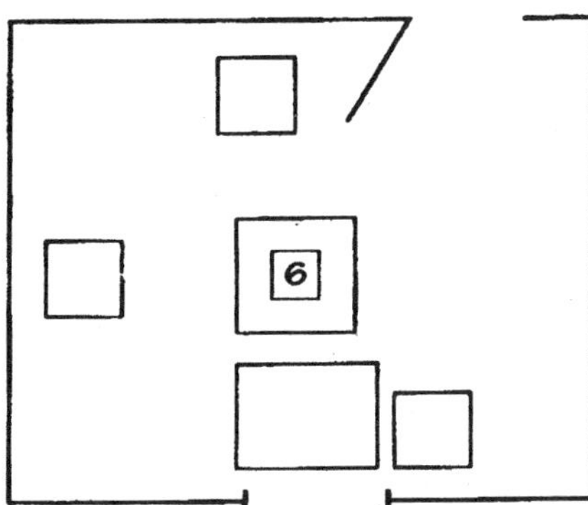

NOMBRE ______________________ FECHA ______________

Actividad 6: En el Rastro. Vicente and Teresa go to the Rastro (an open-air market in Madrid) to look for some inexpensive shelves. Listen to their conversation with a vendor and, based on what you hear, check whether the statements in your lab manual are true or false.

	Cierto	Falso
1. Hay poca gente en este mercado.	❒	❒
2. Vicente ve unos estantes.	❒	❒
3. Los estantes son baratos.	❒	❒
4. Teresa regatea (*bargains*).	❒	❒
5. El comerciante no baja el precio.	❒	❒
6. Teresa compra dos estantes.	❒	❒

Actividad 7: Radio consulta.

A. Esperanza is the hostess of **"Problemas,"** a call-in radio show. As you listen to the following conversation between a caller and Esperanza, check off the caller's problem.

1. ❒ La señora está deprimida (*depressed*).
2. ❒ La señora no sabe dónde está su animal.
3. ❒ La señora tiene un esposo que no se baña.
4. ❒ La señora tiene un hijo sucio (*dirty*).

B. Before you listen to Esperanza's reply, choose which actions from the list *you* would advise the caller to take.

	Tus consejos	Los consejos de Esperanza
1. Debe poner a su esposo en la bañera.	❒	❒
2. Debe hablar con un compañero de trabajo de su esposo para que él le hable a su esposo.	❒	❒
3. Debe llevar a su esposo a un psicólogo.	❒	❒
4. Ella debe hablar con una amiga.	❒	❒
5. Tiene que decirle a su esposo que él es muy desconsiderado.	❒	❒
6. Tiene que decirle a su esposo que la situación no puede continuar así.	❒	❒

C. Now, listen to Esperanza and check off the three pieces of advice she gives.

Actividad 8: El dictáfono. Patricio's boss is out of the office, and she has left him a message on the dictaphone reminding him of the things they have to do today. Listen to the message and write a **P** in front of the things that Patricio is asked to do and a **J** (for **jefa**) in front of the things that Patricio's boss will do herself.

1. ______ comprar una cafetera
2. ______ escribir les una carta a los señores Montero
3. ______ llamar a los señores Montero para verificar su dirección
4. ______ llamar a la agencia de viajes
5. ______ ir a la agencia de viajes
6. ______ ir al banco
7. ______ pagar el pasaje

Actividad 9: Busco un hombre que...

A. You will listen to a radio ad of a woman who is looking for her ideal partner. Before you listen to the ad, stop the recording and check off the characteristics you look for in a partner.

	tú	ella
Busco un hombre/una mujer que...		
sea inteligente	____	____
tenga dinero	____	____
tenga un trabajo estable (*stable*)	____	____
salga por la noche	____	____
sepa bailar	____	____
sea guapo/a	____	____
sea simpático/a		

B. Now listen to the radio ad and check off in the list above the characteristics this woman is looking for in a man.

Conversación: *En busca de apartamento*

Conversación: *Todos son expertos*

NOMBRE ____________________ FECHA ____________

Capítulo 9

MEJORA TU PRONUNCIACIÓN

THE CONSONANTS *c, s,* AND *z*

In Hispanic America, the consonant **c** followed by an *e* or an *i*, and the consonants **s** and **z** are usually pronounced like the *s* in the English word *sin.* In Spain, on the other hand, the consonant **c** followed by an *e* or an *i*, and **z** are usually pronounced like the *th* in the English word *thin.*

Actividad 1: Escucha y repite.

A. Listen and repeat the following food-related words. Pay attention to the pronunciation of the consonant **c** followed by an *e* or an *i*, and the letters **s** and **z**.

1. la taza
2. el vaso
3. la ensalada
4. el postre
5. la cocina
6. la cerveza

B. Now listen to the same words again as they are pronounced by a speaker from Spain. Do not repeat the words.

Actividad 2: La receta. Listen to the following portions of Álvaro's tortilla recipe. Notice how Álvaro, who is from Spain, pronounces the consonant **c** followed by an *e* or an *i*, and the consonants **s** and **z**.

Se cortan unas cuatro patatas grandes.

Luego se fríen en aceite.

Mientras tanto, revuelves los huevos.

Se ponen las patatas y la cebolla en un recipiente.

Y se añade un poco de sal.

NOMBRE ________________________ FECHA ________________

MEJORA TU COMPRENSIÓN

Actividad 3: ¿Certeza o duda? You will hear four statements. For each of them, indicate whether the speaker is expressing certainty or doubt.

	Certeza	Duda
1.	❐	❐
2.	❐	❐
3.	❐	❐
4.	❐	❐

Actividad 4: Mañana es día de fiesta. Silvia is talking on the phone with a friend about her plans for tomorrow. As you listen to what she says, write four phrases about what may happen.

Mañana quizás / tal vez...

1. ________________________
2. ________________________
3. ________________________
4. ________________________

Actividad 5: Mi primer trabajo. As you listen to Mariano telling about his first job, fill in each of the blanks in his story with one or more words.

________________ cuando empecé mi primer trabajo. ________________ cuando llegué a la oficina el primer día. Allí conocí a mis colegas. Todos eran muy simpáticos. Una persona estaba enferma, así que yo ________________ todo el santo día. ________________ de la mañana cuando terminé. Ése fue un día difícil pero feliz.

Actividad 6: El horario de Nélida. After you hear what Nélida did this evening, figure out when each event happened. You may want to listen more than once.

¿Qué hora era cuando pasaron estas cosas?

1. Nélida llegó a casa. ________________
2. Alguien la llamó. ________________
3. Entró en la bañera. ________________
4. Comenzó "Los Simpsons". ________________
5. Se durmió. ________________

NOMBRE ______________________ FECHA ______________

Actividad 7: Las compras. Doña Emilia is going to send her son Ramón grocery shopping and is now figuring out what they need. As you listen to their conversation, check off the items they have, those they need to buy, and those they are going to borrow from a neighbor.

	Tienen	Necesitan comprar	Van a pedir prestado (*borrow*)
1. aceite	☐	☐	☐
2. tomates	☐	☐	☐
3. Coca-Cola	☐	☐	☐
4. vino blanco	☐	☐	☐
5. leche	☐	☐	☐
6. vinagre	☐	☐	☐

Actividad 8: La receta de doña Petrona. You will now hear doña Petrona demonstrating how to make **ensalada criolla** on her television program, **"Recetas Exitosas."** As you hear her description of each step, number the drawings to show the correct order. Note that there are some extra drawings.

Actividad 9: Cómo poner la mesa. You will hear a man on the radio describing how to set a place setting. As you listen to him, draw where each item should go on the place mat.

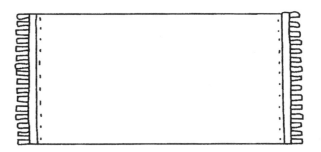

Actividad 10: Cuando estudio mucho.

A. Pause the recording and write in Spanish three things that you like doing to take your mind off school or work.

1. ______________________
2. ______________________
3. ______________________

B. Federico, Gustavo, and Marisa are discussing what they do to take their minds off their studies. Listen to their conversation and write down sentences to indicate what activity (or activities) each of them finds relaxing.

1. Federico: ______________________
2. Gustavo: ______________________

____

3. Marisa: ______________________

____

Actividad 11: El viaje a Machu Picchu. Mr. López receives a phone call. Listen to his conversation with the caller and check whether each statement is true or false.

	Cierto	Falso
1. El señor López ganó un viaje a Ecuador.	❐	❐
2. La señora dice que una computadora escogió su número de teléfono.	❐	❐
3. La señora dice que él ganó pasajes para dos personas.	❐	❐
4. El señor López le da su número de tarjeta de crédito a la mujer.	❐	❐
5. El señor López cree que la mujer le dice la verdad.	❐	❐

***Conversación:** El trabajo y el tiempo libre*

***Conversación:** Después de comer, nada mejor que la sobremesa*

NOMBRE ______________________ FECHA ______________

Capítulo 10

MEJORA TU PRONUNCIACIÓN

DIPHTHONGS

In Spanish, vowels are classified as weak **(i, u)** or strong **(a, e, o)**. A diphthong is a combination of two weak vowels or a weak and a strong vowel in the same syllable. When a strong and a weak vowel are combined, the strong vowel takes a slightly greater stress, for example, **vuelvo**. When two weak vowels are combined, the second one takes a slightly greater stress, as in the word **ciudad**. Sometimes the weak vowel in a strong-weak combination takes a written accent, and the diphthong is therefore dissolved, as in **día**.

Actividad 1: Escucha y repite. Escucha y repite las siguientes palabras.

1. la p**ie**rna
2. la leng**ua**
3. los **oí**dos
4. los lab**io**s
5. el p**ie**
6. c**ui**dar

Actividad 2: Escucha y repite. Escucha y repite las siguientes oraciones de la conversación en el libro de texto entre Vicente y sus padres.

1. S**ie**mpre los echo de menos.
2. B**ue**no, ahora vamos a ir a Sarchí.
3. Ten**ía** tres años c**ua**ndo subí a la carreta del ab**ue**lo.
4. No me s**ie**nto b**ie**n.
5. ¿Q**uie**res comprarle algo de artesan**ía** típica?

NOMBRE ______________________ FECHA ______________

Actividad 3: ¿Diptongo o no? Escucha y marca si las siguientes palabras contienen diptongo o no.

	Sí	No
1.	❏	❏
2.	❏	❏
3.	❏	❏
4.	❏	❏
5.	❏	❏
6.	❏	❏

MEJORA TU COMPRENSIÓN

Actividad 4: Los preparativos de la fiesta. La. Sra. Uriburu llama a casa para ver si su esposo ha hecho algunos preparativos para la cena de esta noche. Mientras escuchas a la Sra. Uriburu, escoge las respuestas correctas de su esposo.

1. a. Sí, ya la limpié.
   b. Sí, ya lo limpié.
2. a. No, no lo compro.
   b. No, no lo compré.
3. a. No tuviste tiempo.
   b. No tuve tiempo.
4. a. Sí, te la preparé.
   b. Sí, se la preparé.
5. a. Sí, se lo di.
   b. Sí, se los di.
6. a. No, no me llamó.
   b. No, no la llamé.

NOMBRE ______________________ FECHA ______________

Actividad 5: ¿Le molesta o le gusta? As you listen to a series of statements, check off the opinion of the speaker in each case.

1. a. Las clases le parecieron fáciles.
   b. Las clases le parecieron difíciles.
2. a. Le encanta ir a la casa de sus padres.
   b. Le molesta ir a la casa de sus padres.
3. a. Le fascina la luz.
   b. Le molesta la luz.
4. a. A él le pareció interesante la película.
   b. A él le pareció aburrida la película.

Actividad 6: Tengo correo electrónico. Escucha la conversación telefónica entre Fernando y Betina y completa la siguiente tabla.

Dirección de correo electrónico de Betina:
Sitio que recomienda Fernando:

Actividad 7: Los testimonios. Ayer hubo un asalto a un banco (*bank robbery*) y ahora un detective les está haciendo preguntas a tres testigos (*witnesses*). Escucha las descripciones de los testigos y escoge el dibujo correcto del asaltante (*thief*).

NOMBRE ______________________ FECHA ______________

Actividad 8: Un mensaje telefónico. El asaltante del banco llama a su jefa a la casa y le deja un mensaje muy importante. Escucha y escribe el mensaje. Cuando termines, para el CD y usa las letras que tienen números debajo para descifrar (*decode*) el mensaje secreto que el asaltante le deja a su jefa.

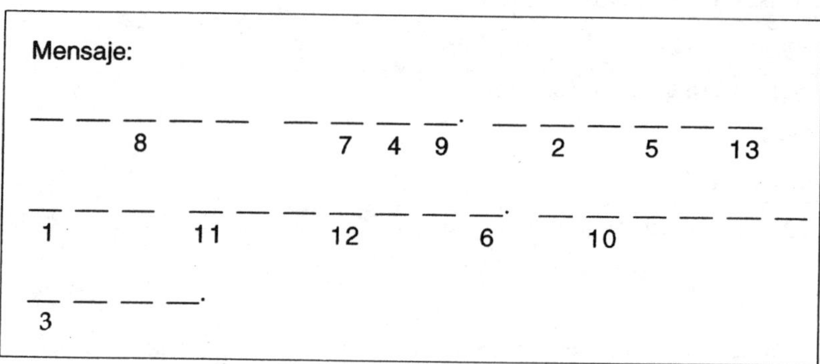
Mensaje:

___ ___ ___ ___ ___ ___ (8) ___ ___ ___ ___ (7 4 9). ___ ___ ___ ___ ___ ___ (2 5 13)

___ ___ ___ (1) ___ ___ ___ ___ ___ ___ ___ (11 12 6). ___ ___ ___ ___ ___ ___ (10)

___ ___ ___ ___ (3).

El mensaje secreto:

___ ___   ___ ___ ___ ___ ___ ___ ___ ___   ___ ___   ___ ___ ___ ___ ___.
1 2   3 4 5 2 6 7 8 13   4 9   6 10 7 11 12

Actividad 9: El accidente automovilístico.

A. Vas a escuchar una entrevista de radio con una doctora que vio un accidente automovilístico entre un camión y un autobús escolar. Antes de escuchar, para el CD y usa la imaginación para escribir qué hacían las personas de la lista cuando la doctora llegó al lugar del accidente.

1. los niños ______________________
2. los paramédicos ______________________
3. los peatones (*pedestrians*) ______________________
4. la policía ______________________

B. Ahora escucha la entrevista y marca qué hacían las personas de la lista según (*according to*) la doctora.

1. los niños ______________________
2. los paramédicos ______________________
3. los peatones (*pedestrians*) ______________________
4. la policía ______________________

Actividad 10: Los regalos. María y Pedro van a una tienda de deportes que tiene varias ofertas. Escucha la conversación y escribe qué les compran a sus hijos.

Le compran a...

1. Miguel ______________________
2. Felipe ______________________
3. Ángeles ______________________
4. Patricia ______________________

Actividad 11: Diana en los Estados Unidos. Diana está hablando con Teresa sobre su vida en los Estados Unidos. Escucha la conversación y marca **C** si las oraciones sobre Diana son ciertas o **F** si son falsas.

1. ______ Vivía en una ciudad pequeña.
2. ______ Enseñaba inglés.
3. ______ Hablaba español casi todo el día.
4. ______ Se levantaba tarde.
5. ______ Ella vivía con sus padres.
6. ______ Estudiaba literatura española.

Conversación: *¡Feliz cumpleaños!*

Conversación: *Teresa, campeona de tenis*

NOMBRE ______________________ FECHA ______________

Capítulo 11

MEJORA TU PRONUNCIACIÓN

THE CONSONANT *h*

The consonant **h** is always silent in Spanish. For example, the word *hotel* in English is **hotel** in Spanish.

Actividad 1: Escucha y repite. Escucha y repite las siguientes frases relacionadas con la salud.

1. **h**emorragia
2. **h**ospital
3. **h**acer un análisis
4. **h**erida
5. alco**h**ol
6. **h**epatitis

Actividad 2: En el consultorio. Escucha y repite las siguientes oraciones de la conversación en el libro de texto entre la familia de don Alejandro y la doctora.

1. **H**oy me duele la pierna derecha.
2. Debemos **h**acerle un análisis de sangre a**h**ora mismo.
3. **H**ay que internarlo en el **h**ospital.
4. Y a**h**ora no voy a poder.

NOMBRE ______________________________ FECHA ______________

MEJORA TU COMPRENSIÓN

Actividad 3: No me siento bien.

A. Vas a escuchar tres conversaciones sobre personas que tienen problemas de salud (*health*). Escucha y escribe en la tabla (*table*) qué problema tiene cada persona.

	Problema
El hombre	
La niña	
Adriana	

B. Ahora escucha las conversaciones otra vez y escribe en la tabla qué consejo recibe cada persona.

	Consejo
El hombre	
La niña	
Adriana	

Actividad 4: La conversación telefónica. Clara está hablando por teléfono con una amiga. Tiene hipo (*hiccups*) y no puede terminar algunas frases. Escucha lo que dice Clara y selecciona una palabra para completar la idea que ella no termina cada vez que la interrumpe el hipo. Numéralas del 1 al 4.

______ aburrido

______ dormidos

______ vestidos

______ preocupada

______ sentados

Actividad 5: La fiesta inesperada. Esteban decidió hacer una fiesta ayer por la noche e inmediatamente llamó a sus amigos y les dijo que fueran a su casa exactamente como estaban en ese momento (*come as you are*). Hoy Esteban está hablando con su madre sobre la fiesta. Escucha la conversación y marca qué estaba haciendo cada una de estas personas cuando Esteban las llamó.

______ Ricardo

______ María

______ Héctor

______ Claudia

______ Silvio

a. Estaba mirando televisión.

b. Estaba vistiéndose.

c. Estaba bañándose.

d. Estaba afeitándose.

e. Estaba comiendo.

NOMBRE ______________________ FECHA ______________

Actividad 6: Problemas con el carro. Un señor tuvo un accidente automovilístico y ahora está hablando por teléfono con un agente de la compañía de seguros (*insurance company*) para decirle los problemas que tiene su carro. Escucha la conversación y pon una **X** sólo en las partes del carro que tienen problemas.

Actividad 7: Quiero alquilar un carro. Tomás está en Santiago, Chile, y quiere alquilar un carro por una semana para conocer el país. Por eso llama a una agencia de alquiler para obtener información. Escucha la conversación y completa los apuntes (*notes*) que él toma.

Rent-a-carro: 698-6576

Por semana: $ ______________

Día extra: $ ______________

¿Seguro (*Insurance*) incluido? Sí / No ¿Cuánto? $ ______________

¿Depósito? Sí / No

¿Puedo devolver (*return*) el carro en otra ciudad? Sí / No

¿A qué hora debo devolverlo?

Actividad 8: La novia de Juan. Juan habla con Laura sobre su novia. Mientras escuchas la conversación, responde a las preguntas en tu manual de laboratorio.

1. ¿Conocía Juan a su novia antes de empezar la universidad? ____________________
2. ¿Cuándo y dónde la conoció? ____________________
3. ¿Qué era algo que no sabía sobre ella cuando empezaron a salir? ____________________
4. ¿Cómo y cuándo lo supo? ____________________
5. ¿Qué piensa hacer Juan? ____________________

Conversación: *De vacaciones y enfermo*

Conversación: *Si manejas, te juegas la vida*

NOMBRE ______________________ FECHA ______________

Capítulo 12

MEJORA TU PRONUNCIACIÓN

LINKING

In normal conversation, you link words as you speak to provide a smooth transition from one word to the next. In Spanish, the last letter of a word can usually be linked to the first letter of the following word, for example, **mis‿amigas, tú‿o‿yo**. When the last letter of a word is the same as the first letter of the following word, they are pronounced as one letter, for example, **las‿sillas, te‿encargo**. Remember that the *h* is silent in Spanish, so the link occurs as follows: **la‿habilidad**.

Actividad 1: Escucha y repite. Escucha y repite las siguientes frases idiomáticas prestando atención al unir las palabras.

1. el mal de‿ojo
2. vale la‿pena
3. qué‿hotel más lujoso
4. más‿o menos
5. favor de‿escribirme

Actividad 2: En el restaurante argentino. Escucha y repite parte de la conversación entre Teresa y Vicente en el restaurante argentino.

TERESA ¡Qué chévere‿este restaurante‿argentino! ¡Y con conjunto de música!

VICENTE Espero que‿a la‿experta de‿tenis le‿gusten la comida‿y los tangos‿argentinos con bandoneón‿y todo.

TERESA Me fascinan. Pero, juegas bastante‿bien, ¿sabes?

VICENTE Eso‿es lo que pensaba antes de jugar contigo...

NOMBRE ______________________ FECHA ______________

MEJORA TU COMPRENSIÓN

Actividad 3: Los instrumentos musicales. Vas a escuchar cuatro instrumentos musicales. Numera cada instrumento que escuches.

______ batería

______ violín

______ violonchelo

______ trompeta

______ flauta

Actividad 4: En el restaurante. Una familia está pidiendo la comida en un restaurante. Escucha la conversación y marca qué quiere cada persona.

Mesa Nº. 8			Camarero: Juan
Cliente Nº.			Menú
1 (mujer)	2 (hombre)	3 (niño)	
			Primer Plato
			Sopa de verduras
			Espárragos con mayonesa
			Tomate relleno
			Segundo Plato
			Ravioles
			Bistec de ternera
			Medio pollo al ajo
			Papas fritas
			Puré de papas
			Ensalada
			Mixta
			Zanahoria y huevo
			Criolla

NOMBRE ______________________ FECHA ______________

Actividad 5: La dieta Kitakilos.

A. Mira los dibujos de María antes y después de la dieta del Dr. Popoff. Para el CD y escribe debajo de cada dibujo dos adjetivos que la describan. Imagina y escribe también dos cosas que ella puede hacer ahora que no hacía antes.

Antes

María era ______________________ y ______________________.

Después

Ahora es ______________________ y ______________________ y puede ______________________ y ______________________.

B. Ahora escucha un anuncio comercial sobre la dieta del Dr. Popoff y escribe dos cosas que hacía María antes de la dieta y dos cosas que hace después de la dieta. No es necesario escribir todas las actividades que ella menciona.

Antes

____

____

Después

____

____

Actividad 6: La isla Pita Pita. Escucha la descripción de la isla Pita Pita y usa los símbolos que se presentan y los nombres de los lugares para completar el mapa incompleto. Los nombres de los lugares que se mencionan son **Blanca Nieves, Hércules, Mala-Mala, Panamericana** y **Pata**.

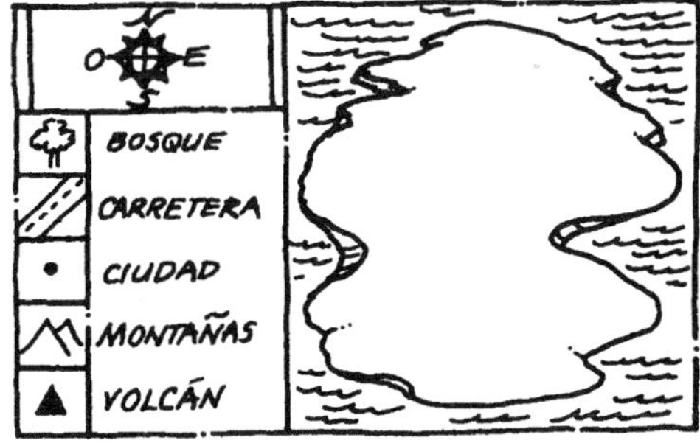

Actividad 7: Visite Venezuela. ¿Sabes cuáles de los lugares de la lista pertenecen a Venezuela y cuáles no? Escucha el anuncio comercial sobre Venezuela y marca sólo los lugares que pertenecen a ese país.

______ salto Ángel

______ cataratas del Iguazú

______ Ciudad Bolívar

______ Mérida

______ islas Galápagos

______ islas Los Roques

______ playa de Punta del Este

______ playa de La Guaira

______ Volcán de Fuego

Actividad 8: Las tres casas.

A. Llamas a una inmobiliaria (*real-estate agency*) para obtener información sobre tres casas y te contesta el contestador automático. Escucha la descripción de las casas y completa la tabla.

	Tamaño (m^2)	Dormitorios	Año	Precio (dólares)
Casa 1	***250***			***350.000***
Casa 2		***2***		
Casa 3			***2003***	

B. Ahora mira la tabla y escucha las siguientes oraciones. Marca **C** si son ciertas o **F** si son falsas.

1. ______
2. ______
3. ______
4. ______
5. ______

Conversación: *¡Qué música!*

Conversación: *La propuesta*

Capítulo 13

MEJORA TU PRONUNCIACIÓN

INTONATION

Intonation in Spanish usually goes down in statements, information questions, and commands. For example, **Me llamo Susana. ¡Qué interesante! ¿Cómo te llamas? No fume.** On the other hand, intonation goes up in yes/no questions and tag questions, for example, **¿Estás casado? Estás casado, ¿no?**

Actividad 1: ¿Oración declarativa o pregunta? Escucha las siguientes oraciones y marca si son oraciones declarativas (*statements*) o preguntas que se pueden contestar con **sí** o **no**.

	Oración declarativa	Pregunta con respuesta de **sí** o **no**
1.	❑	❑
2.	❑	❑
3.	❑	❑
4.	❑	❑
5.	❑	❑
6.	❑	❑
7.	❑	❑
8.	❑	❑

Actividad 2: Escucha y repite. Escucha y repite las siguientes oraciones de la conversación del libro de texto entre don Alejandro y los chicos. Presta atención a la entonación.

1. ¡Entren, entren muchachos!
2. Igualmente, don Alejandro. ¿Cómo está?

Continúa en la página siguiente →

3. Yo no tengo ningún plan en particular.
4. ¿Pueden darme más detalles?
5. ¿De qué se trata?
6. Hasta luego.
7. ¡Me parece buenísimo!

MEJORA TU COMPRENSIÓN

Actividad 3: ¿Qué le pasó? Vas a escuchar cuatro situaciones de personas que están viajando. Numera las frases según la situación que describen.

______ Se le rompió el Pepto Bismol en la maleta.

______ Se le cayó un vaso.

______ Se le perdió el dinero.

______ Se le perdió la tarjeta de crédito.

______ Se le olvidó el nombre.

______ Se le olvidó la llave en el carro.

Actividad 4: La dieta.

A. La Sra. Kilomás necesita bajar de peso (*to lose weight*) y está en el consultorio hablando con el médico. Para el CD y escribe tres cosas que crees que el médico le va a decir que no coma.

1. ______________ 2. ______________ 3. ______________

B. Ahora escucha la conversación y escribe en la columna correcta las cosas que la Sra. Kilomás puede y no puede comer o beber.

Coma:	No coma:
______________	______________
______________	______________
	______________
	______________
	______________

Beba:	No beba:
______________	______________
______________	
______________	

NOMBRE ________________________ FECHA ________________

Actividad 5: El Club Med. El Sr. Lobos está hablando con su secretaria sobre el tipo de persona que busca para el puesto (*job*) de director de actividades. Escucha la conversación y luego elige el aviso clasificado que prepara la secretaria después de la conversación.

1	2
CLUB MED BUSCA Persona deportista y enérgica para ser **Director de actividades.** REQUISITOS: saber inglés, conocer un Club Med, tener experiencia con niños, saber jugar a algunos deportes.	**CLUB MED BUSCA** Persona deportista y enérgica para ser **Director de actividades.** REQUISITOS: saber inglés y francés, conocer un Club Med, conocer la República Dominicana, tener experiencia con niños y adultos.

La secretaria escribe el aviso número ______.

Actividad 6: El tour a Guatemala.

A. Imagina que tienes la posibilidad de ir a Guatemala. Para el CD y escribe cuál de los tours que se presentan prefieres.

GUATEMALA SOL	GUATEMALA CALOR
Incluye: • Pasaje de ida y vuelta • 9 días en hoteles ★★★★ • Tours con guía a Antigua y Chichicastenango • Opcional: ruinas de Tikal	Incluye: • Pasaje de ida y vuelta • 9 días en hoteles ★★★ • Tours sin guía a Antigua y Chichicastenango • Opcional: ruinas de Tikal

Prefiero el tour ____.

B. Terencio llama a una agencia de viajes porque quiere hacer un tour por Guatemala. Escucha la conversación con el agente de viajes y luego indica qué tour de la **parte A** le va a ofrecer el agente de viajes.

El agente de viajes le va a ofrecer el tour ________________________________.

NOMBRE ______________________ FECHA ______________

Actividad 7: En la oficina de turismo. Hay algunos turistas en una oficina de turismo. Escucha las conversaciones entre un empleado y diferentes turistas y completa el mapa con los nombres de los lugares adonde quieren ir los turistas: el **correo**, una **iglesia** y el **Hotel Aurora**. Antes de empezar, busca en el mapa la oficina de turismo.

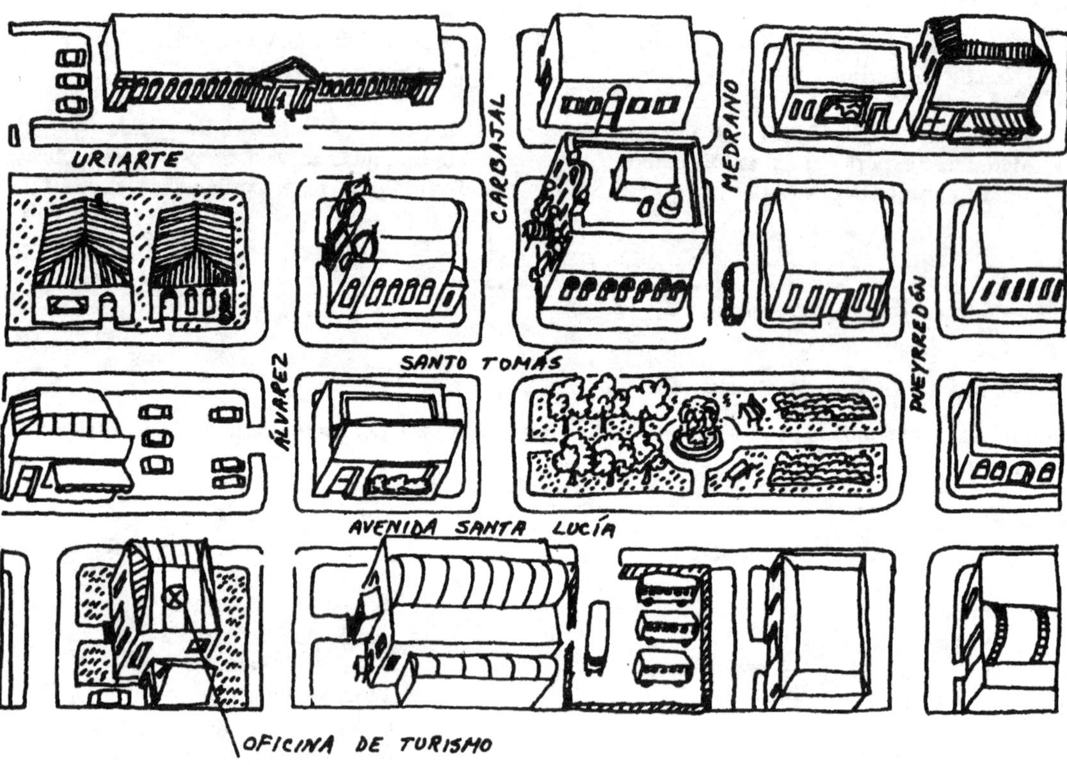

Actividad 8: La llamada anónima. Unos hombres secuestraron (*kidnapped*) al Sr. Tomono, un diplomático, en Guayaquil, Ecuador, y quieren un millón de dólares. Llaman a la Sra. Tomono para decirle qué debe hacer con el dinero. Escucha la conversación telefónica y marca las siguientes oraciones con **C** si son ciertas o con **F** si son falsas.

1. _______ La Sra. Tomono debe poner el dinero en una maleta marrón.
2. _______ Ella debe ir a la esquina de las calles Quito y Colón.
3. _______ Tiene que hablar por el teléfono público.
4. _______ Tiene que ir con su hija.

NOMBRE ______________________________ FECHA ______________

Actividad 9: Los secuestradores y el detector. La Sra. Tomono le avisó a la policía y ellos pusieron un detector en la maleta con el dinero. La señora ya les entregó el dinero a los secuestradores (*kidnappers*) y ahora un policía está siguiendo el camino del carro en una computadora. Mientras escuchas al policía, marca el camino que toma el carro y pon una **X** donde el carro se detiene (*stops*). Cuando termines, vas a saber dónde está el Sr. Tomono. Comienza en la esquina de las calles Quito y Colón.

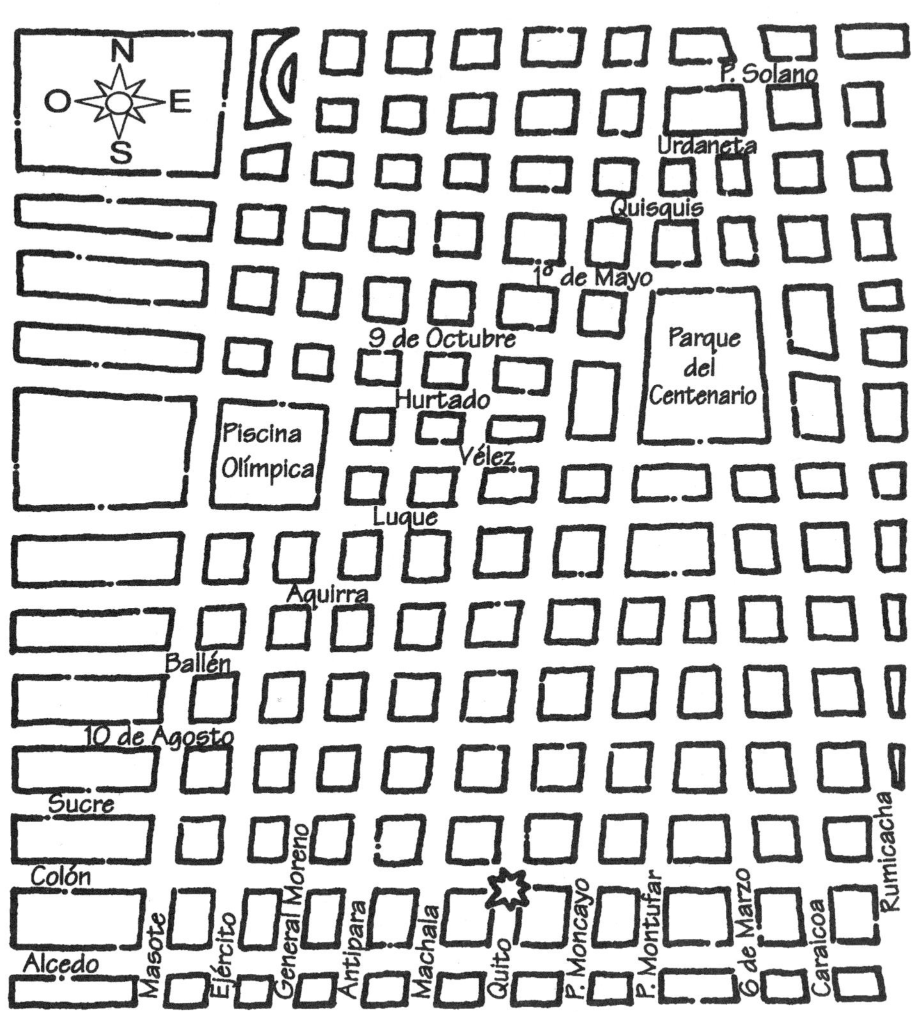

Conversación: *La oferta de trabajo*

Conversación: *Impresiones de Miami*

NOMBRE ______________________ FECHA ______________

Capítulo 14

MEJORA TU PRONUNCIACIÓN

REVIEW OF THE SPANISH SOUNDS *p, t, [k],* AND *d*

Remember that the Spanish **p, t,** and **[k]** are not aspirated, as in **papel, tomate, carta,** and that **d** can be pronounced as in **dónde** or as in **Adela.**

Actividad 1: Un dictado. Escucha y completa la siguiente historia sobre Álvaro.

Álvaro perdió el ______________ y por eso ayer ______________ que ir al ______________ de España en la ciudad de México. Por suerte ya tenía una ______________ del pasaporte, pero ______________ tuvo que llevar ______________ fotos y la ______________ que hizo en la estación de policía. ______________ de ir al consulado, se fue al hotel otra vez a ______________ con Juan Carlos y el grupo para ir en el ______________ de la ciudad.

MEJORA TU COMPRENSIÓN

Actividad 2: ¿Con qué va a pagar? Escucha las siguientes situaciones y marca con qué va a pagar la persona en cada caso.

	Efectivo	Tarjeta de crédito	Cheque	Cheque de viajero
1.	❒	❒	❒	❒
2.	❒	❒	❒	❒
3.	❒	❒	❒	❒

NOMBRE ______________________________ FECHA ______________

Actividad 3: En la casa de cambio. Un cliente está en una casa de cambio y necesita cambiar dinero. Escucha la conversación y contesta las preguntas en el manual de laboratorio.

1. ¿Qué moneda tiene el cliente? ______________________
2. ¿Qué moneda quiere? ______________________
3. ¿A cuánto está el cambio? ______________________
4. ¿Cuánto dinero quiere cambiar? ______________________
5. ¿Cuánto dinero recibe? ______________________

Actividad 4: El crucigrama. Escucha las pistas (*clues*) y completa el crucigrama con los animales de la lista presentada.

caballo	gato	pájaro	serpiente
elefante	león	perro	toro
gallina	mono	pez	vaca

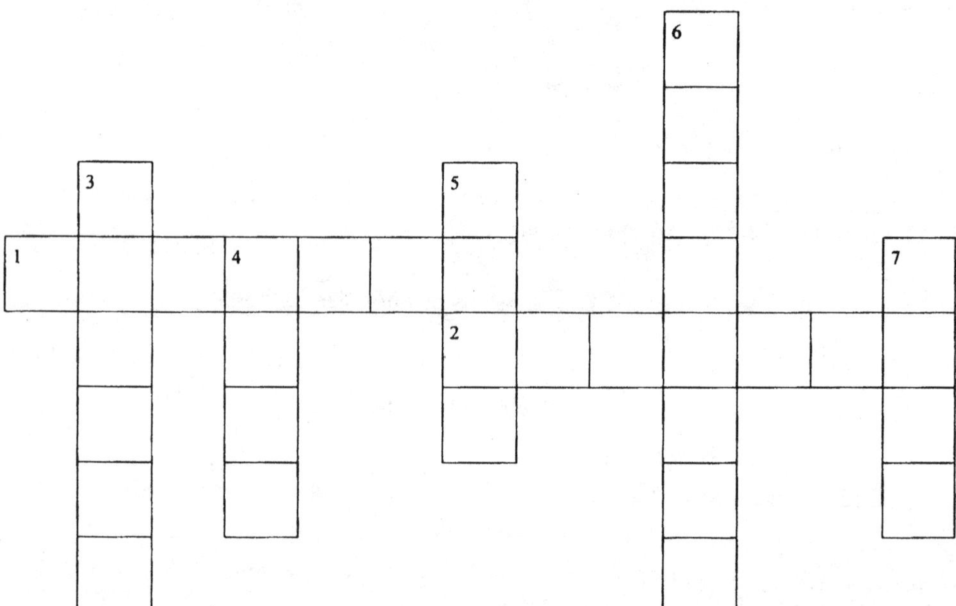

Actividad 5: Pichicho. Sebastián le está mostrando a su amigo Ramón las cosas que su perro Pichicho puede hacer. Escucha a Sebastián y numera los dibujos según las órdenes (*commands*). ¡Ojo! Hay dibujos de ocho órdenes pero Sebastián sólo da seis.

____

____

____

____

____

____

____

____

Actividad 6: ¿De qué hablan? Escucha las minisituaciones y marca de qué están hablando las personas.

1. a. un sombrero b. una camisa
2. a. un restaurante b. un hombre
3. a. unos zapatos b. unas medias
4. a. una cerveza b. una clase

NOMBRE ______________________ FECHA ______________

Actividad 7: Madrid y el D. F.

A. Vas a escuchar dos anuncios comerciales: uno sobre Madrid y otro sobre la ciudad de México. Para cada uno, marca qué lugares se pueden visitar. ¡Ojo! A veces se puede visitar el mismo tipo de lugar en las dos ciudades.

	Madrid (Segovia)	ciudad de México (Teotihuacán)
acuario	______	______
acueducto	______	______
castillo	______	______
catedral	______	______
palacio	______	______
parque de atracciones	______	______
pirámide	______	______
ruinas	______	______
templo	______	______
torre	______	______
zoológico	______	______

B. Para el CD y escribe cuál de los dos lugares te gustaría visitar y por qué.

____

____

____

Actividad 8: La peluquería. La Sra. López y la Sra. Díaz están en la peluquería hablando de sus hijos. Escucha la conversación y completa la información sobre sus hijos.

Hijo	Edad	Ocupación	Sueldo	Deportes
Alejandro López				*nadar*
Marcos Díaz		*abogado y*		

Conversación: En México y con problemas

NOMBRE ______________________ FECHA ______________

Capítulo 15

MEJORA TU PRONUNCIACIÓN

RHYTHM OF SENTENCES IN SPANISH

Rhythm in Spanish differs from rhythm in English. In English, the length of syllables can vary within a word. For example, in the word *information,* the third syllable is longer than the others. In Spanish, all syllables are of equal length, as in **información.** In Chapters 15 through 17, you will practice rhythm in sentences.

Actividad 1: El ritmo de las oraciones. Primero escucha la siguiente conversación. Luego, escucha y repite las oraciones prestando atención al ritmo.

CARLOS ¿Qué pasa? Dímelo.
SONIA No, no puedo.
CARLOS ¿Qué tienes? Cuéntame.
SONIA No, no quiero.
CARLOS Vamos. Vamos. No seas así. ¿Es por Miguel?
SONIA Me cae la mar de mal.

MEJORA TU COMPRENSIÓN

Actividad 2: ¿Cuándo ocurre? Vas a escuchar cuatro minisituaciones. Marca si la persona en cada caso habla del pasado o del futuro.

	Pasado	Futuro
1.	❒	❒
2.	❒	❒
3.	❒	❒
4.	❒	❒

NOMBRE ______________________ FECHA ______________

Actividad 3: De regreso a casa.

A. Imagina que eres soldado (*soldier*) y vas a regresar a tu casa después de un año de estar en la guerra. Para el CD y escribe lo primero que vas a hacer cuando llegues a tu casa.

Voy a ____.

B. Simón Colón y Alberto Donnes son dos soldados que van a regresar a su casa después de un año de estar en la guerra. Ahora están hablando de las cosas que van a hacer cuando lleguen a su casa. Escucha y marca quién va a hacer qué cosa.

Cuando llegue a su casa...	Simón	Alberto
1. va a ver a su novia.	❒	❒
2. va a estar solo.	❒	❒
3. va a caminar.	❒	❒
4. va a comer su comida favorita.	❒	❒
5. va a estar con su familia.	❒	❒

Actividad 4: ¿Cómo es en realidad?

A. Éste es Rubén. ¿Cómo crees tú que sea él? Para el CD y escribe tres adjetivos de la siguiente lista que lo describan.

agresivo	cobarde	mentiroso
amable	honrado	orgulloso
ambicioso	ignorante	perezoso
chismoso	impulsivo	sensible

1. ______________ 2. ______________ 3. ______________

B. Ahora vas a escuchar a Julia y a Sandro hablando de Rubén. Escucha la conversación y escribe los adjetivos que cada persona usa para describir a Rubén.

1. Julia dice que Rubén es ______________, ______________ y ______________.
2. Sandro dice que Rubén es agresivo, ______________, ______________ y ______________.

NOMBRE ______________________________ FECHA ______________

Actividad 5: La fiesta de Alejandro. Cuando Alejandro celebró su cumpleaños el sábado pasado, tomaron una foto de la fiesta. Escucha las siguientes oraciones y marca si es cierto o falso que las cosas mencionadas habían ocurrido antes de que se tomara esta foto.

	Cierto	Falso
1.	❑	❑
2.	❑	❑
3.	❑	❑
4.	❑	❑
5.	❑	❑

Actividad 6: ¿De qué están hablando? Un padre y su hijo se divierten con un juego de palabras sobre el tema de la ecología. Escucha la conversación y cada vez que oigas el tono (*beep*), numera la palabra a la que se refieren.

_______ la destrucción

_______ el petróleo

_______ la extinción

_______ los periódicos

_______ la contaminación

_______ reciclar

Actividad 7: El anuncio comercial. La asociación Paz Verde está haciendo una campaña publicitaria (*ad campaign*) para proteger el medio ambiente. Escucha el anuncio y marca sólo las cosas que se mencionan.

1. ______ reciclar
2. ______ no tirar papeles en la calle
3. ______ no usar insecticidas
4. ______ no fumar
5. ______ no comprar productos en aerosol
6. ______ ahorrar (*save*) agua y electricidad

Conversación: *Pasándolo muy bien en Guatemala*

Anuncio: *Sí, mi capitana*

Capítulo 16

MEJORA TU PRONUNCIACIÓN

Actividad 1: El ritmo de las oraciones. Primero escucha el siguiente monólogo. Luego escucha y repite las oraciones prestando atención al ritmo.

Sin amigos no podría vivir.
Sin dinero sería feliz.
Sin inteligencia no podría pensar
en cómo hacer para triunfar.

MEJORA TU COMPRENSIÓN

Actividad 2: En la casa de fotos. Vas a escuchar una conversación entre un cliente y una vendedora en una casa de fotos. Marca sólo las cosas que el cliente compra.

1. ❐ álbum
2. ❐ cámara
3. ❐ flash
4. ❐ lente
5. ❐ pila
6. ❐ rollo de fotos de color
7. ❐ rollo de fotos blanco y negro
8. ❐ rollo de diapositivas

NOMBRE ______________________ FECHA ______________

Actividad 3: La cámara Tannon. Escucha el anuncio de la cámara de fotos y marca las tres cosas que dice el anuncio que podrás hacer con esta cámara.

1. ❒ Podrás sacar fotos debajo del agua.
2. ❒ No necesitarás pilas para el flash.
3. ❒ No necesitarás rollo de fotos.
4. ❒ Podrás ver las fotos en tu televisor.
5. ❒ Podrás sacar fotos en color y en blanco y negro.

Actividad 4: Vivir en Caracas. Juan Carlos está en Caracas hablando con Simón, un venezolano, sobre lo bueno y lo malo de vivir en esta ciudad. Escucha la conversación y escribe las ideas mencionadas bajo la columna correspondiente.

Lo bueno	Lo malo
______________	______________
______________	______________
______________	______________

Actividad 5: La candidata para presidenta.

A. Cuando los candidatos para la presidencia le hablan al pueblo, siempre prometen (*promise*) cosas. Para el CD y escribe tres promesas (*promises*) típicas de los candidatos.

1. ______________
2. ______________
3. ______________

____

B. Una candidata a presidenta está dando un discurso antes de las elecciones. Escucha y marca sólo las cosas que ella promete hacer.

1. ❒ Reduciré los impuestos.
2. ❒ El sistema educativo (*educational system*) será mejor.
3. ❒ Habrá hospitales gratis.
4. ❒ Habrá más empleos.
5. ❒ El sistema de transporte será mejor.
6. ❒ Aumentaré el sueldo mínimo.
7. ❒ Elegiré a mujeres para el gobierno.

NOMBRE ______________________ FECHA ______________

Actividad 6: El año 2025.

A. Para el CD y escribe oraciones para describir tres cosas que crees que serán diferentes en el año 2025.

1. ______________________
2. ______________________
3. ______________________

B. Ahora vas a escuchar a dos amigos, Armando y Victoria, haciendo dos predicciones cada uno para el año 2025. Marca quién hace cada predicción.

	Armando	Victoria
1. Los carros no usarán gasolina.	❐	❐
2. La comida vendrá en pastillas.	❐	❐
3. La ropa no se lavará.	❐	❐
4. No habrá más libros.	❐	❐
5. No existirán las llaves.	❐	❐
6. No habrá luz solar.	❐	❐

Actividad 7: Entrevista de trabajo. Miguel ve el siguiente aviso y llama por teléfono para obtener más información. Escucha la conversación y completa las notas que toma Miguel.

¿Quieres ganar $100 por semana trabajando en tu tiempo libre mientras estudias en la universidad? Entonces llama al 89-4657.

¿Qué tipo de trabajo? ______________________

¿Cuántas horas por día? ______________________

¿Puedo trabajar por las noches? ______________________

¿Dónde es el trabajo? ______________________

¿Cuál es el sueldo? ______________________

¿Necesito un currículum? ______________________

Conversación: *Ya nos vamos...*

Conversación: *¿A trabajar en la Patagonia?*

NOMBRE ______________________ FECHA ______________

Capítulo 17

MEJORA TU PRONUNCIACIÓN

Actividad 1: El ritmo de las oraciones. Primero escucha la siguiente conversación entre padre e hija. Luego, escucha y repite la conversación, prestando atención al ritmo.

PADRE Quería que vinieras.
HIJA Disculpa. No pude.
PADRE Te pedí que fueras.
HIJA Lo siento. Me olvidé.
PADRE Te prohibí que fumaras.
HIJA Es que tenía muchas ganas.
PADRE Te aconsejé que trabajaras.
HIJA Basta, por favor. ¡Basta!

NOMBRE ______________________ FECHA ______________

MEJORA TU COMPRENSIÓN

Actividad 2: El crucigrama. Escucha las pistas y completa el crucigrama sobre el arte con las palabras que aparecen en la siguiente lista.

autorretrato	escultura	paisaje
bodegón	obra maestra	pintura
escultor	original	retrato

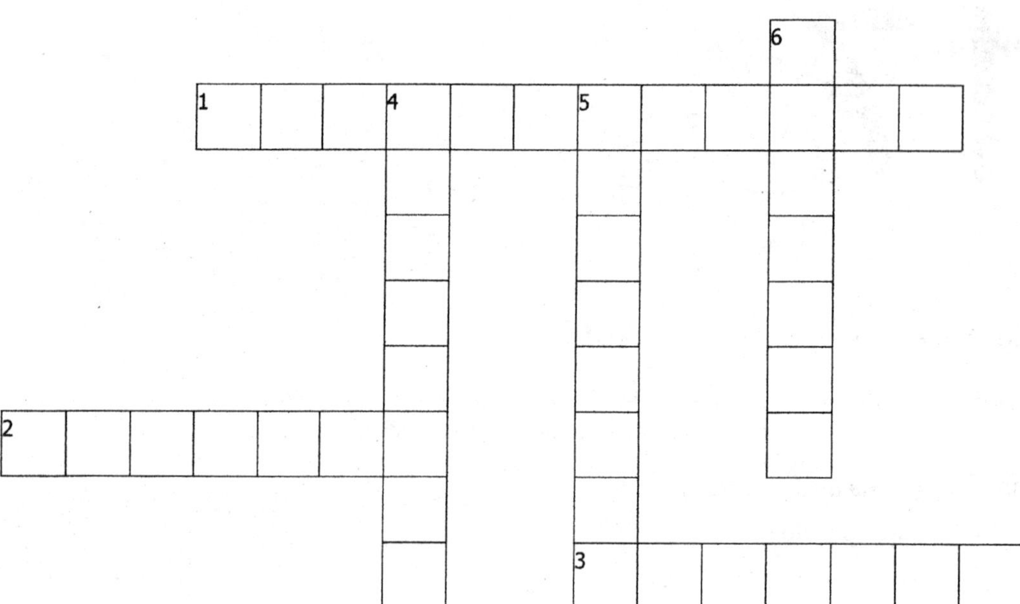

Actividad 3: No veo la hora. Vas a escuchar cuatro situaciones. Para cada caso escoge qué espera la persona que pase lo antes posible. Pon la letra de la situación correspondiente.

1. ______
2. ______
3. ______
4. ______

a. No ve la hora de que terminen las clases.
b. No ve la hora de que llegue la primavera.
c. No ve la hora de tener un hijo.
d. No ve la hora de que termine la película.
e. No ve la hora de que los invitados se vayan.

Actividad 4: Si fuera... Vas a escuchar cuatro frases que están incompletas. Escoge un final apropiado para cada frase.

1. _____ a. haría dieta.
2. _____ b. trabajaría seis horas.
3. _____ c. tendría una moto.
4. _____ d. lo llamaría por teléfono ahora mismo.
e. me casaría con ella.

Actividad 5: ¿Recíproco o no? Escucha las siguientes descripciones y marca el dibujo apropiado.

1. ____ ____
2. ____ ____
3. ____ ____
4. ____ ____

Actividad 6: Yo llevaría...

A. Imagina que tuvieras que ir a vivir en una cueva (*cave*) por seis meses. Para el CD y escribe tres cosas que llevarías contigo.

1. ____________________
2. ____________________
3. ____________________

NOMBRE ______________________ FECHA ______________

B. Escucha ahora a Rolando y a Blanca hablando de lo que ellos llevarían si tuvieran que vivir en una cueva durante seis meses. Marca qué cosas llevaría cada uno.

	Rolando	Blanca
1. comida	❒	❒
2. televisor	❒	❒
3. libro	❒	❒
4. cuchillo	❒	❒
5. cama	❒	❒
6. radio	❒	❒

Actividad 7: Mi hija.

A. Un padre está hablando de cómo quería él que fuera su hija. Escucha lo que dice y marca las cosas que él quería.

Él quería que su hija...

1. ______ fuera doctora.
2. ______ trabajara en una clínica privada.
3. ______ se casara joven.
4. ______ tuviera muchos hijos.
5. ______ se casara con un profesional.
6. ______ viajara y conociera varios países.

B. Ahora escucha la conversación otra vez y escribe qué expectativa (*expectation*) del padre se hizo realidad (*came true*).

____

NOMBRE ______________________________ FECHA ____________________

Actividad 8: Guernica.

A. Mira el cuadro y para el CD. Después, contesta las preguntas que aparecen en el manual de laboratorio.

1. ¿Cuántas personas ves en el cuadro? ______________________________

   ____

2. ¿Qué animales ves en el cuadro? ______________________________

   ____

3. ¿Cuáles son los colores del cuadro? ______________________________
4. ¿Es un cuadro violento? ¿pacífico? ¿romántico? ¿dramático? ______________________________

   ____

B. Ahora imagina que estás en Madrid en el Centro de Arte Reina Sofía y escuchas una grabación (*recording*) que te explica la historia del cuadro. Escucha y marca las siguientes oraciones con **C** si son ciertas o con **F** si son falsas.

1. _______ Guernica es un pueblo de España.
2. _______ Franco era el dictador de España en 1937.
3. _______ Los aviones japoneses bombardearon (*bombed*) Guernica.
4. _______ Picasso pintó este cuadro antes del ataque a Guernica.
5. _______ La flor que tiene el hombre en el cuadro indica la esperanza.
6. _______ El cuadro estuvo en el Museo de Arte Moderno de Nueva York desde 1939 hasta 1981.

Conversación: *El arte escondido*

Conversación: *La pregunta inesperada*

NOMBRE ______________________ FECHA ______________

Capítulo 18

MEJORA TU COMPRENSIÓN

Actividad 1: Las expresiones. Escucha las siguientes situaciones y selecciona una de las expresiones para responder a cada pregunta que oigas. Pon el número de la situación al lado de la expresión correspondiente.

_______ darle a alguien las gracias

_______ llevarle la contraria a la mujer

_______ cada loco con su tema

_______ ¡Que vivan los novios!

Actividad 2: La obra de teatro.

A. En clase leíste la obra de teatro "Estudio en blanco y negro". Para el CD y escribe brevemente si te gustó la obra o no y por qué.

____

____

____

NOMBRE ______________________ FECHA ______________

B. Ahora vas a escuchar a Juan Carlos y a Claudia dando su opinión sobre la obra. Anota si les gustó o no y por qué.

Juan Carlos

Claudia

Actividad 3: Nuestro futuro.

A. Para el CD y escribe tres cosas que vas a hacer cuando termines tus estudios.

1. ______________________
2. ______________________
3. ______________________

B. Ramón está hablando con Cecilia sobre lo que va a hacer cuando termine sus estudios universitarios. Escucha la conversación y completa la oración del manual de laboratorio.

Cuando Ramón termine sus estudios universitarios, él ______________________

Conversación: La despedida

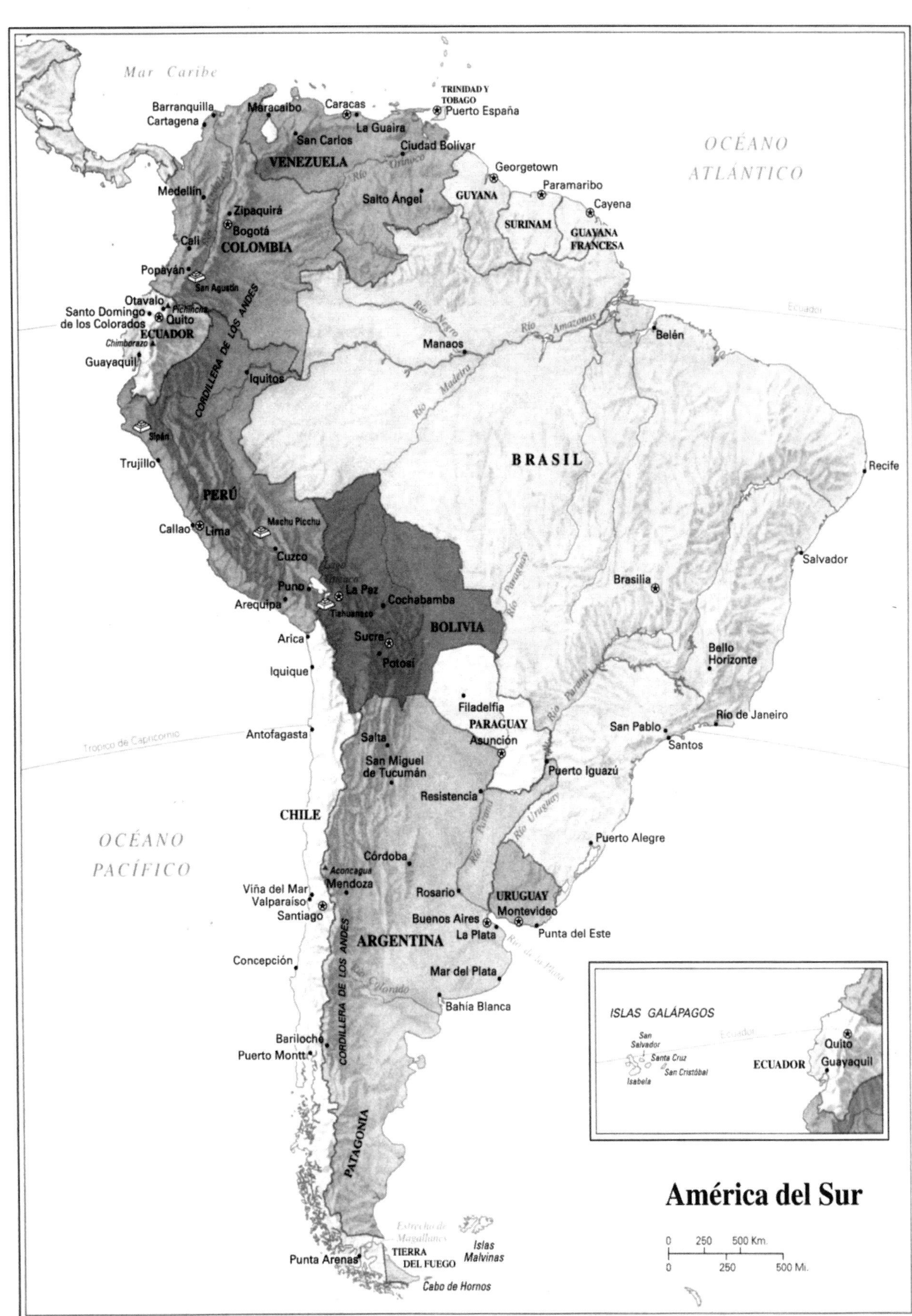

Mar Caribe
Barranquilla
Cartagena
Maracaibo
Caracas
La Guaira
TRINIDAD Y TOBAGO
Puerto España
San Carlos
Ciudad Bolívar
VENEZUELA
Río Orinoco
OCÉANO ATLÁNTICO
Georgetown
Paramaribo
Cayena
GUYANA
SURINAM
GUAYANA FRANCESA
Salto Ángel
Medellín
Zipaquirá
Bogotá
Cali
COLOMBIA
Popayán
San Agustín
Otavalo
Santo Domingo de los Colorados
Pichincha
Quito
ECUADOR
Chimborazo
Guayaquil
CORDILLERA DE LOS ANDES
Iquitos
Río Negro
Río Amazonas
Manaos
Belén
Río Madeira
Sipán
Trujillo
BRASIL
Recife
PERÚ
Callao
Lima
Machu Picchu
Cuzco
Lago Titicaca
Puno
La Paz
Arequipa
Tiahuanaco
Cochabamba
BOLIVIA
Sucre
Potosí
Arica
Iquique
Salvador
Brasilia
Río Paraguay
Bello Horizonte
Filadelfia
PARAGUAY
Asunción
Río Paraná
Río de Janeiro
San Pablo
Santos
Antofagasta
Trópico de Capricornio
Salta
San Miguel de Tucumán
Puerto Iguazú
Resistencia
Río Uruguay
CHILE
OCÉANO PACÍFICO
Puerto Alegre
Córdoba
Aconcagua
Viña del Mar
Valparaíso
Santiago
Mendoza
Rosario
URUGUAY
Montevideo
Buenos Aires
La Plata
Punta del Este
ARGENTINA
Río de la Plata
Concepción
Río Colorado
Mar del Plata
Bahía Blanca
CORDILLERA DE LOS ANDES
ISLAS GALÁPAGOS
San Salvador
Santa Cruz
San Cristóbal
Isabela
ECUADOR
Quito
Guayaquil
Bariloche
Puerto Montt
PATAGONIA
América del Sur
Estrecho de Magallanes
TIERRA DEL FUEGO
Islas Malvinas
Punta Arenas
Cabo de Hornos
0 250 500 Km.
0 250 500 Mi.

España

España
Mar Cantábrico
Golfo de Vizcaya
FRANCIA
MONTES PIRINEOS
ANDORRA
La Coruña
Avilés
Gijón
Oviedo
Santander
Bilbao
San Sebastián
GALICIA
ASTURIAS
CANTABRIA
PAÍS VASCO
Santiago de Compostela
MONTES CANTÁBRICOS
Pamplona
Pontevedra
León
Vigo
Burgos
Río Ebro
NAVARRA
CATALUÑA
Costa Brava
Palencia
Valladolid
Soria
LA RIOJA
Zaragoza
Lérida
Braga
Oporto
Zamora
Río Duero
Barcelona
Tarragona
CASTILLA-LEÓN
ARAGÓN
Mar Mediterráneo
OCÉANO ATLÁNTICO
Salamanca
Segovia
Ávila
Madrid
Coimbra
SIERRA DE ESTRELLA
SIERRA DE GUADARRAMA
MADRID
Toledo
PORTUGAL
COMUNIDAD VALENCIANA
Menorca
Mallorca
Palma
ISLAS BALEARES
Río Tajo
ESPAÑA
CASTILLA-LA MANCHA
Cáceres
EXTREMADURA
Valencia
Río Júcar
Lisboa
Badajoz
Mérida
Río Guadiana
Ciudad Real
Albacete
Ibiza
Formentera
Setúbal
Almadén
MURCIA
Alicante
SIERRA MORENA
Linares
Córdoba
Costa Blanca
Murcia
Río Guadalquivir
Jaén
Cartagena
Sevilla
Huelva
ANDALUCÍA
Granada
Mulhacén
SIERRA NEVADA
Almería
Costa de la Luz
Jerez de la Frontera
Málaga
Cádiz
Costa del Sol
Algeciras
Gibraltar (G.B.)
Tánger
Ceuta (Esp.)
Melilla (Esp.)
MARRUECOS
0 50 100 150 200 Km.
0 50 100 150 200 Mi.
OCÉANO ATLÁNTICO
ESPAÑA
ISLAS CANARIAS
ÁFRICA
ISLAS CANARIAS
La Palma
Santa Cruz de la Palma
Tenerife
Santa Cruz de Tenerife
Gomera
Hierro
Gran Canaria
Las Palmas
Lanzarote
Arrecife
Puerto del Rosario
Fuerteventura
0 100 Km.
0 100 Mi.
OCÉANO ATLÁNTICO
MARRUECOS